FiDES
FIDES Treuhand GmbH & Co. KG
Wirtschaftsprüfungsgesellschaft
Steuerberatungsgesellschaft

Bibliothek 4. OG
Prüfung

D1673589

Umweltschutzverpflichtungen im handelsrechtlichen Jahresabschluß und in der Steuerbilanz

Umweltschutzverpflichtungen im handelsrechtlichen Jahresabschluß und in der Steuerbilanz

von
Dipl.-Kfm. Dr. Thomas Köster

IDW-Verlag GmbH
Düsseldorf 1994

Die Deutsche Bibliothek — CIP-Einheitsaufnahme

Köster, Thomas:
Umweltschutzverpflichtungen im handelsrechtlichen Jahresabschluß und in der Steuerbilanz / von Thomas Köster. — Düsseldorf : IDW-Verl., 1994
  Zugl.: Aachen, Techn. Hochsch., Diss., 1994
  ISBN 3-8021-0625-3

ISBN 3-8021-0625-3

D 82 (Diss. RWTH Aachen)

© 1994 by IDW-Verlag GmbH, Düsseldorf
Alle Rechte der Verbreitung, auch durch Film, Funk und Fernsehen, fotomechanische Wiedergabe, Tonträger jeder Art, auszugsweisen Nachdruck oder Einspeicherung und Rückgewinnung in Datenverarbeitungsanlagen aller Art, einschließlich der Übersetzung in andere Sprachen, sind vorbehalten.

Gesamtherstellung: Weiss & Zimmer AG, Mönchengladbach

GELEITWORT

Die Belastbarkeit der natürlichen Umwelt insbesondere durch industrielle, gewerbliche und landwirtschaftliche Produktion, durch Auto- und Flugverkehr sowie durch Konsumaktivitäten stößt an ihre Grenzen. Aus dieser Erkenntnis resultiert eine beständig wachsende Sensibilität gegenüber Gefährdungen, Belastungen und Schädigungen der Umwelt. Dies schlägt sich in der Tatsache nieder, daß der Gesetzgeber verstärkt Gesetze zum Schutze der Umwelt verabschiedet und auch die Verwaltungsbehörden intensiv darum bemüht sind, durch einschlägige Verordnungen und Erlasse den Umweltschutz zu fördern.

Da Umweltschutz nun aber nicht zum Nulltarif zu haben ist und die Umweltrisiken zugleich auch nur sehr begrenzt versicherbar sind, rückt die unternehmensinterne Risikovorsorge - insbesondere durch das Instrument der Rückstellungen - ins Zentrum des Interesses. Aus der Umweltschutzproblematik ergeben sich somit Konsequenzen, die tief in die Handels- und Steuerbilanz der betroffenen Unternehmen eingreifen. Auch der Staatshaushalt wird von dieser Problematik nachhaltig berührt; insoweit reicht ein Hinweis auf die D-Markeröffnungsbilanz und eventuelle Erstattungsansprüche gegenüber der Treuhandanstalt aus. Neben ihrer Budgetrelevanz sollte aber auch die grundsätzliche Bedeutung dieser Thematik für die Fortentwicklung des Bilanzrechts und des Bilanzsteuerrechts nicht unterschätzt werden. Angesichts dieser Rahmenbedingungen ist es erstaunlich, feststellen zu müssen, daß die bilanziellen und steuerlichen Konsequenzen des Umweltschutzes zwar in jüngster Zeit vermehrt, aber bislang gleichwohl nur unzureichend erörtert worden sind.

Die vorliegende Arbeit von Thomas Köster leistet einen interessanten und erfolgreichen Beitrag zur Verringerung des bisher bestehenden Forschungsdefizits in diesem Bereich. Der Verfasser legt dabei den Schwerpunkt auf die Untersuchung des Ansatzes von Rückstellungen wegen Umweltschutzverpflichtungen. Neben der Bilanzierung von Verbindlichkeits- und Aufwandsrückstellungen wird auch die Berücksichtigung von Umweltschutzverpflichtungen als sonstige finanzielle Verpflichtungen im Anhang von Kapitalgesellschaften betrachtet. Hervorzuheben ist, daß trotz der thematischen Eingrenzung auf Umweltschutzverpflichtungen zudem noch die Frage der Konkurrenz von Rückstellungsbildung und Teilwertabschreibung bei Altlastenfällen Berücksichtigung findet. Die Ausführungen basieren auf der Auslegung geltenden Handelsrechts, welches über die Maßgeblichkeit schließlich auch für die Steuerbilanz und über die verlängerte Maßgeblichkeit zudem noch für die Vermögensaufstellung von Bedeutung ist. In einem ersten Schritt werden die grundlegenden Ansatzkriterien für die Rückstellungsbilanzierung untersucht, bevor dann Bewertungsfragen und Fragen des Anhangsausweises facettenreich diskutiert werden. Vor diesem Hintergrund erfolgt in einem zweiten Schritt im Rahmen einer Fallgruppensystematisierung eine sehr sorgfältige Analyse der verschiedensten Umweltschutzverpflichtungen und ihrer umweltrechtlichen Grundlagen, wobei sich der weite Rahmen der untersuchten Rechtsquellen von den Abfallgesetzen über das BGB bis hin zum Wasserhaushaltsgesetz und dem allgemeinen Polizei- und Ordnungsrecht erstreckt.

Es ist das besondere Verdienst von Herrn Köster, daß die sehr detailreiche Untersuchung über die bisher aufgezeigten Lösungsansätze hinausgeht und daß insbesondere bezüglich der öffentlich-rechtlichen Verbindlichkeitsrückstellungen die Passivierungskriterien unter Objektivierungs- und Periodisierungsaspekten prinzipienorientiert weiterentwickelt werden.

Besonderes Gewicht erlangt die Arbeit von Herrn Köster zusätzlich durch die Tatsache, daß sie zu einem Zeitpunkt erscheint, in dem erste grundsätzliche Eckpunkte betreffend die Umweltschutzrückstellungen definiert werden. So hat sich jüngst der BFH erstmals mit der Frage der Altlastenrückstellungen befaßt, ohne allerdings auf die im Schrifttum kritisierten Kriterien für den Ansatz öffentlich-rechtlich begründeter Verbindlichkeitsrückstellungen einzugehen. Außerdem ist schon seit geraumer Zeit ein einschlägiges BMF-Schreiben in Vorbereitung. Aus der mehrfachen Überarbeitung der bekanntgewordenen Entwürfe darf auf die besondere Relevanz und darauf geschlossen werden, daß auch hier der Meinungsbildungsprozeß noch längst nicht beendet ist.

Die Untersuchung zeichnet sich durch eine klare Diktion und die vorbildliche Auswertung von mehr als 700 Literaturquellen aus den Wirtschafts- und den Rechtswissenschaften aus. Sie bietet neben der grundsätzlichen Auseinandersetzung mit dem Bilanzrecht eine Vielzahl von Detailinformationen und kann daher sowohl dem Wissenschaftler als auch dem mit Bilanzierungsfragen befaßten Praktiker uneingeschränkt empfohlen werden.

(Univ.-Prof. Dr. Norbert Herzig)

VORWORT DES VERFASSERS

Die vorliegende Untersuchung wurde im Mai 1994 von der wirtschaftswissenschaftlichen Fakultät der RWTH Aachen als Dissertation angenommen. Sie behandelt sowohl den Ansatz als auch die Bewertung von Umweltschutzverpflichtungen im handelsrechtlichen Jahresabschluß und in der Steuerbilanz durch die drei Instrumente Verbindlichkeitsrückstellung, Aufwandsrückstellung und Anhangsausweis. Dabei werden die Ansatzfragen jeweils getrennt nach Objektivierungs- und Periodisierungsaspekten erörtert. In diesem Rahmen kommt den öffentlich-rechtlich begründeten Verpflichtungen besonderes Gewicht zu. Hier ist durch die BFH-Rechtsprechung die Gefahr eines Sonderrechtes für diese Verpflichtungen begründet worden. Vor dem Hintergrund, daß an den Ansatz von Umweltschutzrückstellungen aber lediglich die gleichen Anforderungen gestellt werden können wie an den Ansatz privat-rechtlich begründeter Rückstellungen, habe ich das Kriterium der "hinreichenden Konkretisierung" weiterentwickelt zum Kriterium der *Mindestkonkretisierung*. Dieses sollte bezogen auf die Rückstellungsbilanzierung wesentlich weniger restriktiv wirken. Zugleich wird jedoch auch deutlich, daß dem Passivierungskriterium der Wahrscheinlichkeit der Inanspruchnahme nunmehr erheblich mehr Beachtung geschenkt werden muß; nicht nur in Ausnahmefällen wird eine Rückstellungsbildung gerade an diesem Erfordernis scheitern.

Betreffend die Diskussion um die Periodenzuordnung von Verbindlichkeitsrückstellungen soll hier ebenfalls ein neuer Lösungsansatz vorgestellt werden. M.E. ist entscheidend auf die Struktur der jeweils zugrundeliegenden Verpflichtung abzustellen und dabei weitergehender zu differenzieren, als dies bislang im Schrifttum geschehen ist.

Mein herzlicher Dank gilt meinem Doktorvater Herrn Prof. Dr. Norbert Herzig für seine wertvolle Unterstützung. Er hat diese Abhandlung angeregt, betreut und durch zahlreiche wichtige Hinweise in besonderem Maße gefördert. Herrn Prof. Dr. Hans-Horst Schröder danke ich für die Erstattung des Zweitgutachtens.

Materiell wurde die Arbeit von der Arthur Andersen-Stiftung im Stifterverband für die Deutsche Wissenschaft gefördert. Diese Unterstützung ermöglichte die konzentrierte Auseinandersetzung mit der Themenstellung und trug zum zügigen Fortschreiten der Arbeit erheblich bei. Der Arthur Andersen-Stiftung bin ich daher ebenfalls sehr zu Dank verpflichtet.

Besonderen Dank schulde ich schließlich meinen Eltern. Ohne ihre Förderung meines gesamten bisherigen Lebensweges wäre die vorliegende Arbeit nicht denkbar. Ihnen ist daher diese Arbeit gewidmet.

(Thomas Köster)

INHALTSÜBERSICHT

Geleitwort V

Vorwort des Verfassers VII

Inhaltsübersicht IX

Inhaltsverzeichnis XI

Abbildungsverzeichnis XXI

Abkürzungsverzeichnis XXIII

1. Teil: **Grundlegung** 1

1. Kapitel: Einordnung der Problemstellung 1

2. Kapitel: Begriffliche Abgrenzung, Untersuchungsprämissen und Untersuchungsplan 18

3. Kapitel: Einführung in die Rückstellungsbilanzierung 25

2. Teil: **Grundlagen ordnungsmäßiger Erfassung ungewisser Umweltschutzverpflichtungen im handelsrechtlichen Jahresabschluß und in der Steuerbilanz durch die Instrumente Verbindlichkeitsrückstellung, Aufwandsrückstellung und Anhangsausweis** 29

1. Kapitel: Bilanzrechtliche Grundlagen 29

2. Kapitel: Ansatzproblematik 51

3. Kapitel: Bewertungsproblematik 182

3. Teil: **Erfassung ausgewählter ungewisser Umweltschutzverpflichtungen im handelsrechtlichen Jahresabschluß und in der Steuerbilanz** 205

1. Kapitel: Systematik der Umweltschutzverpflichtungen 205

2. Kapitel: Anwendung des Instrumentariums auf die in Fallgruppen
zusammengefaßten Umweltschutzverpflichtungen 216

4. Teil: **Zusammenfassung der Untersuchungsergebnisse** 381

Literaturverzeichnis 393

Urteile 443

Richtlinien und Verwaltungsanweisungen 449

Rechtsquellen 451

Sonstige Quellen 455

Stichwortverzeichnis 457

INHALTSVERZEICHNIS

Geleitwort V

Vorwort des Verfassers VII

Inhaltsübersicht IX

Inhaltsverzeichnis XI

Abbildungsverzeichnis XXI

Abkürzungsverzeichnis XXIII

1. Teil: Grundlegung 1

1. Kapitel: Einordnung der Problemstellung 1

I. Untersuchungsgegenstand 1
    A. Materielle Bedeutsamkeit 1
    B. Bilanzrechtliche Relevanz des Untersuchungsgegenstandes 8

II. Gegenwärtiger Diskussionsstand 9

III. Untersuchungsziel 15

IV. Aktuelle Entwicklungen im Bereich der umweltrechtlichen Grundlagen 16

2. Kapitel: Begriffliche Abgrenzung, Untersuchungsprämissen und Untersuchungsplan 18

I. Begriffliche Abgrenzung 18

II. Untersuchungsprämissen 20

III. Untersuchungsplan 23

3. Kapitel: Einführung in die Rückstellungsbilanzierung 25

I. Abgrenzung der Rückstellungen gegen andere Passivposten 25

II. Rückstellungsausweis im Jahresabschluß 26

2. Teil: Grundlagen ordnungsmäßiger Erfassung ungewisser Umweltschutzverpflichtungen im handelsrechtlichen Jahresabschluß und in der Steuerbilanz durch die Instrumente Verbindlichkeitsrückstellung, Aufwandsrückstellung und Anhangsausweis 29

1. Kapitel: Bilanzrechtliche Grundlagen 29

I. Maßgeblichkeit, Bilanztheorie und Rechnungslegungsziel 29

    A. Implikationen des Maßgeblichkeitsprinzips 29

    B. Bedeutung der Bilanztheorien für die Umweltschutzrückstellungen 32

    C. Rechnungslegungsziel 34

II. Ausgewählte rückstellungsrelevante Grundsätze ordnungsmäßiger Buchführung 39

    A. Zur Stellung und Bedeutung von Vorsichts-, Realisations- und Imparitätsprinzip 40

    B. Andere gesetzlich kodifizierte Grundsätze ordnungsmäßiger Buchführung 47

    C. Weitere ungeschriebene Grundsätze ordnungsmäßiger Buchführung 49

2. Kapitel: Ansatzproblematik 51

I. Ansatzkriterien bei der Bilanzierung von Rückstellungen für ungewisse Verbindlichkeiten 51

    A. Objektivierung ungewisser Verbindlichkeiten 53

        1. Abgrenzung und Kennzeichnung der öffentlichrechtlichen Verpflichtungen gegenüber den privatrechtlichen Verpflichtungen 54

        2. Kriterien bei privatrechtlich begründeten Verpflichtungen 59

            a) Be- oder Entstehen einer Verpflichtung 60

            b) Wahrscheinlichkeit der Inanspruchnahme 66

            (1) Dem Grunde nach gewisse Verbindlichkeiten 66

            (2) Dem Grunde nach ungewisse Verbindlichkeiten 67

            (a) Quantifizierungsversuche 67

            (b) Qualitative Überlegungen 68

            (c) Passivenbewertung nach dem Grad der Wahrscheinlichkeit 71

3. Modifikation der Kriterien für öffentlich-rechtlich begründete Verpflichtungen in der Rechtsprechung des BFH ... 72

4. Gefahr der Überobjektivierung ... 74

5. Kritische Würdigung und Ableitung sachgerechter Bilanzierungskriterien ... 78

    a) Objektivierung aufgrund des Vorliegens eines subjektiven öffentlichen Rechts ... 80

    b) Objektivierung durch das Kriterium der Mindestkonkretisierung ... 84

        (1) Grundlegende Überlegungen ... 84

        (2) Mindestkonkretisierung durch Verwaltungsakt ... 87

        (3) Mindestkonkretisierung durch gesetzliche Vorschrift ... 92

            (a) Erfordernis des inhaltlich genau bestimmten Handelns ... 93

            (b) Erfordernis der zeitlichen Bestimmtheit und der zeitlichen Nähe ... 97

            (c) Erfordernis der Sanktionsbewehrung ... 103

        (4) Anmerkungen zur neben der Mindestkonkretisierung noch erforderlichen Wahrscheinlichkeit der Entdeckung ... 108

6. Sonderstellung der faktischen Verpflichtungen ... 112

7. Zwischenfazit zur Objektivierung ... 115

B. Periodenzuordnung ungewisser Verbindlichkeiten ... 123

1. Grundlegende Überlegungen und Kennzeichnung der Periodisierungskriterien ... 123

2. Rückstellungsbildung bei zeitlichem Auseinanderfallen von wirtschaftlicher Verursachung und rechtlicher Entstehung ... 129

    a) Wirtschaftliche Verursachung vor rechtlicher Entstehung ... 130

    b) Wirtschaftliche Verursachung nach rechtlicher Entstehung ... 133

        (1) Stand der Diskussion ... 134

        (2) Eigener Lösungsansatz ... 141

            (a) Ableitung aus den Bilanzierungsprinzipien ... 143

            (11) Realisationsprinzip ... 143

		(22) Imparitäts- und Vollständigkeitsprinzip	144
		(33) Vorsichtsprinzip	148
		(b) Vereinbarkeit mit der BFH-Rechtsprechung und der vierten EG-Richtlinie	155
	3.	Zwischenfazit zur Periodisierung	157
II.	Voraussetzungen für die Bilanzierung von Aufwandsrückstellungen		162
	A.	Zielsetzung dieser Vorschrift	164
	B.	Objektivierungserfordernisse	165
		1. Bestimmtheit der Aufwendungen	166
		2. Wahrscheinlichkeit des Eintritts	166
		3. Unbestimmtheit von Höhe oder Zeitpunkt des Eintritts	168
	C.	Periodisierungsfragen	168
III.	Möglichkeiten des Anhangsausweises gemäß § 285 Nr. 3 HGB		171
	A.	Anwendungsbereich und Zielsetzung	171
	B.	Objektivierungserfordernisse	173
		1. Wesentlichkeit	173
		2. Ausschluß passivierter Verpflichtungen	174
		3. Inhaltliche Greifbarkeit	175
	C.	Periodisierungsfragen	176
IV.	Abgrenzung der erörterten Instrumente zur Berücksichtigung von Umweltschutzverpflichtungen		177
	A.	Abgrenzung der Rückstellungsbildung vom Anhangsausweis gemäß § 285 Nr. 3 HGB	179
	B.	Abgrenzung der Verbindlichkeitsrückstellungen von den Aufwandsrückstellungen	180

3. Kapitel: Bewertungsproblematik ... 182

I.	Rückstellungen		182
	A.	Bewertungsgrundsätze	182
	B.	Ausgewählte Problembereiche	185
		1. Einzel- versus Pauschalrückstellung	185

	2.	Vollkosten- versus Einzelkostenbewertung 186
	3.	Zukünftige Preissteigerungen 188
	4.	Abzinsung 189
	5.	"Saldierung" mit Ansprüchen - insbesondere aus Versicherungen - 191
	6.	Dauerinstandhaltungs- und Dauerbetriebskosten 193
	7.	Rückstellungsbildung für aktivierungspflichtige Aufwendungen oder für zukünftige Abschreibungen? 195
II.	Sonstige finanzielle Verpflichtungen 202

3. Teil: Erfassung ausgewählter ungewisser Umweltschutzverpflichtungen im handelsrechtlichen Jahresabschluß und in der Steuerbilanz 205

1. Kapitel: Systematik der Umweltschutzverpflichtungen 205

I. Möglichkeiten der Systematisierung von Umweltschutzverpflichtungen, insbesondere unter Rückstellungsaspekten 205

II. Fallgruppenkennzeichnung 211

2. Kapitel: Anwendung des Instrumentariums auf die in Fallgruppen zusammengefaßten Umweltschutzverpflichtungen 216

I. Altlasten- und Betriebslastensanierungsverpflichtungen 216

    A. Einführung in die Problematik und Begriffsklärung 216

    B. Erfassung von Bodenkontaminationen im handelsrechtlichen Jahresabschluß und in der Steuerbilanz 223

        1. Erfassung durch Rückstellungen 225

            a) Rückstellungsansatz 225

                (1) Verbindlichkeitsrückstellungen 225

                    (a) Periodisierung 226

                    (b) Objektivierung 227

                (11) Verbindlichkeitsrückstellungen auf privatrechtlicher Basis 229

                    (i) Objektivierung aufgrund Vertrag 229

	(ii)	Objektivierung aufgrund gesetzlicher Vorschriften des Zivilrechts	230
	(aa)	Sanierungsverpflichtungen nach dem BGB	230
	(bb)	Sanierungsverpflichtungen nach dem Wasserhaushalts- und dem Umwelthaftungsgesetz	233
	(22)	Verbindlichkeitsrückstellungen auf öffentlich-rechtlicher Basis	236
	(i)	Objektivierung aufgrund des Vorliegens eines subjektiven öffentlichen Rechts	236
	(ii)	Objektivierung aufgrund Verwaltungsakt	239
	(iii)	Objektivierung aufgrund gesetzlicher Vorschriften des öffentlichen Rechts	240
	(aa)	Verpflichtungen nach dem Immissionsschutzrecht	241
	(bb)	Verpflichtungen nach dem Abfallrecht	244
	(cc)	Verpflichtungen nach dem Wasserrecht	248
	(dd)	Verpflichtungen nach dem allgemeinen Polizei- und Ordnungsrecht	252
	(33)	Sanierungsrückstellungen aufgrund faktischer Verpflichtungen	266
	(2)	Aufwandsrückstellungen	268
	(a)	Periodisierung	268
	(b)	Objektivierung	269
	b)	Rückstellungsbewertung	270
	(1)	Grundfragen der Bewertung von Bodendekontaminierungsverpflichtungen	270
	(2)	Sonderprobleme der Bewertung	276
	(a)	Störermehrheit	276
	(b)	Dauerinstandhaltungs- und Betriebskosten	277
	(c)	Rückstellungsbildung für zukünftigen Abschreibungsaufwand	278
2.		Ausweis als sonstige finanzielle Verpflichtung	279
3.		Zur Konkurrenz von Rückstellungsbildung und (Teilwert-)Abschreibung in Alt- oder Betriebslastenfällen	280
	a)	Problemstellung	280
	b)	Voraussetzungen der Abschreibung aufgrund von Alt- oder Betriebslasten	284

			(1) Vorliegen und Nachweis einer Wertminderung 285

        (1) Vorliegen und Nachweis einer Wertminderung 285

        (2) Dauerhaftigkeit der Wertminderung 288

      c) Denkbare Bilanzierungskonkurrenzen und ihre Auflösung - Fallgruppendarstellung - 291

        (1) Auflösung bei zeitlicher Konvergenz 292

          (a) Rückstellungspflicht versus Abschreibungswahlrecht 292

          (b) Rückstellungswahlrecht versus Abschreibungspflicht 292

          (c) Rückstellungs- versus Abschreibungswahlrecht 293

          (d) Rückstellungs- versus Abschreibungspflicht 293

        (2) Lösungsmodelle bei zeitlicher Divergenz 299

      d) Zwischenfazit zur Bilanzierungskonkurrenz 301

    C. Verdeutlichung der Ergebnisse an sechs Fallbeispielen 303

II. Rekultivierungsverpflichtungen 310

    A. Kennzeichnung der erfaßten Sachverhalte 310

    B. Erfassung von Rekultivierungsverpflichtungen im handelsrechtlichen Jahresabschluß und in der Steuerbilanz 313

      1. Rückstellungsansatz 314

        a) Implikationen des Objektivierungserfordernisses 314

        (1) Verbindlichkeitsrückstellungen auf privatrechtlicher Basis 314

          (a) Rekultivierung im eigentlichen Sinne 315

          (b) Rekultivierung von Mülldeponien 316

          (c) Bergschäden 317

         (2) Verbindlichkeitsrückstellungen auf öffentlichrechtlicher Basis 318

          (a) Rekultivierung im eigentlichen Sinne 318

          (b) Rekultivierung von Mülldeponien 321

          (c) Gruben- und Schachtversatz 323

         (3) Rekultivierungsrückstellungen aufgrund faktischer Verpflichtungen 325

         (4) Sonderregelung: Abraumbeseitigung 325

         (5) Aufwandsrückstellungen 327

XVII

			(a)	Bei fehlender Verpflichtung 327

           (a)   Bei fehlender Verpflichtung 327

           (b)   Bei überschießender Rekultivierungsleistung 328

        b)   Periodisierung von Rekultivierungsrückstellungen 329

           (1)   Periodisierung der Verbindlichkeitsrückstellungen ... 329

           (a)   Einfachveranlassungsrückstellungen 331

           (b)   Mehrfachveranlassungsrückstellungen 333

           (2)   Periodisierung der Aufwandsrückstellungen 337

      2.   Rückstellungsbewertung 338

        a)   Grundzüge der Bewertung 338

        b)   Sonderprobleme der Bewertung 339

           (1)   Konkrete Wertzumessung 339

           (2)   Verrechnung mit Kippgebühren 340

           (3)   Unternehmensrentabilität 340

           (4)   Dauerinstandhaltungs- und Betriebskosten 341

      3.   Ausweis als sonstige finanzielle Verpflichtung 342

III.   Verpflichtungen im Zusammenhang mit Abfällen und Reststoffen 343

    A.   Einführung in die Problematik 343

    B.   Rückstellungsrelevanz 344

      1.   Ansatz 345

        a)   Verbindlichkeitsrückstellungen 345

           (1)   Periodisierung 345

           (2)   Objektivierung 345

           (a)   Verbindlichkeitsrückstellungen auf privatrechtlicher Basis 345

           (b)   Verbindlichkeitsrückstellungen auf öffentlich-rechtlicher Basis 346

           (11)   Abfallrechtlich begründete Verpflichtungen 347

           (22)   Immissionsschutzrechtlich begründete Verpflichtungen 350

           (33)   Verpflichtungen aufgrund der aktuell erlassenen Verpackungsverordnung und der geplanten Elektronik-Schrott-Verordnung 352

		(c)	Verbindlichkeitsrückstellungen wegen faktischer Verpflichtungen	356

        b) Aufwandsrückstellungen 356

    2. Bewertung 357

  C. Erfassung durch Anhangsausweis 358

IV. Anpassungsverpflichtungen 359

  A. Erfassung durch Rückstellungen 359

    1. Rückstellungsansatz 359

        a) Verbindlichkeitsrückstellungen 359

            (1) Vorsorgeverpflichtungen aufgrund des Immissionsschutzrechts 360

                (a) Verpflichtungen nach der TA Luft 360

                      (11) Stand der Diskussion 362

                      (22) Eigener Lösungsansatz 364

                (b) Verpflichtungen nach der Großfeuerungsanlagen-Verordnung 368

            (2) Vorsorgeverpflichtungen aufgrund des Gefahrstoffrechts 371

        b) Aufwandsrückstellungen 373

    2. Rückstellungsbewertung 374

  B. Erfassung durch Anhangsausweis 375

V. Umweltrechtliche Prüfungs-, Nachweis- und Erklärungsverpflichtungen 375

4. Teil: Zusammenfassung der Untersuchungsergebnisse 381

Literaturverzeichnis 393

Urteile 443

Richtlinien und Verwaltungsanweisungen 449

Rechtsquellen 451

Sonstige Quellen 455

Stichwortverzeichnis 457

ABBILDUNGSVERZEICHNIS

Abb. 1: Inhaltliche Ausprägungen der Mindestkonkretisierung 107

Abb. 2: Gegenüberstellung von Mindestkonkretisierung und der vom BFH geforderten hinreichenden Konkretisierung 117

Abb. 3: Passivierung öffentlich-rechtlicher Verpflichtungen in Abhängigkeit von der tatsächlichen Verwirklichung des verpflichtungsbegründenden Lebenssachverhaltes 119

Abb. 4: Periodenzuordnung ungewisser Verbindlichkeiten nach Maßgabe des zeitlichen Verhältnisses von wirtschaftlicher Verursachung und rechtlicher Entstehung 161

Abb. 5: Abgrenzung der Instrumente zur Berücksichtigung von Umweltschutzverpflichtungen im Jahresabschluß 178

Abb. 6: Begriffliche Abgrenzung der gefahrenträchtigen Bodenkontamination 218

Abb. 7: Maßnahmen zur Abwehr und Beherrschung von Umweltauswirkungen aus gefahrenträchtigen Bodenkontaminationen und Kostentragung 221

Abb. 8: Passivierung öffentlich-rechtlich begründeter Alt- und Betriebslastensanierungsverpflichtungen nach Maßgabe der tatsächlichen Verwirklichung gesetzlich formulierter Sachverhalte 267

Abb. 9: Darstellung der Fallgruppe 4 297

Abb. 10: Überblick über die in der Fallgruppe "Rekultivierungsverpflichtungen" erfaßten Sachverhalte 312

ABKÜRZUNGSVERZEICHNIS

a.A.	anderer Ansicht, anderer Auffassung
Abb.	Abbildung
AbfG	Abfallgesetz
AbfRestÜberwV	Abfall- und Reststoffüberwachungs-Verordnung
AbgrG	Abgrabungsgesetz
ABl. EG	Amtsblatt der Europäischen Gemeinschaften
Abs.	Absatz
Abschr.	Abschreibung
Abt.	Abteilung
AbwAG	Abwasserabgabengesetz
a.F.	alte Fassung
AG	Aktiengesellschaft, Die Aktiengesellschaft
AktG	Aktiengesetz
a. M.	am Main
Änd.	Änderung
Anm.	Anmerkung
AO	Abgabenordnung
Art.	Artikel
AtomG	Atomgesetz
Aufl.	Auflage
Az.	Aktenzeichen
BauR	Baurecht
Ba.-Wü.	Baden-Württemberg
BayAbfAlG	Bayerisches Abfallwirtschafts- und Altlastengesetz
BayImSchG	Bayerisches Immissionsschutzgesetz
BB	Betriebs-Berater
BBergG	Bundesberggesetz
BBK	Buchführung, Bilanz, Kostenrechnung
Bd.	Band
ber.	berichtigt
BewG	Bewertungsgesetz
BFH	Bundesfinanzhof
BFH/NV	Sammlung amtlich nicht veröffentlichter Entscheidungen des Bundesfinanzhofs
BFuP	Betriebswirtschaftliche Forschung und Praxis
BGB	Bürgerliches Gesetzbuch
BGBl	Bundesgesetzblatt
BGH	Bundesgerichtshof
BHR	Bonner Handbuch Rechnungslegung
BImSchG	Bundesimmissionsschutzgesetz
BImSchV	Verordnung zum Bundesimmissionsschutzgesetz
BMF	Bundesministerium (Bundesminister) der Finanzen
BMWF	Bundesministerium (Bundesminister) für Wirtschaft und Finanzen
BNatSchG	Bundesnaturschutzgesetz

BR-Drs.	Bundesrats-Drucksache
bspw.	beispielsweise
BStBl.	Bundessteuerblatt
BT-Drs.	Bundestags-Drucksache
BVerwG	Bundesverwaltungsgericht
bzw.	beziehungsweise
CDFI	Cahiers de droit fiscal international, hrsg. v. der International Fiscal Association
ChemG	Chemikaliengesetz
ChemPrüfV	Prüfnachweisverordnung
dass.	dasselbe
DB	Der Betrieb
DBW	Die Betriebswirtschaft
ders.	derselbe
d.h.	daß heißt
dies.	dieselbe(n)
Diss.	Dissertation
DM	Deutsche Mark
DMBilG	D-Markbilanzgesetz
DÖV	Die öffentliche Verwaltung
DStJG	Jahrbuch der Deutschen Steuerjuristischen Gesellschaft
DStR	Deutsches Steuerrecht
DStZ	Deutsche Steuerzeitung
DStZ/A	Deutsche Steuerzeitung, Ausgabe A
DStZ/E	Deutsche Steuerzeitung/Eildienst
DSWR	Datenverarbeitung, Steuern, Wirtschaft und Recht
DVBl.	Deutsches Verwaltungsblatt
DWiR	Deutsche Zeitschrift für Wirtschaftsrecht
EFG	Entscheidungen der Finanzgerichte
EStG	Einkommensteuergesetz
EStR	Einkommensteuer-Richtlinien
etc.	et cetera
EuGH	Europäischer Gerichtshof
e.V.	eingetragener Verein
f	folgende
FAZ	Frankfurter Allgemeine Zeitung
ff	fortfolgende
FG	Finanzgericht
FinMin	Finanzministerium
Fn.	Fußnote

FR	Finanz-Rundschau
G	Gesetz
GBl.	Gesetzblatt
geänd.	geändert
GEFIU	Gesellschaft für Finanzwirtschaft in der Unternehmensführung
GefStoffV	Gefahrstoffverordnung
gem.	gemäß
GewStG	Gewerbesteuergesetz
GG	Grundgesetz
ggf.	gegebenenfalls
GmbH	Gesellschaft mit beschränkter Haftung
GmbHG	Gesetz betreffend Gesellschaften mit beschränkter Haftung
GmbHR	GmbH-Rundschau
GMBl.	Gemeinsames Ministerialblatt
GoB	Grundsätze (Grundsatz) ordnungsmäßiger Buchführung
GuV	Gewinn- und Verlustrechnung
GVBl.	Gesetzes- und Verordnungsblatt
GV NW	Gesetz- und Verordnungsblatt für das Land Nordrhein-Westfalen
Hamb.	Hamburgisches
h.M.	herrschende(r) Meinung
HB	Handelsblatt
HAbfAG	Hessisches Abfallwirtschafts- und Altlastengesetz
HdJ	Handbuch des Jahresabschlusses in Einzeldarstellungen
Hess.	Hessischer
HGB	Handelsgesetzbuch
Hrsg.	Herausgeber
hrsg.	herausgegeben
HWR	Handwörterbuch des Rechnungswesens
HWStR	Handwörterbuch des Steuerrechts
i.B.	im Breisgau
IDW	Institut der Wirtschaftsprüfer
ImSchG	Immissionsschutzgesetz
insbes.	insbesondere
i.S.d.	im Sinne des
INF	Die Information über Steuer und Wirtschaft
IStR	Internationales Steuerrecht
i.V.m.	in Verbindung mit
JbFfSt	Jahrbuch der Fachanwälte für Steuerrecht
JoA	The Journal of Accountancy
Jura	Juristische Ausbildung

JuS	Juristische Schulung
Kap.	Kapitel
KÖSDI	Kölner Steuerdialog
LAbfG	Landesabfallgesetz
LAbfWAG	Landesabfallwirtschafts- und Altlastengesetz
LG	Landgericht
LImSchG	Vorschaltgesetz zum Immissionsschutz
m.E.	meines Erachtens
mglw.	möglicherweise
MinBl.	Ministerialblatt
Mio.	Millionen
Mrd.	Milliarde(n)
m.w.N.	mit weiteren Nachweisen
n.F.	neue Fassung
Nieders.	Niedersachsen
NJW	Neue Juristische Wochenschrift
Nr.	Nummer
Nrn.	Nummern
NRW	Nordrhein-Westfalen
NVwZ	Neue Zeitschrift für Verwaltungsrecht
NWB	Neue Wirtschaftsbriefe
OBG	Ordnungsbehördengesetz
ÖStZ	Österreichische Steuer-Zeitung
OFD	Oberfinanzdirektion
OFH	Oberster Finanzgerichtshof
OLG	Oberlandesgericht
o.V.	ohne Verfasserangabe
OFD	Oberfinanzdirektion
OLG	Oberlandesgericht
OVG	Oberverwaltungsgericht
PCB	Polychlorierte Biphenyle
PCT	Polychlorierte Terphenyle
PolG	Polizeigesetz
Rdn.	Randnummer

RegEHGB	Regierungsentwurf zum Handelsgesetzbuch
RFH	Reichsfinanzhof
RGBl.	Reichsgesetzblatt
Rhl.-Pf.	Rheinland-Pfalz
RIW	Recht der Internationalen Wirtschaft
Rn.	Randnummer
Rs.	Rechtssache
RStBl.	Reichssteuerblatt
RWP	Rechts- und Wirtschaftspraxis
Rz.	Randziffer
S.	Seite
Saarl.	Saarländisches
San.	Sanierungs
Slg.	Sammlung der Rechtsprechung des Gerichtshofes der Europäischen Gemeinschaften
Sp.	Spalte
SRU	Rat der Sachverständigen für Umweltfragen
StbJb	Steuerberater-Jahrbuch
StBp	Die steuerliche Betriebsprüfung
StGB	Strafgesetzbuch
Stpfl.	Steuerpflichtige(r)(n)
StuW	Steuer und Wirtschaft
StVj	Steuerliche Vierteljahresschrift
t	Tonne
TA	Technische Anleitung
TW	Teilwert
Tz.	Textziffer
u.	und
u.a.	und andere(n), unter anderem
UmweltHG	Umwelthaftungsgesetz
UPR	Umwelt- und Planungsrecht
U.S.	United States
USA	Vereinigte Staaten von Amerika
v.	von, vom, versus
VerpackV	Verpackungsverordnung
VersR	Versicherungsrecht
VC	Vinylchlorid
Vfg.	Verfügung
VGH	Verwaltungsgerichtshof
vgl.	vergleiche

v.H.	vom Hundert
V, VO	Verordnung
VOB	Verdingungsverordnung für Bauleistungen
Vol.	Volume
vs.	versus
VwGO	Verwaltungsgerichtsordnung
VwVfG	Verwaltungsverfahrensgesetz
WB	Die Weltbühne
WHG	Wasserhaushaltsgesetz
WiSt	Wirtschaftswissenschaftliches Studium
WISU	Wirtschaft und Studium
WM	Wertpapier-Mitteilungen, Zeitschrift für Wirtschafts- und Bankrecht
WoBauFG	Wohnungsbauförderungsgesetz
WPg	Die Wirtschaftsprüfung
ZAU	Zeitschrift für angewandte Umweltforschung
z.B.	zum Beispiel
ZfB	Zeitschrift für Betriebswirtschaft
ZfbF	Zeitschrift für betriebswirtschaftliche Forschung
ZfG	Zeitschrift für Gesetzgebung
ZfU	Zeitschrift für Umweltpolitik
ZfW	Zeitschrift für Wasserrecht
ZGR	Zeitschrift für Unternehmens- und Gesellschaftsrecht
ZHR	Zeitschrift für das gesamte Handelsrecht und Wirtschaftsrecht
ZIP	Zeitschrift für Wirtschaftsrecht
ZRP	Zeitschrift für Rechtspolitik

1. Teil: Grundlegung

1. Kapitel: Einordnung der Problemstellung

I. Untersuchungsgegenstand

A. Materielle Bedeutsamkeit

Umweltschutz ist eine Aufgabe, die aufgrund des gestiegenen Umweltbewußtseins und der zunehmenden Sensibilität gegenüber Umweltschäden, hierzu sei nur an einzelne Umweltkatastrophen wie z.b. in Bophal, in Tschernobyl oder bei der Sandoz AG/Basel erinnert, eine immens steigende Beachtung erfahren hat und auch noch bis ins nächste Jahrtausend erfahren wird[1]. In der Literatur wird bereits konstatiert, daß sich die ökologische Erneuerung nach den liberalen Reformen des 18. und 19. Jahrhunderts und den sozialen des 19. und 20. Jahrhunderts wohl als die Reform(-notwendigkeit) des 21. Jahrhunderts darstellen wird[2].

Wird der Umweltschutz verstanden als Schutz der natürlichen Lebensgrundlagen von Menschen, Tieren und Pflanzen[3], so zeichnet sich ab[4], daß eine Verlagerung vom wiederherstellenden hin zum vorbeugenden Umweltschutz erfolgen wird[5].

---

[1] Der hohe Stellenwert der Thematik wird letztendlich auch durch die Überlegungen unterstrichen, den Umweltschutz als Staatsziel im Grundgesetz zu verankern. Vgl. dazu *Kloepfer*, Umweltrecht, 1989, S. 39 ff, insbesondere S. 47; *Hoppe/Beckmann*, Umweltrecht, 1989, S. 47-53 m.w.N.; auch *o.V.*, Staatsziel, DB 1988, S. 797.

[2] Vgl. *von Lersner*, Umweltschutz, ZfB-Ergänzungsheft 2/90: Betriebliches Umweltmanagement, S. 2.

[3] Vgl. ausführlich zum Begriff der Umwelt und zum Begriff des Umweltschutzes *SRU*, Umweltgutachten, 1987, BT-Drs. 11/1568, S. 38 ff und S. 43 ff. Vgl. auch *Kloepfer*, Umweltrecht, 1989, S. 9 ff; *Wickert/Haasis/Schafhausen/Schulz*, Umweltökonomie, 1992, S. 12 ff.

[4] *Kloepfer*, Umweltrecht, 1989, S. 3 f, spricht davon, daß der Schutz der natürlichen Umwelt "zur Schicksalsfrage der kommenden Jahrzehnte geworden" ist und führt weiter aus: "Der Umweltschutz hat Zukunft, weil es ohne Umweltschutz keine Zukunft geben wird".

[5] In diesem Zusammenhang sind auch die in jüngster Zeit intensiver diskutierten sogenannten Ökosteuern zu sehen, welche - grob dargestellt - über eine ökologische Ausgestaltung des Steuersystems die Lenkungsmöglichkeiten des Steuerrechts für die Belange des Umweltschutzes nutzen sollen. Vgl. dazu weiterführend *Benkert/Bunde/Hansjürgens*, Öko-Steuern, 1990; *Gosch*, Öko-Steuern, StuW 1990, S. 201 ff; *Franke*, Öko-Steuern, StuW 1990, S. 217 ff; *Wilhelm*, Öko-Steuern, BB 1990, S. 751 ff; *ders.*, Ökosteuern, 1990; *Kuhn*, Ökologische Umgestaltung, ZfbF 1990, S. 733 ff; *Tipke/Lang*, Steuerrecht, 1991, S. 179 f m.w.N.; *Nutzinger/Zahrnt*, Öko-Steuern, 1989; *dies.*, Steuerreform, 1990; *Höfling*, Verfassungsfragen, StuW 1992, S. 242 ff; zu Umweltabgaben *Hansjürgens*, Umweltpolitik, StuW 1993, S. 20 ff, sowie insbesondere die Vorträge in: *Kirchhof* (Hrsg.), Umweltschutz, 1993.

Der Problematik der bereits bestehenden Umweltschäden, und hier insbesondere der Problematik der Sicherung und Beseitigung der sogenannten Altlasten, wird schon jetzt mit enormen Anstrengungen Rechnung getragen[6].

Aufgrund des verstärkten Umweltbewußtseins der Bevölkerung und der - vielfach erst neue Einblicke und Nachweise ermöglichenden - verbesserten naturwissenschaftlichen Erkenntnisse ergibt sich immer häufiger die Notwendigkeit und auch die Möglichkeit zur Sanierung von Altlasten. Im Zuge der deutschen Vereinigung ist deutlich geworden, daß auch in den neuen Bundesländern Umweltschäden[7] gewaltigen Ausmaßes verursacht worden sind, z.b. durch die chemische Industrie (Stichwort: Bitterfeld) oder durch den Braunkohletagebau in der Lausitz[8]. Zugleich sind für die neuen Bundesländer Förderprogramme speziell auch für die Belange des Umweltschutzes aufgelegt worden. Hier sind insbesondere zu nennen die Förderungen über verbilligte Kredite aus dem ERP-Sondervermögen und aus dem Kommunaldarlehensprogramm[9] wie auch die Förderung über an die Unternehmen geleistete Zuschüsse[10] - z.B. aus dem "Sofortprogramm Neue Bundesländer" der "Deutschen Bundesstiftung Umwelt" -, die vollständig oder teilweise eine Förderung des Umweltschutzes und Verbesserung der Umweltsituation bewirken sollen[11].

Nach dem Bericht des Bundesumweltamtes beträgt das zur Altlastensanierung allein in den alten Bundesländern notwendige Finanzierungsvolumen 70 Milliarden DM in den nächsten

---

6   Allgemein sind die Umweltschutzinvestitionen des produzierenden Gewerbes von 1976 bis 1985 - in jeweiligen Preisen - von 2,4 Mrd. DM auf 5,6 Mrd. DM angewachsen, dabei sind die Umweltschutzinvestitionen von 1984 bis 1985 sprunghaft um 60 % angestiegen, hierdurch betrugen 1985 die Umweltschutzinvestitionen 6,4 % der Gesamtinvestitionen. Vgl. diese Angaben auch in: *Umweltbundesamt*, Daten zur Umwelt 1988/89, 1989, S. 82.

7   Die Umweltproblematik stellt ein ganz wesentliches Investitionshemmnis insbesondere in den Branchen des Bergbaus, der Nichteisen-Metallerzeugung, der chemischen Industrie, der Gummiverarbeitung und des Straßenfahrzeugbaus dar.

8   Die daraus resultierenden Sanierungs- und Investitionsaufwendungen werden zwar nicht überwiegend, aber zumindest doch zum Teil auch von den privatwirtschaftlichen Unternehmen aufzubringen sein. Nicht übersehen werden darf allerdings, daß auch auf die Gebietskörperschaften etc. immense Belastungen, z.B. wegen notwendig werdender Kanalisationssanierungen, zukommen werden.

9   Vgl. die Nachweise bei *Brockhoff-Hansen*, Fördermittel, DStR 1991, S. 480 ff.

10 Zur steuerlichen Behandlung der Zuschüsse vgl. *Uhlig*, Zuschüsse, 1989.

11 Diese Förderprogramme können aber ebensowenig Gegenstand einer bilanzrechtlichen Betrachtung sein wie die weiteren Förderungsmöglichkeiten hinsichtlich des Umweltschutzes, von denen wohl an erster Stelle die Regelung des § 7 d EStG über Sonderabschreibungen für dem Umweltschutz dienende Wirtschaftsgüter genannt werden müßte, welche am 1.1.1991 ausgelaufen ist. Vgl. ausführlich zu dieser Vorschrift *Heigl*, Umweltschutz-Investitionen, 1975; *ders.*, Abschreibungen, StuW 1976, S. 240 ff; *Weisse*, Steuererleichterungen, DStR 1980, S. 553; *Kieschke*, Umweltschutzinvestitionen, DB 1982, S. 192 ff; *Wassermann/Teufel*, Umweltschutz, BB 1982, S. 304 ff; *Fertig*, Sonderabschreibungen, BB 1984, S. 1916 ff; *Barth*, Begünstigungen, DB 1986, S. 73 ff; *Söffing*, Absetzungen, DStZ 1986, S. 388 ff; *Cansier*, Erweiterung, StuW 1987, S. 326 ff; *Limbach*, Förderung, 1991, S. 27 ff.

10 Jahren[12]. Die zur Angleichung des Umweltschutzstandards - also nicht nur zur Altlastensanierung[13] - an das westdeutsche Niveau notwendigen Investitionen in den neuen Bundesländern sollen nach Schätzung des IfO-Instituts für Wirtschaftsforschung in München bis zum Jahre 2000 eine Höhe von 211 Milliarden DM erreichen[14].

Auf diese Entwicklung reagieren der Gesetzgeber und die Verwaltungsorgane nun mit verstärkten Eingriffen und Maßnahmen zum Schutze der Umwelt und zur Beseitigung von Umweltschäden, wobei insbesondere das öffentliche Recht als Anknüpfungspunkt dient; die Erstellung von Altlastenkatastern soll nur als ein Beispiel dafür genannt werden[15].

Diese gesteigerte Bedeutung des Umweltschutzes ist als ein entscheidendes Faktum der Unternehmenspolitik zu sehen, das in nahezu alle Bereiche des betrieblichen Geschehens ausstrahlt, da der Gesetzgeber im Rahmen staatlicher Umweltschutzmaßnahmen und -vorgaben insbesondere zu Restriktionen der unternehmerischen Handlungsmöglichkeiten, nämlich konkret zu Ge- oder Verboten, greift[16]. Daneben werden zur Förderung des Umweltschutzes auch positive und negative Anreize geboten, also Subventionen gewährt (z.B. in Form von Zuschüssen) und Abgaben erhoben (z.B. in Form von Gebühren oder Sonderabgaben[17]).

Nun ist Umweltschutz - beinahe eine Selbstverständlichkeit - nicht zum Nulltarif zu haben; im Gegenteil können sich aus den angesprochenen Verpflichtungen (Ge- bzw. Verboten) und Risiken einschneidende Konsequenzen für die jeweilig betroffenen Unterneh-

---

12 So *Herzig*, in: *Herzig* (Hrsg.), Umweltschutz, 1991, S. V.

13 Jedes Jahr sollen in der Bundesrepublik Kosten von bis zu 60 Milliarden DM allein bei der Verschmutzung und Verseuchung des Bodens anfallen; so *o.V.*, Bodenverseuchung, HB Nr. 174 vom 10.9.1991, S. 1.

14 Vgl. den Hinweis in der FAZ, *o.V.*, 211 Milliarden DM, Nr. 87 vom 15.4.1991, S. 13.

15 Die Erstellung von Altlastenkatastern ist in den Landes(abfall)gesetzen teilweise verbindlich vorgeschrieben, vgl. z.B. die §§ 29, 31 LAbfG NW: Abfallgesetz für das Land Nordrhein-Westfalen (Landesabfallgesetz - LAbfG) vom 21.6.1988, GV NW S. 250, geänd. durch G vom 20.6.1989, GV NW S. 366.

16 Als aktuelles Beispiel sei hier auf das ab 1995 geltende Herstellungs-, Import- und Verwendungsverbot von Asbest hingewiesen.

17 Hier sei beispielsweise an die Abwasserabgabe nach dem Abwasserabgabengesetz (Gesetz über Abgaben für das Einleiten von Abwasser in Gewässer (Abwasserabgabengesetz - AbwAG) vom 13.9.1976, BGBl. I S. 2721, geändert durch G vom 19.12.1986, BGBl. I S. 2619) gedacht. Aber auch eine Abfallabgabe ist derzeit in der Diskussion, vgl. dazu den Hinweis in *o.V.*, Töpfer, HB Nr. 69 vom 10.4.1991, S. 1; *o.V.*, Strafsteuer, HB Nr. 186 vom 26.9.1991, S. 15. Vgl. zur Abwasserabgabe und zu weiteren Abgabenvorschlägen *Karl-Bräuer-Institut des Bundes der Steuerzahler* (Hrsg.), Sonderabgaben, 1990, S. 27 ff. Zu EG-Umweltabgaben *Grabitz*, Handlungsspielräume, RIW 1989, S. 623 ff.

men ergeben[18], die in manchen Fällen durchaus auch das Ende eines unternehmerischen Engagements bedeuten können[19].

Da diese Verpflichtungen und Risiken im Umweltschutzbereich regelmäßig nicht versicherbar sind[20], rückt die unternehmensinterne Risikovorsorge ins Zentrum des Interesses und lenkt den Blick nahezu zwangsläufig auf das klassische Instrument der bilanziellen Risikovorsorge[21] gegenüber speziellen Risiken, die nicht im allgemeinen Unternehmensrisiko aufgehen, nämlich auf die Rückstellungen.

Die Bilanzposition der Rückstellungen, die in verschiedenen Rechenwerken (Handels- und Steuerbilanz; Vermögensaufstellung; D-Markeröffnungsbilanz; sonstige Statusbilanzen, wie z.b. Überschuldungsbilanzen) Wirkung entfaltet, zeichnet sich durch eine permanente Aktualität aus. Ursächlich hierfür ist einerseits, daß sich in dieser Bilanzposition vielfältige Grundsatzprobleme der steuerlichen Gewinnermittlung wie in einem Brennglas bündeln und andererseits, daß ständig neue Sachverhalte auftreten, deren Einordnung in die Position Rückstellung zu erörtern ist; dazu sind insbesondere auch die neuartigen Umweltschutzsachverhalte zu zählen[22].

Es bestehen gewichtige Gründe für die Vermutung, daß sich nach der Diskussion um die Jahresabschlußkostenrückstellungen[23] in den siebziger und um die Drohverlustrückstel-

---

18 Vgl. zum Verursacherprinzip (als einem Grundprinzip des Umweltschutzes), wonach der Verursacher grundsätzlich die sachliche und finanzielle Verantwortung für den Umweltschutz trägt, *Kloepfer*, Umweltrecht, 1989, S. 83 ff. Dort wird näher ausgeführt, daß das Verursacherprinzip kein reines Kostenzurechnungsprinzip darstellt; vielmehr sollten als Maßnahmen im Sinne des Verursacherprinzips auch Verbote und Auflagen (daneben noch zivilrechtliche Unterlassungs- und Haftungsansprüche) angesehen werden.

19 So ist wohl der Fall gelagert, der dem Beschluß des FG Münster vom 10.9.1990 - IX 3976/90 V, BB 1991, S. 874, zugrunde lag. Auf eine existenzbedrohende Wirkung weist auch *Kamphausen*, in: *Kamphausen/Kolvenbach/Wassermann*, Beseitigung, DB Beilage Nr. 3/87, S. 3, hin.

20 Vgl. dazu beispielsweise die Ausführungen in den Geschäftsberichten der *Münchener Rückversicherungsgesellschaft* betreffend 1988/89, S. 22 f, sowie betreffend 1989/90, S. 22 ff; auch *Knopp/Striegl*, Betriebsorganisation, BB 1992, S. 2016 f; *Wagner*, Umweltrisiken, in: *Nicklisch* (Hrsg.), Prävention, 1988, S. 191 ff; *Schmidt-Salzer*, Umwelthaftpflichtversicherung, VersR 1988, S. 424 ff; *Herzig*, Rückstellungen, DB 1990, S. 1341; so auch *Mittelstaedt*, Umweltschäden, NWB Fach 17, S. 1141.

21 Vgl. auch *Herzig*, Risikovorsorge, in: *Doralt* (Hrsg.), Probleme, 1991, S. 199 ff.

22 Ebenda, S. 200.

23 Vgl. zusammenfassend dazu *Höchendorfer*, Rückstellungen für Jahresabschlußkosten, 1986. Vgl. weiterhin *Offerhaus*, Buchabschlusses, BB 1974, S. 212 ff; *Rudolph*, Nochmals, DB 1979, S. 1527 ff; *ders.*, Jahresabschlußkosten, BB 1983, S. 943 ff; *Horn*, Steuererklärungskosten, DStR 1981, S. 251 f; Erlaß des FinMin Schleswig-Holstein vom 4.3.1981, DStR 1981, S. 255; *Killinger*, Abschluß, DStR 1981, S. 686; *Echelmeyer/Ring*, Nochmals, DStR 1981, S. 493 f; *Budde*, Jahresabschlußkosten, BB 1982, S. 851; BMF-Schreiben vom 19.11.1982, Rückstellungen für Jahresabschlußkosten, FR 1982, S. 592 f; *Pfleger*, Rückstellungspflicht, DB 1982, S. 1082 f; *Kaul*, Jahresabschlusses, DB 1983, S. 363 ff; *Gürtzgen*, Betriebsprüfung, DB 1984, S. 369 ff; *Horlemann*, Außenprüfungen, BB 1984, S. 2162 ff; *Bordewin*, Wahlrechte, BB 1985, S. 516 ff.

lungen - insbesondere aus Arbeitsrechtsverhältnissen[24] - in den achtziger Jahren nun für die neunziger Jahre eine weitere Diskussionswelle ergibt, die im wesentlichen die Problematik der Umweltschutzrückstellungen zu erörtern haben wird. Schon jetzt werden die gewaltigen Ausmaße der Thematik sichtbar, wenn realisiert wird, daß z.b. der Konzernabschluß der VEBA AG Rückstellungen für die Entsorgung im Kernkraftbereich von über 7,5 Milliarden DM aufweist[25].

Die derzeit aufzustellenden D-Markeröffnungsbilanzen[26] mit den erstmals für die ehemaligen DDR-Betriebe zu passivierenden Rückstellungen für ungewisse Verbindlichkeiten[27] beleuchten ebenfalls das Ausmaß der gesamten Problematik; hier weist beispielsweise die D-Markeröffnungsbilanz der Deutschen Reichsbahn AG Rückstellungen wegen Altlasten in Höhe von 5,7 Milliarden DM aus[28].

Ein weiteres Beispiel für die immensen Konsequenzen ist im Fall der Vereinigten Mitteldeutschen Braunkohlenwerke AG (Mibrag) in Bitterfeld zu sehen, wo die testierte D-Markeröffnungsbilanz bei einer Bilanzsumme von 18 Milliarden DM Rückstellungen für die Sanierung der ökologischen Altlasten in Höhe von 14 Milliarden DM (also 77,8 vom Hundert der Bilanzsumme) aufweist[29]. Zur Vermeidung der Überschuldung - insoweit ist hierin eine Sondersituation der Erstellung von D-Markeröffnungsbilanzen zu sehen -

---

24 Vgl. dazu grundlegend *Herzig*, Arbeitsverhältnissen, StbJb 1985/86, S. 61 ff; *Herzig/Esser*, Erfüllungsrückstände, DB 1985, S. 1301 ff; *Herzig*, Ganzheitsbetrachtung, ZfB 1988, S. 212 ff.

25 Vgl. *Geschäftsbericht* 1992 der VEBA AG, S. 102. Die entsprechende Summe betrug 1988 noch über 4,3 Mrd. DM; vgl. *Geschäftsbericht* 1988 der VEBA AG, S. 96. 7,5 bzw. 4,3 Mrd. DM entsprechen 14,35 bzw. 11,86 % der Bilanzsumme (52,27 bzw. 36,25 Mrd. DM). Vgl. auch die Zahlenangaben und die Aufschlüsselung der Umweltschutzausgaben der chemischen Industrie in 1988 in: *Verband der chemischen Industrie* (Hrsg.), Umweltleitlinien, 1990, S. 9. Für die Elektrizitätswirtschaft sind hohe Vorsorgeaufwendungen zur Abdeckung öffentlich-rechtlicher Verpflichtungen charakteristisch; so *Reinhard*, Beurteilung, in: *Domsch/Eisenführ/Ordelheide/Perlitz*, Unternehmenserfolg, 1988, S. 335.

26 Vgl. zu den D-Markeröffnungsbilanzen und zum D-Markbilanzgesetz statt vieler *KPMG* (Hrsg.), D-Markbilanzgesetz (Kommentierung), 1990; *Heuser*, Eröffnungsbilanzen, GmbHR 1990, S. 434 ff u. S. 495 ff; *Schneeloch*, Eröffnungsbilanz; BB 1991, S. 25 ff; *Sonnemann/Lohse*, Änderungen, BB 1991, Supplement Deutsche Einigung, S. 14 ff, *Fey*, Folgewirkungen, WPg 1991, S. 253 ff mit umfangreichen weiteren Nachweisen in Fußnote 2.

27 Bislang waren im Rechnungswesen der ehemaligen DDR-Unternehmen Verbindlichkeitsrückstellungen nicht vorgesehen; vgl. auch die Darstellung bei *Küting/Pfuhl*, Offene Fragen, DStR 1991, S. 129 ff.

28 Vgl. *o.V.*, Hohe Rückstellungen, HB Nr. 240 vom 13.12.1990, S. 22.

29 Vgl. auch die Kostenschätzung (12,7 Mrd. DM für das Gebiet des Mitteldeutschen Braunkohlenbergbaus) von *Bilkenroth*, Aspekte, BFuP 1991, S. 539. Vgl. allgemein zur Problematik der Bilanzierung ökologischer Lasten in den neuen Bundesländern *Ludewig*, Bilanzierung, in: *Baetge* (Hrsg.), Umweltrisiken, 1994, S. 107 ff.

konnten aber Ausgleichsforderungen gegenüber der Treuhandanstalt in die Bilanz eingestellt werden[30].

Von weitreichender Bedeutung sind Rückstellungsvolumina solcher Größenordnung auch in finanzwirtschaftlicher Hinsicht[31], denn sie verbessern die Innenfinanzierung, erhöhen den Cash-flow[32] und ermöglichen es den Unternehmen, den zum Teil massiven Zufluß von Rückstellungsgegenwerten zur Finanzierung von Investitionen, z.b. zum Unternehmens- und Beteiligungskauf, einzusetzen[33].

Die stetig steigende Relevanz der Rückstellungsbilanzierung zeigt sich weiterhin darin, daß im Jahre 1974 der Anteil der Rückstellungen an der Bilanzsumme etwas mehr als 11 Prozent betrug, während er sich im Jahre 1988 schon auf knapp 21 Prozent belief[34].

Die materielle Bedeutsamkeit des Themas wird außerdem auch durch die Tatsache erhellt, daß die Problematik der Umweltschutzrückstellungen nicht nur auf wenige große Unternehmen der chemischen Industrie beschränkt ist[35]. Vielmehr werden sowohl kleine Tankstellenbetriebe[36] (insbesondere hinsichtlich ihrer Altölbestände)[37] und chemische Reinigungen[38] als auch mittelständische Gießereien und Galvanikbetriebe sowie darüberhinaus auch die bereits erwähnten Energieversorgungsunternehmen hinsichtlich ihrer (Kern-) Kraftwerksentsorgung von dieser Problematik erfaßt.

Schließlich ist noch hervorzuheben, daß ab dem 1.1.1993 die in der Steuerbilanz passi-

---

30 Vgl. zu diesen (Zahlen-)Angaben *Drost*, Braunkohle, HB Nr. 67 vom 8.4.1991, S. 15. Da die Bundesrepublik Deutschland für die Schulden der Treuhandanstalt haftet, wird "mit der Höhe der Rückstellungen für Altlasten in DM-Eröffnungsbilanzen ... in der Größenordnung auch über Zahlungsverpflichtungen des Bundes entschieden"; *Wanieck*, Umweltrecht, in: *Baetge* (Hrsg.), Umweltrisiken, 1994, S. 29.

31 Vgl. speziell zur Innenfinanzierungswirkung von Pensionsrückstellungen *Höfer*, Pensionsrückstellung, BB 1991, S. 1223 ff.

32 Vgl. dazu ausführlich *Vormbaum*, Finanzierung, 1990, S. 414 ff; auch *Grünewald/Pfaff*, Finanzierungsinstrument, BB 1983, S. 1511 ff.

33 Vgl. *o.V.*, RWE übernimmt Deutsche Texaco, AG 1988, S. R 218; vgl. auch *o.V.*, Bayernwerk, Zeitung für kommunale Wirtschaft, Ausgabe August 1989, S. 7. Auf die Bedeutung des Umweltschutzes auch und gerade für den Mittelstand weist *Zeitler*, Umweltschutz, DSWR 1992, S. 17 ff, hin.

34 Vgl. den Hinweis bei *Baetge* (Hrsg.), Rückstellungen, 1991, S. i; auch *Herzig/Köster*, Rückstellungen, in: *Vogl/Heigl/Schäfer* (Hrsg.), Handbuch des Umweltschutzes, 1992, Kap. III - 8.1, S. 3. Durch die zwischen den Bezugszeitpunkten eingetretene Änderung des Bilanzrechts wird die direkte Vergleichbarkeit der beiden angegeben Werte allerdings eingeschränkt.

35 Mit einem vergleichbaren Hinweis *Zuber/Berry*, risk, JoA 1992, S. 48.

36 Mit der Schilderung eines entsprechenden Praxisfalls *Janke-Weddige*, Verjährung, BB 1991, S. 1805 ff.

37 Vgl. mit diesem Beispiel *Günkel*, Rückstellungen, in: *Herzig* (Hrsg.), Umweltschutz, 1991, S. 33.

38 Vgl. insbesondere zu den altlastenverdächtigen Branchen und den jeweils charakteristischen Stoffen die Zusammenstellung bei *SRU*, Altlasten, 1990, BT-Drs. 11/6191, S. 34.

vierten (Verbindlichkeits-)Rückstellungen wegen Umweltschutzverpflichtungen auch für Zwecke der Substanzbesteuerung[39] von Relevanz sind, da bedingt durch das Steueränderungsgesetz 1992[40] eine Übernahme der Steuerbilanzwerte in die Vermögensaufstellung[41] erfolgt[42]. Die neue Rechtslage mit der Übernahme der steuerbilanziell zu berücksichtigenden Rückstellungen ergibt sich aus den nunmehr umformulierten §§ 98a und 109 I BewG, wonach die §§ 4 bis 8 BewG nicht mehr anzuwenden und im übrigen die Steuerbilanzwerte anzusetzen sind[43].

Hinter der skizzierten materiellen Bedeutung der Umweltschutzrückstellungen bleibt die theoretische Durchdringung dieses Problemkreises noch zurück. Dieses theoretische Defizit - die Literatur spricht sogar von einer Forschungslücke[44] - soll zum Anlaß genommen werden, sich in der vorliegenden Arbeit mit den Problemen der Rückstellungsbildung wegen Umweltschutzverpflichtungen und insbesondere den bilanzrechtlichen Sonderproblemen bei öffentlich-rechtlich begründeten Verpflichtungen[45] zu befassen.

---

[39] Der Vollständigkeit halber sei darauf hingewiesen, daß die Vermögen- und die Gewerbekapitalsteuer für die Unternehmen in den neuen Bundesländern bis Ende 1994 ausgesetzt worden sind.

[40] Gesetz zur Entlastung der Familien und zur Verbesserung der Rahmenbedingungen für Investitionen und Arbeitsplätze (Steueränderungsgesetz 1992 - StÄndG 1992) vom 25.2.1992, BStBl. I 1992, S. 146 ff.

[41] Die daraus resultierende Anbindung der Vermögensaufstellung über die Steuerbilanz an die Handelsbilanz wird von *Herzig*, Maßgeblichkeit, DB 1992, S. 1053 f, als "verlängerte Maßgeblichkeit" bezeichnet. Vgl. ausführlich dazu *Herzig/Benders*, Struktur, FR 1993, S. 670 ff; *Herzig/Kessler*, Übernahme, DStR 1994, Beihefter zu Heft 12.

[42] Diese Übernahme der Steuerbilanzwerte in die Vermögensaufstellung soll neben einer Entlastung vor allem eine Steuervereinfachung mit sich bringen. Vgl. weiterführend zu den diesbezüglichen Neuerungen durch das angesprochene Steueränderungsgesetz *Halaczinsky*, Änderungen, NWB Fach 9, S. 2553 ff; *Rödder*, Übernahme, DStR 1992, S. 965 ff.

[43] Für alle vorhergehenden Veranlagungszeiträume galten aber noch die von der steuerbilanziellen Handhabung weitgehend unabhängigen Grundsätze für den Rückstellungsansatz in der Vermögensaufstellung. Vgl. zu den Unterschieden insbesondere *Herzig*, Rückstellungen, DB 1990, S. 1353 f. Vgl. weiterführend zur alten Rechtslage *Erhard*, A-B-C, 1977; *Institut "Finanzen und Steuern"*, Berücksichtigung, Brief Nr. 191, 1980; *dass.*, Übernahme, Brief Nr. 197, 1980; *dass.*, Steuerbilanzwerte, Brief Nr. 296, 1990; *Rudolph*, Steuerbilanz, DB 1980, S. 1368 f; *ders.*, Anwendung, DB 1986, S. 1302 ff; *Ebling*, Vermögensaufstellung, DStR 1981, S. 340 ff; *Moench*, Abzugsverbot, DStR 1981, S. 581 ff; *Brauch/Böttcher/Pomrehn*, Rückstellungen, DB 1982, S. 2322 f; *Knepper*, Rückstellungen, BB 1983, S. 1208 ff; *Nolte*, Vermögensaufstellung, in: *Raupach* (Hrsg.), Werte, 1984, S. 309 ff; *Moench/Glier/Knobel/Werner*, Bewertungs-, 1989, Kommentierung zu § 103 BewG; *Rössler/Troll*, Bewertungsgesetz, 1989, Kommentierung zu § 103 BewG; *Halaczinsky*, Rückstellungen, NWB Fach 9, S. 1615 ff; *Biergans/Sigloch*, Ableitung, 1991.

[44] So *Herzig*, in: *Herzig* (Hrsg.), Umweltschutz, 1991, S. V.

[45] Nachfolgend soll der Begriff öffentlich-rechtliche Verpflichtung gleichbedeutend als Kurzform des Begriffs öffentlich-rechtlich begründete Verpflichtung verwandt werden.

B. Bilanzrechtliche Relevanz des Untersuchungsgegenstandes

Neben den bereits dargestellten, aus dem tatsächlichen Bereich stammenden Gründen für das Interesse an den Umweltschutzrückstellungen ist noch eine hochinteressante bilanzrechtliche Problematik derart zu verzeichnen, daß Umweltschutzverpflichtungen nicht nur privatrechtlich (z.b. durch vertraglich fixierte Haftungsregelungen) begründet sind. Vielmehr machen die öffentlich-rechtlich (z.b. durch gesetzliche Vorschrift oder Verwaltungsakt) begründeten Umweltschutzverpflichtungen den weit überwiegenden Teil der zu betrachtenden Sachverhalte aus; diese öffentlich-rechtlichen Verpflichtungen können grundsätzlich in Abgabenverpflichtungen, welche im vorliegenden Zusammenhang vernachlässigt werden sollen, und öffentlich-rechtliche Lasten[46] eingeteilt werden. Das besondere bilanzrechtliche Interesse resultiert nun daraus, daß die Rückstellungen wegen öffentlich-rechtlicher Verpflichtungen[47] an der handels- und steuerbilanziell bedeutsamen Nahtstelle zwischen Verbindlichkeits- und Aufwandsrückstellungen angesiedelt sind. In Erfüllung derartiger öffentlich-rechtlicher Verpflichtungen sind regelmäßig solche Aufwendungen zu tätigen, die dann, wenn das Vorliegen einer öffentlich-rechtlichen Verpflichtung verneint werden müßte, grundsätzlich wohl als innerbetrieblicher Aufwand anzusehen wären und somit höchstens - über die Ausübung des handelsbilanziellen Wahlrechts gemäß § 249 II HGB - als Aufwandsrückstellungen erfaßt werden könnten.

Die öffentlich-rechtlichen Verpflichtungen unterscheiden sich also insoweit von privatrechtlich begründeten Verpflichtungen, als erstere nicht unbedingt auf eine materielle Leistung des Verpflichteten an den Verpflichtungsgläubiger (z.b. Geld- oder Sachleistungen) abzielen, während die Erfüllung einer privatrechtlichen Verpflichtung regelmäßig doch einen Vermögenstransfer vom Schuldner zum Gläubiger mit sich bringt[48]; die Erfüllung einer öffentlich-rechtlichen Verpflichtung gewährleistet also eher einen ungestörten Betriebsablauf, als daß sie zu einer unmittelbaren, meßbaren Nutzensteigerung bei einem anspruchsberechtigten Dritten führt[49].

Genau an der angesprochenen Nahtstelle zwischen Verbindlichkeits- und Aufwandsrückstellungen verläuft nun aber bekanntlich auch die Trennungslinie zwischen den Interessen ertragsstarker und ertragsschwacher Unternehmen. Von ertragsstarken Unternehmen kann die Ansatzpflicht der Verbindlichkeitsrückstellungen handelsbilanziell in der Regel ohne Probleme verkraftet werden; das Hauptinteresse liegt hier auf der steuerstundenden Wirkung der Verbindlichkeitsrückstellungen.

---

46 Vgl. zu dieser Unterteilung die Abbildung bei *Herzig*, Rückstellungen, DB 1990, S. 1343.
47 Vgl. dazu grundlegend *Herzig*, Rückstellungen, DB 1990, S. 1341 ff.
48 Z.B. Zahlungen aufgrund von Patentrechtsverletzungen, von Bergschäden etc.
49 Vgl. *Grubert*, Rückstellungsbilanzierung, 1978, S. 147.

Bei ertragsschwachen Unternehmen kann die Passivierungspflicht der Verbindlichkeitsrückstellungen dagegen zu einer Unterbilanz bzw. einer Überschuldung führen und damit existentielle Bedeutung erlangen. Das Interesse dieser Unternehmen ist häufig darauf gerichtet, die Umweltschutzverpflichtungen der Rückstellungskategorie Aufwandsrückstellungen zuzuweisen, für die handelsbilanziell lediglich ein Ansatzwahlrecht besteht; steuerliche Aspekte treten in diesem Zusammenhang deutlich in den Hintergrund[50].

Die Interessenlage des bilanzierenden Unternehmens kann aber für die hier zu erörternde Lösung bilanzrechtlicher Probleme ebensowenig ausschlaggebend sein[51] wie die Tatsache, daß von der Passivierung einer Umweltschutzrückstellung möglicherweise unerwünschte Signale an die Umweltschutzbehörde ausgehen oder die Passivierung als Indiz für ein Verschulden[52] des Unternehmens gewertet werden könnte[53].

Sollten Umweltschutzverpflichtungen bzw. -maßnahmen aber weder durch die angesprochenen Verbindlichkeits- noch durch die Aufwandsrückstellungen erfaßt werden (können), so könnten diese Verpflichtungen bzw. Maßnahmen auch als ein Testfall für das Informationsinstrument[54] Anhang gesehen werden, welches seit dem Inkrafttreten des Bilanzrichtlinien-Gesetzes (BiRiLiG)[55] einen Teil des Jahresabschlusses von Kapitalgesellschaften darstellt[56]. Auch diesem Aspekt sollen die nachfolgenden Ausführungen gelten.

II. Gegenwärtiger Diskussionsstand

Die Problematik der Rückstellungsbilanzierung ist in der jüngeren Vergangenheit - abgesehen von den Neuerungen durch das BiRiLiG (und hier hervorzuheben: die Aufwands-

---

50 So auch *Herzig*, Rückstellungen, DB 1990, S. 1341; *Ballwieser*, Passivierung, in: *IDW* (Hrsg.), Fachtagung, 1992, S. 134.

51 "Eine Bilanzierung der Rückstellung je nach der Interessenlage des Unternehmens würde sowohl handels- als auch steuerrechtlichen Grundsätzen widersprechen", so die Vfg. der OFD Kiel vom 18.10.1990, DStR 1991, S. 36 f.

52 Eine Rückstellungsbildung kann nicht als Schuldanerkenntnis durch den Bilanzierenden gewertet werden; so explizit OLG Nürnberg, Urteil vom 31.5.1990, 12 U 35/90, DStR 1991, S. 656.

53 So auch *Herzig*, Rückstellungen, DB 1990, S. 1341.

54 Der Anhang erfüllt als gleichgewichtiger Teil des Jahresabschlusses einer Kapitalgesellschaft mit Bilanz und Gewinn- und Verlustrechnung in erster Linie eine Interpretations- und Ergänzungsfunktion, insoweit kann also von einem Informationsinstrument gesprochen werden. Vgl. auch *Tanski/Kurras/Weitkamp*, Jahresabschluß, 1991, S. 342 ff; *Schildbach*, Jahresabschluß, 1987, S. 256 f.

55 Gesetz zur Durchführung der Vierten, Siebenten und Achten Richtlinie des Rates der Europäischen Gemeinschaften zur Koordinierung des Gesellschaftsrechts (Bilanzrichtlinien-Gesetz) vom 19.12.1985, BGBl. I S. 2355.

56 Vgl. explizit § 264 I Sätze 1 und 2 HGB.

rückstellungen nach § 249 II HGB) - insbesondere dadurch wieder in das Zentrum des Interesses gerückt, daß der Begriff der Verbindlichkeitsrückstellung eine deutliche Klarstellung - die Literatur[57] spricht auch von einer Ausweitung - dahingehend erfahren hat, daß auch öffentlich-rechtlich begründete Lasten bzw. Auflagen[58], soweit sie ungewiß sind, als Verpflichtungen nunmehr unstreitig einen Rückstellungsansatz erzwingen können[59].

Diese Ausweitung der Rückstellungsbilanzierung wurde durch eine Rechtsprechungsänderung des BFH in 1977 begründet[60] und endgültig in 1980 betreffend die Zulässigkeit von Rückstellungen für Jahresabschlußkosten vollzogen[61]. Die Problematik der Bilanzierung von Rückstellungen wegen öffentlich-rechtlicher Verpflichtungen, die über diesen Jahresabschlußkostensachverhalt hinausgehen, ist aber immer noch nicht endgültig geklärt, da die Rechtsprechung das aus dem Objektivierungsgedanken entspringende Passivierungserfordernis der hinreichenden Konkretisierung der zu bilanzierenden Verpflichtungen im Bereich der öffentlich-rechtlich begründeten Verpflichtungen restriktiver definiert als im Bereich der privatrechtlich begründeten Verpflichtungen; die hier zu erörternde bilanzrechtliche Problematik liegt also insbesondere in der Ausfüllung des Erfordernisses der hinreichenden Konkretisierung.

Durch die angesprochene Änderung in der Rechtsprechung ist die Zulässigkeit der Bildung von Verbindlichkeitsrückstellungen - über die zivilrechtlich begründeten Außenverpflichtungen und die faktischen Verpflichtungen hinaus - auch für die öffentlich-rechtlichen Verpflichtungen verdeutlicht worden. Bis zu diesem Wandel wurden, von einigen Ausnahmen, wie z.B. dem Gruben- und Schachtversatz[62], abgesehen, öffentlich-rechtliche Verpflichtungen in der Regel nicht als Verbindlichkeiten im bilanzrechtlichen Sinne angesehen[63]. Allerdings hatten sich bis zu diesem Zeitpunkt bereits die Stimmen in der

---

57 *Herzig*, Rückstellungen, DB 1990, S. 1341; so explizit - beträchtliche Ausweitung des Begriffs der "ungewissen Schulden" - auch *Beisse*, Handelsbilanzrecht, BB 1980, S. 640; *Christiansen*, Folgeprobleme, StBp 1981, S. 88.

58 Zu dieser Kennzeichnung vgl. auch *Grubert*, Rückstellungsbilanzierung, 1978, S. 152 f.

59 Vgl. zu den Rückstellungen wegen öffentlich-rechtlicher Verpflichtungen grundlegend *Herzig*, Rückstellungen, DB 1990, S. 1341 ff.

60 Mit dem Urteil vom 26.10.1977 I R 148/75, BStBl. II 1978, S. 97.

61 Mit dem Urteil vom 20.3.1980 IV R 89/79, BStBl. II 1980, S. 297.

62 Vgl. dazu beispielsweise *Bartke*, Bergschäden, DB-Beilage Nr. 4/78, S. 1 ff.

63 BMWF-Schreiben vom 5.10.1971, DB 1971, S. 1987; BMWF-Schreiben vom 13.11.1972, BB 1972, S. 1489; ausführlich *Thomas*, Bedeutungswandel, BB 1976, S. 1165 ff; *Offerhaus*, Buchabschlusses, BB 1974, S. 474 ff; *Mies*, Rückstellung, WPg 1969, S. 223 ff; *Nehm*, Rückstellungen, WPg 1966, S. 3 ff, 6; *Nolte*, Rückstellungen, DB 1962, S. 146. A.A. - mit anderem Verständnis der Argumentationsfigur der selbständig bewertbaren Last - unter Bezug auf die Kiesgrubenwiederauffüllverpflichtungen *Günkel*, Rückstellungen, StbJb 1990/91, S. 100.

Literatur gemehrt[64], die eine direkte Subsumtion der öffentlich-rechtlichen Lasten unter die Verbindlichkeiten im Sinne des Rückstellungsbegriffs[65] als sachgerecht erachteten[66]; insoweit kommt der Ausweitung der Rückstellungsbilanzierung auch der Charakter einer Korrektur der zu engen Auslegung des Tatbestandsmerkmals "Verpflichtung" durch den BFH zu[67].

Eine Ausnahmestellung nahmen bereits vor diesem Wandel die öffentlich-rechtlich begründeten Verpflichtungen zur Abraumbeseitigung und Kiesgrubenauffüllung[68] ein. Die Passivierungspflicht wurde in diesen Fällen mit der Argumentationsfigur der selbständig bewertbaren Last[69] begründet, die nach Auffassung in der Literatur auch als eine - durch die eigenständigen Formulierungen der BFH-Rechtsprechung zur ertragsteuerlichen Rückstellungsbilanzierung bedingte - eher eigenständige Rückstellungsklasse neben den Verbindlichkeits- und den Drohverlustrückstellungen zu verstehen war[70]. Es ist im vorliegenden Zusammenhang bemerkenswert, daß diese Argumentationsfigur in der Rückstellungsrechtsprechung nicht mehr auftaucht, seit die Zulässigkeit von Verbindlich-

---

64 Vgl. beispielsweise *Döllerer*, Rückstellungen, DStZ/A 1975, S. 291-296, 292; ders., Rechnungslegung, BB 1965, S. 1405 ff, 1410. Nach dieser schon sehr früh geäußerten Auffassung sollten sich öffentlich-rechtlich begründete Verpflichtungen zwingend in Verbindlichkeitsrückstellungen niederschlagen.

65 Vgl. dazu und zum Verpflichtungscharakter der öffentlich-rechtlichen Lasten die umfangreichen Darlegungen und Ableitungen bei *Grubert*, Rückstellungsbilanzierung, 1978, S. 147-156.

66 Gleichwohl sah die Rechtsprechung, vertreten durch zwei Finanzgerichtsurteile, vor diesem Wandel in der handelsrechtlichen Abschluß- und Prüfungspflicht keine Verbindlichkeit im bilanzrechtlichen Sinne. Vgl. FG Niedersachsen, Urteil vom 29.4.1975 VI Kö 66/74, EFG 1975, S. 594 f; FG Rheinland-Pfalz, Urteil vom 16.6.1976 I 188/75, EFG 1976, S. 542 f. Vgl. auch die Literaturnachweise bei *o.V.*, Rückstellungen, DStR 1975, S. 558.

67 So auch *Borstell*, Aufwandsrückstellungen, 1988, S. 36 f.

68 In dem BFH-Urteil vom 16.9.1970 I R 184/67, BStBl. 71 II, S. 85 f, auf das in der Literatur, z.B. von *Günkel*, Rückstellungen, StbJb 1990/91, S. 58 f, hingewiesen wird, findet sich nur der Hinweis, daß die "Auffüllverpflichtungen, mögen sie nun auf Vertrag oder auf öffentlichem Recht beruhen, ... selbständige Belastungen für den Kläger" begründen; dem angesprochenen Urteil lag dabei der Fall einer vertraglich begründeten Auffüllverpflichtung zugrunde. Aus dem im BFH-Urteil vom 19.2.1975 I R 28/73, BStBl. II 1975, S. 480 ff, geschilderten Sachverhalt läßt sich das Bestehen einer rückstellungsbegründenden öffentlich-rechtlichen Verpflichtung auch nicht zweifelsfrei entnehmen, da der BFH direkt und ohne nähere Erläuterung ausführt, daß der Bilanzierende im zu entscheidenden Sachverhalt zur Rekultivierung verpflichtet sei.

69 BFH vom 16.9.1970 I R 184/67, BStBl. II 1971, S. 85 f; ebenso zu Rückstellungen für Abraumbeseitigung *Esser*, Aufwandsrückstellungen, StbJb 1984/85, S. 151 ff, 155; zur Betriebslast *Littmann/Förger*, Rückstellungen, 1964, S. 31 f; *Fasold*, Bewertungs, StbJb 1966/67, S. 424 ff; *Sebiger*, Rückstellungsbildung, DStR 1975, S. 338 f.

70 So *Grubert*, Rückstellungsbilanzierung, 1978, S. 217-232; dazu auch *Bartke*, Bergschäden, DB-Beilage Nr. 4/78, S. 1 ff, und *Littmann/Bitz/Meincke*, Einkommensteuerrecht, 1991, Rn. 906 zu §§ 4, 5 EStG. Die selbständig bewertungsfähige Betriebslast wurde auch als Unterart der Verlustrückstellungen angesehen, z.B. von *Littmann/Förger*, Rückstellungen, 1964, S. 31 ff.

keitsrückstellungen auch für öffentlich-rechtlich begründete Verpflichtungen grundsätzlich geklärt worden ist[71].

In der derzeitigen Diskussion findet nun eine Übertragung der von der Rechtsprechung entwickelten Grundsätze und Überlegungen insbesondere auf Umweltschutzverpflichtungen nur sehr begrenzt statt; dies ist umso bemerkenswerter, als sich das Netz der - zumeist öffentlich-rechtlich begründeten - Umweltschutzverpflichtungen, denen ein Unternehmen unterworfen ist, immer enger zieht. So hat sich die Umweltschutzgesetzgebung seit 1971 "geradezu explosionsartig entwickelt"[72]. In rascher Folge wurden über das Fluglärm- und das Benzinbleigesetz (1971), das Abfallgesetz des Bundes (1972), das DDT-Gesetz (1972), das Bundesimmissionsschutzgesetz (1974), das Bundeswaldgesetz (1975), das Gesetz über die Beförderung gefährlicher Güter (1975), Novellierungen des Abfall-, Atom- und Wasserhaushaltsgesetzes (1976), das Bundesnaturschutzgesetz (1976), Novellierung des Altölgesetzes (1979), das Chemikaliengesetz (1980), weitere Novellierungen des Abfall-, Wasserhaushalts- und Abwasserabgabengesetzes (1986), Novellierung des Bundesimmissionsschutzgesetzes[73] (1990), das Umwelthaftungsgesetz (1990) bis hin zur Novellierung der Störfallverordnung[74] (1991) umweltrechtliche Normen erlassen. Dabei kann beispielsweise die Tragweite des zum 1.1.1991 in Kraft getretenen neuen Umwelthaftungsgesetzes[75] wegen fehlender praktischer Erfahrungen noch gar nicht endgültig abgeschätzt werden[76]. Aufgrund der Einführung einer völlig neuen Haftungsqualität - die bislang nur für das Wasserrecht galt -, nämlich der verschuldensunabhängigen Gefährdungshaftung für die Betreiber bestimmter Anlagen, die über die bisherigen Rege-

---

71 So auch *Herzig*, Rückstellungen, DB 1990, S. 1342.

72 Mit diesem Urteil auch *Rürup*, Rückstellungen, in: *Moxter* (Hrsg.), Rechnungslegung, 1992, S. 521.

73 Vgl. zur 3. Novelle zum Bundesimmissionsschutzgesetz *Büge*, Novelle, DB 1990, S. 2408 ff.

74 Zwölfte Verordnung zur Durchführung des Bundes-Immissionsschutzgesetzes (Störfall-Verordnung - 12. BImSchV) in der Fassung der Bekanntmachung vom 20.9.1991, BGBl. I S. 1891. Vgl. dazu *Büge*, Störfallverordnung, DB 1991, S. 2276 f.

75 Gesetz über die Umwelthaftung (UmweltHG) vom 10.12.1990, BGBl. 1990 I, 2634.

76 Vgl. zum Umwelthaftungsrecht in den USA *Hein*, Aspekte, RIW 1991, S. 636 ff; zur verschuldensunabhängigen Haftung nach dem Oil Pollution Act 1990, welche auch bundesdeutsche Schiffseigentümer bzw. -betreiber erfassen kann, vgl. *Anderson/Wethmar*, US-Umweltrecht, RIW 1991, S. 1001 ff; zur Haftung bei grenzüberschreitenden Umweltbelastungen *Jayme*, Haftung, in: *Nicklisch* (Hrsg.), Prävention, 1988, S. 205 ff; zur umweltrechtlichen Haftung von Kreditgebern *Mörsdorf-Schulte*, Haftung, RIW 1994, S. 292 ff.

lungen wesentlich hinausgeht, kann aber auf eine enorme praktische Relevanz geschlossen werden[77].

Die Dynamik der bundesdeutschen Gesetzgebungs- und Verordnungspraxis im Umweltschutzbereich[78] wird schlaglichtartig auch durch die Tatsache erhellt, daß zwischen dem 1.10.1988 und dem 30.9.1989 nicht weniger als 90 neue Gesetze und Verordnungen im Umweltschutzbereich erlassen wurden[79]. Da sich die potentiell oder tatsächlich die Umwelt belastenden Unternehmen dieser Dynamik, die eine sowohl quantitativ wie auch qualitativ wachsende Regelungsdichte mit sich bringt[80], nicht entziehen können, ist es nicht verwunderlich, daß im Managementbereich das Schlagwort "Umweltschutz ist Chefsache" immer mehr Beachtung findet[81]. Zugleich hat die Betriebswirtschaftslehre begonnen, die Problematik des Umweltschutzes als einen Themenbereich zu entdecken und zu erschließen, welcher im Rahmen des betrieblichen Geschehens, insbesondere auch bei der Vorbereitung von Beschaffungs-, Produktions- und Absatzentscheidungen[82], nicht länger vernachlässigt werden kann und darf[83].

---

77 Vgl. ausführlich zu den Regelungen *Salje*, Kritik, ZRP 1989, S. 408 ff; *Landsberg/Lülling*, Umwelthaftung, DB 1990, S. 2205 ff; *dies.*, Ursachenvermutung, DB 1991, S. 479 ff; *Jost*, Umwelthaftungsgesetz, DB 1990, S. 2381 ff; *Merkisch*, Haftung, BB 1990, S. 223 ff; *Steffen*, Gefährdungshaftung, NJW 1990, S. 1817 ff; *Reuter*, Gefährdungshaftung, ZfG 1990, S. 36 ff; *ders.*, Umwelthaftung, BB 1991, S. 145 ff; *Hager*, Umwelthaftungsgesetz, NJW 1991, S. 134 ff; *Mittelstaedt*, Umwelthaftungsgesetz, NWB Fach 25, S. 2035 ff; *Feess-Dörr/Prätorius/Steger*, Umwelthaftungsrecht, 1992. Zu Rückstellungen und Umwelthaftung vgl. *Herzig/Köster*, Rückstellungsrelevanz, DB 1991, S. 53 ff.

78 Vgl. zur Dynamik der Umweltschutzgesetzgebung auch die Auflistung der umweltrechtlichen Normen bei *Rürup*, Rückstellungen, in: *Moxter* (Hrsg.), Rechnungslegung, 1992, S. 521; vgl. auch *Schink*, Entwicklung, ZAU 1993, S. 361 ff.

79 Vgl. den Hinweis im *Geschäftsbericht* 1988/89 der Degussa AG, 1990, S. 12.

80 Vgl. zur wachsenden Regelungsdichte die sehr instruktiven Ausführungen und Abbildungen bei *Schmidt-Salzer*, Umwelthaftpflicht, VersR 1990, S. 12 ff.

81 Vgl. auch den gleichnamigen Aufsatz von *Siegmann*, Umweltschutz, ZfB-Ergänzungsheft 2/90: Betriebliches Umweltmanagement, S. 55 ff.

82 Vgl. insoweit auch *Wicke/Haasis/Schafhausen/Schulz*, Umweltökonomie, 1992, S. 256-284.

83 Vgl. bspw. *Berg*, Recycling, WiSt 1979, S. 201 ff; *Strebel*, Umwelt und Betriebswirtschaft, 1980; *Hillebrand*, Umweltschutz, DB 1981, S. 1941 ff; *Wagner*, Fragen, in: *Franziskus/Stegmann/Wolf* (Hrsg.), Handbuch der Altlastensanierung, 1988, Kapitel 1.6.2.1; *ders.*, Altlastensanierung, in: *Franziskus/Wolf* (Hrsg.), Handbuch der Altlastensanierung, 1988, Kapitel 1.6.2.2; *Steger*, Umweltmanagement, 1988, inbes. S. 129 ff; *Kistner*, Umweltschutz, BfuP 1989, S. 30 ff; *Rückle*, Investitionskalküle, BFuP 1989, S. 51 ff; *Heigl*, Anreize, BFuP 1989, S. 66 ff; *Kirchgeorg*, Ökologieorientiertes Unternehmensverhalten, 1990; *Kloock*, Umweltschutz, WISU 1990, S. 107 ff und S. 171 ff; *Peemöller*, Umweltschutz, WISU 1990, S. 239 ff; *Kudert*, Umweltschutzes, WISU 1990, S. 569 ff; *Matschke/Lemser*, Entsorgung, BFuP 1992, S. 85 ff; *Corsten/Götzelmann*, Abfallvermeidung, BFuP 1992, S. 102 ff; *Gasser*, Umwelthaftungsrecht, BFuP 1992, S. 152 ff; *Dyckhoff*, Produktion, 1992; *ders.*, Produktionswirtschaft, in: *Wagner* (Hrsg.), Umweltschutz, 1993, S. 81 ff; *Kloepfer*, Umweltschutz, DB 1993, S. 1125 ff; *Rautenstrauch*, Recycling, ZfB-Ergänzungsheft 2/93: Betriebliches Umweltmanagement 1993, S. 87 ff; *Meffert/Kirchgeorg*, Umweltmanagement, 1993. *Siegler*, Recycling, 1993; *Stitzel*, Utopia, DBW 1994, S. 95 ff; *Coenenberg/Baum/Günther/Wittmann*, Unternehmenspolitik, ZfbF 1994, S. 81 ff. Vgl. auch die Beiträge in: *Kreikebaum* (Hrsg.), Integrierter Umweltschutz, 1991.

Entsprechende Veröffentlichungen befassen sich beispielsweise mit Fragen der Problematik von Umweltschutz und internem Rechnungswesen[84] und mit der ökologischen Umgestaltung der Buchhaltung[85]. Daneben werden auch Modelle einer umweltbezogenen Rechnungslegung (social reports)[86] sowie erste Ansätze zur Erstellung von Öko-Bilanzen[87] diskutiert, welche allerdings nur die Umweltverträglichkeit des betrieblichen Geschehens und der eingesetzten Stoffe abbilden sollen.

Die in einer ersten Phase erschienenen Stellungnahmen in der Fachliteratur zu den Umweltschutzverpflichtungen beschäftigten sich zunächst nur mit juristischen[88] Fragestellungen. In jüngster Zeit sind allerdings einige Veröffentlichungen zu verzeichnen, die intensiv die Rückstellungsrelevanz der Umweltschutzproblematik auf der Basis des geltenden Handels- und Steuerbilanzrechts behandeln[89]; gleichwohl steht eine geschlossene Darstellung der bilanzrechtlichen Problematik noch aus.

Vernachlässigt wurde bislang auch eine gemeinsame Betrachtung - und möglicherweise auch die Kombination - der Instrumente, die Umweltschutzverpflichtungen in den Rechenwerken (Bilanzen) abbilden können[90], nämlich

- der Verbindlichkeitsrückstellungen (§ 249 I Satz 1 erster Halbsatz HGB), die das materiell gewichtigste Instrument darstellen,

---

84 Vgl. ausführlich *Seidel*, Ökologisch, 1988, S. 114 ff; *Frese/Kloock*, Rechnungswesen, BFuP 1989, S. 1 ff; *Kloock*, Umweltkostenrechnungen, in: *Wagner* (Hrsg.), Umweltschutz, 1993, S. 179 ff; auch *Günther/Wagner*, Öko-Controlling, DBW 1993, S. 143 ff; *Schulz*, Umweltcontrolling, 1993.

85 Vgl. *Müller-Wenk*, ökologische Buchhaltung, 1978; *Braunschweig*, ökologische Buchhaltung, 1988.

86 Vgl. dazu weiterführend *Heigl*, Social Accounting, in: *Baetge/Moxter/Schneider* (Hrsg.), Bilanzfragen, 1976, S. 295 ff; *Tanski/Kurras/Weitkamp*, Jahresabschluß, 1991, S. 598 ff; auch *Wicke/Haasis/Schafhausen/Schulz*, Umweltökonomie, 1992, S. 495 ff.

87 Vgl. dazu die Schilderung des Praxisfalles der Kunert AG von *Gottschall*, Saubere Geschäfte, manager magazin 8/1990, S. 141 ff. Ferner *Hallay* (Hrsg.), Ökobilanz, Berlin 1990; *Mosthaf*, Ökobilanz, WiSt 1991, S. 191 ff; *Strecker*, Ökobilanz, BB 1992, S. 398 ff; *Schaltegger/Sturm*, Ökobilanzierung, 1992; *Gawel*, Ökobilanzierung, Wirtschaftsdienst 1993, S. 199 ff; *Braunschweig/Müller-Wenk*, Ökobilanzen, 1993. Bei der Mercedes-Benz AG wird seit 1992 eine interne Öko-Bilanz eingesetzt; vgl. dazu *Reuter*, Umweltmanagement, in: Organisationsforum Wirtschaftskongress e.V. (Hrsg.), Umweltmanagement, 1991, S. 13 ff, 16.

88 Vgl. dazu das umfangreiche Standardwerk von *Kloepfer*, Umweltrecht, 1989.

89 Vgl. dazu die Vorträge und die Podiumsdiskussion in: *Herzig* (Hrsg.), Umweltschutz, 1991; *ders.*, Risikovorsorge, in: *Doralt* (Hrsg.), Probleme, 1991, S. 199 ff; *ders.*, Umweltschutzrückstellungen, in: *Baetge* (Hrsg.), Umweltrisiken, 1992, S. 67 ff. Vgl. weiterhin *Friedrichs*, Rechnungslegung, DB 1987, S. 2580 ff; *Honzak*, Vorsorgen, ÖStZ 1991, S. 31 ff; *Ballwieser*, Passivierung, in: *IDW* (Hrsg.), Fachtagung, 1992, S. 131 ff; *Crezelius*, Umweltschutzmaßnahmen, DB 1992, S. 1353 ff; *Kupsch*, Umweltlasten, BB 1992, S. 2320; *Klein*, Umweltschutzmaßnahmen, DStR 1992, S. 1737 ff; *Nieland*, Behandlung, StBP 1992, S. 269 ff; *Siegel*, Umweltschutz, BB 1993, S. 326 ff; *ders.*, Lösungsansätze, in: *Wagner* (Hrsg.), Umweltschutz, 1993, S. 129 ff; *Elschen*, Rückstellungen, DB 1993, S. 1097 ff; *Groh*, Altlastenrückstellungen, DB 1993, S. 1833 ff; *Eilers*, Altlasten, 1993.

90 Vgl. mittlerweile aber die knapp gehaltenen Ausführungen bei *Bartels*, Umweltrisiken, 1992; *Loose*, Umweltverbindlichkeiten, 1993, und *Leuschner*, Umweltschutzrückstellungen, 1994.

- der Aufwandsrückstellungen nach § 249 II HGB[91],
- des Anhangsausweises im Sinne des § 285 Nr. 3 HGB[92].

III. Untersuchungsziel

Die vorliegende Arbeit verfolgt nun das übergeordnete Ziel, die Berücksichtigung von Umweltschutzverpflichtungen im handelsrechtlichen Jahresabschluß und in der Steuerbilanz durch die drei Instrumente Verbindlichkeitsrückstellung, Aufwandsrückstellung und Anhangsangabe (letzteres nur im Jahresabschluß von Kapitalgesellschaften) auf der Grundlage des geltenden Bilanzrechts sowohl dem Grunde als auch der Höhe nach umfassend zu untersuchen[93]. Dabei ist es das Hauptanliegen dieser Arbeit, zunächst die Bilanzierung von (Verbindlichkeits-)Rückstellungen wegen privat- sowie wegen öffentlichrechtlich begründeter (Umweltschutz-)Verpflichtungen auf eine tragfähige konzeptionelle Basis zu stellen und darauf aufbauend die konkrete Bilanzierungsfähigkeit ausgewählter Umweltschutzverpflichtungen zu überprüfen.

Die beiden diesem übergeordneten Ziel notwendigerweise vorgelagerten Teilziele sind darin zu erkennen, daß einerseits (neben den gesetzlich formulierten insbesondere auch) die Rückstellungskriterien der Rechtsprechung dargestellt, kritisch gewürdigt und teilweise überarbeitet werden sollen und daß andererseits eine Analyse, Strukturierung und Auswahl der relevanten, d.h. der materiell bedeutsamen, Umweltschutzverpflichtungen erfolgen muß, an welche sich dann die Untersuchung der Erfassungsmöglichkeiten[94] bezüglich konkreter Umweltschutzverpflichtungen anschließen kann. Als integraler Bestandteil der Untersuchung muß auch die Lösung von zwei - insbesondere in Zusammenhang mit öffentlich-rechtlichen Verpflichtungen stehenden - aktuellen und materiell gewichtigen Problemen der Bilanzierung angesehen werden, nämlich die Lösung einerseits der Frage nach dem Konkurrenzverhältnis von Abschreibungsvornahme und Rückstellungsbildung bei Entdeckung einer Altlast sowie andererseits der Frage nach der Berücksichtigung von zukünftig anfallenden Herstellungs- und von Dauerbetriebskosten im Rahmen der Rückstellungsbewertung.

---

91 Vgl. zu Umweltschutz und Aufwandsrückstellungen gemäß § 249 II HGB *Ballwieser*, Passivierung, in: *IDW* (Hrsg.), Fachtagung, 1992, S. 140 f.

92 Erfassung der Umweltschutzverpflichtungen im Gesamtbetrag der sonstigen finanziellen Verpflichtungen.

93 Der Vollständigkeit halber sei angemerkt, daß im Verlaufe der Untersuchung auch Abraumbeseitigungsrückstellungen (gemäß § 249 I Satz 2 Nr. 1 HGB), soweit bei diesen ein spezieller Umweltschutzbezug erkennbar wird, einer kurzen Betrachtung unterzogen werden.

94 Bei der Bilanzierung ungewisser Verbindlichkeiten wird aufgrund des Passivierungsgebotes aus der Erfassungsmöglichkeit eine Erfassungsnotwendigkeit.

Konkret soll also in der vorliegenden Arbeit im wesentlichen Stellung bezogen werden zu den folgenden, stichwortartig benannten Problemkreisen, die den handelsrechtlichen Jahresabschluß und teilweise auch die Steuerbilanz betreffen:

- Rückstellungsarten bei Umweltschutzmaßnahmen,
- Rückstellungen für ungewisse Verbindlichkeiten,
- Rückstellungen aufgrund faktischen Leistungszwangs,
- Ansatzkriterien der Rechtsprechung bei Rückstellungen wegen öffentlich-rechtlicher Verpflichtungen,
- Aufwandsrückstellungen bei Umweltschutzmaßnahmen,
- Rückstellungsbildung bei einzelnen Umweltschutzmaßnahmen: Altlastensanierungs-, Rekultivierungs-, Abfallbeseitigungs-, Anpassungs- und umweltrechtliche Nachweisverpflichtungen,
- Bewertung dieser Rückstellungen,
- ratierliche Rückstellungsbildung oder einmalige Rückstellungsdotierung,
- Rückstellungsbildung und/oder Abschreibungsvornahme bei Entdeckung einer Altlast,
- Rückstellungsbildung auch für solche zukünftigen Ausgaben, die im Zeitpunkt ihres Anfalls dann als Anschaffungs- bzw. Herstellungskosten zu aktivieren sein werden oder Rückstellungsbildung zumindest für zukünftigen Abschreibungsaufwand,
- Anhangsausweis gemäß § 285 Nr. 3 HGB.

IV. Aktuelle Entwicklungen im Bereich der umweltrechtlichen Grundlagen

Die Gesetzgebungs- und Verordnungspraxis im Bereich des Umweltrechts ist, wie bereits erwähnt, von einer großen Dynamik geprägt. Aktuell sind auf nationaler Ebene folgende Entwicklungen hervorzuheben:

- In der jüngsten Vergangenheit ist die Verpackungsverordnung[95] erlassen worden, die über eine für Hersteller und Händler geltende Rücknahmepflicht von Transport-,

---

95 Verordnung über die Vermeidung von Verpackungsabfällen (Verpackungsverordnung - VerpackV) vom 12.6.1991, BGBl. I S. 1234. Diese Verpackungsverordnung sieht vor, daß die Verbraucher ab dem 1.1.1993 Um- und Verkaufsverpackungen in den Geschäften zurücklassen können, welche dort zurückgenommen werden müssen; zudem ist ein Zwangspfand auf Einwegverpackungen, z.B. bei Getränken und Waschmitteln, zu erheben. Die Pfanderhebung und die Rücknahmepflicht können durch die von den Herstellern bzw. Händlern aufzubauende Einrichtung des dualen Systems, welches eine privatwirtschaftlich organisierte Abholung des sortierten Verpackungsmülls bei den Haushaltungen beinhaltet, vermieden werden. Die Kosten des dualen Systems als Auswirkung der Verpackungsverordnung werden auf ungefähr 2 Milliarden DM jährlich geschätzt. Vgl. dazu *o.V.*, Verpackungsverordnung, HB Nr. 77 vom 22.4.1991, S. 7; *Beuth*, Ökologischer Kreislauf, HB Nr. 108 vom 10.6.1991, S. 19; ausführlicher *Fluck*, Rechtsfragen, DB 1992, S. 193 ff; *ders.*, Verpackungsverordnung, DB 1993, S. 211 ff; auch *Hansmeyer*, Verpackungsverordnung, Wirtschaftsdienst 1993, S. 232 ff.

Um- und Verkaufsverpackungen eine Verringerung des Verpackungsmülls bezweckt[96].

- Im Gespräch ist derzeit der Entwurf eines Abfallabgabengesetzes des Bundes und damit die Erhebung einer Abfallabgabe, um Anreize für die Vermeidung, Verwertung und die umweltverträgliche Entsorgung von Abfall sowie die verminderte Inanspruchnahme von Deponieraum zu schaffen[97].

Auf internationaler Ebene[98] ist zugleich eine Entwicklung dahingehend zu beobachten, daß insbesondere von der Europäischen Gemeinschaft[99] (nunmehr: Europäische Union) verstärkt Impulse im Bereich des Umweltschutzes ausgehen[100], die ebenfalls Verpflichtungen für die betroffenen Unternehmen mit sich bringen werden[101]:

- Hier sei beispielhaft auf den Kommissionsentwurf einer (zivilrechtlichen) Abfallhaftungs-Richtlinie verwiesen[102].
- Weiterhin wurde vom Europarat der Entwurf einer Konvention zur Umwelthaftung vorgelegt[103], der allgemein eine Gefährdungshaftung für gefährliche Handlungen, also nicht nur auf bestimmte Anlagen begrenzt, vorsieht.
- Außerdem wurde Mitte 1990 eine Richtlinie zur Umweltauskunft[104] verabschiedet[105], die jedem Interessierten den Zugang zu den den Behörden vorliegenden Informationen über umwelterhebliche Vorgänge und Tatsachen verschaffen soll[106].

---

96 Vgl. dazu *Mittelstaedt*, Verpackungsverordnung, NWB Fach 25, S. 2051 ff.

97 Vgl. aktuell dazu *Arndt*, Bundesabfallabgabengesetzes, BB-Beilage 8 zu Heft 13/92; *Trzaskalik*, Abgaben, StuW 1992, S. 135 ff; *Steiner*, Umweltabgaben, StVj 1992, S. 205 ff.

98 Vgl. ausführlich zum französischen Umweltrecht *Kloepfer/Mast*, Umweltrecht, RIW 1992, S. 5 ff; zum italienischen Umweltrecht *Casati/Stecher*, Umweltrecht, RIW 1992, S. 448 ff.

99 Zu den Umweltaktivitäten der Europäischen Gemeinschaft vgl. *Kloepfer*, Umweltrecht, 1989, S. 297 ff; vgl. weiterhin *Fischer*, Klimaschutzabgaben, IStR 1993, S. 201 ff.

100 Vgl. dazu auch *Klemmer*, Harmonisierung, Wirtschaftsdienst 1991, S. 262 ff; *Spross*, EG-Umwelt-Audit, DStZ 1994, S. 138 ff; zum europäischen Umweltzeichen *Scherer*, Umweltzeichen, RIW 1990, S. 908 ff; *Schiffler/Delbrück*, Kennzeichnung, DB 1991, S. 1002 ff; *Maier-Rigaud*, Aspekte, Wirtschaftsdienst 1993, S. 193 ff; zur europäischen Umweltverträglichkeitsprüfung *Cupei*, Umweltverträglichkeitsprüfung, DVBl. 1985, S. 813 ff; zur deutschen Umweltverträglichkeitsprüfung *Weber/Hellmann*, Gesetz, NJW 1990, S. 1625 ff.

101 Vgl. zur Umsetzung von Umweltschutzrichtlinien der EG *Everling*, Umweltrichtlinien, RIW 1992, S. 379 ff; *ders.*, Durchführung, NVwZ 1993, S. 209 ff.

102 Vgl. dazu *Salje*, Umwelthaftung, DB 1990, S. 2053 ff.

103 Vgl. den Hinweis bei *Reuter*, Umwelthaftung, BB 1991, S. 149.

104 Richtlinie des Rates vom 7.6.1990 über den freien Zugang von Informationen über die Umwelt, ABl. EG Nr. L 158 vom 23.6.1990, S. 56.

105 Vgl. dazu auch *Knemeyer*, Umweltinformationen, DB 1993, S. 721 ff; *Engel*, Zugang, NVwZ 1992, S. 111 ff; *Schröder*, Berücksichtigung, ZHR 1991, S. 471 ff.

106 Vgl. *Reuter*, Umwelthaftung, BB 1991, S. 149; auch *Kloepfer/Mast*, Umweltrecht, RIW 1992, S. 8. Vgl. zum umstrittenen Entwurf eines Umweltinformationsgesetzes, mit welchem diese Richtlinie umgesetzt werden soll, *o. V.*, Akteneinsicht, HB Nr. 75 vom 19.4.1994, S. 6.

2. Kapitel: Begriffliche Abgrenzung, Untersuchungsprämissen und Untersuchungsplan

I. Begriffliche Abgrenzung

Da eine einheitliche rechtsgebietsübergreifende Definition fehlt, wird der Begriff der "Umwelt" je nach Wissenschaftsdisziplin verschieden (soziologisch, biologisch, ökologisch) definiert und gedeutet; im vorliegenden Zusammenhang soll ein ökologischer, also ein auf die natürlichen Lebensgrundlagen von Menschen, Tieren und Pflanzen beschränkter Umweltbegriff zugrunde gelegt werden[107]. Nicht erfaßt sind daher beispielsweise die gesellschaftlichen (sozialen) Umwelten[108].

Unter dem Begriff "Umweltschutz" wird im wesentlichen die Gesamtheit der Maßnahmen zur Vermeidung, Verminderung oder Beseitigung von Umweltbelastungen und Umweltgefahren verstanden[109]. Dem Umweltschutz werden drei Hauptziele zugeordnet, nämlich

- Beseitigung bereits eingetretener Umweltschäden,
- Ausschaltung oder Minderung aktueller Umweltgefährdungen,
- Vermeidung künftiger Umweltgefährdungen durch Vorsorgemaßnahmen[110].

Insoweit vereinigt der Umweltschutz sowohl reparativ-wiederherstellende und repressiv-zurückdrängende als auch präventiv-vorsorgende Funktionen[111].

Nachbargebiete des im engeren Sinne verstandenen Umweltrechts sollen nachfolgend nicht näher untersucht werden[112], so wird beispielsweise das Raumordnungs- und Baurecht

---

107 *Wicke/Haasis/Schafhausen/Schulz*, Umweltökonomie, 1992, S. 12 f, definieren für den Problemkreis "Betriebliche Umweltökonomie" den Umweltbegriff wie folgt: "Umwelt ist die Gesamtheit aller Faktoren, die in Form (des Zustandes) von Luft, Wasser, Boden (einschließlich der erneuerbaren und nicht erneuerbaren Rohstoffe), Lärm und Erschütterungen sowie als sonstige standortfaktorbestimmende flächen- und raumbezogene Determinanten auf das Betriebsgeschehen einwirken bzw. auf die der Betrieb seinerseits einwirkt."
108 Vgl. weiterführend zum Begriff der Umwelt *Hoppe/Beckmann*, Umweltrecht, 1989, S. 3 ff; *Kloepfer*, Umweltrecht, 1989, S. 11 f.
109 Vgl. auch die sehr instruktive Definition von Umweltschutz in: *Vahlens Grosses Wirtschaftslexikon*, 1987, Bd. 2, Stichwort Umweltschutz: "Umweltschutz umfaßt alle Maßnahmen, mit denen - dem Menschen eine Umwelt gesichert wird, wie er sie für seine Gesundheit und ein menschenwürdiges Dasein benötigt, - Boden, Luft und Wasser, Pflanzen und Tierwelt vor nachteiligen Wirkungen menschlicher Eingriffe geschützt werden, - Schäden und Nachteile, die aus menschlichen Eingriffen entstanden sind, beseitigt werden."
110 *Hoppe/Beckmann*, Umweltrecht, 1989, S. 15 m.w.N.
111 Vgl. *Kloepfer*, Umweltrecht, 1989, S. 10 ff.
112 Vgl. zu diesen Nachbargebieten *Kloepfer*, Umweltrecht, 1989, S. 33 ff.

ebensowenig beachtet wie das Arbeitssicherheitsrecht (insbesondere hinsichtlich des Umgangs mit bestimmten gefährlichen Stoffen), obwohl auch aus diesen Nachbargebieten Umweltschutzverpflichtungen resultieren können.

Der Begriff der "Umweltschutzverpflichtung" ist gesetzlich ebensowenig definiert wie der der Umwelt oder der des Umweltschutzes; im folgenden sollen unter diesem Begriff die einen Bilanzierenden treffenden - gesetzlich, behördlich oder vertraglich begründeten - Verpflichtungen, die den Schutz vor bzw. die Beseitigung von Umweltschäden bezwecken, ebenso subsumiert werden wie diejenigen "Verpflichtungen", denen sich der Bilanzierende nicht entziehen kann, sofern er das Unternehmen[113] unverändert fortführen will, und diejenigen, die sich der Bilanzierende selbst auferlegt.

Es ist allerdings festzuhalten, daß der Begriff des Umweltschadens oder der -schädigung in Randbereichen nicht eindeutig definiert werden kann, da gerade im Bereich der Umweltbelastungen die Abgrenzung des Schadens von der bloßen Belästigung regelmäßig eines Werturteils bedarf. Zudem kann eine solche Abgrenzung in Abhängigkeit von Zeit und Ort unterschiedlich zu treffen sein; so wird insbesondere die Immission von Lärm tagsüber anders zu beurteilen sein als während der Zeit der Nachtruhe[114].

Die hier verwendete begriffliche Abgrenzung der Rückstellungsarten orientiert sich am geltenden Bilanzrecht und insbesondere an der Vorschrift des § 249 HGB mit der Konsequenz, daß unter dem Begriff "Aufwandsrückstellungen" hier nur diejenigen nach § 249 II HGB zu erfassen sind und daß unter dem Begriff "Rückstellungen für ungewisse Verbindlichkeiten" (bzw. dem synonym verwandten Begriff "Verbindlichkeitsrückstellungen") eben nur Rückstellungen für ungewisse Verbindlichkeiten und nicht auch Rückstellungen für drohende Verluste subsumiert und verstanden werden sollen[115]. Gerade die letzte Begriffsdefinition wird im vorliegenden Zusammenhang sehr wichtig sein, da das Schwergewicht der Problematik der Umweltschutzverpflichtungen eindeutig im Bereich der Bilanzierung von ungewissen Verbindlichkeiten - im hier verstandenen Sinne - und

---

113 Nach allgemeiner steuerrechtlicher Übung sollen hier die Begriffe Unternehmen und Unternehmung synonym verwendet werden. Vgl. zum Begriff der Unternehmung *Gutenberg*, Produktion, 1979, S. 507 ff; auch *Herzig*, Beendigung, 1981, S. 19 f.

114 Vgl. weiterführend *Friauf*, Polizei, in: *von Münch* (Hrsg.), Besonderes Verwaltungsrecht, 1985, S. 201 f.

115 Vgl. zur Konkurrenz von Drohverlust- und Verbindlichkeitsrückstellungen: *Groh*, Verbindlichkeitsrückstellung, BB 1988, S. 27 ff; danach sollten die Drohverlustrückstellungen nicht länger als Unterfall der Verbindlichkeitsrückstellungen gesehen werden können, da sich diese beiden Rückstellungsarten grundlegend durch einen divergierenden Zeitbezug auszeichnen. Ausführlicher dazu *Herzig*, Risikovorsorge, in: *Doralt* (Hrsg.), Probleme, 1991, S. 202 f. Auch in der aktuellen BFH-Rechtsprechung werden die Drohverlustrückstellungen nicht mehr als Unterfall der Verbindlichkeitsrückstellungen angesehen; so wird im BFH-Urteil vom 26.5.1993 X R 72/90, FR 1993, S. 778, ausgeführt: "Im Streitfall ist keine Verbindlichkeitsrückstellung, sondern eine sog. Drohverlustrückstellung (aus einem Dauerschuldverhältnis) zu beurteilen".

nicht im Bereich der schwebenden Geschäfte zu sehen ist[116]; unter den Begriffen Rückstellungsbilanzierung bzw. -passivierung soll dabei immer eine aufwands-[117] und somit ergebniswirksame Bildung[118] von Rückstellungen verstanden werden[119].

II. Untersuchungsprämissen

Um die Durchführbarkeit der genannten Zielsetzung zu gewährleisten, ist es unabdingbar, einige Prämissen zu setzen und somit Ausschließungen vorzunehmen.

Zunächst muß - der Zielsetzung folgend - einschränkend festgestellt werden, daß sich die nachfolgenden Untersuchungen im wesentlichen nur auf die Auswirkungen der Umweltschutzproblematik auf der Passivseite der Bilanz[120], insbesondere auf die Rückstellungsbildung, sowie auf die Konkurrenz von Rückstellungsbildung und aktivischer Abwertung bei Altlastenfällen konzentrieren können; zugleich soll die Notwendigkeit der Angabe von diesbezüglichen finanziellen Verpflichtungen im Anhang von Kapitalgesellschaften betrachtet werden.

Im Rahmen der vorliegenden Arbeit nicht geklärt werden können daher die nachstehend aufgeführten - und unter dem Titel "Umweltschutz und Wirtschaftsgut" zusammenfaßbaren - Problemkreise[121]:

---

116 Drohverlustrückstellungen dürften für Umweltschutzverpflichtungen und besonders für öffentlich-rechtliche Verpflichtungen, denen ja gerade keine vertragliche Vereinbarung zugrunde liegt, weitestgehend ausscheiden, obgleich auch Umweltschutzverpflichtungen in den Saldierungsbereich eines schwebenden Geschäftes eingehen können, womit dort allerdings keine Sonderprobleme verbunden sind; daher werden Drohverlustrückstellungen nachfolgend nicht näher untersucht. Zur Abgrenzung des Saldierungsbereichs mit Hilfe des bilanzrechtlichen Synallagmas siehe *Herzig*, Ganzheitsbetrachtung, ZfB 1988, S. 212 ff. Bspw. wäre der Fall vorstellbar, daß bei einem Absatzgeschäft durch eine gesetzliche Neuregelung, z.B. hinsichtlich der zu verwendenden Einsatzstoffe, nun ein aufwendigeres Herstellungsverfahren zu wählen ist, welches dann den Wert der Verpflichtung über den Wert des vereinbarten Gegenleistungsanspruchs hinaus steigen und somit einen Verlust entstehen läßt; insoweit sollte aber keine spezielle Umweltschutzproblematik gegeben sein.

117 Vgl. zur steuerrechtlichen Terminologie hinsichtlich der Begriffe Aufwendungen, Aufwand und Betriebsausgaben *Wöhe*, Einführung, 1990, S. 974 ff.

118 Vgl. zur Rückstellungsbuchung *Eisele*, Technik, 1990, S. 262.

119 Insoweit sei erneut klargestellt, daß die Kernproblematik nicht im Ausweis einer bestehenden ungewissen Verpflichtung zu sehen ist, sondern in der - zumeist steuerstundenden Wirkung - der erstmaligen Verbuchung des Rückstellungsaufwandes. Auf den die abgelaufenen Perioden betreffenden Nachholeffekt, der sich einstellt, wenn durch die Rechtsprechung ein neuer Tatbestand erstmals als rückstellungsbegründend (Bsp.: Jahresabschlußkosten) anerkannt wird, soll hier nur hingewiesen werden.

120 Bei den dabei betrachteten Bilanzen (Handels- und Steuerbilanz) handelt es sich um reguläre jährliche Erfolgsbilanzen, vgl. insoweit auch die Ausführungen und die Abbildung bei *Coenenberg*, Jahresabschluß, 1992, S. 3 f.

121 Vgl. dazu *Köster*, Umweltschutz, bilanz und buchhaltung 1991, S. 261 ff.

- Wie ist im Rahmen von Umweltschutzmaßnahmen der Herstellungsaufwand zu bestimmen und abzugrenzen?
- Können bei Wirtschaftsgütern[122], die dem Umweltschutz dienen, möglicherweise Teilwertabschreibungen geltend gemacht werden?[123]
- Wie wären Zuschüsse, die zur Förderung des Umweltschutzes gewährt werden, zu bilanzieren?

Diese Fragen müssen, obwohl auch hier eine materiell gewichtige Problematik sichtbar wird, weiteren Untersuchungen vorbehalten bleiben.

Außerdem wird als weitere Eingrenzung - neben den schon im Rahmen der Einordnung der Problemstellung angesprochenen Einschränkungen[124] - vorausgesetzt, daß die betrachteten Unternehmen als Gewerbetreibende zur Führung von Büchern verpflichtet sind und folglich für steuerliche Zwecke den Gewinn nach § 5 EStG ermitteln. Mit der Frage der Rückstellungsbildung wegen Umweltschutzverpflichtungen insbesondere bei Land- und Forstwirten, die ja nach herrschender Meinung[125] auch bei der Gewinnermittlung nach § 4 I EStG, also ohne Handelsbilanz und somit ohne die Implikationen des Maßgeblichkeitsgrundsatzes, Verbindlichkeitsrückstellungen anzusetzen haben[126], sollten keine Sonderprobleme verbunden sein, da die Tendenz dahingeht, die Gewinnermittlung nach § 4 I EStG derjenigen nach § 5 EStG anzunähern[127]. Gleichwohl wäre eine explizite Berücksichtigung dieser die Land- und Forstwirte betreffenden Rückstellungsproblematik, die zukünftig aufgrund des Gewässerschutzes[128] sehr wohl auch erhebliche Konsequenzen mit sich bringen könnte[129], der Übersichtlichkeit sehr abträglich. Da die Betrachtung dieser Problematik den Rahmen der vorliegenden Arbeit sprengen würde, muß sie mit dem Hinweis vernachlässigt werden, daß aus der hier erörterten Fragestellung sicherlich wert-

---

122 Nachfolgend wird im wesentlichen nur noch der Begriff Wirtschaftsgut verwandt, da die Begriffe Vermögensgegenstand und (aktives) Wirtschaftsgut nach h.M. als identisch anzusehen sind; vgl. dazu *Schmidt*, EStG, 1993, Anm. 16 a) zu § 5 EStG.

123 Hierbei könnten Abschreibungen bspw. mit der Begründung befürwortet werden, es handele sich um Fehlmaßnahmen; vgl. dazu *Köster*, Teilwertabschreibung, bilanz und buchhaltung 1992, S. 224.

124 Wie schon ausgeführt, soll keine Betrachtung der Förderung des Umweltschutzes durch Maßnahmen wie § 7 d EStG oder hinsichtlich der Sondermaßnahmen in den neuen Bundesländern erfolgen. Ebensowenig kann auf die bereits kurz angesprochenen Problemkreise der Ökosteuern und der sogenannten Ökobilanzen eingegangen werden.

125 Vgl. bspw. *Blümich*, EStG, 1990, Rz. 23 zu § 4 EStG.

126 Dazu auch *Littmann/Förger*, Rückstellungen, 1964, S. 87 ff.

127 Vgl. *Thiel*, Bilanzrecht, 4. Aufl., 1990, S. 74.

128 Vgl. zur Sonderstellung der Land- und Forstwirtschaft im Rahmen des Naturschutzes, nach der die land- und forstwirtschaftliche Bodennutzung nicht als Eingriff in Natur und Landschaft anzusehen sein soll (Agrarprivileg), *Kloepfer*, Umweltrecht, 1989, S. 548 f.

129 Vgl. zu den Stichworten Grundwasserbelastung mit Nitraten (diese wird insbesondere auf die intensive Düngung zurückgeführt) *o.V.*, Vorschriften, HB Nr. 77 vom 22.4.1991, S. 5. Vgl. zu Landwirtschaft und Nitratproblematik auch *Umweltbundesamt*, Daten zur Umwelt 1988/89, S. 181 ff.

volle Lösungshinweise für die Berücksichtigung von Umweltschutzrückstellungen im landwirtschaftlichen Bereich abgeleitet werden können; wegen des grundsätzlichen Charakters der vorliegenden Untersuchung sollten sich die gewonnenen Erkenntnisse zumindest im Grundsatz übertragen lassen.

Weiterhin werden nur inländische Tatbestände und Verpflichtungen, die ein Betriebsvermögen betreffen, in die Untersuchung einbezogen[130]; die Betrachtung erstreckt sich auf das inländische Rechnungswesen, wobei - soweit nicht ausdrücklich etwas anderes ausgeführt wird - das derzeit geltende Handels- und Steuerrecht zugrunde gelegt wird.

Zudem sollen auch die mit der Aufstellung der D-Markeröffnungsbilanzen verbundenen Sonderprobleme - z.B. Fragen der Aktivierung eines Sonderverlustkontos aus Rückstellungsbildung - nicht näher untersucht werden.

Zuletzt sollte darauf hingewiesen werden, daß einzelne Problemaspekte aus Raumgründen und aus Übersichtlichkeitserwägungen im Rahmen dieser Arbeit nur angesprochen, nicht aber weitergehend betrachtet werden können. Dazu zählen - soweit nicht zum Verständnis oder gar zur Problemlösung unabdingbar - insbesondere die rein juristischen Fragestellungen, wie z.B. die Fragen im Zusammenhang mit dem Polizei- und Ordnungsrecht und diejenigen nach strafrechtlichen Konsequenzen von Umweltschädigungen[131]. Die sich aus einem strafrechtlich relevanten Verhalten ergebenden Verpflichtungen sind im vorliegenden Sachverhalt zumindest für steuerliche Zwecke nicht als direkt rückstellungsrelevant anzusehen[132], gleichwohl dürfte es im weiteren Verlauf der Bearbeitung sinnvoll sein, die Beurteilung des Verpflichtungscharakters einer Umweltschutzverpflichtung wie auch die Beurteilung des derzeitigen Stellenwertes des Umweltschutzes vor dem Hintergrund der verschärften strafrechtlichen Bestimmungen vorzunehmen.

---

130 Weitergehende Fragen, z.B. nach der Auswirkung von Altlasten auf Privatgrundstücken, müssen weiteren Untersuchungen vorbehalten bleiben; vgl. speziell zum angesprochenen Problem und allgemein zur Problematik des Werbungskostencharakters von Umweltschutzaufwendungen im Rahmen der Einkünfteermittlung bei den Überschußeinkunftsarten *Wassermann*, in: *Kamphausen/Kolvenbach/Wassermann*, Beseitigung, DB Beilage 3/87, S. 13 ff; *Bippus*, Umweltschäden, BB 1993, S. 407 ff.

131 Vgl. zur bereits seit dem Frühjahr 1991 geplanten Verschärfung des Umweltstrafrechts: *Rininsland*, Umweltstrafrecht, DSWR 1994, S. 89 ff; *o.V.*, Bundesregierung, HB Nr. 165 vom 28.8.1991, S. 5; *o.V.*, Umweltsünder, HB Nr. 76 vom 19./20.4.1991, S. 7; *Haker/Krieshammer*, Neue Gesetze, Blick durch die Wirtschaft Nr. 25 vom 5.2.1991, S. 7; *Geppert*, Umweltstrafrecht, DB spezial 1990, S. 12 ff; *Meurer*, Umweltstrafrecht, NJW 1988, S. 2065 ff; *Breuer*, Änderungen, NJW 1988, S. 2072 ff; *Schall*, Strafrecht, NJW 1990, S. 1263 ff; *Ebenroth/Willburger*, Umweltstraftaten, BB 1991, S. 1941 ff; *Kloepfer*, Umweltrecht, 1989, S. 244 f.

132 Strafen und Geldbußen dürfen nicht mit steuerlicher Wirkung als Betriebsausgaben zum Abzug gebracht und somit auch nicht über Rückstellungen antizipiert werden; insoweit wird von der handelsbilanziellen Beurteilung abgewichen. Vgl. dazu jüngst den Erlaß des FinMin NRW vom 26.2.1991 - S 2227 - 14 - V B 1, DB 1991, S. 575, der Folgerungen aus dem Beschluß des BVerfG vom 23.1.1990, BStBl. II 1990, S. 483, zieht.

In dieser Untersuchung müssen bilanzrechtliche Überlegungen im Vordergrund stehen; bilanzpolitische Überlegungen[133] werden - wenn überhaupt - nur am Rande Eingang in diese Arbeit finden können.

Zudem kann keine Vollständigkeit hinsichtlich der bearbeiteten Umweltschutzverpflichtungen gewährleistet werden, sie ist auch nicht beabsichtigt; vielmehr erfolgt eine bewußte Auswahl der materiell wohl bedeutsamsten Fallgruppen, die im dritten Teil dieser Arbeit näher betrachtet werden.

Aus dem sehr heterogenen Kreis aller Verpflichtungen, die eine Förderung des Umweltschutzes zum Ziele haben und die womöglich von der sehr allgemeinen Forderung des Artikels 14 Grundgesetz (Eigentum verpflichtet) bis zu den sehr differenzierten Vorschriften zur Förderung schadstoffarmer Kraftfahrzeuge reichen, sollen daher im weiteren fünf Fallgruppen herausgelöst und bearbeitet werden, nämlich die Altlasten- bzw. Betriebslastensanierungs-, die Rekultivierungs-, die Abfallbeseitigungs-, die Anpassungs- und die umweltrelevanten Nachweisverpflichtungen. Auf Fragen der Umwelthaftung, z.B. nach dem Wasserhaushaltsgesetz[134] und insbesondere nach dem neuen Umwelthaftungsgesetz, kann und soll hier nicht weiter eingegangen werden[135].

Anhand des nachfolgend vorzustellenden Instrumentariums und der zu erarbeitenden Rückstellungskriterien sollte es gleichwohl möglich sein, hier als nachrangig erachtete oder aber neuartige Umweltschutzverpflichtungen auf ihre bilanziellen Auswirkungen und insbesondere hinsichtlich ihrer Rückstellungsrelevanz zu untersuchen.

III. Untersuchungsplan

Zur Verwirklichung der gesetzten Ziele gliedert sich die Untersuchung in drei Teile. Teil 1 dient der Grundlegung und beinhaltet neben einem Einstieg in die Problemstellung, der begrifflichen Abgrenzung und Hinweisen auf die aktuelle Entwicklung auch eine Einführung in die Rückstellungsbilanzierung; zudem wird die materielle Relevanz der Thematik beleuchtet.

Teil 2 ist der theoretischen Durchdringung der Problematik von Ansatz und Bewertung der Rückstellungen (und auch des Anhangsausweises) gewidmet.

---

133 Vgl. dazu bspw. *Wöhe*, Bilanzierung, 1992, S. 693-837; *Mann*, Steuerpolitik, WiSt 1973, S. 114 ff. Zu den Ansatz- und Bewertungsspielräumen bei Rückstellungen insbesondere *Göbel*, Ergebnissteuerung, in: *Federmann* (Hrsg.), Betriebswirtschaftslehre, 1993, S. 317 ff.

134 Vgl. dazu *Schröder*, wasserrechtliche Gefährdung, BB 1976, S. 63 ff.

135 Zu Rückstellungen und Umwelthaftung vgl. *Herzig/Köster*, Rückstellungsrelevanz, DB 1991, S. 53 ff.

In Teil 3 werden die jeweiligen zuvor erarbeiteten Kriterien der hier untersuchten Instrumente verdichtet und konkret auf einzelne ausgewählte Umweltschutzverpflichtungen angewandt.

3. Kapitel: Einführung in die Rückstellungsbilanzierung

I. Abgrenzung der Rückstellungen gegen andere Passivposten

Als Rückstellungen werden die das Reinvermögen des Kaufmanns mindernden Passivposten für Verbindlichkeiten, Verluste und Aufwendungen bezeichnet[136], die ihrer Entstehung und/oder ihrer Höhe nach ungewiß sind und die der Periode ihrer Verursachung zugerechnet werden sollen[137]; durch die Rückstellungsbildung wird Aufwand bereits in einem Geschäftsjahr berücksichtigt, das vor der Verausgabung der Beträge endet[138]. Von dieser Passivposition der Rückstellungen sind hier insbesondere die folgenden Passiva zu unterscheiden[139]:

- Verbindlichkeiten sind zu passivieren, wenn die Verpflichtung dem Grunde und der Höhe nach feststeht. Im Umweltschutzbereich wird es wohl hauptsächlich dann zur Passivierung von - gewissen - Verbindlichkeiten kommen, wenn eine das abgelaufene Wirtschaftsjahr betreffende Abgabenleistung noch nicht erbracht wurde, wenn also z.B. die Höhe der zu leistenden Abwasserabgabe[140] bereits geklärt ist und nur noch die Zahlung aussteht. Im übrigen wird diese Position bei Umweltschutzverpflichtungen, die regelmäßig auf Sachleistungen zielen, wohl nur selten angesprochen werden, da sich die endgültige Höhe der Sachaufwendungen und damit die Höhe der Verpflichtung regelmäßig erst nach Abschluß der Maßnahme feststellen läßt.

---

136 Nach *Eifler*, Grundsätze, 1976, S. 17, sollte (zu diesem Zeitpunkt: 1976) noch keine allgemein anerkannte Definition des Rückstellungsbegriffs existieren; mittlerweile dürfte die hier verwandte Kennzeichnung gleichwohl als überwiegend herrschende Meinung anzusehen und somit unstrittig sein.

137 Vgl. z.B. *Albach*, Bilanzierung, StbJb 1967/68, S. 309; *Mertens*, Rückstellungen, 1970, Sp. 1544; *Dziadkowski*, Passivierungsverbot, DB 1984, S. 1315 ff; *Wöhe*, Bilanzierung, 1992, S. 537; *Knobbe-Keuk*, Unternehmenssteuerrecht, 1993, S. *114 ff; Coenenberg*, Jahresabschluß, 1992, S. 191 ff; *Mayer-Wegelin*, in: *Küting/Weber* (Hrsg.), Rechnungslegung, 3. Aufl., 1990, Anm. 12 zu § 249 HGB; *Niehus/Scholz*, in: *Meyer-Landrut/Miller/Niehus*, GmbHG, §§ 238-335 HGB, Rn. 554.

138 In dieser Vorverlagerung von - wahrscheinlich anfallenden - Aufwendungen ist die elementare Wirkung der Rückstellungsbildung und zugleich der Grund für Auseinandersetzungen insbesondere zwischen dem Steuerpflichtigen und dem -berechtigten zu sehen. Endgültige Steuerersparnisse werden nur eintreten bei Steuersatzänderungen; im wesentlichen ergibt sich ein Stundungs- und somit ein Zinseffekt. Die materielle Bedeutsamkeit dieses Effektes ist recht gering bei kurzfristig revolvierenden Verpflichtungen, sie wächst jedoch mit der Zeitspanne, die zwischen bilanzieller Erstberücksichtigung und tatsächlicher Verausgabung liegt (einschlägiges Beispiel: Pensionsrückstellungen).

139 Vgl. weiterführend zu dieser Abgrenzung *Wöhe*, Bilanzierung, 1992, S. 540 ff; und die übersichtliche Zusammmenstellung in der Abbildung in Rn. 40 bei *Eifler*, Rückstellungen, in: HdJ Abt. III/5, 1984; *ders.*, Grundsätze, 1976, S. 34 ff; *Littmann/Förger*, Rückstellungen, 1964, S. 65-86.

140 Vgl. zur Abwasserabgabe *Küffmann*, NWB Fach 25, S. 2059 ff; *Schröder*, Abwasserabgabe, DÖV 1983, S. 667 ff.

- Rücklagen sind - anders als Rückstellungen - dem Eigenkapital des Kaufmanns zuzurechnen. Sie dienen im Gegensatz zu den Rückstellungen gerade nicht der Vorsorge gegenüber speziellen Risiken, sondern der Vorsorge gegenüber dem allgemeinen Unternehmensrisiko und stehen dem Kaufmann grundsätzlich zeitlich unbegrenzt zur Verfügung; insoweit können sie unter Umweltschutzaspekten durchaus interessant sein. Da sie aber regelmäßig nur aus versteuertem Einkommen gebildet werden dürfen, sind sie unter steuerlichen Gesichtspunkten lediglich von nachrangigem Interesse und werden daher nicht weiter untersucht.

II. Rückstellungsausweis im Jahresabschluß

Gemäß der Regelung des § 266 HGB haben große und mittelgroße Kapitalgesellschaften in der Bilanz folgende Rückstellungspositionen gesondert auszuweisen:

- Rückstellungen für Pensionen und ähnliche Verpflichtungen,
- Steuerrückstellungen und
- sonstige Rückstellungen;

demgegenüber brauchen kleine Kapitalgesellschaften im Sinne des § 267 I HGB nur einen Posten "Rückstellungen" in die Bilanz aufzunehmen. Eine weitere Untergliederung ist gemäß § 265 HGB zulässig, ebenso die Zusammenfassung mehrerer Posten - hier: der Rückstellungen -, wenn dies zur Klarheit der Darstellung beiträgt und eine ausführliche Angabe im Anhang erfolgt oder wenn die Posten als geringfügig anzusehen sind.

Nach dem Publizitätsgesetz zur Rechnungslegung verpflichtete Unternehmen haben ihre Bilanz entsprechend dem großen Bilanzschema aufzustellen[141]. Andere Nicht-Kapitalgesellschaften können sich freiwillig am Bilanzierungsrahmen des § 266 HGB orientieren; da diese Gliederungsvorschrift jedoch kein Grundsatz ordnungsmäßiger Buchführung (GoB) ist[142], gilt sie entsprechend ihrer Zwecksetzung zwingend nur für Kapitalgesellschaften[143].

Übertragen auf die Thematik der vorliegenden Untersuchung bedeutet dies, daß alle nachstehend betrachteten Umweltschutzrückstellungen, also sowohl Verbindlichkeits- und

---

141 Vgl. *Budde/Kofahl*, in: Beck'scher Bilanzkommentar, 1990, Anm. 30 zu § 266 HGB.

142 A.A. *Glade*, Rechnungslegung, 1986, Tz. 746 zu § 266 HGB. Nach seiner Auffassung erfordert der besondere Charakter der Rückstellungen einen gesonderten Sonderausweis; zugleich sollte sich eine Untergliederungsverpflichtung schon aus der Vorschrift des § 249 HGB ergeben. Danach ist es m. E. aber dann nicht einsichtig, warum der Gesetzgeber bei der Formulierung der entsprechenden Regelung des § 266 HGB nicht direkt auf die Rückstellungstatbestände des § 249 HGB zurückgegriffen hat.

143 Vgl. *Budde/Kofahl*, in: Beck'scher Bilanzkommentar, 1990, Anm. 15 f zu § 266 HGB.

Aufwandsrückstellungen[144] wie auch die gesetzlich normierten Sonderregelungen der Abraumbeseitigungs- und Instandhaltungsrückstellungen, nur unter der Sammelposition "sonstige Rückstellungen" ausgewiesen werden müssen[145]. Dem daraus resultierenden Informationsverlust trägt die die Kapitalgesellschaften betreffende Regelung des § 285 Nr. 12 HGB zumindest insoweit Rechnung, als daß dieser Posten im Anhang weiter - allerdings nicht betragsmäßig[146] - zu erläutern ist, wenn die Rückstellungen einen "nicht unerheblichen Umfang"[147] haben. Ohne nun noch auf diesen unbestimmten Rechtsbegriff eingehen zu wollen, muß grundsätzlich bemängelt werden, daß im Bereich der Rückstellungen der handelsrechtliche Jahresabschluß nur sehr bedingt als Informationsinstrument Verwendung finden kann[148], da die Umweltschutzrückstellungen regelmäßig nicht aus diesem zu ersehen sind.

Gleichwohl wird die weitreichende materielle Relevanz der Umweltschutzrückstellungen hinsichtlich der aufwandswirksamen und insbesondere der steuermindernden Wirkungen durch diese Ausweisfrage nicht berührt.

---

144 Vgl. zu dieser Zusammenfassung auch *Veit*, Aufwandsrückstellungen, DB 1991, S. 2046.
145 Vgl. auch den Vorschlag zu einer weitgehenden Aufgliederung der Rückstellungsposition bei *Eifler*, Grundsätze, 1976, S. 64 f.
146 Vgl. *Csik/Dörner*, in: *Küting/Weber*, Rechnungslegung, 3. Aufl., 1990, Rn. 286 zu §§ 284-288.
147 Vgl. dazu *Leffson*, in: *Leffson/Rückle/Grossfeld* (Hrsg.), Handwörterbuch, 1986, Stichwort: "Wesentlich".
148 Vgl. zur Informationsaufgabe *Tanski/Kurras/Weitkamp*, Jahresabschluß, 1991, S. 19 ff.

2. Teil: Grundlagen ordnungsmäßiger Erfassung ungewisser Umweltschutzverpflichtungen im handelsrechtlichen Jahresabschluß und in der Steuerbilanz durch die Instrumente Verbindlichkeitsrückstellung, Aufwandsrückstellung und Anhangsausweis

1. Kapitel: Bilanzrechtliche Grundlagen

I. Maßgeblichkeit, Bilanztheorie und Rechnungslegungsziel

A. *Implikationen des Maßgeblichkeitsprinzips*

Gemäß der Vorschrift in § 5 I Satz 1 EStG ist bei der steuerlichen Gewinnermittlung das Betriebsvermögen anzusetzen, das nach den handelsrechtlichen Grundsätzen ordnungsmäßiger Buchführung auszuweisen ist (Grundsatz der Maßgeblichkeit)[1]; weitergehend sind gemäß § 5 I Satz 2 EStG steuerrechtliche Wahlrechte bei der Gewinnermittlung in Übereinstimmung mit der handelsrechtlichen Jahresbilanz auszuüben[2].

---

[1] Vgl. zu dieser Problematik grundlegend *Schmidt*, EStG, 1993, Anm. 9 zu § 5 EStG m.w.N.; *Herzig/Benders*, Struktur, FR 1993, S. 670 ff; *Havermann*, Bundesfinanzhof, in: *Präsident des BFH* (Hrsg.), Festschrift 75 Jahre RFH - BFH, 1993, S. 469 ff; *Haller*, Maßgeblichkeitsprinzip, WISU 1992, S. 46 ff und S. 112 ff; *Schulze-Osterloh*, Handelsbilanz, StuW 1991, S. 284 ff; *Wassermeyer*, Maßgeblichkeit, in: *Doralt* (Hrsg.), Probleme, Köln 1991, S. 29 ff; *Sielaff*, Verhältnis, in: *Küting/Weber* (Hrsg.), Rechnungslegung, 3. Aufl., 1990, S. 175-191; *Budde/Raff*, in: Beck'scher Bilanzkommentar, 1990, Anm. 111-122 zu § 243 HGB; *Streim*, Einheitsbilanz, BFuP 1990, S. 527 ff; *Wöhe*, Handels, 1990, S. 70 ff; *Speich*, Maßgeblichkeit, NWB Fach 17, S. 1207 ff; *Mann*, Probleme, DB 1986, S. 2199 ff; *Tanzer*, Maßgeblichkeit, in: *Raupach* (Hrsg.), Werte, Köln 1984, S. 55 ff. Vgl. zur Tragweite *Raupach*, Handelsbilanz, in: *Mellwig/Moxter/Ordelheide* (Hrsg.), Handelsbilanz und Steuerbilanz, 1989, S. 105-116; *ders.*, Maßgeblichkeit, BFuP 1990, S. 514 ff; *Döllerer*, Beutesymbol, BB 1988, S. 238-241; *ders.*, Verknüpfung, ZHR 1993, S. 349 ff; zur Auslegung bspw. auch *Bauer*, Grundlagen, 1981, S. 33-40; zur aktuellen Diskussion über die Fragwürdigkeit des Maßgeblichkeitsprinzips *Weber-Grellet*, Maßgeblichkeitsschutz, DB 1994, S. 288 ff; *Crezelius*, Maßgeblichkeitsgrundsatz, DB 1994, S. 689 ff. Vgl. zudem die diesbezüglichen Monographien von *Vogt*, Maßgeblichkeit, 1991, und *Stobbe*, Verknüpfung, 1991; früher schon *Haeger*, Grundsatz, 1989, und *Pohl*, Maßgeblichkeitsprinzips, 1983.

[2] Zur aktuellen Diskussion aufgrund der Regelung der "umgekehrten Maßgeblichkeit" im sog. "Restantengesetz" vgl. *Schildbach*, Maßgeblichkeit, BB 1989, S. 1443-1453. Ferner *Robisch*, Umkehrung, DStR 1993, S. 998 ff; *Stobbe*, Ausübung, StuW 1991, S. 17-27; *ders.*, Probleme, DStR 1988, S. 1-5; *Lause/Sievers*, Maßgeblichkeitsprinzip, BB 1990, S. 24 ff; *Mathiak*, Maßgeblichkeit, StbJb 1986/87, S. 79-107.

Aufgrund der Tatsache, daß in den ertragsteuerlichen Gesetzen keine eigene materielle, positiv-rechtliche Rückstellungsregelung[3] - mit Ausnahme derjenigen zu den hier nicht relevanten Jubiläums-, Pensions- und Patentrechtsverletzungsrückstellungen - enthalten ist, folgt für die hier betrachtete Bilanzierung ungewisser Verbindlichkeiten die Steuerbilanz grundsätzlich der Handelsbilanz[4]. Seit Einfügung des Satzes 2 in den § 5 I EStG[5] ist klargestellt, daß die sogenannte formelle Maßgeblichkeit[6] gilt, wonach die konkreten handelsbilanziellen Ansätze sowohl dem Grunde als auch der Höhe nach maßgebend[7] und insoweit verbindlich für die Steuerbilanz sind[8].

Hinsichtlich der Bilanzierung dem Grunde nach ergibt sich also aus dem Maßgeblichkeitsprinzip, daß in der Handelsbilanz passivierte Rückstellungen auch in der Steuerbilanz anzusetzen sind. Diese Ableitung wird allerdings von der BFH-Rechtsprechung dahingehend eingeschränkt, daß nur handelsbilanzielle Passivierungsge- und -verbote auf die Steuerbilanz durchschlagen können; hinsichtlich der handelsbilanziellen Passivierungswahlrechte soll es demgegenüber zu einem steuerlichen Passivierungsverbot kommen, da es nach Ansicht des BFH nicht im Belieben des Kaufmanns stehen kann, sich "ärmer zu machen, als er ist"[9] und somit die Höhe des zu versteuernden Gewinns zu beeinflussen. Außerdem sei ein solches Wahlrecht nicht mit dem Grundsatz der Gleichheit der Besteuerung in Einklang zu bringen. Diese Rechtsprechung hat fundierte Kritik erfahren[10]. Insbesondere wird kritisiert, daß mit dieser Argumentation auch die Ausübung (subventioneller) steuerbilanzieller Wahlrechte zwingend untersagt werden müßte[11]. Weiterhin wird mit beachtlichen Gründen angeführt, daß die handelsbilanziellen Wahlrechte

---

3 Vgl. insoweit auch *Grubert*, Rückstellungsbilanzierung, 1978, S. 93.

4 Vgl. auch den europaweiten Vergleich der Maßgeblichkeitsregelungen bei *Gail/Greth/Schumann*, Maßgeblichkeit, DB 1991, S. 1389 ff; weiterhin mit europäischem Bezug *Haller*, Maßgeblichkeit, RIW 1992, S. 43 ff.

5 *Schmidt*, EStG, 1993, Anm. 9 c) bb) zu § 5 EStG spricht von einer gesetzlichen Verankerung der formellen Maßgeblichkeit.

6 Im Gegensatz zur formellen Maßgeblichkeit steht die sogenannte materielle Maßgeblichkeit, wonach lediglich auf die abstrakten handelsrechtlichen Normen abzustellen sein soll; vgl. zu dieser mittlerweile wohl überwundenen Auffassung *Thiel*, Bilanzrecht, 4. Aufl., 1990, S. 93.

7 So *Blümich/Schreiber*, EStG, 1991, Rz. 180 f zu § 5 EStG mit ausführlicher Begründung und weiteren Nachweisen.

8 Allerdings wurde auch eine Zwischenposition zwischen formeller und materieller Maßgeblichkeit vertreten, wonach nur einige ausgewählte GoB für die steuerbilanziellen Zwecke zu beachten sein sollten; so *Schneider*, Rechtsfindung, StuW 1983, S. 141 ff. Diese Position hat verbreitet Widerspruch gefunden; vgl. *Mathiak*, in: *Kirchhof/Söhn*, EStG, Rdnr. A 84 zu § 5 EStG m.w.N. dazu.

9 Vgl. BFH-Beschluß vom 3.2.1969 GrS 2/68, BStBl. II 1969, S. 291-294, 293.

10 Vgl. statt vieler *Knobbe-Keuk*, Unternehmenssteuerrecht, 1993, S. 23 m.w.N.; *Vogt*, Maßgeblichkeit, 1991, S. 285 m.w.N. in Fn. 133; *Haeger*, Grundsatz, 1989, S. 9 m.w.N.; *Brezing*, Rückstellung, FR 1984, S. 349-355.

11 Vgl. *Esser*, Aufwandsrückstellungen, StbJb 1984/85, 1985, S. 165.

nicht zur Manipulation des Ergebnisses führen müssen[12], sondern gerade deshalb bestanden haben und bestehen, weil eben nicht mit Sicherheit bestimmt werden kann, welches insoweit der "volle" Gewinn ist; zudem darf m.E. auch nicht übersehen werden, daß die Wahlrechtsausübung lediglich im Rahmen der GoB und somit auch nur unter Beachtung des Stetigkeitsgrundsatzes sowie des Gebotes der Willkürfreiheit möglich ist[13].

Auch für die Bewertung folgt die Steuerbilanz prinzipiell der Handelsbilanz; jedoch ist grundsätzlich der steuerliche Bewertungsvorbehalt des § 5 VI EStG zu beachten[14], der allerdings im Bereich der hier zu untersuchenden Umweltschutzrückstellungen keine Wirkung entfaltet[15]. Dies gilt sowohl für die zunächst vorzunehmende erstmalige Einstellung wie auch für später erfolgende Wertkorrekturen; in den Fällen, in denen der zwingenden handelsrechtlichen Vorschrift nur ein steuerliches Wahlrecht gegenübersteht, ist der handelsrechtliche Wertansatz zu übernehmen. Insoweit wird im vorliegenden Zusammenhang dem - imparitätisch begründeten - handelsbilanziellen Höchstwertprinzip für Verbindlichkeiten der Vorrang eingeräumt werden müssen vor dem Wahlrecht des § 6 I Satz 1 Nr. 3 EStG, wonach der höhere Teilwert bei Verbindlichkeiten nicht angesetzt werden muß. Somit bleibt festzuhalten, daß Rückstellungen in Handels- und Steuerbilanz mit den gleichen Werten anzusetzen sind.

Im Ergebnis zeigt sich, daß - sofern keine steuerlichen Sondervorschriften gelten - handelsrechtlich passivierungspflichtige Rückstellungen (z.B. Verbindlichkeitsrückstellungen) auch in der Steuerbilanz zu bilanzieren sind, während Rückstellungen, für die handelsbilanziell ein Passivierungswahlrecht (z.B. Aufwandsrückstellungen) gilt, in der Steuerbilanz nicht angesetzt werden dürfen; zudem gilt auch das in § 249 III HGB festgeschriebene handelsrechtliche Passivierungsverbot, nach welchem für andere als die in § 249 I und II HGB genannten Zwecke keine Rückstellungen gebildet werden dürfen, in vollem Umfang für die Steuerbilanz[16].

---

12 *Knobbe-Keuk*, Unternehmenssteuerrecht, 1993, S. 22, spricht davon, daß der Unternehmer "nach seinem Belieben den "vollen" Gewinn ausweisen oder es auch lassen kann". Vgl. auch *Kraus*, Rückstellungen, 1987, S. 146 f m.w.N.
13 Vgl. dazu *Leffson*, GoB, 1987, S. 202 f. Weitergehend weist *Kraus*, Rückstellungen, 1987, S. 149 f, darauf hin, daß insbesondere bei Kapitalgesellschaften aufgrund der Generalnorm des § 264 II Satz 1 HGB die Möglichkeit der willkürlichen Bildung stiller Reserven entfallen sollte und daß daher die konkrete Ausübung von Passivierungswahlrechten in der Handelsbilanz jeweils auch dem speziellen Anliegen der Steuerbilanz gerecht wird.
14 Vgl. auch *Budde/Karig*, in: Beck'scher Bilanzkommentar, 1990, Anm. 119 zu § 243 HGB.
15 Vgl. ausführlicher *Naumann*, Bewertung, 1989, S. 164 f.
16 Ebenda, S. 75 f; zum Höchstwertprinzip *Moxter*, Höchstwertprinzip, BB 1989, S. 949 ff; *Hartung*, Fremdwährungsverpflichtungen, RIW 1989, S. 880 ff. Nach Auffassung von *Christiansen*, Rückstellungsbildung, 1993, S. 44, soll das Höchstwertprinzip bei Rückstellungen nicht anwendbar sein.

B. Bedeutung der Bilanztheorien für die Umweltschutzrückstellungen

Da die bisherige Entwicklung des Rückstellungsbegriffs nicht unerheblich durch bilanztheoretische Überlegungen beeinflußt worden ist, sollen die beiden wesentlichen bilanztheoretischen Konzepte nachfolgend in ihren grundlegenden Zügen kurz betrachtet werden[17].

Nach der statischen Bilanzauffassung, die in Form der Zerschlagungs- und in Form der Fortführungsstatik[18] auftritt, dient die Bilanz zunächst der Vermögensermittlung; aus Gläubigerschutzgründen[19], aber auch zur Selbstinformation des Kaufmanns[20] soll der Stand des Vermögens zu einem bestimmten Zeitpunkt festgestellt werden[21]. Wenn auch nach dieser Bilanzauffassung primär ein Einblick in die Schuldendeckungsfähigkeit[22] gegeben werden soll, ergibt sich daraus zugleich aber auch die Ermittlung eines Periodengewinns[23] in Form der Differenz zwischen dem Reinvermögen (Differenz zwischen Vermögen und Schulden) am Ende und dem zum Beginn der Periode. Rückstellungen können dabei nur insoweit passiviert werden, als sie Rechtsverbindlichkeiten gegenüber Dritten darstellen[24]. Nach dem Modell der Zerschlagungsstatik sind nur solche ungewissen Verbindlichkeiten passivierungsfähig, die dem Grunde nach gewiß sind[25]; im Rahmen der Fortführungsstatik wären demgegenüber auch dem Grunde nach ungewisse Verbindlich-

---

17 Vgl. auch die Hinweise zu Bilanztheorie und Kapitalerhaltung sowie zu nicht einzelwertorientierten Bilanzauffassungen bei *Naumann*, Bewertung, 1989, S. 17; insbesondere dort auch die Verweise in Fn. 3 und 4.

18 Abweichend von der Zerschlagungsstatik geht die Fortführungsstatik von der Weiterführung des Unternehmens aus mit der daraus resultierenden Konsequenz, daß die Bewertung des Vermögens nicht mit den Liquidationswerten, sondern mit dem Wert, den es für den Kaufmann verkörpert, erfolgt.

19 Vgl. bspw. *Knobbe-Keuk*, Unternehmenssteuerrecht, 1993, S. 13 f.

20 Vgl. hierzu *Naumann*, Bewertung, 1989, S. 18 m.w.N.

21 Vgl. bspw. einen der Hauptvertreter dieser Auffassung *Simon*, Bilanzen, 1899, S. 118.

22 Vgl. auch *Moxter*, Bilanzlehre, Bd. 1, 1984, S. 215.

23 "Der Periodengewinn ergibt sich gewissermaßen als willkommenes Abfallprodukt der Vermögensermittlung zu verschiedenen Zeitpunkten", so *Kraus*, Rückstellungen, 1987, S. 22; auch *Moxter*, Bilanzlehre, Bd. 1, 1984, S. 7. Auf die von *Hauser*, Nationalökonomie, WB 1931, S. 393, vertretene Auffassung, daß diejenigen "Ausreden, in denen gesagt ist, warum die A.-G. keine Steuern bezahlen kann", in einer Bilanz zusammengestellt werden, soll hier aus naheliegenden Gründen nicht weiter eingegangen werden.

24 Vgl. ausführlich *Grubert*, Rückstellungsbilanzierung, 1978, S. 61 ff m.w.N.

25 Insoweit soll es nach statischer Auffassung darauf ankommen, mit welchen gegenwärtigen Verpflichtungen das bei Gläubigerzugriff verwertbare Aktivvermögen belastet ist; so *Müller*, Gedanken, ZGR 1981, S. 128 f.

keiten zu berücksichtigen, soweit eben nur eine rechtliche oder auch faktische[26] Verbindlichkeit gegenüber einem Dritten droht.

Nach der dynamischen Bilanzauffassung dient die Bilanzierung - auch unter Gläubigerschutzaspekten - primär der periodengerechten Erfolgsermittlung durch die Gegenüberstellung der Kategorien Aufwand und Ertrag[27]; es erfolgt die Entwicklung der Bilanz von der Gewinn- und Verlustrechnung her[28]. Der zu ermittelnde Erfolg ergibt sich als Differenz der periodisierten Einnahmen (also: Erträge) und der periodisierten Ausgaben (also: Aufwendungen), wobei Periodisierung eine verursachungsgerechte Zurechnung meint; die Bilanz wird insoweit als ein Kräftespeicher angesehen[29].

Der Rückstellungsbegriff ist hier erheblich weiter gefaßt als bei der statischen Bilanzauffassung[30]; er umfaßt, da er nicht auf dem Verpflichtungs-, sondern auf dem Aufwandsbegriff basiert, neben den Drittverbindlichkeiten auch diejenigen den vergangenen Perioden zuzurechnenden Aufwendungen[31], die nicht auf Verbindlichkeiten gegenüber Dritten beruhen[32], nämlich die sogenannten Aufwandsrückstellungen[33].

Bei der Betrachtung der geltenden gesetzlichen Vorschriften zeigt sich nun, daß die Vorschriften des HGB keiner Bilanztheorie ausschließlich zugeordnet werden können[34]; die Regelungen enthalten nämlich sowohl statische als auch dynamische Aspekte[35]. Daher er-

---

26 Vgl. dazu die Nachweise bei *Naumann*, Bewertung, 1989, S. 22; vgl. auch *Kraus*, Rückstellungen, 1987, S. 26.

27 Vgl. *Schmalenbach*, Bilanz, 1962, S. 28.

28 Vgl. ausführlicher *Grubert*, Rückstellungsbilanzierung, 1978, S. 72 f m.w.N.

29 Nach *Schmalenbach*, Bilanz, 1962, S. 52 u. 74, ist auch den Gläubigern des Bilanzierenden am ehesten dadurch gedient, daß der Kaufmann die Entwicklung seines Geschäftes durch eine zutreffende Darstellung des Erfolges kontrolliert und somit einen Aufschluß über die Unternehmensentwicklung erhält; insoweit sah *Schmalenbach*, der Begründer der dynamischen Bilanzlehre, in der Bilanz primär ein Instrument der Betriebssteuerung. Vgl. auch *Moxter*, Bilanzlehre, Bd. 1, 1984, S. 33 ff.

30 Vgl. *Baetge*, Bilanzen, 1992, S. 340.

31 Ergänzend sei darauf hingewiesen, daß *Schmalenbach* eine Rückstellungsklasse, nämlich die der Rückstellungen für solche speziellen Wagnisse, die nicht im allgemeinen Unternehmerrisiko aufgehen, hervorhebt. Darunter sollten besondere Einzelfälle, wie z.B. Abwasserschäden, Bergschäden und Schäden durch das Entweichen giftiger Gase, zu subsumieren und zu passivieren sein. Vgl. *Schmalenbach*, Bilanz, 1962, S. 95 und S. 170 ff.

32 Das klassische Beispiel ist mittlerweile in den - hier auch betrachteten - Aufwandsrückstellungen nach § 249 II HGB zu sehen; weiterhin könnten auch Rückstellungen für unterlassene Instandhaltung angeführt werden.

33 Eine rein statische Betrachtung ist aufgrund der Vorschriften des HGB nicht mehr hinreichend; so *Baetge*, Bilanzen, 1992, S. 154.

34 Nach *Euler*, Grundsätze, 1989, S. 50 f, ist es hinsichtlich einzelner Vorschriften - z.B. hinsichtlich der Vorschrift des § 249 I Satz 3 HGB - sogar fraglich, ob diese überhaupt durch eine Bilanztheorie erklärt werden können.

35 Vgl. bspw. *Nieland*, in: *Littmann/Bitz/Meincke*, EStG, 1991, Rn. 364 zu §§ 4, 5 EStG; *Schroeder*, Abzinsung, 1990, S. 14.

scheint es irreführend, von einer statischen oder dynamischen Interpretation des Rückstellungsbegriffs zu sprechen[36], vielmehr liegt die zentrale Frage wohl in der Gewichtung der der Rückstellungsbilanzierung zugrunde liegenden Passivierungskriterien und der mit diesen in Zusammenhang stehenden GoB, weshalb GROH auch zu Recht von Statik und Dynamik als Tendenzbegriffen spricht[37]. Auf dieser Basis wird dann also in Zweifelsfällen - insbesondere unter Berücksichtigung des Rechnungslegungsziels - über eine Passivierung zu entscheiden sein[38].

C. Rechnungslegungsziel

Die Frage, für welche Aufwendungen und nach welchen Ansatzkriterien - insbesondere in Zweifelsfällen - Rückstellungen gebildet werden können bzw. müssen, läßt sich letztlich nur unter Rückgriff auf die GoB beantworten. Daher sind die nachfolgenden Ausführungen über die Jahresabschlußzwecke, welche dann die Basis für die deduktive Ermittlung der GoB[39] und für die - möglicherweise noch notwendig werdende - teleologische Auslegung[40] derselben bilden, im vorliegenden Zusammenhang unverzichtbar.

Die Zwecke der handelsrechtlichen Rechnungslegung sind nun aber aus keiner gesetzlichen Vorschrift[41] explizit zu entnehmen[42], da eben die eindeutige Vorgabe eines grundlegenden Zieles oder Zielsystems fehlt[43]; insoweit könnte auch versucht werden, sie unter Anwendung der juristischen Methodenlehre zu ermitteln. Dabei zeigt sich jedoch, daß sich weder unter Anwendung der grammatikalischen noch unter Anwendung der historischen Auslegungsmethode aus der Fülle der Rechnungslegungsvorschriften ein Zweck zweifels-

---

36 Nach *Biergans*, Einkommensteuer, 6. Aufl., 1992, S. 306, läßt sich die Passivierung von Verbindlichkeitsrückstellungen sowohl statisch als auch dynamisch begründen, während demgegenüber Aufwandsrückstellungen ausschließlich dynamischen Charakter haben sollen.

37 Vgl. *Groh*, Wende, BB 1989, S. 1586 ff.

38 Insoweit kann der Rückgriff auf die Bilanztheorien höchstens noch der - möglicherweise nur unscharfen - tendenziellen Kennzeichnung einzelner Sachverhalte dienen; verfehlt erscheint es allerdings, die Bilanztheorien zur Auslegung des HGB heranziehen zu wollen.

39 Nach mittlerweile herrschender Meinung sind die GoB deduktiv zu ermitteln, also aus den Zwecken der Rechnungslegung abzuleiten; diese Auffassung wird auch von der neueren BFH-Rechtsprechung vertreten. Vgl. weiterführend *Beisse*, Verhältnis, StuW 1984, S. 7; *Leffson*, GoB, 1987, S. 29 f. Dazu und zur hermeneutischen Methode als ganzheitlicher Methode der Gewinnung, Konkretisierung und Auslegung von GoB vgl. *Baetge*, Bilanzen, 1992, S. 41 ff.

40 Vgl. zu den Kriterien, nach denen eine Gesetzesauslegung zu erfolgen hat und insbesondere zur teleologischen Auslegung *Larenz*, Methodenlehre, 1985, S. 307 ff, 321; dem folgend *Leffson*, GoB, 1987, S. 32 ff. Vgl. auch *Tipke*, Steuerrechtsordnung, 1993, § 28 (S. 1229 ff).

41 Insoweit unterscheidet sich das HGB deutlich von den anderen hier noch zu betrachtenden Gesetzen, wie z.B. dem Bundesimmissionsschutzgesetz oder dem Abfallgesetzen, in deren ersten Paragraphen explizit der jeweilige Gesetzeszweck beschrieben wird.

42 Eine solche Feststellung mußte auch schon hinsichtlich der Regelungen des AktG 1965 getroffen werden; so *Eifler*, Grundsätze, 1976, S. 10.

43 Vgl. *Coenenberg*, Jahresabschluß, 1993, S. 9.

frei ermitteln läßt[44]. Daher kann zu einem befriedigenden Ergebnis am ehesten noch ein Vorgehen gelangen, welches unter Berücksichtigung sowohl

- der Regelungsabsicht des Gesetzgebers als auch
- der Stellungnahmen in Literatur[45] und Rechtsprechung und
- den Auffassungen der Kaufmannschaft (Gewohnheiten und Ansichten ordentlicher Kaufleute) sowie
- möglicherweise auch der bereits erwähnten Bilanztheorien

mehrere Zielsetzungen entwickelt und formuliert. Die sich daraus ergebenden Thesen sind dann anhand der niedergelegten Rechnungslegungsvorschriften dahingehend zu würdigen, inwieweit sich diese Thesen mit den gesetzlichen Regelungen vereinbaren lassen[46].

Ebenso wie dieses skizzierte Verfahren führt auch eine Analyse des "bilanzrechtlichen Prinzipiengefüges"[47] zu dem Ergebnis, daß zwei grundlegende Aufgaben handelsrechtlicher Bilanzen formuliert werden müssen, nämlich

- Zahlungen zu beeinflussen einerseits (Zahlungsbemessungsfunktion) und
- Informationen zu gewähren andererseits (Informationsfunktion).

Diese beiden Aufgaben sind nun allerdings konfliktär, da sie bei isolierter Betrachtung zu sehr unterschiedlichen Bilanzinhalten führen[48], so daß der Frage nach der Gewichtung der einzelnen Funktionen und somit der Frage nach einer Aufgabenrangordnung eine entscheidende Bedeutung beizumessen ist.

Zugleich ist festzuhalten, daß dem in den wesentlichen Ansatz- und Bewertungskomponenten aus der jährlichen Buchführung herzuleitenden[49] Jahresabschluß - wie der Buchführung insgesamt - grundsätzlich eine Dokumentationsfunktion zukommt, da sowohl die

---

44 Die Vorschrift des § 264 II HGB (Darstellung eines den tatsächlichen Verhältnissen entsprechenden Bildes der Vermögens-, Finanz- und Ertragslage) sollte m.E. zur Ableitung des Jahresabschlußzweckes nicht dienen können, da es sich insoweit um eine rechtsformspezifische - nämlich nur für Kapitalgesellschaften geltende - Norm handelt. Derartige rechtsformspezifische Normen können nach h.M. keine Wirkung für alle Kaufleute entfalten; vgl. auch erneut *Coenenberg*, Jahresabschluß, 1993, S. 9 f.

45 Dabei besteht in der betriebswirtschaftlichen Literatur letztlich wohl keine Einigkeit über die Zwecke des Jahresabschlusses; so *Ellerich*, Zwecke, in: *Küting/Weber* (Hrsg.), Rechnungslegung, 3. Aufl., 1990, S. 168.

46 Ein derartiges Vorgehen dürfte - obwohl es unter methodologischen Aspekten unbefriedigend erscheint - wohl auch vielen Stellungnahmen in der Literatur zugrunde liegen, obwohl eben dieser methodologische Aspekt dort häufig nicht angesprochen wird. Vgl. jedoch auch *Beisse*, Verhältnis, StuW 1984, S. 8, der die GoB aus "rechtlichen Obersätzen", die geschichtlich entstanden oder durch die Rechtsprechung konkretisiert worden sind, gewinnen will.

47 *Moxter*, wirtschaftlichen Betrachtungsweise, StuW 1989, S. 232.

48 So auch *Moxter*, Bilanzlehre, Bd. 1, 1984, S. 156.

49 Vgl. dazu *Kraus*, Rückstellungsbegriff, StuW 1988, S. 14.

Handelsbücher wie auch der Jahresabschluß im Falle eines Rechtsstreits als Beweismittel herangezogen werden können[50]. Diese Feststellung kann allerdings nicht zur Lösung der Frage beitragen, wie die beiden erstgenannten Funktionen zu gewichten sind; auch Art und Umfang der zu dokumentierenden Sachverhalte sind insoweit noch nicht bestimmt.

Daher ist eine genaue Betrachtung der handelsrechtlichen Rechnungslegungsvorschriften notwendig, um die Kriterien einer Aufgabenrangordnung erkennen und somit die Aufgabenrangordnung selbst ermitteln zu können[51]; es zeigt sich dabei, daß

- die Handelsbilanz keine Verrechnungspostenbilanz (etwa im Sinne dynamischer Bilanzauffassung), sondern eine Vermögensbilanz sein soll,
- eine vorsichtige Vermögensbilanzierung beabsichtigt ist in dem Sinne, daß sich der Bilanzierende nicht reich rechnen soll,
- die Bilanz objektiviert erstellt werden soll,
- bestimmte Aufgaben nicht oder nicht primär Aufgaben der insoweit ergänzungsbedürftigen Bilanz, sondern Aufgaben des Anhangs sind.

Aus diesen Feststellungen kann geschlossen werden[52], daß die Bilanz primär dem Zweck dient, eine Ausschüttungsbemessungsgrundlage[53] zu ermitteln[54]. Als dominierender Zweck der Bilanz im Rechtssinne[55] muß also die Ermittlung eines Betrages gelten, der als ausschüttungs- und verteilungsfähig[56] gelten kann[57]. Dabei ist dieser Gewinn jedoch vorsichtig im Sinne einer durch das Realisations- und das Imparitätsprinzip determinierten

---

50 So *Baetge*, Grundsätze, in: *Küting/Weber* (Hrsg.), Rechnungslegung, 3. Aufl., 1990, S. 198 ff; weiterführend *Leffson*, GoB, 1987, S. 47 f.

51 Vgl. dazu und zu den folgenden Ausführungen *Moxter*, Bilanzlehre, Bd. 1, 1984, S. 156 ff; grundlegend zur Lösung der Zielproblematik *Baetge*, Rechnungslegungszwecke, in: *Baetge/Moxter/Schneider* (Hrsg.), Bilanzfragen, 1976, S. 11 ff.

52 So *Moxter*, Bilanzlehre, Bd. 1, 1984, S. 156 ff.

53 Vgl. zur Zahlungsbemessungsfunktion auch *Coenenberg*, Jahresabschluß, 1993, S. 11 ff; *Heinhold*, Jahresabschluß, 1987, S. 5 ff; auch *Kraus*, Rückstellungen, 1987, S. 106 ff, und *Groh*, Bilanztheorie, StbJb 1979/80, S. 127.

54 Somit muß nach der Auffassung von *Bartels*, Umweltrisiken, 1992, S. 114, die Berücksichtigung von Umweltschutzverpflichtungen in der Bilanz primär unter dem Aspekt der Auswirkung auf die Ermittlung des ausschüttungsfähigen Gewinns betrachtet werden.

55 Der Ausdruck "Bilanz in Rechtssinne" soll hier den Umstand kennzeichnen, daß sich der Inhalt von Handels- und Steuerbilanz nach gesetzlichen Normen bestimmt; insoweit existiert kein Grundsatz der Bilanzierungsfreiheit, sondern eine Bindung an das Gesetz und die Gesetzesauslegung. Vgl. dazu *Moxter*, Bilanzlehre, Bd. 1, 1984, S. 149.

56 Die Notwendigkeit einer an der Verteilbarkeit bzw. am Gewinnabgang orientierten Gewinnermittlung unter Auslegung der geltenden Bilanznormen ausführlicher erläuternd *Moxter*, Realisationsprinzip, BB 1984, S. 1782.

57 Vgl. auch die instruktive Herleitung dieses Ergebnisses bei *Böcking*, Verzinslichkeit, 1988, S. 112 ff.

Gewinnermittlung[58] zu bestimmen[59], er wird insofern auch als "verlustantizipierender Umsatzgewinn" bezeichnet[60]. Durch die explizite Kodifizierung der "beiden Fundamentalgrundsätze handelsrechtlicher Vermögens- und Gewinnermittlung"[61], nämlich des Realisations- und des Imparitätsprinzips, "kann am maßgeblichen Sinn und Zweck der handelsrechtlichen Ansatz- und Bewertungsnormen kaum ein Zweifel bestehen: ... Das Gesetz will dem verantwortungsbewußten Kaufmann eine Entnahmerichtgröße bieten, ihm also Anhaltspunkte geben über die im Interesse des Gläubigerschutzes vertretbaren Entnahmen"[62]. Diese Auffassung wird zunehmend auch in der Literatur vertreten[63].

Demgegenüber wird der Informationsfunktion des (sich als Informationsinstrument an die verschiedensten Bilanzadressaten wendenden[64]) Jahresabschlusses ergänzend über den von Kapitalgesellschaften aufzustellenden und zu veröffentlichenden Anhang Rechnung getra-

---

58 "Der von den erwähnten GoB definierte Gewinn dient als Ausschüttungsrichtgröße: Es ist der Gewinn, der fairerweise als ausschüttbar gelten darf, bei dem Gläubigerschutzerwägungen zwar entscheidend sind, Gesellschafterschutzerwägungen (und im Ergebnis auch fiskalische Interessen) aber nicht etwa unvertretbar zurückgedrängt werden"; so *Moxter*, System, in: *Gross* (Hrsg.), Wirtschaftsprüfer, 1985, S. 27 f.

59 Vgl. auch *Naumann*, Entstehen, WPg 1991, S. 530.

60 Vgl. *Moxter*, System, in: *Gross* (Hrsg.), Wirtschaftsprüfer, 1985, S. 24.

61 *Moxter*, Bilanzlehre, Bd. 2, 1986, S. 17; vgl. zu den Fundamentalprinzipien ordnungsmäßiger Rechenschaft auch *Moxter*, Fundamentalprinzipien, in: *Baetge/Moxter/Schneider* (Hrsg.), Bilanzfragen, 1976, S. 89 ff.

62 *Moxter*, wirtschaftlichen Betrachtungsweise, StuW 1989, S. 236.

63 Vgl. *Herzig*, Risikovorsorge, in: *Doralt* (Hrsg.), Probleme, 1991, S. 205; *ders.*, Rückstellungen, DB 1990, S. 1344; *Serve*, Grundsätze, WPg 1993, S. 653 ff; *Busse von Colbe*, Entwicklung, in: *Wagner* (Hrsg.), Analyse, 1993, S. 11 ff; *ders.*, Bewertung, in: *Raupach* (Hrsg.), Werte, 1984, S. 46; *Ballwieser*, Passivierung, in: *IDW* (Hrsg.), Fachtagung, 1992, S. 131 ff; *Euler*, Grundsätze, 1989, S. 60 ff; *Böcking*, Verzinslichkeit, 1988, S. 112 ff, 117; *Kraus*, Rückstellungen, 1987, S. 106 f; *Moxter*, Faktum, in: *Präsident des BFH* (Hrsg.), Festschrift 75 Jahre RFH - BFH, 1993, S. 544; *ders.*, Entwicklung, in: *Wagner* (Hrsg.), Analyse, 1993, S. 61 ff; *ders.*, wirtschaftlichen Betrachtungsweise, StuW 1989, S. 232 ff; *ders.*, Periodengerechte Gewinnermittlung, in: *Knobbe-Keuk/Klein/Moxter* (Hrsg.), Handels-, 1988, S. 447 ff; *ders.*, Ulrich Leffson, WPg 1986, S. 173 ff; *ders.*, Bilanzrechtsprechung, 2. Aufl., 1985, insbes. S. 217; *ders.*, Realisationsprinzip, BB 1984, S. 1780; *ders.*, Einschränkungen, BB 1982, S. 2086; *Gail*, Entstehung, ZfB-Ergänzungsheft 1/87: Bilanzrichtlinien-Gesetz, S. 54; *Beisse*, Verhältnis, StuW 1984, S. 1 ff, 4; *ders.*, Gewinnrealisierung, in: *Ruppe* (Hrsg.), Gewinnrealisierung im Steuerrecht, 1981, S. 13 ff; *Döllerer*, Handelsbilanz, in: *Baetge* (Hrsg.), Jahresabschluß, 1983, S. 157 ff, 163; *ders.*, Gedanken, Korreferat zum Referat Dr. *Clemm*, JbFfSt 1979/80, S. 195 ff; *Beisse*, Bilanzauffassung, Korreferat zum Referat Professor Dr. *Kruse*, JbFfSt 1978/79, S. 186 ff; *Grubert*, Rückstellungsbilanzierung, 1978, S. 60. Kritisch zu dieser Bilanzaufgabe *Oberbrinkmann*, Interpretation, 1990, S. 282 ff.

64 Vgl. ausführlicher *Naumann*, Bewertung, 1989, S. 30 f m.w.N.; zu den Informationsbedürfnissen der verschiedenen Adressatengruppen *Eisenführ*, Informationsgehalt, 1967, S. 19-51; *Heinhold*, Jahresabschluß, 1987, S. 18 f.

gen[65]; dies ist von besonderem Gewicht, soweit ein Konflikt mit der Zahlungsbemessungsfunktion vorliegt.

Dieses - auf der sogenannten Abkoppelungsthese[66] beruhende - Ergebnis der Dominanz[67] der finanzwirtschaftlichen über die informationswirtschaftlichen Aufgaben[68] bei der Bilanzierung ist insbesondere auch vereinbar mit Überlegungen, die auf die hinter der Informationsgewährung stehende Schutzfunktion zurückgreifen. So wird von KRAUS[69] zutreffend darauf hingewiesen, daß der Schutzfunktion[70] am ehesten Rechnung getragen werden kann über eine Vermögenskontrolle, die auf die Feststellung abzielt, wieviel Vermögen dem Unternehmen als ausschüttungsfähiger Gewinn entzogen werden kann[71], ohne daß die Schuldendeckungsfähigkeit beeinträchtigt wird[72].

---

65 So auch *Bartels*, Umweltrisiken, 1992, S. 114 ff, der weiter darauf hinweist, daß aus der Anhangsaufstellungspflicht allein für Kapitalgesellschaften kein Problem resultiert, da nicht dem PublG unterliegende Einzelkaufleute und Personengesellschaften ihren Jahresabschluß ohnehin nicht offenlegen müssen; insoweit sei durch den Gesetzgeber kein Gläubigerschutz durch Information vorgesehen.

66 Vgl. dazu *Moxter*, Bilanzlehre, Bd. 2, 1986, S. 67 f: "die aus dem bilanziellen Vorsichtsprinzip drohenden Informationsverzerrungen werden durch Zusatzinformationen, im wesentlichen im Anhang, beseitigt". Die sogenannte "Abkoppelungsthese" beruht also auf der Überlegung, daß für die informationswirtschaftlichen Zwecke zumindest bei Kapitalgesellschaften die gesamte Veröffentlichung des Bilanzierenden, bei großen Kapitalgesellschaften also insbesondere Jahresabschluß, Anhang und Lagebericht zur Verfügung stehen, während sich die Bemessung des ausschüttungsfähigen Betrages allein aus der Bilanz (und GuV) zu ergeben hat; vgl. insoweit auch *Bartels*, Umweltrisiken, 1992, S. 114 ff, und *Euler*, Grundsätze, 1989, S. 55 f.

67 Vgl. auch die Ableitungen des hier vorgestellten Ergebnisses bei *Naumann*, Bewertung, 1989, S. 44 ff m.w.N., und *Vogt*, Maßgeblichkeit, 1991, 'S. 46 f.

68 Auch nach der Auffassung von *Börner*, Bilanzrichtlinien-Gesetz, StbJb 1986/87, S. 206, dominieren finanzwirtschaftliche Aufgaben (bspw. die Ausschüttungsbemessungsfunktion des Jahresabschlusses) in Bilanz sowie Gewinn- und Verlustrechnung, während die Verwirklichung der informationswirtschaftlichen Aufgaben (bspw. die Darstellung eines den tatsächlichen Verhältnissen entsprechenden Bildes bei Kapitalgesellschaften) bei der Erstellung des Anhangs vorherrscht.

69 *Kraus*, Rückstellungen, 1987, S. 106 ff.

70 Von *Leffson*, GoB, 1987, S. 42 ff und S. 59 f, wird dargelegt, daß sich aus dieser Schutzfunktion keine direkten Bilanzierungsregeln ableiten lassen; mangels hinreichender Bestimmtheit kann sie ebensowenig als ein Konkurrenzsituationen entscheidendes Auslegungsziel fungieren.

71 Der Schutzfunktion wird wohl eher über eine periodengerechte Gewinnermittlung denn über eine die Legung der stillen Reserven fördernde Vermögensermittlung Rechnung getragen werden können, da schon *Kruse*, Grundsätze, 1976, S. 204 ff, nachgewiesen hat, daß die Bildung stiller Reserven - aufgrund der Gefahr ihrer stillen Auflösung - mit dem Gläubigerschutzprinzip nicht vereinbar ist.

72 "Die Ermittlung des erzielten Periodenerfolges ist unverzichtbarer Bestandteil sowohl der Selbstinformations- als auch der Rechenschaftslegungsfunktion gegenüber Außenstehenden und bildet zugleich die regelmäßig wichtigste Grundlage für die Ausschüttungs- (bzw. Entnahme-)bemessung", so *Ellerich*, Zwecke, in: *Küting/Weber* (Hrsg.), Rechnungslegung, 3. Aufl., 1990, S. 170.

Da die Steuerbilanz, die zur Ermittlung des ertragsteuerlich zu erfassenden Gewinns und damit letztlich zur Bemessung der Gewinnsteuerzahlungen[73] dient, durch den Maßgeblichkeitsgrundsatz eng an die Handelsbilanz gebunden ist[74], kann für die hier zu erörternde Problematik der Umweltschutzrückstellungen auf weitere Ausführungen[75] zur Zielsetzung der Steuerbilanz verzichtet werden[76].

II. Ausgewählte rückstellungsrelevante Grundsätze ordnungsmäßiger Buchführung

Da der Gesetzgeber die Einzelheiten der Abschlußerstellung offen gelassen und - zwar verbindlich, aber letztlich doch nur in allgemeiner Form[77] - auf die GoB (unbestimmter Rechtsbegriff[78]) verwiesen hat[79], bedürfen diese Regeln, nach denen der Bilanzierende zu verfahren hat, um zu einer den gesetzlichen Zwecken entsprechenden Bilanz zu gelangen, einer näheren Betrachtung[80].

Die GoB stellen nun ein die gesamte Rechnungslegung (Bilanzierung, Führung der Handelsbücher und Inventur) umfassendes Gefüge von rechtsformunabhängig geltenden[81] Regeln dar, nach denen Geschäftsvorfälle zu dokumentieren und im (Jahres-)Abschluß

---

73 Vgl. statt vieler *Moxter*, Bilanzlehre, Bd. 1, 1984, S. 156. In "diesem Zusammenhang macht es keinen Unterschied, ob der maximal entziehbare Betrag als Dividende ausgeschüttet oder als Steuer abgeführt wird"; so *Gail*, Steuerbilanz, StVj 1989, S. 255.

74 In der Literatur wird darauf verwiesen, daß sowohl der handelsrechtlichen Bilanzierung als auch der Bilanzierung für Zwecke der Besteuerung eine gleichgerichtete, wenn auch partiell divergierende Zielsetzung zugrunde liegt; vgl. weiterführend *Moxter*, System, in: *Gross* (Hrsg.), Wirtschaftsprüfer, 1985, S. 26; *Bauer*, Grundlagen, 1981, S. 33; *Beisse*, Bedeutung, StVj 1989, S. 300 f.

75 Vgl. stattdessen *Naumann*, Bewertung, 1989, S. 71 ff; *Vogt*, Maßgeblichkeit, 1991, S. 41 ff.

76 Schließlich kommt es für die Ermittlung und Auslegung der GoB nur auf die Zielsetzung des handelsrechtlichen Jahresabschlusses an.

77 Vgl. die Verweise auf die GoB in den §§ 238 I, 243 I und 264 II HGB.

78 Vgl. BFH-Urteil vom 12.5.1966 IV 472/60, BStBl. III 1966, S. 372; *Glade* (Hrsg.), Rechnungslegung, 1986, Teil I, Tz. 214 m.w.N.

79 Vgl. zum "nicht geregelten *Wie* der kaufmännischen Buchführung" *Kruse*, Grundsätze, 1976, S. 1 ff.

80 Dabei sollen im folgenden die formellen GoB, die die laufende Buchführung betreffen, vernachlässigt und stattdessen die materiellen GoB, die sich mit Bilanzierungsfragen befassen, betrachtet werden; insoweit soll im folgenden die Abkürzung GoB für die Grundsätze ordnungsmäßiger Bilanzierung, die einen Teilbereich der GoB darstellen, stehen. Vgl. zu dieser Einteilung: *Blümich/Schreiber*, EStG, 1991, Rz. 205 zu § 5 EStG.

81 Der nur für Kapitalgesellschaften geltende Grundsatz des "true and fair view" ist daher nicht als GoB anzusehen und entfaltet daher auch keine steuerrechtliche Wirkung. So *Beisse*, Gläubigerschutz, in: *Beisse/Lutter/Närger* (Hrsg.), Festschrift Beusch, 1993, S. 96; *ders.*, Bedeutung, StVj 1989, S. 310; *ders.*, Bilanzrechts, in: *Knobbe-Keuk/Klein/Moxter* (Hrsg.), Handels- und Steuerrecht, 1988, S. 27 ff; *Lang*, in: *Leffson/Rückle/Grossfeld*, Handwörterbuch, 1986, Stichwort: "GoB I", S. 223; *Schmidt*, EStG, 1993, Anm. 14 g) zu § 5 EStG. Nach *Ballwieser* würde aber auch viel dafür sprechen, rechtsformergänzende GoB - also GoB ausschließlich für Kapitalgesellschaften - zu entwickeln; vgl. ausführlich *Ballwieser*, Grundsätze, ZfB-Ergänzungsheft 1/87: Bilanzrichtlinien-Gesetz, S. 17. Vgl. auch *Leffson*, GoB, 1987, S. 152.

darzustellen sind[82]; sie sind zum Teil gesetzlich kodifiziert, zum Teil ungeschriebenes Recht[83]. Dabei ist der Zweck der Weiterverweisung auf ungeschriebene GoB darin zu erkennen, daß die Bilanzierung nach den GoB durch diesen Verweis im Wandel der Zeiten anpassungs- und entwicklungsfähig bleiben soll[84].

Die Rechtsnatur[85] der GoB sowie die Verfahren zu ihrer Ermittlung[86] sind umstritten; im vorliegenden Zusammenhang sollte allerdings die Feststellung ausreichen, daß die GoB nach der h.M. wohl deduktiv aus dem Sinn und Zweck der Bilanz heraus abzuleiten sind[87].

Da sich die einzelnen GoB teilweise überlagern und auch in Widerspruch zueinander treten, ist es grundsätzlich notwendig, neben der jeweiligen Tragweite insbesondere auch das Spannungsfeld bzw. die Konkurrenz der Vorschriften untereinander zu klären[88]; denn nach der weitgehenden gesetzlichen Kodifizierung der GoB im HGB n.F. wird ein Paradigmenwechsel in der Diskussion um die GoB angedeutet, da nicht mehr der Inhalt der einzelnen Prinzipien, sondern die Rangordnung zwischen diesen Prinzipien zentrale Bedeutung gewinnt[89].

A. Zur Stellung und Bedeutung von Vorsichts-, Realisations- und Imparitätsprinzip

Dem Vorsichts-, dem Realisations- und auch dem Imparitätsprinzip, welche mit dem HGB n.F. erstmals für alle Bilanzierenden gesetzlich kodifiziert worden sind, wird im Rahmen

---

82 So auch *Blümich/Schreiber*, EStG, 1991, Rz. 205 zu § 5 EStG.

83 In diesem Zusammenhang ist darauf hinzuweisen, daß einzelne der hier betrachten GoB nicht ausschließlich nur einer der beiden Gruppen (Rechtsnormen des geschriebenen oder des ungeschriebenen Rechts) zugeordnet werden können, vielmehr ist regelmäßig - wie bspw. beim Realisationsprinzip - die Tatsache zu beachten, daß der kodifizierte Teil eines GoB durch einen ungeschriebenen Teil ergänzt wird.

84 Vgl. dazu auch *Beisse*, Rechtsfragen, BFuP 1990, S. 499 ff; *Baetge*, Rechnungslegungszwecke, in: *Baetge/Moxter/Schneider* (Hrsg.), Bilanzfragen, 1976, S. 22.

85 Vgl. dazu die Nachweise der widerstreitenden Meinungen bei *Eifler*, Grundsätze, 1976, S. 9. Weiterhin *Euler*, Grundsätze, 1989, S. 21 ff; *Kruse*, Grundsätze, 1976. Vgl. auch *Blümich/Schreiber*, EStG, 1991, Rz. 208 ff zu § 5 EStG; *Leffson*, GoB, 1987, S. 21 ff.

86 Vgl. weiterhin zur Hermeneutik als einem ganzheitlichen Ermittlungssystem für GoB *Baetge*, Grundsätze, in: *Küting/Weber* (Hrsg.), Rechnungslegung, 3. Aufl., 1990, S. 198 ff; dem folgend *Böcking*, Verzinslichkeit, 1988, S. 99 ff. Differenziert zur Ermittlung *Grubert*, Rückstellungsbilanzierung, 1978, S. 95 ff.

87 Vgl. dazu weiterführend *Beisse*, Verhältnis, StuW 1984, S. 7; *Budde/Raff*, in: Beck'scher Bilanzkommentar, 1990, Anm. 11 ff zu § 243 HGB m.w.N. zur h.M. in Literatur und BFH-Rechtsprechung.

88 Vgl. dazu die sehr instruktive Darstellung der von *Leffson*, *Moxter* und *Baetge* - mit unterschiedlichen Ergebnissen - entwickelten GoB-Strukturen und GoB-Systeme bei *Ballwieser*, Grundsätze, ZfB-Ergänzungsheft 1/87: Bilanzrichtlinien-Gesetz, S. 3 ff. Vgl. dort insbesondere die Betrachtung der Vereinbarkeit der GoB-Systeme mit dem neuen Bilanzrecht.

89 So *Herzig*, Wirkung, in: *Raupach/Uelner* (Hrsg.), Ertragsbesteuerung, 1993, S. 209.

von GoB-Systematisierungen[90] - nicht nur in bezug auf Rückstellungen - eine herausragende Stellung eingeräumt. So werden diese Prinzipien als "rechtliche Obersätze"[91] angesehen, die unter Berücksichtigung der Jahresabschlußzwecke teilweise historisch gewachsen und/oder vom Gesetzgeber normiert wie auch in wesentlichen Teilen von der Rechtsprechung konkretisiert worden sind[92].

Diese "oberen GoB"[93], MOXTER spricht auch von Fundamentalprinzipien[94], wurden durch die Neufassung des HGB in § 252 I Nr. 4 HGB im Rahmen der allgemeinen Bewertungsgrundsätze gesetzlich fixiert; eine streng am Wortlaut dieser Vorschrift orientierte abschließende Auslegung dürfte gleichwohl nicht sachgerecht sein, da die drei Prinzipien noch eine über ihre Stellung im Gesetz als Bewertungsnormen hinausgehende Bedeutung haben[95].

Das Vorsichtsprinzip, wie es durch § 252 I Nr. 4 HGB kodifiziert ist, ist vom Wortlaut her ("es ist vorsichtig zu bewerten") zunächst auf die Bewertung beschränkt[96] und bedeutet für die Rückstellungsbewertung, daß von mehreren gleichermaßen wahrscheinlich erscheinenden Werten der höchste anzusetzen ist. Wie sich zeigt, muß dem Vorsichtsprinzip aber weitergehend auch eine Wirkung bezüglich der Ansatzfragen[97] beigemessen werden[98]; es kommt insbesondere dann zum Zuge, wenn unsichere Erwartungen[99] zu berücksichtigen sind[100]. So ist beispielsweise dann, wenn zweifelhaft ist, "ob Ausgaben erst künftigen Umsätzen zurechenbar sind", unter Rückgriff auf das Vorsichts-

---

90 Nach den Ausführungen von *Beisse*, Rechtsfragen, BFuP 1990, S. 500 ff, soll das System der GoB unter dem Gläubigerschutzprinzip und damit unter dem Vorsichtsprinzip als oberstem Prinzip stehen.
91 Vgl. *Blümich/Schreiber*, EStG, 1991, Rz. 213 zu § 5 EStG.
92 Vgl. *Beisse*, Verhältnis, StuW 1984, S. 1 u. 8; *Moxter*, Bilanzrechtsprechung, 2. Aufl., 1985, S. 217 ff.
93 So *Leffson*, GoB, 1987, S. 153 f.
94 Vgl. bspw. *Moxter*, wirtschaftlichen Betrachtungsweise, StuW 1989, S. 236; *ders.*, Bewertbarkeit, BB 1987, S. 1846 ff; *ders.*, Bilanzrechtsprechung, 2. Aufl., 1985, S. 217 ff.
95 So auch *Ballwieser*, Grundsätze, ZfB-Ergänzungsheft 1/87: Bilanzrichtlinien-Gesetz, S. 11. Das Imparitätsprinzip ist bspw. entgegen dem Wortlaut nicht nur bei der Bewertung, sondern auch beim Ansatz dem Grunde nach zu berücksichtigen; so *Schmidt*, EStG, 1993, Anm. 14 d) zu § 5 EStG. Das Vorsichtsprinzip soll nach Auffassung von *Budde/Geissler*, in: Beck'scher Bilanzkommentar, 1990, Anm. 30 zu § 252 HGB, in "allen Fragen der Bilanzierung und Bewertung zu beachten" sein.
96 Vgl. auch BFH-Urteil vom 26.4.1989 I R 147/84, BStBl. II 1991, S. 215; *Naumann*, Bewertung, 1989, S. 39 ff.
97 Vgl. zu den Ansatzkonsequenzen des Realisations- und des Imparitätsprinzips *Ballwieser*, Grundsätze, ZfB-Ergänzungsheft 1/87: Bilanzrichtlinien-Gesetz, S. 11.
98 Vgl. auch *Budde/Geissler*, in: Beck'scher Bilanzkommentar, 1990, Anm. 30 zu § 252 HGB; *Rückle*, in: *Leffson/Rückle/Grossfeld*, Handwörterbuch, 1986, Stichwort: "Vorsicht", S. 406 ff.
99 Vgl. zum Grundsatz der Vorsicht als "Verfahrensregel für Schätzungen" *Tanski/Kurras/Weitkamp*, Jahresabschluß, 1991, S. 120; *Zimmermann*, Bewertung, ZfbF 1991, S. 760.
100 Vgl. *Leffson*, GoB, 1987, S. 153.

prinzip zu passivieren[101]. Aus dem das Bilanzrecht beherrschenden Vorsichtsprinzip[102], welches eine über die speziellen Ausprägungen Realisations- und Imparitätsprinzip hinausgehende Wirkung entfaltet, "folgt, daß das Gesetz hinsichtlich der Vermögensermittlung solche Bilanzaufgaben für vorrangig hält, die eine vorsichtige Bilanzierung erfordern: Ausschüttungssperre und Schuldendeckungskontrolle"[103]; insoweit schlägt sich hier ein wesentlicher Aspekt des formulierten Rechnungslegungszieles nieder, wonach der verteilungsfähige Betrag eben vorsichtig im Sinne von "unbedenklich ausschüttbar" zu ermitteln ist[104]. Nicht damit zu vereinbaren ist aber zugleich eine zu starke Gewichtung des Vorsichtsprinzips im Sinne der vermehrten Legung von stillen Reserven[105] - also beispielsweise der Bilanzierung der höchstmöglichen Ausgaben[106] - und der Ermittlung eines eher geringen Ausschüttungsbetrages, da ein solches Vorgehen letztlich vom Ziel der Ermittlung eines verlustantizipierenden Umsatzgewinns - insbesondere bei der verdeckten Auflösung von in früheren Perioden gelegten stillen Reserven - wegführt[107].

Anderer Auffassung hinsichtlich der Tragweite des Vorsichtsprinzips ist MÜLLER[108], der das Vorsichtsprinzip aufgrund der gesetzessystematischen Stellung als reinen Bewertungsgrundsatz, das Realisationsprinzip gleichwohl aber als eine Ansatzvorschrift verstanden wissen will[109].

Der das Bilanzrecht beherrschende Vorsichtsgrundsatz[110], der als Grundlage einer an wirtschaftlicher Betrachtungsweise orientierten Vermögens- und Gewinnermittlung gilt, ist aber relativ unpräzise und wird daher in wichtigen Teilen durch das Realisationsprinzip

---

101 *Moxter*, System, in: *Gross* (Hrsg.), Wirtschaftsprüfer, 1985, S. 23.
102 So *Moxter*, Beschränkung, in: *Herzig* (Hrsg.), Betriebswirtschaftliche Steuerlehre, 1991, S. 174.
103 *Moxter*, Bilanzlehre, Bd. 1, 1984, S. 157.
104 Die Bedeutung des Vorsichtsprinzips "ergibt sich unmittelbar aus dem die handelsrechtlichen GoB prägenden, handelsrechtlich vorrangigen Bilanzzweck (Gläubigerschutz) und aus grundlegenden bilanzrechtlichen Einzelnormen (insbesondere dem Imparitätsprinzip)"; so *Moxter*, Wirtschaftliche Gewinnermittlung und Bilanzsteuerrecht, StuW 1983, S. 307.
105 Gegen eine "übervorsichtige, einseitige Beurteilung" (von Risiken und drohenden Verlusten) *Adler/Düring/Schmaltz*, Rechnungslegung, 5. Aufl., 1990, Anm. 75 zu § 252 HGB. *Biergans*, Einkommensteuer, 6. Aufl., 1992, S. 174, weist darauf hin, daß sich in der jüngsten Vergangenheit eine enge Auslegung des Vorsichtsprinzips durchgesetzt hat, die eine bewußte Legung stiller Reserven ablehnt.
106 So *Eifler*, Grundsätze, 1976, S. 17.
107 Ausführlicher zu dieser Argumentation *Baetge*, Grundsätze, in: *Küting/Weber* (Hrsg.), Rechnungslegung, 3. Aufl., 1990, S. 228; *Rückle*, in: *Leffson/Rückle/Grossfeld*, Handwörterbuch, 1986, Stichwort: "Vorsicht", S. 408 f.
108 Vgl. *Müller*, Rangordnung, in: *Havermann* (Hrsg.), Bilanz- und Konzernrecht, 1987, S. 403.
109 Kritisch zu dieser Unterstellung eines durch den Gesetzgeber verursachten Systematisierungsfehlers *Ballwieser*, Grundsätze, ZfB-Ergänzungsheft 1/87: Bilanzrichtlinien-Gesetz, S. 11.
110 Vgl. erneut *Moxter*, Beschränkung, in: *Herzig* (Hrsg.), Betriebswirtschaftliche Steuerlehre, 1991, S. 174.

und auch durch das Imparitätsprinzip konkretisiert[111]. Das Vorsichtsprinzip bildet also den Hintergrund[112] für für das Realisationsprinzip und für das Imparitätsprinzip[113], die ihm als spezielle Ausprägungen zugeordnet werden müssen[114]. Eine Bilanzierungskonsequenz des Imparitätsprinzips ist bereits angesprochen worden, nämlich die Erfassung drohender Verluste aus schwebenden Geschäften; daneben resultiert aus dem Imparitätsprinzip noch die Abschreibungsvorschrift des § 253 II HGB (Niederst-(Höchst-) wertprinzip), die bei der Betrachtung der Problematik der Teilwertabschreibung behandelt werden wird[115].

Das Realisationsprinzip beinhaltet - zunächst als Ausprägung des Vorsichtsprinzips - das Kriterium des umsatzbezogenen Ertragsausweises, da Erträge (Wertsteigerungen) erst dann bilanziert werden können, wenn sie durch den Markt bestätigt und aufgrund eines Umsatzaktes realisiert sind[116]; insoweit kommt es durch dieses Verständnis des Realisationsprinzips zu einer vorsichtigen Gewinnermittlung.

Als beherrschendes Prinzip[117] im Rahmen der Gewinnermittlung[118] ist das Realisationsprinzip dann aber nicht nur Maßstab für den (zeitgerechten) Ausweis von Erträgen, sondern auch für die Bilanzierung von Aufwendungen[119]; es wird zunehmend als

---

111 So *Moxter*, Wirtschaftliche Gewinnermittlung und Bilanzsteuerrecht, StuW 1983, S. 304. "Unterprinzipien", so *Pezzer*, Bilanzierungsprinzipien, in: *Doralt* (Hrsg.), Probleme, 1991, S. 21.

112 So *Moxter*, Ulrich Leffson, WPg 1986, S. 174; dem wohl zustimmend *Ballwieser*, Grundsätze, ZfB-Ergänzungsheft 1/87: Bilanzrichtlinien-Gesetz, S. 19.

113 So auch *Schmidt*, EStG, 1993, Anm. 14 c) und 14 d) zu § 5 EStG; *Tanski/Kurras/Weitkamp*, Jahresabschluß, 1991, S. 120.

114 Das Vorsichtsprinzip konkretisiert sich im Realisations- und im Imparitätsprinzip, so *Moxter*, Bilanzrechtsprechung, 2. Aufl., 1985, S. 57; *ders.*, Fremdkapitalbewertung, WPg 1984, S. 404. "Aus dem Vorsichtsprinzip werden das Realisationsprinzip und das Imparitätsprinzip abgeleitet", so *Biergans*, Einkommensteuer, 6. Aufl., 1992, S. 174. So auch *Herzig*, Rückstellungen, DB 1990, S. 1351; *ders.*, Risikovorsorge, in: *Doralt* (Hrsg.), Probleme, 1991, S. 213. Gegen eine Unterordnung des Realisationsprinzips unter das Vorsichtsprinzip und für dessen Zuordnung zum Grundsatz der Bilanzwahrheit *Glade*, Rechnungslegung, 1986, Teil I, Tz. 284.

115 Vgl. dazu die Ausführungen im dritten Teil der vorliegenden Untersuchung, 2. Kapitel, Abschnitt I., Unterabschnitt B. 3.

116 Vgl. ausführlich die Untersuchungen von *Euler*, Grundsätze, 1989; *Gelhausen*, Realisationsprinzip, 1985. Vgl. auch *Selchert*, Realisationsprinzip, DB 1990, S. 797 ff; *Wacket*, Realisations, BB 1990, S. 239 ff; *Leffson*, GoB, 1987, S. 247 ff; *Moxter*, System, in: *Gross* (Hrsg.), Wirtschaftsprüfer, 1985, S. 22.

117 "Einer der wichtigsten GoB", so *Tanski/Kurras/Weitkamp*, Jahresabschluß, 1991, S. 114.

118 Vgl. *Biergans*, Einkommensteuer, 6. Aufl., 1992, S. 174.

119 *Siegel*, Meinungsspiegel, BFuP 1990, S. 548 ff, wirft - ohne allerdings ein abschließendes Ergebnis zu bieten - noch die Frage auf, nach welchen Prinzipien denn die Aufgabe der Aufwandszuordnung zu lösen ist; ob dies durch die Anwendung des Realisationsprinzips (eben auch als Passivierungsprinzip, wie die jüngere Literatur fordert) oder weiterhin durch die Anwendung der Abgrenzungsgrundsätze nach Leffson geschehen soll. Nach dieser Auffassung von *Siegel* könnten die Abgrenzungsgrundsätze wohl durch ein erweitertes Verständnis des Realisationsprinzips und dessen Anwendung auf die Passivseite der Bilanz abgelöst werden.

grundlegendes Aktivierungs- und Passivierungsprinzip eben auch mit Wirkung für die Aufwandsseite gesehen[120] und dient als GoB der Verwirklichung der Bilanzzweckkomponente "Umsatzgewinnermittlung"[121]. Diese Auffassung wird nicht zuletzt dadurch bestätigt, daß die gesetzliche Bestimmung des § 252 I Nr. 4 HGB ausdrücklich von Gewinnen spricht; da der Gewinn aber gerade durch die Differenz von Erträgen und Aufwendungen bestimmt wird, ist eine Begrenzung des Realisationsprinzips auf die Aktivseite verfehlt[122]. Insoweit scheint eine Reduzierung des Realisationsprinzips auf ein reines Anschaffungskostenprinzip[123] nicht durch das Gesetz gedeckt und auch nicht aus diesem ableitbar zu sein[124].

Die Besonderheit des solchermaßen verstandenen Realisationsprinzips liegt nun darin, daß danach eine Passivierung solcher künftigen Ausgaben - aber eben auch nur dieser - geboten ist, die "bis zum Bilanzstichtag realisierte Umsätze alimentiert haben"[125]; insoweit wirkt das Realisationsprinzip also auch rückstellungsbegrenzend[126].

Hinsichtlich dieser rückstellungsbegrenzenden Wirkung sind allerdings Einschränkungen sowohl aufgrund des Imparitätsprinzips (Drohverlustrückstellungen) als auch aufgrund des allgemeinen Vorsichtsprinzips vorstellbar; beispielsweise bewirkt das Vorsichtsprinzip die

---

120 So *Naumann*, Entstehen, WPg 1991, S. 531; *Schmidt*, EStG, 1993, Anm. 14 c) zu § 5 EStG; *Ballwieser*, Passivierung, in: *IDW* (Hrsg.), Fachtagung, 1992, S. 139; *Gruber*, Bilanzsatz, 1991, S. 243; *Herzig*, Rückstellungen, DB 1990, S. 1344; *Moxter*, Realisationsprinzip, BB 1984, S. 1784; *ders.*, Bilanzrechtsprechung, 3. Aufl., 1993, S. 87 ff; so wohl auch *Brönner/Bareis*, Bilanz, 1991, Teil IV Rn. 1379 ff. A.A. ist wohl die h.M., bspw. *Knobbe-Keuk*, Unternehmenssteuerrecht, 1993, S. 49 ff; *Siegel*, BB 1993, S. 334. Die h.M. übersieht jedoch neben dem expliziten Wortlaut sowohl die systematische Stellung des Realisationsprinzips innerhalb der Rechnungslegungsvorschriften als auch dessen Bedeutung für die Verwirklichung des Rechnungslegungszieles. Vgl. auch die Auseinandersetzung mit der h.M. bei *Herzig*, Wirkung, in: *Raupach/Uelner* (Hrsg.), Ertragsbesteuerung, 1993, S. 212 f.

121 Auf das in den USA als oberer GoB anerkannte "matching principle", welches zusammengehörige Erträge und Aufwendungen der gleichen Rechnungsperiode zuordnet, soll hier nicht weiter eingegangen werden, da es nicht durch das geltende Bilanzrecht gedeckt ist; so *Budde/Raff*, in: Beck'scher Bilanzkommentar, 1990, Anm. 35 zu § 243 HGB unter Bezugnahme auf das BFH-Urteil vom 29.10.1969 I 93/64, BStBl. II 1970, S. 178. Vgl. ausführlich zum "matching principle" *Haller*, Generally, ZfbF 1990, S. 770; *Ballwieser*, Maßgeblichkeitsprinzip, BFuP 1990, S. 482; *Leffson*, GoB, 1987, S. 191 f.

122 So *Herzig*, Risikovorsorge, in: *Doralt* (Hrsg.), Probleme, 1991, S. 205. Mit diesem Ergebnis auch *Moxter*, Sinn, in: *Havermann* (Hrsg.), Bilanz- und Konzernrecht, 1987, S. 365; *Schulze-Osterloh*, Ausweis, in: *Moxter* (Hrsg.), Rechnungslegung, 1992, S. 656 ff. Kritisch dazu *Siegel*, Realisationsprinzip, BFuP 1994, S. 6 f.

123 Von einer Doppelfunktion des Realisationsprinzips als Anschaffungswert- und Abgrenzungsprinzip spricht *Ballwieser*, Grundsätze, ZfB-Ergänzungsheft 1/87: Bilanzrichtlinien-Gesetz, S. 11. Vgl. zum Anschaffungswertprinzip auch *Lüders*, Zeitpunkt, 1987, S. 51 ff.

124 So *Herzig*, Risikovorsorge, in: *Doralt* (Hrsg.), Probleme, 1991, S. 204.

125 *Moxter*, Bilanzrechtsprechung, 2. Aufl., 1985, S. 49 u. 59; *ders.*, Bilanzrechtsprechung, 3. Aufl., 1993, S. 90: "Die Alimentierung bereits realisierter Erträge schließt die bilanzrechtliche Zugehörigkeit der künftigen Aufwendungen zu künftigen Erträgen aus".

126 So *Schmidt*, EStG, 1993, Anm. 14 c) zu § 5 EStG; *Herzig*, Rückstellungen, DB 1990, S. 1343; *Kupsch*, Entwicklungen, DB 1989, S. 53 f; *Moxter*, Bilanzrechtsprechung, 2. Aufl., 1985, S. 217.

Nachholung von Rückstellungen, welche nicht Erträge eines abgelaufenen, sondern Erträge eines vorhergehenden Geschäftsjahrs betreffen. Die Bildung der insoweit nachgeholten Rückstellungen kann also nicht mit dem Realisationsprinzip begründet werden, da dieses ja - wie bereits ausgeführt - allein auf die umsatzgerechte Gewinnermittlung abzielt und die mit dem Realisationsprinzip begründeten Rückstellungen somit nur solche Aufwendungen erfassen können, die Erträge der Periode alimentiert haben[127]. Eine Nachholung führt insofern gerade nicht zur Ermittlung eines Umsatzgewinns, da bei der Ermittlung des Periodenerfolges dann auch Aufwendungen berücksichtigt werden, die nach einer realisationsprinzipkonformen Bilanzierung früheren Perioden hätten zugerechnet werden müssen. Die Tragweite dieser Ausführungen wird bei der Betrachtung des Rückstellungsmerkmals "wirtschaftliche Verursachung" und der Fallgruppe "Anpassungsverpflichtungen"[128] deutlich werden.

Das Imparitätsprinzip, welches "als Verlustantizipationsgrundsatz die bereits im Realisationsprinzip erkennbare Betonung vorsichtiger Ermittlung des entziehbaren Betrages unterstreicht"[129], besagt, daß noch nicht realisierte Gewinne nicht, noch nicht realisierte Verluste[130] hingegen sehr wohl auszuweisen sind[131]. Das Imparitätsprinzip schränkt das Realisationsprinzip ein[132] und verletzt insoweit den "Grundsatz periodenumsatzgerechter Erfolgsermittlung"[133], da die Bilanzierung drohender Verluste aus schwebenden Geschäften[134] bzw. verlustträchtiger Wertänderungen bei vorhandenen Aktiva eben nicht der Bestätigung durch den Umsatz bedarf. Negative Erfolgsbeiträge[135] - die erst durch künftige Umsätze realisiert werden - "aus bereits eingeleiteten betrieblichen Vorgängen

---

127 "Nach dem Realisationsprinzip kommt es nur darauf an, daß die künftig entstehende Verpflichtung den Umsätzen des abgelaufenen Geschäftsjahres insgesamt zurechenbar ist"; so *Moxter*, wirtschaftlichen Betrachtungsweise, StuW 1989, S. 239.

128 Vgl. dazu sowohl in diesem Teil der vorliegenden Untersuchung das 2. Kapitel, Abschnitt I., Unterabschnitt B. (zur wirtschaftlichen Verursachung), als auch im 3. Teil der vorliegenden Untersuchung das 2. Kapitel, Abschnitt IV (zu den Anpassungsverpflichtungen).

129 *Moxter*, wirtschaftlichen Betrachtungsweise, StuW 1989, S. 241.

130 Nach *Leffson* ist dieser Begriff "Verluste" wohl als "wenig präzis" zu kritisieren und zugleich die Bezeichnung "Erfolgsbeitrag" zu präferieren. Da hier nur eine grobe Kennzeichnung angestrebt wird, sollte die obige Begriffswahl gleichwohl gestattet sein; vgl. *Leffson*, GoB, 1987, S. 340.

131 Vgl. bspw. *Glade*, Rechnungslegung, 1986, Teil I, Tz. 304 ff; vgl. zur Deutung des Imparitätsprinzips auch *Kammann*, Bedeutung, DStR 1980, S. 402 f.

132 So auch *Moxter*, Beschränkung, in: *Herzig* (Hrsg.), Betriebswirtschaftliche Steuerlehre, 1991, S. 171.

133 So *Moxter*, Ulrich Leffson, WPg 1986, S. 174.

134 Die Bilanzierung anderer als der gesetzlich genannten Verluste sollte nach Moxter auch am Objektivierungserfordernis scheitern; vgl. ausführlicher *Moxter*, System, in: *Gross* (Hrsg.), Wirtschaftsprüfer, 1985, S. 24.

135 Mit dem Begriff "Verlust" sind negative Erfolgsbeiträge jedes Einzelpostens und jedes einzelnen Geschäfts gemeint, während der Begriff "Risiko" die Gefahr eines zukünftigen Verlustes bezeichnet; vgl. dazu *Kraus*, Rückstellungen, 1987, S. 117.

(Anschaffung oder Herstellung von Gütern, Abschluß von Verträgen)"[136] sind vorwegzunehmen, sie werden vorverlagert[137]. Insoweit dient das Imparitätsprinzip der Ermittlung eines verlustantizipierenden Umsatzgewinns[138]. Allerdings kann die Interpretation dieses Prinzips nicht über die genannten Ausprägungen Niederst-(Höchst-)wertprinzip und Drohverlustrückstellungen hinausgehen[139], vielmehr sind dem Imparitätsprinzip enge Grenzen gesetzt[140]. So sind nur solche künftigen Ereignisse (Risiken und Verluste) zu berücksichtigen, "die ihre Ursache ganz oder zum Teil bereits am Bilanzstichtag haben"[141], sie müssen also vorhersehbar und dem entsprechenden Geschäftsjahr zuzuordnen sein; das allgemeine Unternehmerrisiko wird vom Imparitätsprinzip nicht erfaßt[142]. In diesem Zusammenhang sollten dann auch nur die Kosten angesetzt werden können, die gerade durch diesen betrieblichen Vorgang verursacht worden sind. Möglicherweise auftretenden Mißverständnissen bei der Interpretation kann nach MOXTER durch eine Besinnung auf den Zweck dieses Prinzips[143] begegnet werden, der in einer verlustfreien Bewertung - der vorhandenen Vermögensgegenstände, der Schulden und der schwebenden Geschäfte - zu sehen ist[144].

Hier wird also - um es noch einmal zusammenzufassen - der Auffassung gefolgt, daß das Realisationsprinzip als grundlegendes Aktivierungs- und Passivierungskriterium und somit als "Eckpfeiler der Periodenabgrenzung"[145] angesehen werden muß; es wird (in seiner Funktion als Hauptprinzip) allerdings durch das Imparitätsprinzip (als Nebenprinzip bzw.

---

136 *Döllerer*, Imparitätsprinzips, StbJb 1977/78, S. 151.

137 So *Moxter*, Ulrich Leffson, WPg 1986, S. 174.

138 Vgl. *Moxter*, System, in: *Gross* (Hrsg.), Wirtschaftsprüfer, 1985, S. 24.

139 So wohl auch *Schmidt*, EStG, 1993, Anm. 14 d) zu § 5 EStG. Damit sollte der Inhalt des Imparitätsprinzips sinnvoll begrenzt sein; so *Leffson*, GoB, 1987, S. 420. Vgl. auch *Adler/Düring/Schmaltz*, Rechnungslegung, 5. Aufl., 1990, Anm. 89 zu § 252 HGB; *Baetge/Knüppe*, in: *Leffson/Rückle/Grossfeld* (Hrsg.), Handwörterbuch, 1986, Stichwort: "Vorhersehbare Verluste", S. 396 ff. "Das Imparitätsprinzip hat aber für Rückstellungen keine über die Verlustrückstellungen hinausgehende Tragweite", so *Gail*, Entstehung, ZfB-Ergänzungsheft 1/87: Bilanzrichtlinien-Gesetz, S. 61 m.w.N.

140 Insoweit rechtfertigt das Imparitätsprinzip nicht die Vorwegnahme aller "Verluste", die zukünftig auftreten können; die Verlustursache muß bereits am Bilanzstichtag eingetreten sein. So auch *Blümich/Schreiber*, EStG, 1991, Rz. 254 zu § 5 EStG. Es kommt nicht zu einer "Antizipation von Partialverlusten", so *Leffson*, GoB, 1987, S. 386 ff. So werden auch *Siegel/Bareis*, Geschäftswert, BB 1993, S. 1479, zu verstehen sein, die darauf hinweisen, daß Bilanzrecht "ein Prinzip voreilender Vorsicht ... mit guten Gründen" nicht kenne.

141 *Döllerer*, Imparitätsprinzips, StbJb 1977/78, S. 151; *Kraus*, Rückstellungen, 1987, S. 117.

142 Vgl. dazu auch *Adler/Düring/Schmaltz*, Rechnungslegung, 5. Aufl., 1990, Anm. 75 und Anm. 89 zu § 252 HGB.

143 Vgl. zum Zweck des Imparitätsprinzips erneut *Leffson*, GoB, 1987, S. 343 ff; zu dessen engen Grenzen erneut *Döllerer*, Imparitätsprinzips, StbJb 1977/78, S. 129 ff, 151.

144 Vgl. dazu weiterführend *Moxter*, Ulrich Leffson, WPg 1986, S. 174.

145 Vgl. *Leffson*, GoB, 1987, S. 251; dem zustimmend *Moxter*, System, in: *Gross* (Hrsg.), Wirtschaftsprüfer, 1985, S. 22. A.A. *Siegel*, Metamorphosen, in: *Moxter* (Hrsg.), Rechnungslegung, 1992, S. 595 ff.

-bedingung) eingeschränkt, was sich im Rahmen der Passivierung insbesondere in der Bildung von Drohverlustrückstellungen niederschlägt. Das Vorsichtsprinzip, welches den Hintergrund sowohl für das Realisations- wie auch für das Imparitätsprinzip bildet, kommt darüberhinaus im Rahmen der Bilanzierung dann zum Tragen, wenn die vorsichtige Ermittlung eines verteilungsfähigen Umsatzgewinns gefährdet ist, wenn also die Gefahr besteht, daß sich der Bilanzierende unzulässigerweise reich rechnet. Es gelangt also insbesondere als ergänzender Grundsatz und als Schätzungsregel in Zweifelsfällen zur Anwendung, gleichwohl ist es aber nicht als eine alle anderen GoB grundsätzlich überstrahlende und dominierende Bilanzierungsregel anzusehen. So ist auch in der Literatur weitgehend anerkannt, daß der Maxime "Vorsicht, Vorsicht über alles" nicht länger gefolgt werden kann[146].

B. Andere gesetzlich kodifizierte Grundsätze ordnungsmäßiger Buchführung

Eine spezielle gesetzliche Grundlage für die GoB findet sich in § 252 I HGB[147], in dem verschiedene GoB - unter dem gesetzessystematischen Vorzeichen der Bewertungsvorschriften[148] - aufgeführt sind, ohne daß damit allerdings eine abschließende Regelung beabsichtigt wäre[149].

Weiterhin verweisen der § 240 I HGB auf das Prinzip der Einzelerfassung und -bewertung (§ 252 I Nr. 3 HGB)[150], wonach aus Gründen der Nachprüfbarkeit der Rechnungslegung und zu deren Objektivierung die Aktiva und Passiva grundsätzlich einzeln zu erfassen und

---

146 Vgl. für viele *Baetge*, Grundsätze, in: *Küting/Weber* (Hrsg.), Rechnungslegung, 3. Aufl., 1990, S. 226 m.w.N. und Verweis auf *Schneider*, Theorie, ZfbF 1967, S. 214.

147 Vgl. zur Rangordnung dieser Bewertungsgrundsätze *Müller*, Rangordnung, in: *Havermann* (Hrsg.), Bilanz- und Konzernrecht, 1987, S. 397 f.

148 Diese Einordnung der kodifizierten GoB unter den dritten Titel (des zweiten Unterabschnitts des ersten Abschnitts im dritten Buch des HGB) "Bewertungsvorschriften" hat bei strenger gesetzessystematischer Auslegung zur Folge, daß der kodifizierte Teil der GoB in seiner Wirkung auf Bewertungsfragen beschränkt ist. Darüber hinausgehende Ausprägungen und Inhalte der angesprochenen kodifizierten GoB müssen, wie schon zur Zeit der Geltung des AktG 1965, nach h.M. weiterhin aus den Rechnungslegungszwecken abgeleitet werden.

149 Einen weitergehenden allgemeinen Verweis, wonach bei der Jahresabschlußerstellung die GoB zu beachten sind, enthält die Vorschrift des § 243 I HGB. Nicht zuletzt aus dieser Tatsache ergibt sich im übrigen schon die Existenz ungeschriebener GoB, denn - wenn also die §§ 240 I, 243 II, 246 I und 252 I HGB als abschließende Regelungen anzusehen wären - dieser Verweis, der an die frühere Vorschrift des § 149 I AktG anknüpft, überflüssig wäre. Vgl. zur letztgenannten Vorschrift auch die Kommentierung bei *Adler/Düring/Schmaltz*, Rechnungslegung, 4. Aufl., 1968, Tz. 19 ff zu § 149 AktG.

150 Vgl. ausführlich dazu *Adler/Düring/Schmaltz*, Rechnungslegung, 5. Aufl., 1990, Anm. 32 ff zu § 252 HGB; *Leffson*, GoB, 1987, S. 402; *Budde/Geissler*, in: Beck'scher Bilanzkommentar, 1990, Anm. 22-28 zu § 252 HGB; *Selchert*, in: *Küting/Weber* (Hrsg.), Rechnungslegung, 3. Aufl., 1990, Anm. 44 ff zu § 252 HGB; *Blümich/Schreiber*, EStG, 1991, Rz. 229 zu § 5 EStG.

zu bewerten sind[151], und der § 246 I HGB auf den Vollständigkeitsgrundsatz[152], zu dem auch das Verrechnungsverbot gehören soll[153] und der bestimmt, daß sämtliche Vermögensgegenstände und Schulden grundsätzlich - wenn dem keine konkrete gesetzliche Vorschrift, wie z.B. § 249 III HGB, entgegensteht - bilanziell zu berücksichtigen sind[154]. Danach müssen, soweit die näheren Kriterien erfüllt sind[155], regelmäßig alle Risiken und ungewissen Verbindlichkeiten[156] auch über Rückstellungen erfaßt werden[157]. Im § 243 II HGB ist das Prinzip der Klarheit[158] des Jahresabschlusses kodifiziert, wonach sachlich zutreffende Bezeichnungen verwandt und gleiche bzw. unterschiedliche Sachverhalte mit gleichen bzw. verschiedenen Bezeichnungen gekennzeichnet werden müssen[159], so daß aus der Sicht eines "durchschnittlichen sachverständigen Dritten"[160] der Jahresabschluß als übersichtlich und verständlich angesehen werden muß.

---

151 Vgl. dazu ausführlicher *Naumann*, Bewertung, 1989, S. 39; zum Saldierungsverbot als einer Ausprägung des Grundsatzes der Einzelerfassung *Blümich/Schreiber*, EStG, 1991, Rz. 232 zu § 5 EStG.

152 Vgl. dazu auch *Leffson*, GoB, 1987, S. 219 ff; *Blümich/Schreiber*, EStG, 1991, Rz. 221 f zu § 5 EStG; *Glade*, Rechnungslegung, 1986, Tz. 7 ff zu § 246 HGB.

153 Vgl. *Nieland*, in: *Littmann/Bitz/Meincke*, EStG, 1991, Rn. 359 zu §§ 4, 5 EStG.

154 Vgl. auch *Schmidt*, EStG, 1993, Anm. 14 a) zu § 5 EStG. Zu den Einschränkungen *Sahner*, in: *Küting/Weber* (Hrsg.), Rechnungslegung, 2. Aufl., 1987, Rn. 6 ff zu § 246 HGB und die Abbildung von *Kussmaul*, in: *Küting/Weber* (Hrsg.), Rechnungslegung, 3. Aufl., 1990, Rn. 17 zu § 246 HGB.

155 *Eifler*, Grundsätze, 1976, S. 13, spricht insoweit davon, daß künftig eintretende Zahlungsvorgänge einzubeziehen sind, soweit sie nach den Abgrenzungsgrundsätzen und unter Berücksichtigung des Vorsichtsprinzips Aufwand der Berichtsperiode darstellen.

156 Das Vollständigkeitsprinzip wird aber in mindestens viererlei Hinsicht durchbrochen:
- zunächst dürfen nicht alle Geschäftsvorfälle im weiteren Sinne, wie z.B. schwebende Geschäfte, aus denen kein Verlust droht, in der Bilanz berücksichtigt werden,
- weiterhin geht der Grundsatz der Wesentlichkeit dem Vollständigkeitsgrundsatz vor,
- daneben verhindert eine fehlende Werthaltigkeit die Erfassung von Verbindlichkeiten und schließlich
- wird der Vollständigkeitsgrundsatz wohl auch dann zurücktreten müssen, wenn ein Passivierungskriterium, möglicherweise könnte hier auch das beispielhaft anzuführende Kriterium der wirtschaftlichen Verursachung in Betracht kommen, (noch) nicht erfüllt ist. Nach *Leffson*, GoB, 1987, S. 224, wird das Gebot der Vollständigkeit einerseits durch gesetzliche Vorschriften und andererseits durch das Konzept des Jahresabschlusses begrenzt.

157 Im Rahmen der Nachholung einer Rückstellungsbildung - für Aufwendungen, die nicht abgelaufenen, sondern einem vorangegangenen Wirtschaftsjahr zuzuordnen sind - ergänzt das Vollständigkeitsprinzip das Realisationsprinzip, da das letztgenannte Prinzip als GoB der Verwirklichung des Jahresabschlußzweckes "periodengerechte Gewinnermittlung" dient und insoweit eine die periodengerechte Gewinnermittlung verzerrende Nachholung nicht begründen kann.

158 Vgl. statt vieler *Leffson*, GoB, 1987, S. 207 ff.

159 Vgl. ausführlicher *Baetge/Fey/Fey*, in: *Küting/Weber* (Hrsg.), Rechnungslegung, 3. Aufl., 1990, Rn. 41 ff zu § 243 HGB.

160 So *Blümich/Schreiber*, EStG, 1991, Rz. 225 f zu § 5 EStG.

Im Verlaufe der nachfolgenden Untersuchung der Bilanzierung von Umweltschutzrückstellungen werden dann noch weitere GoB von Bedeutung sein, die hier nur knapp skizziert werden sollen. Es sind dies:

- das Nominalwertprinzip[161], das aus den §§ 244 und 255 HGB[162] abgeleitet wird, nach dem - insoweit ein wichtiger Aspekt für die Bewertung der erst in weiterer Zukunft zu erfüllenden ungewissen (Umweltschutz-)Verpflichtungen - zukünftige Geldwertänderungen nicht berücksichtigt werden dürfen,

- das Going-Concern-Prinzip (§ 252 I Nr. 2 HGB)[163], wonach bei der Bewertung von der Fortführung der Unternehmenstätigkeit auszugehen ist, sofern dieser Annahme nicht tatsächliche oder rechtliche Gegebenheiten entgegenstehen; insoweit scheidet eine Bewertung zu Liquidationswerten im Rahmen der Bilanzierung nach dem HGB regelmäßig aus, und

- das Periodisierungsprinzip (§ 252 I Nr. 5 HGB), mit dem insbesondere eine periodengerechte, von den Zahlungszeitpunkten unabhängige Zuordnung von Aufwendungen und Erträgen zum Jahresergebnis[164] erreicht werden soll[165].

C. Weitere ungeschriebene Grundsätze ordnungsmäßiger Buchführung

Nachdem die in § 252 HGB wohl nur zum Teil kodifizierten Prinzipien der Vorsicht, der Realisation und der Imparität bereits ausführlich betrachtet wurden und weitere, nicht kodifizierte Prinzipien im vorliegenden Zusammenhang eher von nachrangiger Bedeutung sein dürften, sollen nun nur noch zwei interessierende ungeschriebene GoB kurz ange-

---

161 Vgl. zur rechtlichen Einordnung des Nominalwertprinzips als eine die Teilrechtsordnungen durchdringende Norm - ohne Verfassungsrang - das BFH-Urteil vom 14.5.1974 VIII R 95/72, BStBl. II 1974, S. 572-582, 576 m.w.N.

162 Vgl. *Knop/Küting*, in: *Küting/Weber* (Hrsg.), Rechnungslegung, 3. Aufl., 1990, Rn. 2 ff zu § 255 HGB. Auch *Blümich/Schreiber*, EStG, 1991, Rz. 266 f zu § 5 EStG; *Thiel*, Bilanzrecht, 4. Aufl., 1990, S. 121 m.w.N.; *Glade*, Rechnungslegung, 1986, Tz. 8 zu § 244 HGB. Zur Problematik der Vergleichbarkeit der unter Beachtung des Nominalwertprinzips erstellten Jahresabschlüsse *Leffson*, GoB, 1987, S. 459.

163 Vgl. dazu auch *Adler/Düring/Schmaltz*, Rechnungslegung, 5. Aufl., 1990, Anm. 18 ff zu § 252 HGB; *Budde/Geissler*, in: Beck'scher Bilanzkommentar, 1990, Anm. 9 ff zu § 252 HGB; *Thiel*, Bilanzrecht, 4. Aufl., 1990, S. 108; *Glade*, Rechnungslegung, 1986, Tz. 13 ff zu § 252 HGB; *Leffson*, GoB, 1987, S. 187 f.

164 Ausführlicher dazu *Adler/Düring/Schmaltz*, Rechnungslegung, 5. Aufl., 1990, Anm. 90 ff zu § 252 HGB; *Selchert*, in: *Küting/Weber* (Hrsg.), Rechnungslegung, 3. Aufl., 1990, Rn. 91 ff zu § 252 HGB; *Budde/Geissler*, in: Beck'scher Bilanzkommentar, 1990, Anm. 51 ff zu § 252 HGB; *Glade*, Rechnungslegung, 1986, Tz. 35 ff zu § 252 HGB.

165 Die hier nicht erläuterten anderen kodifizierten GoB, bspw. das Anschaffungswertprinzip, wie es in § 253 I Satz 1 HGB zum Ausdruck kommt, sollen hier - da nicht rückstellungsrelevant - auch nicht weiter betrachtet werden; dies gilt auch für den aus § 252 I Nr. 6 HGB resultierenden Grundsatz der Stetigkeit. Vgl. zur Stetigkeit *Müller*, Stetigkeitsprinzip, 1989. Auch *Thiel*, Bilanzrecht, 4. Aufl., 1990, S. 111 m.w.N.; *Glade*, Rechnungslegung, 1986, Tz. 46 ff zu § 252 HGB.

sprochen werden, nämlich der Grundsatz der Wesentlichkeit (materiality)[166] und der Grundsatz der Richtigkeit und Willkürfreiheit[167].

Nach dem Grundsatz der Wesentlichkeit sind Sachverhalte von untergeordneter Bedeutung und unwesentliche Einflußgrößen bei der Bilanzierung und Bewertung außer Betracht zu lassen; auch Rückstellungen wegen Umweltschutzverpflichtungen sind danach insbesondere dann nicht zu passivieren, wenn die Erfüllung der Verpflichtung nur einen geringen Aufwand erfordert[168].

Der Grundsatz der Richtigkeit und Willkürfreiheit, der auch als Grundsatz der Wahrheit[169] bezeichnet wird, soll bewirken, daß die Jahresabschlußangaben die ihnen zugrunde liegenden Sachverhalte objektiv im Sinne einer "intersubjektiven Nachprüfbarkeit" widerspiegeln[170], dabei ist zusätzlich vorhandenes Wissen - z.b. "Insiderwissen" - des Kaufmanns zu berücksichtigen[171]. Bezogen auf die Rückstellungsbilanzierung heißt das, daß der Bilanzierende nur solche Wertansätze, z.B. bei der Abschätzung des Ausmaßes einer Umweltschädigung, auswählt, die er für eine korrekte Aussage über die zugrunde liegenden Tatsachen hält[172].

---

166 Vgl. dazu *Ossadnik*, Materiality, WPg 1993, S. 617 ff; *Adler/Düring/Schmaltz*, Rechnungslegung, 5. Aufl., 1990, Anm. 118 f zu § 252 HGB; *Thiel*, Bilanzrecht, 4. Aufl., 1990, S. 114 m.w.N.; *Blümich/Schreiber*, EStG, 1991, Rz. 265 zu § 5 EStG; *Leffson*, GoB, 1987, S. 180.

167 Vgl. auch dazu *Adler/Düring/Schmaltz*, Rechnungslegung, 5. Aufl., 1990, Anm. 117 zu § 252 HGB; *Leffson*, GoB, 1987, S. 193 ff; *Eifler*, Grundsätze, 1976, S. 12 f.

168 Vgl. dazu das BFH-Urteil vom 25.2.1986 VIII R 134/80, BStBl. II 1986, S. 788 ff; *Thiel*, Bilanzrecht, 4. Aufl., 1990, Tz. 268; *Leffson*, GoB, 1987, S. 180 ff; ders., in: *Leffson/Rückle/Grossfeld* (Hrsg.), Handwörterbuch, 1986, Stichwort: "Wesentlich", S. 434; *Leffson/Bönkhoff*, Materiality, WPg 1982, S. 389 ff; *Niehus*, Materiality, WPg 1981, S. 9 ff.

169 Vgl. zur Relativierung des Wahrheitsbegriffs *Blümich/Schreiber*, EStG, 1991, Rz. 217 f zu § 5 EStG.

170 Vgl. *Leffson*, GoB, 1987, S. 203 f; *Eifler*, Grundsätze, 1976, S. 12 f.

171 So *Blümich/Schreiber*, EStG, 1991, Rz. 218 ff zu § 5 EStG.

172 Vgl. *Leffson*, GoB, 1987, S. 203.

2. Kapitel: Ansatzproblematik

I. Ansatzkriterien bei der Bilanzierung von Rückstellungen für ungewisse Verbindlichkeiten

Die Ausgestaltung der Handels- und Steuerbilanzen als periodische Rechenwerke[173] bedingt nun Überlegungen in zweierlei Hinsicht, die auch bezüglich der Bilanzierung von Verbindlichkeitsrückstellungen anzustellen sind. Einerseits stellt sich die Frage, welche Sachverhalte dem Grunde nach in der Bilanz zu berücksichtigen sind; sie könnte auch als die Problematik der Greifbarkeit[174] der abzubildenden Sachverhalte bezeichnet werden. Andererseits ergibt sich die Frage, ob und gegebenenfalls wann bereits eingetretene oder möglicherweise zukünftig noch eintretende Sachverhalte Eingang in die (Jahres-)Bilanz finden können, welche ja die Totalperiode, innerhalb derer die Unternehmung besteht, in Teilperioden unterteilt; es stellt sich also auch eine Periodisierungsfrage.

Zur Lösung dieser handelsbilanziellen Fragen trägt der BFH im Rahmen seiner Rechtsprechung dadurch entscheidend bei, daß er die handelsrechtlichen Rechnungslegungsvorschriften und insbesondere die GoB in drei Fundamentalprinzipien transformiert und sich bei den Entscheidungen regelmäßig - wenn auch nicht explizit - auf diese bezieht, nämlich auf das Realisationsprinzip, auf das Imparitätsprinzip und auf das Objektivierungsprinzip[175]. Dies zeigt sich in herausragender Deutlichkeit auch im Rahmen der die Rückstellungen betreffenden Rechtsprechung[176].

Denn in der Auslegung des geltenden Handelsrechts (insbesondere des § 249 I HGB, früher: § 152 VII AktG 1965) fordert der BFH[177] in ständiger Rechtsprechung[178], daß für

---

173 Auf diesen künstlichen und periodisch wiederkehrenden Einschnitt (der Jahresbilanz) sind letztlich wohl sämtliche bilanzrechtlichen Probleme zurückzuführen; so auch *Thiel*, Bilanzrecht, 4. Aufl., 1990, S. 108.
174 Vgl. zum Begriff der Greifbarkeit auch *Moxter*, Bilanzrechtsprechung, 2. Aufl., 1985, S. 63 ff.
175 So *Moxter*, Bilanzrechtsprechung, 2. Aufl., 1985, S. 217; *ders.*, wirtschaftlichen Betrachtungsweise, StuW 1989, S. 236.
176 Vgl. dazu auch die grundlegende Untersuchung der die Passivierung betreffenden BFH-Urteile von *Moxter*, Bilanzrechtsprechung, 2. Aufl., 1985, S. 49-91; *ders.*, Bilanzrechtsprechung, 3. Aufl., 1993, S. 67-112.
177 Vgl. weiterführend zu der Problematik, daß der BFH Handelsbilanzrecht auslegt, während der BGH als oberstes Zivilgericht nur selten über handelsbilanzielle Sachverhalte zu urteilen hat, *Borstell*, Aufwandsrückstellungen, 1988, S. 7 f.
178 Vgl. bspw. BFH-Urteil vom 1.8.1984 I R 88/80, BStBl. II 1985, S. 44 ff; zuletzt BFH-Urteil vom 19.10.1993 VIII R 14/92, BStBl. II 1993, S. 892.

die Bildung einer Rückstellung für ungewisse Verbindlichkeiten folgende drei Voraussetzungen erfüllt sein müssen[179]:

- das Bestehen oder künftige Entstehen einer Verbindlichkeit,
- die Wahrscheinlichkeit der Inanspruchnahme aus dieser Verbindlichkeit,
- die wirtschaftliche Verursachung im abgelaufenen Wirtschaftsjahr oder in vorausgegangenen Wirtschaftsjahren, wobei die Bedeutung dieser letzten Voraussetzung umstritten ist[180].

Hinter diesen Voraussetzungen zeichnet sich die Konzeption ab, daß mit Rückstellungen für ungewisse Verbindlichkeiten zukünftige Ausgaben der Periode ihrer wirtschaftlichen Verursachung zugeordnet werden sollen. Der insoweit zum Ausdruck kommende Periodisierungsgedanke wird aber an ein Objektivierungserfordernis gebunden, nämlich an das Vorliegen bestehender oder zukünftig wahrscheinlich entstehender Verbindlichkeiten, mit deren Inanspruchnahme zu rechnen ist[181].

Bei isolierter Betrachtung nach dem Periodisierungsgedanken wären zunächst alle zukünftigen Aufwendungen unabhängig vom Grad der Ungewißheit im Jahr der wirtschaftlichen Verursachung[182] über eine Rückstellung zu berücksichtigen[183]. Allerdings greift an dieser Stelle dann der Objektivierungsgedanke rückstellungsbegrenzend ein[184]. Es sind

---

179 So auch schon *Herzig/Köster*, Rückstellungen, in: *Vogl/Heigl/Schäfer* (Hrsg.), Handbuch des Umweltschutzes, 1992, Kap. III - 8.1, S. 5.

180 In der Auslegung geltenden Steuerrechts fordert der BFH für die steuerliche Anerkennung über die genannten Voraussetzungen hinaus, daß die Verbindlichkeiten betrieblich bedingt sein und die Aufwendungen bei ihrer Erfüllung abzugsfähige Betriebsausgaben darstellen müssen; so das BFH-Urteil vom 22.5.1987 III R 220/83, BStBl. II 1987, S. 711 ff. Bei Ungewißheit über den vom Steuerpflichtigen nachzuweisenden betrieblichen Charakter der Verbindlichkeit kann in der Steuerbilanz nicht passiviert werden; so auch FG Münster, Urteil vom 21.9.1982 IX 4114, 4698/77 F, BB 1983, S. 1010, und FG Düsseldorf, Urteil vom 23.3.1988 5 V 143/87 A (F), EFG 1988, S. 510 f. Betrieblich begründete ungewisse Verbindlichkeiten bleiben grundsätzlich auch nach der Veräußerung oder Aufgabe des Betriebes Betriebsvermögen; so die BFH-Urteile vom 28.2.1990 I R 205/85, BStBl. II 1990, S. 537 ff, und vom 28.1.1993 IV R 131/91, BStBl. II 1993, S. 509 f. Nach der neuesten Finanzrechtsprechung zu Rückstellungen für Inanspruchnahmen wegen eigener unerlaubter Handlungen soll eine ausschließlich betriebliche Veranlassung nicht mehr vorliegen, wenn eine schadensstiftende Handlung nicht mehr vom Unternehmenszweck gedeckt wird; dabei sollen Schädigungen durch strafbare Handlungen regelmäßig außerhalb des Unternehmenszwecks liegen. Dies könnte in Ausnahmefällen auch die Rückstellungsbilanzierung bei Umweltschutzverpflichtungen einschränken. Vgl. dazu Hessisches Finanzgericht, Urteil vom 25.3.1991 10 K 309/85, EFG 1991, S. 599 f.

181 *Herzig*, Rückstellungen, DB 1990, S. 1344. Zum Objektivierungserfordernis "Greifbarkeitsprinzip" *Moxter*, Umweltschutzrückstellungen, in: *Moxter* (Hrsg.), Rechnungslegung, 1992, S. 429 f; *ders.*, Bilanzrechtsprechung, 2. Aufl., 1985, S. 63 ff. In der jüngsten Auflage ersetzt *Moxter* allerdings den Begriff "Greifbarkeitsprinzip" durch den Begriff "Prinzip objektivierter Wahrscheinlichkeitsbeurteilung"; vgl. *Moxter*, Bilanzrechtsprechung, 3. Aufl., 1993, S. 76.

182 Das Periodisierungskriterium der "wirtschaftlichen Verursachung" wird nachfolgend im Unterabschnitt B. näher untersucht werden.

183 So auch *Herzig/Hötzel*, Produkthaftung, BB 1991, S. 100.

184 Vgl. *Heibel*, Bilanzierung, BB 1981, S. 2042.

nach dem Objektivierungsgedanken nämlich nur diejenigen Aufwendungen rückstellungsfähig und -pflichtig, die im Rahmen der Erfüllung bestehender oder zukünftig wahrscheinlich entstehender Verpflichtungen anfallen werden; die Verpflichtung sollte anhand objektiver Kriterien greifbar sein[185].

Somit lassen sich also die drei von der Rechtsprechung geforderten Voraussetzungen aus zwei Fundamentalprinzipien[186] ableiten und auf zwei Grundgedanken[187] zurückführen, nämlich auf

- den Periodisierungsgedanken einerseits und
- den Objektivierungsgedanken andererseits[188].

A. *Objektivierung ungewisser Verbindlichkeiten*

Die Problematik der Bilanzierung von Rückstellungen wegen ungewisser Verbindlichkeiten nach dem Objektivierungsgedanken hat stark an Gewicht gewonnen, nachdem der BFH (ausgehend von zwei Urteilen zu öffentlich-rechtlichen Prüfungsverpflichtungen[189]) in einer ganzen Reihe von Urteilen[190] nahezu wortgleich gefordert hat, daß öffentlich-rechtliche Verpflichtungen[191] unter Objektivierungsgesichtspunkten besonderen Konkretisierungserfordernissen (nämlich der "hinreichenden Konkretisierung") gerecht werden

---

185 Vgl. dazu BFH-Urteil vom 30.6.1983 IV R 41/81, BStBl. II 1984, S. 263 ff.

186 Das dritte Fundamentalprinzip, nämlich das Imparitätsprinzip, soll im Rahmen dieser Arbeit vernachlässigt werden, da es im wesentlichen Wirkung für die Drohverlustrückstellungen entfaltet.

187 Beide Grundgedanken, die dem Gedankengut der dynamischen bzw. statischen Bilanztheorie entspringen, stehen zunächst nebeneinander. Daher erscheint es eher irreführend, von einer statischen oder dynamischen Interpretation des Rückstellungsbegriffs zu sprechen, vielmehr liegt die zentrale Frage in der Gewichtung der beiden Elemente Objektivierung und Periodisierung, weshalb *Groh, Wende*, BB 1989, S. 1586 ff, zu Recht von Statik und Dynamik als Tendenzbegriffen spricht. Vgl. auch die vorangegangenen Ausführungen in diesem Teil der Arbeit, 1. Kapitel, Abschnitt I., Unterabschnitt B.

188 Vgl. *Herzig*, Rückstellungen, DB 1990, S. 1344. Auf dieser Konzeption beruht dann auch der Ablauf des hier vorliegenden Unterabschnitts, bei dem die Rückstellungskriterien - insbesondere die sehr restriktiv beurteilten Kriterien des BFH bei öffentlich-rechtlichen Verpflichtungen - zunächst unter dem Objektivierungs- und dann unter dem Periodisierungsgedanken betrachtet werden sollen. Die vorliegende Untersuchung soll dann sowohl hinsichtlich der Objektivierungsproblematik als auch hinsichtlich der kontrovers diskutierten Kriterien der Periodenzuordnung deutliche Lösungshinweise geben.

189 Vgl. die BFH-Urteile vom 26.10.1977 I R 148/75, BStBl. II 1978, S. 97 ff; vom 20.3.1980 IV R 89/79, BStBl. II 1980, S. 297 ff.

190 Vgl. die BFH-Urteile vom 23.7.1980 I R 28/77, BStBl. II 1981, S. 62 f; vom 3.5.1983 VIII R 100/81, BStBl. II 1983, S. 572 ff; vom 19.5.1983 IV R 205/79, BStBl. II 1983, S. 670 ff; vom 24.11.1983 IV R 22/81, BStBl. II 1984, S. 301 ff; vom 25.11.1983 III R 25/82, BStBl. II 1984, S. 51 ff; vom 25.8.1989 III R 95/87, BStBl. II 1989, S. 893 ff. Mit einer Besprechung des Urteils vom 25.11.1983 *Knepper*, Verpflichtungen, FR 1985, S. 176 ff.

191 Vgl. grundlegend zu den öffentlich-rechtlichen Verpflichtungen *Christiansen*, Rückstellungen, StBp 1987, S. 193 ff; *Herzig*, Rückstellungen, DB 1990, S. 1341 ff; *Günkel*, Rückstellungen, in: *Herzig* (Hrsg.), Umweltschutz, 1991, S. 31 ff.

müssen, um über eine Verbindlichkeitsrückstellung erfaßt werden zu können[192]. Da nun von der durch die Rechtsprechung vorgenommenen Ausfüllung dieses Erfordernisses der hinreichenden Konkretisierung die Gefahr der Überobjektivierung[193] für den Bereich der öffentlich-rechtlichen Verpflichtungen droht, weil die gesetzlich einschlägige Vorschrift des § 249 HGB nicht nach privat- und öffentlich-rechtlichen Verpflichtungen unterscheidet, liegt die Notwendigkeit einer genauen Untersuchung dieser aktuellen Problematik auf der Hand. Dies gilt umso mehr, als der überwiegende Teil der die Unternehmungen betreffenden Umweltschutzverpflichtungen aus dem öffentlichen Recht herrührt[194]; insoweit resultiert aus der Objektivierungsproblematik eine weitreichende materielle Relevanz. Daher werden nachfolgend in einem ersten Schritt die öffentlich-rechtlichen von den privatrechtlichen Verpflichtungen abgegrenzt und gekennzeichnet; danach sollen dann die von der Rechtsprechung am Beispiel der privatrechtlichen Verpflichtungen entwickelten Rückstellungskriterien betrachtet werden. In Abgrenzung dazu werden anschließend die für den Komplex der öffentlich-rechtlichen Verpflichtungen modifizierten Teilkriterien, die der BFH unter dem Begriff der "hinreichenden Konkretisierung" zusammenfaßt, dargestellt, kritisch gewürdigt, und - um der Gefahr der Überobjektivierung abzuhelfen - am Bilanzierungszweck orientierte Lösungsvorschläge erarbeitet.

1. Abgrenzung und Kennzeichnung der öffentlich-rechtlichen Verpflichtungen gegenüber den privatrechtlichen Verpflichtungen

Die Abgrenzung der öffentlich-rechtlichen von den privatrechtlichen Verpflichtungen[195] ist zumindest gegenwärtig von nicht zu unterschätzender bilanzrechtlicher Relevanz, da der BFH eine Passivierung öffentlich-rechtlicher Verpflichtungen derzeit nur bei Erfüllung besonderer Objektivierungserfordernisse zuläßt. Allerdings ist die Zuordnung einer Umweltschutzverpflichtung zu einer der beiden Anlaßkategorien regelmäßig unproblema-

---

192 Vgl. zuletzt zu öffentlich-rechtlichen Verpflichtungen die BFH-Urteile vom 19.10.1993 VIII R 14/92, BStBl. II 1993, S. 891 ff; vom 25.3.1992 I R 69/91, BStBl. II 1992, S.1010 ff; vom 12.12.1991 IV R 28/91, BStBl. II 1992, S. 600 ff; vom 25.8.1989 III R 95/87, BStBl. II 1989, S. 893 ff.

193 Vgl. bspw. *Herzig/Köster*, Rückstellungen, in: *Vogl/Heigl/Schäfer* (Hrsg.), Handbuch des Umweltschutzes, 1992, Kap. III - 8.1, S. 6 f; *Herzig*, Rückstellungen, DB 1990, S. 1345; *Moxter*, Bilanzrechtsprechung, 2. Aufl., 1985, S. 219.

194 So auch *Günkel*, Rückstellungen, in: *Herzig* (Hrsg.), Umweltschutz, 1991, S. 34. *Rürup* spricht insoweit von einem "Primat des Verwaltungsumweltschutzrechts", vgl. *Rürup*, Rückstellungen, in: *Moxter* (Hrsg.), Rechnungslegung, 1992, S. 523.

195 Vgl. zur Kennzeichnung öffentlich-rechtlicher Verpflichtungen *Christiansen*, Rückstellungen, StBp 1987, S. 193 ff; *Herzig*, Rückstellungen, DB 1990, S. 1342. Vgl. zur Unterscheidung zwischen privatem und öffentlichem Recht die Darstellung und die Aufarbeitung der dazu vertretenen verschiedenen Theorien bei *von Münch*, Verwaltung, in: *Erichsen/Martens* (Hrsg.), Allgemeines Verwaltungsrecht, 9. Aufl., 1992, S. 17-33; *Maurer*, Verwaltungsrecht, 1990, S. 29-39.

tisch zu vollziehen[196]. Das öffentliche Recht und damit auch die diesem entspringenden hier zu betrachtenden Verpflichtungen zeichnen sich im wesentlichen dadurch aus, daß ein Gesetz - möglicherweise in Verbindung mit einem die Verpflichtung näher bestimmenden Verwaltungsakt - ein vom Bilanzierenden zu beachtendes Ge- oder Verbot vorschreibt. Wird dieses nicht befolgt, so ergibt sich aus dem regelmäßig das öffentliche Recht kennzeichnenden Über-Unterordnungsverhältnis, daß der gesetzlichen Norm durch einen direkten Eingriff des Staates Geltung und Wirkung verschafft werden kann, z.b. durch das Instrument der (kostenpflichtigen) Ersatzvornahme.

Innerhalb der durch das öffentliche Recht[197] begründeten Verpflichtungen kann dann weiter differenziert werden in solche Verpflichtungen, die aus objektiv-rechtlichen Normen resultieren und jene, hinter denen sich ein einem Dritten zustehendes subjektives öffentliches Recht[198] verbirgt[199]. Der letztgenannte Fall zeichnet sich dadurch aus, daß mit dem Bestehen eines subjektiven öffentlichen Rechts einem einzelnen Bürger die Rechtsmacht verliehen ist, "vom Staat zur Verfolgung eigener Interessen ein bestimmtes Verhalten zu verlangen"[200]; insoweit kann einem Bürger sogar die Macht gegeben sein, vom Staat oder einem sonstigen Verwaltungsträger die Belastung eines Dritten (hier: eines Bilanzierenden) zu erzwingen. Das Vorliegen eines subjektiven öffentlichen Rechts ist allerdings eng an zwei Voraussetzungen gebunden, nämlich

- an die Existenz eines Rechtssatzes des öffentlichen Rechts, welcher den Staat oder einen sonstigen Verwaltungsträger zu einem bestimmten Verhalten verpflichtet (zwingender Rechtssatz) einerseits und
- daran, daß dieser Rechtssatz - zumindest auch - der Befriedigung von Einzelinteressen (Schutz der Individualinteressen einzelner Bürger) zu dienen bestimmt ist[201].

Wenn und soweit nun ein aus dem öffentlichen Recht resultierendes subjektives Recht gegeben ist und der Berechtigte (öffentlich-rechtlich geschützter Dritter) die Verletzung

---

196 Die im vorliegenden Zusammenhang eher als nachrangig zu betrachtende Diskussion um die exakte Unterscheidung von öffentlichem Recht und Privatrecht soll hier nicht wiedergegeben werden. Vgl. stattdessen erneut *von Münch*, Verwaltung, in: *Erichsen/Martens* (Hrsg.), Allgemeines Verwaltungsrecht, 9. Aufl., 1992, S. 17-33 m.w.N.

197 Auch im Privatrecht kann hinsichtlich subjektivem und objektivem Recht unterschieden werden; so *Maurer*, Verwaltungsrecht, 1990, S. 124.

198 Vgl. zu diesem Begriff die Hinweise bei *Becker*, Grundzüge, 1992, S. 157 f; *Creifelds*, Rechtswörterbuch, 1990, S. 1101.

199 Vgl. ausführlich zu dieser Thematik - und insbesondere zu Umweltschutzrückstellungen aufgrund von subjektiv-rechtlichen bzw. objektiv-rechtlichen Normen - *Klein*, Umweltschutzmaßnahmen, DStR 1992, S. 1742 ff.

200 *Maurer*, Verwaltungsrecht, 1990, S. 124.

201 Vgl. ausführlicher zu diesen Voraussetzungen *Erichsen*, Verwaltungshandeln, in: *Erichsen/Martens* (Hrsg.), Allgemeines Verwaltungsrecht, 9. Aufl., 1992, S. 213 f.

"subjektiver Rechte" geltend machen kann, dann - und nur dann[202] - kann der Verletzte Klage gegen die Behörde, im vorliegenden Zusammenhang insbesondere eine Verpflichtungsklage[203], erheben[204]. Eine solche Klage ist allerdings nur zulässig, "soweit der Kläger geltend macht, durch den Verwaltungsakt oder seine Ablehnung oder Unterlassung in seinen Rechten verletzt zu sein"[205]. Daraus kann eine Handlungsverpflichtung der Behörde resultieren, die - bei Ansprüchen auf Verpflichtung Dritter - wiederum eine bestimmte Verpflichtung bei demjenigen auslöst, in dessen Rechtskreis eingegriffen wird. Insoweit kann die Situation gegeben sein, daß die Erfüllung einer rechtlich gegenüber dem Staat bestehenden Verpflichtung im Verwaltungsrechtswege von einem subjektiv berechtigten Dritten (über die Dreieckskonstellation Berechtigter, Gerichtsbarkeit bzw. Verwaltung und dem verpflichteten Bilanzierenden) geltend gemacht wird, sofern eine beispielsweise eigentlich zur Handlung ermächtigte bzw. verpflichtete Verwaltung zunächst untätig bleibt[206].

Im Gegensatz zum öffentlichen Recht kann im - auf dem Gleichordnungsgedanken beruhenden - Privatrecht ein direkter Eingriff des Gläubigers nicht erfolgen, vielmehr muß zur Durchsetzung eines Anspruchs, dem vom Schuldner nicht nachgekommen wird, der Rechtsweg beschritten werden (Zweierkonstellation aus dem Berechtigten und dem verpflichteten Bilanzierenden)[207]. Diese privatrechtlichen Ansprüche können ihre Rechtsgrundlage nicht nur in vertraglichen Beziehungen haben, sie können auch auf einer gesetzlichen Vorschrift beruhen.

So sind Ansprüche aus einem der wichtigsten Umweltschutzgesetze der jüngsten Vergangenheit, nämlich dem Umwelthaftungsgesetz, dem privatrechtlichen Bereich zuzuordnen. Haftungsansprüche gegen einen Schädiger müssen gegebenenfalls über die Gerichtsbarkeit geltend gemacht und durchgesetzt werden. Betreffend die Rückstellungsbilanzierung ergeben sich keine außergewöhnlichen Probleme, da eine gefestigte - wenn auch nicht un-

---

202 So *Maurer*, Verwaltungsrecht, 1990, S. 126.

203 Hinsichtlich der hier erörterten Umweltschutzproblematik können über Verpflichtungsklagen zwei verschiedene Ziele angestrebt werden. Zum einen kann, soweit die Verwaltung gesetzlich zu einem derartigen Handeln verpflichtet ist, der Erlaß eines vom Kläger begehrten (und an ihn selbst gerichteten) Verwaltungsaktes erzwungen werden, aus dem der Kläger unmittelbar einen Vorteil ableiten kann; dieser Fall weist keine Rückstellungsrelevanz auf und soll daher nicht näher betrachtet werden. Zum anderen kann Kläger aber auch - wiederum unter ganz speziellen Voraussetzungen - einen Verwaltungsakt erzwingen, der einen Dritten belastet und der daher bei diesem Dritten Anlaß einer Rückstellungsbildung sein kann; dieser Sachverhalt muß im folgenden erneut aufgegriffen werden.

204 So *Klein*, Umweltschutzmaßnahmen, DStR 1992, S. 1743.

205 *Erichsen/Martens*, in: *Erichsen/Martens* (Hrsg.), Allgemeines Verwaltungsrecht, 6. Aufl., 1983, S. 148.

206 Vgl. erneut *Klein*, Umweltschutzmaßnahmen, DStR 1992, S. 1743 f.

207 Vgl. anschaulich zur Unterscheidung des öffentlich-rechtlichen Steuerschuldverhältnisses vom bürgerlich-rechtlichen Schuldverhältnis *Grubert*, Rückstellungsbilanzierung, 1978, S. 140 f.

umstrittene - Rechtsprechung zu Haftungsverpflichtungen existiert[208]. Müssen allerdings Verpflichtungen dem öffentlich-rechtlichen Bereich zugeordnet werden, so sind aufgrund der Rechtsprechung des BFH besondere Rückstellungskriterien, die nachfolgend noch zu analysieren sind, zu würdigen.

Verschiedentlich wird die Auffassung vertreten, öffentlich-rechtliche Verpflichtungen bestünden nicht wie privatrechtliche Verpflichtungen gegenüber einem bestimmten Berechtigten, sondern gegenüber der "Allgemeinheit"[209]. Diese Abgrenzung wird dem komplexen Charakter öffentlich-rechtlicher Verpflichtungen nicht gerecht, die auch Abgabenverpflichtungen - insbesondere Steuerschulden - umfassen, die nicht gegenüber der "Allgemeinheit", sondern gegenüber dem Bund, einem Land oder einer Kommune bestehen und damit keinen bilanzierungsrelevanten Unterschied zu privatrechtlichen Verpflichtungen aufweisen[210]. Daher ist die Rückstellungsbildung aufgrund dieser zwingenden Abgabenverpflichtungen auch nicht umstritten.

Den Gegenpol zu derartig klar definierten öffentlich-rechtlichen Verpflichtungen bilden bloße Programmsätze des öffentlichen Rechts wie der, daß der Gebrauch des Eigentums zugleich dem Wohle der Allgemeinheit dienen solle (Art. 14 GG), der bilanziell ohne Bedeutung ist, da es an einer ausreichenden Bestimmtheit der Verpflichtung fehlt[211]. Zwischen diesen beiden Extrempositionen sind sehr unterschiedliche Verpflichtungen angesiedelt, die ihre Grundlage im öffentlichen Recht haben, sich häufig aber nicht grundlegend von privatrechtlichen Verpflichtungen unterscheiden.

Die Pflicht zur Rekultivierung von Grundstücken, auf denen Bodenschätze gewonnen wurden und werden, kann sich nicht nur aus dem Gesetz ergeben - dann ist sie öffentlich-rechtlich -, sondern beispielsweise auch als Nebenverpflichtung aus dem Abbauvertrag - dann ist sie privatrechtlich begründet. Auch außerhalb der Satzung kann ein Gläubiger - z.B. als Voraussetzung für die Kreditvergabe - die Prüfung eines sonst nicht prüfungs-

---

208 Vgl. die BFH-Urteile vom 17.1.1963 IV 165/59, BStBl. III 1963, S. 237; vom 12.3.1964 IV 95/63 S, BStBl. III 1964, S. 404; vom 30.6.1983 IV R 41/81, BStBl. II 1984, S. 263; zudem *Herzig/Köster*, Rückstellungsrelevanz, DB 1991, S. 54 f.

209 Dazu differenzierter mit einschlägigen Beispielen *Avenarius*, Rechtswörterbuch, 1992, Stichwort "Recht", S. 390 f, der zum privaten Recht die Rechtsnormen, die beliebige Personen, zum öffentlichen Recht solche Rechtsnormen zählen will, die ausschließlich den Staat oder einen anderen Hoheitsträger berechtigen oder verpflichten; insoweit werden die Kriterien der Über- bzw. Unterordnung oder Gleichordnung abgelehnt. Gleichwohl muß diese Diskussion hier nicht entschieden werden, da bei den im vorliegenden Zusammenhang betrachteten öffentlich-rechtlichen Umweltschutzverpflichtungen der Staat bzw. ein anderer Hoheitsträger forderungsberechtigt und zugleich auch ein Unterordnungsverhältnis gegeben ist.

210 *Herzig*, Rückstellungen, DB 1990, S. 1342.

211 So auch BFH-Urteil vom 26.10.1977 I R 148/75, BStBl. II 1978, S. 97-99; *Christiansen*, Rückstellungen, StBp 1987, S. 193; *Herzig*, Rückstellungen, DB 1990, S. 1342. "Allgemeine öffentlich-rechtliche Leitsätze rechtfertigen keine Rückstellung"; so BFH-Urteil vom 26.5.1976 I R 80/74, BStBl. II 1976, S. 623.

pflichtigen Jahresabschlusses verlangen. Gehört der Gläubiger zum privaten Bankgewerbe, handelt es sich um eine privatrechtliche Verpflichtung des Schuldners; ist der Gläubiger dagegen eine öffentlich-rechtliche Sparkasse oder Landesbank, dann könnte die Verpflichtung unter Umständen auch dem öffentlichen Recht zugeordnet werden[212]. Schließlich ist es auch denkbar, daß sich ein Luftfahrtunternehmen privatrechtlich dazu verpflichtet, die Grund- und Teilüberholungen schon vor deren öffentlich-rechtlicher Fälligkeit durchführen zu lassen.

Diese wenigen Hinweise, von denen die letztgenannten in keinem Zusammenhang zum Umweltschutz stehen, sondern nur zur Verdeutlichung erwähnt werden, veranschaulichen bereits die geringe Überzeugungskraft der alten Rechtsprechung, die für bilanzielle Zwecke entscheidend auf die Herkunft einer Verpflichtung aus dem privaten oder öffentlichen Recht abstellte, obgleich das Gesetz nur das Vorliegen einer ungewissen Verbindlichkeit fordert, um eine Verbindlichkeitsrückstellung zu bilden. Aus der Sicht des Verpflichteten kann eine solche Differenzierung nach der rechtlichen Herkunft einer Verpflichtung nicht überzeugen. Vielmehr muß beachtet werden, daß die Rechtsstrukturen von privat- und öffentlich-rechtlichen Verpflichtungen in Teilbereichen sogar parallel verlaufen[213], nämlich dann, wenn die Durchsetzung einer drittbelastenden öffentlich-rechtlichen Norm von dazu berechtigten Bürgern auf dem Verwaltungsrechtswege gegenüber der zuständigen Behörde geltend gemacht werden kann. Insoweit kann eine öffentlich-rechtlich begründete Verpflichtung durchaus den erzwingbaren Anspruch eines subjektiv berechtigten Dritten widerspiegeln, der sich aus Sicht des verpflichteten Bilanzierenden hinsichtlich seines materiellen Gehaltes nicht von einem zivilrechtlichen Anspruch unterscheidet[214].

Die bereits angesprochene Ausweitung der Verbindlichkeitsrückstellungen auf öffentlich-rechtliche Sachleistungsverpflichtungen - also über die Steuerzahlungsverpflichtungen hinaus - durch die BFH-Rechtsprechung verdient daher uneingeschränkte Zustimmung. Damit ist die zentrale Frage nicht mehr ob, sondern unter welchen Bedingungen Rückstellungen zu bilden sind, insbesondere welcher Grad an Konkretisierung der Verpflichtung zu fordern ist[215].

Als ein Beispiel für die nicht trennscharfe Zuordnung zu den Anlaßkategorien sei noch abschließend auf die Bergschädenproblematik verwiesen, die aufgrund der thematischen

---

212 Vgl. *Putzo*, in: *Palandt*, Bürgerliches Gesetzbuch, 1992, Einführung vor § 607, Rn. 3 p.
213 Vgl. *Klein*, Umweltschutzmaßnahmen, DStR 1992, S. 1742 f.
214 Ein in seinen Rechten verletzter Dritter kann, wie bereits erwähnt, unter bestimmten Voraussetzungen auf dem Verwaltungsrechtswege ein Verwaltungshandeln erzwingen, welches eine Verpflichtung bei demjenigen auslöst, in dessen Rechtskreis eingegriffen wird. Vgl. erneut auch *Klein*, Umweltschutzmaßnahmen, DStR 1992, S. 1743.
215 So auch *Herzig*, Rückstellungen, DB 1990, S. 1342.

Nähe regelmäßig in einer Reihe genannt wird mit den Verpflichtungen zum Schacht- und Grubenversatz sowie mit Rekultivierungsverpflichtungen[216]. Während letztere hauptsächlich dem öffentlichen Recht zugeordnet werden können, da entsprechende Gesetze, z.b. das Abgrabungsgesetz NRW[217], Handlungsanweisungen vorgeben, über deren Erfüllung die zuständigen Behörden wachen, können Bergschäden nur als Anlaß für den davon Betroffenen (Geschädigten) gesehen werden, um auf spezialgesetzlicher Grundlage[218] und erforderlichenfalls auf gerichtlichem Wege die Befriedigung seiner Schadensersatzansprüche zu erreichen; somit sind Bergschädenrückstellungen eindeutig den privatrechtlichen Rückstellungen zuzuordnen.

2. *Kriterien bei privatrechtlich begründeten Verpflichtungen*

Der Objektivierungsgedanke im Rahmen der Rückstellungsbilanzierung wird von der Rechtsprechung durch die Anwendung zweier aufeinander aufbauender Kriterien realisiert, nämlich durch die Forderungen, daß einerseits das (ungewisse) Schuldverhältnis bereits besteht oder zumindest doch zukünftig wahrscheinlich entsteht und andererseits dann aus diesem auch eine Inanspruchnahme drohen muß.

Damit wird von der Rechtsprechung insbesondere ein grundlegendes Wesensmerkmal der Verbindlichkeitsrückstellungen umgesetzt, nämlich das Wesensmerkmal des Schuldcharakters. Im Vorliegen einer Schuld[219] wird also eine wesentliche Voraussetzung zur Bilanzierung von Verbindlichkeitsrückstellungen gesehen[220]; zugleich muß diese Schuld aber nicht zwingend rechtlich durchsetzbar sein[221]. Darüberhinaus braucht die Schuld überhaupt gar nicht einklagbar zu sein, vielmehr läßt der BFH auch die Passivierung sittlicher Verpflichtungen zu, denen sich der Kaufmann nicht mehr entziehen zu können

---

216 Vgl. *Kulla*, Bergbauwagnisse, DB 1977, S. 1281 ff; *Bartke*, Bergschäden, DB 1978, Beilage Nr. 4/78.

217 Vgl. Gesetz zur Ordnung von Abgrabungen (Abgrabungsgesetz) in der Fassung der Bekanntmachung vom 23.11.1979, GV NW S. 922.

218 Vgl. zur Haftung aus dem Bundesberggesetz *Nölscher*, Bergschadensvermutung, NJW 1981, S. 2039 ff.

219 Vgl. ausführlicher zur Bestimmung des Begriffs der Schuld *Brönner/Bareis*, Bilanz, 1991, Teil IV Rn. 1385 ff; vgl. auch *Adler/Düring/Schmaltz*, Rechnungslegung, 5. Aufl., 1990, Anm. 43 ff zu § 252 HGB.

220 Dies gilt unabhängig davon, ob die Schuld (also der vom Bilanzierenden zu erfüllende Anspruch) nun privatrechtlich oder öffentlich-rechtlich begründet ist.

221 Vgl. bspw. *Biergans*, Einkommensteuer, 6. Aufl., 1992, S. 306. Die ungewissen Verbindlichkeiten sollen somit - unter Vernachlässigung der faktischen Verpflichtungen - als ein Unterfall (Vorstufe) der Verbindlichkeiten gesehen werden; vgl. dazu *Thiel*, Bilanzrecht, 4. Aufl., 1990, Anm. 410.

glaubt[222]. Diesen sittlichen Verpflichtungen stehen wirtschaftliche Verpflichtungen gleich[223] (faktischer Leistungszwang)[224].

Die Schuld[225] muß gegenüber einem Dritten bestehen (Außenverpflichtung)[226]; das bedeutet, daß eine Verpflichtung, die sich das Unternehmen selbst auferlegt, keine Verbindlichkeit begründet und höchstens die Bildung einer Aufwandsrückstellung nach § 249 II HGB bewirken kann[227]. In der Regel ist eine Außenverpflichtung entweder unmittelbar aus einer gesetzlichen Vorschrift oder aber aus einem Vertrag abzuleiten. Insoweit kommt es zu einer mehr oder weniger trennscharfen Abgrenzung von den Innenverpflichtungen, die keine Schuld begründen[228] und von denen einige bilanzierungspflichtig (unterlassene Instandhaltungsmaßnahmen, die innerhalb der ersten drei Monate des nächsten Geschäftsjahres nachgeholt werden) und andere bilanzierungsfähig (für die Handelsbilanz z.B. Aufwandsrückstellungen nach § 249 II HGB) sind. Ihnen liegen keine Außenverpflichtungen bzw. Drittschulden[229] zugrunde, vielmehr erfassen sie eher betriebswirtschaftliche Verpflichtungen des Bilanzierenden "gegen sich selbst".

a) Be- oder Entstehen einer Verpflichtung

Die mit dem Wesensmerkmal der Schuld zu erklärende Forderung der Rechtsprechung, daß zur Bilanzierung einer Verbindlichkeitsrückstellung das Bestehen oder zukünftige Entstehen einer Verpflichtung notwendig ist[230], beinhaltet schon eine nähere Umschreibung der bilanziell zu erfassenden Verpflichtungen. So ist für einen Rückstellungsansatz das

---

222 Vgl. BFH-Urteile vom 20.11.1962 I 242/61 U, BStBl. III 1963, S. 113; vom 17.8.1967 IV 285/65, BStBl. II 1968, S. 80 f; so auch *Adler/Düring/Schmaltz*, Rechnungslegung, 5. Aufl., 1990, Anm. 45 zu § 252 HGB.

223 Vgl. *Moxter*, Bilanzrechtsprechung, 3. Aufl., 1993, S. 68; auch BFH-Urteil vom 29.5.1956 I 224/55 U, BStBl. III 1956, S. 212; auch *Schmidt*, EStG, 1993, Anm. 39 a) zu § 5 EStG.

224 Mit diesem Begriff korrespondiert der Begriff der faktischen Verpflichtung, der hier nun für derartige Sachverhalte verwendet werden soll.

225 Aufgrund des Schuldcharakters werden die Verbindlichkeitsrückstellungen betriebswirtschaftlich auch dem Fremdkapital zugeordnet; vgl. dazu *Wöhe*, Bilanzierung, 1992, S. 540 f, der andere Lösungsansätze begründet ablehnt.

226 Vgl. bspw. BFH-Urteile vom 19.1.1972 I 114/65, BStBl. II 1972, S. 392; vom 7.3.1973 I R 48/69, BStBl. II 1973, S. 565; vom 26.5.1976 I R 80/75, BStBl. II 1976, S. 622. Zustimmend bspw. *Gruber*, Bilanzansatz, 1991, S. 192; *Ludewig*, Rückstellungsbegriff, DB 1988, S. 765 ff; differenziert *Moxter*, Bilanzrechtsprechung, 3. Aufl., 1993, S. 70 ff.

227 So *Adler/Düring/Schmaltz*, Rechnungslegung, 5. Aufl., 1990, Anm. 43 zu § 252 HGB.

228 So *Clemm/Nonnenmacher*, in: Beck'scher Bilanzkommentar, 1986, Anm. 32 f zu § 249 HGB.

229 Diese setzen, wie bereits angedeutet, die Existenz eines anspruchsberechtigten Gläubigers voraus, der die Schuld geltend machen könnte.

230 Vgl. erneut BFH-Urteile vom 1.8.1984 I R 88/80, BStBl. II 1985, S. 44 ff m.w.N.; vom 5.2.1987 IV R 81/84, BStBl. II 1987, S. 845 ff.

Vorliegen einer rechtlich bereits voll wirksam entstandenen Verpflichtung[231] nicht zwingend erforderlich; vielmehr reicht es aus, wenn das Entstehen einer Verbindlichkeit wahrscheinlich erscheint[232]. Schließlich soll die Position Rückstellungen - auch in Abgrenzung zu anderen Passivposten[233] - ja gerade solche Verpflichtungen abbilden, die durch ein Ungewißheitselement gekennzeichnet sind[234]. Die Ungewißheit kann sich auf das Bestehen der Verpflichtung und/oder auf die Höhe der Verpflichtung erstrecken[235]. Vorstellbar sind daher bestehende Verpflichtungen, deren Höhe unklar ist, wie auch der Höhe nach eindeutig bestimmbare Verpflichtungen, deren Entstehen noch ungewiß ist; daneben können allerdings auch beide Aspekte ungewiß sein[236]. Es ist somit festzuhalten, daß der Rückstellungsbegriff unzulässigerweise eingeschränkt werden würde, wenn nur noch solche Rückstellungen zur Passivierung kämen, deren Bestehen unzweifelhaft ist; vielmehr sollen nach Sinn und Zweck der Rückstellungsbilanzierung gerade auch dem Grunde nach ungewisse Verbindlichkeiten, deren Entstehen aber zumindest wahrscheinlich erscheinen muß[237], erfaßt werden.

Das Bestehen einer privatrechtlichen Verpflichtung sollte sich nun, auch wenn diese der Höhe nach noch ungewiß ist, juristisch klar bestimmen lassen. Eine solche Verpflichtung resultiert aus einem Schuldverhältnis, welches vielfach durch Vertrag entstehen wird, allerdings kann es - insbesondere hinsichtlich unerlaubter Handlungen - auch unmittelbar auf einer gesetzlichen Vorschrift beruhen[238]. Im letztgenannten Fall bietet dann ein aus einer gesetzlichen Norm hervorgehendes Schuldverhältnis dem Gläubiger die Möglichkeit, einen Anspruch auf Tun oder Unterlassen gegen den Verpflichtungsschuldner geltend zu machen[239].

---

231 In der Terminologie des BFH "Vollentstehung einer Verpflichtung"; so BFH-Urteil vom 20.3.1980 IV R 89/79, BStBl. II 1980, S. 297 ff.

232 Vgl. dazu bspw. BFH-Urteil vom 25.8.1989 III R 95/87, BStBl. II 1989, S. 893 ff m.w.N.

233 Innerhalb der Rückstellungen stellt das Merkmal der Ungewißheit, anders als das des Schuldcharakters, kein klassenbildendes Kriterium dar, es ist vielmehr für alle Rückstellungen kennzeichnend; vgl. dazu weiterführend *Grubert*, Rückstellungsbilanzierung, 1978, S. 135.

234 Bei Gewißheit über Bestehen und Höhe wäre ja direkt eine Verbindlichkeit auszuweisen; *Schmidt*, EStG, 1993, Anm. 36 a) und 39 d) zu § 5 EStG.

235 Wenn Ungewißheit lediglich über die Fälligkeit der Verpflichtung oder über die Person des Anspruchsberechtigten besteht, ist die Verpflichtung unter den Verbindlichkeiten auszuweisen; so schon *Adler/Düring/Schmaltz*, Rechnungslegung, 4. Aufl., 1968. Vgl. daneben auch die aktuelle Kommentierung bei *Adler/Düring/Schmaltz*, Rechnungslegung, 5. Aufl., 1990, Anm. 59 ff zu § 252 HGB.

236 Vgl. auch BFH-Urteil vom 24.6.1969 I R 15/68, BStBl. II 1969, S. 581.

237 Vgl. auch BFH-Urteil vom 1.8.1984 I R 88/80, BStBl. II 1985, S. 44 ff.

238 Vgl. dazu und zu den grundsätzlich denkbaren weiteren Möglichkeiten der Entstehung eines Schuldverhältnisses *Müller*, Gedanken, ZGR 1981, S. 136 f; weiterhin *Grubert*, Rückstellungsbilanzierung, 1978, S. 136.

239 Vgl. *Avenarius*, Rechtswörterbuch, 1992, Stichwort "Schuldverhältnis", S. 438 f.

Zur Beurteilung des Bestehens einer solchermaßen verursachten Verpflichtung sind zwei Aspekte näher zu betrachten. Zum einen muß eine gesetzliche Vorschrift (Rechtsnorm) oder eine vertragliche Vereinbarung eine abstrakte Verpflichtung dahingehend beinhalten, daß an die Verwirklichung eines bestimmten Tatbestandes bzw. Lebenssachverhaltes als Konsequenz eine (regelmäßig zugunsten eines Dritten, nämlich des Verpflichtungsgläubigers, zu erbringende) Leistungsverpflichtung - die auch mit der Definition eines Handlungszieles einhergehen kann - angeknüpft wird; eine Rechtsfolge muß also an einen Tatbestand geknüpft werden. Zum anderen muß dann auf tatsächlicher Ebene geprüft werden, ob eine Verwirklichung dieser abstrakten Verpflichtung durch in der Vergangenheit eingetretene Vorkommnisse erfolgt ist[240], ob also ein vorliegender konkreter Sachverhalt unter dem abstrakten - verpflichtungsauslösenden - Tatbestand zu subsumieren ist.

Das rechtliche Entstehen und daraus resultierend das Bestehen einer Verpflichtung ist daher dann gegeben, wenn alle Merkmale des Tatbestandes, an welchen - aufgrund vertraglicher oder gesetzlicher Norm - die Rechtsfolge geknüpft ist, verwirklicht sind[241]. Anders formuliert ist eine Verbindlichkeit dann entstanden, "sobald alle Voraussetzungen erfüllt sind, von denen Gesetz, Satzung oder Vertrag die Entstehung abhängig machen"[242], wobei die Fälligkeit der Verbindlichkeit nicht als Voraussetzung für ihr Entstehen anzusehen ist[243]; dabei ist unter Fälligkeit der Zeitpunkt zu verstehen, von dem ab der Gläubiger die Leistung verlangen kann[244].

Ebensowenig erforderlich ist es, daß Ansprüche bereits geltend gemacht worden sind[245], weiterhin muß dem Bilanzierenden nicht einmal die Person des Gläubigers bekannt sein[246].

Dies gilt sowohl für alle Tatbestände, bei denen ein zeitliches Element nicht als Merkmal

---

240 Vgl. auch *Herzig/Köster*, Rückstellungen, in: *Vogl/Heigl/Schäfer* (Hrsg.), Handbuch des Umweltschutzes, 1992, Kap. III - 8.1, S. 6.

241 So *Naumann*, Entstehen, WPg 1991, S. 529; auch *Clemm/Nonnenmacher*, in: Beck'scher Bilanzkommentar, 1990, Anm. 210 zu § 247 HGB und Anm. 41 zu § 249 HGB.

242 BFH-Urteil vom 13.11.1991 I R 78/89, BStBl. II 1992, S. 178.

243 Vgl. das BFH-Urteil vom 13.11.1991 I R 78/89, BStBl. II 1992, S. 178 mit Hinweis auf das BGH-Urteil vom 10.3.1977 VII ZR 254/75, WM 1977, S. 553 ff.

244 Vgl. dazu *Heinrichs*, in: *Palandt*, Bürgerliches Gesetzbuch, 1992, Anm. 1 zu § 271 BGB.

245 So *Meyer-Wegelin*, in: *Küting/Weber* (Hrsg.), Rechnungslegung, 3. Aufl., 1990, Anm. 32 zu § 249 HGB; BFH-Urteil vom 16.7.1969 I R 81/66, BStBl. II 1970, S. 15; *Grubert*, Rückstellungsbilanzierung, 1978, S. 137 ff.

246 Vgl. *Clemm/Nonnenmacher*, in: Beck'scher Bilanzkommentar, 1990, Anm. 35 zu § 249 HGB.

zu erkennen ist (nicht zeitmomentbedingt entstehende Verpflichtungen)[247], als auch für solche Tatbestände, bei denen eine zeitliche Bedingung ein zwingendes Tatbestandsmerkmal darstellt, also ein zeitliches Moment Bestandteil des Verpflichtungstatbestandes ist (zeitmomentbedingt entstehende Verpflichtungen); im letztgenannten Fall entsteht die Verpflichtung offensichtlich auch erst mit Verwirklichung des zeitlichen Tatbestandsmerkmals[248].

Für die hier zunächst betrachteten privatrechtlichen Umweltschutzverpflichtungen folgt daraus, daß beispielsweise dann, wenn ein Pachtvertrag vorsieht, daß der Grundstückspächter für alle, z.B. durch die Lagerung fester, flüssiger oder gasförmiger Stoffe, entstandenen Sach- und Personenschäden aufkommt, die abstrakte Verpflichtung besteht. Unter Berücksichtigung des tatsächlichen Aspektes kommt es dann nur noch auf die Verwirklichung des Lebenssachverhaltes "Schadensverursachung" an, um das Bestehen einer Verpflichtung bejahen zu können bzw. bejahen zu müssen. Diesem Aspekt dürfte bereits in den Fällen Rechnung getragen sein, in denen der Bilanzierende davon Kenntnis erhalten hat, daß er einen Lebenssachverhalt - hier: Bodenverunreinigung - verwirklicht hat, also eine Bodenverunreinigung tatsächlich erfolgt ist.

Sind daher alle rechtlichen Tatbestandsmerkmale durch den Sachverhalt erfüllt, so ist von dem Bestehen einer Sanierungsverpflichtung auszugehen und die Objektivierung dieser privatrechtlichen Verpflichtung zu bejahen[249]. Die Fälligkeit der Sanierungsverpflichtung, die möglicherweise erst mit Ende des Pachtvertrages anzunehmen ist, hat - wie bereits ausgeführt - ebensowenig Einfluß auf die Pflicht zur Rückstellungsbilanzierung[250] wie eine eventuelle Unkenntnis des Verpflichtungsgläubigers hinsichtlich seines Anspruches[251].

---

247 So enthält bspw. die Vorschrift des § 823 BGB - die als Grundlage für Rückstellungen wegen Schadenersatzverpflichtungen dienen kann - kein zeitliches Element, die Verpflichtung zum Schadenersatz entsteht nicht in Abhängigkeit von der Verwirklichung eines zeitlichen Tatbestandsmerkmals, sondern wohl direkt mit der Handlung, also mit der vorsätzlichen oder fahrlässigen Verletzung z.B. von Gesundheit oder Eigentum eines Dritten; die Frage nach der Fälligkeit von Schadenersatzleistungen ist für das Entstehen der Verpflichtung unbeachtlich.

248 Beispielsweise entsteht die vertraglich vereinbarte Verpflichtung zur Prüfung des Jahresabschlusses eines Unternehmens - wie auch die entsprechende öffentlich-rechtlich begründete Verpflichtung (so das BFH-Urteil vom 26.10.1977 I R 148/75, BStBl. II 1978, S. 99) - erst mit Erfüllung der zeitlichen Tatbestandsvoraussetzungen, also erst nach Vollendung des entsprechenden Geschäftsjahres.

249 "Verpflichtungen entstehen, wenn die sie begründenden Tatbestandsmerkmale erfüllt sind"; so BFH-Urteil vom 28.6.1989 I R 86/85, BStBl. II 1990, S. 552 m.w.N.

250 So auch *Hüttemann*, Grundsätze, 1970, S. 13; *Heinlein*, Voraussetzungen, Inf 1977, S. 439.

251 So auch *Grubert*, Rückstellungsbilanzierung, 1978, S. 137 f m.w.N.; *Clemm/Nonnenmacher*, in: Beck'scher Bilanzkommentar, 1990, Anm. 41 zu § 249 HGB. So für den Fall der Patentrechtsverletzung das BFH-Urteil vom 11.11.1981 I R 157/79, BStBl. II 1982, S. 748; aktuell davon wohl abweichend BFH-Urteil vom 19.10.1993 VIII R 14/92, BStBl. II 1993, S. 891 ff. Zu Rückstellungen wegen Patentrechtsverletzungen *van Venroy*, Handelsbilanz, StuW 1991, S. 28 ff.

Eine Unsicherheit hinsichtlich des Bestehens einer Verpflichtung steht der Rückstellungsbildung - unter Objektivierungsaspekten - aber nach gesicherter Erkenntnis nicht entgegen, da die Rückstellungsbildung auch dann zu erfolgen hat, wenn das Entstehen einer Verpflichtung nur "mit einiger Wahrscheinlichkeit" angenommen werden muß[252]; dabei ist allerdings die Problematik der Höhe der Wahrscheinlichkeit noch klärungsbedürftig.

Die Rechtsprechung - insbesondere die Finanzrechtsprechung - hat dazu verschiedentlich Stellung genommen, wie nachfolgend dargestellt werden soll.

So hat das OLG Celle mit Urteil vom 7.9.1983[253] ausgeführt, daß Verbindlichkeiten auch dann rückstellungsfähig sind, wenn zweifelhaft ist, ob sie überhaupt bestehen; es müsse lediglich ein in die Bilanzierungsperiode fallender Sachverhalt bekannt sein, der eine Schuld verursacht haben kann.

Das FG Hamburg hat mit Urteil vom 9.3.1964[254] den Ansatz einer Rückstellung dann für gerechtfertigt gehalten, "wenn am Jahresschluß auf Grund von Verträgen oder in der Vergangenheit liegenden sonstigen Vorkommnissen mit einiger Sicherheit für die Zukunft mit Verbindlichkeiten oder Aufwendungen zu rechnen ist".

Aus der BFH-Rechtsprechung lassen sich weitergehend die grundsätzlichen Wertungen entnehmen, daß einerseits nicht nur eine Bilanzierung von mit an Sicherheit grenzender Wahrscheinlichkeit[255] entstehenden Verpflichtungen erfolgen sollte[256], sondern auch solcher, die nur "mit einiger Wahrscheinlichkeit" entstehen werden[257]. Andererseits reicht es unter Objektivierungsaspekten für eine Passivierung aber nicht aus, wenn nur bloße Vermutungen und pessimistische Beurteilungen, die in den Tatsachen keinen greifbaren Anhalt finden, der Wahrscheinlichkeitsbeurteilung zugrunde gelegt werden[258]; vielmehr müssen die Wahrscheinlichkeitsschätzungen in einem "objektiv nachprüfbaren Rahmen liegen"[259]. Insoweit muß also das Be- oder Entstehen einer Verpflichtung greifbar sein[260].

---

252 Vgl. bspw. die BFH-Urteile vom 16.7.1969 I R 81/66, BStBl. II 1969, S. 16; vom 17.7.1980 IV R 10/76, BStBl. II 1981, S. 669.
253 OLG Celle, Urteil vom 7.9.1983 - 9 U 34/83, BB 1983, S. 2229 ff.
254 V 152/63, EFG 1964, S. 530 f.
255 Nicht nur die ganz und gar offenkundigen Verbindlichkeiten sind zu passivieren; so *Moxter*, Bilanzrechtsprechung, 3. Aufl., 1993, S. 77.
256 "An Sicherheit grenzende Wahrscheinlichkeit" ist nicht erforderlich; so *Herrmann/Heuer/Raupach*, Einkommensteuer, 1950/86, Anm. 60 r [18] zu § 5 EStG.
257 Vgl. BFH-Urteil vom 17.7.1980 IV R 10/76, BStBl. II 1981, S. 669.
258 Vgl. BFH-Urteil vom 27.4.1965 I 324/62 S, BStBl. III 1965, S. 409.
259 Vgl. BFH-Urteil vom 17.1.1963 IV 165/59, BStBl. III 1963, S. 237.
260 So *Moxter*, Bilanzrechtsprechung, 2. Aufl., 1985, S. 63.

Mit den Urteilen vom 30.6.1983[261] und vom 1.8.1984[262], auf welche sich auch die weitere Rückstellungsrechtsprechung gründet, hat der BFH erneut verdeutlicht, in welchen Fällen von einer hinreichenden Greifbarkeit der ungewissen Verpflichtungen ausgegangen werden muß. So reicht die "bloße Möglichkeit des Bestehens oder Entstehens einer Verbindlichkeit zur gewinnmindernden"[263] Rückstellungsbildung nicht aus, vielmehr muß mit der Verpflichtung "ernsthaft zu rechnen"[264] sein. Dabei soll dies nach objektiven, am Bilanzstichtag vorliegenden und spätestens bei Aufstellung der Bilanz erkennbaren Tatsachen aus der Sicht eines sorgfältigen und gewissenhaften Kaufmanns zu beurteilen sein.

Die Wahrscheinlichkeit des Be- oder Entstehens wie auch die der Inanspruchnahme soll - so eine andere Formulierung des BFH - auch dann gegeben sein, wenn "mehr Gründe für als gegen"[265] das Be- bzw. Entstehen und eine künftige Inanspruchnahme sprechen[266]. Da nach dieser Formulierung bei Gleichwahrscheinlichkeit keine Rückstellung zu bilden wäre, was unter Vorsichtsaspekten aber bedenklich erscheint[267], wird als Modifikation der BFH-Formel vorgeschlagen, daß "nicht weniger Gründe für als gegen eine Inanspruchnahme sprechen" sollen[268]; dies ist auch für die Beurteilung des wahrscheinlichen Entstehens einer Verpflichtung zu fordern.

Wie sich nun bei genauer Betrachtung - insbesondere des zuletzt angesprochenen BFH-Urteils - zeigt, wird weder von der Rechtsprechung noch im Fachschrifttum[269] das Kriterium des wahrscheinlichen Entstehens von dem der wahrscheinlichen Inanspruchnahme hinreichend klar getrennt[270]. Dieses Kriterium ist in tatsächlicher Hinsicht auch nur schwerlich von der Frage der Wahrscheinlichkeit der Inanspruchnahme zu separieren[271].

---

261 IV R 41/81, BStBl. II 1984, S. 263 ff.
262 I R 88/80, BStBl. II 1985, S. 44 ff.
263 BFH-Urteil vom 30.6.1983 IV R 41/81, BStBl. II 1984, S. 263 ff.
264 BFH-Urteil vom 17.7.1980 IV R 10/76, BStBl. II 1981, S. 669.
265 BFH-Urteil vom 1.8.1984 I R 88/80, BStBl. II 1985, S. 46.
266 Hinsichtlich dieser Formulierung sei auf die nachfolgenden Ausführungen unter b) (2) verwiesen.
267 So auch *Moxter*, Bilanzrechtsprechung, 2. Aufl., 1985, S. 218 f, der - aufgrund dieser Formulierung - den BFH als zur Übergewichtung des Objektivierungsgedankens neigend kritisiert.
268 So *Herzig/Hötzel*, Produkthaftung, BB 1991, S. 102.
269 Siehe bspw. bei *Kupsch*, Entwicklungen, DB 1989, S. 55, der insoweit dem soeben angesprochenen Urteil folgt; *Eibelshäuser*, Rückstellungsbildung, BB 1987, S. 862 f.
270 Dabei ist allerdings zu beachten, daß bislang fast ausschließlich privatrechtliche Verpflichtungen Gegenstand der diesbezüglichen Stellungnahmen waren.
271 Relevant und somit materiell gewichtig werden dürfte diese Trennung insbesondere im Bereich der öffentlich-rechtlichen Verpflichtungen, bei denen die Beurteilung des Kriteriums der Wahrscheinlichkeit der Inanspruchnahme deutlich an Gewicht gewinnen wird. Dies wird sich insbesondere für den Bereich der Altlastensanierungen betriebseigener Grundstücke zeigen, bei denen selbst bei bestehender Sanierungsverpflichtung die Wahrscheinlichkeit der Entdeckung durch die zuständigen Behörden abzuschätzen sein wird.

Denn im privatrechtlichen Bereich ist das Entstehen einer Verpflichtung zumeist mit der Kenntnisnahme durch den Verpflichtungsgläubiger verknüpft; daraus sollte regelmäßig die Inanspruchnahme folgen[272], wenn nicht außergewöhnliche Umstände (z.B. hohe Aufwendungen oder Risiken im Rahmen der Einforderung der Verpflichtung) einen Verzicht auf die Durchsetzung des Anspruchs bewirken.

Aufgrund dieser sachlichen Nähe sollten die nachfolgenden Ausführungen über die Beurteilung der Wahrscheinlichkeit der Inanspruchnahme auch Geltung für die Problematik des wahrscheinlichen Entstehens erlangen können.

b) Wahrscheinlichkeit der Inanspruchnahme

Die Bilanzierung einer Verbindlichkeitsrückstellung ist nur dann begründet, wenn aus der zugrundeliegenden ungewissen Verbindlichkeit eine Inanspruchnahme droht. Bei der Auslegung dieses Merkmals unterscheidet die BFH-Rechtsprechung nach dem Objektivierungsgrad der Verbindlichkeit, nämlich danach, ob diese bereits dem Grunde nach besteht oder ob sie erst zukünftig wahrscheinlich entstehen wird; daran knüpfen differenzierte Vermutungen und Interpretationen an.

(1) Dem Grunde nach gewisse Verbindlichkeiten

Bei dem Grunde nach gewissen Verbindlichkeiten ist aufgrund ständiger BFH-Rechtsprechung grundsätzlich davon auszugehen, daß eine Inanspruchnahme erfolgen wird, wenn nicht konkrete Anhaltspunkte für das Gegenteil bestehen[273].

Diese Auffassung verdient uneingeschränkte Zustimmung, da nach allgemeiner Lebenserfahrung - unter gewöhnlichen Umständen - ein Anspruchsberechtigter auf eine ihm zustehende Forderung, die beim Verpflichteten eine ungewisse Verbindlichkeit darstellen kann, nicht verzichten wird[274]. Unproblematisch ist diese Unterstellung allerdings nur in den Fällen, in denen der Berechtigte Kenntnis von seinem Anspruch hat oder diese zumindest nach normalem Geschehensablauf erlangen wird.

Nur in außergewöhnlichen Fällen wird es dann aufgrund - zumeist außerbetrieblich begründeter - sachfremder Überlegungen zu einem Forderungsverzicht kommen können; derartige Sachverhalte sollen hier allerdings nicht weiter betrachtet werden.

---

272 Mit diesem Ergebnis auch *Günkel*, Rückstellungen, in: *Herzig* (Hrsg.), Umweltschutz, 1991, S. 47.
273 BFH-Urteile vom 11.11.1981 I R 157/79, BStBl. II 1982, S. 748; vom 22.11.1988 VIII R 62/85, BStBl. II 1989, S. 359.
274 So darf sich der Bilanzierende grundsätzlich "nicht darauf verlassen, daß sein Gläubiger von den ihm zustehenden Rechten keinen Gebrauch machen werde"; so BFH-Urteile vom 17.11.1987 VIII R 348/82, BStBl. II 1988, S. 431; vom 27.11.1968 I 162/64, BStBl. II 1969, S. 247.

Auf der Grundlage der genannten Rechtsprechung wird die Problematik der Beurteilung der Wahrscheinlichkeit der Inanspruchnahme folglich im wesentlichen auf diejenigen Fälle reduziert, in denen das Bestehen einer Verbindlichkeit zum Stichtag noch ungewiß ist.

(2) Dem Grunde nach ungewisse Verbindlichkeiten

Wenn also die Verbindlichkeit zum Stichtag noch ungewiß ist und daher sowohl das Entstehen wie auch die Inanspruchnahme hinsichtlich ihrer Wahrscheinlichkeit geprüft werden müssen, so ist die Frage nach der eine Passivierungspflicht auslösenden Mindestwahrscheinlichkeit zu klären.

(a) Quantifizierungsversuche

Die Rechtsprechung hat sich nun in einer Vielzahl von Urteilen mit dem Merkmal der Wahrscheinlichkeit der Inanspruchnahme befaßt und dazu die im folgenden aufgeführten Aussagen getroffen.

Bei dem Grunde nach ungewissen Verbindlichkeiten fordert der BFH in ständiger Rechtsprechung, daß mit einer Inanspruchnahme aus der Verbindlichkeit "ernsthaft zu rechnen" ist[275].

Die Inanspruchnahme ist - wie schon erwähnt[276] - wahrscheinlich, wenn "mehr Gründe für als gegen" diese sprechen[277], dies ist auf der Grundlage objektiver Tatsachen aus der Sicht eines sorgfältigen und gewissenhaften Kaufmanns zu beurteilen[278].

Daraus ist im Fachschrifttum abgeleitet worden, daß eine Wahrscheinlichkeit größer als 50 v.H. gegeben sein muß[279]; unter Vorsichtsaspekten sollte allerdings - wie bereits ausgeführt - eine Gleichwahrscheinlichkeit zur Rückstellungsbildung ausreichen. Gleichwohl ist dieses Problem eher theoretischer Natur, da die Quantifizierung von Wahrscheinlich-

---

275 Vgl. BFH-Urteile vom 10.4.1987 III R 274/83, BFH-NV 1988, S. 22 f; vom 30.6.1983 IV R 41/81, BStBl. II 1984, S. 264; vom 17.1.1963 IV 165/59 S, BStBl. III 1963, S. 237; vom 12.3.1964 IV 95/63 S, BStBl. III 1964, S. 404; vom 26.5.1971 IV R 58/70, BStBl. II 1971, S. 704.

276 Vgl. dazu erneut BFH-Urteil vom 1.8.1984 I R 88/80, BStBl. II 1985, S. 46.

277 Zustimmend *Baetge*, Bilanzen, 1992, S. 156; *ders.*, Frage, in: *Moxter* (Hrsg.), Rechnungslegung, 1992, S. 40; *Gruber*, Bilanzansatz, 1991, S. 192; kritisch unter Hinweis auf das Vorsichts- und das Vollständigkeitsprinzip *Stengel*, Rückstellungen, BB 1993, S. 1405 f. Die Formulierung "mehr für als gegen" ist in diesem Zusammenhang auch schon von *Grubert*, Rückstellungsbilanzierung, 1978, S. 321, verwandt worden.

278 Zu dieser Problematik, *Kraus*, Rückstellungen, 1987, S. 64 f.

279 Kritisch zu dieser Konsequenz *Eibelshäuser*, Rückstellungsbildung, BB 1987, S. 863; vgl. auch *Kraus*, Rückstellungen, 1987, S. 62 m.w.N.

keiten[280], die notwendig wäre, um die Wahrscheinlichkeit der Inanspruchnahme von 50 v.H. von derjenigen von 51 v.H. unterscheiden zu können, nur selten nachprüfbar gelingen dürfte[281].

Die Abwägung dieser Gründe wird sich auch nicht nach deren Anzahl richten können, sondern sich auf die Gewichtigkeit der Argumente konzentrieren müssen[282].

Letztendlich erscheint aber auch eine Abstufung der Wahrscheinlichkeitsvoraussetzungen aufgrund der verschiedenen Begriffe "einige"[283], "gewisse" oder "hinreichende" Wahrscheinlichkeit nicht möglich, da diese Begriffe zu unbestimmt sind[284].

Da nun die Überlegungen betreffend die Quantifizierung der Wahrscheinlichkeiten nicht zu eindeutigen Lösungen führen, sollen hier ergänzend einige qualitative Betrachtungen vorgenommen werden.

(b) Qualitative Überlegungen

In qualitativer Hinsicht hat die BFH-Rechtsprechung festgestellt, daß die Wahrscheinlichkeit der Inanspruchnahme dann nicht gegeben sei, wenn lediglich aufgrund allgemeiner Erfahrung eine Inanspruchnahme erwartet wird[285]; vielmehr müssen Ereignisse eingetreten sein, auf Grund derer der Bilanzierende mit einer Inanspruchnahme rechnen muß. So reicht beispielsweise nach Auffassung des BFH die allgemeine Erfahrung, daß zukünftig erfolgende Betriebsprüfungen zu Steuernachforderungen führen könnten, nicht aus[286].

Es müssen also Tatsachen vorliegen, die eine Inanspruchnahme wahrscheinlich erscheinen lassen[287]. Aus diesen Tatsachen muß eine Konkretisierung der Gefahr hergeleitet werden

---

280 "Jede prozentuale Erfassung scheitert an der Komplexität der zu beurteilenden Lebenssachverhalte"; so *Adler/Düring/Schmaltz*, Rechnungslegung, 5. Aufl., 1990, Anm. 62 zu § 249 HGB.

281 So auch *Herzig*, Risikovorsorge, in: *Doralt* (Hrsg.), Probleme, 1991, S. 215; *ders.*, Rückstellungen, DB 1990, S. 1347; von einer in solchen Fällen drohenden "Scheinobjektivierung" spricht *Eibelshäuser*, Rückstellungsbildung, BB 1987, S. 863.

282 So wohl auch Kupsch, Entwicklungen, DB 1989, S. 55.

283 Die Formulierung "mit einiger Wahrscheinlichkeit" verwandte der erste Senat im Urteil vom 11.11.1981 I R 157/79, BStBl. II 1982, S. 748.

284 A.A. *Scharpf*, Rechtsprechung, DStR 1985, S. 173.

285 BFH-Urteil vom 13.1.1966 IV 51/62, BStBl. III 1966, S. 189 f. Dem folgend BFH-Urteil vom 24.8.1972 VIII R 21/69, BStBl. II 1973, S. 55 ff; OFD Münster, Vfg. vom 18.4.1986, BB 1986, S. 985; *Kupsch*, in: *Hofbauer/Kupsch*, BHR, 1992/93, Rz. 12 zu § 249 HGB.

286 "Rückstellungen für hinterzogene Betriebssteuern" sollen nach *Horlemann*, Rückstellungen, BB 1989, S. 2006, erst dann zulässig sein, wenn mit dem "Erscheinen des Prüfers" auch die Wahrscheinlichkeit der Inanspruchnahme zu bejahen sei.

287 Vgl. BFH-Urteil vom 16.7.1969 I R 81/66, BStBl. II 1969, S. 16.

können[288], dabei genügte dem BFH allerdings im hier angeführten Urteil zur Wahrscheinlichkeitseinschätzung der Hinweis auf die allgemeine Lebenserfahrung.

Auch kann sich die Wahrscheinlichkeit aus den "branchenmäßigen Erfahrungen und aus der individuellen Gestaltung des Betriebes ergeben"[289].

Allerdings darf eine Rückstellungsbildung nicht in der Hoffnung unterlassen werden, daß der Gläubiger seine Rechte nicht ausüben wird[290].

Andererseits ist eine Rückstellung aber dann aufzulösen, wenn mit einer Inanspruchnahme durch den Gläubiger "mit an Sicherheit grenzender Wahrscheinlichkeit nicht mehr zu rechnen ist"[291]. Insoweit schlägt sich die Überlegung nieder, daß ungewisse Verbindlichkeiten nur dann bilanzierungsfähig sind, wenn sie auch eine wirtschaftliche Belastung[292] verkörpern.

Die vorstehend zusammengestellten Entscheidungsgründe sowohl quantitativer wie auch qualitativer Art verdeutlichen das Bestreben der Rechtsprechung, Rückstellungen wegen nur entfernt liegender Risiken oder "pessimistischer Beurteilungen der künftigen Entwicklung, die in den Tatsachen keinen greifbaren Anhalt finden"[293], zu vermeiden, ohne jedoch eine allgemein gültige Festlegung zu bieten, wann eine Inanspruchnahme wahrscheinlich ist.

Eine erste Übertragung und Anwendung der genannten Entscheidungsgründe auf Umweltschutzsachverhalte zeigt, daß in den Fällen, in denen umweltbelastende Tatsachen bekanntgeworden - und möglicherweise zusätzlich noch branchenmäßige Erfahrungen gegeben - sind, aus denen dem Bilanzierenden eine Verbindlichkeit erwachsen könnte, gewichtige Gründe[294] für die Wahrscheinlichkeit der Inanspruchnahme sprechen. Dabei muß m.E. bei der Beurteilung auch die Tatsache Einfluß gewinnen, daß dem Umweltschutz mittlerweile ein hoher Stellenwert zukommt und daß daraus auch eine steigende Sensibilität gegenüber Umweltschäden erwächst. Dieser Einbezug der allgemeinen Le-

---

288 Vgl. BFH-Urteil vom 9.5.1961 I 128/60 S, BStBl. III 1961, S. 337; *Moxter*, Bilanzrechtsprechung, 3. Aufl., 1993, S. 81.

289 So das FG Münster im Urteil vom 28.9.1972 VI 725/70 F, EFG 1973, S. 59 f.

290 Vgl. BFH-Urteil vom 17.11.1987 VIII R 348/82, BStBl. II 1988, S. 431.

291 So BFH-Urteil vom 22.11.1988 VIII R 62/85, BStBl. II 1989, S. 359 f. Danach können Rückstellungen trotz (weiter-)bestehender rechtlicher Verpflichtung nicht angesetzt werden, wenn sie nicht (mehr) werthaltig sind, da sonst der Bestand an den Kaufmann belastenden Schulden unrichtig wiedergegeben werden würde. Mit diesem Ergebnis auch BFH-Urteil vom 9.2.1993 VIII R 21/92, BStBl. II 1993, S. 543; FG Köln, Urteil vom 19.2.1990 13 K 217/80, EFG 1990, S. 413.

292 Vgl. *Baetge*, Bilanzen, 1992, S. 155 f; ebenso *Grubert*, Rückstellungsbilanzierung, 1978, S. 190 ff.

293 BFH-Urteil vom 27.4.1965 I 324/62 S, BStBl. III 1965, S. 409.

294 *Eibelshäuser*, Rückstellungsbildung, BB 1987, S. 863, faßt dies in die Formulierung, daß gute (stichhaltige) Gründe für eine Inanspruchnahme sprechen müssen.

benserfahrung wird dann zulässig und sogar notwendig sein, wenn es sich um die Abschätzung eines "normalen Geschehensablaufes" oder eines über das allgemeine Unternehmensrisiko hinausgehenden konkreteren Risikos handelt[295].

Es gilt daher, in den Sachverhalten die objektiven Tatsachen herauszukristallisieren, die für oder gegen eine Inanspruchnahme sprechen und diese einer Gesamtwürdigung zu unterziehen[296].

Im Rahmen einer solchen Gesamtbetrachtung der für bzw. gegen eine Inanspruchnahme sprechenden Tatsachen ist letztlich darauf abzustellen, daß der Kaufmann die vorliegenden Tatsachen in sorgfältiger und gewissenhafter Weise zu bewerten und daraufhin eine Prognose über die Wahrscheinlichkeit der Inanspruchnahme abzugeben hat[297]. Insoweit liegt der Rückstellungsbildung eine Ausübung kaufmännischen Ermessens zugrunde[298], die allerdings auf Tatsachen gestützt sein muß; dabei "ist grundsätzlich der Beurteilung des Kaufmanns zu folgen, da er seine Verhältnisse am besten beurteilen kann"[299]. Dem Urteil des bilanzierenden Kaufmanns, der gewöhnlich mit den betriebsindividuellen Umständen in besonderem Maße vertraut ist[300], kommt daher eine zentrale Bedeutung zu[301]. Allerdings werden solche Beurteilungen nachvollziehbar[302] und die zugrundeliegenden Tatsachen möglicherweise sogar nachprüfbar sein müssen[303]. Im Hinblick auf eine angestrebte intersubjektive Nachprüfbarkeit könnte aber auch ggf. als Anhaltspunkt dienen,

---

295 Bei der Auslegung des bilanzrechtlichen Kriteriums der Wahrscheinlichkeit der Inanspruchnahme kann die allgemeine Lebenserfahrung nicht außer acht gelassen werden, da es um die Abschätzung der Entwicklung von Lebenssachverhalten und letztlich um deren Abbildung in den Bilanzen geht; zweifelhaft - und von der BFH-Rechtsprechung auch ablehnend entschieden - ist nur der Fall, in dem eine Rückstellungsbildung ausschließlich unter Verweis auf die allgemeine Lebenserfahrung geltend gemacht werden soll.

296 So auch *Herzig/Köster*, Rückstellungen, in: *Vogl/Heigl/Schäfer* (Hrsg.), Handbuch des Umweltschutzes, 1992, Kap. III - 8.1, S. 9.

297 So auch *Institut "Finanzen und Steuern"*, Produkthaftung, Brief Nr. 282, 1988, S. 32 ff.

298 Vgl. *Kramer*, Rückstellungen, FR 1983, S. 475.

299 Vgl. *Herrmann/Heuer/Raupach*, Einkommensteuer, 1950/86, Anm. 60 r [19] zu § 5 EStG.

300 Es kann für die Passivierung nicht darauf ankommen, welche Verbindlichkeiten ein mit den Besonderheiten des Betriebs oder der Branche nicht vertrauter Kaufmann berücksichtigen würde; so *Moxter*, Bilanzrechtsprechung, 3. Aufl., 1993, S. 77.

301 So *Herzig/Hötzel*, Produkthaftung, BB 1991, S. 101; *Söffing*, Rückstellungsprobleme, FR 1978, S. 602.

302 Nach *Christiansen*, Patentverletzungen, StBp 1989, S. 13 f, soll in den Fällen einer möglichen Patentrechtsverletzung zum Nachweis der "Ernstlichkeit der Erwartung der Inanspruchnahme" die "zuverlässige Äußerung der eigenen Patentabteilung" ausreichen; der Vorlage eines Sachverständigengutachtens bedürfe es insoweit nicht.

303 Gegen eine restriktive Anwendung des Erfordernisses der Nachprüfbarkeit insbesondere im Bereich der Steuerbilanz würde m.E. sprechen, daß das Besteuerungsverfahren von der Glaubwürdigkeit der mitwirkenden Beteiligten - hier des auskunftgebenden Kaufmanns - ausgeht und daher ohne sachlichen Grund nicht über den Beteiligten hinweg auf andere Beweismittel zurückgegriffen werden kann. Vgl. dazu *Helsper*, in: *Koch*, Abgabenordnung, Tz. 5 zu § 92 AO.

inwieweit sich ein potentieller Käufer des ganzen Betriebes bei der Erstellung des Kaufgebotes durch die drohenden Aufwendungen beeinflussen ließe[304].

Da es offensichtlich keine einfache Regel für die Grenzziehung zwischen greifbaren und nicht greifbaren Verbindlichkeiten gibt[305], wird sich letztendlich in jedem Einzelfall die Frage der Inanspruchnahmewahrscheinlichkeit - wie im übrigen auch die der Entstehenswahrscheinlichkeit - nach den dargestellten Indikatoren und insbesondere anhand der Qualitätsüberlegungen entscheiden lassen müssen.

(c) Passivenbewertung nach dem Grad der Wahrscheinlichkeit

Es ist in der Literatur vorgeschlagen worden, jede Rückstellung nur in Höhe des jeweiligen Prozentsatzes der Wahrscheinlichkeit der Inanspruchnahme anzusetzen[306].

Obwohl es nun tatsächlich als unbefriedigend angesehen werden kann, daß sowohl bei Verpflichtungen mit einer Wahrscheinlichkeit der Inanspruchnahme von gerade 51 v.H. als auch bei solchen mit einer Wahrscheinlichkeit der Inanspruchnahme von 99 v.H. unter sonst gleichen Bedingungen derselbe Rückstellungsbetrag passiviert werden muß, kann diesem Vorschlag nicht zugestimmt werden. Eine solche Lösung des nur anteiligen Ansatzes der ungewissen Verpflichtung würde nämlich zu einer - m.E. abzulehnenden - Vermischung der beiden Ebenen Bilanzansatz und Bewertung führen, die mit dem geltenden Bilanzrecht nicht vereinbar ist; ein Wertansatz unter dem - nach vernünftiger kaufmännischer Beurteilung ermittelten - voraussichtlichen Erfüllungsbetrag würde zudem gegen das Vorsichtsprinzip verstoßen[307].

Zusätzlich ergäben sich unlösbare praktische Probleme bei der Ermittlung und Quantifizierung der jeweiligen Wahrscheinlichkeitsurteile. Folglich hat das Kriterium der Wahrscheinlichkeit der Inanspruchnahme nur unter dem Objektivierungsaspekt zu interessieren und bei der Ermittlung der Rückstellungshöhe unberücksichtigt zu bleiben[308].

---

304 Vgl. *Herzig*, Rückstellungen, DB 1990, S. 1347; *Naumann*, Bewertung, 1989, S. 152 m.w.N.; *Stoll*, Rückstellungen, in: *Loitlsberger/Egger/Lechner* (Hrsg.), Rechnungslegung, 1987, S. 379; *Forster*, Überlegungen, in: *Lutter/Mertens/Ulmer* (Hrsg.), Festschrift Stimpel, 1985, S. 765.
305 So auch *Moxter*, Bilanzrechtsprechung, 3. Aufl., 1993, S. 77.
306 So *Paus*, Probleme, BB 1988, S. 1420.
307 So auch *Herzig/Hötzel*, Produkthaftung, BB 1991, S. 103; *Kupsch*, Entwicklungen, DB 1989, S. 56.
308 So auch *Ballwieser*, Vorsorge, ZfbF 1989, S. 958; *Hartung*, Sozialplanrückstellung, BB 1988, S. 1421 ff; *Eibelshäuser*, Rückstellungsbildung, BB 1987, S. 863; *Thomas*, Bedeutungswandel, BB 1976, S. 1171 f.

3. Modifikation der Kriterien für öffentlich-rechtlich begründete Verpflichtungen in der Rechtsprechung des BFH

Gleichermaßen wie bei privatrechtlich begründeten Verpflichtungen stellt das Vorliegen einer Schuld gegenüber einem Dritten (Außenverpflichtung) auch eine wesentliche Passivierungsvoraussetzung bei öffentlich-rechtlich begründeten Verpflichtungen dar[309]. Schließlich kann der anspruchsberechtigte Dritte auch eine öffentlich-rechtliche Körperschaft und insbesondere der Staat[310] sein; der Kreis der "Dritten" ist also weit zu ziehen[311], da sich der schuldbegründende Anspruch auch nur in einer gesetzlichen Vorschrift ausdrücken kann. Gleichwohl kann ein im öffentlichen Recht begründeter Anspruch nicht nur unmittelbar aus einem Gesetz abgeleitet werden, sondern auch aus einem Verwaltungsakt oder aus öffentlich-rechtlichen Verträgen[312].

Während nun unter Objektivierungsaspekten bei öffentlich-rechtlichen Verpflichtungen das Kriterium der Wahrscheinlichkeit der Inanspruchnahme entsprechend der Handhabung bei den privatrechtlichen Verpflichtungen zum Zuge kommt[313], also bei "allen Rückstellungsanlässen erforderlich"[314] ist, wird das Kriterium des Be- oder wahrscheinlichen zukünftigen Entstehens von der Rechtsprechung modifiziert und anhand mehrerer Einzelaspekte näher gekennzeichnet; mit diesem modifizierten Kriterium, das auch mit dem Begriff der "hinreichenden Konkretisierung einer öffentlich-rechtlichen Verbindlichkeit" bezeichnet wird, befaßt sich dieser Unterabschnitt.

Der Begriff der hinreichenden Konkretisierung[315] von öffentlich-rechtlich begründeten Verpflichtungen ist erstmals im BFH-Urteil vom 26.10.1977[316] näher definiert worden, in

---

309 Wie *Bäcker*, Altlastenrückstellungen, BB 1990, S. 2227, und *Achatz*, Umweltrisiken, in: *Kirchhof* (Hrsg.), Umweltschutz, 1993, S. 170, zutreffend feststellen, liegt der besondere Charakter einer Verbindlichkeitsrückstellung darin, daß ein Dritter es in der Hand hat, die Ausgabe zu verlangen, ohne daß der Zahlungsverpflichtete dies verhindern kann.

310 Die im Urteil des OFH vom 28.2.1948 I 10/47, StuW 1948, Sp.11, geäußerte Auffassung, eine Schuldverpflichtung setze immer eine Rechtsbeziehung zu einer dritten Person voraus, ist mittlerweile wohl als überholt anzusehen.

311 So *Glade*, Rechnungslegung, 1986, Tz. 44 f zu § 249 HGB.

312 *Adler/Düring/Schmaltz,* Rechnungslegung, 5. Aufl., 1990, Anm. 43 zu § 252 HGB.

313 So auch das BFH-Urteil vom 25.8.1989 III R 95/87, BStBl. II 1989, S. 893; FG Hamburg, Urteil vom 24.1.1990 II 87/87, EFG 1990, S. 364.

314 *Günkel*, Rückstellungen, in: *Herzig* (Hrsg.), Umweltschutz, 1991, S. 39. So jetzt auch explizit das BFH-Urteil vom 19.10.1993 VIII R 14/92, BStBl. II 1993, S. 892.

315 Der Begriff der hinreichenden Konkretisierung ist in der älteren BFH-Rechtsprechung auch bezüglich der Objektivierung privatrechtlich begründeter Verpflichtungen verwandt worden; vgl. das BFH-Urteil vom 24.8.1972 VIII R 21/70, BStBl. II 1971, S. 943 f. In der Literatur findet dieser Begriff im wesentlichen wohl nur noch in Hinblick auf öffentlich-rechtliche Verpflichtungen Verwendung; daher wird im folgenden noch kurz von der "hinreichenden Konkretisierung" gesprochen.

316 I R 148/75, BStBl. II 1978, S. 99.

dem der Fall der Verpflichtung zur Aufstellung und Prüfung des Jahresabschlusses behandelt wurde. In einem zuvor ergangenen Urteil des Finanzgerichts Nürnberg vom 22.10.1976[317], in dem eine Rückstellungsbilanzierung wegen einer öffentlich-rechtlichen Rekultivierungsverpflichtung von der Rechtsprechung bejaht wurde, war dagegen nur allgemein von "rechtlich bindenden Normen des öffentlichen Rechts" die Rede, nicht aber von der Notwendigkeit einer hinreichenden Konkretisierung; gleichwohl wurde in diesem Urteil - also trotz des Fehlens konkreter gesetzlicher Anweisungen, welche Maßnahmen im jeweiligen Einzelfall zu ergreifen sind, und somit trotz des Fehlens der später von der BFH-Rechtsprechung geforderten hinreichenden Konkretisierung - vom Bestehen einer zumindest dem Grunde nach gewissen Verbindlichkeit ausgegangen.

Bei näherer Betrachtung zeigt sich, daß die Elemente des neueren Kriteriums des BFH an dem Sonderfall der öffentlich-rechtlichen Abschluß- und Prüfungsverpflichtungen entwickelt und daher auch sehr speziell auf diesen Sachverhalt zugeschnitten worden sind.

In mehreren Urteilen zu dieser Problematik[318] hat der BFH nämlich herausgestellt, daß zur Passivierung einer ungewissen öffentlich-rechtlichen Verbindlichkeit unter Objektivierungsaspekten

- entweder eine "besondere Verfügung oder Auflage der zuständigen Behörde"[319] vorliegen

- oder zumindest eine gesetzliche Regelung existieren muß, die folgende Voraussetzungen erfüllt:
  - In sachlicher Hinsicht wird zunächst gefordert, daß das Gesetz ein inhaltlich genau bestimmtes Handeln vorschreibt.
  - In der zeitlichen Dimension muß das Handlungsverlangen innerhalb eines bestimmten Zeitraums vorgeschrieben sein. Zudem wird seit dem Urteil vom 20.3.1980[320] auch noch explizit die (zeitliche) Nähe des Entstehungszeitpunktes der Verpflichtung[321] zum betreffenden Wirtschaftsjahr gefordert.

---

317 III 56/76, EFG 1978, S. 156 f.
318 Vgl. die BFH-Urteile vom 20.3.1980 IV R 89/79, BStBl. II 1980, S. 297 ff; vom 23.7.1980 I R 28/77, BStBl. II 1980, S. 62 f; vom 23.7.1980 I R 30/78, BStBl. II 1980, S. 63.
319 BFH-Urteil vom 26.10.1977 I R 148/75, BStBl. II 1978, S. 99; auch FG Nürnberg, Urteil vom 22.10.1976 III 56/76, EFG 1977, S. 156. "Besonderer Verwaltungsakt", so die Formulierung im BFH-Urteil vom 19.5.1983 IV R 205/79, BStBl. II 1983, S. 671.
320 IV R 89/79, BStBl. II 1980, S. 297 ff. Dem folgend FG Münster, Urteil vom 12.6.1990 - X 5791/89 G, BB 1990, S. 1806.
321 Die Formulierung des BFH im Urteil vom 25.8.1989 III R 95/87, BStBl. II 1989, S. 893, wonach der Inhalt der Verpflichtung in der Nähe zum betreffenden Wirtschaftsjahr liegen soll, erscheint mir in diesem Zusammenhang nicht schlüssig (mglw. wird hier durch den BFH ungenau und mißverständlich zitiert); die Forderung nach einem Handlungsverlangen in der Nähe zum betreffenden Wirtschaftsjahr wird daraus jedenfalls nicht gefolgert werden können.

- Schließlich müssen Sanktionen an die Verletzung der öffentlich-rechtlichen Verpflichtung geknüpft sein; es muß also eine Sanktionsbewehrung vorliegen[322].

Sollten die Voraussetzungen einer solchen inhaltlich und zeitlich bestimmten sowie sanktionsbewehrten gesetzlichen Vorschrift[323] vorliegen, so "bedarf es keiner weiteren Konkretisierung der öffentlich-rechtlichen Verpflichtung durch Verwaltungsakt"[324].

Diese von der Rechtsprechung entwickelten restriktiven[325] Teilkriterien sind im Fachschrifttum noch um die Forderung ergänzt worden, daß Rückstellungen für öffentlich-rechtliche Verpflichtungen auch dann nicht in Betracht kommen sollten, wenn das öffentliche Interesse an der Erfüllung der Verpflichtung mit dem eigenbetrieblichen Interesse des Unternehmens zumindest parallel läuft[326], wenn also der Aufwand auch im Eigeninteresse des Unternehmens liegt[327]; dazu ist als Beispiel auf amtliche Überprüfungen technischer Geräte, wie z.B. Flugzeuge, verwiesen worden. Dem ist entgegenzuhalten, daß selbst das Eigeninteresse des Bilanzierenden nichts an der Tatsache ändert, daß eine Verpflichtung gegenüber einem Dritten besteht und auch zu erfüllen ist[328]. Genau dieses Ergebnis ist vom BFH mit Urteil vom 25.2.1986[329] zur Rückstellung für Abrechnungsverpflichtung explizit vertreten worden.

Im Ergebnis bleibt somit festzuhalten, daß dieser Ausgrenzung des im Unternehmensinteresse liegenden Aufwandes nicht gefolgt werden kann; es ist also zunächst allein auf die Kriterien der Rechtsprechung abzustellen.

4. Gefahr der Überobjektivierung

Ohne Zweifel resultiert aus der Erfüllung der oben genannten Teilkriterien zur hinreichenden Konkretisierung eine Rückstellungspflicht. Fraglich ist jedoch, ob die Erfüllung

---

322 Vgl. auch *Herzig*, Rückstellungen, DB 1990, S. 1345.

323 Dabei braucht das die Verpflichtung beinhaltende Gesetz zum Abschlußstichtag noch nicht in Kraft getreten, sondern nur verkündet bzw. veröffentlicht worden zu sein; vgl. BFH-Urteil vom 19.5.1983 IV R 205/79, BStBl. II 1983, S. 670.

324 FG Münster, Urteil vom 12.6.1990 - X 5791/89 G, BB 1990, S. 1806.

325 *Herzig*, Rückstellungen, DB 1990, S. 1346.

326 So *Christiansen*, Rückstellungen, StBp 1987, S. 195.

327 Diese Überlegungen beruhen möglicherweise auch auf der Tatsache, daß die öffentlich-rechtlichen Verpflichtungen an der Nahtstelle zwischen Verbindlichkeits- und Aufwandsrückstellungen angesiedelt und insoweit insbesondere anfällig für die steuerliche Geltendmachung (regelmäßig: zeitliche Vorverlagerung mit dem entsprechenden Zinseffekt) rein innerbetrieblich verursachten Aufwandes sind.

328 So auch *Günkel*, Rückstellungen, in: *Herzig* (Hrsg.), Umweltschutz, 1991, S. 45; *Loose*, Umweltverbindlichkeiten, 1993, S. 54 f; *ders.*, Bildung, FR 1994, S. 139 f.

329 VIII R 134/80, BStBl. II 1986, S. 788 ff.

dieser Voraussetzungen wirklich zwingend erforderlich ist, um eine Konkretisierung bejahen zu können. Gegen diese beträchtlichen Hürden - "enge Grenzen", so der BFH im Urteil vom 20.3.1980[330] - bei der Objektivierung bestehen sowohl grundsätzliche Bedenken als auch Einwendungen im Detail[331], da "hinreichende Konkretisierung" grundsätzlich nur eine Objektivierung nach dem Greifbarkeitsprinzip beinhalten kann[332].

Die Vorschrift des § 249 I Satz 1 HGB als gesetzlicher Ausgangspunkt sieht vor, daß Rückstellungen für ungewisse Verbindlichkeiten zu bilden sind; dabei ist unstrittig, daß sich die Ungewißheit nicht nur auf die Höhe, sondern auch auf den Grund der Verpflichtung erstrecken kann[333]. Bei näherer Untersuchung der von der Rechtsprechung entwikkelten Konkretisierungsvoraussetzungen vor dem Hintergrund dieser beiden Ungewißheitselemente zeigt sich, daß mit den hohen Anforderungen an die Konkretisierung dem Grunde nach ungewisse Verpflichtungen aus den Rückstellungen für öffentlich-rechtliche Verbindlichkeiten weitgehend herausdefiniert werden und daß die restriktiven Konkretisierungserfordernisse in diesem Bereich zu einem Rückstellungsverbot führen[334]. Liegt nämlich ein Gesetz vor, das ein inhaltlich genau bestimmtes Handeln fordert, welches innerhalb eines bestimmten Zeitraumes zu erfolgen hat - und dies möglichst noch in der Nähe zum betreffenden Wirtschaftsjahr -, und hat der Bilanzierende einen Lebenssachverhalt verwirklicht, an den die gesetzliche Norm Konsequenzen anknüpft, so besteht für eine Ungewißheit dem Grunde nach kein Raum mehr[335]. Denn sobald die gesetzlichen Tatbestandsmerkmale erfüllt sind, ist die Verbindlichkeit gewiß; liegen die Tatbestandsmerkmale nicht vor, fehlt es an einer Verbindlichkeit.

Folglich enthält diese Rechtsprechung zur Konkretisierung öffentlich-rechtlicher Ver-

---

330 IV R 89/79, BStBl. II 1980, S. 298.

331 Vgl. bspw. *Herzig*, Rückstellungen, DB 1990, S. 1345; *ders.*, Risikovorsorge, in: *Doralt* (Hrsg.), Probleme, 1991, S. 199 ff; *Ballwieser*, Passivierung, in: *IDW* (Hrsg.), Fachtagung, 1992, S. 131 ff; *Rürup*, Rückstellungen, in: *Moxter* (Hrsg.), Rechnungslegung, 1992, S. 535 ff; *Bartels*, Umweltrisiken, 1992, S. 142 ff; *Bordewin*, Umweltschutzrückstellungen, DB 1992, S. 1097 ff; *Crezelius*, Rückstellungen, 1993, S. 39; *ders.*, Umweltschutzmaßnahmen, DB 1992, S. 1353 ff; *Klein*, Umweltschutzmaßnahmen, DStR 1992, S. 1737 ff; *Kupsch*, Umweltlasten, BB 1992, S. 2320; *Nieland*, Behandlung, StBp 1992, S. 270 ff; *Siegel*, Umweltschutz, BB 1993, S. 326 ff; *Oser/Pfitzer*, Umweltaltlasten, DB 1994, S. 846.

332 Vgl. *Moxter*, Bilanzrechtsprechung, 2. Aufl., 1985, S. 72 f. u. 81 f.

333 Vgl. *Knobbe-Keuk*, Unternehmenssteuerrecht, 1993, S. 114; *WP-Handbuch 1985/86*, 1985, Band I, S. 629; *Mayer-Wegelin*, in: *Küting/Weber* (Hrsg.), Rechnungslegung, 3. Aufl., 1990, Rn. 34-37 zu § 249 HGB; dem folgend *Rürup*, Rückstellungen, in: *Moxter* (Hrsg.), Rechnungslegung, 1992, S. 535.

334 Zu dieser Problematik *Groh*, Bilanztheorie, StbJb 1979/80, S. 121 ff; *Herzig*, Rückstellungen, DB 1990, S. 1345.

335 Vgl. erneut *Herzig*, Rückstellungen, DB 1990, S. 1345.

pflichtungen die deutliche Gefahr einer Überobjektivierung[336] und führt damit zur Schaffung eines Sonderrechts für öffentlich-rechtliche Verpflichtungen[337], da Rückstellungen nur für besonders konkretisierte Verpflichtungen zugelassen werden, obgleich das Gesetz eine solche besondere Konkretisierung nicht fordert und auch die Rechtsprechung - wie in den vorangehenden Ausführungen aufgezeigt wurde - eine solche Einschränkung bei privatrechtlich begründeten Rückstellungen nicht vorsieht[338]. Dabei kann es für die Rückstellungsbildung gerade nicht darauf ankommen, aus welchem Rechtsgebiet die Verpflichtung herrührt[339].

Mit der Zielsetzung der Handels- und Steuerbilanz sind die aus den skizzierten Anforderungen erwachsenden beträchtlichen Hürden ebensowenig vereinbar wie mit der genannten gesetzlichen Grundlage. Es hat sich, wie bereits angesprochen, verstärkt die wohl zutreffende Auffassung durchgesetzt, daß das Hauptziel der Handels- und Steuerbilanz in der vorsichtigen Ermittlung eines verteilungsfähigen bzw. ausschüttbaren Gewinns besteht[340]. Vor dem Hintergrund dieser Zielsetzung verdeutlicht sich, daß aufgrund der besonderen Konkretisierungsanforderungen der Rechtsprechung für öffentlich-rechtliche Verpflichtungen die ernstzunehmende Gefahr besteht, daß die einer Periode - nach den Periodisierungskriterien zuzuordnenden - zugehörigen Aufwendungen keine Berücksichtigung finden und damit ein überhöhter Gewinn ausgewiesen und möglicherweise verteilt wird. Da außerhalb des öffentlich-rechtlichen Bereichs das wahrscheinliche Entstehen der Verbindlichkeit und sogar ein faktischer Leistungszwang ausreicht[341], wird mit den besonderen Konkretisierungserfordernissen also ein im Gesetz nicht vorgesehenes Sonderrecht für öffentlich-rechtliche Verpflichtungen geschaffen[342].

---

336 Vgl. *Moxter*, Bilanzrechtsprechung, 2. Aufl., 1985, S. 218; *Ballwieser*, Passivierung, in: *IDW* (Hrsg.), Fachtagung, 1992, S. 138; zustimmend auch *Crezelius*, Umweltschutzmaßnahmen, DB 1992, S. 1359, und *Gelhausen/Fey*, Rückstellungen, DB 1993, S. 597; a.A. *Lambrecht*, in: Kirchhof/Söhn, EStG, Rdnr. D 312 zu § 5 EStG.

337 Vgl. bspw. *Knobbe-Keuk*, Unternehmenssteuerrecht, 1993, S. 121 f; *Rürup*, Rückstellungen, in: *Moxter* (Hrsg.), Rechnungslegung, 1992, S. 536. Dieser Gefahr ist zu begegnen, so *Gail/Düll/Schubert*, Überlegungen, GmbHR 1991, S. 499.

338 Würde das Kriterium der hinreichenden Konkretisierung weiterhin restriktiv angewandt, so würden im Ergebnis nämlich nur noch solche Verpflichtungen über Rückstellungen abgebildet werden, die bereits dem Grunde nach bestehen; eine Unsicherheit dem Grunde nach könnte insoweit nur noch dann existieren, wenn die tatsächliche Verwirklichung eines rückstellungsrelevanten Lebenssachverhaltes noch ungewiß wäre.

339 Vgl. bspw. auch *Thiel*, Bilanzrecht, 3. Aufl., 1986, S. 168, Fn. 233.

340 Vgl. dazu die Ausführungen unter Abschnitt I., Unterabschnitt C., im ersten Kapitel dieses Teils der vorliegenden Untersuchung.

341 Vgl. stellvertretend *Nieland*, in: Littmann/Bitz/Meincke, Einkommensteuerrecht, 1991, Rn. 872 zu §§ 4, 5 EStG; speziell auch *Günkel*, Rückstellungen, in: Herzig (Hrsg.), Umweltschutz, 1991, S. 38 f; *Herzig*, Rückstellungen, DB 1990, S. 1345.

342 Der Wortlaut des § 249 HGB erfaßt schließlich allgemein alle ungewissen Verbindlichkeiten und nicht diejenigen, die aus privatrechtlichen Verpflichtungen resultieren.

Das Gesetz unterscheidet nun aber in § 249 HGB nicht zwischen ungewissen Verbindlichkeiten des öffentlichen und privaten Rechts. Dem Gesetz entspricht es vielmehr, die üblichen Rückstellungskriterien auch auf öffentlich-rechtliche Verpflichtungen zu übertragen[343]. Eine differenzierte bilanzielle Behandlung von Verpflichtungen nach Maßgabe ihrer Herkunft aus dem privaten oder öffentlichen Recht vermag daher nicht zu überzeugen[344].

Die dieser restriktiven Definition von hinreichender Konkretisierung zugrundeliegende Überlegung, daß eine Rückstellungsbildung aufgrund bloßer Programmsätze - wie "Eigentum verpflichtet" - verhindert werden soll[345], erscheint gleichwohl verständlich und auch sachgerecht. Trotzdem darf dies nicht dazu führen, daß über das angestrebte Ziel hinaus eigentlich rückstellungspflichtige Sachverhalte von der Passivierung ausgeschlossen werden.

Daß aus den Teilkriterien der Rechtsprechung, die an dem sehr überschaubaren Spezialfall der öffentlich-rechtlichen Abschluß- und Prüfungspflicht[346] entwickelt worden sind, und aus deren Übertragung auf Umweltschutzsachverhalte - wie behauptet - eine Überobjektivierung resultiert, hat sich bereits in einem ersten Urteil der Finanzgerichtsbarkeit manifestiert[347]. So hat das FG Münster das Vorliegen der Tatbestandsmerkmale der hinreichenden Konkretisierung und auch der Wahrscheinlichkeit der Inanspruchnahme verneint, weil im zu entscheidenden Fall gegen den Eigentümer eines unstreitig verseuchten Grundstücks noch keine Ordnungsverfügung ergangen war[348]. Danach sind aber auch zwei weitere - und zugleich nachdenklichere[349] - Stellungnahmen der Finanzrechtsprechung bekanntgeworden[350], in denen mittlerweile zumindest eingeräumt wird, daß die Literatur beachtliche Gründe für die - auch hier vertretene - Auffassung anführt, daß die Gefahr einer Überobjektivierung droht; insoweit werden durchaus Zweifel an ein-

---

343 Vgl. *Herzig*, Rückstellungen, DB 1990, S. 1345. Eine Annäherung der Rückstellungskriterien hinsichtlich privat- und öffentlich-rechtlicher Verpflichtungen fordert auch *Grubert*, Rückstellungsbilanzierung, 1978, S. 234.

344 Vgl. erneut *Thiel*, Bilanzrecht, 3. Aufl., 1986, S. 168, Fn. 233.

345 So auch *Günkel*, Rückstellungen, in: *Herzig* (Hrsg.), Umweltschutz, 1991, S. 48.

346 Siehe hierzu ausführlich *Herzig*, Rückstellungen, DB 1990, S. 1341 ff.

347 FG Münster, Urteil vom 12.6.1990 - X 5791/89 G, BB 1990, S. 1806.

348 Zur Kritik an diesem Urteil vgl. *Eilers*, Rückstellungen, DStR 1991, S. 106; *Fluck*, Rückstellungsbildung, BB 1991, S. 176 f; *Bordewin*, Umweltschutz, RWP 1991, SG 5.2, S. 2093 f; weiterhin die ausführlichen Ausführungen dazu im dritten Teil der vorliegenden Arbeit.

349 Demgegenüber wurde noch im Urteil des FG Münster vom 12.6.1990 - X 5791/89 G, BB 1990, S. 1806, die Revision aus grundsätzlichen Erwägungen nicht zugelassen, "weil die Voraussetzungen für die Bildung einer Rückstellung aufgrund öffentlich-rechtlicher Verpflichtungen angesichts der Vielzahl höchstrichterlicher Entscheidungen nicht mehr klärungsbedürftig" seien. Der Kläger hat in einem gesonderten Verfahren die Zulässigkeit der Revision erstritten.

350 FG Münster, Beschluß vom 10.9.1990 - IX 3976/90 V, BB 1991, S. 874; BFH-Urteil vom 12.12.1991 IV R 28/91, BStBl. II 1992, S. 600 ff.

zelnen Aspekten der hinreichenden Konkretisierung und Unsicherheiten in der Beurteilung der Rechtsfragen zugestanden. Im jüngst ergangenen Urteil des BFH[351] zur Problematik öffentlich-rechtlich begründeter Altlastensanierungsverpflichtungen wird auf eine Prüfung der zunehmend kritisierten Konkretisierungserfordernisse und auf eine Stellungnahme zur Gefahr der Überobjektivierung verzichtet, da der umstrittene Sachverhalt anhand des Kriteriums der Wahrscheinlichkeit der Inanspruchnahme entschieden werden konnte.

Daneben zeigt sich die Überobjektivierung auch in einem BMF-Schreiben[352] betreffend die (Entsorgungs-)Verpflichtung zur Vernichtung gelagerter Altreifen. Die Finanzverwaltung will nämlich - unter Anwendung der oben dargestellten restriktiven Rückstellungskriterien - den Ansatz einer Rückstellung wegen einer öffentlich-rechtlich begründeten Verpflichtung zur Abfallentsorgung nicht zulassen, obwohl m.E. zumindest das wahrscheinliche Entstehen einer Verpflichtung doch unstrittig als gegeben angesehen werden muß, soweit die Altreifen als Abfall anzusehen sind. Nach der - deutlich abzulehnenden - Auffassung des BMF wäre wohl erst eine dem Grunde nach bestehende Verbindlichkeit zu passivieren; insoweit liegt hier ein gravierender Verstoß gegen die anerkannten Kriterien der Rückstellungsbilanzierung vor, nach denen eben auch dem Grunde nach ungewisse Verbindlichkeiten zu passivieren sind.

Um nun zu einer sachgerechten Passivierung von öffentlich-rechtlichen Verpflichtungen zu gelangen und der bestehenden Unsicherheit abzuhelfen, ist es notwendig, die Komponenten der hinreichenden Konkretisierung sinnvoll zu reduzieren und teleologisch auszulegen; ein Beitrag dazu soll im nachfolgenden Unterabschnitt geleistet werden.

5. Kritische Würdigung und Ableitung sachgerechter Bilanzierungskriterien

Da es nun unstrittig sein dürfte, daß eine Objektivierung privat- wie auch öffentlich-rechtlich begründeter Verpflichtungen notwendig und eine - gewinnmindernde - Rückstellungsbildung aufgrund allgemeiner Programmsätze nicht zulässig ist, muß festgestellt werden, daß unter den von der Rechtsprechung genannten Voraussetzungen die Objektivierung einer ungewissen Verbindlichkeit offensichtlich nicht ernsthaft verneint werden kann; fraglich ist jedoch, ob eine Rückstellungsbildung nur in Betracht kommt, wenn die angesprochenen Kriterien erfüllt sind.

Der soeben begründet dargestellten Gefahr der Überobjektivierung ist nun dadurch zu begegnen, daß die derzeit verwendeten Teilkriterien kritisch gewürdigt und sachgerecht daraufhin überprüft werden, daß es für die Objektivierung einer öffentlich-rechtlichen Verpflichtung auch nur des Bestehens oder zumindest des wahrscheinlichen Entstehens einer

---

351 Vom 19.10.1993 VIII R 14/92, BStBl. II 1993, S. 891 ff.
352 BMF-Schreiben vom 11.2.1992, IV B 2 - S 2137 - 8/92, Rückstellungen wegen Vernichtung gelagerter Altreifen, DStR 1992, S. 357.

solchen bedarf[353]. Insoweit sind daher die von der Rechtsprechung vorgetragenen Grundlagen einer öffentlich-rechtlich begründeten Rückstellungspflicht, nämlich das Vorliegen

- eines Verwaltungsaktes oder
- einer näher bestimmten gesetzlichen Vorschrift

in Analogie zu denjenigen bei privatrechtlichen Verbindlichkeiten einer eingehenden Betrachtung zu unterziehen. Als auffällig ist dabei hervorzuheben, daß die Rechtsprechung im Zusammenhang mit öffentlich-rechtlich begründeten Verpflichtungen das Kriterium der Wahrscheinlichkeit der Inanspruchnahme bis zum BFH-Urteil vom 19.10.1993[354] nicht weiter thematisiert hat, obwohl dieses Kriterium auch hier zu fordern und anzuwenden ist[355]. Da es in einem vorhergehenden Unterabschnitt schon detailliert untersucht worden ist, wird es nur noch um einige hinsichtlich der öffentlich-rechtlichen Verpflichtungen interessante Aspekte ergänzt.

Nachfolgend soll nun das - hier erstmals entwickelte - Kriterium der *Mindestkonkretisierung durch Verwaltungsakt* bzw. *durch Gesetz* abgeleitet und vorgestellt werden, dessen Erfüllung bei öffentlich-rechtlichen Verpflichtungen m.E. bereits ausreichen sollte, um dort eine rückstellungsbegründende Objektivierung bejahen zu können bzw. zu müssen.

Insoweit wird in der vorliegenden Arbeit der Begriff der "*Mindestkonkretisierung*" geprägt und gegenüber der "hinreichenden Konkretisierung" abgegrenzt. Das Kriterium der *Mindestkonkretisierung* sollte dann an die Stelle des in seiner Wirkung als zu restriktiv erkannten Kriteriums der hinreichenden Konkretisierung treten.

Zuvor wird jedoch noch auf einen bemerkenswerten Lösungsansatz eingegangen, der darauf abstellt, daß eine strukturelle Vergleichbarkeit von privat- mit öffentlich-rechtlich begründeten Verpflichtungen dann besteht, wenn ein Dritter ein aus dem öffentlichen Recht resultierendes subjektives Recht auf das Handeln bzw. Einschreiten einer Behörde zu Lasten eines anderen Betroffenen (hier: des Bilanzierenden) hat.

---

353 Diese Auffassung läßt sich zumindest in Ansätzen auch aus dem BFH-Urteil vom 25.8.1989 III 95/87, BStBl. II 1989, S. 893, ableiten, in dem ausgeführt wird, daß "die Pflicht zur Bildung von Rückstellungen für ungewisse Verbindlichkeiten ... zum einen deren hinreichende Konkretisierung am Bilanzstichtag, d.h. die Wahrscheinlichkeit des künftigen Entstehens der Verbindlichkeit dem Grunde und/oder der Höhe nach sowie der Inanspruchnahme des Stpfl. voraus[setzt]". Allerdings prüft der BFH im angesprochenen Urteil dann nicht nach dieser Auffassung, sondern schwenkt er auf die Linie der Argumentation der Rechtsprechung zu den Jahresabschlußkosten, welche ja - wie bereits ausgeführt - eine Überobjektivierung nach sich zieht.

354 VIII R 14/92, BStBl. II 1993, S. 891 ff.

355 So auch *Günkel*, Rückstellungen, in: *Herzig* (Hrsg.), Umweltschutz, 1991, S. 39; *Christiansen*, Bilanzsteuerfragen, JbFfSt 1987/88, S. 101; *Gail/Düll/Schubert/Hess-Emmerich*, Jahresende, GmbHR 1993, S. 691.

a) Objektivierung aufgrund des Vorliegens eines subjektiven öffentlichen Rechts

Dieser auf das Vorliegen eines subjektiven öffentlichen Rechts abhebende Lösungsansatz wurde von KLEIN mit dem Hinweis vorgestellt, daß dem im Schrifttum zur Lösung der Objektivierungsproblematik bislang vorgenommenen Parallelvergleich zwischen privat- und öffentlich-rechtlich begründeten Verpflichtungen nur die Funktion eines Hilfsargumentes zukommen könne. Als entscheidendes Argument gegen die restriktiven Anforderungen der Rechtsprechung müsse vielmehr auf den Wortlaut des § 249 I HGB und auf dessen Sinn und Zweck abgestellt werden[356].

M.E. sollte im Fachschrifttum wie auch in der vorliegenden Untersuchung aber schon ausreichend deutlich gemacht worden sein, daß eine sachgerechte Lösung der Problematik allein im Wege der Auslegung des geltenden Handelsrechts und insoweit durch die Anwendung der Vorschrift des § 249 I HGB erreicht werden kann. Wenn nun die Rechtsprechung zu privatrechtlichen Verpflichtungen die einschlägigen Vorschriften des geltenden Rechts auf die Objektivierungskriterien "Bestehen oder wahrscheinliches Entstehen einer Verpflichtung" und die "Wahrscheinlichkeit der Inanspruchnahme daraus" zurückführt, so kann die Auslegung der Rechtsnormen zu keinem abweichenden Ergebnis führen, wenn über die Bilanzierung einer öffentlich-rechtlichen Verpflichtung zu entscheiden ist[357].

In der Sache stellt KLEIN heraus, daß dann, wenn hinsichtlich des bzw. der Anspruchsberechtigten eine strukturelle Vergleichbarkeit zwischen privat- und öffentlich-rechtlich begründeten Verpflichtungen besteht, an die inhaltliche Bestimmtheit der öffentlich-rechtlichen Verpflichtung keine anderen Anforderungen gestellt werden können, als an eine solche privatrechtlicher Natur[358]. Diese strukturelle Vergleichbarkeit ist dann gegeben, wenn einem konkreten Dritten ein subjektives öffentliches Recht zukommt, wenn dieser Dritte also, wie bereits dargelegt[359], auf dem Verwaltungsrechtswege von einer handlungsverpflichteten Behörde eine bestimmte Handlung - hier: gegen einen die Umwelt gefährdenden oder schädigenden Bilanzierenden - erzwingen kann. Die gesetzliche Grundlage dafür, einen Anspruch auf ein drittbelastendes Verwaltungshandeln über eine Verpflichtungsklage geltend machen zu können, ist in der Vorschrift des § 42 VwGO[360] zu sehen; soweit die Unterlassung des Verwaltungsaktes rechtswidrig und der Kläger da-

---

356 *Klein*, Umweltschutzmaßnahmen, DStR 1992, S. 1737 ff, 1741.
357 Insoweit ist die am Parallelvergleich geäußerte Kritik als unzutreffend anzusehen und zurückzuweisen.
358 *Klein*, Umweltschutzmaßnahmen, DStR 1992, S. 1743.
359 Vgl. dazu die Ausführungen in diesem Kapitel, Abschnitt I., Unterabschnitt A. 1.
360 Verwaltungsgerichtsordnung (VwGO) vom 21.1.1960 (BGBl. I S. 17), in der Fassung der Bekanntmachung der Neufassung vom 19.3.1991 (BGBl. I S. 686).

durch in seinen Rechten verletzt ist, wird die Verwaltungsbehörde vom Gericht zur Vornahme der beantragten Amtshandlung verpflichtet (§ 113 V VwGO)[361].

Tatsächlich sollte sich aus Sicht des verpflichteten Unternehmens kein bilanzierungsrelevanter Unterschied zwischen einer solchen öffentlich-rechtlichen Verpflichtung, soweit deren Erfüllung von einem in seinen Rechten verletzten Dritten betrieben werden kann, und einer privatrechtlichen Verpflichtung ergeben. M.E. kann in diesem Fall unterstellt werden, daß - wenn die zuständige Behörde (beispielsweise ermessensfehlerhaft) untätig bleibt - der in seinen Rechten verletzte Dritte seine Ansprüche unmittelbar gegenüber der Behörde und damit mittelbar auch gegenüber dem von der Behörde zu belastenden Betroffenen einfordern wird. Der Bilanzierende wird einer sich daraus ergebenden Verpflichtung, der er sich im Ergebnis nicht entziehen kann, durch Passivierung einer Rückstellung Rechnung tragen müssen.

Das Kernproblem hinsichtlich dieser zunächst sehr überzeugenden Lösung ist nun allerdings in den Voraussetzungen zu sehen, die zur Annahme der Existenz eines subjektiven öffentlichen Rechts zwingend erfüllt sein müssen, nämlich

- die Voraussetzung des Vorliegens eines die Behörde zu einem bestimmten Verhalten verpflichtenden Rechtssatzes des öffentlichen Rechts[362] einerseits und
- die Notwendigkeit, daß dieser Rechtssatz zumindest auch der Befriedigung von Einzelinteressen zu dienen (und nicht ausschließlich zur Verwirklichung von öffentlichen Interessen) bestimmt ist[363].

Eine besondere Schwierigkeit liegt nun in der Erfüllung der letztgenannten Voraussetzung, da in der juristischen Literatur umstritten ist, welche Normen drittschützenden Charakter haben[364]. Es wird dort ausgeführt, daß "Einzelheiten der Herleitung und Be-

---

361 Vgl. zu den zitierten Rechtsnormen auch die umfangreichen Kommentierungen bei *Redeker/Oertzen*, Verwaltungsgerichtsordnung, 1991; *Kopp*, Verwaltungsgerichtsordnung, 1986; *Eyermann/Fröhler*, Verwaltungsgerichtsordnung, 1980.

362 Auch Ermessensnormen begründen solche Verhaltenspflichten; ein Kläger hat in diesen Fällen allerdings nur Anspruch auf eine zutreffende Ausübung des Ermessens, nicht aber auf die Vornahme der von ihm geforderten Handlung. Vgl. *Erichsen*, Verwaltungshandeln, in: *Erichsen/Martens* (Hrsg.), Allgemeines Verwaltungsrecht, 9. Aufl., 1992, S. 213; auch *Klein*, Umweltschutzmaßnahmen, DStR 1992, S. 1743 m.w.N.

363 Insoweit ist allein der gesetzlich bezweckte Interessenschutz maßgeblich. Allein die Tatsache, "daß eine Rechtsvorschrift dem Bürger Vorteile bringt, begründet noch kein subjektives Recht, sondern vermittelt nur einen günstigen Rechtsreflex. Ein subjektives Recht entsteht erst dann, wenn diese Vorteile zugunsten des Bürgers gesetzlich gewollt sind."; *Maurer*, Verwaltungsrecht, 1990, S. 127.

364 Insbesondere wenn der Gesetzeswortlaut den "Nachbarn" erwähnt, sollte wohl von einer drittschützenden Norm ausgegangen werden können. Dies wird regelmäßig bei solchen Normen, die Planungs- und Genehmigungsverfahren betreffen (die Lehre vom subjektiven öffentlichen Recht hinsichtlich der Möglichkeit der Klage auf das behördliche Tätigwerden gegenüber Dritten ist wohl insbesondere an Fällen des Baurechts entwickelt und verdeutlicht worden), vorstellbar sein, selten aber nur bei Normen, die auf die Verhinderung oder Beseitigung einer Umweltgefahr abzielen.

stimmung der Klagebefugnis Drittbetroffener äußerst umstritten"[365] sind. Nach ERICHSEN/MARTENS[366] bietet die Rechtsprechung zu den subjektiven öffentlichen Rechten das "Bild einer verwirrenden und nicht widerspruchsfreien Kasuistik", was sich besonders deutlich bei Klagen auf das behördliche Tätigwerden gegenüber Dritten zeigen soll; gerade diese Möglichkeit der Klage auf Verpflichtung eines Dritten war aber Ausgangspunkt der soeben vorgestellten Argumentation.

Übertragen auf die hier erörterte Problematik der Umweltschutzrückstellungen zeigt sich, daß zumindest aus der Generalklausel des allgemeinen Polizei- und Ordnungsrechts, wonach die Polizei die zur Abwehr einer Gefahr für die öffentliche Sicherheit und Ordnung notwendigen Maßnahmen treffen kann, ein Anspruch des Bürgers auf polizeiliches Einschreiten unstrittig abgeleitet werden kann[367]. Dies gilt zumindest dann, wenn und sofern die Gefahrenabwehr im konkreten Fall zugleich die Individualbelange des einzelnen Bürgers schützt und darüberhinaus das Ermessen der zuständigen Behörde auf Null reduziert ist[368]. Zu beachten sein könnte allerdings das polizeirechtliche Subsidiaritätsprinzip, wonach die Polizei den Bürger nicht zu schützen braucht, solange er sich auf andere Weise, z.B. durch Anrufung der Gerichte, selbst helfen kann[369]; allerdings ist der polizeiliche Schutz individueller Rechte dann nicht mehr subsidiär, wenn diese Rechte zugleich durch öffentliches Recht (z.B. Strafgesetze, verwaltungsrechtliche Spezialgesetze) geschützt werden[370]. Eine über den Problemkreis der - im dritten Teil der vorliegenden Untersuchung dann näher betrachtete[371] - genannten Generalklausel hinausgehende Relevanz kann der Objektivierung aufgrund des Vorliegens eines subjektiven öffentlichen Rechts nach derzeitigem Kenntnisstand aber nicht beigemessen werden, da die hier noch ausführ-

---

365 *Erbguth*, Grundfragen, 1987, S. 301.

366 *Erichsen/Martens*, in: *Erichsen/Martens* (Hrsg.), Allgemeines Verwaltungsrecht, 6. Aufl., 1983, S. 150.

367 Vgl. auch *Klein*, Umweltschutzmaßnahmen, DStR 1992, S. 1774 ff.

368 Vgl. zur "Ermessensreduzierung auf Null" *Götz*, Entwicklung, NVwZ 1984, S. 216; *Erichsen*, Verwaltungshandeln, in: *Erichsen/Martens* (Hrsg.), Allgemeines Verwaltungsrecht, 9. Aufl., 1992, S. 191 ausführlich auch *Friauf*, Polizei, in: *von Münch* (Hrsg.), Besonderes Verwaltungsrecht, 1985, S. 207 ff.

369 Subsidiarität der Generalklausel bedeutet, daß Spezialregelungen der Generalklausel stets vorgehen; somit muß in jedem konkreten Einzelfall zunächst geprüft werden, ob eine sachverhaltsrelevante Sonderregelung besteht. Ist dies nicht der Fall, kann auf die Generalklausel zurückgegriffen werden. Vgl. erneut *Friauf*, Polizei, in: *von Münch* (Hrsg.), Besonderes Verwaltungsrecht, 1985, S. 194 ff.

370 So *Götz*, Ordnungsrecht, 1988, Rn. 77.

371 Vgl. dazu die Ausführungen zur Fallgruppe "Altlasten" im dritten Teil der vorliegenden Untersuchung, 2. Kapitel, Abschnitt I.

licher untersuchten einzelgesetzlichen Normen den genannten Voraussetzungen nicht genügen[372]; insbesondere sollte es auch am Vorliegen von Rechtssätzen fehlen, die die Behörden unmittelbar zu einem bestimmten Verhalten verpflichten. So können beispielsweise Dritte aus den ebenfalls nachfolgend noch näher zu betrachtenden §§ 26 II und 34 II WHG[373], die das wasser- bzw. grundwassergefährdende Lagern oder Ablagern von Stoffen verbieten, weder ein subjektives Recht noch ein eigenes rechtlich geschütztes Interesse ableiten[374]; die angesprochenen Normen haben keinen nachbarschützenden Charakter im Sinne des öffentlichen Rechts.

Als Zwischenergebnis ist festzuhalten, daß es dann, wenn ein Geschädigter von einer Behörde den Erlaß eines drittbelastenden Verwaltungsaktes erzwingen kann, auf eine weitere Konkretisierung der zugrundeliegenden gesetzlichen Vorschrift tatsächlich nicht ankommen kann. Aufgrund der strukturellen Vergleichbarkeit (dieser öffentlich-rechtlich begründeten mit den privatrechtlich begründeten Verpflichtungen) wäre dann regelmäßig eine Rückstellung von demjenigen, der den umweltgefährdenden Lebenssachverhalt verwirklicht hat, wegen des wahrscheinlichen Entstehens einer Verpflichtung zu bilden[375], ohne daß es unter Objektivierungsaspekten des Vorliegens eines Verwaltungsaktes oder einer inhaltlich konkret verpflichtungsbegründenden Gesetzesvorschrift bedürfte.

Soweit nun aber die Erfüllung der oben genannten Voraussetzungen nicht gegeben, nicht zweifelsfrei zu ermitteln oder aber umstritten ist, kann eine Objektivierung allein aufgrund des Vorliegens eines subjektiven öffentlichen Rechts nicht bejaht werden. Vielmehr bedarf es nach der hier vertretenen Auffassung dann zur Objektivierung einer ungewissen Verbindlichkeit des Greifbarkeitskriteriums der *Mindestkonkretisierung durch Verwaltungsakt* bzw. der *Mindestkonkretisierung durch gesetzliche Vorschrift*. Dementsprechend wird nachfolgend im Rahmen der Untersuchung des von der Rechtsprechung formulierten Konkretisierungskriteriums ein eigenständiger Lösungsansatz insbesondere in Abhängigkeit von der Ausgestaltung der öffentlich-rechtlichen Norm vorgestellt.

---

372 Die hinsichtlich der Voraussetzungen zu verzeichnende Problematik führt auch dazu, daß die Möglichkeit der Objektivierung aufgrund des Vorliegens eines subjektiven öffentlichen Rechts nicht maßgebend sein kann für den konzeptionellen Aufbau und den weiteren Verlauf der vorliegenden Untersuchung; sie wird daher nur ergänzend zum Tragen kommen. Dies beruht nicht zuletzt auf der Feststellung, daß Umweltschutzaspekte betreffende Fragen der subjektiven öffentlichen Rechte eher in Zusammenhang mit Genehmigungsentscheidungen von Bedeutung sein sollten.

373 Gesetz zur Ordnung des Wasserhaushalts (Wasserhaushaltsgesetz - WHG) in der Fassung der Bekanntmachung vom 23.9.1986, BGBl. I S. 1529, ber. S. 1654, geändert durch G v. 12.2.1990, BGBl. I S. 205.

374 So *Gieseke/Wiedemann/Czychowski*, Wasserhaushaltsgesetz, 1989, Anm. 37 zu § 26 und Anm. 21 zu § 34 WHG.

375 Allerdings ist erneut darauf hinzuweisen, daß die Rückstellungspassivierung weiterhin die Wahrscheinlichkeit der Inanspruchnahme voraussetzt.

b) Objektivierung durch das Kriterium der Mindestkonkretisierung

(1) Grundlegende Überlegungen

Da die Objektivierung einer öffentlich-rechtlichen Verpflichtung aufgrund des Vorliegens eines subjektiven öffentlichen Rechts also nur in speziellen Anforderungen gerecht werdenden Fällen gegeben sein dürfte, steht weiterhin die Frage zur Lösung an, wann und unter welchen Voraussetzungen eine öffentlich-rechtliche Verpflichtung als unter Passivierungsgesichtspunkten genügend objektiviert anzusehen ist, wann diese also nach der hier vertretenen Auffassung als mindestkonkretisiert angesehen werden muß.

Zur sachgerechten Lösung dieser Frage ist grundsätzlich auf den Wortlaut des § 249 I HGB ("Rückstellungen ... für ungewisse Verbindlichkeiten"[376]) abzustellen, der eine Differenzierung in den Anforderungen an diese Verbindlichkeiten nach Maßgabe ihrer Herkunft aus dem Zivilrecht oder dem öffentlichen Recht nicht deckt[377]; ebensowenig ist eine derartige Differenzierung in anderen bilanzrechtlichen Vorschriften niedergelegt.

Mit der Norm des § 249 I HGB ist der Inhalt des Art. 20 I der vierten EG-Richtlinie in nationales Recht transformiert worden; nach dessen Wortlaut sind "als Rückstellungen ... Verluste oder Verbindlichkeiten auszuweisen, die am Bilanzstichtag wahrscheinlich oder sicher ... sind".

Daraus ist zunächst abzuleiten, daß auch nur wahrscheinlich eintretende Vermögensminderungen bilanziell abzubilden sind; im übrigen ist der Begriff "ungewisse Verbindlichkeit" (bzw. wahrscheinliche Verbindlichkeit) auszulegen. Der BFH versteht - wie bereits angedeutet - unter Verbindlichkeit im bilanzrechtlichen Sinne eine Außenverpflichtung, also eine Verpflichtung gegenüber einem Dritten[378]. BAETGE nennt als Voraussetzung der Verbindlichkeitsrückstellung, daß eine "rechtliche Verpflichtung gegenüber Dritten"[379] vorliegt; "diese Voraussetzung ist erfüllt, wenn ein Dritter von dem Unternehmen eine bestimmte Leistung rechtlich erzwingen kann". MOXTER stellt ebenfalls auf den "Leistungszwang gegenüber Dritten" ab[380]; auch ACHATZ hebt als beson-

---

376 Gleichlautend insoweit § 152 VII AktG 1965: "Rückstellungen dürfen für ungewisse Verbindlichkeiten ... gebildet werden". Im "AktG 1937 [wurde] ... nicht von ungewissen Verbindlichkeiten, sondern von ungewissen Schulden ... [gesprochen]. Die Änderung des Ausdrucks ist jedoch ohne materielle Bedeutung"; *Adler/Düring/Schmaltz,* Rechnungslegung, 4. Aufl., 1968, Tz. 108 zu § 152 AktG.

377 Ebenso *Loose,* Umweltverbindlichkeiten, 1993, S. 70, der ausführt, daß "in Hinblick auf eine hinreichende Konkretisierung für öffentlich-rechtliche Verbindlichkeiten letztlich nichts anderes gelten [kann], als für ungewisse zivilrechtliche Verbindlichkeiten".

378 Ausführlicher dazu *Moxter,* Bilanzrechtsprechung, 2. Aufl., 1985, S. 82 ff.

379 *Baetge,* Bilanzen, 1992, S. 322 (dort auch das nachfolgende Zitat).

380 *Moxter,* Faktum, in: *Präsident des BFH* (Hrsg.), Festschrift 75 Jahre RFH - BFH, 1993, S. 537.

deren Charakter einer Verbindlichkeitsrückstellung hervor, "daß ein Dritter es in der Hand hat, die Ausgabe zu verlangen, ohne daß der zur Zahlung bestimmte Stpfl. dies verhindern kann"[381].

Die vorstehenden Ausführungen haben verdeutlicht, daß nach h.M. eine Außenverpflichtung im Kern dadurch gekennzeichnet ist, daß ein Dritter einen Anspruch i.S.d. § 194 BGB ("das Recht, von einem anderen ein Tun oder ein Unterlassen zu verlangen") hat; regelmäßig wird dieser Anspruch durchsetzbar sein. Unabdingbare Voraussetzung einer Außenverpflichtung und damit gemeinsames Merkmal aller ungewissen Verbindlichkeiten ist demnach, daß ein Dritter (der Kreis der Dritten ist - wie bereits ausgeführt - weit zu ziehen) einen zumindest in der Sache beschreibbaren Anspruch hat[382], er somit eine Ausgabe bzw. Vermögensminderung bewirken und der Verpflichtete sich dem nicht entziehen kann[383].

Dem trägt die zu privatrechtlichen Rückstellungssachverhalten ergangene BFH-Rechtsprechung Rechnung, da sie in der Auslegung geltenden Handelsrechts bislang lediglich das Drohen einer Verpflichtung, aus der zudem die Inanspruchnahme wahrscheinlich erscheint, als Mindestvoraussetzung für eine Rückstellungsbildung fordert[384]. Nicht entscheidend für die Passivierung einer ungewissen Verbindlichkeit sind - wie bereits dargestellt - in diesem Zusammenhang

- die Rechtswirksamkeit,
- die Fälligkeit,
- die Unanfechtbarkeit,
- die Einklagbarkeit,
- die Kenntnis des Gläubigers von seinem Anspruch[385],
- oder gar die - möglicherweise noch zeitnahe - Geltendmachung des Anspruchs durch den Berechtigten[386].

---

381 *Achatz*, Umweltrisiken, in: *Kirchhof* (Hrsg.), Umweltschutz, 1993, S. 170 m.w.N.

382 Dabei muß es wie in den Fällen der vertraglichen oder gesetzlichen Gewährleistungsverpflichtungen ausreichen, wenn der Anspruch hinsichtlich seines Leistungszieles (also Minderung, Nachbesserung etc.) beschrieben werden kann; eine genaue sachliche und wertmäßige Bestimmung ist demnach nicht erforderlich.

383 Vor dem Hintergrund des § 249 I HGB muß diese Voraussetzung auch bei öffentlich-rechtlich begründeten Verpflichtungen gegeben sein; darüberhinausgehende Forderungen finden allerdings keine Stütze im geltenden Bilanzrecht.

384 Im Fachschrifttum wird ausgeführt, daß aus dem Vorsichtsprinzips resultierend "ungewisse Verbindlichkeiten auch dann vorliegen, wenn das Bestehen oder Entstehen einer Verbindlichkeit bei vernünftiger Beurteilung des Sachverhaltes nicht ausgeschlossen werden kann"; *Adler/Düring/Schmaltz*, Rechnungslegung, 5. Aufl., 1990, Anm. 60 zu § 249 HGB.

385 Vgl. zur Unbeachtlichkeit der Kenntnis bzw. zur Unbeachtlichkeit der Ankündigung der Inanspruchnahme durch den Gläubiger die BFH-Urteile vom 11.11.1981 I R 157/79, BStBl. II 1982, S. 748 ff; vom 2.5.1984 VIII R 239/82, BStBl. II 1984, S. 695 ff.

386 Vgl. *Bäcker*, Altlastenrückstellungen, BB 1990, S. 2225 ff, 2227.

Dies unterstreicht erneut, daß mit der hier betrachteten Rückstellungspassivierung nicht nur der Zugang bereits bestehender Verbindlichkeiten, sondern auch der Zugang solcher greifbaren Risiken bilanziell erfaßt werden soll, aus denen das Entstehen einer Verbindlichkeit (und der Inanspruchnahme aus dieser) auch nur wahrscheinlich erscheint.

Maßstab für die Passivierung unter Objektivierungsaspekten ist demnach allein, daß sich der Bilanzierende der Erfüllung einer Außenverpflichtung wahrscheinlich nicht entziehen kann; vom Vorliegen einer bilanzierungsrelevanten Außenverpflichtung muß bereits dann ausgegangen werden, wenn ein sachlich beschreibbarer Anspruch[387] eines Dritten existiert, der mit belastender Wirkung geltend gemacht werden kann. An diesem Maßstab orientieren sich die nachfolgend vorgestellten Überlegungen zur *Mindestkonkretisierung durch Verwaltungsakt* und zu den Elementen der *Mindestkonkretisierung durch gesetzliche Vorschrift*.

Die Rechtsprechung zu den öffentlich-rechtlich begründeten Verpflichtungen wird diesem Maßstab nicht gerecht[388]; daher wird das restriktiv wirkende Kriterium der hinreichenden Konkretisierung, welches auf einen Verwaltungsakt oder eine genau bestimmte gesetzliche Vorschrift abstellt, im Rahmen der nachfolgenden Ausführungen zurückgeführt auf die zur Passivierung wegen des Bestehens oder des wahrscheinlichen Entstehens einer ungewissen Verbindlichkeit (Außenverpflichtung) notwendigen Mindestanforderungen, deren Erfüllung zur Rückstellungsbildung genügen soll[389]. Diese Mindestanforderungen betreffend sind demnach sowohl bezüglich der Konkretisierung durch Verwaltungsakt als auch bezüglich der Konkretisierung durch Gesetz grundsätzlich zwei Qualitäten zu unterscheiden: einerseits die Mindestanforderungen, bei deren Erfüllung unmittelbar vom Bestehen einer ungewissen Verbindlichkeit ausgegangen werden muß und andererseits diejenigen Mindestanforderungen, bei deren Erfüllung zumindest noch das wahrscheinliche Entstehen einer ungewissen Verbindlichkeit in Betracht gezogen werden muß[390].

---

387 Vgl. erneut die Legaldefinition des Anspruchs in § 194 BGB: "Das Recht, von einem anderen ein Tun oder ein Unterlassen zu verlangen".

388 Vielmehr birgt sie die Gefahr, daß der Kaufmann sich reich rechnet, indem er nur die hinreichend konkretisierten Verpflichtungen passiviert, nicht aber auch die nur wahrscheinlich entstehenden, deren Passivierung ja - wie bereits ausgeführt - durch das insoweit restriktiv wirkende Kriterium der hinreichenden Konkretisierung verhindert wird.

389 Insoweit soll das Ungleichgewicht zwischen den Anforderungen an die Objektivierung privat- und öffentlich-rechtlicher Verpflichtungen beseitigt werden, ohne die Besonderheiten öffentlich-rechtlicher Verpflichtungen zu vernachlässigen.

390 Es sind also zwei Ausprägungen zu unterscheiden: zum einen kann die Verpflichtung derart greifbar sein, daß vom Bestehen einer Verpflichtung ausgegangen werden muß, zum anderen wird bei der Erfüllung von abgeschwächten Anforderungen zumindest noch das wahrscheinliche Entstehen einer Verpflichtung abgeleitet werden können. Zu passivieren ist in beiden Fällen, da "nicht nur die ganz und gar offenkundige Verbindlichkeit ... zu passivieren [ist]"; *Moxter*, Bilanzrechtsprechung, 3. Aufl., 1993, S. 77.

(2) Mindestkonkretisierung durch Verwaltungsakt

Nach allgemein herrschender Auffassung in Rechtsprechung, Fachschrifttum und Finanzverwaltung[391] ist das Ergehen eines Verwaltungsaktes klar verpflichtungsbegründend[392]; dies kann m.E. aber nur dann noch eine Rückstellungspassivierung auslösen, wenn die zugrundeliegende gesetzliche Vorschrift nicht schon als Grundlage für das Bestehen oder das wahrscheinliche Entstehen einer ungewissen Verbindlichkeit anzusehen ist.

Nach dem normalen Geschehensablauf[393] ergibt sich daraus im wesentlichen ein Zeitpunktproblem, welches aufgrund des gewaltigen Umfangs der Aufwendungen, die im Zusammenhang mit Umweltschutzmaßnahmen regelmäßig anfallen werden, eine nicht zu unterschätzende materielle Relevanz hat. Letztlich kann daher hier nur die Überlegung im Vordergrund stehen, daß der Zeitpunkt der frühestmöglichen Passivierung bestimmt werden muß, da über die Rückstellungsbilanzierung bekanntlich zukünftige Ausgaben als Aufwand zeitlich vorverlagert werden sollen.

Die Rechtsprechung hat bislang nur auf das Vorliegen eines "besonderen Verwaltungsaktes"[394] bzw. auf "besondere Verfügung oder Auflage"[395] der zuständigen[396] Behörde abgestellt[397], ohne sich weitergehend über das Verwaltungshandeln zu äußern.

---

391 Vgl. den noch nicht veröffentlichten Entwurf eines BMF-Schreibens zu "Ertragsteuerliche[n] Fragen im Zusammenhang mit der Sanierung schadstoffverunreinigter Wirtschaftsgüter", Stand: Februar 1993.

392 Dies ergibt sich nicht zuletzt aus der Definition des Verwaltungsaktes in § 35 VwVfG (vgl. auch § 118 Satz 1 AO), wo ausgeführt wird, daß ein Verwaltungsakt jede Verfügung, Entscheidung oder andere hoheitliche Maßnahme ist, die eine Behörde zur Regelung eines Einzelfalles auf dem Gebiet des öffentlichen Rechts trifft und die auf unmittelbare Rechtswirkung nach außen gerichtet ist. Insoweit sind Verwaltungsakte von Verordnungen und Satzungen abzugrenzen, welche nur abstrakte Regelungen für eine Vielzahl von Fällen beinhalten, ohne daß die jeweils Betroffenen bereits abschließend bestimmbar wären; vgl. insoweit auch *Kopp*, Verwaltungsverfahrensgesetz, 1980, Anm. 29 f zu § 35 VwVfG; *Maurer*, Verwaltungsrecht, 1990, S. 151-172.

393 Darunter soll hier verstanden werden, daß aus einer gesetzlichen Norm eine öffentlich-rechtliche Verpflichtung resultiert, die durch Verwirklichung eines entsprechenden Lebenssachverhaltes zu einer (bilanzierungspflichtigen) ungewissen Verbindlichkeit für das bilanzierende Unternehmen wird und schließlich über einen Verwaltungsakt die Erfüllung der Verpflichtung eingefordert bzw. verwirklicht wird (mglw. unter Androhung der kostenpflichtigen Ersatzvornahme).

394 Vgl. BFH-Urteil vom 19.5.1983 IV R 205/79, BStBl. II 1983, S. 671.

395 Vgl. BFH-Urteil vom 26.10.1977 I R 148/75, BStBl. II 1978, S. 99.

396 Da die sachliche Unzuständigkeit zur Nichtigkeit des Verwaltungsaktes führen kann, wird hier im weiteren davon ausgegangen, daß die Verwaltungsakte auch von den jeweils zuständigen Behörde erlassen worden sind; vgl. weiterführend *Maurer*, Verwaltungsrecht, 1990, S. 220.

397 Dabei hat der Begriff der Verfügung im Zeitablauf seine frühere zentrale Stellung verloren und besitzt nun im wesentlichen nur noch systematische Bedeutung; vgl. dazu weiterführend *Friauf*, Polizei, in: *von Münch* (Hrsg.), Besonderes Verwaltungsrecht, 1985, S. 242.

Im Verwaltungsrecht versteht man nun unter Verfügung einen Verwaltungsakt[398], der ein Gebot oder Verbot enthält[399]. Auflagen werden im Verwaltungsrecht[400] als (Neben-) Bestimmungen näher gekennzeichnet, durch die einem von einem Verwaltungsakt Begünstigten ein Tun, Dulden oder Unterlassen vorgeschrieben wird; Beispiele dafür lassen sich konkret in den §§ 4 und 6 WHG[401] finden[402]. Aus den Formulierungen der Rechtsprechung wird daher abgeleitet werden können, daß als verpflichtungsbegründende (im Sinne von rückstellungsbegründend) Verwaltungsakte insbesondere solche befehlender und belastender Art in Betracht kommen[403]; eine Rückstellungsrelevanz gestaltender oder feststellender Verwaltungsakte kann aber nicht völlig ausgeschlossen werden, da es für die bilanzielle Beurteilung letztlich nur darauf ankommt, ob sich der Bilanzierende einer Verpflichtung im Ergebnis nicht mehr entziehen kann. Dabei werden insbesondere belastende und befehlende Verwaltungsakte zur Annahme des Bestehens einer Verpflichtung zwingen[404].

In der Literatur wird auf die "Verfügung einer Verwaltungsbehörde zur Regelung eines Einzelfalles mit unmittelbarer rechtlicher Wirkung nach außen"[405] (also auf den Verwaltungsakt) abgehoben und herausgearbeitet, daß der Verwaltungsakt eine abstrakte gesetzliche Norm in ein konkretes Handlungsverlangen umsetzt; dabei soll der Verpflichtete unter Angabe der Fälligkeit der Leistung Aufschluß über seine Rechte und Pflichten er-

---

398 Auf die Fragen nach Wirksamkeit, Vollziehbarkeit und Bestandskraft der Verwaltungsakte soll hier nicht näher eingegangen werden; vgl. dazu weiterführend *Kopp*, Verwaltungsverfahrensgesetz, 1980, S. 373 ff.

399 Vgl. *Avenarius*, Rechtswörterbuch, 1992, Stichwort "Verfügung", S. 546.

400 Vgl. die Definition in § 36 II Nr. 4 VwVfg.

401 Gesetz zur Ordnung des Wasserhaushalts (Wasserhaushaltsgesetz - WHG) in der Fassung der Bekanntmachung vom 23.9.1986, BGBl. I S. 1529, ber. S. 1654, geändert durch G v. 12.2.1990, BGBl. I S. 205.

402 Vgl. weiterführend zu diesem Fallbeispiel *Hoppe/Beckmann*, Umweltrecht, 1989, S. 357 f.

403 Nach ihrem Inhalt können Verwaltungsakte in befehlende, gestaltende und feststellende Verwaltungsakte und nach dem Ausmaß der rechtlichen Bindung beim Erlaß der Verwaltungsakte in gebundene und freie Verwaltungsakte sowie in Ermessensakte zu unterscheiden werden; daneben können begünstigende und belastende Verwaltungsakte differenziert werden. Vgl. ausführlich hierzu die juristische Fachliteratur und bspw. *Erichsen/Martens*, Verwaltungshandeln, in: *Erichsen/Martens* (Hrsg.), Allgemeines Verwaltungsrecht, 6. Aufl., 1983, S. 183 ff m.w.N.; *Maurer*, Verwaltungsrecht, 1990, S. 177-192.

404 Belastende Verwaltungsakte, wie z.B. der Befehl oder die Aufhebung einer Gewährung, bringen dem Betroffenen rechtliche Nachteile. Befehlende Verwaltungsakte (Verfügungen) gebieten oder verbieten ein bestimmtes Tun, Dulden oder Unterlassen. "Nur befehlende Verwaltungsakte sind vollstreckungsfähig bzw. vollstreckungsbedürftig", so *Erichsen/Martens*, Verwaltungshandeln, in: *Erichsen/Martens* (Hrsg.), Allgemeines Verwaltungsrecht, 6. Aufl., 1983, S. 184.

405 Vgl. auch die inhaltsgleiche Definition des Verwaltungsaktes in § 35 VwVfG (Verwaltungsverfahrensgesetz (VwVfG) vom 25.5.1976, BGBl. I S. 1253, geänd. durch Art. 7 Nr. 4 AdoptionsG v. 2.7.1976, BGBl. I S. 1749 und Art. 7 § 3 BetreuungsG v. 12.9.1990, BGBl. I S. 2002).

halten[406]. Der Inhalt eines solchen Verwaltungsaktes kann von der Behörde durchgesetzt werden[407], z.B. durch das Instrument der Ersatzvornahme.

Zweifellos ist bei Vorliegen eines solchen Verwaltungsaktes vom Bestehen einer Verpflichtung auszugehen. Dazu wird in der Literatur allerdings angemerkt, daß ein Verwaltungsakt gar nicht immer alle der soeben genannten drei Elemente enthalten müsse[408]; folglich sei, wie bei privatrechtlichen Verpflichtungen, ein eine Leistung einfordernder Verwaltungsakt ohne weitere Erfordernisse für eine Verbindlichkeit als ausreichend anzusehen[409].

Liegt ein derartig bestimmter Verwaltungsakt (noch) nicht vor, so kann eine Rückstellungsbildung zwar nicht mit dem Bestehen einer Verpflichtung begründet werden, wohl aber bereits aufgrund der Wahrscheinlichkeit des Entstehens einer Verpflichtung geboten sein. Dies gilt insbesondere in den Fällen, in denen das Ergehen eines ein konkretes Leistungsverlangen beinhaltenden Verwaltungsaktes unmittelbar bevorsteht[410]. Ein solcher Fall kann sich insbesondere dann abzeichnen, wenn die Behörde Maßnahmen zur Anhörung der Beteiligten im Sinne des § 28 VwVfG[411] einleitet. Weiterhin wird wohl auch mit dem Erlaß eines Verwaltungsaktes gerechnet werden müssen, wenn einem in seinen Rechten verletzten Dritten ein subjektives öffentliches Recht auf Erlaß eines drittbelastenden Verwaltungsaktes zukommt, da insoweit deutliche Anhaltspunkte für die Wahrscheinlichkeit des Verwaltungshandelns bestehen[412].

Diesen Sachverhalten sollte unter Rückstellungsaspekten der Fall gleichzusetzen sein, daß ein Verwaltungsakt mit einer Bestimmung erlassen wird, nach welcher der Eintritt einer Belastung von dem (ungewissen) Eintritt eines zukünftigen Ereignisses abhängt (Bedin-

---

406 Es fällt auf, daß im Rahmen dieser Umschreibung die Einzelelemente der durch die Rechtsprechung vorgenommenen Definition der hinreichenden Konkretisierung öffentlich-rechtlicher Verpflichtungen, nämlich das sachlich und zeitlich bestimmte und zugleich sanktionsbewehrte Leistungsverlangen, wiedergefunden werden können.

407 Vgl. zu Inhalt und Durchsetzungsmöglichkeiten *Christiansen*, Rückstellungen, StBp 1987, S. 194; *Loose*, Umweltverbindlichkeiten, 1993, S. 57 ff.

408 Die zudem noch zu nennende amtliche Bekanntgabe ist allerdings unbedingte Existenzvoraussetzung für den Verwaltungsakt, ein (noch) nicht bekanntgegebener Verwaltungsakt ist daher (noch) kein Verwaltungsakt; *Maurer*, Verwaltungsrecht, 1990, S. 192 f.

409 *Bäcker*, Altlastenrückstellungen, BB 1990, S. 2227.

410 Mit diesem Ergebnis wohl auch *Crezelius*, Rückstellungen, 1993, S. 39; *Christiansen*, Bilanzsteuerfragen, JbFfSt 1987/88, S. 103.

411 Verwaltungsverfahrensgesetz (VwVfG) vom 25.5.1976, BGBl. I S. 1253, geänd. durch Art.7 Nr. 4 AdoptionsG v. 2.7.1976, BGBl. I S. 1749, und Art.7 § 3 BetreuungsG v. 12.9.1990, BGBl. I S. 2002.

412 Insoweit entspricht hier die (im Rahmen der Mindestkonkretisierung als rückstellungsauslösend erachtete) Objektivierung aufgrund eines drohenden Verwaltungsaktes der bereits betrachteten Objektivierung aufgrund des Vorliegens eines subjektiven öffentlichen Rechts.

gung)[413]. Auch in diesem Fall - also bei Vorliegen eines nur bedingt belastenden Verwaltungsaktes - wird in Abhängigkeit von der Wahrscheinlichkeit des Eintritts des Ereignisses zu passivieren sein; die Unsicherheit über die zukünftige Belastung des Bilanzierenden ist insoweit nicht auf der verpflichtungsabstrakten, sondern auf der tatsächlichen Ebene angesiedelt.

Darüberhinaus könnte eine Rückstellungsbildung aufgrund des wahrscheinlichen Entstehens einer Verpflichtung auch noch in besonders gelagerten Einzelfällen geboten sein, nämlich dann, wenn sich im Rahmen einer behördlichen Überprüfung und Überwachung umweltschutzrelevanter Sachverhalte (z.B. im Rahmen von Genehmigungsverfahren, Luftschadstoffmessungen etc.) abzeichnet[414], daß die tatsächlich erfolgte Verwirklichung umweltbelastender oder -gefährdender Lebenssachverhalte (z.B. Bodenkontaminationen), deren Aufdeckung allerdings gar nicht Ziel des behördlichen Handelns war, wahrscheinlich entdeckt und mit einem ein entsprechendes Leistungsverlangen beinhaltenden Verwaltungsakt belegt werden wird[415]; auch dieser Aspekt ist bislang in der Literatur noch nicht beachtet worden[416].

Auf der Grundlage der vorhergehenden Überlegungen - und unter der hier erneut hervorzuhebenden Prämisse der Verwirklichung eines entsprechenden umweltbelastenden oder -gefährdenden Lebenssachverhaltes - lassen sich m.E. hinsichtlich der Objektivierung ungewisser Verbindlichkeiten im Ergebnis zwei Basiskonstellation der Rückstel-

---

413 Vgl. insoweit auch die Vorschrift des § 36 II VwVfG.

414 Vgl. zu administrativen Kontrollinstrumenten und insbesondere zu den Anzeigepflichten, durch die der Verwaltung grundsätzlich diejenigen Informationen zur Verfügung gestellt werden sollen, "die sie benötigt, um im Bedarfsfall einschreiten zu können", *Kloepfer*, Umweltrecht, 1989, S. 115 ff, 116.

415 Beispiel: Ein Produktionsgrundstück und das benachbarte, bereits (z.B. durch Altablagerungen) belastete Grundstück unterliegen einer regelmäßigen Untersuchung hinsichtlich der Sickerwässer aus dem belasteten Grundstück. Das Unternehmen verwirklicht nun eine Bodenverseuchung auf dem Produktionsgrundstück. Die sachliche Nähe der behördlichen Überwachung ist offensichtlich; soweit die Kenntnisnahme der Behörde von der Kontamination (mit dem sich regelmäßig anschließenden Verwaltungsakt) wahrscheinlich ist, muß daher eine Rückstellung passiviert werden. Daneben wäre in diesem Beispiel aber auch schon die *Mindestkonkretisierung* durch Gesetz (hier insbesondere durch spezialgesetzliche Regelungen, wie sie im Teil 3 dieser Arbeit in der Fallgruppe Altlasten betrachtet werden) zu prüfen.

416 Zweifel an dieser Überlegung könnten im wesentlichen dann geltend gemacht werden, wenn der Bilanzierende an einem Standort A der Überwachung hinsichtlich umweltrelevanter Tatbestände unterliegt und an einem zweiten, räumlich entfernten Standort B einen umweltrelevanten Lebenssachverhalt (also eine Umweltbelastung) verwirklicht, der nun eben nicht in den ursprünglichen Überwachungsbereich fällt, der aber gleichwohl bei Entdeckung einen entsprechenden Behörden einen entsprechenden Verwaltungsakt nach sich ziehen würde. *Beispiel*: Ein Unternehmen unterhält am Standort A eine genehmigungsbedürftige Produktion, am räumlich entfernt gelegenen Standort B einen reinen Handelsbetrieb und verursacht am Standort B einen der Öffentlichkeit und auch den Behörden noch nicht bekannt gewordenen Umweltschaden, der in keinen Zusammenhang mit einer bzw. dieser behördlichen Überwachungstätigkeit geraten wird. Bei einer solchen Konstellation und dieser - insbesondere auch sachlichen - Entfernung ist die Zulässigkeit eines Rückschlusses von den - im Rahmen der behördlichen Überwachung erlassenen - Verwaltungsakten auf die Wahrscheinlichkeit des Entstehens einer Verbindlichkeit wohl nur noch im Einzelfall zu beurteilen.

lungsbegründung durch Verwaltungsakt herausarbeiten, die unter dem Begriff der *Mindestkonkretisierung durch Verwaltungsakt* zusammengefaßt werden sollen.

Vom Bestehen einer öffentlich-rechtlichen Verbindlichkeit (Konstellation 1) muß dann ausgegangen werden, wenn ein Verwaltungsakt vom Bilanzierenden eine Handlungsvornahme fordert und insoweit einen Gesetzesbefehl in ein konkretes Leistungsverlangen umsetzt. Unbestritten ist, daß daraus - wie bereits ausgeführt - eine Pflicht zur Rückstellungsbildung resultiert[417]; wegen der Konkretisierung der Verpflichtung aufgrund des Vorliegens eines Verwaltungsaktes soll hier von der *Mindestkonkretisierung durch Verwaltungsakt für das Bestehen einer Verpflichtung* gesprochen werden.

Von dem wahrscheinlichen Entstehen einer Verpflichtung (Konstellation 2) muß dann ausgegangen werden, wenn das Ergehen eines ein konkretes Leistungsverlangen beinhaltenden Verwaltungsaktes (unmittelbar) bevorsteht[418]; dem wird ebenfalls durch die Passivierung einer Rückstellung Rechnung getragen werden müssen. Dieses Ergebnis sollte sich unabhängig davon einstellen, aufgrund welcher Tatsachen (z.B. wegen subjektiver öffentlicher Rechte oder wegen behördlicher Überwachung) mit dem Erlaß eines Verwaltungsaktes zu rechnen ist; es kann hier von der *Mindestkonkretisierung durch Verwaltungsakt für das wahrscheinliche Entstehen einer Verpflichtung* gesprochen werden.

Die letztgenannte Konstellation liegt allerdings schon auf der Nahtstelle der Verpflichtungsobjektivierung aufgrund der *Mindestkonkretisierung durch Verwaltungsakt* und der Verpflichtungsobjektivierung aufgrund der *Mindestkonkretisierung durch gesetzliche Vorschrift*, da als Basis für ein konkretes Leistungsverlangen durch die zuständigen Behörden, welches sich in einem Verwaltungsakt niederschlägt, immer auch eine einschlägige gesetzliche Norm gegeben sein muß. Somit könnte bei dieser letztgenannten Konstellation auch direkt eine rückstellungsauslösende Objektivierung aufgrund der *Mindestkonkretisierung der Verpflichtung durch gesetzliche Vorschrift* anzunehmen sein. Eine solche Objektivierung ist m.E. zu bejahen, wenn tatsächlich ein umweltbelastender Sachverhalt verwirklicht worden und zugleich eine sachverhaltsrelevante gesetzliche Vorschrift gegeben ist, die hinsichtlich ihrer Ausprägungen eben den nachstehend abgeleiteten Voraussetzungen und Elementen der *Mindestkonkretisierung durch gesetzliche Vorschrift*

---

417 Die sogenannten verwaltungsrechtlichen Verträge oder Vereinbarungen, aus denen sich die gleichen Rechtswirkungen wie aus Verwaltungsakten ergeben können, sollen hier nicht weiter betrachtet werden; vgl. weiterführend dazu *Christiansen*, Rückstellungen, StBp 1987, S. 194.

418 Mit diesem Ergebnis wohl auch *Christiansen*, Bilanzsteuerfragen, JbFfSt 1987/88, S. 103.

genügt; dann muß dem Bestehen oder zumindest dem wahrscheinlichen Entstehen einer Verpflichtung durch die Passivierung einer Rückstellung Rechnung getragen werden[419].

(3) Mindestkonkretisierung durch gesetzliche Vorschrift

Es ist bis hierhin gezeigt worden, daß die zu privatrechtlichen Rückstellungssachverhalten ergangene Rechtsprechung bislang ausschließlich auf den Verpflichtungscharakter abgestellt und als Mindestvoraussetzung das Drohen einer Verpflichtung gefordert hat, aus der zudem die Inanspruchnahme wahrscheinlich erscheint.

An diesen Rahmenbedingungen orientierten sich die gerade vorgestellten Überlegungen zur *Mindestkonkretisierung durch Verwaltungsakt* und an diesen Rahmenbedingungen werden sich auch die Elemente der aus einem Gesetz abzuleitenden *Mindestkonkretisierung*, die das Kriterium der hinreichenden Konkretisierung ersetzen soll, messen lassen müssen.

Die Passivierungspflicht aufgrund einer hinreichenden Konkretisierung in der Definition der Rechtsprechung, an welche sich die *Mindestkonkretisierung durch gesetzliche Vorschrift* anlehnt, ist im Grundsatz durch drei Elemente gekennzeichnet. So bedarf es nach Auffassung der Rechtsprechung zur Passivierungsbegründung zunächst immer einer sachlichen, handlungsbezogenen und daneben auch noch einer zeitlichen Komponente sowie zusätzlich des Elementes der Sanktionsbewehrung. Der Sanktionsbewehrung kommt dabei die Funktion eines Abgrenzungselementes zu, da sie den Außenverpflichtungscharakter der öffentlich-rechtlich begründeten Verbindlichkeitsrückstellungen unterstreichen und - so explizit die Rechtsprechung[420] - die Bildung reiner Aufwandsrückstellungen verhindern soll. Alle drei Elemente werden nachfolgend separat unter dem Aspekt betrachtet,

---

419 Nach der hier vertretenen *Mindestkonkretisierung* markiert das Ergehen eines Verwaltungsaktes also zumeist nur in Ausnahmefällen den frühestmöglichen Zeitpunkt der Rückstellungspassivierung; dies z.B. in den (m.E. eher theoretisch anmutenden) Fällen, in denen die Behörde früher als der Bilanzierende von einer zu beseitigenden Umweltschädigung - z.B. von einer Altlast - Kenntnis erlangt hat.

420 Vgl. BFH-Urteil vom 20.3.1980 IV R 89/79, BStBl. II 1980, S. 298.

inwieweit sie zur Annahme einer vom Bilanzierenden wahrscheinlich zu erfüllenden Schuld (Außenverpflichtung) unabdingbar sind[421].

(a) Erfordernis des inhaltlich genau bestimmten Handelns

Das erste Element der hinreichenden Konkretisierung durch eine gesetzliche Vorschrift ist das inhaltlich genau bestimmte Handeln. Das Vorliegen dieses Elementes hat die Rechtsprechung insbesondere für die Fälle der Jahresabschlußkosten[422] und der Rekultivierung[423] bejaht. Die Betrachtung der betreffenden Rechtsquellen zeigt, daß in beiden Fällen keine konkrete Maßnahme[424] - also keine unmittelbar detaillierte Handlung -, sondern nur ein Handlungsziel vorgegeben wird; insbesondere die Bestimmungen zur Rekul-

---

421 Das gemeinsame und gleichzeitige Vorliegen dieser einzelnen Komponenten soll - auch nach der von der Rechtsprechung vertretenen Auffassung (hinreichende Konkretisierung) - das Vorliegen einer passivierungspflichtigen Verpflichtung begründen. Zugleich wird nach dem hier vertretenen Lösungsansatz (*Mindestkonkretisierung*) aber auch schon durch das Vorliegen der sanktionsbewehrten Handlungszielvorgabe eine (abstrakte) öffentlich-rechtliche Verpflichtung begründet, welche dann nach Verwirklichung eines relevanten Tatbestandes zur Passivierung einer Verbindlichkeitsrückstellung unter Objektivierungsaspekten führen muß, soweit von der Wahrscheinlichkeit der Inanspruchnahme aus dieser Verpflichtung ausgegangen werden kann. Andernfalls, wenn also nur eine Pflichtensituation gesetzlich statuiert wird, ist zumindest noch das wahrscheinliche Entstehen einer öffentlich-rechtlichen Verpflichtung zu prüfen. "Nach allgemeinen Grundsätzen, die auch im öffentlichen Recht Gültigkeit beanspruchen, entstehen Ansprüche und Verpflichtungen zu dem Zeitpunkt, an dem die sie begründenden Tatbestandselemente erfüllt sind"; so das BFH-Urteil vom 19.5.1987 VIII R 327/83, BStBl. II 1987, S. 849 m.w.N. betreffend die juristische Fachliteratur (u.a. Kommentare zu § 198 BGB).

422 Vgl. das BFH-Urteil vom 26.10.1977 I R 148/75, BStBl. II 1978, S. 99, in dem die hinreichende Konkretisierung aus den §§ 148 ff, 407 AktG abgeleitet wird. Dort wird unter Zwangsgeldandrohung bestimmt, daß innerhalb der ersten drei Monate des Geschäftsjahres für das Vorjahr sowohl Jahresabschluß wie auch Geschäftsbericht aufzustellen und den Abschlußprüfern vorzulegen sind. Nach neuem Recht ergibt sich zwangsgeldbewehrt aus den §§ 242, 264, 316, 318 I und 335 HGB, daß innerhalb eines angemessenen Zeitraums (bei Kapitalgesellschaften innerhalb von drei (kleine Kapitalgesellschaften: sechs) Monaten) der Jahresabschluß (ggf. Lagebericht) aufzustellen und bei mittelgroßen und großen Kapitalgesellschaften unverzüglich der Prüfungsauftrag zu erteilen ist.

423 Vgl. das BFH-Urteil vom 19.5.1983 IV R 205/79, BStBl. II 1983, S. 670 ff, in dem - allerdings unter unvermeidlicher Bindung an die das Landesrecht betreffenden Rechtsauslegungen des FG Münster (Vorinstanz) - der Verpflichtung zur Rekultivierung von Altabgrabungen) aus den §§ 2 ff, 14 II AbgrG NRW abgeleitet wird. Dort wird - unter Zwangsgeldandrohung für den Fall des Abbaus ohne behördliche Genehmigung - bestimmt, daß der Bodenschätze abbauende Unternehmer zur unverzüglichen Wiederherstellung verpflichtet ist. Bei Zuwiderhandlung, insbesondere gegen die ihm durch Auflagen auferlegten Pflichten, kann nach dem § 12 AbgrG NRW die Genehmigung widerrufen werden.

424 Am ehesten wird noch bei den Verpflichtungen in Zusammenhang mit dem Jahresabschluß (und dessen Prüfung) von einem genau umschriebenen Handeln im Sinne der Vorgabe von zu ergreifenden Maßnahmen ausgegangen werden können, da die Gesamtheit der geschriebenen und ungeschriebenen Rechnungslegungsvorschriften den Handlungsspielraum der Bilanzierenden erheblich einschränkt.

tivierung geben nur ein zu erreichendes Ziel, nämlich die Wiederherrichtung, vor, ohne dazu konkrete Techniken oder Verfahren zu benennen[425].

M.E. wird das geforderte inhaltlich genau bestimmte Handeln tatsächlich nicht in dem Sinne der Vorgabe konkret einzusetzender Verfahren und Techniken verstanden werden dürfen[426]. Vielmehr muß die Benennung eines Handlungszieles im Sinne der Vorgabe eines zu erreichenden Leistungserfolges bzw. einer vorzunehmenden Leistungshandlung ausreichen, da ein Gesetz, welches unmittelbar die anzuwendenden Techniken vorschreiben würde, aufgrund der dynamischen Entwicklung der technischen (z.b. Sanierungs-) Möglichkeiten zwangsläufig scheitern müßte. Diese Auffassung findet nicht zuletzt Unterstützung im juristischen Fachschrifttum, die es als h.M. anerkennt, daß auch eine Polizei- oder Ordnungsverfügung den Bestimmtheitsanforderungen noch genügt, wenn sie den angestrebten Erfolg klar und unmißverständlich bekanntgibt, im übrigen dem Adressaten aber die Wahl der Mittel zur Gefahrenabwehr läßt[427]. Eine bestehende Unsicherheit über die konkret vorzunehmende Maßnahme zur Erreichung des Zieles im Einzelfall berührt ausschließlich die Höhe der zu erwartenden Aufwendungen und kann sich insoweit also nur auf die Bewertung der Rückstellung auswirken, nicht aber auf deren Ansatz[428].

Dazu wird weitergehend in der Literatur die Auffassung vertreten, daß die gesetzliche Forderung nach einem Handeln nach dem neuesten Stand der Technik[429], wie sie beispielsweise dem Atomgesetz[430] zu entnehmen ist[431], zur Objektivierung der Verpflich-

---

425 Ausführlicher - auf der Basis bayerischen Landesrechts - mit diesem Ergebnis das FG Nürnberg, Urteil vom 22.10.1976 III 56/76, EFG 1977, S. 157.

426 A.A. *Christiansen*, Rückstellungen, StBp 1987, S. 194, der zunächst die eindeutige Beschreibung der erforderlichen Maßnahmen zur hinreichenden Konkretisierung einer Verpflichtung allein aufgrund eines Gesetzes verlangt, darüberhinaus aber einräumt, daß in den Fällen, in denen die "Modalitäten des Vorgehens im Sinne eines Mehr- oder Minderverhältnisses gleichgerichtet sind", eine Unsicherheit über die noch zu ergreifende Maßnahme - wie auch hier vertreten - im Rahmen der Rückstellungsbewertung zu berücksichtigen ist.

427 Vgl. bspw. *Breuer*, Altlasten, JuS 1986, S. 361 m.w.N.

428 Vgl. *Herzig*, Rückstellungen, DB 1990, S. 1346; *Bäcker*, Kontaminationen, DStZ 1991, S. 34. Diesem Einwand jüngst folgend das BFH-Urteil vom 12.12.1991 IV R 28/91, BStBl. II 1992, S. 600 ff. *Herzig*, Abwertung, in: *Wagner* (Hrsg.), Umweltschutz, 1993, S. 165, führt ergänzend aus, daß diese Position im Grundsatz "auch von der Finanzverwaltung zumindestens in einem Spezialfall akzeptiert worden [ist], nämlich bei der Rückstellung für die Beseitigung und Entsorgung von Kernkraftwerken. Denn in diesem Spezialfall wird die Rückstellung anerkannt, obwohl noch an geeigneten Verfahren gearbeitet wird, die eine Entsorgung bewerkstelligen können".

429 Vgl. zur Auslegung der gesetzlichen Technikklauseln, wie z.B. "Stand der Technik", *Kloepfer*, Umweltrecht, 1989, S. 57 f.

430 Gesetz über die friedliche Verwendung der Kernenergie und den Schutz gegen ihre Gefahren (Atomgesetz) in der Fassung der Bekanntmachung vom 15.7.1985, BGBl. I S. 1565, zuletzt geänd. durch G vom 5.11.1990, BGBl. I S. 2428.

431 Vgl. dazu auch *Reinhard*, Bildung, Energiewirtschaftliche Tagesfragen 1982, S. 657 ff.

tung ausreichen sollte[432]. Dieser Auffassung kann nur uneingeschränkt zugestimmt werden, da durch die gesetzliche Vorgabe "Handeln nach dem Stand der Technik"[433] dem Bilanzierenden von außen eine Leistungsverpflichtung auferlegt wird, der er sich im Ergebnis nicht entziehen kann[434]. Insoweit sollte also auch die "relative Bestimmtheit"[435] des gesetzlich vorgeschriebenen Handelns ausreichen; "im Sinne einer guten Sachlösung" soll "eine gewisse Ungenauigkeit der Verhaltensanforderung" zunächst sogar erforderlich sein[436]. Als ausreichend muß es m.E. auch angesehen werden, wenn sich die relative Bestimmtheit bzw. die Vorgabe eines Handlungszieles aus einer auf einem Gesetz basierenden Rechtsverordnung[437] (ggf. in Verbindung mit allgemeinen Verwaltungsvorschriften) ergibt[438]; bloße Absichtserklärungen des Gesetzgebers, Referentenentwürfe und Diskussionspapiere reichen allerdings noch nicht aus.

Weiterhin sollte es m.E. zur Objektivierung einer öffentlich-rechtlichen Verpflichtung auch genügen, daß der Umkehrschluß aus einem gesetzlich fixierten Verbot eine (sanktionsbewehrte) Pflichtensituation offenlegt, die bei Vorliegen entsprechender Tatbestände eine Rückstellungspassivierung auslösen muß. Als Beispiel dazu ist das in den §§ 26 II, 34 II WHG[439] festgeschriebene Verbot der (grund-) wassergefährdenden Lagerung oder Ablagerung von Stoffen zu nennen, aus dem im Umkehrschluß - unter Berücksichtigung der Position insbesondere des Grundwassers als besonders hoch anzusiedelndes Schutzgut - gefolgert werden muß, daß verbotswidrig eingetretene schäd-

---

432 Vgl. *Döllerer*, Ansatz, DStR 1987, S. 67; dem folgend *Herzig*, Rückstellungen, DB 1990, S. 1345 f; *Herzig/Köster*, Rückstellungen, in: *Vogl/Heigl/Schäfer* (Hrsg.), Handbuch des Umweltschutzes, 1992, Kap. III - 8.1, S. 7; *Bordewin*, Umweltschutz, RWP 1991, SG 5.2, S. 2083; *ders.*, in: *Hartmann/Böttcher/Nissen/Bordewin*, Einkommensteuergesetz, 1955/93, Rz. 173 f zu §§ 4, 5 EStG; *Kupsch*, Umweltlasten, BB 1992, S. 2322; *Klein*, Umweltschutzmaßnahmen, DStR 1992, S. 1743; *Bartels*, Umweltrisiken, 1992, S. 148.

433 Vgl. auch die Definition des Standes der Technik in § 3 VI BImSchG: Gesetz zum Schutz vor schädlichen Umwelteinwirkungen durch Luftverunreinigungen, Geräusche, Erschütterungen und ähnliche Vorgänge (Bundes-Immissionsschutzgesetz - BImSchG) in der Fassung der Bekanntmachung vom 14.5.1990, BGBl. I S. 880, zuletzt geändert durch G zu dem Einigungsvertrag v. 23.9.1990, BGBl. II S. 885.

434 Vgl. auch die Formulierung in § 19g II WHG, wonach bestimmte Anlagen zum Lagern, Abfüllen (etc.) wassergefährdender Stoffe "mindestens entsprechend den allgemein anerkannten Regeln der Technik" unterhalten und betrieben werden müssen.

435 So *Döllerer*, Ansatz, DStR 1987, S. 67.

436 *Bäcker*, Altlastenrückstellungen, BB 1990, S. 2229. Vgl. zur "Vagheit der im Umweltrecht häufig verwandten unbestimmten Rechtsbegriffe" *Kloepfer*, Umweltrecht, 1989, S. 55 f.

437 *Nieland*, Behandlung, StBp 1992, S. 271, weist unter Bezugnahme auf die Vorschrift des § 4 AO darauf hin, daß unter "Gesetz" jede Rechtsnorm zu verstehen ist, also nicht nur förmliche Bundes- oder Landesgesetze, sondern auch gemeindliche Satzungen sowie Rechtsverordnungen.

438 Gleicher Auffassung *Christiansen*, Rückstellungen, StBp 1987, S. 194.

439 Gesetz zur Ordnung des Wasserhaushalts (Wasserhaushaltsgesetz - WHG) in der Fassung der Bekanntmachung vom 23.9.1986, BGBl. I S. 1529, ber. S. 1654, geändert durch G v. 12.2.1990, BGBl. I S. 205.

liche Verunreinigungen umgehend (also sofort) zu beseitigen sind[440]. Insoweit wird hier also die Frage bejaht, ob neben dem sanktionsbewehrten Handlungsgebot, welches das Bestehen einer Verpflichtung nach sich zieht, auch ein sanktionsbewehrtes Verbot (Unterlassungsgebot) als Grundlage für eine Rückstellungspassivierung anzusehen ist; dann muß nämlich von der Möglichkeit des wahrscheinlichen Entstehens einer ungewissen Verbindlichkeit ausgegangen werden[441].

In den oben genannten Fällen kann das Kriterium der hinreichenden Konkretisierung im Sinne der Rechtsprechung[442] regelmäßig wohl nicht als erfüllt angesehen werden, wohl aber das hier abgeleitete Kriterium der *Mindestkonkretisierung*, welches neben den Handlungsgeboten auch die Handlungsverbote erfaßt und insoweit deutlich weniger restriktiv wirkt.

Auf der Grundlage der vorhergehenden Überlegungen ist vom Bestehen einer öffentlichrechtlichen Verbindlichkeit aufgrund der *Mindestkonkretisierung durch gesetzliche Vorschrift* in sachlicher Hinsicht - also vorbehaltlich der anderen Elemente - dann auszugehen, wenn eine gesetzliche Vorschrift (ggf. auch eine Rechtsverordnung oder Verwaltungsvorschrift) ein bestimmtes Handlungsziel vorgibt, ohne allerdings die konkret vorzunehmenden Maßnahmen zu bestimmen; es reicht aus, wenn ein Gesetz ein Handeln nach dem Stand der Technik vorschreibt[443]. Insoweit muß dann vom Vorliegen einer unmittelbar verpflichtungsbegründenden gesetzlichen Regelung ausgegangen werden; bei Verwirklichung eines entsprechenden Lebenssachverhaltes kann das Bestehen einer Verbindlichkeit in sachlicher Hinsicht nicht bezweifelt werden. Es soll insofern von der *Mindestkonkretisierung durch gesetzliche Vorschrift für das Bestehen einer Verpflichtung* gesprochen werden.

Davon zu unterscheiden sind die - deutlich geringeren und somit weniger restriktiven - Anforderungen, die die *Mindestkonkretisierung für das wahrscheinliche Entstehen einer*

---

440 Mit diesem Ergebnis auch *Nieland*, Behandlung, StBp 1992, S. 275, und *Eilers*, Rückstellungen, DStR 1991, S. 101; *Bäcker*, Kontaminationen, DStZ 1991, S. 34; *ders.*, Altlastenrückstellungen, BB 1990, S. 2229. So wohl auch *Kamphausen*, in: Kamphausen/Kolvenbach/Wassermann, Beseitigung, DB 1987, Beilage Nr. 3/87, S. 5.

441 Das Ziel einer umweltrechtlichen Vorschrift, bspw. die Vermeidung einer Umweltschädigung, kann vielfach sowohl über die Formulierung eines Verbotes als auch über die Formulierung eines Gebotes erreicht werden. Dabei wird das Verbot bei gleicher Zielsetzung eher im Vorfeld einer Umweltschädigung ansetzen, während das Gebot in der Form einer konditional gefaßten Anordnung an die Verwirklichung der Umweltschädigung anknüpft. Für einen Bilanzierenden, der nun tatsächlich eine Umweltschädigung verwirklicht hat, sollte sich aber zumindest dann kein bilanzierungsrelevanter Unterschied aus dem im Gesetz gewählten Anknüpfungspunkt ergeben, wenn die Umweltschädigung reversibel ist.

442 Bemerkenswert scheint mir in diesem Zusammenhang die Tatsache zu sein, daß die zu öffentlichrechtlich begründeten Verpflichtungen ergangene BFH-Rechtsprechung bislang nur solche gesetzlichen Vorschriften hinsichtlich ihrer bilanzierungsrelevanten Greifbarkeit zu beurteilen hatte, die ein Gebot enthielten bzw. enthalten (Bsp.: "Jeder Kaufmann hat ... einen ... Abschluß zu machen").

443 Vgl. erneut *Herzig*, Rückstellungen, DB 1990, S. 1345 f; *Döllerer*, Ansatz, DStR 1987, S. 67.

Verpflichtung an eine gesetzliche Vorschrift stellt. Das wahrscheinliche Entstehen einer Verpflichtung kann nämlich schon aus einer gesetzlichen Vorschrift abgeleitet werden, wenn diese lediglich eine Pflichtensituation statuiert und somit nur eine Basis für ein Verwaltungshandeln bietet; zugleich muß dann jedoch das (pflichtgemäße) Ermessen der Behörden hinsichtlich der Vornahme ihres Eingriffs derart eingeschränkt sein, daß im Ergebnis mit einem Eingriff und insofern mit einer sich ergebenden Verbindlichkeit gerechnet werden muß[444]. Im konkreten Einzelfall ist dabei aber neben der Frage der Wahrscheinlichkeit des Entstehens die Frage der Wahrscheinlichkeit der Inanspruchnahme sorgfältig zu prüfen; insoweit könnte auch von mittelbar verpflichtungsbegründenden gesetzlichen Regelungen gesprochen werden.

(b)   Erfordernis der zeitlichen Bestimmtheit und der zeitlichen Nähe

Die hinreichende Konkretisierung in zeitlicher Hinsicht ist nach der BFH-Rechtsprechung[445] durch zwei Komponenten gekennzeichnet; einerseits wird eine zeitliche Bestimmtheit dahingehend gefordert, daß ein "inhaltlich genau bestimmtes Handeln innerhalb eines bestimmten Zeitraumes"[446] vorgeschrieben sein muß und andererseits, daß die Verpflichtung in der Nähe zum entsprechenden Wirtschaftsjahr entstehen[447] soll[448]. Die Formulierung "bestimmte Zeit" wird in einem weiteren BFH-Urteil vom 3.5.1983[449] (dort allerdings zu Rechnungsabgrenzungsposten) so definiert, daß darunter "grundsätzlich ein kalendermäßig festgelegter oder doch berechenbarer Zeitraum" zu verstehen sein soll. Daraus schließt nun der dritte Senat im bereits zitierten Arzneimittel-Urteil[450] aber, daß am "Bilanzstichtag sicher voraussehbar ... [sein muß], ob und ggf. in welchem Zeitpunkt die Verpflichtung entsteht". Diese Rechtsprechung ist bereits mit beachtlichen Gründen

---

[444] Ein Beispiel dafür könnte in § 10 II AbfG gesehen werden, welcher vorschreibt, daß die zuständigen Behörden den Betreiber einer ortsfesten Abfallentsorgungsanlage bei deren Stillegung zur Rekultivierung und zugleich dazu verpflichten sollen, Vorkehrungen zur Vermeidung von Beeinträchtigungen des Wohls der Allgemeinheit zu treffen.

[445] Vgl. bspw. BFH-Urteil vom 20.3.1980 IV R 89/79, BStBl. II 1980, S. 297 ff.

[446] Vgl. zuletzt das BFH-Urteil vom 19.10.1993 VIII R 14/92, BStBl. II 1993, S. 891 ff; daneben die BFH-Urteile vom 25.3.1992 I R 69/91, BStBl. II 1992, S. 1011; vom 12.12.1991 IV R 28/91, BStBl. II 1992, S. 600 ff; vom 25.8.1989 III R 95/87, BStBl. II 1989, S. 893 ff.

[447] Diese Forderung nach der zeitlichen Nähe des Entstehungszeitpunktes der Verpflichtung zum betreffenden Wirtschaftsjahr war im ersten Jahresabschlußkosten-Urteil noch nicht erhoben worden; vgl. BFH-Urteil vom 26.10.1977 I R 148/75, BStBl. II 1978, S. 99.

[448] Die kumulative Erfüllung dieser beiden Teilkriterien der zeitlichen Bestimmtheit ist wohl nur im Rahmen der gesetzlichen Verpflichtung zur Aufstellung und Prüfung des Jahresabschlusses gegeben, denn hier entsteht die Verpflichtung nach bzw. mit Ablauf des Geschäftsjahres und der Abschluß ist zugleich innerhalb einer vergleichsweise kurzen Frist nach diesem Abschlußtag aufzustellen und zu prüfen (Fälligkeit). Es zeigt sich hier mit größter Deutlichkeit, daß die Kriterien an diesem (geradezu idealtypischen) Sonderfall der Jahresabschlußkosten entwickelt worden sind und insoweit aber auch die Gefahr der Überobjektivierung beinhalten.

[449] VIII R 100/81, BStBl. II 1983, S. 572 ff, 574.

[450] BFH-Urteil vom 25.8.1989 III R 95/87, BStBl. II 1989, S. 893 ff.

kritisiert worden[451]; sie bedarf der dringenden Korrektur[452]. Denn nach der gefestigten Rückstellungsrechtsprechung reicht es außerhalb des öffentlich-rechtlichen Bereichs für die Passivierung aus, daß das künftige Entstehen der Verbindlichkeit nur wahrscheinlich - und nicht sicher - ist[453]; insbesondere sind auch solche privatrechtlichen Verbindlichkeiten über Rückstellungen zu erfassen, mit deren Erfüllung erst in ferner Zukunft zu rechnen ist[454]. Die weitergehende Forderung nach Sicherheit bei der Bestimmung des Entstehungszeitpunktes widerspricht klar dem Sinn und Zweck der Rückstellungsbilanzierung, nach dem nämlich auch unsichere Verpflichtungen bilanziell abzubilden sind; sie ist als Element der Überobjektivierung ebenfalls abzulehnen[455]. Aus eben diesem Grunde ist aber auch die Forderung nach dem Entstehen der Verpflichtung in der Nähe zum Wirtschaftsjahr zurückzuweisen[456]; schließlich wird die Beziehung der Verpflichtung zum betreffenden Wirtschaftsjahr durch das Kriterium der wirtschaftlichen Verursachung hergestellt.

Auch die zweite Komponente der zeitlichen Bestimmtheit, nämlich das Handeln innerhalb eines bestimmten Zeitraums, bringt ebenfalls die Gefahr der Überobjektivierung mit sich; sie wird nicht im Sinne einer kalendermäßigen Bestimmtheit, sondern im Sinne des Handelns in einer durch die Umstände bestimmten angemessenen Frist verstanden werden

---

451 Vgl. bspw. *Günkel*, Rückstellungen, in: *Herzig* (Hrsg.), Umweltschutz, 1991, S. 46 ff; *Herzig*, Rückstellungen, DB 1990, S. 1346.

452 Das Teilkriterium der zeitlichen Nähe und Bestimmtheit in dieser restriktiv verstandenen Ausprägung wird tatsächlich wohl nur noch von den Vorschriften zur Aufstellung (nach neuem Recht: § 264 I Sätze 2 u. 3 i.V.m. § 335 Nr. 1 HGB: Aufstellung innerhalb von drei bzw. sechs Monaten) und Prüfung (§§ 316, 318 I Satz 4 i.V.m. § 335 Nr. 3 HGB: "unverzügliche" Erteilung des Prüfungsauftrages) des Jahresabschlusses erfüllt werden können, an deren Vorläufern (§§ 148 ff, 407 AktG) - wie bereits erwähnt - der Inhalt dieses Teilkriteriums auch entwickelt worden ist.

453 So auch FG Münster, Beschluß vom 10.9.1990 IX 3976/90 V, BB 1991, S. 874; dazu mit kurzer Stellungnahme *Eilers*, Anmerkung, DStR 1991, S. 1147 f.

454 "Eine zeitnahe Einforderung der Verbindlichkeit ... [ist] nicht Merkmal einer Forderung im zivilrechtlichen Bereich, ebensowenig wie im öffentlich-rechtlichen Bereich"; so *Bäcker*, Altlastenrückstellungen, BB 1990, S. 2227.

455 Zu welch zweifelhaften Ergebnissen eine derartig enge Definition des Kriteriums der hinreichenden Konkretisierung führt, zeigt sich auch aktuell am Beispiel des - schon erwähnten - BMF-Schreibens vom 11.2.1992, DStR 1992, S. 357, betreffend die Altreifenentsorgung. Hier soll nämlich eine Rückstellungsbildung nicht in Betracht kommen, da es an der Bestimmtheit des Zeitpunktes fehlt, zu dem der Bilanzierende zu entsorgen haben wird und insoweit die Verbindlichkeit dem Grunde nach noch nicht entstanden sein soll. M.E. ist aber vom rückstellungsrelevanten Bestehen einer öffentlich-rechtlichen Altreifenbeseitigungsverpflichtung dann auszugehen, wenn sich das Unternehmen zur Beseitigung entschließt und die Reifen daher als Abfall anzusehen sind. Im übrigen sollte die Verpflichtung - gemäß des hier entwickelten Kriteriums der Mindestkonkretisierung - aber als zukünftig wahrscheinlich entstehend zu passivieren sein; auf den Zeitpunkt der Entstehung kann es insoweit nicht ankommen. Das von der Finanzverwaltung insoweit geforderte "Mehr" ist als Ausdruck der Überobjektivierung anzusehen.

456 Vgl. *Herzig*, Rückstellungen, DB 1990, S. 1346; dem folgend FG Münster, Beschluß vom 10.9.1990 IX 3976/90 V, BB 1991, S. 874; a.A. FG Münster, Urteil vom 12.6.1990 - X 5791/89 G, BB 1990, S. 1806.

müssen[457]. Auch eine Kodifizierung der zeitlichen Bestimmtheit über Begriffe wie "unverzüglich", wie sie in § 2 I AbgrG NRW[458] vorliegt, muß ausreichen. In diesem Zusammenhang sollte es für die Annahme des Bestehens einer öffentlich-rechtlichen Verpflichtung also genügen, wenn ein zeitlicher Bezugsrahmen, der aber kalendermäßig - nach Tagen oder Wochen - nicht bestimmt sein muß, vorgegeben ist[459], innerhalb dessen die jeweilige Handlungsvornahme als angemessen angesehen werden muß. Da es unmittelbar einsichtig ist, "daß der Zeitraum für die Stillegung und Beseitigung eines Kernkraftwerkes anders bemessen sein muß als für die Durchführung einer Jahresabschlußprüfung"[460], wird die Angemessenheit des zeitlichen Bezugsrahmens mit Blick auf die jeweilige Verpflichtung zu würdigen sein.

Mit der Erfüllung dieser beiden Komponenten der oben besprochenen zeitlichen Bestimmtheit und Nähe im Sinne der hinreichenden Konkretisierung nach Auffassung der Rechtsprechung kann nun zweifellos das Bestehen einer Verbindlichkeit gekennzeichnet werden, jedoch sind diese Komponenten nicht mit den Ergebnissen der gefestigten Rückstellungsrechtsprechung außerhalb des öffentlich-rechtlichen Bereichs zu vereinbaren und daher als Elemente der Überobjektivierung abzulehnen. Sie stehen zudem in offensichtlichem Widerspruch zur anerkannten Rückstellungsfähigkeit von Verpflichtungen zum Schachtversatz[461]. Denn diese Verpflichtungen entstehen nicht in zeitlicher Nähe zum betreffenden Wirtschaftsjahr, sondern erst mit dem Abwerfen des Schachtes[462]. Außerdem sind sie ebensowenig in der Nähe zum betreffenden Wirtschaftsjahr zu erfüllen wie

---

457 So auch *Döllerer*, Ansatz, DStR 1987, S. 67; dieser Auffassung folgend FG Münster, Beschluß vom 10.9.1990 IX 3976/90 V, BB 1991, S. 874.

458 Gesetz zur Ordnung von Abgrabungen (Abgrabungsgesetz) in der Fassung der Bekanntmachung vom 23.11.1979, GV NW S. 922.

459 Ebenfalls gegen eine in Tagen oder Wochen ausgedrückte kalendermäßige Bestimmtheit *Herzig/Köster*, Rückstellungen, in: *Vogl/Heigl/Schäfer* (Hrsg.), Handbuch des Umweltschutzes, 1992, Kap. III - 8.1, S. 7; *Döllerer*, Ansatz, DStR 1987, S. 67. Es sollte also für die Annahme eines zeitlichen Bezugsrahmens im hier verstandenen Sinne ausreichen, wenn abstrakte Zeitbegriffe - wie z.B unverzüglich etc. - der gesetzlichen Vorschrift entnommen werden können; möglicherweise sollte unter diesem zeitlichen Bezugsrahmen auch durch die Umstände bestimmte angemessene Frist verstanden werden können.

460 *Herzig*, Rückstellungen, DB 1990, S. 1346.

461 So auch *Günkel*, Rückstellungen, in: *Herzig* (Hrsg.), Umweltschutz, 1991, S. 46.

462 Vgl. weiterführend dazu *Kulla*, Rückstellungen, DB 1977, S. 1284; *Bartke*, Bergschäden, DB-Beilage 4/78, S. 7 ff, mit wörtlichen Zitaten der einschlägigen Rechtsquellen (Allgemeine Bergverordnungen).

Rekultivierungsverpflichtungen[463], Dekontaminierungsverpflichtungen bei Kernkraftwerken oder Wiederaufforstungsverpflichtungen[464].

M.E. kann eine zeitliche Bestimmtheit für die Annahme des Bestehens einer Verpflichtung daher tatsächlich nicht verlangt werden[465]; in zeitlicher Hinsicht ist die Konkretisierung einer gesetzlichen Vorschrift, welche eine konditional gefaßte Anordnung enthält, für die Annahme des Vorliegens einer ungewissen Verbindlichkeit, der sich der Bilanzierende im Ergebnis nicht entziehen kann, nicht erforderlich[466]. Insoweit sollte klargestellt sein, daß es für die Annahme des Bestehens einer öffentlich-rechtlich begründeten Verpflichtung nicht darauf ankommt, daß im gesetzlichen Regelungswerk ausdrücklich bestimmt ist, zu welchem Zeitpunkt die Verpflichtung entsteht und wann diese zu erfüllen sein wird. Stattdessen genügt es, wenn eine gesetzliche Norm ohne zeitliche Bestimmtheit allein in Form einer konditional gefaßten Anordnung an die tatsächliche Verwirklichung eines Lebenssachverhaltes ein zu erreichendes Handlungsziel - auch im Sinne einer vorzunehmenden Leistungshandlung - anknüpft. Zur Annahme der *Mindestkonkretisierung durch gesetzliche Vorschrift für das Bestehen einer Verpflichtung* bedarf es also zunächst keiner zeitlichen Bestimmtheit.

Davon zu trennen sind allerdings alle diejenigen Fälle, in denen ein zeitliches Element Bestandteil des gesetzlich formulierten Tatbestandes ist, an welchen die Rechtsfolge anknüpft. Wenn der Lebenssachverhalt hinsichtlich dieses Elementes eben noch nicht verwirklicht worden ist, kann lediglich aufgrund des wahrscheinlichen Entstehens einer Verbindlichkeit passiviert werden bzw. zu passivieren sein. Insoweit ist darin jedoch kein

---

463 Mit diesem Beispiel räumt die BFH-Rechtsprechung mittlerweile ein, es sei "allerdings den Besonderheiten der jeweils zu beurteilenden Verpflichtung Rechnung zu tragen, so daß z.B. die Bildung von Rückstellungen für Rekultivierungs- und auch für Entfernungsverpflichtungen nicht mit der Begründung versagt werden kann, die Maßnahme sei erst nach Ablauf mehrerer Jahre durchzuführen"; so das aktuelle BFH-Urteil vom 12.12.1991 IV R 28/91, BStBl. II 1992, S. 603.

464 Denkbar sind schließlich auch solche Sachverhalte, in denen der Erfüllungszeitpunkt nicht einmal annähernd geschätzt werden kann, weil bspw. der von einer Behörde zur Altlastensanierung in Anspruch genommene Bilanzierende mit dieser um das Bestehen oder die Erfüllung der zugrundeliegenden Verpflichtung - mglw. mit aufschiebender Wirkung - prozessiert; auch hier müßte wohl eine Rückstellung in der Höhe der bei Verlust des Prozesses drohenden Aufwendungen gebildet werden, obwohl der Zeitpunkt des rechtskräftigen Urteils noch nicht bestimmt werden kann.

465 Mit diesem Ergebnis auch *Nieland*, Behandlung, StBp 1992, S. 273; *Klein*, Umweltschutzmaßnahmen, DStR 1992, S. 1740 ff, 1743. Ebenfalls für eine von der zeitlichen Bestimmtheit unabhängige Passivierung *Kupsch*, Umweltlasten, BB 1992, S. 2322.

466 Gegen diese Überlegung könnte eingewandt werden, daß eine erst in ferner Zukunft zu erfüllende Verbindlichkeit nicht werthaltig sei; mit entsprechendem Hinweis *Rose*, Zinsfuß, StBJb 1973/74, S. 331. Dieser auf betriebswirtschaftlichen Überlegungen gründende Einwand fordert m.E. letztendlich die Abzinsung der Rückstellungen (auf den Wert Null). Gerade eine solche Abzinsung verstößt, wie noch zu zeigen sein wird, aber gegen das Realisationsprinzip und ist daher mit dem geltenden Bilanzrecht nicht vereinbar; daher könnte dem Einwand nicht gefolgt werden. Zudem sollte sich der Erfüllungszeitraum bei Umweltschutzverpflichtungen auch ohne fixierte zeitliche Bestimmtheit regelmäßig aus den jeweiligen Sachverhaltsumständen ergeben.

Problem der verpflichtungsabstrakten Ebene zu sehen; vielmehr kann noch nicht vom Bestehen einer Verpflichtung ausgegangen werden, weil es an der vollständigen Verwirklichung (tatsächliche Ebene) des gesetzlich formulierten Tatbestandes, an den das Gesetz eine Rechtsfolge knüpft, fehlt.

Bei näherer Untersuchung des Erfordernisses der zeitlichen Konkretisierung vor dem Hintergrund der anerkannten Rückstellungskriterien im privatrechtlichen Bereich zeigt sich, daß die Rechtsprechung im Rahmen der Entwicklung und Anwendung dieses Erfordernisses Aspekte des Entstehens, der Fälligkeit und der Wahrscheinlichkeit der Inanspruchnahme aus einer Verpflichtung - m.E. unzutreffend und unzulässig - miteinander vermischt. Werden diese Aspekte hingegen differenziert vor dem Hintergrund der bisherigen Überlegungen und unter Beachtung insbesondere der gefestigten Rückstellungsrechtsprechung außerhalb des öffentlich-rechtlichen Bereiches betrachtet, so zeigt sich folgendes Ergebnis:

1. Die Fälligkeit einer Verpflichtung ist kein Erfordernis für die Annahme ihres Bestehens; dies muß auch für öffentlich-rechtlich begründete Verpflichtungen gelten. Daher kann die Fälligkeit (Handeln innerhalb eines bestimmten Zeitraumes) hier nicht Gegenstand der zeitlichen Konkretisierung sein.
2. Zeitmomentbedingt entstehende Verpflichtungen, die - wie bereits ausgeführt - dadurch gekennzeichnet sind, daß bei ihnen ein zeitliches Moment Bestandteil des Verpflichtungstatbestandes ist, bestehen offensichtlich erst dann, wenn (auf der tatsächlichen Ebene) neben den anderen Tatbestandsmerkmalen auch das zeitliche Tatbestandsmerkmal verwirklicht worden ist; dies kann allerdings nicht ausschließen, daß schon zu einem früheren Zeitpunkt - mit der möglichen Folge der Rückstellungsbilanzierung - die Wahrscheinlichkeit des zukünftigen Entstehens einer Verpflichtung angenommen werden muß. Wenn aber auch nur wahrscheinlich entstehende Verpflichtungen eine Rückstellungsbildung auslösen können, kann das Entstehen der Verpflichtung in der Nähe zum entsprechenden Wirtschaftsjahr möglicherweise zwar ein wertvoller Hinweis auf die tatsächlich gegebene Wahrscheinlichkeit sein, nicht jedoch eine notwendige Bedingung zur Passivierung einer ungewissen Schuld[467].
3. Nicht zeitmomentbedingt entstehende Verpflichtungen, also solche, die nicht durch

---

[467] So ist letztlich ja auch der Fall der Verpflichtung zur Aufstellung des Jahresabschlusses gelagert; hier wird das wahrscheinliche Entstehen der (ungewissen) Verbindlichkeit, der innerhalb eines bestimmten Zeitraumes nachzukommen ist, bejaht, da diese in der Nähe zum entsprechenden Wirtschaftsjahr entsteht.

ein zeitliches Moment gekennzeichnet sind, entstehen ausschließlich und unmittelbar mit Verwirklichung der sachlichen Tatbestandselemente[468]. Wenn also derart strukturierte Verpflichtungen bereits ohne zeitliches Moment entstehen, so kann es für die Beurteilung der Frage der *Mindestkonkretisierung* auf eine zeitliche Bestimmtheit oder Nähe überhaupt nicht ankommen.

4. Neben der Frage nach dem Bestehen oder dem wahrscheinlichen Entstehen einer Verpflichtung ist separat die - hier bereits behandelte - Frage der Wahrscheinlichkeit der Inanspruchnahme zu betrachten. Dabei kann die gesetzlich fixierte Forderung nach der Erfüllung der Verpflichtung in der Nähe zum entsprechenden Wirtschaftsjahr höchstens ein Anhaltspunkt in diesem Zusammenhang sein, das Fehlen einer zeitlichen Bestimmtheit kann aber die Passivierung nicht grundsätzlich verhindern[469]. Somit ist schließlich festzustellen, daß die Bilanzierung von öffentlich-rechtlich begründeten Umweltschutzrückstellungen ganz wesentlich auch von der Beurteilung der Frage der Wahrscheinlichkeit der Inanspruchnahme abhängen wird.

Als Konsequenz für die hier vorgetragene Lösung der *Mindestkonkretisierung* ergibt sich daraus, daß für die Passivierung von Verbindlichkeitsrückstellungen in zeitlicher Hinsicht keinerlei zeitliche Bestimmtheit notwendig ist. Sobald nämlich ein Lebenssachverhalt realisiert wurde, mit dessen Verwirklichung ein Gesetz das Erreichen eines Handlungszieles (möglicherweise noch sanktionsbewehrt) verbindet, ist vom Bestehen einer Verpflichtung auszugehen; unter Objektivierungsaspekten wäre daneben dann noch das Kriterium der Wahrscheinlichkeit der Inanspruchnahme zu beachten. Die *Mindestkonkretisierung durch gesetzliche Vorschrift für das Bestehen einer Verpflichtung* ist also unabhängig von jeglicher Konkretisierung der gesetzlichen Vorschrift in zeitlicher Hinsicht, da die Verbindlichkeit mit Verwirklichung des entsprechenden Sachverhaltes - und somit im entsprechenden Wirtschaftsjahr - entsteht[470].

Darüberhinaus ist es lediglich für die Annahme des Bestehens einer zeitmomentbedingt entstehenden Verbindlichkeit in zeitlicher Hinsicht notwendig, daß eben das zeitliche Tatbestandsmerkmal durch die entsprechende Verwirklichung des Lebenssachverhaltes erfüllt sein muß. Allenfalls dann, wenn dieses zeitliche Tatbestandsmerkmal noch nicht verwirklicht sein sollte, könnte es für die Frage nach der Greifbarkeit dieser Verpflichtung auf die

---

468 Die rechtliche Entstehung einer Verpflichtung ist, wie bereits mehrfach ausgeführt, bereits dann gegeben, wenn die diese Verpflichtung begründenden Tatbestandselemente erfüllt sind. Knüpft eine gesetzliche Vorschrift nun eine Konsequenz (Gebot der Erreichung eines Handlungszieles) an die Verwirklichung eines Lebenssachverhaltes, so kann es für das Bestehen der Verpflichtung nicht mehr auf ein zeitliches Element ankommen; dieses kann höchstens einen Hinweis auf die Fälligkeit oder auf die Wahrscheinlichkeit der Inanspruchnahme geben.

469 Mit diesem Ergebnis wohl auch *IDW*, schadstoffverunreinigter Wirtschaftsgüter, WPg 1992, S. 328; dass., schadstoffbelasteten Wirtschaftsgütern, WPg 1993, S. 251.

470 Die Rückstellungsfähigkeit dieser Verbindlichkeiten wird dann im wesentlichen wohl nach dem Kriterium der Wahrscheinlichkeit der Inanspruchnahme entschieden werden müssen.

zeitliche Nähe des wahrscheinlichen Entstehens zum entsprechenden Wirtschaftsjahr ankommen[471].

Zusammenfassend ist hinsichtlich der Konkretisierung öffentlich-rechtlicher Verpflichtungen nach der hier vertretenen Auffassung (*Mindestkonkretisierung*) erneut zu unterstreichen, daß Verbindlichkeiten - unter dem Vorbehalt der Sanktionsbewehrung - ausschließlich und unmittelbar mit Verwirklichung der sachlichen Tatbestandselemente entstehen und es für die Frage der Annahme des Bestehens einer solchen auf eine zeitliche Bestimmtheit oder Nähe nicht ankommen kann. Bei zeitmomentbedingt entstehenden Verbindlichkeiten kann es nur für die Annahme der Wahrscheinlichkeit des Entstehens einer solchen interessant sein, auf die zeitliche Nähe des wahrscheinlichen Entstehens zum entsprechenden Wirtschaftsjahr abzustellen; im übrigen entsteht - wenn die anderen Komponenten erfüllt sind - eine solche Verpflichtung ja bereits mit Verwirklichung des zeitlichen Tatbestandsmerkmals. Soweit gesetzliche Vorschriften keine Handlungsgebote, sondern nur Handlungsverbote oder rückstellungsrelevante Pflichtensituationen vorsehen, ist die gesetzliche Fixierung eines zeitlichen Bezugsrahmens offensichtlich kaum vorstellbar und auch nicht sachgerecht; die Rückstellungsbilanzierung kann in diesen Fällen also auch nicht von einer zeitlichen Bestimmtheit abhängig gemacht werden, da ansonsten die Rückstellungsbilanzierung - unzulässigerweise - auf Verpflichtungen aus Handlungsgeboten beschränkt werden würde[472].

(c) Erfordernis der Sanktionsbewehrung

Das dritte Erfordernis zur Annahme einer Passivierungspflicht wegen der hinreichenden Konkretisierung einer Verpflichtung aufgrund gesetzlicher Vorschrift, nach welchem an die Verletzung einer öffentlich-rechtlichen Verpflichtung Sanktionen geknüpft sein müssen, ist erstmals im BFH-Urteil vom 20.3.1980[473] genannt worden, um "gesetzwidrige(.)

---

471 Genau so ist der (Spezial-)Fall der Verpflichtung gelagert, an dem, wie bereits erläutert, der BFH die Teilkriterien der Rückstellungsbilanzierung betreffend die öffentlich-rechtlichen Verpflichtungen entwickelt hat, nämlich der Verpflichtung zur Aufstellung und Prüfung des Jahresabschlusses für das vergangene Wirtschaftsjahr. Es zeigt sich, daß der BFH die Teilkriterien abgeleitet hat aus zeitmomentbedingt (nach Vollendung des Geschäftsjahres) entstehenden Verpflichtungen, die zwar am Stichtag noch nicht bestehen (so explizit auch das BFH-Urteil vom 26.10.1977 I R 148/75, BStBl. II 1978, S. 99), die aber gleichwohl in der Nähe zum entsprechenden Geschäftsjahr entstehen und. Insoweit kann aber auch vermutet werden, daß die Rechtsprechung die hier herausgearbeitete Differenzierungsnotwendigkeit noch nicht berücksichtigt hat. Aus dieser fehlenden Differenzierung folgt bislang, daß die Teilkriterien, die sachlich nur für eine ganz bestimmte Art von Verpflichtungen überhaupt in Betracht kommen können, derzeit auch noch für andersartige Verpflichtungen gefordert werden; dies muß nachdrücklich als nicht sachgerecht zurückgewiesen werden.

472 Für eine Rückstellungsbildung auch in den Fällen, in denen ein Gesetz keinen zeitlich befristeten Handlungsrahmen setzt, *Korn*, Brennpunkte, KÖSDI 1991, S. 8505. Dem folgend *Crezelius*, Umweltschutzmaßnahmen, DB 1992, S. 1359.

473 IV R 89/79, BStBl. II 1980, S. 298 (dort auch das nachfolgende Zitat).

Umgehungen des Verbots der Bildung reiner Aufwandsrückstellungen" zu verhindern; diesen Ausführungen ist sowohl in später ergangenen Urteilen[474] als auch seitens der Finanzverwaltung[475] gefolgt worden.

Nach dieser Auffassung wird ein Abgrenzungselement gefordert, dessen Vorliegen sicherlich den Außenverpflichtungscharakter der öffentlich-rechtlich begründeten Verbindlichkeitsrückstellungen unterstreichen und - nach Intention der Rechtsprechung - eben auch die Bildung reiner Aufwandsrückstellungen verhindern kann[476].

Gleichwohl ist dem entgegengehalten worden, daß eine Sanktionsbewehrung weder im zivilrechtlichen noch im öffentlich-rechtlichen Bereich Merkmal einer Forderung ist[477]; es müsse ausreichen, wenn das Gesetz zu einem bestimmten Verhalten verpflichte und diese Verhaltensanforderung durch eine Behörde konkret geltend gemacht werden könne.

Tatsächlich muß m.E. das Erfordernis der Sanktionsbewehrung in einem weitergehenden Sinne dahingehend verstanden werden, daß es ausreicht, wenn sich der Bilanzierende der Verpflichtung im Ergebnis nicht mehr entziehen können wird. Insoweit sollte es für die Bejahung der Passivierungspflicht genügen, daß eine Behörde den Inhalt der gesetzlichen Verpflichtung letztlich durch Zwangsmittel, insbesondere durch (kostenpflichtige) Ersatzvornahme, Zwangsgeldverhängung und Ausübung unmittelbaren Zwangs, durchsetzen kann[478]. Für die Bildung einer Rückstellung ist die gesetzliche Androhung eines Zwangs- oder Bußgeldes also nicht zwingend notwendig[479], die Möglichkeit der Durchsetzung des Regelungsinhaltes sollte ausreichen. Insofern sollten unter Objektivierungsaspekten auch strafrechtliche Konsequenzen genügen. Dieses Ergebnis ist wohl auch schon vom FG des

---

474 Vgl. BFH-Urteile vom 23.7.1980 I R 28/77, BStBl. II 1980, S. 62 f; vom 25.8.1989 III R 95/87, BStBl. II 1989, S. 893 f; zuletzt BFH-Urteil vom 19.10.1993 VIII R 14/92, BStBl. II 1993, S. 891 ff, und FG Münster, Urteil vom 12.6.1990 - X 5791/89 G, BB 1990, S. 1806. Das Urteil vom 12.12.1991 IV R 28/91, BStBl. II 1992, S. 600 ff, stellt allerdings nicht mehr durchgehend auf eine Sanktionsbewehrung ab.

475 Vgl. den noch nicht veröffentlichten Entwurf eines BMF-Schreibens zu "Ertragsteuerliche[n] Fragen im Zusammenhang mit der Sanierung schadstoffverunreinigter Wirtschaftsgüter", Stand: Februar 1993; daneben das BMF-Schreiben vom 11.2.1992, IV B 2 - S 2137 - 8/92, Rückstellungen wegen Vernichtung gelagerter Altreifen, DStR 1992, S. 357.

476 Vgl. BFH-Urteil vom 20.3.1980 IV R 89/79, BStBl. II 1980, S. 298. Ein Kaufmann wird regelmäßig wohl nur dann Aufwendungen tätigen, wenn er sich insoweit Vorteile davon verspricht oder aber Nachteile (Sanktionen) vermeiden kann.

477 *Bäcker*, Altlastenrückstellungen, BB 1990, S. 2227 f.

478 So auch *Nieland*, Behandlung, StBp 1992, S. 273; *Christiansen*, Rückstellungen, StBp 1987, S. 195. *Ders.*, Rückstellungsbildung, 1993, S. 31, hält auch das Drohen einschneidender wirtschaftlicher Konsequenzen für ausreichend.

479 Gleichwohl kann vermutet werden, daß bei der Aufnahme des Elementes der Sanktionsbewehrung in die Definition der hinreichenden Konkretisierung durch die Rechtsprechung zunächst die Vorschrift des § 407 AktG (nach neuem Recht: § 335 HGB) Pate gestanden hat.

Saarlandes[480] vertreten worden, welches - insbesondere unter Bezug auf die §§ 238 ff StGB - darauf verweist, daß "Straf- und Ordnungswidrigkeitsbestimmungen" die Einhaltung öffentlich-rechtlicher Verpflichtungen "mindestens in gleichem Maße [gewährleisten], wie dieses eine entsprechende zivilrechtliche Verbindlichkeit gegenüber einem Privatmann als Gläubiger tun würde". Auf dieser Linie liegt auch die aktuelle BFH-Rechtsprechung, die mit dem (Rückstellungen wegen der Verpflichtungen zur Buchung laufender Geschäftsvorfälle des Vorjahres betreffenden) Urteil vom 25.3.1992[481] ausgeführt hat, daß die Verletzung von Buchführungspflichten mit Sanktionen, nämlich mit Freiheitsstrafen gemäß § 238 b StGB, bedroht ist.

M.E. wird im Ergebnis also die Komponente der Durchsetzbarkeit des Norminhaltes nicht außer acht gelassen werden können, will man das Vorliegen einer rechtlichen Verpflichtung - auch in Abgrenzung zu den faktisch begründeten Verpflichtungen - bejahen können[482]. Bei Fehlen jeglicher Durchsetzungsmöglichkeit sollte demnach eine Rückstellungsbildung regelmäßig nicht in Betracht kommen, da die - theoretisch oder praktisch bedingte - sanktionslose Vorgabe eines Handlungszieles[483] weder dem Kriterium der *Mindestkonkretisierung*[484] noch den Rückstellungsvoraussetzungen der Schuld und der wirtschaftlichen Belastung genügt[485]. Denn "direkte gesetzliche Gebote, ... soweit sie nicht sanktionsbewehrt sind, [sind] kein besonders wirkungsvolles Instrument der Umweltpolitik, sondern haben im wesentlichen nur Appellcharakter"[486].

Für die Annahme des Bestehens oder des wahrscheinlichen Entstehens einer öffentlich-rechtlich begründeten Verbindlichkeit sollte es nach der hier vertretenen Auffassung also

---

480 Mit Urteil vom 26.3.1982 I 492/81, EFG 1982, S. 456 f (dort auch die beiden nachfolgenden Zitate).

481 I R 69/91, BStBl. II 1992, S. 1010 ff.

482 A.A. wohl *Klein*, Umweltschutzmaßnahmen, DStR 1992, S. 1740 ff, der - mit Hinweis auf eine unterstellende Gesetzestreue der Bürger und der Unternehmen - das Merkmal der Sanktionsbewehrung für entbehrlich erklärt.

483 "Klassisches Beispiel" für einen Sachverhalt, in dem eine gesetzlich fixierte Verpflichtung (öffentlich-rechtlicher Art?) zwar (theoretisch) sanktionsbewehrt ist (Bußgeldandrohung!), aber praktisch nicht von den Behörden durchgesetzt werden kann, ist die Publizitätspflicht bei kleinen GmbH, die in Ermangelung einer wirksamen Sanktionsbewehrung (Das Zwangsgeld kann nur auf Antrag eines Gesellschafters, der Gläubiger oder des (Gesamt-)Betriebsrates festgesetzt werden!) von den Betroffenen häufig nicht erfüllt wird. Die Versuche, in diesen Fällen eine Löschung der Gesellschaft von Amts wegen aufgrund vermuteter Vermögenslosigkeit zu erreichen, sind zum Scheitern verurteilt. Vgl. weiterführend zu dieser Problematik *Streck*, Publizitätsverweigerung, GmbHR 1991, S. 407 ff. Somit zeigt sich, daß selbst bei gegebener Sanktionsbewehrung eine Rückstellungsbildung an der fehlenden Wahrscheinlichkeit der Inanspruchnahme scheitern kann.

484 Das Element der Sanktionsbewehrung weist hier eine sachliche Nähe zum Kriterium der Wahrscheinlichkeit der Inanspruchnahme auf, da aus einer fehlenden Sanktionsmöglichkeit auf eine fehlende Inanspruchnahmewahrscheinlichkeit geschlossen werden kann.

485 A.A. - auch unter Hinweis auf Bedenken in rechtspolitischer Hinsicht - *IDW*, schadstoffverunreinigter Wirtschaftsgüter, WPg 1992, S. 329; dem folgend *Gefiu*, Fragen, DB 1993, S. 1531.

486 Vgl. dazu mit konkretem Beispiel *Kloepfer*, Umweltrecht, 1989, S. 149.

auf die tatsächlich gegebene Möglichkeit der Durchsetzung des gesetzlich fixierten Regelungsinhaltes ankommen, da ein nicht durchsetzbares bzw. sanktionsbewehrtes gesetzliches Gebot zunächst nur einen empfehlenden (und keinen Verpflichtungs-) Charakter haben kann und ein betroffener Bilanzierender insoweit nicht von einer bestehenden wirtschaftlichen Belastung ausgehen muß.

Die *Mindestkonkretisierung durch gesetzliche Vorschrift* sowohl *für das Bestehen* wie auch *für das wahrscheinliche Entstehen einer Verpflichtung* erfordert also hinsichtlich des hier angesprochenen Abgrenzungselementes, daß lediglich die Möglichkeit der Durchsetzung des Norminhaltes gegeben sein muß. Dabei sollte die rein strafrechtliche Konsequenz[487] einer Umweltschädigung ebenso zur Annahme der Durchsetzbarkeit der Verbindlichkeit ausreichen wie die Möglichkeit des Einsatzes von Zwangsmitteln, da es letztlich für die Passivierung nur darauf ankommt, daß der Bilanzierende sich der Verpflichtung nicht entziehen kann.

Im Vergleich mit den beiden anderen Elementen der *Mindestkonkretisierung*, also einerseits der handlungsbezogenen und andererseits der zeitlichen Komponente, zeigt sich aber, daß die vorliegende Problematik der Durchsetzbarkeit oder Sanktionsbewehrung keine durchschlagende praktische Relevanz entfaltet, da die dem öffentlichen Recht zuzuordnenden gesetzlichen Normen grundsätzlich auch immer Bestimmungen beinhalten sollten, die die Durchsetzbarkeit des Regelungsinhaltes gewährleisten; die im vorliegenden Zusammenhang interessierenden Normen des öffentlichen Rechts (also die Ergebnisse der Umweltschutzgesetzgebung) dürften beinahe ausnahmslos als sanktionsbewehrt oder durchsetzbar anzusehen sein. Zur Verdeutlichung sind die einzelnen Elemente der Mindestkonkretisierung in Abb. 1 zusammengefaßt.

Nicht von dieser Überlegung bezüglich der Durchsetzbarkeit betroffen sind aber alle diejenigen Sachverhalte, in denen sich der Bilanzierende aufgrund des faktischen Drucks einer Aufwandstätigung im Ergebnis nicht entziehen zu können glaubt. Hier ist durchaus vorstellbar, daß - beispielsweise aufgrund fehlender Durchsetzbarkeit - zwar das Be- oder auch das wahrscheinliche Entstehen einer öffentlich-rechtlichen Verpflichtung nach Maßgabe der hier vertretenen *Mindestkonkretisierung* verneint werden muß[488], gleichwohl aber aufgrund einer gegebenen faktischen Verpflichtung eine Verbindlichkeitsrückstellung passiviert werden muß.

---

487 Vgl. zu den straf- und ordnungswidrigkeitenrechtlichen Sanktionen *Kloepfer*, Umweltrecht, 1989, S. 242 ff.

488 Dies schließt die Beurteilung nach Maßgabe der hinreichenden Konkretisierung ein, da diese deutlich restriktiver gefaßt ist.

Mindestkonkretisierung

durch gesetzliche Vorschrift
- für das Bestehen einer Verpflichtung
  - gesetzliche Vorschrift schreibt das Erreichen eines Handlungszieles durchsetzbar vor
- für das wahrscheinliche Entstehen einer Verpflichtung
  - gesetzliche Vorschrift statuiert Pflichtensituation und zuständige Behörde kann und muß daraus Anspruch geltend machen

durch Verwaltungsakt
- für das Bestehen einer Verpflichtung
  - Existenz eines Verwaltungsaktes mit konkretem Leistungsverlangen (Verfügung, Auflage)
- für das wahrscheinliche Entstehen einer Verpflichtung
  - Erlaß einer Verfügung (oder Auflage) droht unmittelbar oder ist zumindest abzusehen

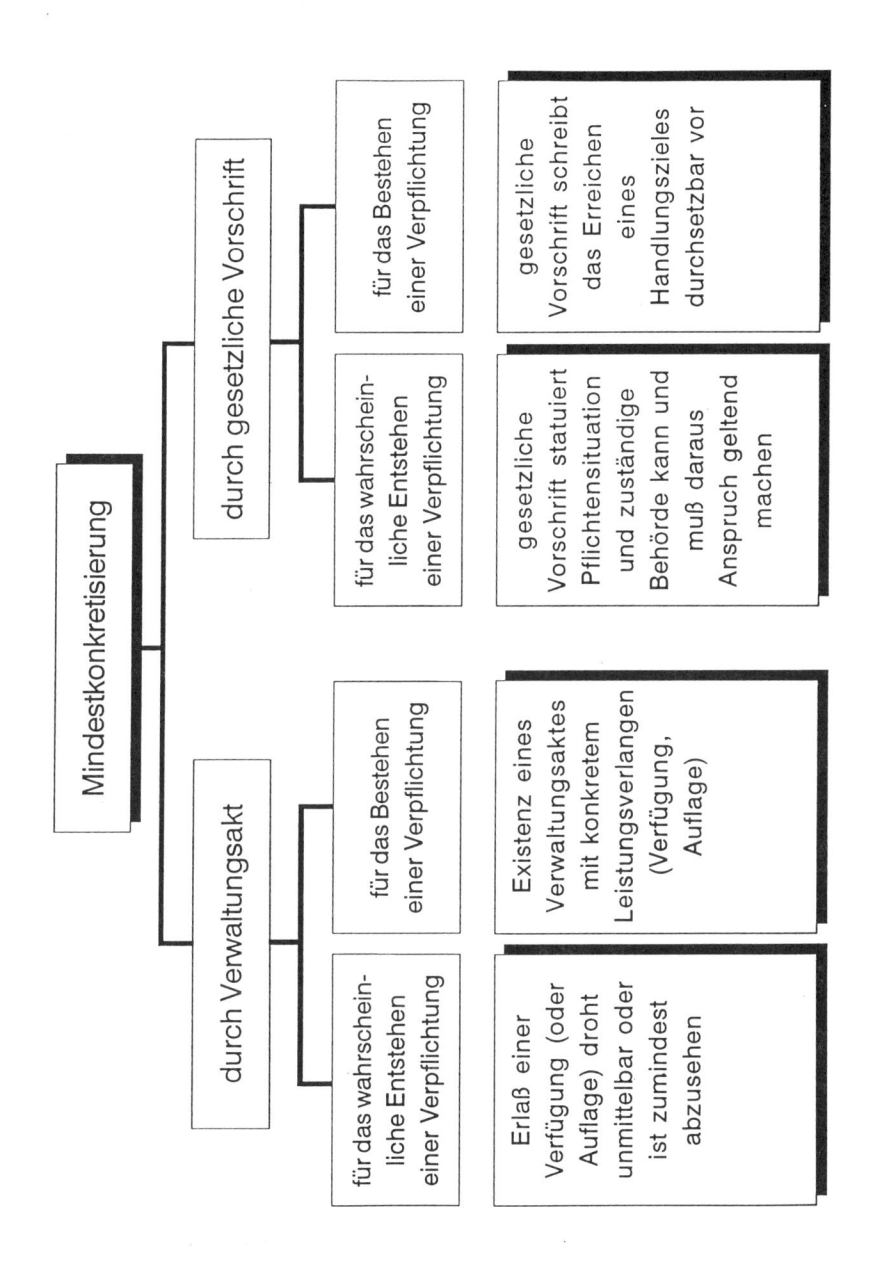

Abb. 1: Inhaltliche Ausprägungen der Mindestkonkretisierung

(4) Anmerkungen zur neben der Mindestkonkretisierung noch erforderlichen Wahrscheinlichkeit der Entdeckung

Die obigen Ausführungen haben verdeutlicht, daß in vielen Fällen der Umweltschädigung bzw. -gefährdung bereits mit dem Zeitpunkt der Verwirklichung des Lebenssachverhaltes vom Bestehen einer dem Grunde nach gewissen Verbindlichkeit - und nicht nur von deren wahrscheinlichem Entstehen - ausgegangen werden muß.

Damit rückt eine sich an die Feststellung des Bestehens (oder des wahrscheinlichen Entstehens) einer Verbindlichkeit zwangsläufig anknüpfende Frage in den Mittelpunkt des Interesses, nämlich die Frage nach der Wahrscheinlichkeit der Entdeckung der Umweltschädigung bzw. -gefährdung durch den Anspruchsberechtigten (hier: durch die zuständige Behörde), also im Ergebnis die Frage nach der Wahrscheinlichkeit der Inanspruchnahme[489].

Von Interesse ist diese Frage allerdings nur in den Fällen, in denen noch kein Verwaltungsakt vorliegt und auch das Ergehen eines solchen noch nicht unmittelbar droht. Wenn hingegen ein Verwaltungsakt vorliegt, wird darin wohl direkt die Inanspruchnahme gesehen werden müssen; somit stellt sich die Frage nach der Wahrscheinlichkeit der Entdeckung regelmäßig nur in den Fällen, in denen die *Mindestkonkretisierung* einer Verpflichtung auf der Grundlage einer gesetzlichen Vorschrift bejaht werden muß.

Die Wahrscheinlichkeit der Entdeckung ist nun aber nur der erste Aspekt der auch im Bereich der öffentlich-rechtlich begründeten Verpflichtungen zur Passivierung notwendigen Voraussetzung der Wahrscheinlichkeit der Inanspruchnahme; der andere, zweite Aspekt muß in der Wahrscheinlichkeit des Verwaltungshandelns gesehen werden[490]. Die Frage der Wahrscheinlichkeit der Inanspruchnahme bestimmt sich also nach zwei aufeinander aufbauenden Elementen, nämlich zunächst der Entdeckung einer Umweltschädigung bzw.

---

489 Der im öffentlich-rechtlichen Bereich vorliegenden besonderen Problematik wäre nun allerdings nicht Rechnung getragen, wenn die vom BFH geäußerte und hier bereits skizzierte Vermutung, wonach bei bestehender Verbindlichkeit auch die Wahrscheinlichkeit der Inanspruchnahme anzunehmen sein soll, unbesehen zum Zuge kommen sollte. Stattdessen bedarf es m.E. der eigenständigen Prüfung der Wahrscheinlichkeit der Inanspruchnahme.

490 Eine differenzierte Betrachtung des Merkmals der Wahrscheinlichkeit der Inanspruchnahme ist jüngst auch von *Gschwendtner*, Rückstellungen, DStZ 1994, S. 259 f, vorgestellt worden. Er unterscheidet zwei Ebenen, nämlich die "Ebene der wahrscheinlichen Entstehung einer öffentlich-rechtlichen Verpflichtung (wahrscheinliche Inanspruchnahme durch Verwaltungsakt)" und die "Ebene der Durchsetzung der Verpflichtung entsprechenden Anspruchs durch die Behörde (wahrscheinliche Inanspruchnahme aus Verwaltungsakt)".

-gefährdung (also Entdeckung des Anspruchs) und dann der Geltendmachung eines Leistungsverlangens[491].

Eine besondere Problematik beinhalten diese Elemente nun im Bereich der öffentlichrechtlich begründeten Verpflichtungen, da hier - im Gegensatz zu der bei privatrechtlichen Verpflichtungen gegebenen Situation - der Verpflichtungsberechtigte nur mittelbar in seinen Rechten beeinträchtigt ist und ihm das Entstehen eines Anspruchs nicht notwendig bekannt werden muß[492]. Vielmehr wird regelmäßig ein Zustand gegeben sein, der mit dem Begriff "asymmetrische Informationsverteilung" bezeichnet werden kann, da der (potentiell) Verpflichtete schon recht genau Kenntnis erlangt haben kann von Art und Umfang einer durch Verwirklichung eines Lebenssachverhaltes verursachten Umweltbelastung, während der aus dieser Verpflichtung berechtigten Behörde weder Informationen über das Vorliegen einer Umweltbelastung im allgemeinen noch über den Kreis der (potentiell) Verpflichteten im besonderen zur Verfügung stehen[493]. Daneben ist dann auch noch zweifelhaft, ob die Behörde als Berechtigte einen ihr aus einer öffentlich-rechtlichen Last zustehenden Anspruch, der bei ihr keine Vermögensmehrung bewirkt, auch tatsächlich verfolgen und durchsetzen wird.

In diesen beiden Elementen muß m.E. die Kernproblematik der Bilanzierung öffentlichrechtlicher Verpflichtungen gesehen werden, auf welche die Unsicherheiten und die divergierenden Auffassungen bezüglich der Möglichkeiten der Rückstellungsbildung zurückzuführen sind, nämlich auf die Fragen:

---

491 Grundsätzlich kann das Merkmal Wahrscheinlichkeit der Inanspruchnahme auch bei privatrechtlich begründeten Verpflichtungen in die beiden hier vorgestellten Komponenten unterteilt werden; eben in erstens die Frage nach der Wahrscheinlichkeit der Entdeckung des verursachten Schadens auf Seiten des Geschädigten und zweitens die Frage nach der Wahrscheinlichkeit der Geltendmachung des Anspruchs. In der überwiegenden Zahl aller privatrechtlich begründeten Verpflichtungsfälle werden die Schädigungen offensichtlich sein, so daß die Wahrscheinlichkeit der Entdeckung zu bejahen ist. Soweit nun wie im Fall der Patentrechtsverletzung ein Schaden nicht offensichtlich ist, kann dieser Umstand nach Auffassung der einschlägigen BFH-Rechtsprechung (Urteil vom 11.11.1981 I R 157/79, BStBl. II 1982, S. 748 f) einer Rückstellungsbildung nicht entgegenstehen, wenn nur mehr Gründe für als gegen eine Inanspruchnahme des Schädigers sprechen. Hat der Anspruchsberechtigte Kenntnis von seinem Anspruch erlangt, wird auch von einer Geltendmachung auszugehen sein, da der Geschädigte nicht bereit sein dürfte, auf eine Vermögensmehrung zu verzichten.

492 So ist bspw. bei Bodenkontaminationen auf dem Grund und Boden dessen, der diese zu vertreten hat, durchaus vorstellbar, daß die Kontaminationen den zuständigen Behörden (zumindest über einen langen Zeitraum hinweg) nicht zur Kenntnis gelangen werden.

493 Völlig anders gelagert ist hingegen die Situation bei auf Verträgen beruhenden privatrechtlichen Verpflichtungen, da hier der Berechtigte den (potentiell) Verpflichteten kennt und dessen Handlungen hinsichtlich eventueller Vertragsverstöße beobachten kann.

- Wird die Behörde überhaupt Kenntnis erlangen von einer Umweltschädigung bzw. -gefährdung, die nicht in ihrer Vermögenssphäre[494] anfällt?
- Wird die Behörde einen Anspruch, der ihr keinen Vermögenszuwachs bringt, genauso konsequent wahrnehmen und geltend machen wie dies ein seine Vermögensinteressen wahrender Dritter, der einen Anspruch auf Vermögensmehrung oder zumindest auf Unterlassung einer Vermögensminderung hat, tun würde?

Wenn diese beiden Fragen überzeugend beantwortet werden können, dann sollte zugleich auch die Frage nach der Wahrscheinlichkeit der Inanspruchnahme geklärt und somit die Unsicherheit im Rahmen der Rückstellungsbilanzierung begrenzt worden sein. Keinesfalls aber darf die Unsicherheit über diese beiden Fragen zu einer restriktiven Definition des Konkretisierungserfordernisses und somit dazu führen, daß nur noch gewisse bzw. bereits geltend gemachte Verpflichtungen passiviert werden können. Vielmehr wird m.E. die Entscheidung über eine Rückstellungsbildung im Einzelfall regelmäßig anhand des Kriteriums der Wahrscheinlichkeit der Inanspruchnahme zu treffen und zu begründen sein, so daß letztlich diesem Kriterium eine herausragende Bedeutung zukommt.

In Beantwortung der ersten Frage ist nun festzustellen, daß es nach der auf die BFH-Rechtsprechung zu Patentrechtsverletzungsfällen zurückgehenden herrschenden Auffassung nicht auf die Kenntnis des Gläubigers hinsichtlich seines Anspruches ankommen soll; eine Passivierung ist danach auch dann möglich, wenn nur die Wahrscheinlichkeit besteht, daß der Gläubiger zukünftig Kenntnis von dem Bestehen des Anspruches erlangen wird[495].

Zur Lösung dieser ersten Frage bedarf es also in jedem Einzelfall der Sammlung von Argumenten, die dafür sprechen, daß die Behörde zukünftig Kenntnis von der Umweltschädigung bzw. -gefährdung erhalten wird. Ein wesentliches Argument könnte in diesem Zusammenhang im Vorliegen eines subjektiven öffentlichen Rechts gesehen werden, wonach ein in seinen Rechten verletzter Dritter von der jeweils zuständigen Behörde ein Handeln mit drittbelastender Wirkung im Verwaltungsrechtswege erzwingen kann. Ein weiteres Argument könnte in planmäßigem Vorgehen der Behörden betreffend die flächendeckende Erfassung des Zustandes eines Umweltmediums gesehen werden. Hier ist insbesondere an die Erstellung von sogenannten Altlastenkatastern zu denken, mit denen eine Bestands-

---

494 Anstelle des Begriffs Vermögenssphäre könnte auch der Begriff Erlebens- oder Erkenntnissphäre Verwendung finden zur Kennzeichnung des Umstandes, daß ein bspw. von einer Bodenkontaminierung betroffener Grundstückseigentümer - aufgrund einer auch in Vermögensinteressen begründeten größeren sachlichen und zeitlichen Nähe - viel eher Kenntnis von dieser Kontamination erlangen kann als die entsprechend zuständige Behörde.

495 Vgl. erneut das BFH-Urteil vom 11.11.1981 I R 157/79, BStBl. II 1982, S. 748 ff; dem insbesondere für Umweltschutzrückstellungen folgend *Herzig*, Rückstellungen, DB 1990, S. 1350; *Günkel*, Rückstellungen, in: *Herzig* (Hrsg.), Umweltschutz, 1991, S. 46 f; a.A. FG Münster, Urteil vom 12.6.1990 - X 5791/89 G, BB 1990, S. 1806.

aufnahme über die vorhandenen Altablagerungen und Altstandorte angestrebt wird[496]. Darüberhinaus sind m.e. auch die schon genannten Qualitätsüberlegungen zu beachten, wonach begründet vermutet werden kann, daß die steigende Bedeutung des Umweltschutzes auch eine steigende Zahl an Ermittlungen und Verwaltungsakten nach sich ziehen wird.

Die Beantwortung der zweiten aufgeworfenen Frage bedarf ebenfalls grundsätzlicher Überlegungen. Handelt es sich bei der Frage nach dem Tätigwerden um eine Ermessensentscheidung, so muß eine Prognose hinsichtlich der Ermessensausübung erfolgen; kann hingegen nur eine einzige Entscheidung als ermessensfehlerfrei (dann liegt eine sogenannte Ermessensreduzierung auf Null vor) gelten, so muß den Überlegungen zur Rückstellungsbilanzierung diese Entscheidung zugrunde gelegt werden[497]. Auf die Möglichkeit eines derzeit in Teilbereichen nur mangelhaften Gesetzesvollzuges wird m.e. nicht zur Verneinung der Wahrscheinlichkeit der Inanspruchnahme Bezug genommen werden können, da ein solcher weder der geltenden Rechtslage entspricht noch für den konkreten Einzelfall genügend genau bestimmbar bzw. vorhersehbar ist. Vielmehr wird für die vorliegende Untersuchung auf den Art. 20 III GG abzustellen sein, wonach die vollziehende Gewalt an Recht und Gesetz gebunden ist[498]. Insoweit ist die Verwaltung kraft Rechtsbindung verpflichtet, die Gesetze zu beachten und anzuwenden; freie und nicht an Gesetzen orientierte Ermessensentscheidungen sind daher unzulässig[499].

Daraus folgt m.E., daß nicht nur bei privatrechtlich begründeten, sondern auch bei öffentlich-rechtlich begründeten Verpflichtungen von der Geltendmachung eines Anspruchs dann auszugehen ist, wenn dieser Anspruch bekanntgeworden ist und nicht stichhaltige Gründe gegen dessen Einforderung sprechen; bei bestehenden Verpflichtungen sollte also die Wahrscheinlichkeit der Inanspruchnahme zumindest dann zu bejahen sein, wenn der Gläubiger bereits Kenntnis von seinem Anspruch erlangt hat. Ansonsten ist darauf abzu-

---

496 Die von den unteren Abfallwirtschaftsbehörden und dem Landesoberbergamt zu führenden Altlastenkataster enthalten Angaben über die in den Zuständigkeitsbereich dieser Behörden fallenden Altablagerungen und Altstandorte; soweit es zur Gefahrenabwehr erforderlich ist, können diese Angaben auch weitergegeben werden. Vgl. dazu auch die §§ 31 und 32 LAbfG NRW.

497 Besondere Bedeutung gewinnt dieser Gesichtspunkt der Ermessensausübung im Bereich des Polizei- und Ordnungsrechts. Auch hier gilt das sogenannte Opportunitätsprinzip, wonach eine Behörde nach ihrem Ermessen handeln darf. Insoweit sollte vor dem Tätigwerden der Behörde eine Güterabwägung (unter Beachtung der Prinzipien der Verhältnismäßigkeit und des geringstmöglichen Eingriffs) dahingehend stattfinden, ob überhaupt und - wenn ja - wie eingeschritten werden soll. Allerdings kann eine Ermessensreduzierung auf Null dann eintreten, wenn wichtige Schutzgüter (auch: Grundwasserreinheit) bedroht sind. Bei der gebotenen Abwägung müssen also insbesondere die Bedeutung des Schutzgutes und die Schwere des drohenden Schadens berücksichtigt werden; vgl. weiterführend *Friauf*, Polizei, in: *von Münch* (Hrsg.), Besonderes Verwaltungsrecht, 1985, S. 205 ff.

498 Vgl. dazu bspw. *Hesselberger*, Grundgesetz, 1990, Anm. 29 ff zu Art. 20 GG.

499 Vgl. ausführlicher *Maurer*, Verwaltungsrecht, 1990, S. 83 ff; *Ossenbühl*, Verwaltungsrechts, in: *Erichsen/Martens* (Hrsg.), Allgemeines Verwaltungsrecht, 9. Aufl., 1992, S. 103 ff.

stellen, ob im konkreten Einzelfall die Wahrscheinlichkeit besteht, daß der Gläubiger von seinem Anspruch erfährt[500].

Unterstützung finden dürfte die hier vertretene Auffassung auch durch das BFH-Urteil vom 2.10.1992[501], in dem zu Rückstellungen für betriebliche Schadensersatzverpflichtungen aus strafbaren Handlungen ausgeführt wird, daß eine zivilrechtlich bestehende Schadensersatzverpflichtung "dann als eine - die Bildung einer Rückstellung gebietende - wirtschaftliche Belastung anzusehen [ist], wenn der Betriebsinhaber davon ausgehen muß, daß sein Verhalten entdeckt wird und er mit einer Inanspruchnahme rechnen muß"[502].

6. Sonderstellung der faktischen Verpflichtungen

Die bereits angesprochenen faktischen Verpflichtungen nehmen - auch im vorliegenden Zusammenhang - insoweit eine Sonderstellung ein, als sie weder den privatrechtlichen noch den öffentlich-rechtlichen Verpflichtungen zugerechnet werden können[503], da sie eben nur wirtschaftliche bzw. sittliche und keine rechtlichen Verpflichtungen darstellen.

Die faktischen Verpflichtungen sind nämlich negativ dadurch gekennzeichnet, daß sie keine rechtlich einklagbaren oder durchsetzbaren Verpflichtungen beinhalten. Positiv zeichnen sie sich dadurch aus, daß ein faktischer Zwang zu einer Leistungserbringung für die Unternehmung besteht, der sich ein Unternehmer nicht entziehen zu können glaubt[504];

---

500   Auf der hier vertretenen Linie dürften auch die aktuellen Finanzrechtsprechungsurteile liegen, die explizit darauf abstellen, daß bestehende Verpflichtungen solange nicht als wirtschaftlich belastend - und damit nicht als rückstellungsauslösend - anzusehen sind, solange der Verpflichtete davon ausgehen kann, daß sein Handeln nicht entdeckt wird. Erst mit der Wahrscheinlichkeit der Aufdeckung gesetzeswidrigen Handelns bzw. krimineller Aktivitäten soll der Verpflichtete mit der Wahrscheinlichkeit der Inanspruchnahme rechnen müssen. So das BFH-Urteil vom 3.7.1991 X R 163-164/87, BStBl. II 1991, S. 804 (betreffend die Schadensersatzverpflichtung eines Bankangestellten nach Aufdeckung von Untreue und Urkundenfälschung); vgl. auch FG München, Urteil vom 4.4.1990 I K 1146/86, EFG 1990, S. 565 (betreffend die Geldbuße wegen gesetzeswidrigen Handelns; gegen dieses Urteil wurde Revision eingelegt). Schon früher hat das FG München mit Urteil vom 26.4.1966 II 36 - 40 66, EFG 1966, S. 561 f ausgeführt, daß es "absurd" wäre, "das Risiko der Inanspruchnahme zum Schadensersatz stets gewinntilgend zu berücksichtigen", solange der Steuerpflichtige nicht mit einer Aufdeckung der zugrundeliegenden unerlaubten Handlungen rechnen müßte.

501   III R 54/91, BStBl. II 1993, S. 154.

502   Ebenda. Nach der ebenfalls das hier vertretene Ergebnis stützenden Auffassung von *Crezelius*, Umweltschutzmaßnahmen, DB 1992, S. 1359, "muß auch für unentdeckte, aber offenkundige Risiken und Verpflichtungen ... eine Rückstellung gebildet werden".

503   Eine solche Zurechung ist dann auch gar nicht erforderlich, wenn - ausgehend von der gesetzlichen Formulierung in § 249 I HGB, wonach "ungewisse Verbindlichkeiten" zu erfassen sind - auf die Zielsetzung dieser Vorschrift abgehoben wird, nämlich ungewisse, aber wahrscheinlich unvermeidbare Belastungen der Unternehmung bilanziell zu erfassen; die hier erwähnte Dreiteilung (privat- und öffentlich-rechtlich sowie faktisch) geht auf die BFH-Rechtsprechung zurück. Vgl. dazu die BFH-Urteile vom 29.5.1956 I 224/55 U, BStBl. III 1956, S. 212 f; vom 20.11.1962 I 242/61 U, BStBl. III 1963, S. 113.

504   So die Formulierung im BFH-Urteil vom 20.11.1962 I 242/61 U, BStBl. III 1963, S. 113.

dabei kann der Zwang sowohl von sittlichen als auch von geschäftlichen Erwägungen ausgehen[505]. Es ist unbestritten, daß faktische Verpflichtungen Gegenstand der Rückstellungsbilanzierung sein können[506], da es für einen derartigen Ansatz zunächst nur auf die Unvermeidbarkeit der zugrundeliegenden Belastung ankommt; sie werden unter den Verbindlichkeitsrückstellungen ausgewiesen[507].

Möglicherweise werden diese Rückstellungen wegen faktischer Verpflichtungen, deren Bildung durch ständige Rechtsprechung anerkannt und auch in der Literatur nicht umstritten[508] ist, im Bereich des Umweltschutzes eine weitergehende Bedeutung erlangen, da gerade hier die öffentliche Meinung (durch Presseberichterstattung, Bürgerinitiativen etc.) ein Unternehmen zur Vornahme einer - rechtlich nicht durchsetzbaren - Umweltschutzmaßnahme veranlassen könnte; insofern kann das Vorliegen von faktischen Verpflichtungen in Einzelfällen vermutet werden[509].

Die Erfassung einer solchen faktischen Verpflichtung durch eine Verbindlichkeitsrückstellung bestimmt sich einerseits - unter Objektivierungsaspekten - im wesentlichen nach der Erkenntnis des Kaufmanns, daß er sich dieser - wirtschaftlichen - Verpflichtung nicht mehr entziehen zu können glaubt[510], und andererseits auch nach den Kriterien der Periodenzurechnung, also hier insbesondere dem Kriterium der wirtschaftlichen Verursachung, welches im nachfolgenden Unterabschnitt betrachtet werden soll[511].

Für die Objektivierung einer faktischen Verpflichtung sollte es ausreichen, wenn sich ein Unternehmen in einer sittlichen oder wirtschaftlichen Zwangslage befindet, in der das Un-

---

505 Vgl. auch *Grubert*, Rückstellungsbilanzierung, 1978, S. 156 f.

506 Vgl. bspw. *Clemm/Nonnenmacher*, in: Beck'scher Bilanzkommentar, 1990, Anm. 36 ff zu § 249 HGB; *Adler/Düring/Schmaltz*, Rechnungslegung, 5. Aufl., 1990, Anm. 53 ff zu § 249 HGB; *Wilhelm*, Rechtsprechungsbericht, BB 1991, S. 1969.

507 Als Beispielsfälle können hier sowohl Gewährleistungen, die ohne rechtliche Verpflichtung erbracht werden, wie auch freiwillige Tantiemen an Arbeitnehmer und Abfindungen an ausgeschiedene Vorstandsmitglieder genannt werden. Vgl. ausführlicher zu diesen Beispielen *Grubert*, Rückstellungsbilanzierung, 1978, S. 156 f m.w.N.

508 Vgl. erneut das BFH-Urteil vom 20.11.1962 I 242/61 U, BStBl. III 1963, S. 113; *Moxter*, Bilanzrechtsprechung, 2. Aufl., 1985, S. 50 m.w.N.

509 Einer Rückstellungsbildung allein aufgrund faktischer Umweltschutzverpflichtungen zustimmend *IDW*, schadstoffverunreinigter Wirtschaftsgüter, WPg 1992, S. 329; *Herzig*, Rückstellungen, DB 1990, S. 1346; *Günkel*, Rückstellungen, in: Herzig (Hrsg.), Umweltschutz, 1991, S. 38; *ders.*, Bilanzsteuerfragen, JbFfSt 1987/88, S. 106 f; *Becker*, Bilanzsteuerfragen, JbFfSt 1987/88, S. 107 f. Ablehnend dazu *Christiansen*, JbFfSt 1987/88, S. 108. In dem noch nicht veröffentlichten Entwurf eines BMF-Schreibens zu "Ertragsteuerliche[n] Fragen im Zusammenhang mit der Sanierung schadstoffverunreinigter Wirtschaftsgüter", Stand: Februar 1993, wird zu dieser Problematik keine Aussage getroffen, worauf auch das *IDW*, schadstoffbelasteten Wirtschaftsgütern, WPg 1993, S. 251, hinweist.

510 Vgl. auch *Clemm/Nonnenmacher*, in: Beck'scher Bilanzkommentar, 1990, Anm. 40 ff zu § 249 HGB.

511 Vgl. nachfolgend den Unterabschnitt B.

ternehmen nicht mehr autonom über eine eventuelle Leistungserbringung entscheiden kann, obwohl kein rechtlicher Zwang auf die Unternehmung ausgeübt werden kann[512]. Ein wesentlicher Hinweis zur Objektivierung einer solchen Zwangslage ist in den Erfahrungen zu sehen, ob und inwieweit das Unternehmen in vergleichbaren Situationen in der Vergangenheit tatsächlich Leistungen erbracht hat; auch die Rechtsprechung hält einen derartigen Rückgriff für sachgerecht[513].

Ein weiterer Hinweis zur Objektivierung läßt sich ebenfalls aus der Rechtsprechung entnehmen, wo ausgeführt wird, daß Rückstellungen wegen faktischer Verpflichtung dann gebildet werden müssen, "wenn der Zwang zur Erfüllung der Verpflichtung derart groß ist, daß ihm die Kaufleute, von wenigen Ausnahmefällen abgesehen, allgemein nachgeben würden"[514].

An diesen Objektivierungsmöglichkeiten wird sich auch die Rückstellungsbilanzierung wegen faktischer Umweltschutzverpflichtungen messen lassen müssen. Unter Objektivierungsaspekten bedarf es hier der Nachprüfbarkeit des Vorliegens einer solchen Verpflichtung, d.h. es müssen Anzeichen für eine faktische Verpflichtung nachweisbar sein. Dabei sollte m.E. in diesem Zusammenhang vom Vorliegen einer faktischen Verpflichtung bereits dann ausgegangen werden, wenn sich der Bilanzierende aufgrund des Drucks der öffentlichen Meinung bzw. der Öffentlichkeit, z.B. wegen vermehrter Schlagzeilen in der Presse oder aufgrund der Aktivitäten von Bürgerinitiativen, Umweltschutzgruppen etc., dazu bereit erklärt, bestimmte Umweltschutzmaßnahmen durchzuführen[515].

Kritisch zu prüfen ist in diesem Zusammenhang aber das Periodisierungskriterium[516], da die faktische Verbindlichkeit sowohl der Vergangenheit (insbesondere aufgrund der möglichen Verursachung einer Umweltbelastung in den vorangegangenen Geschäftsjahren) als

---

512 Nach einer früh geäußerten Meinung von *Döllerer*, Rechnungslegung, BB 1965, S. 1410, soll eine "ernstliche Erfüllungsbereitschaft" des Unternehmens ausreichen. Nach der mit dem BGH-Urteil vom 28.1.1991 II ZR 20/90, BB 1991, S. 507 ff, vertretenen Auffassung soll der Kaufmann seine Meinung (Bereitschaft zur Erfüllung) bis zur Aufstellung der Bilanz auch mehrfach ändern können.

513 Vgl. dazu die Ausführungen und Nachweise von *Grubert*, Rückstellungsbilanzierung, 1978, S. 161 f m.w.N.

514 BFH-Urteil vom 29.5.1956 I 224/55 U, BStBl. III 1956, S. 212 f.

515 So auch *IDW*, schadstoffverunreinigter Wirtschaftsgüter, WPg 1992, S. 329; *Günkel*, Rückstellungen, in: Herzig (Hrsg.), Umweltschutz, 1991, S. 38; *Herzig*, Rückstellungen, DB 1990, S. 1346; diesen Stellungnahmen folgend *Kupsch*, Umweltlasten, BB 1992, S. 2323; so auch *Becker*, JbFfSt 1987/88, S. 107 f; a.A. *Christiansen*, Rückstellungen, JbFfSt 1987/88, S. 108. Vgl. weiterhin die sehr anschaulichen Beispiele bei *Günkel*, Rückstellungen, in: Herzig (Hrsg.), Umweltschutz, 1991, S. 38.

516 Verpflichtungen ohne Rechtsgrund (faktische Verpflichtungen) sind nur dann zu passivieren, wenn sie wirtschaftlich verursacht sind; dabei kann die wirtschaftliche Verursachung nicht an die Erfüllung rechtlicher Tatbestandsmerkmale geknüpft werden, so *Clemm/Nonnenmacher*, in: Beck'scher Bilanzkommentar, 1990, Anm. 40 ff zu § 249 HGB.

auch der Zukunft (Vermeidung der Beschädigung des Ansehens des Unternehmens und daraus erwachsender zukünftiger Nachteile) zugerechnet werden könnte[517].

7. Zwischenfazit zur Objektivierung

Aus der Untersuchung der Rückstellungskriterien bei Verbindlichkeitsrückstellungen unter Objektivierungsaspekten resultiert folgendes (Zwischen-)Ergebnis:

1. Verbindlichkeitsrückstellungen sind zu passivieren, wenn eine (ungewisse) Verbindlichkeit besteht oder zukünftig wahrscheinlich entstehen wird und zugleich eine Inanspruchnahme daraus wahrscheinlich ist.

Eine Verbindlichkeit ist dann rechtlich voll entstanden, wenn ein Lebenssachverhalt (Tatbestand) tatsächlich verwirklicht worden ist, an dessen Eintreten eine vertragliche oder gesetzliche Norm eine Konsequenz (insbesondere ein Leistungsverlangen) knüpft. Dabei müssen alle Merkmale des Tatbestandes, an welchen die Rechtsfolge geknüpft ist, tatsächlich verwirklicht worden sein; die Fälligkeit der Verbindlichkeit ist aber nicht als Voraussetzung für ihr Entstehen anzusehen.

Dies gilt sowohl für alle Tatbestände, bei denen kein zeitliches Element als Merkmal zu erkennen ist (nicht zeitmomentbedingt entstehende Verpflichtungen), als auch für solche Tatbestände, bei denen eine zeitliche Bedingung ein zwingendes Tatbestandsmerkmal darstellt, ein zeitliches Moment somit Bestandteil des Verpflichtungstatbestandes ist (zeitmomentbedingt entstehende Verpflichtungen); im letztgenannten Fall entsteht die Verbindlichkeit also erst mit der tatsächlichen Verwirklichung des zeitlichen Tatbestandsmerkmals.

Soweit die Verbindlichkeit nun voll entstanden ist, muß auch (so die Vermutung durch die Rechtsprechung) von der Wahrscheinlichkeit der Inanspruchnahme aus dieser Verbindlichkeit ausgegangen werden; andernfalls bedarf es - über eine Gesamtwürdigung der herauszukristallisierenden objektiv erkennbaren Tatsachen - der Beurteilung der Wahrscheinlichkeit im Einzelfall. Dabei sollte die Wahrscheinlichkeit der Inanspruchnahme dann als gegeben anzunehmen sein, wenn nicht weniger Gründe für als gegen eine Inanspruchnahme sprechen.

2. Diese grundsätzlichen Feststellungen läßt die BFH-Rechtsprechung uneingeschränkt aber nur für privatrechtlich begründete Verpflichtungen gelten; öffentlich-rechtlich begründete Verpflichtungen sollen lediglich dann Grundlage einer Rückstellung sein können, wenn sie darüberhinaus noch hinreichend konkretisiert sind.

---

517 Vgl. zu dieser Problematik auch das BGH-Urteil vom 28.1.1991 II ZR 20/90, BB 1991, S. 507 ff. Dort wird ausdrücklich auf eine wirtschaftlich enge Verbindung der Verpflichtung mit Erträgen der Vergangenheit abgestellt.

3. Nach Auffassung der Rechtsprechung ist eine öffentlich-rechtliche Verpflichtung dann hinreichend konkretisiert, wenn ein Verwaltungsakt (Verfügung bzw. Auflage)[518] erlassen worden ist, der einen - möglicherweise auch abstrakten - Gesetzesbefehl in ein konkretes Leistungsverlangen umsetzt; insoweit muß vom Bestehen einer Verbindlichkeit ausgegangen werden.

4. Weiterhin wird eine hinreichende Konkretisierung von der Rechtsprechung auch dann angenommen, wenn allein eine gesetzliche Vorschrift ein inhaltlich genau bestimmtes Handeln innerhalb eines bestimmten Zeitraums vorschreibt; zudem muß nach dieser Auffassung die Nähe des Entstehungszeitpunktes der Verpflichtung zum betreffenden Wirtschaftsjahr gegeben und die Verletzung der Verpflichtung mit Sanktionen belegt sein.

5. Aus diesen restriktiven Kriterien hinsichtlich der hinreichenden Konkretisierung droht eine Überobjektivierung und zugleich die Schaffung eines Sonderrechts für öffentlich-rechtliche Verpflichtungen, das allerdings durch die gesetzlichen Vorschriften in keiner Weise gedeckt und daher abzulehnen ist.

6. Dieser Problematik Rechnung tragend wird - insbesondere in Anlehnung an die Passivierungserfordernisse bei privatrechtlich begründeten Verpflichtungen - im Rahmen der vorliegenden Untersuchung nun vorgeschlagen, die derzeit verwendeten Teilkriterien sachgerecht in Hinblick darauf zu überarbeiten, daß es für die Objektivierung einer öffentlich-rechtlichen Verpflichtung auch nur des Bestehens oder zumindest des wahrscheinlichen Entstehens einer solchen Verpflichtung bedarf. Da es für die Passivierung lediglich auf die Frage ankommen kann, wann eine solche Verpflichtung bereits als genügend greifbar anzusehen ist, wird weiterhin erstmals vorgeschlagen,

- anstelle des restriktiv wirkenden Kriteriums der hinreichenden Konkretisierung

- das deutlich weniger restriktiv wirkende Kriterium der *Mindestkonkretisierung*

als Grundlage für die Beurteilung der Frage nach der Rückstellungsrelevanz einer sich aus Verwaltungsakt oder Gesetz ergebenden Verpflichtung zu setzen, da es im Ergebnis nur darauf ankommen kann, wann im Zeitablauf frühestens von der Pflicht zur Rückstellungsbilanzierung ausgegangen werden muß; die divergierenden inhaltlichen Ausprägungen der *Mindestkonkretisierung* und der hinreichenden Konkretisierung sind in Abb. 2 gegenübergestellt.

7. Eine Pflicht zur Passivierung öffentlich-rechtlicher Verpflichtungen sollte - unter der Prämisse der tatsächlichen Verwirklichung eines einschlägigen Lebenssachverhaltes - ohne Erfüllung weitergehender Konkretisierungserfordernisse bereits dann gegeben sein,

---

518 So - und hier dürfte der Ursprung liegen - das FG Nürnberg, Urteil vom 22.10.1976 III 56/76, EFG 1977, S. 156.

hinreichende Konkretisierung einer Verpflichtung	
durch Verwaltungsakt	durch gesetzliche Vorschrift
bei Vorliegen eines Verwaltungsaktes (Verfügung / Auflage)	wenn gesetzliche Vorschrift - inhaltlich genau bestimmtes Handeln - zeitlich bestimmt (in zeitlicher Nähe) vorschreibt und zudem - sanktionsbewehrt ist

Mindestkonkretisierung einer Verpflichtung		
	durch Verwaltungsakt	durch gesetzliche Vorschrift
für das Bestehen einer Verpflichtung	bei Vorliegen einer Verfügung / Auflage	wenn bestimmtes Handlungsziel durchsetzbar vorgegeben wird
für das wahrscheinliche Entstehen einer Verpflichtung	unmittelbares Drohen einer Verfügung / Auflage	wenn lediglich Pflichten- (auch: Verbots-) Situation existiert und Durchsetzbarkeit des Verpflichtungsinhaltes daraus gegeben

Abb. 2: Gegenüberstellung von Mindestkonkretisierung und der vom BFH geforderten hinreichenden Konkretisierung

wenn einem Dritten ein subjektives öffentliches Recht zukommt, wenn ein Anspruchsberechtigter also auf dem Verwaltungsrechtswege von einer handlungsverpflichteten Behörde eine bestimmte Handlung - hier: Erlaß eines drittbelastenden Verwaltungsaktes gegen einen die Umwelt gefährdenden oder schädigenden Bilanzierenden - erzwingen kann. Die insoweit vorhandene strukturelle Vergleichbarkeit zwischen privat- und öffentlich-rechtlich begründeten Verpflichtungen muß für eine Passivierung unter Greifbarkeitsaspekten ausreichen. Da aber das Vorliegen eines subjektiven öffentlichen Rechts nur bei Erfüllung besonderer Voraussetzungen angenommen werden kann, verbleibt eine Vielzahl von Sachverhalten, deren Rückstellungsrelevanz insbesondere von der inhaltlichen Konkretisierung einer gesetzlichen Vorschrift oder vom Ergehen eines Verwaltungsaktes abhängt.

8. Ist eine Verpflichtung also nicht bereits durch das Vorliegen eines subjektiven öffentlichen Rechts ausreichend objektiviert, so stellt sich weiterhin die Frage, unter welchen Voraussetzungen (bzw. bei Erfüllung welcher Mindestanforderungen) eine öffentlich-rechtliche Verpflichtung als unter Passivierungsgesichtspunkten genügend greifbar anzusehen ist, wann diese also als mindestkonkretisiert angesehen werden muß.
Nach der hier vertretenen Auffassung können die öffentlich-rechtlichen Verpflichtungen sowohl durch Verwaltungsakt als auch durch gesetzliche Vorschrift mindestkonkretisiert sein. Dabei sind grundsätzlich jeweils zwei Ausprägungen denkbar: einerseits können die Mindestanforderungen erfüllt sein, bei deren Erfüllung unmittelbar vom Bestehen einer ungewissen Verbindlichkeit ausgegangen werden muß und andererseits können diejenigen Mindestanforderungen erfüllt sein, bei deren Erfüllung zumindest noch das wahrscheinliche Entstehen einer ungewissen Verbindlichkeit in Betracht gezogen werden muß. Abb. 3 zeigt die herausgearbeiteten Möglichkeiten der Objektivierung öffentlich-rechtlicher Verpflichtungen auf und verdeutlicht darüberhinaus erneut, daß es zur Annahme einer Passivierungspflicht insoweit nicht der vollständigen Verwirklichung des verpflichtungsbegründenden Tatbestandes bedarf.

9. Die Auffassung der Rechtsprechung, daß bei Vorliegen eines ein konkretes Leistungsverlangen beinhaltenden Verwaltungsaktes eine Passivierungspflicht vorliegt, wird nun als zutreffend erachtet; wegen der Konkretisierung der Verpflichtung aufgrund des Vorliegens eines Verwaltungsaktes soll hier von der *Mindestkonkretisierung durch Verwaltungsakt für das Bestehen einer Verpflichtung* gesprochen werden. Allerdings sollte das Ergehen eines solchen Verwaltungsaktes nur in Ausnahmefällen eine Rückstellungsbildung auslösen; regelmäßig muß nach der hier vertretenen Auffassung bereits zu einem früheren Zeitpunkt passiviert werden.
Liegt ein Verwaltungsakt (noch) nicht vor, so kann eine Rückstellungsbildung zwar nicht mit dem Bestehen einer Verpflichtung begründet werden, wohl aber bereits aufgrund der Wahrscheinlichkeit des Entstehens einer Verpflichtung erforderlich sein. Dies gilt insbesondere in den Fällen, in denen das Ergehen eines ein konkretes Leistungsverlangen bein-

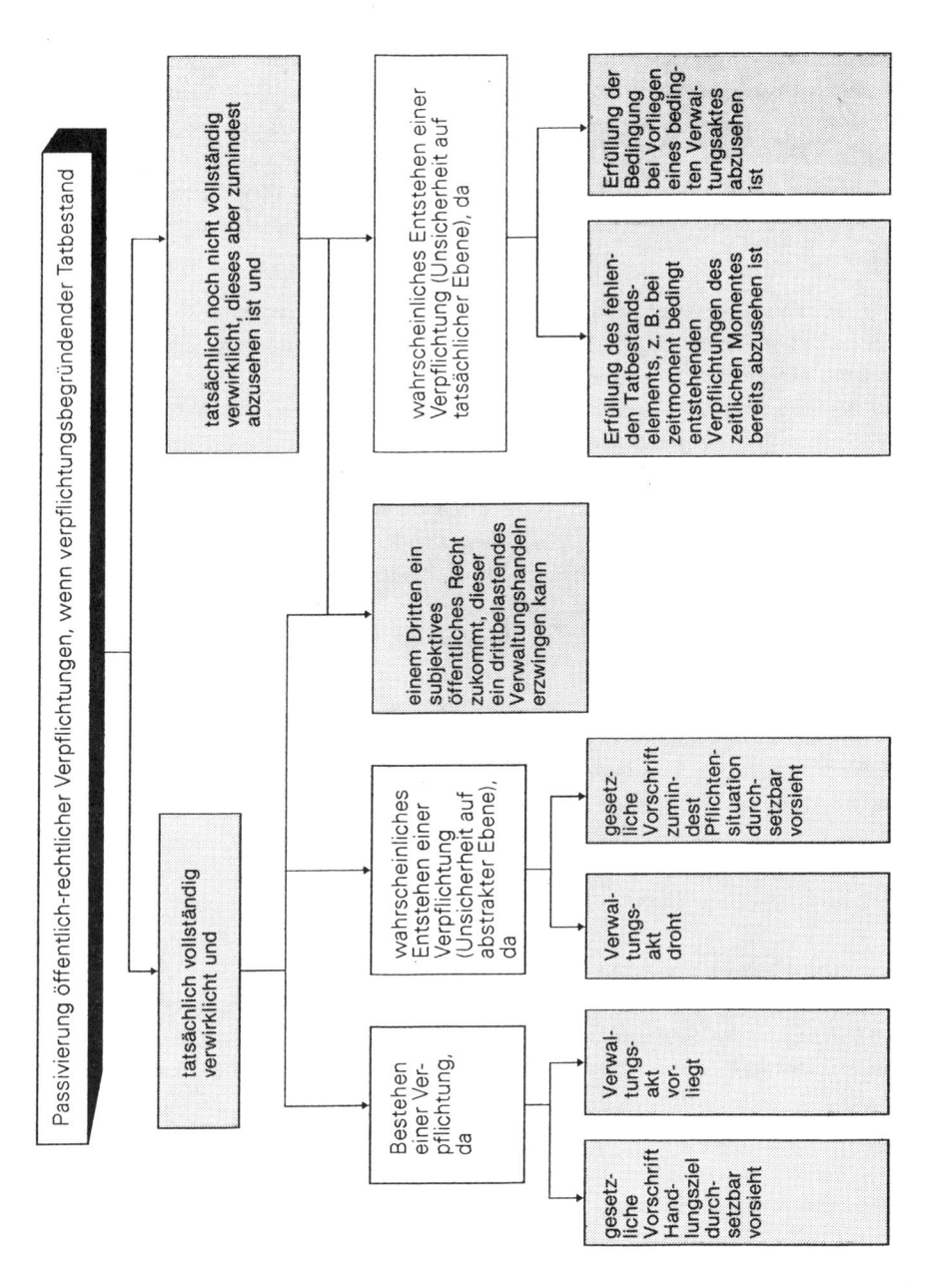

Abb. 3: Passivierung öffentlich-rechtlicher Verpflichtungen in Abhängigkeit von der tatsächlichen Verwirklichung des verpflichtungsbegründenden Lebenssachverhaltes

haltenden Verwaltungsaktes unmittelbar bevorsteht[519]; es kann insoweit von der *Mindestkonkretisierung durch Verwaltungsakt für das wahrscheinliche Entstehen einer Verpflichtung* gesprochen werden. Dem gleichzusetzen sein sollte der Fall, daß ein bedingt belastender Verwaltungsakt bereits vorliegt und der Eintritt der Bedingung auf der tatsächlichen Ebene zwar noch nicht erfolgt ist, die vollständige Verwirklichung des verpflichtungsbegründenden Tatbestandes (Bedingung) aber zumindest wahrscheinlich erscheint.

10. Eine Passivierungspflicht kann nicht nur aus der bereits gekennzeichneten *Mindestkonkretisierung durch Verwaltungsakt*, sondern insbesondere auch aus der *Mindestkonkretisierung durch gesetzliche Vorschrift* abzuleiten sein.

Das Bestehen einer öffentlich-rechtlichen Verbindlichkeit aufgrund der (passivierungsbegründenden) *Mindestkonkretisierung durch gesetzliche Vorschrift* wird bejaht werden müssen, wenn eine gesetzliche Vorschrift ein bestimmtes Handlungsziel (einen zu erreichenden Leistungserfolg bzw. eine vorzunehmende Leistungshandlung) sanktionsbewehrt (im Sinne von durchsetzbar) vorgibt, ohne allerdings die konkret vorzunehmenden Maßnahmen im einzelnen zu bestimmen (*Mindestkonkretisierung durch gesetzliche Vorschrift für das Bestehen einer Verpflichtung*).

Eine zeitliche Bestimmtheit wird für die Annahme des Bestehens einer Verpflichtung, der sich der Bilanzierende im Ergebnis nicht entziehen kann, nicht verlangt werden können; die Konkretisierung einer gesetzlichen Vorschrift, welche eine konditional gefaßte Anordnung enthält, in zeitlicher Hinsicht ist für die Annahme des Vorliegens einer ungewissen Verbindlichkeit nicht erforderlich[520]. Von dieser Betrachtung der verpflichtungsabstrakten Ebene zu trennen ist die Frage nach der vollständigen Erfüllung des gesetzlich fixierten Tatbestandes auf der tatsächlichen Ebene. Wenn ein zeitliches Element Bestandteil dieses gesetzlich formulierten Tatbestandes ist, an welchen die Rechtsfolge anknüpft, und der Lebenssachverhalt hinsichtlich dieses Elementes eben noch nicht verwirklicht worden ist, kann lediglich aufgrund des wahrscheinlichen Entstehens einer Verbindlichkeit passiviert werden bzw. zu passivieren sein.

Aufgrund der Wahrscheinlichkeit des Entstehens einer Verpflichtung kann eine Rückstellungsbildung bereits dann erforderlich sein, wenn eine gesetzliche Vorschrift zumindest eine Pflichtensituation statuiert und somit nur die Basis für ein Verwaltungshandeln bietet

---

519 Das wahrscheinliche Ergehen eines Verwaltungsaktes kann sich bspw. aus Maßnahmen zur Anhörung der Beteiligten im Sinne des § 28 VwVfG ergeben.

520 Gegen diese Überlegung könnte eingewandt werden, daß eine erst in ferner Zukunft zu erfüllende Verbindlichkeit eigentlich gar nicht werthaltig sei. Dieser auf betriebswirtschaftlichen Überlegungen gründende Einwand fordert m.E. letztendlich die Abzinsung der Rückstellungen (auf den Wert Null). Gerade eine solche Abzinsung verstößt, wie noch zu zeigen sein wird, aber gegen das Realisationsprinzip ist daher ein mit dem geltenden Bilanzrecht nicht vereinbar; daher müßte der Einwand zurückgewiesen werden. Zudem sollte sich der Erfüllungszeitraum bei Umweltschutzverpflichtungen auch ohne fixierte zeitliche Bestimmtheit regelmäßig aus den jeweiligen Sachverhaltsumständen ergeben.

(*Mindestkonkretisierung durch gesetzliche Vorschrift für das wahrscheinliche Entstehen einer Verpflichtung*). Zugleich muß dann jedoch das (pflichtgemäße) Ermessen der Behörden hinsichtlich der Vornahme ihres Eingriffs so stark eingeschränkt sein, daß eine "Ermessensschrumpfung (auf Null)" erfolgt[521], wie sie insbesondere aus dem Recht der Gefahrenabwehr bekannt ist[522], und insofern dann mit einem Eingriff und einer wahrscheinlich entstehenden Verbindlichkeit gerechnet werden muß[523]. Dies bedingt, daß auch hier die Möglichkeit der Durchsetzung des Norminhaltes gegeben sein muß; fehlt es an der Durchsetzbarkeit, so kann keine den Bilanzierenden wirtschaftlich belastende Schuld angenommen und somit keine Rückstellung gebildet werden.

11. Unter der Prämisse der bereits tatsächlich erfolgten Verwirklichung eines einschlägigen (hier: umweltbelastenden oder -gefährdenden) Lebenssachverhaltes und vorbehaltlich der Wahrscheinlichkeit der Inanspruchnahme ist eine Rückstellung also aufgrund der Erfüllung der *Mindestkonkretisierung für das Bestehen einer Verpflichtung* zu bilden, wenn
- ein Verwaltungsakt vorliegt oder
- durch gesetzliche Vorschriften das Erreichen eines Handlungszieles durchsetzbar vorgeschrieben ist.

Dementsprechend ist bereits aufgrund der Erfüllung der *Mindestkonkretisierung für das wahrscheinliche Entstehen einer Verpflichtung* eine Rückstellung zu bilden, wenn
- das Ergehen eines Verwaltungsaktes unmittelbar bevorsteht[524] oder
- eine gesetzliche Vorschrift zumindest eine Pflichtensituation statuiert und die zuständigen Behörden auf dieser Basis zum Handeln verpflichtet sind.

Wird die Prämisse von der auf der tatsächlichen Ebene erfolgten vollständigen Verwirklichung des Lebenssachverhaltes aufgegeben, so kann unter Objektivierungsaspekten zwar nicht mehr das Bestehen einer Verpflichtung, wohl aber immerhin noch das wahrscheinli-

---

521 Für das Vorliegen einer derartigen Ermessensbegrenzung bei umweltschädlichen Eingriffen auf die Inanspruchnahme des Störers als einzig ermessensgerechte Maßnahme FG Münster, Beschluß vom 10.9.1990 IX 3976/90 V, BB 1991, S. 874.

522 Vgl. ausführlich *Erichsen*, Verwaltungshandeln, in: *Erichsen/Martens* (Hrsg.), Allgemeines Verwaltungsrecht, 9. Aufl., 1992, S. 191.

523 Im konkreten Einzelfall ist dabei neben der Frage der Wahrscheinlichkeit des Entstehens auch die Frage der Wahrscheinlichkeit der Inanspruchnahme sorgfältig zu prüfen.

524 Insoweit könnte der Fall genannt werden, daß ein Verwaltungsakt mit einer Bestimmung erlassen wird, nach welcher der Eintritt einer Belastung von dem (ungewissen) Eintritt eines zukünftigen Ereignisses abhängt (Bedingung), wenn zugleich die Wahrscheinlichkeit des Eintritts des Ereignisses auf tatsächlicher Ebene bejaht werden muß.

che Entstehen einer solchen in Betracht zu ziehen und zu prüfen sein[525]; demnach ist eine Rückstellungsbildung notwendig, wenn die entsprechende Sachverhaltsverwirklichung auf der tatsächlichen Ebene wahrscheinlich erscheint.

12. Die Passivierung öffentlich-rechtlicher Verpflichtungen hängt in entscheidendem Maße auch vom Kriterium der Wahrscheinlichkeit der Inanspruchnahme ab, da - im Gegensatz zu privatrechtlich begründeten Verpflichtungen - hier regelmäßig der Zustand einer "asymmetrischen Informationsverteilung" zwischen dem Verpflichteten und dem Berechtigten gegeben sein sollte. Denn der (potentiell) Verpflichtete kann schon sehr genau Kenntnis erlangt haben von Art und Umfang einer durch Verwirklichung eines Lebenssachverhaltes verursachten Verpflichtung (hier: aufgrund der Umweltbelastung), während der aus dieser Verpflichtung berechtigten Behörde weder Informationen über das Vorliegen einer Verpflichtung (hier: aufgrund der Umweltbelastung) im allgemeinen noch über den Kreis der (potentiell) Verpflichteten im besonderen zur Verfügung stehen. Zu beurteilen ist daher in jedem Einzelfall, ob die anspruchsberechtigte Behörde einerseits überhaupt Kenntnis von ihrem Anspruch erlangen wird (Frage der Wahrscheinlichkeit der Entdeckung der Umweltbelastung) und ob sie andererseits ihren Anspruch konsequent einfordern wird (Frage der Geltendmachung des Anspruchs). Diese Fragen betreffend muß festgestellt werden, daß es nach Auffassung der Rechtsprechung für die Rückstellungsbilanzierung nicht auf die Kenntnis des Gläubigers hinsichtlich seines Anspruchs ankommen kann, die Wahrscheinlichkeit der zukünftigen Kenntnisnahme soll ausreichen. Außerdem sind die Behörden kraft Rechtsbindung verpflichtet, die Gesetze zu beachten und anzuwenden; somit muß bei Kenntnisnahme des Anspruchs auch von dessen Geltendmachung ausgegangen werden.

13. Im Ergebnis muß es auch für die Bilanzierung öffentlich-rechtlicher Verpflichtungen unter Objektivierungsaspekten genügen, daß das Entstehen der Verbindlichkeit und die Wahrscheinlichkeit der Inanspruchnahme aus dieser nur wahrscheinlich ist; es kommt für die Passivierung nicht auf das Bestehen der Verbindlichkeit zum Stichtag oder auf die von der Rechtsprechung geforderte hinreichende Konkretisierung an, sondern nur auf die Erfüllung des hier erstmals vorgestellten Kriteriums der *Mindestkonkretisierung* in einer seiner Ausprägungen.

---

525 Vom wahrscheinlichen Entstehen einer Verbindlichkeit ist auch dann auszugehen, wenn die Verabschiedung einer gesetzlichen Vorschrift (bspw. Abgrabungsgesetz NRW), die aufgrund der bereits erfolgten Verwirklichung eines Lebenssachverhaltes (bspw. Abbau von Bodenschätzen) eine Verbindlichkeit beim Bilanzierenden auslösen wird (bspw. Rekultivierungsverpflichtung), am Bilanzstichtag bereits abzusehen ist. Gleiches muß m.E. gelten, wenn der gesetzlich formulierte Tatbestand ein zeitliches Element enthält (zeitmomentbedingt entstehende Verbindlichkeit) und die noch ausstehende Erfüllung dieses Tatbestandselementes bereits abzusehen ist. Außerdem ist vom wahrscheinlichen Entstehen einer Verbindlichkeit auszugehen, wenn ein Verwaltungsakt unter dem Vorbehalt einer Bedingung steht und die Erfüllung dieser Bedingung in tatsächlicher Hinsicht wahrscheinlich erscheint.

14. Zudem muß grundsätzlich auch für die Objektivierung von Verbindlichkeiten im - sich ja durch die Nähe zum öffentlichen Recht auszeichnenden - Umweltschutzbereich ein faktischer Leistungszwang genügen.

B. Periodenzuordnung ungewisser Verbindlichkeiten

Die Passivierung der öffentlich-rechtlich begründeten ungewissen Verbindlichkeiten, die der unter Objektivierungsaspekten notwendigen *Mindestkonkretisierung* genügen, steht wie die Passivierung der privatrechtlich begründeten - und im übrigen auch wie die der faktisch bestehenden - Leistungspflichten noch unter dem Vorbehalt der Periodenzuordnung bzw. Periodisierung, welche als eine gleichgewichtig neben der Objektivierung stehende Anforderung hier nun näher betrachtet werden soll.

Grundlegend kann in einem ersten Schritt festgestellt werden, daß hinsichtlich des Periodisierungserfordernisses nach einhelliger Auffassung in Rechtsprechung und Literatur keine differenzierte bilanzielle Behandlung der Verpflichtungen nach Maßgabe ihrer Herkunft aus dem privaten oder öffentlichen Recht erfolgen soll. Die Ableitung, Auslegung und Bedeutung des Periodisierungserfordernisses ist aber derzeit gleichwohl noch Gegenstand einer ebenso kontroversen wie intensiven Diskussion.

1. Grundlegende Überlegungen und Kennzeichnung der Periodisierungskriterien

"Die Jahresbilanz bedeutet einen künstlichen Einschnitt in das betriebliche Geschehen. Hierauf sind letztlich sämtliche bilanzrechtlichen Probleme zurückzuführen"[526]. Zu diesen Problemen gehören neben den - hier schon betrachteten - die Objektivierung betreffenden auch diejenigen der Periodenzuordnung, da die alljährliche Pflicht zur Gewinn- und Vermögensermittlung regelmäßig Entscheidungen darüber bedingt, welche zukünftigen Ausgaben und Einnahmen bereits eine bilanzierungsrelevante Beziehung zum abgelaufenen Wirtschaftsjahr haben[527]. Wie im Rahmen der vorliegenden Untersuchung ausgeführt wurde, liegt der Rückstellungsbilanzierung die Konzeption zugrunde, zukünftige Ausgaben der Periode ihrer wirtschaftlichen Zugehörigkeit zuzuordnen[528]; dabei wird der

---

526 *Thiel*, Bilanzrecht, 4. Aufl., 1990, S. 108.

527 In diesem Zusammenhang ist erneut auf die materiell gewichtigen Konsequenzen der Rückstellungsbildung (Zinseffekt) hinzuweisen, die sich dann einstellen, wenn erst zukünftig anfallende Ausgaben bereits in Wirtschaftsjahren vor ihrer Verausgabung aufwandswirksam - und somit zunächst auch steuermindernd - berücksichtigt werden können. Insoweit muß die nun hier zu untersuchende Frage auf den Zeitpunkt abheben, zu dem die aufwandswirksame Berücksichtigung dieser zukünftigen Ausgaben frühestens möglich ist.

528 Die bilanzielle Berücksichtigung von rechtlich noch nicht entstandenen Verbindlichkeiten, die aber wirtschaftlich bereits dem abgelaufenen Wirtschaftsjahr zuzuordnen sind, ist Ausfluß des im Bilanzrecht zum Zuge kommenden Prinzips der wirtschaftlichen Betrachtungsweise; vgl. weiterführend dazu *Gail*, Entstehung, ZfB-Ergänzungsheft 1/87: Bilanzrichtlinien-Gesetz, S. 59; *Böcking*, Verzinslichkeit, 1988, S. 80 ff.

Periodisierungsgedanke an einen Objektivierungsmaßstab - hier: bestehende oder wahrscheinlich entstehende Verbindlichkeiten, aus denen mit einer Inanspruchnahme zu rechnen ist - gebunden[529]. Nachdem im Rahmen der vorliegenden Untersuchung bereits der Objektivierungsaspekt weitestgehend durchleuchtet worden ist, steht nun die Beantwortung der Frage an, nach welchen Kriterien denn die Periodenzuordnung zukünftiger Ausgaben erfolgen soll.

Grundlegend sind dabei drei Lösungsansätze vorstellbar, die sich zumindest in Teilen überschneiden:

- Die Periodenzuordnung könnte sich direkt aus einer gesetzlichen Vorschrift ergeben oder zumindest aus den GoB abzuleiten sein.

- Es könnte daneben versucht werden, eine Regelung der Periodenzuordnung unmittelbar aus den Jahresabschlußzwecken abzuleiten.

- Die Periodenzuordnung könnte auch unter Anwendung der von der BFH-Rechtsprechung entwickelten Kriterien erfolgen, da sich der BFH in der Vergangenheit mehrfach mit gerade dieser Frage auseinanderzusetzen hatte.

Bei näherer Betrachtung der angesprochenen Lösungsmöglichkeiten lassen sich unter weitergehendem Rückgriff auf die - auch teilkodifizierten - GoB Regelungen erkennen, die einen Periodisierungsbezug aufweisen, ohne daß allerdings m.E. hieraus unmittelbar und zweifelsfrei eine dominierende Vorschrift für die hier untersuchte Periodenzuordnung abgeleitet werden kann. In diesem Zusammenhang müssen genannt werden das Realisationsprinzip, das - wie bereits dargestellt - als grundlegendes Abgrenzungsprinzip verstanden werden muß, das Imparitätsprinzip, welches das Realisationsprinzip ergänzt, und allgemein auch das Vorsichtsprinzip, wonach in Zweifelsfällen zukünftige Ausgaben zu antizipieren sein könnten[530] sowie möglicherweise darüberhinaus noch das Vollständigkeitsprinzip[531].

Die unmittelbare Ableitung einer Periodisierungsregel aus den Jahresabschlußzwecken erscheint als nicht unproblematisch. Mit der primären Zielsetzung der vorsichtigen Ermittlung eines verteilungsfähigen Gewinns werden sowohl der Aspekt der Mindestausschüt-

---

529 So auch *Herzig*, Rückstellungen, DB 1990, S. 1344.

530 So auch *Moxter*, Umweltschutzrückstellungen, in: *Moxter* (Hrsg.), Rechnungslegung, 1992, S. 431 f; *ders.*, Bilanzrechtsprechung, 3. Aufl., 1993, S. 97.

531 Daneben könnte noch eine weitere Regelung betreffend die Periodenzuordnung von Aufwendungen - nämlich § 252 I Nr. 5 HGB: Grundsatz der Periodenabgrenzung - angesprochen werden, mit der zwar die Frage der bilanziellen Berücksichtigung von Aufwendungen und Erträgen unabhängig von den entsprechenden Zahlungszeitpunkten geklärt wird, mit der aber die Frage nach der frühestmöglichen Rückstellungsbildung allerdings nicht beantwortet werden kann.

tung als auch der Aspekt der Ausschüttungsbegrenzung angesprochen[532]. Somit ist eine eindeutige Lösung der Frage der Periodenzuordnung unmittelbar aus der Betrachtung der Jahresabschlußzwecke nicht abzuleiten, da es an Kriterien für die Gewichtung der angesprochenen widerstreitenden Aspekte fehlt.

Die beiden soeben skizzierten Lösungsansätze fließen ein in die Periodenzuordnung, die der BFH im Rahmen seiner die Rückstellungen betreffenden Rechtsprechung vornimmt. Dabei stellt der BFH auf zwei Kriterien ab, die nach seiner Auffassung die Rückstellungsbildung auslösen können, nämlich auf

- das rechtliche Entstehen einerseits[533] und
- die wirtschaftliche Verursachung[534], die auch als wirtschaftliche Entstehung bezeichnet wird, andererseits[535].

Da diese beiden Kriterien nun beinahe ausnahmslos auch im Schrifttum aufgegriffen werden[536] und zudem tatsächlich wohl auch geeignet sind, eine Periodenzuordnung von Verbindlichkeitsrückstellungen weitgehend zweifelsfrei zu ermöglichen, sollen sie der hier vorliegenden Betrachtung zugrunde gelegt werden[537]. Dabei sind die beiden Kriterien zunächst näher zu kennzeichnen, bevor daran anschließend die Bilanzierung von

---

532 Vgl. zu diesen Aspekten bspw. *Baetge*, Rechnungslegungszwecke, in: *Baetge/Moxter/Schneider* (Hrsg.), Bilanzfragen, 1976, S. 15 ff.

533 "Verbindlichkeit ... dem Grunde nach entstanden", so das BFH-Urteil vom 13.11.1991 I R 102/88, BStBl. II 1992, S. 337; "Verbindlichkeit ... rechtlich wirksam entstanden", so das BFH-Urteil vom 19.5.1983 IV R 205/79, BStBl. II 1993, S. 671; "Vollentstehung einer Verpflichtung", so das BFH-Urteil vom 20.3.1980 IV R 89/79, BStBl. II 1980, S. 299. Dem Merkmal der rechtlichen Entstehung kommt eine zweifache Bedeutung zu, zum einen als Objektivierungs- und zum anderen als Periodisierungskriterium; mit dem Verständnis der rechtlichen Vollentstehung als Objektivierungskriterium *Moxter*, Periodengerechte Gewinnermittlung, in: *Knobbe-Keuk/Klein/Moxter* (Hrsg.), Handels-, 1988, S. 456.

534 Nach *Moxter*, Bilanzlehre, Bd. 2, 1986, S. 26, existiert hinsichtlich der Passivierung ein "Prinzip wirtschaftlicher Verursachung, das ein Unterprinzip des Realisationsprinzips ist".

535 Vgl. zuletzt die BFH-Urteile vom 10.12.1992 XI R 34/91, BStBl. II 1994, S. 158 ff; vom 25.3.1992 I R 69/91, BStBl. II 1992, S. 1010 ff; vom 12.12.1991 IV R 28/91, BStBl. II 1992, S. 600 ff; vom 13.11.1991 I R 102/88, BStBl. II 1992, S. 336 ff; vom 13.11.1991 I R 78/89, BStBl. II 1992, S. 177 ff.

536 Vgl. stellvertretend *Herzig*, Rückstellungen, DB 1990, S. 1341 ff; *Schulze-Osterloh*, Ausweis, in: *Moxter* (Hrsg.), Rechnungslegung, 1992, S. 653 ff; *Crezelius*, Umweltschutzmaßnahmen, DB 1992, S. 1353 ff; *Kupsch*, Umweltlasten, BB 1992, S. 2320 ff; *Adler/Düring/Schmaltz*, Rechnungslegung, 5. Aufl., 1990, Anm. 66 ff zu § 249 HGB; *Clemm/Nonnenmacher*, in: Beck'scher Bilanzkommentar, 1990, Anm. 39 ff zu § 249 HGB m.w.N.

537 Die Kriterien der wirtschaftlichen Verursachung bzw. der rechtlichen Entstehung sind als Ausgangspunkt für die folgenden Überlegungen auch deshalb interessant und geeignet, weil aufgrund der eher geringen Regelungsdichte der bilanzrechtlichen Vorschriften - insbesondere nach dem AktG 1965 - die höchstrichterliche Rechtsprechung für die Entwicklung des Bilanzrechts eine große Bedeutung hatte (und wohl noch immer hat). Selbst die jüngsten das Bilanzrecht betreffenden Entscheidungen des BFH ergehen häufig noch auf der Basis der Vorschriften des AktG 1965 und des HGB a.F.; vgl. bspw. das BFH-Urteil vom 25.3.1992 I R 69/91, BStBl. II 1992, S. 1010 ff.

Verbindlichkeitsrückstellungen bei zeitlichem Auseinanderfallen von wirtschaftlicher Verursachung und rechtlicher Entstehung ausführlich untersucht wird.

Das Kriterium des rechtlichen Entstehens - der BFH verwendet im Urteil vom 20.3.1980[538] auch den Terminus "Vollentstehung einer Verpflichtung" - läßt sich vergleichsweise problemlos kennzeichnen; seine Erfüllung und insoweit auch der Zeitpunkt des rechtlichen Entstehens einer Verbindlichkeit ist juristisch regelmäßig problemlos festzustellen[539], geht es doch darum, daß alle Merkmale des Tatbestandes, an welchen - aufgrund vertraglicher oder gesetzlicher Norm - die Rechtsfolge geknüpft ist, verwirklicht sein müssen[540]. Eine Verbindlichkeit ist also rechtlich entstanden, "sobald alle Voraussetzungen erfüllt sind, von denen Gesetz, Satzung oder Vertrag die Entstehung abhängig machen"[541], wobei die Fälligkeit der Verbindlichkeit nicht als Voraussetzung für ihr Entstehen anzusehen ist[542].

Problematischer erscheint da schon die Kennzeichnung des Kriteriums der wirtschaftlichen Verursachung[543], da sich die Rechtsprechung zu dessen Umschreibung weiterer nicht eindeutiger Formulierungen bedient und sich daher auch noch keine allgemein anerkannte Definition des Kriteriums der wirtschaftlichen Verursachung durchgesetzt hat.

In der jüngeren Rechtsprechung, die bislang nur Sachverhalte zu entscheiden hatte, in denen die rechtliche Vollentstehung der Verbindlichkeit noch nicht gegeben war, wird für die Annahme der wirtschaftlichen Verursachung vorausgesetzt, "daß die Verbindlichkeit so eng mit dem betrieblichen Geschehen des abgelaufenen Wirtschaftsjahres verbunden ist, daß es gerechtfertigt erscheint, sie wirtschaftlich diesem Wirtschaftsjahr zuzuordnen"[544]. Dies sollte dann zu bejahen sein, wenn "die wirtschaftlich wesentlichen Tatbestandsmerkmale ... erfüllt wurden und das Entstehen der Verbindlichkeit nur noch von wirtschaftlich unwesentlichen Tatbestandsmerkmalen abhängt"[545] und "damit der Tatbe-

---

538 IV R 89/79, BStBl. II 1980, S. 299.

539 Mit dieser Einschätzung auch *Müller*, Gedanken, ZGR 1981, S. 136; dem folgend *Naumann*, Entstehen, WPg 1991, S. 529.

540 Betreffend die aus dem Polizei- und Ordnungsrecht resultierenden Verpflichtungen ist festzustellen, daß diese erst mit dem Tätigwerden der Behörden "vollentstehen", da hier das Gesetz nicht unmittelbar eine Rechtsfolge konditional an einen Tatbestand knüpft, sondern vielmehr nur die Basis für ein Verwaltungshandeln bietet.

541 BFH-Urteil vom 13.11.1991 I R 78/89, BStBl. II 1992, S. 178.

542 Ebenda, S. 178, mit Hinweis auf das BGH-Urteil vom 10.3.1977 VII ZR 254/75, WM 1977, S. 553 f.

543 Vereinzelt findet auch der Terminus "wirtschaftliche Entstehung" Verwendung, so bspw. in den BFH-Urteilen vom 20.3.1980 IV R 89/79, BStBl. II 1980, S. 298; vom 28.6.1989 I R 86/85, BStBl. II 1990, S. 552.

544 BFH-Urteile vom 25.8.1989 III R 95/87, BStBl. II 1989, S. 893 f; vom 12.12.1990 I R 153/86, BStBl. II 1991, S. 479 ff, 482.

545 BFH-Urteil vom 12.12.1990 I R 153/86, BStBl. II 1991, S. 479 ff, 482 m.w.N.

stand, an den das Gesetz das Entstehen der Verpflichtung knüpft, im wesentlichen bereits verwirklicht ist"[546]. Dabei soll dann nicht maßgebend sein "das in der Betriebswirtschaftslehre entwickelte Verursachungsprinzip im Sinne der Verwirklichung einzelner Umstände, die eine spätere Entstehung der Verbindlichkeit nach sich ziehen können, sondern die wirtschaftliche Wertung des Einzelfalls im Lichte der rechtlichen Struktur des Tatbestands, mit dessen Erfüllung die Verbindlichkeit entsteht"[547]. Daneben soll aber auch erforderlich sein, daß "die Erfüllung der - entstandenen - Verpflichtung ihren wirtschaftlichen und rechtlichen Bezugspunkt in der Vergangenheit findet"[548], dabei muß die Erfüllung "nicht nur an Vergangenes anknüpfen, sondern auch Vergangenes abgelten"[549].

Hingegen soll es an der für die wirtschaftliche Verursachung maßgeblichen "Zugehörigkeit künftiger Ausgaben zu bereits realisierten Erträgen"[550] fehlen, wenn und soweit eine ungewisse Verbindlichkeit "wirtschaftlich eng mit künftigen Gewinnchancen verbunden ist"[551], also "eine Verpflichtung rechtlich oder wirtschaftlich erst aus künftigen Gewinnen zu tilgen ist"[552] oder "aus anderen Gründen mindestens mehr mit bestimmten, dem Kaufmann erst in Zukunft erwachsenden Vorteilen als den bereits in der Vergangenheit erlangten Vorteilen verknüpft ist"[553].

Die Kernaussage in den hier zitierten Urteilsbegründungen zur Periodenzuordnung auf der Basis des Kriteriums der wirtschaftlichen Verursachung muß nun wohl darin gesehen werden, daß es zur Rückstellungsbildung ausreichen soll, wenn die wirtschaftlich wesentlichen Tatbestandsmerkmale bereits verwirklicht worden und die verpflichtungsbegründenden Ereignisse "wirtschaftlich dem abgelaufenen Geschäftsjahr zuzurechnen"[554] sind; dabei ist allerdings im Schrifttum kritisiert worden, daß die Rechtsprechung zu wenig be-

---

546 BFH-Urteile vom 25.8.1989 III R 95/87, BStBl. II 1989, S. 893 f; vom 1.8.1984 I R 88/80, BStBl. II 1985, S. 44 ff; diesen folgend der BFH-Beschluß vom 24.1.1990 I B 112/88, BFH/NV 1991, S. 434 f. So zuletzt auch das BFH-Urteil vom 10.12.1992 XI R 34/91, BStBl. II 1994, S. 158 ff.

547 BFH-Urteile vom 13.11.1991 I R 102/88, BStBl. II 1992, S. 336 ff, 338; vom 19.5.1987 VIII R 327/83, BStBl. II 1987, S. 848.

548 BFH-Urteil vom 25.8.1989 III R 95/87, BStBl. II 1989, S. 893 f.

549 BFH-Urteil vom 19.5.1987 VIII R 327/83, BStBl. II 1987, S. 848. Dieser Rechtsprechung folgend das BGH-Urteil vom 28.1.1991 II ZR 20/90, BB 1991, S. 508.

550 BFH-Urteil vom 25.8.1989 III R 95/87, BStBl. II 1989, S. 893 f, unter ausdrücklicher Bezugnahme auf *Moxter*, Bilanzrechtsprechung, 2. Aufl., 1985, S. 61.

551 BFH-Urteile vom 18.6.1980 I R 72/76, BStBl. II 1980, S. 741; vom 20.3.1980 IV R 89/79, BStBl. II 1980, S. 299. Vgl. auch die Besprechung des letztgenannten Urteils bei *Körner*, Zeitpunkt, WPg 1984, S. 43 ff.

552 Kritisch zu dieser Formulierung *Woerner*, Zeitliche Zuordnung, StVj 1993, S. 206.

553 BFH-Urteil vom 20.1.1983 IV R 168/81, BStBl. II 1983, S. 375.

554 BFH-Urteil vom 19.5.1983 IV R 205/79, BStBl. II 1983, S. 670 ff. Hierin zeigt sich auch die Auswirkung der wirtschaftlichen Betrachtungsweise, die sich von der formalrechtlichen Betrachtungsweise dadurch unterscheidet, daß bei letzterer der Grundsatz der Gleichwertigkeit aller Tatbestandsmerkmale gilt; vgl. dazu *Grubert*, Rückstellungsbilanzierung, 1978, S. 282.

stimmt ist[555], da nicht näher ausgeführt wird, wie die wesentlichen von den unwesentlichen Tatbestandsmerkmalen abzugrenzen sind.

Die Auslegung der wirtschaftlichen Verursachung betreffend ist von MOXTER herausgearbeitet worden, daß die beiden Teilkriterien - das der Verwirklichung der wirtschaftlich wesentlichen Tatbestandsmerkmale einerseits sowie das der wirtschaftlichen Zurechnung zum abgelaufenen Geschäftsjahr andererseits - "nicht nur offenkundig unscharf" sind, sondern auch erst vor dem Hintergrund des Realisationsprinzips einen Sinn gewinnen[556]. Er hat aufgezeigt, daß sich die ältere BFH-Rechtsprechung überwiegend auf das Realisationsprinzip stützt, ohne dieses allerdings in den Urteilsbegründungen zu erwähnen. Mittlerweile ist in jüngeren Urteile aber festzustellen, daß sich die (fortgeführte) Rechtsprechung explizit auf die Untersuchung von MOXTER und insbesondere auf seine Ausführungen zum - auch rückstellungsbegrenzende Wirkung entfaltenden - Realisationsprinzip bezieht[557].

Der Rückgriff auf das Realisationsprinzip, das als Eckpfeiler der Periodenabgrenzung und als grundlegendes Abgrenzungsprinzip anzusehen ist, welches neben der Aktiv- auch für die Passivseite gilt[558], führt zu einer eindeutigen wie auch GoB-konformen Abgrenzung der Rückstellungen und vermeidet eine formale Interpretation der wirtschaftlichen Verursachung[559].

---

555 Vgl. *Clemm/Nonnenmacher*, in: Beck'scher Bilanzkommentar, 1990, Anm. 44 zu § 249 HGB; *Kropff*, Rückstellungen, in: *Knobbe-Keuk/Klein/Moxter*, Handels-, 1988, S. 362 f; *Mathiak*, Rechtsprechung, StuW 1988, S. 295; dem folgend *Herzig*, Rückstellungen, DB 1990, S. 1346. Vgl. auch *Bise*, Tendenzen, DB 1986, S. 2617 ff; *Crezelius*, Handelsbilanzrecht, ZGR 1987, S. 32 f.

556 Vgl. *Moxter*, Bilanzrechtsprechung, 2. Aufl., 1985, S. 50 f und S. 59; ders., wirtschaftlichen Betrachtungsweise, StuW 1989, S. 235; *Adler/Düring/Schmaltz*, Rechnungslegung, 5. Aufl., 1990, Anm. 70 zu § 249 HGB; *Kraus*, Rückstellungen, 1987, S. 50; *Dziadkowski*, Passivierungsverbot, DB 1984, S. 1315 ff.

557 Vgl. insbesondere die BFH-Urteile vom 25.3.1992 I R 69/91, BStBl. II 1992, S. 1012; vom 25.8.1989 III R 95/87, BStBl. II 1989, S. 894; vom 28.6.1989 I R 86/85, BStBl. II 1990, S. 553. Während in diesen Urteilen bspw. ausgeführt wird, daß künftige Ausgaben, soweit sie wirtschaftlich mit bereits realisierten Erträgen verbunden sind, in dem Jahr zu passivieren sind, in dem die Zugehörigkeit der früheren Erträgen konkretisiert wird, wird zunehmend auch wieder auf eine Formulierung der älteren Rechtsprechung zurückgegriffen, wonach hinsichtlich der ungewissen Verbindlichkeiten die "wirtschaftlich wesentlichen Voraussetzungen ihres Entstehens erfüllt" sein müssen und wonach das "Entstehen nur noch von wirtschaftlich unwesentlichen Tatbestandsmerkmalen" abhängen soll. Vgl. mit diesen Formulierungen die BFH-Urteile vom 12.12.1991 IV R 28/91, BStBl. II 1992, S. 600 ff; vom 13.11.1991 I R 102/88, BStBl. II 1992, S. 336 ff; vom 13.11.1991 I R 78/89, BStBl. II 1992, S. 177 ff. Die angesprochenen Formulierungen gleichsetzend *Döllerer*, Fragen, DStR 1991, S. 1276.

558 Vgl. dazu erneut die Ausführungen in diesem Teil der vorliegenden Untersuchung, 1. Kapitel, Abschnitt II., Unterabschnitt A.

559 Vgl. dazu *Moxter*, Realisationsprinzip, BB 1984, S. 1784; *Kupsch*, Entwicklungen, DB 1989, S. 54; *Kraus*, Rückstellungsbegriff, StuW 1988, S. 146 f.

Da Handels- und Steuerbilanz als Bilanzen im Rechtssinne die Periodisierung zukünftiger Ausgaben an ein Objektivierungserfordernis binden[560], kann in dieser Orientierung am Realisationsprinzip auch keine unzulässige Rückkehr zur bereits überwundenen dynamischen Bilanzauffassung gesehen werden[561]; besondere Abgrenzungsposten, wie sie sich aus der dynamischen Bilanzauffassung ableiten lassen, dürfen nach der geltenden Rechtslage nicht passiviert werden[562].

Zusammenfassend ist also festzuhalten, daß sich die rechtliche Entstehung nach der Verwirklichung aller Merkmale des Tatbestandes bestimmt, an welchen aufgrund vertraglicher oder gesetzlicher Norm die Rechtsfolge geknüpft ist, und daß die wirtschaftliche Verursachung - unter Rückgriff auf das Realisationsprinzip - nur dann zu bejahen ist, wenn die künftigen Ausgaben bereits realisierten Erträgen zugehörig sind[563], wenn diese künftigen Ausgaben bis zum Stichtag realisierte Umsätze alimentiert haben.

2. *Rückstellungsbildung bei zeitlichem Auseinanderfallen von wirtschaftlicher Verursachung und rechtlicher Entstehung*

Mit der soeben erfolgten umfassenden Kennzeichnung von rechtlicher Entstehung und wirtschaftlicher Verursachung ist nun aber noch keine Aussage darüber getroffen, wie solche zukünftigen Ausgabenerfordernisse bilanziell zu behandeln sind, bei denen es hinsichtlich dieser beiden Kriterien zu einem zeitlichen Auseinanderfallen kommt.

Neben den beiden in diesem Unterabschnitt daher näher zu betrachtenden Fällen, in denen die Zeitpunkte der wirtschaftlichen Verursachung und der rechtlichen Entstehung auseinanderfallen, sind noch zwei weitere Fallgruppen zu erwähnen, bei denen entweder sowohl die wirtschaftliche Verursachung als auch die rechtliche Entstehung zugleich gegeben sind oder aber keines der beiden Kriterien bislang erfüllt ist.

Im erstgenannten Fall kommt es unstritig zu einer Zuordnung der künftigen Ausgaben zur abgelaufenen Periode und damit - unter dem Vorbehalt der Objektivierung - zu einer

---

560 Vgl. *Herzig*, Rückstellungen, DB 1990, S. 1344.

561 So *Herzig*, Wirkung, in: *Raupach/Uelner* (Hrsg.), Ertragsbesteuerung, 1993, S. 213.

562 "Die generelle Übernahme dynamischer Bilanzierungsregeln scheitert an ihrer Unvereinbarkeit mit dem bilanzrechtlichen Objektivierungserfordernis", so *Gruber*, Bilanzansatz, 1991, S. 22. "Es ist unmöglich, objektiviert zu bilanzieren und zugleich die wirtschaftliche Unternehmensentwicklung bilanziell auch nur halbwegs verläßlich erkennbar werden zu lassen", so *Moxter*, Wirtschaftliche Gewinnermittlung und Bilanzsteuerrecht, StuW 1983, S. 301.

563 Vgl. erneut das BFH-Urteil vom 25.8.1989 III R 95/87, BStBl. II 1989, S. 893 f; *Moxter*, Faktum, in: *Präsident des BFH* (Hrsg.), Festschrift 75 Jahre RFH - BFH, 1993, S. 538; zum grundsätzlichen Ersatz des Kriteriums der wirtschaftlichen Verursachung durch das Realisationsprinzip *Kraus*, Rückstellungen, 1987, S. 122 f.

Passivierungspflicht[564]. Als klassisches Beispiel für diese Fallgruppe wird die Bildung einer Rückstellung für Rekultivierungsverpflichtungen bei Steinbruchunternehmen angeführt, bei der sich, wenn eine Proportionalität von kumuliertem Rekultivierungsaufwand und kumulierten Erträgen unterstellt wird, wirtschaftliche Verursachung und rechtliches Entstehen decken[565].

Im letztgenannten Fall, wenn also keines der beiden Kriterien erfüllt ist, kommt die Passivierung einer Rückstellung wegen ungewisser Verbindlichkeiten nicht in Betracht. Ein derartiger Sachverhalt ist beispielsweise von der Rechtsprechung mit Urteil vom 25.8.1989[566] betreffend die Analyse und Registrierung von Arzneimitteln dahingehend entschieden worden, daß eine Rückstellung nicht gebildet werden kann, da es gerade an der wirtschaftlichen Verursachung fehle, soweit die ungewisse Verbindlichkeit wirtschaftlich eng mit zukünftigen Gewinnchancen verbunden sei. Damit zeigt sich auch am Beispiel dieser Entscheidung, daß das Realisationsprinzip eine rückstellungsbegrenzende Wirkung entfaltet[567], indem für die Beurteilung der Rückstellungsbildung wegen rechtlich noch nicht entstandener Verpflichtungen auf die konkretisierte Zugehörigkeit künftiger Ausgaben zu bereits realisierten Erträgen abgestellt wird und Verbindlichkeitsrückstellungen in diesen Fällen nur insoweit gebildet werden können, als die künftigen Ausgaben bereits bis zum Stichtag realisierte Umsätze alimentiert haben. Auch objektivierte Verpflichtungen können also nicht zu passivieren sein, soweit es an der wirtschaftlichen Verursachung fehlt.

a) Wirtschaftliche Verursachung vor rechtlicher Entstehung

Nach allgemeiner und unbestrittener Auffassung[568] müssen Rückstellungen für ungewisse Verbindlichkeiten bereits gebildet werden, soweit die Verbindlichkeit nur als wirtschaftlich verursacht und nicht schon als rechtlich entstanden anzusehen ist[569]; insoweit

---

564 So auch *Gail*, Entstehung, ZfB-Ergänzungsheft 1/87: Bilanzrichtlinien-Gesetz, S. 59; *Adler/Düring/Schmaltz*, Rechnungslegung, 5. Aufl., 1990, Anm. 72 zu § 249 HGB.

565 Vgl. weiterführend *Naumann*, Entstehen, WPg 1991, S. 532; auch *Müller*, Gedanken, ZGR 1981, S. 139.

566 III R 95/87, BStBl. II 1989, S. 893 f.

567 Vgl. zu dieser rückstellungsbegrenzenden Wirkung *Herzig*, Rückstellungen, DB 1990, S. 1347.

568 Vgl. stellvertretend *Gail*, Entstehung, ZfB-Ergänzungsheft 1/87: Bilanzrichtlinien-Gesetz, S. 59; *Schmidt*, EStG, 1993, Anm. 41 a) zu § 5 EStG. So auch das BGH-Urteil vom 28.1.1991 II ZR 20/90, BB 1991, S. 508.

569 Dieser Fall soll dann gegeben sein, wenn die Erträge, welche durch die Aufwendungen zur Erfüllung der Verpflichtung alimentiert werden, im Zeitpunkt des Entstehens der rechtlichen Verpflichtung schon realisiert sind; vgl. stellvertretend *Naumann*, Entstehen, WPg 1991, S. 532.

schlägt sich hier die - im Gegensatz zur rechtsformalistischen Betrachtung stehende[570] - wirtschaftliche Betrachtungsweise[571] nieder[572].

"Das Prinzip wirtschaftlicher Verursachung regelt den Passivierungszeitpunkt"[573] - zumindest in dieser Fallgruppe -, da eine Passivierungspflicht bereits mit der wirtschaftlichen Verursachung eintritt. Die Anwendung des Kriteriums der wirtschaftlichen Verursachung führt insofern - in Abgrenzung gegenüber den sich bei einer rein formalrechtlichen Betrachtungsweise einstellenden Ergebnissen - zu einer Vorverlagerung des Passivierungszeitpunktes.

Dieses Ergebnis entspricht der ständigen höchstrichterlichen Rechtsprechung, deren Definition des Kriteriums der wirtschaftlichen Verursachung in den vorangegangenen Ausführungen umfassend gekennzeichnet worden ist. Zur Begründung dieses Ergebnisses wird dargelegt, daß es der Zweck der Rückstellungen sei, "gerade auch solche Verbindlichkeiten zu berücksichtigen, die rechtlich erst in der Zukunft entstehen, wirtschaftlich aber in einem abgelaufenen Wirtschaftsjahr verursacht worden sind"[574]. Diesbezüglich bedarf es nämlich "in einer umsatzgebundenen Vermögenszuwachsberechnung der Passivierung"[575], soweit auf bereits realisierten Geschäftsjahresumsätzen noch Lasten ruhen; "ansonsten würden die umsatzgebundenen Vermögenszuwächse zu hoch ermittelt". Dies "entspricht dem uralten ... Verbot, sich dadurch reich zu rechnen, daß man nur die aus einem bestimmten geschäftlichen Vorgang realisierten *Vermögenszugänge* berücksichtigt, nicht auch die dem gleichen Vorgang greifbar zugehörigen, sich erst künftig realisierenden *Vermögensabgänge* (Aufwendungen)"[576].

---

570 Vgl. weiterführend *Beisse*, Verhältnis, StuW 1984, S. 12.

571 Die wirtschaftliche Betrachtungsweise gilt als Anwendungsform der allgemein anerkannten teleologischen Methode der Rechtsfindung. Vgl. dazu ausführlich *Fischer*, Betrachtungsweise, NWB Fach 2, S. 6143 ff; *Tipke*, Steuerrechtsordnung, 1993, § 29 (S. 1309 ff); *Gruber*, Bilanzansatz, 1991, S. 7 ff; *Moxter*, wirtschaftliche Betrachtungsweise, StuW 1989, S. 232 ff ("Spielart der teleologischen Interpretation"); *Böcking*, Verzinslichkeit, 1988, S. 80 ff; *Mellwig*, Bilanzrechtsprechung, BB 1983, S. 1613 ff; *Beisse*, wirtschaftliche Betrachtungsweise, StuW 1981, S. 1 ff; *Schneider*, Bilanzrechtsprechung, BB 1980, S. 1225 ff.

572 Nach Auffassung von *Döllerer*, Steuerbilanz, DStR 1979, S. 5, - betreffend die ältere BFH-Rechtsprechung - soll sich in diesem Punkt die dynamische Bilanzlehre in den Rückstellungsbegriff eingeschlichen haben. Aktuell ist anzumerken, daß der BFH sich in seiner neueren Rechtsprechung wohl eher wieder eine "statische" Interpretation dieses Kriteriums zu eigen gemacht hat; vgl. dazu *Adler/Düring/Schmaltz*, Rechnungslegung, 5. Aufl., 1990, Anm. 69 zu § 249 HGB.

573 *Moxter*, Bilanzrechtsprechung, 2. Aufl., 1985, S. 50. *Ders.*, Bilanzrechtsprechung, 3. Aufl., 1993, S. 87: "Der Passivierungszeitpunkt von Verbindlichkeitsrückstellungen sollte durch ein (richtig verstandenes) Prinzip wirtschaftlicher Verursachung bestimmt werden".

574 BFH-Urteil vom 21.2.1969 VI R 113/66, BStBl. II 1969, S. 316.

575 *Moxter*, Bilanzlehre, Bd. 1, 1984, S. 162.

576 *Moxter*, Umweltschutzrückstellungen, in: *Moxter* (Hrsg.), Rechnungslegung, 1992, S. 433 m.w.N. (Hervorhebungen im Original).

Als ein dieser Fallgruppe zuzuordnendes Beispiel (wirtschaftliche Verursachung vor rechtlicher Entstehung) kann die gesetzliche Verpflichtung zur Aufstellung und Prüfung des Jahresabschlusses gesehen werden[577]. Gerade an diesem Beispiel zeigt sich aber auch die mögliche Unschärfe in der Auslegung der wirtschaftlichen Verursachung, da verschiedene Senate des BFH innerhalb kurzer Zeit zu unterschiedlichen Ergebnissen gelangt sind. So verneinte zunächst der I. Senat die wirtschaftliche Verursachung für diesen Fall, da das wesentliche zu erfüllende Tatbestandsmerkmal erst im Ablauf des Geschäftsjahres gesehen wurde[578]. Kurz darauf änderte sich die Rechtsprechung mit Urteil des IV. Senates vom 20.3.1980[579], da dieser unter Annahme des Vorliegens der wirtschaftlichen Verursachung zu der Auffassung gelangte, die wohl derzeit noch Bestand hat; danach soll der wesentliche zu verwirklichende Tatbestand im Betrieb eines buchführenden Unternehmens gesehen werden. In einem späteren Urteil[580] hat sich dann der I. Senat der Auffassung des IV. Senates angeschlossen. Anzumerken bleibt, daß die unmittelbare Auslegung der wirtschaftlichen Verursachung nach dem Realisationsprinzip direkt zu dem Ergebnis der Rückstellungsbildung geführt hätte, da dieses "keinen Zweifel an der Zurechenbarkeit der Jahresabschlußaufwendungen auf die Geschäftsjahresumsätze und damit an ihrer Passivierungspflicht"[581] läßt.

Daß die Auslegung dieses Kriteriums gerade im angesprochenen Bereich der mit den Jahresabschlußkosten zusammenhängenden Rückstellungen aber noch immer für Unsicherheit sorgt, zeigt sich an dem Fall eines kürzlich ergangenen Finanzgerichtsurteils[582], in welchem ausgeführt wird, daß zwar die Kosten für die Erstellung der Bilanz, nicht aber diejenigen für solche nach dem Bilanzstichtag anfallenden Buchführungsarbeiten, die Geschäftsvorfälle vor diesem Bilanzstichtag betreffen, über die Bildung einer Rückstellung berücksichtigt werden können. M.E. wird hier - bei fehlender rechtlicher Entstehung - das Vorliegen der wirtschaftlichen Verursachung in der Kennzeichnung durch die BFH-Rechtsprechung aber nicht ernsthaft verneint werden können, da die aus diesen Buchführungsarbeiten resultierenden künftigen Ausgaben Umsätze des abgelaufenen Wirtschafts-

---

577 Vgl. auch *Naumann*, Entstehen, WPg 1991, S. 532.
578 Vgl. das BFH-Urteil vom 26.10.1977 I R 148/75, BStBl. II 1978, S. 97 ff.
579 IV R 89/79, BStBl. II 1980, S. 297 ff.
580 BFH-Urteil vom 23.7.1980 I R 28/77, BStBl. II 1981, S. 62 f.
581 *Moxter*, Bilanzrechtsprechung, 2. Aufl., 1985, S. 59.
582 FG Rheinland-Pfalz, Urteil vom 16.5.1991 4 K 1233/90, EFG 1992, S. 318 f; gegen dieses Urteil wurde Revision eingelegt.

jahres alimentiert haben und somit wirtschaftlich dem abgelaufenen Geschäftsjahr zuzurechnen sind[583].

b) Wirtschaftliche Verursachung nach rechtlicher Entstehung

Die Frage nach der Passivierungsfähig- und -pflichtigkeit von Verbindlichkeiten, die zwar rechtlich entstanden, gleichwohl aber wirtschaftlich noch nicht verursacht sind, steht derzeit im Zentrum der Diskussion um die Periodenzuordnung von Rückstellungen. Dabei ist zunächst festzustellen, daß eine derartige Konstellation dann überhaupt nicht eintreten könnte, wenn die wirtschaftlich wesentlichen Tatbestandsmerkmale nur als Untermenge der zur rechtlichen Vollentstehung maßgeblichen Tatbestandsmerkmale gesehen werden würden, da insoweit mit der rechtlichen Entstehung unmittelbar auch die wirtschaftliche Verursachung einhergehen sollte. Eine solche Auffassung wird aber weder im Schrifttum noch von der Rechtsprechung vertreten; stattdessen soll es tatsächlich dazu kommen können, daß die wirtschaftliche Verursachung der rechtlichen Entstehung folgt[584].

In einem ersten Überblick kann festgehalten werden, daß nach der bislang herrschenden Auffassung entweder die rechtliche Entstehung oder die wirtschaftliche Verursachung der Verpflichtung zur Begründung einer Rückstellungspflicht ausreichen soll[585]; diese Auffassung, die hinsichtlich der Periodenzuordnung auf den früheren der beiden Zeitpunkte abstellt, wird insbesondere von der BFH-Rechtsprechung vertreten[586], auch wenn in den

---

583 Diese Überlegungen werden durch die aktuelle Rechtsprechung bestätigt, denn der BFH hat mittlerweile im Revisionsverfahren - mit Urteil vom 25.3.1992 I R 69/91, BStBl. II 1992, S. 1010 ff - entschieden, daß Rückstellungen für rückständige Buchführungsarbeiten gebildet werden müssen, da "die Verbuchungspflicht durch die Geschäftsvorfälle des abgelaufenen Wirtschaftsjahres ausgelöst wird und wirtschaftlich eine von diesen Vorgängen nicht trennbare Belastung darstellt". Die Verbuchungspflicht bilde zwar auch eine Grundlage künftiger geschäftlicher Betätigung, gleichwohl sei aber die Aufzeichnungspflicht "nicht wirtschaftlich mit künftigen Gewinnchancen, sondern mit Erträgen oder Aufwendungen der Vergangenheit verbunden", so daß das Vorliegen der wirtschaftlichen Verursachung bejaht werden müsse.

584 Vgl. zu diesen Überlegungen ausführlicher *Moxter*, Umweltschutzrückstellungen, in: *Moxter* (Hrsg.), Rechnungslegung, 1992, S. 431. Allerdings wird von *Fumi*, Rückstellungen, 1991, S. 38 f, ohne nähere Begründung die Auffassung vertreten, daß ein "Nachfolgen der Verursachung auf die rechtliche Entstehung ... nicht möglich" sei.

585 Entweder "dem Grunde nach entstanden oder, sofern es sich um eine künftige Verbindlichkeit handelt, wirtschaftlich in abgelaufenen oder vorangegangenen Wirtschaftsjahren verursacht ist"; so jüngst das BFH-Urteil vom 13.11.1991 I R 102/88, BStBl. II 1992, S. 337.

586 "Eine rechtlich entstandene Verbindlichkeit muß in der Bilanz des Kaufmanns ausgewiesen werden, sei es als Verbindlichkeit, wenn auch die Höhe gewiß ist, oder als Rückstellung, wenn die Höhe ungewiß ist. Das gilt auch dann, wenn die Verbindlichkeit wirtschaftlich durch Ereignisse verursacht wird, die in einem späteren Zeitpunkt eintreten"; so das BFH-Urteil vom 23.9.1969 I R 22/66, BStBl. II 1970, S. 104 ff, 106. Dem folgend *Eibelshäuser*, Bundesfinanzhof, ZfbF 1981, S. 59.

jüngeren Urteilen der BFH-Rechtsprechung die Formulierungen vereinzelt nicht eindeutig zu sein scheinen[587].

Demgegenüber ist aktuell eine von MOXTER und HERZIG entwickelte Mindermeinung im Vordringen begriffen, die darauf abstellt, daß dem Kriterium der wirtschaftlichen Verursachung nicht mehr nur eine Funktion als ein den Passivierungszeitpunkt vorverlagerndes Element zukommen kann; stattdessen soll die wirtschaftliche Verursachung als eine eigenständige Passivierungsvoraussetzung neben die hier bereits untersuchten Objektivierungskriterien treten und insoweit die rechtliche Entstehung einer Verbindlichkeit als Periodisierungskriterium verdrängen[588].

Da die aus den divergierenden Auffassungen resultierenden Ergebnisse im Einzelfall weitreichende materielle Konsequenzen auslösen können, sollen nachfolgend zunächst sowohl die herrschende als auch die Mindermeinung ausführlicher hinsichtlich der ihnen zugrundeliegenden Argumente vorgestellt werden. Danach wird dann der Versuch unternommen, die wesentlichen Argumente beider Auffassungen in einem eigenständigen Lösungsansatz miteinander zu verbinden.

Soweit daneben aus den Ausführungen bei ADLER/DÜRING/SCHMALTZ[589] geschlossen werden muß, daß ein Wahlrecht dahingehend bestehen soll, schon nach dem rechtlichen Entstehen eine Rückstellung zu passivieren, kann dem nicht gefolgt werden, da die gesetzliche Regelung des § 249 I HGB zwingend eine Passivierungspflicht für solche zukünftigen Ausgaben vorsieht, die der abgelaufenen bzw. einer vorangegangenen Periode zuzuordnen sind[590]; die Idee der Einräumung eines Passivierungswahlrechts soll daher nicht weiter verfolgt werden.

(1) Stand der Diskussion

Die angesprochene Mindermeinung stützt sich zur bilanzzweckkonformen Auslegung des § 249 HGB auf die zentralen Bilanzierungsprinzipien[591] und geht auf MOXTER zurück,

---

587 Vgl. dazu die BFH-Urteile vom 25.8.1989 III R 95/87, BStBl. II 1989, S. 893 f; vom 28.6.1989 I R 86/85, BStBl. II 1990, S. 552 f.

588 *Moxter*, Bilanzrechtsprechung, 3. Aufl., 1993, S. 87 ff; *Herzig*, Rückstellungen, DB 1990, S. 1346 f. Dieser Auffassung folgend *Schmidt*, EStG, 1993, Anm. 41 a) zu § 5 EStG; *Naumann*, Entstehen, WPg 1991, S. 529 ff; *Ballwieser*, Passivierung, in: IDW (Hrsg.), Fachtagung, 1992, S. 131 ff. Mit diesem Ergebnis wohl auch *Mathiak*, Bilanzsteuerrecht, StuW 1981, S. 78, und das BMF-Schreiben vom 27.8.1988, DB 1988, S. 2279.

589 *Adler/Düring/Schmaltz*, Rechnungslegung, 5. Aufl., 1987/90, Tz. 72 zu § 249 HGB. Zu diesem Schluß kommt *Naumann*, Entstehen, WPg 1991, S. 534.

590 So auch *Kupsch*, Umweltlasten, BB 1992, S. 2324.

591 Dieses Vorgehen unterstützend *Kraus*, Rückstellungsbegriff, StuW 1988, S. 145.

der zuletzt[592] nachdrücklich festgestellt hat, daß die "handelsrechtlichen GoB ... kein Prinzip [umfassen], wonach bei Auseinanderfallen von rechtlicher Entstehung und wirtschaftlicher Verursachung »der frühere der beiden Zeitpunkte maßgeblich« ist"[593]; vielmehr müsse auch im Rahmen der Passivierung das Fundamentalprinzip Realisationsprinzip zum Zuge kommen mit der Folge, daß ausschließlich solche zukünftigen Ausgaben passiviert werden dürften, die gegenwärtige Umsätze alimentiert haben[594], denen also "greifbar zugehörige künftige Erträge"[595] nicht gegenüberstehen[596].

Auf diesen Überlegungen aufbauend hat HERZIG[597] dann erneut unterstrichen - und diesen Stellungnahmen kommt wohl das Verdienst zu, die aktuelle Diskussion insbesondere die Umweltschutzrückstellungen betreffend entfacht zu haben -, daß das Realisationsprinzip als grundlegendes Abgrenzungsprinzip verstanden werden muß, welches sowohl für die Aktiv- als auch für die Passivseite von Relevanz ist[598] und weitergehend herausgearbeitet, daß ein solchermaßen verstandenes Realisationsprinzip im Bereich der Umweltschutzrückstellungen, nämlich bei den sogenannten Anpassungsverpflichtungen, rückstellungsbegrenzend wirkt[599].

Dieses Ergebnis fußt nicht zuletzt auch auf der Tatsache, daß sich die Rechtsprechung, wie schon dargestellt, zur Präzisierung der wirtschaftlichen Verursachung des Realisationsprinzips bedient und beruht dann insbesondere auf der Überlegung, daß einer Begrenzung des Realisationsprinzips auf die Aktivseite der Bilanz nicht gefolgt werden kann, da eine solche Interpretation das Realisationsprinzip auf ein reines Anschaffungskostenprinzip reduzieren würde[600]. Eine derartige Reduzierung ist aus dem Gesetz aber nicht ableitbar, vielmehr bestimmt die gesetzliche Vorschrift des § 252 I Nr. 4 HGB ausdrücklich, daß

---

592 Die früher von *Moxter* vertretene Auffassung, wonach rechtlich voll entstandene Verbindlichkeiten zu passivieren sind, wird insoweit wohl so nicht mehr aufrechterhalten; vgl. zu dieser älteren Auffassung *Moxter*, Rückstellungskriterien, BB 1979, S. 433-440.

593 *Moxter*, Bilanzrechtsprechung, 2. Aufl., 1985, S. 60.

594 So *Moxter*, Bilanzrechtsprechung, 2. Aufl., 1985, S. 49 f, 217; dem folgend *Naumann*, Bewertung, 1989, S. 142; *Gail*, Entstehung, ZfB-Ergänzungsheft 1/87: Bilanzrichtlinien-Gesetz, S. 61.

595 *Moxter*, Umweltschutzrückstellungen, in: *Moxter* (Hrsg.), Rechnungslegung, 1992, S. 436.

596 "Eine rechtlich bereits voll entstandene Verpflichtung ist ... in wirtschaftlicher Betrachtungsweise dann nicht zu passivieren, wenn ihr ein korrespondierender Ertrag zeitlich folgt"; so *Moxter*, wirtschaftliche Betrachtungsweise, StuW 1989, S. 239. Wenn die wirtschaftliche Verursachung zweifelhaft ist, "muß, mit Rücksicht auf das Vorsichtsprinzip, die rechtliche Vollentstehung der Verpflichtung als spätester Passivierungszeitpunkt gelten", so *Moxter*, Bilanzrechtsprechung, 2. Aufl., 1985, S. 60.

597 *Herzig*, Rückstellungen, DB 1990, S. 1341 ff, 1346 f; *ders.*, Risikovorsorge, in: *Doralt* (Hrsg.), Probleme, 1991, S. 199 ff, 211.

598 Vgl. dazu auch *Adler/Düring/Schmaltz*, Rechnungslegung, 5. Aufl., 1990, Anm. 80 zu § 252 HGB.

599 Dem folgend *Schmidt*, EStG, 1993, Anm. 14 c) zu § 5 EStG m.w.N.

600 Vgl. *Moxter*, Wirtschaftliche Gewinnermittlung und Bilanzsteuerrecht, StuW 1983, S. 300-307, 304.

"Gewinne ... nur zu berücksichtigen [sind], wenn sie am Abschlußstichtag realisiert sind"; "da Gewinne aber die Differenz zwischen Erträgen und Aufwendungen darstellen, ist eine Begrenzung des Realisationsprinzips auf die Aktivseite verfehlt"[601]. Im Ergebnis muß nach dieser Auffassung das Kriterium der rechtlichen Entstehung durch das der wirtschaftlichen Verursachung ersetzt werden, da nur das letztgenannte Relevanz hinsichtlich der Fragen der Periodenzuordnung entfalten soll, es würde somit als eigenständige Passivierungsvoraussetzung neben die bereits erörterten Objektivierungserfordernisse treten[602].

Diese weitgreifende Interpretation des Realisationsprinzips sollte auch dem Hauptzweck der Bilanz im Rechtssinne entsprechen, der wie bereits dargestellt darin gesehen wird, einen "vorsichtig ermittelten verteilungsfähigen (und damit ausschüttungsfähigen) Gewinn" festzustellen[603].

Ein Verstoß gegen das Vorsichtsprinzip soll in der Nichtpassivierung von zwar rechtlich entstandenen, wirtschaftlich aber noch nicht verursachten Verpflichtungen nicht zu erkennen sein, "da das Realisationsprinzip Bestandteil des Vorsichtsprinzips nach § 252 I Nr. 4 HGB ist und eine darüber hinausgehende Vorsicht nur auf der Basis des Imparitätsprinzips gefordert werden kann"[604]. Ebensowenig soll das in § 246 I HGB formulierte Vollständigkeitsgebot verletzt sein, da es als GoB vom Realisationsprinzip überlagert wird.

Ein Lösungsvorschlag, der ebenfalls die Dominanz des Kriteriums der wirtschaftlichen Verursachung betont, wird von NAUMANN unterbreitet[605]. Dabei soll nach dieser Auffassung ein zukünftiges Ausgabenerfordernis dann die Bedingung einer bilanziellen Schuld

---

601 *Herzig*, Risikovorsorge, in: *Doralt* (Hrsg.), Probleme, 1991, S. 204 f m.w.N. Mit dieser Argumentation auch *Moxter*, Bilanzrechtsprechung, 3. Aufl., 1993, S. 90. Den Hinweis auf den Gesetzeswortlaut ablehnend *Woerner*, Zeitliche Zuordnung, StVj 1993, S. 204; so auch (unter Hinweis auf das "klassische" Verständnis des Realisationsprinzips) *Christiansen*, Erfordernis, BFuP 1994, S. 33.

602 Mit diesem Ergebnis, allerdings ohne überzeugende Begründung, auch *Gail*, Entstehung, ZfB-Ergänzungsheft 1/87: Bilanzrichtlinien-Gesetz, S. 60 f. Das dort angeführte Beispiel sollte im vorliegenden Zusammenhang nicht einschlägig sein, da die Passivierung einer Verpflichtung zur Zahlung einer bestimmten Summe erst nach Ablauf von siebzig Jahren weniger an der wirtschaftlichen Verursachung als vielmehr an der fehlenden Werthaltigkeit scheitern sollte.

603 Vgl. *Moxter*, wirtschaftlichen Betrachtungsweise, StuW 1989, S. 232 ff; *ders.*, Periodengerechte Gewinnermittlung, in: *Knobbe-Keuk/Klein/Moxter* (Hrsg.), Handels-, 1988, S. 447 ff; dem folgend *Uelner*, Rückstellungen, in: *Mellwig/Moxter/Ordelheide* (Hrsg.), Handelsbilanz, 1989, S. 95; *Beisse*, Verhältnis, StuW 1984, S. 1 ff, 4; *ders.*, Gewinnrealisierung, in: *Ruppe*, Gewinnrealisierung im Steuerrecht, 1981, S. 13 ff; *ders.*, Bilanzauffassung, Korreferat zum Referat Professor *Dr. Kruse*, JbFfSt 1978/79, S. 186 ff; *Döllerer*, Handelsbilanz, in: *Baetge* (Hrsg.), Jahresabschluß 1983, S. 157 ff, 163; *ders.*, Gedanken, Korreferat zum Referat Dr. *Clemm*, JbFfSt 1979/80, S. 195 ff.

604 *Herzig*, Risikovorsorge, in: *Doralt* (Hrsg.), Probleme, 1991, S. 213. A.A. bzgl. des Vorsichtsprinzips *Kupsch*, Umweltlasten, BB 1992, S. 2325.

605 Vgl. dazu *Naumann*, Entstehen, WPg 1991, S. 534 ff.

nicht erfüllen, wenn diesem Ausgabenerfordernis noch zugehörige künftige Erträge gegenüberstehen. Weiterhin wird - auch unter Rückgriff auf die bilanzielle Gewinnermittlungskonzeption - insbesondere darauf verwiesen, daß andere rechtlich entstandene Verpflichtungen ebenfalls nicht vollständig passiviert werden müssen, so z.b. die Verpflichtungen aus schwebenden Geschäften, soweit aus diesen kein Verpflichtungsüberschuß droht[606].

Von einer rückstellungsbegrenzenden Wirkung des Realisationsprinzips geht auch KRAUS[607] aus, der aber für die lediglich rechtlich entstandenen Verpflichtungen in einem zweiten Schritt eine Passivierungspflicht nach dem Imparitätsprinzip fordert. Dieser Auffassung ist nach dem hier vertretenen Verständnis des Imparitätsprinzips, welches hinsichtlich des Rückstellungsansatzes nur Wirkung bezüglich der Drohverlustrückstellungen entfalten sollte, nicht zuzustimmen[608]. Denn das Imparitätsprinzip antizipiert nur solche Verluste, "die aus am Bilanzstichtag bereits vorhandenen Aktiva und Passiva oder aus am Bilanzstichtag bereits abgeschlossenen und noch schwebenden Geschäften drohen"[609]. Dementsprechend kann es sich im Rahmen der Bilanzierung von Rückstellungen für ungewisse Verbindlichkeiten nur in seiner Ausprägung als Höchstwertprinzip niederschlagen, nicht aber zur Beurteilung der Frage dienen, ob am Stichtag überhaupt das Vorliegen eines Passivums zu bejahen ist[610].

Die auf die BFH-Rechtsprechung[611] zurückgehende herrschende Meinung, die - auch unter aktuellem Bezug auf die Umweltschutzrückstellungen[612] - eine Passivierungspflicht für lediglich rechtlich entstandene Verpflichtungen unabhängig von deren wirtschaftlicher Verursachung fordert, stellt weniger auf das Vorsichtsprinzip[613] als auf das in

---

606 So *Herzig*, Rückstellungen, DB 1990, S. 1347.
607 *Kraus*, Rückstellungen, 1987, S. 41 und S. 125 f; *ders.*, Rückstellungsbegriff, StuW 1988, S. 147.
608 Mit diesem Ergebnis auch *Kupsch*, Umweltlasten, BB 1992, S. 2325, der ausführt: "Da es sich bei rechtlich entstandenen Verbindlichkeiten nicht um zukünftige Vermögensminderungen handelt, wird das Imparitätsprinzip nicht berührt".
609 *Kraus*, Rückstellungen, 1987, S. 116.
610 "Das Objektivierungserfordernis schlägt sich im Imparitätsprinzip in der Weise nieder, daß nur (aber sämtliche) Verluste an bereits vorhandenen Aktiven und Passiven bzw. aus bereits festliegenden (schwebenden) Geschäften gemeint sind", so *Moxter*, System, in: *Gross* (Hrsg.), Wirtschaftsprüfer, 1985, S. 24. So auch *Gruber*, Bilanzansatz, 1991, S. 92; a.A. wohl *Bartels*, Umweltrisiken, 1992, S. 139 ff.
611 Vgl. insbesondere die BFH-Urteile vom 23.9.1969 I R 22/66, BStBl. II 1970, S. 106; vom 12.12.1990 I R 153/86, BStBl. II 1991, S. 482.
612 Vgl. bspw. *Günkel*, Rückstellungen, in: *Herzig* (Hrsg.), Umweltschutz, 1991, S. 31 ff, 42; *Crezelius*, Umweltschutzmaßnahmen, DB 1992, S. 1353 ff; *Bartels*, Neulastenfällen, BB 1992, S. 1311 ff; *Bordewin*, Umweltschutzrückstellungen, DB 1992, S. 1097 ff; *Christiansen*, Erfordernis, BFuP 1994, S. 32 ff.
613 Vgl. mittlerweile aber *Kupsch*, Umweltlasten, BB 1992, S. 2325; schon früher mit einem knappen Hinweis auf das Vorsichtsprinzip *Müller*, Gedanken, ZGR 1981, S. 139.

§ 246 I HGB niedergelegte Vollständigkeitsprinzip ab[614], wonach der Jahresabschluß sämtliche Schulden zu enthalten hat, "soweit gesetzlich nichts anderes bestimmt ist"; für die bilanzrechtliche Periodenzuordnung soll nach dieser Auffassung also der frühere der beiden angesprochenen Zeitpunkte entscheidend sein[615].

Mit der bis hierhin erfolgten Kennzeichnung der beiden widerstreitenden Auffassungen dürfte der Problemkreis hinreichend abgesteckt sein; die herrschende Meinung hebt insbesondere auf das Vollständigkeitsprinzip und somit auf den Schuldcharakter ab, während die derzeitige Mindermeinung dieses Vollständigkeitsprinzip vom - den primären Jahresabschlußzweck "Gewinnermittlung" verwirklichenden - Realisationsprinzip dominiert sieht.

Zur Beantwortung der Frage nach der Dominanz eines der beiden Prinzipien lassen sich nun - unter besonderer Berücksichtigung der Jahresabschlußzwecke - die nachfolgend beispielhaft genannten kontroversen Argumente anführen. So würden für den Vorrang des Vollständigkeitsprinzips folgende Erwägungen sprechen:

- Zunächst könnte herausgestellt werden, daß es sich bei dem Vollständigkeitsgrundsatz um einen umfassend zu beachtenden GoB handeln muß, da er sich nicht allein in § 246 I HGB, sondern auch - betreffend die Buchführung - in § 239 II HGB niedergeschlagen hat.

- Betreffend die Passivierung von Verbindlichkeitsrückstellungen könnte dann weitergehend angeführt werden, daß das Realisationsprinzip - als das den Jahresabschlußzweck Gewinnermittlung verwirklichende Prinzip - durch das Vollständigkeitsprinzip bereits im Rahmen der Nachholung einer Rückstellungsbildung ergänzt wird[616]. Eine derartige Passivierung von zukünftigen Ausgaben, die die Erträge eines früheren - und nicht die des abgelaufenen - Wirtschaftsjahres alimentiert haben und den einzelnen Perioden der Ertragsrealisierung nicht zugerechnet worden sind - also eine Nachholung -, könnte bei näherer Betrachtung nämlich nicht auf das Realisationsprinzip, sondern nur auf das Vollständigkeitsprinzip zu stützen sein, da die Nachholung der Rückstellungsbildung im Jahr der Rückstellungsbildung eine eben nicht umsatzgebundene Gewinnermittlung bewirkt. Eine solche Nachholung ist mit einer ausschließlich am Realisationsprinzip orientierten

---

614 So explizit *Clemm/Nonnenmacher*, in: Beck'scher Bilanzkommentar, 1990, Anm. 41 zu § 249 HGB; dieser Überlegung nicht abgeneigt, aber eher unentschieden *Adler/Düring/Schmaltz*, Rechnungslegung, 5. Aufl., 1990, Anm. 72 zu § 249 HGB. So auch - allerdings ohne auf die aktuelle Diskussion einzugehen - *Loose*, Umweltverbindlichkeiten, 1993, S. 29.

615 Diese Formulierung geht zurück auf das BFH-Urteil vom 23.9.1969 I R 22/66, BStBl. II 1970, S. 106. Diesem Ergebnis - unter Hinweis auf die Passivseite stärker bestimmende rechtliche Betrachtungsweise - zustimmend *Müller*, Gedanken, ZGR 1981, S. 139.

616 In diese Richtung zielen möglicherweise auch die Ausführungen von *Siegel*, Metamorphosen, in: *Moxter* (Hrsg.), Rechnungslegung, 1992, S. 603 ff. Die Dominanz des Vollständigkeitsprinzips gegenüber dem Realisationsprinzip bekräftigend *ders.*, Umweltschutz, BB 1993, S. 334 f.

Bilanzierung gerade nicht zu vereinbaren, vielmehr findet diese Nachholung ihre Rechtfertigung in der Verwirklichung der Jahresabschlußzweckkomponente "*vorsichtige* Ermittlung eines verteilungsfähigen Gewinns".

- Diese Überlegung vertiefend könnte festgestellt werden, daß für die Dominanz des Vollständigkeitsprinzips auch der Umstand sprechen müßte, daß es bei einer durch das Realisationsprinzip begrenzten Rückstellungsbildung zum Abfluß eines eigentlich nicht verteilungsfähigen Gewinnanteils zumindest dann kommen würde, wenn und soweit mit zukünftig unbedingt zu erfüllenden Ausgabenverpflichtungen keine diesen zugehörige Erträge anfallen mit der Konsequenz, daß diesen Ausgabenverpflichtungen in Zukunft möglicherweise nicht nachgekommen werden könnte. In Grenzfällen könnte also die rückstellungsbegrenzende Wirkung des Realisationsprinzips dazu führen, daß zuviel Gewinn als verteilungsfähig ermittelt und dem Unternehmen daher Vermögen als ausschüttungsfähiger Gewinn entzogen werden würde, das noch keinen endgültigen Reinvermögenszuwachs repräsentiert; in einem solchen Grenzfall wäre dann die Jahresabschlußzweckkomponente "*vorsichtige* Ermittlung eines verteilungsfähigen Gewinns" unzulässigerweise verletzt.

Demgegenüber sprechen für die Dominanz des Realisationsprinzips folgende Überlegungen:

- Die bilanzielle Konzeption der möglichst umsatzgebundenen Gewinnermittlung erfordert unter Rückgriff auf das Realisationsprinzip eine Passivierung nach der wirtschaftlichen Verursachung, wie sie zumindest mit einer den Zeitpunkt der Rückstellungsbildung vorverlagernden Wirkung auch von der BFH-Rechtsprechung vertreten wird[617].

- Das Vollständigkeitsprinzip ist darüberhinaus nicht als absolut geltendes Prinzip zu verstehen[618]; vielmehr wird es sowohl durch die Konzeption des Jahresabschlusses begrenzt als auch aufgrund besonderer Bilanzierungsvorschriften durchbrochen[619]. Besonderes Gewicht gewinnt insoweit die Tatsache, daß bereits die gesetzliche Formulierung in § 246 I HGB ("soweit gesetzlich nichts anderes bestimmt ist") eine deutliche Einschränkung beinhaltet. Würde dem Vollständigkeitsprinzip stattdessen eine übergreifende Wirkung zugesprochen, so müßte es doch tatsächlich zu einer Passivierung von Verbindlichkeiten (und Ansprüchen) aus schwebenden Geschäften einerseits und andererseits auch

---

617 So auch die These 1 bei *Naumann*, Entstehen, WPg 1991, S. 534.
618 Eine Einschränkung des Vollständigkeitsprinzips durch das Realisationsprinzip bejahend *Thiel*, Bilanzierung, in: *Doralt* (Hrsg.), Probleme, 1991, S. 168.
619 Dazu *Leffson*, GoB, 1987, S. 224.

zu einer unbedingten und unbegrenzten Passivierung solcher Verpflichtungen kommen, bei deren Erfüllung Anschaffungs- oder Herstellungskosten anfallen werden[620].

- Schließlich ist m.E. auch darauf zu verweisen, daß bei lediglich faktisch begründeten Verpflichtungen, bei denen es definitionsgemäß nicht zu einer rechtlichen Entstehung kommen kann, die wirtschaftliche Verursachung (und damit die Periodenzuordnung nach dem Realisationsprinzip) ein maßgebendes Passivierungskriterium darstellt[621]. Würde hier nach dem Vollständigkeitsprinzip passiviert, so müßte allein das Vorliegen eines faktischen Leistungszwangs als ausreichend angesehen werden; gerade diese Auffassung wird aber von der Rechtsprechung - aktuell und explizit von der BGH-Rechtsprechung - nicht vertreten[622]. Insofern ist festzustellen, daß es derzeit nicht zu einer deckungsgleichen bilanziellen Berücksichtigung von rechtlich und von faktisch begründeten Verpflichtungen kommt[623]; erstgenannte sind nach h.M. bereits mit ihrem rechtlichen Entstehen, letztgenannte nur unter dem Vorbehalt der wirtschaftlichen Verursachung zu passivieren.

M.E. läßt sich aus den dargestellten Erwägungen nun aber keine allgemeingültige und eindeutige Lösung ableiten, da sich beide Auffassungen auf (gleich-)gewichtige Argumente berufen können; deshalb soll im hier nachfolgenden Unterabschnitt eine eigenständige Lösung vorgestellt werden, die die Kernbereiche der beiden widerstreitenden Auffassungen zu einer differenzierten Bilanzierungsregel zusammenführen und die These von der eingeschränkt rückstellungsbegrenzenden Wirkung des Realisationsprinzips formulieren wird.

Zuvor sei jedoch noch kurz auf einen weiteren denkbaren Lösungsversuch hingewiesen, der ebenfalls Elemente beider Argumentationen aufnehmen würde, der aber m.E. keinen Rückhalt im geltenden Bilanzrecht finden dürfte. Dieser Versuch zur Annäherung der oben dargestellten - und zunächst unvereinbar erscheinenden - Auffassungen könnte dahin gehen, daß in einem ersten Schritt unter Rückgriff auf das Vollständigkeitsprinzip die

---

620 Sollte das Vollständigkeitsprinzip tatsächlich dahingehend zu verstehen sein, daß die Schulden weitestgehend zu erfassen sind, müßten auch solche Verpflichtungen (Schulden) bilanziell abgebildet werden, welche - zumindest teilweise - durch die Tätigung einer Investition (hier verstanden als Anschaffung oder Herstellung eines Wirtschaftsgutes) erfüllt werden könnten; diese Auffassung wurde im Fachschrifttum bislang nur von *Crezelius*, Umweltschutzmaßnahmen, DB 1992, S. 1362 f, angedeutet.

621 "Als Bilanzierungszeitpunkt kommt nur die wirtschaftliche Entstehung in Betracht", so die faktischen Verbindlichkeiten betreffend *Adler/Düring/Schmaltz*, Rechnungslegung, 5. Aufl., 1990, Anm. 74 zu § 249 HGB.

622 "Zutreffend ist der Ausgangspunkt der Revision, wonach für die Bildung einer Rückstellung außer dem faktischen Leistungszwang erforderlich ist, daß die Verpflichtung wirtschaftlich in abgelaufenen Geschäftsjahren verursacht ist. Dies setzt die konkretisierte Zugehörigkeit künftiger Ausgaben zu bereits realisierten Erträgen voraus"; so das BGH-Urteil vom 28.1.1991 II ZR 20/90, BB 1991, S. 508.

623 Vgl. dazu auch die diese Divergenz darstellende Abbildung bei *Clemm/Nonnenmacher*, in: Beck'scher Bilanzkommentar, 1990, Anm. 40 zu § 249 HGB.

Passivierungspflichtigkeit lediglich rechtlich entstandener Verpflichtungen dem Grunde nach tatsächlich angenommen und insofern eine Ansatzpflicht für die entsprechenden Rückstellungen bejaht wird. In einem zweiten Schritt, nämlich im Rahmen der Bewertung dieser Rückstellungen, müßte dann jedoch unter besonderer Beachtung der Jahresabschlußzweckkomponente "umsatzgebundene Gewinnermittlung" die Überlegung, daß die zukünftigen Ausgaben auch nur Erträge zukünftiger Perioden alimentieren, dahingehend einfließen, daß eine Bewertung der Verpflichtungen lediglich mit einem "Erinnerungswert" oder sogar mit Null erfolgt.

Dieser Lösungsversuch, der die wesentlichen Überlegungen beider kontroversen Auffassungen zu verbinden sucht, scheitert m.E. daran, daß Ansatz- und Bewertungsfragen vermischt werden würden. Dies kann systematisch nicht befriedigen, da die Frage nach dem Bestehen einer Passivierungspflicht (Bilanzierung dem Grunde nach) nicht von einer Entscheidung im Rahmen der Bilanzierung der Höhe nach abhängig gemacht werden darf; soweit die künftigen Ausgaben nämlich der abgelaufenen Periode zugerechnet werden müssen, kommt nur noch eine Bewertung nach den allgemein anerkannten Grundsätzen (insbesondere: Bewertung mit dem nach vernünftiger kaufmännischer Beurteilung notwendigen Betrag) in Betracht[624]. Daher wird im Rahmen der vorliegenden Untersuchung erstmals ein weitergehender eigenständiger Lösungsansatz vorgestellt, der aufzeigen soll, daß nach einer Differenzierung hinsichtlich der jeweils zugrundeliegenden Verpflichtungsstruktur Teilaspekte beider Literaturauffassungen Berücksichtigung finden müssen.

(2) Eigener Lösungsansatz

Zur sachgerechten und überzeugenden Ableitung dieses eigenständigen Lösungsansatzes erscheint es sinnvoll, sich noch einmal auf die grundlegende Problematik zu besinnen: Es geht um die Lösung der Frage, zu welchem Zeitpunkt solche zukünftigen Ausgaben frühestens[625] (und damit zugleich auch spätestens, da aus der Passivierungsfähig- sofort die Passivierungspflichtigkeit folgt) passiviert werden müssen, die zwar erst zukünftig noch zu realisierende Erträge alimentieren, die aber gleichwohl auf einer bereits am Bilanzstichtag rechtlich bestehenden Verpflichtung beruhen.

---

624 Zudem ergäbe sich für alle lediglich rechtlich entstandenen Verpflichtungen nur eine undifferenzierte Lösung, ohne daß eventuell vorhandene Strukturunterschiede Eingang in die Rückstellungsbilanzierung finden könnten; im Ergebnis läßt sich also mit diesem ersten Lösungsansatz nur schwerlich eine überzeugende Verbindung der beiden Auffassungen erreichen.

625 Der frühestmögliche Zeitpunkt des Bilanzansatzes richtet sich nach der erstmaligen Erfüllung der Begriffsmerkmale; dabei muß allen Rückstellungskriterien Rechnung getragen werden; so auch *Brönner/Bareis*, Bilanz, 1991, Teil IV Rn. 1421. Er bestimmt sich nach den Objektivierungs- sowie nach den Zuordnungs- und Abgrenzungsgrundsätzen, also insbesondere auch nach dem Realisationsprinzip; vgl. *Eifler*, Rückstellungen, in: HdJ, Abt. III/5, 1984, Rn. 55; *ders.*, Grundsätze, 1976, S. 42.

Der Wortlaut des zunächst auszulegenden § 249 I HGB, wonach "Rückstellungen ... für ungewisse Verbindlichkeiten ... zu bilden" sind, kann zur Lösung dieser Frage nicht beitragen, da insoweit nicht geklärt wird, welche Objektivierungs- und welche Periodisierungsaspekte beachtet werden müssen.

Zwar könnte nun dieses Problem des zeitlichen Zugangs insbesondere von Passiven mit Hilfe einer rein formalrechtlichen Betrachtungsweise gelöst werden, nach welcher Passiva zu erfassen wären, sobald eine Verbindlichkeit im Rechtssinne gegeben wäre. Allerdings darf unter Rückgriff auf die im Bilanzrecht anzuwendende wirtschaftliche Betrachtungsweise[626] eine negative Vermögenskomponente "nicht mit dem Vorhandensein einer Schuld im Rechtssinne gleichgesetzt werden"[627]; eine solche - sich an den Rechtsstrukturen orientierende - formalrechtliche Betrachtungsweise würde nämlich den wirklichen Normzweck verfehlen[628]. Vielmehr muß - eben unter Berücksichtigung des Normzwecks - im Rahmen der vorsichtigen Ermittlung eines ausschüttungsfähigen Gewinns vermieden werden, daß sich der Bilanzierende reich rechnet, indem er in Zusammenhang mit realisierten Erträgen stehende zukünftige Ausgaben noch nicht berücksichtigt[629]. Insoweit resultiert aus dem "Prinzip wirtschaftlicher Verursachung, das ein Unterprinzip des Realisationsprinzips ist"[630], ein zusätzliches Passivierungsvolumen, welches über das aus der formalrechtlichen Betrachtungsweise resultierende hinausgeht.

Im Schrifttum[631] wird nun darauf hingewiesen, daß das Kriterium der wirtschaftlichen Verursachung früher im Sinne der dynamischen Bilanzauffassung verstanden wurde, während es mittlerweile eher im Sinne einer statischen Verursachungskonzeption zum Tragen kommen soll. Dazu ist anzumerken, daß - wie zu Beginn der Untersuchung bereits erläutert - Dynamik und Statik nur noch als Tendenzbegriffe verstanden werden können[632], so daß nach der hier vertretenen Auffassung weder die statische noch die dynamische Bilanztheorie als Auslegungsgrundlage des geltenden Bilanzrechts dienen können[633]. Viel-

---

626 Vgl. dazu grundsätzlich *Moxter*, wirtschaftlichen Betrachtungsweise, StuW 1989, S. 232 ff.
627 *Moxter*, Bilanzlehre, Bd. 1, 1984, S. 120.
628 So *Moxter*, wirtschaftlichen Betrachtungsweise, StuW 1989, S. 237.
629 So auch *Moxter*, Wirtschaftliche Gewinnermittlung und Bilanzsteuerrecht, StuW 1983, S. 303.
630 *Moxter*, Bilanzlehre, Bd. 2, 1986, S. 26.
631 Vgl. *Clemm/Nonnenmacher*, in: Beck'scher Bilanzkommentar, 1990, Anm. 43 zu § 249 HGB m.w.N.
632 So *Groh*, Wende, BB 1989, S. 1586.
633 Mit diesem Ergebnis auch *Gruber*, Bilanzansatz, 1991, S. 195.

mehr ist festzustellen, daß das Periodisierungserfordernis nur im Rahmen der Gesetzesauslegung und anhand der GoB abgeleitet und ausgefüllt werden kann[634].

(a) Ableitung aus den Bilanzierungsprinzipien

(11) Realisationsprinzip

Nach der hier vertretenen Auffassung wurzelt die Regelung des § 249 I HGB "im Realisationsprinzip und dient dem Zweck, zukünftige Ausgaben bereits realisierten Erträgen gegenüberzustellen"[635]. "Inwieweit künftige Aufwendungen bereits realisierten Erträgen zuzuordnen sind, bestimmt sich nach dem Realisationsprinzip (§ 252 Abs. 1 Nr. 4 HGB): Gewinn, also der Unterschiedsbetrag von Ertrag und Aufwand, ist erst realisiert, wenn von den Erträgen sämtliche greifbar zugehörigen (auch zukünftigen) Aufwendungen abgesetzt sind."[636] Die Aussage dieses Zitates verdeutlicht erneut, daß die Auffassung, wonach das Realisationsprinzip auch für die Passivseite von Bedeutung ist, nicht nur mit den Grundsätzen ordnungsmäßiger Buchführung zu vereinbaren, sondern zwingend aus diesen abzuleiten ist.

Das als grundlegendes Abgrenzungsprinzip[637] anzusehende Realisationsprinzip, welches als GoB der Umsetzung der Jahresabschlußzweckkomponente "umsatzgebundene Gewinnermittlung" dient, erfordert die Passivierung sämtlicher künftiger Ausgaben - aber eben auch nur dieser -, die bis zum Stichtag realisierte Umsätze alimentiert haben[638]; es bietet allerdings dann keinen Ansatzpunkt für die Bildung einer Rückstellung für künftige Ausgaben, wenn diese unzweifelhaft zukünftige Erträge alimentieren[639]. Soweit diese Voraussetzung auch bei rechtlich bereits voll entstandenen Verbindlichkeiten gegeben ist, sollte demnach eine Rückstellung für ungewisse Verbindlichkeiten nicht in Betracht kommen. Daher können Rückstellungen für solche Verpflichtungen, die lediglich nach Maßgabe zukünftiger Gewinne zu erfüllen (und somit nur in zukünftigen Perioden aufwandswirksam) sind, tatsächlich nicht gebildet werden[640]. Allerdings könnte hierbei auch die rechtlich voll wirksame Entstehung angezweifelt werden, soweit die Verpflich-

---

634 Aus der in § 264 II HGB formulierten sogenannten Generalklausel kann allerdings kein Lösungsansatz abgeleitet werden, da die Abgrenzung der zu bilanzierenden Verpflichtungen rechtsformunabhängig ist. Mit diesem Ergebnis auch *Kupsch*, Umweltlasten, BB 1992, S. 2324.

635 *Herzig*, Wirkung, in: *Raupach/Uelner* (Hrsg.), Ertragsbesteuerung, 1993, S. 219.

636 *Moxter*, Umweltschutzrückstellungen, in: *Moxter* (Hrsg.), Rechnungslegung, 1992, S. 433.

637 So *Eibelshäuser*, Rückstellungsbildung, BB 1987, S. 861. *Leffson*, GoB, 1987, S. 251, spricht insoweit vom "Eckpfeiler der Periodenabgrenzung".

638 So *Herzig*, Rückstellungen, DB 1990, S. 1347.

639 So auch *Herzig*, Wirkung, in: *Raupach/Uelner* (Hrsg.), Ertragsbesteuerung, 1993, S. 220.

640 "Auch darin kommt das auf Vermögensminderungen bezogene Realisationsprinzip zum Ausdruck", so *Schulze-Osterloh*, Ausweis, in: *Moxter* (Hrsg.), Rechnungslegung, 1992, S. 662 m.w.N.

tung als unter der aufschiebenden Bedingung der Gewinnerzielung in zukünftigen Perioden stehend angesehen werden müßte[641].

Betreffend die hier zu klärende Frage des Passivierungszeitpunktes einer rechtlich entstandenen Verpflichtung, die wirtschaftlich erst in zukünftigen Perioden verursacht wird, der also noch ein Ertrag folgt, der ihr unmittelbar zugerechnet werden kann und der so gut wie sicher ist, stellt sich auf der Basis der obigen Überlegungen nun die Frage, ob und inwieweit die Passivierung nach dem Realisationsprinzip - verstanden als grundlegendes Abgrenzungsprinzip - noch Einschränkungen (hinsichtlich der rückstellungsbegrenzenden Wirkung) bzw. Erweiterungen (hinsichtlich des Passivierungsvolumens) erfährt.

(22) Imparitäts- und Vollständigkeitsprinzip

Tatsächlich ist eine Einschränkung der rückstellungsbegrenzenden Wirkung des Realisationsprinzips bereits ausdrücklich gesetzlich normiert; so ist in § 249 I HGB vorgesehen, daß für drohende Verluste aus schwebenden Geschäften ebenfalls Rückstellungen gebildet werden müssen. Während bei Verbindlichkeitsrückstellungen der zu passivierende Betrag (künftiger Aufwendungsüberschuß) durch eine Rückbeziehung der künftigen Aufwendungen auf bereits realisierte Erträge bestimmt wird, werden bei den Drohverlustrückstellungen künftige Aufwendungen unmittelbar künftigen Erträgen gegenübergestellt; der zu erwartende Überschuß der künftigen Aufwendungen über die künftigen Erträge wird aufgrund des Imparitätsprinzips passiviert[642].

Gleichwohl kann das Imparitätsprinzip m.E. nicht zur Begründung der Passivierung einer Verbindlichkeitsrückstellung wegen rechtlich voll entstandener Verpflichtungen herangezogen werden, da das Imparitätsprinzip, wie bereits dargelegt, nur Wirkung hinsichtlich des Ansatzes von Drohverlustrückstellungen und hinsichtlich der Erfassung von Wertänderungen an bereits vorhandenen Aktiven und Passiven entfaltet[643].

Weitergehend stellt sich daher die Frage, ob nicht andere GoB zu erkennen und zu beachten sind, die eine Passivierung allein rechtlich entstandener Verpflichtungen erzwingen würden.

Hier könnte zunächst an das in § 246 I HGB kodifizierte Vollständigkeitsgebot gedacht werden, auf dessen Relevanz auch in der Literatur verwiesen wird[644]. Dieser bereits skiz-

---

641 Ebenfalls gegen die Passivierung von Rückstellungen aufgrund solcher Verpflichtungen, die lediglich bei zukünftiger Gewinnerzielung zu erfüllen sind, FG Berlin, Urteil vom 24.8.1992 VIII 37/86, EFG 1993, S. 212 ff.
642 So *Moxter*, Umweltschutzrückstellungen, in: *Moxter* (Hrsg.), Rechnungslegung, 1992, S. 435.
643 Mit diesem Ergebnis auch *Herzig*, Rückstellungen, DB 1990, S. 1351.
644 Vgl. stellvertretend *Günkel*, Rückstellungen, in: *Herzig* (Hrsg.), Umweltschutz, 1991, S. 31 ff, 42.

zierten Auffassung ist zunächst zuzugeben, daß bei einer durch das Realisationsprinzip begrenzten Rückstellungsbildung tatsächlich die Ausschüttung eines eigentlich nicht verteilungsfähigen Gewinnanteils zumindest dann vorstellbar wäre, wenn und soweit mit zukünftig unbedingt nachzukommenden Ausgabenverpflichtungen keine diesen zurechenbare Erträge anfallen würden, was zur Konsequenz hätte, daß diesen Ausgabenverpflichtungen in Zukunft möglicherweise nicht nachgekommen werden könnte.

Gleichwohl kann das Vollständigkeitsprinzip die rückstellungsbegrenzende Wirkung des Realisationsprinzips m.E. nicht einschränken[645]. Dieses Ergebnis beruht auf zwei grundsätzlichen Überlegungen, die einerseits an Funktion und Zweck des Vollständigkeitsprinzips sowie andererseits an seine Ausformulierung im Gesetz anknüpfen. Im einzelnen ist dazu folgendes zu bemerken: M.E. kann im Vollständigkeitsprinzip gar kein Prinzip gesehen werden, welches die Periodenzuordnung determiniert, da die Forderung nach dem vollständigen Ausweis aller Schulden im bilanzrechtlichen Sinne eben noch gar nichts darüber aussagt, wie denn der Kreis der zu erfassenden Schulden abzugrenzen und zu bestimmen ist. Erst wenn dieser Kreis in einem ersten Schritt bestimmt worden ist, kann in einem zweiten Schritt dann das Prüfkriterium Vollständigkeitsprinzip zur Anwendung kommen. Denn die Vollständigkeit kann doch nur beurteilt werden, wenn der Inhalt des Jahresabschlusses geklärt ist; offensichtlich muß eine Prüfung auf Vollständigkeit immer der Definition dessen folgen, was überhaupt zugehörig ist[646]. Das Realisationsprinzip ist nach der hier vertretenen Auffassung aber der Maßstab zur Bestimmung dessen, was in Bilanz bzw. Jahresabschluß enthalten sein soll; das Vollständigkeitsprinzip kann erst daran anschließend zur Anwendung kommen und ist insoweit nur noch als nachgelagertes Prüfkriterium zu verstehen.

Es muß also gegen die angesprochene Literaturauffassung eingewandt werden, daß die Frage der Periodisierung - und nur um diese geht es hier - nicht durch ein Prinzip entschieden werden kann, welches keine Periodenzuordnung intendiert, da es von seiner Zwecksetzung her eben nur auf die umfassende Berücksichtigung aller bilanzierungsrelevanten Sachverhalte abzielt. Die Definition des Umfangs der einzubeziehenden Sachverhalte bestimmt sich nach den Objektivierungs- und Periodisierungskriterien; erst wenn in einem grundsätzlich vorgelagerten Schritt geklärt ist, welche Tatbestände bilanziell erfaßt

---

645 Mit diesem Ergebnis wohl auch *Moxter*, Bilanzlehre, Bd. 2, 1986, S. 26: "Das Gesetz will (neben dem Eigenkapital) »sämtliche« Schulden und RAP passivieren wissen (§ 246 Abs. 1), aber das Gesetz regelt nicht im einzelnen, was es unter »Schulden« und »RAP« versteht und zu welchem Zeitpunkt die Passivierungspflicht eintritt". "Das Vollständigkeitsgebot gibt - für sich betrachtet - nichts dafür her, zu welchem Zeitpunkt zu passivieren ist"; so *Woerner*, Zeitliche Zuordnung, StVj 1993, S. 205.

646 Diese Problematik übersieht *Bartels*, Umweltrisiken, 1992, S. 141, wenn er ausführt, daß aus dem Vollständigkeitsgebot des § 246 I HGB für die entsprechenden Schulden grundsätzlich eine Bilanzierungspflicht folgt, wenn die Voraussetzungen einer Passivierungsfähigkeit erfüllt sind. M.E. ist damit die zu entscheidende Frage nach den Voraussetzungen der Passivierungsfähigkeit aber gerade noch nicht entschieden.

werden müssen, kann in einem weiteren Schritt dem Vollständigkeitsprinzip entsprechend geprüft werden, ob die jeweilige Bilanz nun auch alle nach Objektivierung und Periodisierung zu erfassenden Tatbestände enthält.

Daneben muß, selbst wenn der soeben vorgetragenen Argumentation nicht gefolgt werden sollte, aber auch noch beachtet werden, daß sich das gefundene Ergebnis ebenfalls aus der gesetzlichen Formulierung des § 246 I HGB ableiten läßt; dem entspricht auch die Tatsache, daß das Vollständigkeitsprinzip in mehrfacher Hinsicht durchbrochen wird. Denn die gesetzliche Formulierung des Vollständigkeitsgrundsatzes ("soweit gesetzlich nichts anderes bestimmt ist") beinhaltet bereits eine deutliche Einschränkung und postuliert den Vorrang abweichender gesetzlicher Regelungen[647]; insoweit wird zunächst die Konkurrenz zwischen dem Vollständigkeitsgrundsatz und den gesetzlich gewährten Bilanzierungswahlrechten geklärt. Darüberhinaus erfährt die vollständige Bilanzierung aller Schulden aber weitere Einschränkungen sowohl aufgrund der Konzeption des Jahresabschlusses[648] als auch aufgrund besonderer Bilanzierungsvorschriften. Beispielsweise sollen Verpflichtungen und Ansprüche aus schwebenden Geschäften aufgrund des Vorsichtsprinzips[649] ja gerade nicht bilanziert werden[650]. Würde dem Vollständigkeitsgrundsatz hingegen eine durchschlagende Bedeutung beigemessen, so wären darüberhinaus unwesentliche Verpflichtungen ebenso zu erfassen wie möglicherweise auch diejenigen betrieblich bedingten Innenverpflichtungen, deren Erfüllung zwar unvermeidbar ist, denen aber nur über ein Wahlrecht zur Passivierung von Aufwandsrückstellungen Rechnung getragen wird. Zudem sollte dann auch nicht mehr die Passivierung von solchen bereits bestehenden Verbindlichkeiten zu unterlassen sein, aus denen eine Inanspruchnahme nicht (mehr) droht[651]. Wenn also nun der Vollständigkeitsgrundsatz nur dann zum Zuge kommen soll, "soweit gesetzlich nichts anderes bestimmt ist", und im § 243 I HGB bestimmt wird, daß der Jahresabschluß nach den Grundsätzen ordnungsmäßiger Buchführung aufzustellen ist, so muß hieraus auch gefolgert werden, daß das im § 252 I Nr. 4 HGB kodifi-

---

647 So *Herzig*, Wirkung, in: *Raupach/Uelner* (Hrsg.), Ertragsbesteuerung, 1993, S. 221.

648 Vgl. erneut *Leffson*, GoB, 1987, S. 224.

649 So *Clemm/Nonnenmacher*, in: Beck'scher Bilanzkommentar, 1990, Anm. 55 zu § 249 HGB m.w.N. "Mit dem Nichtausweis von Forderungen und Schulden beim schwebenden Vertrag begegnen wir dem Phänomen, daß das Vorsichtsprinzip das Vollständigkeitsgebot modifiziert", so *Woerner*, schwebende Vertrag, in: *Mellwig/Moxter/Ordelheide* (Hrsg.), Handelsbilanz und Steuerbilanz, 1989, S. 40.

650 Mit diesem Argument auch *Herzig*, Risikovorsorge, in: *Doralt* (Hrsg.), Probleme, 1991, S. 213 m.w.N. Der Verzicht auf die Bilanzierung schwebender Verpflichtungen und Forderungen stellt eine Ausnahme vom Vollständigkeitsgebot dar, so die Ausführungen im BFH-Urteil vom 20.1.1983 IV R 158/80, BStBl. II 1983, S. 415; vgl. auch *Eibelshäuser*, Rückstellungsbildung, BB 1987, S. 864.

651 Die Bilanzierung solcher Verbindlichkeiten aufgrund fehlender Werthaltigkeit aber explizit ablehnend BFH-Urteil vom 22.11.1988 VIII R 62/85, BStBl. II 1989, S. 359.

zierte Realisationsprinzip als eine den Vollständigkeitsgrundsatz durchbrechende Regelung anzusehen ist[652].

Der hier vorgetragenen Auffassung, wonach das Vollständigkeitsprinzip nicht als Instrument der Periodenzuordnung, sondern nur als Prüfkriterium verstanden werden kann, steht weiterhin nicht entgegen, daß es sich betreffend die Buchführung auch im § 239 II HGB niedergeschlagen hat; vielmehr muß das Vollständigkeitsprinzip auch in seiner Funktion aufgrund des § 239 II HGB als Prüfkriterium verstanden werden. Denn insofern gilt ebenfalls, daß erst dann, wenn aufgrund der allgemeinen GoB geklärt ist, welche konkreten Sachverhalte überhaupt in der Buchführung zu erfassen sind, anhand des Vollständigkeitsprinzips geprüft werden kann, ob diese auch wirklich berücksichtigt worden sind.

Soweit das Vollständigkeitsprinzip nun als Prüfkriterium zu verstehen ist, durchbricht es die Bilanzierung nach dem Realisationsprinzip nicht einmal mit Wirkung für die Vergangenheit im Rahmen der Nachholung einer zunächst nicht erfolgten Rückstellungsbildung. Tatsächlich müßte eine ausschließlich am Maßstab des Realisationsprinzips gemessene Rechnungslegung späterer Perioden wohl auch dann als vollständig angesehen werden, wenn solche Nachholungen nicht berücksichtigt werden würden[653]. Somit läßt sich die Nachholung einer zunächst nicht erfolgten Rückstellungsbildung weniger mit dem Vollständigkeitsprinzip als vielmehr mit einem nachfolgend noch näher zu betrachtenden GoB begründen, nämlich mit dem Vorsichtsprinzip.

Als Zwischenergebnis kann festgehalten werden, daß für lediglich rechtlich entstandene Verpflichtungen eine Passivierung allein unter Hinweis auf das Vollständigkeitsprinzip also nicht in Betracht kommt, weil dieses einerseits durch gesetzliche Vorschriften, z.B. durch das Realisationsprinzip, deutlich eingeschränkt wird und es andererseits auch nur als Prüf- bzw. Kontrollkriterium zum Tragen kommen sollte. Erst wenn nach Objektivierungs- und Periodisierungskriterien geklärt ist, welche Sachverhalte im jeweiligen Jahres-

---

652 Mit dieser Argumentation *Woerner*, schwebende Verträge, in: *Mellwig/Moxter/Ordelheide* (Hrsg.), Handelsbilanz und Steuerbilanz, 1989, S. 41, Fn. 22. Auch nach der dort geäußerten Auffassung soll das Vollständigkeitsgebot in Hinblick auf die Subsidiaritätsklausel des § 246 I HGB als dem Vorsichts- und Realisationsprinzip (§ 243 I HGB) nachgeordnet anzusehen sein.

653 Einer ausschließlich am Realisationsprinzip orientierten Bilanzierung (Ermittlung des Umsatzgewinns) müßte es genügen, den Erträgen der abgelaufenen Periode die Aufwendungen gegenüberzustellen, die genau diese Umsätze alimentiert haben. Eine weitergehende Gewinnminderung um solche zukünftig anfallenden Ausgaben, die den Erträgen früherer Geschäftsjahre zuzurechnen gewesen wären, die aber gleichwohl nicht passiviert worden sind, kann m.E. nicht unter Rückgriff auf das Realisationsprinzip begründet werden. Denn das Realisationsprinzip kann nicht bewirken, daß der zunächst als ausschüttungsfähig ermittelte Umsatzgewinn der abgelaufenen Periode noch um solche zukünftigen Ausgaben gekürzt wird, um die die Gewinne der vergangenen Perioden noch nicht gemindert und insoweit zu hoch ermittelt worden waren. Diese Gewinnkürzung, die auch als Korrektur der in den Vorjahren als überhöht ermittelten (und möglicherweise auch verteilten) Ausschüttungsbeträge verstanden werden könnte, sollte nur auf der Basis des Vorsichtsprinzips zu rechtfertigen sein.

abschluß abgebildet werden müssen, kann in einem sich daran anschließenden Schritt anhand des Kontrollprinzips Vollständigkeit geprüft werden, ob auch wirklich alle bilanzierungspflichtigen Sachverhalte Eingang in den Jahresabschluß gefunden haben.

(33) Vorsichtsprinzip

Unter Bezugnahme auf dieses Ergebnis ist bereits ausgeführt worden, daß die angesprochene Nachholung der Rückstellungsbildung nicht auf der Basis des Vollständigkeitsgebotes erfolgen kann; vielmehr muß es ein Prinzip geben, welches die Zuordnung dieser entsprechenden Ausgaben zur entsprechenden Periode verlangt. Erst wenn ein solches Passivierungserfordernis erkannt wird, kann im nachfolgenden Schritt geprüft werden, ob unter Beachtung des Vollständigkeitsgebotes auch passiviert worden ist. Tatsächlich kann nun die Nachholung der Rückstellungen nur mit dem allgemeinen Vorsichtsprinzip begründet werden, welches - wie noch zu zeigen sein wird - das Realisationsprinzip, das von MOXTER auch als Regelmaßstab bezeichnet wird[654], in mehr als einer Hinsicht ergänzt und einschränkt. Die Existenz eines über Realisations- und Imparitätsprinzip hinausgehenden Vorsichtsprinzips sollte daher m.E. nicht zweifelhaft sein[655], insbesondere da der Wortlaut des § 252 I Nr. 4 HGB davon spricht, es sei "vorsichtig zu bewerten, namentlich sind alle vorhersehbaren Risiken ... ; Gewinne sind nur zu berücksichtigen, wenn sie am Abschlußstichtag realisiert sind"[656].

Das in § 252 I Nr. 4 HGB kodifizierte Vorsichtsprinzip ist zudem grundsätzlich als ein über den Bereich der Bewertung hinaus Wirkung entfaltender GoB zu beachten[657]. Es bewirkt eine Einschränkung der rückstellungsbegrenzenden Wirkung des Realisationsprinzips nicht nur hinsichtlich der bereits angesprochenen Rückstellungsnachholung, sondern auch in seiner speziellen Ausprägung als Imparitätsprinzip[658] betreffend die Drohverlustrückstellungen sowie weiterhin auch dann, wenn die voraussichtlichen zukünftigen Ausgaben über mehrere Perioden verteilt angesammelt werden und sich im Zeitablauf herausstellt, daß nach der bereits abgelaufenen Periode keine durch diese Ausgaben noch

---

654 *Moxter*, Umweltschutzrückstellungen, in: *Moxter* (Hrsg.), Rechnungslegung, 1992, S. 433.

655 Mit diesem Ergebnis auch *Moxter*, Bilanzlehre, Bd. 2, 1986, S. 37, der ausführt, daß sich das Vorsichtsprinzip "»namentlich«, also nicht allein" in Realisations- und Imparitätsprinzip ausdrücke; so auch *Böcking*, Verzinslichkeit, 1988, S. 123.

656 Dieses Ergebnis läßt sich auch aus Art. 31 (1) der 4. EG-Richtlinie direkt ableiten, in dem ausgeführt wird, daß der "Grundsatz der Vorsicht ... in jedem Fall beachtet werden [muß]. Das bedeutet insbesondere: ... ". Die hier zitierte Passage findet sich auch abgedruckt bei *Söffing*, 4. EG-Richtlinie, 1979, S. 85.

657 Vgl. *Eibelshäuser*, Rückstellungsbildung, BB 1987, S. 862; *Moxter*, Bilanzlehre, Bd. 1, 1984, S. 163.

658 Betreffend die Feststellung eines künftigen Aufwandsüberschusses wird das Imparitätsprinzip von *Moxter*, Umweltschutzrückstellungen, in: *Moxter* (Hrsg.), Rechnungslegung, 1992, S. 435, als Ausnahmemaßstab bezeichnet.

zu alimentierenden Erträge mehr anfallen werden[659]; hier wird der Wertveränderung an einem vorhandenen Passivum durch eine - ggf. umfangreiche - Aufstockung der Rückstellung Rechnung getragen werden müssen[660].

Darüberhinausgehende Einschränkungen erfährt die Passivierung nach dem Realisationsprinzip auch in den Fällen, in denen die rechtliche Vollentstehung bereits gegeben ist und sich zugleich aber der spätere Eintritt der wirtschaftlichen Verursachung "nicht hinreichend konkretisieren läßt"[661]; insoweit erzwingt das Vorsichtsprinzip dann eine Rückstellungsbildung. Eine weitere Einschränkung der rückstellungsbegrenzenden Wirkung des Realisationsprinzips sollte in den insbesondere in Zusammenhang mit Umweltschäden (Altlasten) vorstellbaren Fällen auftreten, in denen die Verpflichtung und somit die Belastung aus künftigen Ausgaben beim derzeitigen Eigentümer bzw. Erwerber des Grundstücks anfällt, während der durch diese Ausgaben alimentierte Ertrag in der Vergangenheit bei einem anderen Bilanzierenden realisiert worden ist, wenn also die zu passivierenden zukünftigen Ausgaben bei einem anderen Bilanzierenden anfallen, als die durch diese Ausgaben alimentierten Erträge[662]. M.E. kann die Passivierung auch in diesem letztgenannten Fall einzig und allein wohl nur auf das allgemeine Vorsichtsprinzip gestützt und mit diesem erklärt werden.

Da nun aufgezeigt worden ist, daß das Realisationsprinzip eine nur eingeschränkt rückstellungsbegrenzende Wirkung entfaltet, ist zu fragen, ob das Vorsichtsprinzip nicht auch hinsichtlich der hier zu klärenden Problematik der Passivierung von lediglich rechtlich entstandenen Verpflichtungen, welche (noch) nicht wirtschaftlich verursacht sind, Be-

---

659 Als Beispiel könnte die Abbruchverpflichtung eines bergbautreibenden Unternehmens angeführt werden. Wenn die Ausgaben aus dieser Verpflichtung nun über die vermeintliche Laufzeit der Abbauhandlungen verteilt und zeitanteilig angesammelt werden und sich dann nach der Hälfte der Laufzeit herausstellt, daß nun das Vorkommen an Bodenschätzen ausgebeutet ist und weitere Erträge nicht mehr erwartet werden können, dann muß wohl aufgrund des Vorsichtsprinzips in seiner besonderen Ausprägung als Imparitätsprinzip die Rückstellung für die Abbruchverpflichtung bis zur Höhe des endgültigen Erfüllungsbetrages aufgestockt werden.

660 Wertsteigerungen vorhandener Passiva sind unabhängig von der Bestätigung durch einen Umsatz zu berücksichtigen; vgl. dazu erneut *Moxter*, Bilanzlehre, Bd. 1, 1984, S. 159 ff.

661 So unter ausdrücklicher Heranziehung des Vorsichtsprinzips zur Begründung einer Passivierungspflicht *Moxter*, Umweltschutzrückstellungen, in: *Moxter* (Hrsg.), Rechnungslegung, 1992, S. 431 f. Diese Fundstelle bestätigt m.e. die hier vertretene Auffassung, wonach eben auch das allgemeine Vorsichtsprinzip als eine Periodenzuordnungsregel angesehen werden muß.

662 Als Beispiel könnte hier die Altlastensanierungsverpflichtung eines Unternehmens angeführt werden, welches nur aufgrund seiner Verantwortlichkeit als Zustandsstörer (vgl. ausführlicher zu dieser speziellen Problematik die Ausführungen im dritten Teil der vorliegenden Untersuchung) zur Sanierung herangezogen werden kann, nicht aber aufgrund einer bodenbelastenden früheren Tätigkeit. Wenn hier nun eine Rückstellung passiviert werden muß, was zweifelsfrei dann der Fall sein wird, wenn die Objektivierungskriterien erfüllt sind, dann kann diese Rückstellung nur mit dem Vorsichts-, nicht aber mit dem Realisationsprinzip begründet werden, da insoweit "keine künftigen Vermögenszugänge (mehr) greifbar zugeordnet werden können", die künftigen Aufwendungen kompensieren würden; vgl. zu dieser Formulierung erneut *Moxter*, Umweltschutzrückstellungen, in: *Moxter* (Hrsg.), Rechnungslegung, 1992, S. 432.

rücksichtigung finden müßte. Dazu muß zunächst dann aber festgestellt werden, worin denn die Begründung für die Anwendung des Vorsichtsprinzips in den oben angeführten Fällen liegt.

Die oben genannten Einschränkungen der rückstellungsbegrenzenden Wirkung des Realisationsprinzips durch das Vorsichtsprinzip lassen sich m.E. nur über den Hinweis auf eine besondere Komponente des Jahresabschlußzieles rechtfertigen, nämlich über den Hinweis, daß der ausschüttungsfähige Gewinn eben *vorsichtig* ermittelt werden soll[663]. Im Rahmen der notwendigen Bestimmung dessen, was überhaupt ausgeschüttet werden kann, darf dann m.E. der "handelsrechtlich vorrangige ... Bilanzzweck (Gläubigerschutz)"[664] nicht gänzlich vernachlässigt werden. Auf diesen Gläubigerschutzerwägungen beruht die Forderung, daß "ein als entziehbar geltender Betrag besonders vorsichtig zu bestimmen ist"[665]; schließlich will das Gesetz einen Anhaltspunkt über die im Interesse des Gläubigerschutzes vertretbaren Entnahmen geben[666]. In dem Rückbezug auf diese Gläubigerschutzerwägungen wird auch keine Rückkehr zur Bilanzierung im Sinne der zerschlagungsstatischen Bilanzauffassung gesehen werden können, vielmehr können diese Erwägungen schon deshalb nicht ganz unberücksichtigt bleiben, weil "das vom Gesetz gemeinte Fortführungsvermögen [gesucht ist]"[667]; dies bedeutet, daß in Zweifelsfällen zu passivieren (und entsprechend nicht zu aktivieren) ist[668].

Wenn aber die Frage der Ausschüttungsfähigkeit von Gewinnanteilen auch an Gläubigerschutzerwägungen gemessen werden muß[669], so darf ein Gewinnanteil, der in Folgeperioden noch zur Erfüllung einer Verpflichtung, welcher sich der Bilanzierende im Ergebnis nicht entziehen kann, benötigt wird, möglicherweise nicht zur Ausschüttung bereitge-

---

663 Es ist der Betrag festzustellen, der entzogen werden kann; vgl. stellvertretend *Moxter*, Periodengerechte Gewinnermittlung, in: *Knobbe-Keuk/Klein/Moxter* (Hrsg.), Handels-, 1988, S. 454.

664 *Moxter*, Wirtschaftliche Gewinnermittlung und Bilanzsteuerrecht, StuW 1983, S. 307. Den Gedanken des Gläubigerschutzes als "das maßgebende Gestaltungsprinzip des deutschen Bilanzrechts" bezeichnend *Beisse*, Gläubigerschutz, in: *Beisse/Lutter/Närger* (Hrsg.), Festschrift Beusch, 1993, S. 79.

665 *Moxter*, wirtschaftlichen Betrachtungsweise, StuW 1989, S. 236. Zur Gläubigerschutzorientierung auch *Moxter*, Bilanzrechtsentwurf, BB 1985, S. 1101; *ders.*, Wirtschaftliche Gewinnermittlung und Bilanzsteuerrecht, StuW 1983, S. 303.

666 So *Moxter*, wirtschaftlichen Betrachtungsweise, StuW 1989, S. 236.

667 So - bereits unter Bezugnahme auf die Rechtslage nach der EG-Bilanzrichtlinie - *Moxter*, Wirtschaftliche Gewinnermittlung und Bilanzsteuerrecht, StuW 1983, S. 303.

668 Ebenda.

669 Die Beurteilung der Eignung zu etwas (hier: Eignung des ermittelten (Umsatz-)gewinns zur Ausschüttung) setzt immer einen durch das jeweilige Ziel determinierten Maßstab voraus. Wenn im vorliegenden Zusammenhang die Vermögenskontrolle die universelle Bilanzfunktion ist, die alle denkbaren Bilanzzwecke verbindet, so kann der Gesichtspunkt des Gläubigerschutzes nicht vernachlässigt werden; so *Kraus*, Rückstellungen, 1987, S. 89, 107, 115. Vgl. auch *Moxter*, Realisationsprinzip, BB 1984, S. 1784. Auf den Zusammenhang von Vorsicht und Gläubigerschutz verweist auch *Coenenberg*, Jahresabschluß, 1993, S. 33 f.

stellt werden; dem entspricht insbesondere die hier bereits als unproblematisch gekennzeichnete Passivierung derjenigen Verpflichtungen, die nur wirtschaftlich verursacht, aber noch nicht rechtlich entstanden sind.

Soweit nun Verpflichtungen existieren, deren Erfüllung sich der Bilanzierende im Ergebnis nicht entziehen kann, und diese Verpflichtungen als allein rechtlich voll entstanden anzusehen sind, könnte m.E. eine Passivierung durch das Vorsichtsprinzip erzwungen werden[670]; insoweit wären dann die zunächst als ausschüttungsfähig ermittelten Gewinnanteile noch um zukünftige Ausgaben, die bereits eine Vermögensminderung der Periode darstellen, zu kürzen. Allerdings ist es an diesem Punkt der Überlegungen nun nicht mehr möglich, undifferenziert das Vorliegen einer homogenen Gruppe von Verpflichtungen zu unterstellen, die allein dadurch definiert ist, daß die darin enthaltenen Verpflichtungen lediglich rechtlich entstanden, nicht aber wirtschaftlich verursacht sind; vielmehr zeigt die nähere Betrachtung, daß sich strukturverschiedene Sachverhalte dahinter verbergen, aus denen nicht pauschal das Vorliegen einer bereits der Periode zuzurechnenden Vermögensminderung abgeleitet werden kann.

Stellvertretend für diese verschiedenen Sachverhalte sollen hier zwei konkrete Umweltschutzverpflichtungen gekennzeichnet werden: Die sogenannten Anpassungsverpflichtungen, die im dritten Teil der vorliegenden Untersuchung noch näher zu betrachten sind, verpflichten den jeweils Betroffenen, nach Ablauf einer Übergangsfrist bestimmte Grenzwerte hinsichtlich seiner Emissionen (z.B. Grenzwerte für Luftschadstoffe) einzuhalten, wobei diese Verpflichtungen allerdings nur dann zu erfüllen sind, wenn die entsprechende betriebliche Tätigkeit aufrechterhalten wird. Derartig strukturierte Verpflichtungen, bei denen die Verpflichtungserfüllung bis zur Fälligkeit noch durch die (partielle) Einstellung der Geschäftstätigkeit oder eine Umstellung derselben vermieden werden kann, sollen hier als bedingt fällige Verpflichtungen bezeichnet werden. Während der Übergangsfrist können diese Anpassungsverpflichtungen bereits als rechtlich entstanden anzusehen sein. Demgegenüber ist die wirtschaftliche Verursachung zu verneinen, da durch die künftigen Ausgaben auch erst künftig noch zu realisierende Erträge alimentiert werden; eine Reduzierung der Schadstoffemissionen aus der zukünftigen Produktion wird, soweit sie eine Ausgabentätigung (bzw. einen Mehraufwand) mit sich bringt, schließlich nur vorgenommen werden, um zukünftig noch Erträge erzielen zu können.

Als unbedingt fällige Verpflichtungen sollen demgegenüber solche rechtlich bereits ent-

---

670 "Wenn sich im Realisationsprinzip Vorsichts- und Objektivierungserwägungen ausdrücken, so muß das auf die Interpretation des Realisationsprinzips zurückwirken: Es muß in einer Weise verstanden werden, die den Vorsichts- und Objektivierungserwägungen gerecht wird. Das bedeutet insbesondere: Bestehen Zweifel darüber, ob Ausgaben erst zukünftigen Umsätzen zurechenbar sind, dann ist eine Zurechnung auf die Geschäftsjahresumsätze geboten (Geschäftsjahraufwand anzusetzen); im Zweifel wird mithin nicht aktiviert, bzw. es wird passiviert"; *Moxter*, System, in: *Gross* (Hrsg.), Wirtschaftsprüfer, 1985, S. 23.

standenen Verpflichtungen gekennzeichnet werden, denen sich der Bilanzierende nicht einmal mehr durch die (partielle) Beendigung der Geschäftstätigkeit oder eine Umstellung derselben entziehen kann. Stellvertretend für derartig strukturierte Verpflichtungen könnte eine Rekultivierungsverpflichtung genannt werden, bei der durch Abbauhandlungen zwar schon das rechtliche Entstehen einer Rekultivierungsverpflichtung bewirkt worden ist, deren Erfüllung aber auch nach einer (partiellen) Stillegung nicht mehr zu vermeiden wäre. Unbedingt fällige Verpflichtungen sollen sich also dadurch auszeichnen, daß ihre später anstehende Erfüllung nicht mehr verhindert werden kann[671].

Diese beiden skizzierten Sachverhalte sind somit durch einen wesentlichen bilanzierungsrelevanten Unterschied definiert: Während sich der Bilanzierende der Erfüllung einer unbedingt fälligen Verpflichtung eben nicht mehr entziehen kann, ist die Erfüllung einer nur bedingt fälligen Verpflichtung mindestens noch bis zum Zeitpunkt der Fälligkeit vermeidbar. Daraus resultiert m.E., daß die nur bedingt fälligen Verpflichtungen auch nicht unter Verweis auf das Vorsichtsprinzip passiviert werden können, da sie eben noch keine Vermögensminderungen darstellen, die der Periode zuzurechnen wären[672]. Da solchen Verpflichtungen tatsächlich nur nachgekommen wird, wenn im Zuge der Verpflichtungserfüllung mit dieser kausal verknüpfte Erträge anfallen werden, droht insoweit auch nicht die Ausschüttung eines unter Vorsichtsaspekten eigentlich nicht verteilungsfähigen Gewinnanteils. Aufgrund der Vermeidbarkeit der Erfüllung einer Anpassungsverpflichtung (soweit nur bedingt fällig) ist es m.E. also nicht zu rechtfertigen, daß das Ausschüttungspotential durch eine Rückstellungsbildung um solche zukünftigen Ausgaben gekürzt wird,

---

671 Neben den Verpflichtungen zur Rekultivierung könnten zu den unbedingt fälligen Verpflichtungen im Grundsatz auch die nachfolgend nicht näher untersuchten Verpflichtungen zur Entsorgung eines Kernkraftwerkes nach dessen Stillegung zu zählen sein. Dies gilt nach der hier vorgenommenen Kennzeichnung allerdings nur dann, wenn diese Entsorgungsverpflichtung mit dem ersten Anfahren des Kraftwerkes rechtlich "vollentsteht". Gerade dies ist m.E. aber zumindest zweifelhaft, da der gesetzlich formulierte Tatbestand (§ 9a AtomG: Verwertung radioaktiver Reststoffe) erst mit der Stillegung des Kernkraftwerkes erfüllt sein dürfte. Schließlich enthält § 9a I AtomG nur eine Beseitigungspflicht für Reststoffe und ausgebaute oder abgebaute radioaktive Anlagenteile; derartige Anlagenteile sind regelmäßig aber erst mit Stillegung vorhanden. Somit wäre diese Entsorgungsverpflichtung während des Zeitraums des Betriebs allenfalls der Fallgruppe "wirtschaftlich verursacht, rechtlich nicht entstanden" zuzuordnen; die Kennzeichnung als unbedingt fällig kommt demnach nicht zum Zuge, da es an der rechtlichen Entstehung fehlt.

672 Durch die Passivierung einer Rückstellung für eine Verpflichtung, die eng mit zukünftigen Gewinnchancen verbunden ist und deren Erfüllung zudem noch vermieden werden kann, könnte m.E. nicht einmal dem Gläubigerschutzgedanken Rechnung getragen werden, da insoweit stille Reserven gelegt werden würden, deren spätere stille Auflösung die Informationsfunktion der Bilanz bzw. des Jahresabschlusses beeinträchtigen müßte. Auf das Fehlen der wirtschaftlichen Verursachung in den Fällen, in denen "eine ungewisse Verbindlichkeit mit zukünftigen Gewinnchancen verbunden" ist, weist auch das BGH-Urteil vom 28.1.1991 II ZR 20/90, BB 1991, S. 507 ff, hin; so auch das BFH-Urteil vom 25.8.1989 III R 95/87, BStBl. II 1989, S. 895.

die der Bilanzierende nur dann tätigen wird, wenn er in kausalem Zusammenhang damit zukünftige Erträge erwartet[673].

Eine andere Sichtweise ist möglicherweise bezüglich der unbedingt fälligen Verpflichtungen geboten[674]. Denn bei Nichtpassivierung dieser Verpflichtungen in der Periode der rechtlichen Entstehung droht die Ausschüttung von Vermögensteilen, die noch keinen Reinvermögenszuwachs darstellen, da auf ihnen noch die wirtschaftliche Belastung aus einer solchen Verpflichtung ruht, der sich der Kaufmann im Ergebnis nicht mehr entziehen kann[675]. In einem solchen Falle erzwingt m.E. das allgemeine Vorsichtsprinzip, welches, wie bereits aufgezeigt, die rückstellungsbegrenzende Wirkung des Realisationsprinzips mehrfach einschränkt, auf der Basis des hier formulierten Jahresabschlußzieles die Passivierung einer Rückstellung für ungewisse Verbindlichkeiten.

Die hier erarbeitete differenzierte Lösung, die - ausgehend vom Jahresabschlußziel, den Interessen der Jahresabschlußadressaten und basierend auf einer Untersuchung der einschlägigen GoB - letztendlich aus einer wertenden Gewichtung der beiden widerstreitenden Prinzipien Vorsicht und Periodisierung abgeleitet wird, läßt sich wie folgt zusammenfassen: Rechtlich entstandene Verpflichtungen, die wirtschaftlich (noch) nicht verursacht sind, müssen unter Rückgriff auf das allgemeine Vorsichtsprinzip nur dann passiviert werden, wenn sie nach der hier verwandten Kennzeichnung als unbedingt fällig, nicht aber, soweit sie nur als bedingt fällig anzusehen sind.

Mit dieser Lösung wird dann auch die bereits formulierte These erneut untermauert, wonach das Realisationsprinzip zwar rückstellungsbegrenzend wirken soll, aber eben doch nur eingeschränkt rückstellungsbegrenzend.

Gegen die hier vorgestellte Lösung kann nicht vorgetragen werden, daß das Re-

---

673 Da diese bedingt fälligen Verpflichtungen also nur zukünftige Erträge alimentieren und bei ihnen zugleich auch die Merkmale des Schuldcharakters und der wirtschaftlichen Belastung als aufschiebend bedingt bezeichnet werden könnten, soweit eine bilanzierungsrelevante Werthaltigkeit der rechtlich bereits entstandenen Verbindlichkeit erst mit Eintritt der Bedingung (hier: Fristablauf bzw. Fälligkeit) als gegeben anzunehmen wäre, entfaltet das Realisationsprinzip m.E. also auch in diesem Fall eine rückstellungsbegrenzende Wirkung, ohne daß insoweit die Gefahr der Ermittlung und Verteilung eines zu - möglicherweise den Bestand des Unternehmens gefährdenden - Gewinns gegeben wäre. Insofern wird hier die Verwirklichung der (Jahresabschluß-)Zielkomponente "vorsichtige Ermittlung eines verteilungsfähigen Gewinns" vom die Zielkomponente "Ermittlung eines umsatzgebundenen Gewinns" verwirklichenden Realisationsprinzip dominiert. Nach *Woerner*, Zeitliche Zuordnung, StVj 1993, S. 205, ist "eine wirtschaftliche Last ... dann nicht gegeben, wenn innerhalb oder außerhalb des Einflußbereichs des verpflichteten Unternehmers noch Ereignisse eintreten können, die ihm die Leistungspflicht ersparen".

674 Bezüglich dieser Verpflichtungen muß es m.E. zur Einschränkung der Zielverwirklichung "umsatzgebundene Gewinnermittlung" durch die ergänzende Komponente "vorsichtige Ermittlung des verteilungsfähigen Vermögenszuwachses" kommen.

675 Diese Lösung könnte auch Unterstützung finden in den Überlegungen von *Kupsch*, Umweltlasten, BB 1992, S. 2325, der sinngemäß darauf abstellt, daß zu passivieren ist, wenn allein schon durch die rechtliche Entstehung einer Verbindlichkeit eine Vermögensminderung eingetreten ist.

alisationsprinzip bereits eine Ausprägung des Vorsichtsprinzips darstellt und es insoweit keiner weiteren Beachtung des Vorsichtsprinzips bedürfe[676]. In bezug auf die Passivierung ist die Feststellung, daß das Realisationsprinzip aus dem Vorsichtsprinzip resultiert, nämlich zu relativieren: Wenn vorsichtige Gewinnermittlung heißt, daß der Bilanzierende "den verteilbaren (ausschüttbaren) Betrag eher zu niedrig als zu hoch bemessen" soll[677], so folgt daraus, daß zwar eher auf eine Aktivierung zu verzichten ist, daß aber zugleich auch eher zu passivieren als eine Passivierung zu unterlassen ist[678].

Der hier vertretenen Auffassung steht auch nicht entgegen, daß die GoB - und hier in Besonderheit das Prinzip vorsichtiger Bewertung - die Legung stiller Reserven nicht rechtfertigen[679], da es im Zuge der Rückstellungsbildung wegen unbedingt fälliger Verpflichtungen gerade nicht zu einer solchen Legung stiller Reserven kommt. Vielmehr werden zukünftige Ausgaben antizipiert, die in jedem Falle, sogar bei Beendigung der unternehmerischen Tätigkeit, anfallen werden[680].

Der erarbeiteten Lösung kann weiterhin nicht entgegengehalten werden, durch die partielle Bilanzierung allein rechtlich entstandener Verpflichtungen würde dem Bilanzierenden ein Manipulationsspielraum dergestalt entstehen, daß er durch den Abschluß eines Vertrages kurz vor dem Bilanzstichtag noch Ausgaben aufwandswirksam antizipieren könnte[681]. Vielmehr sind Ausgaben aus schwebenden Verträgen doch nur dann zu passivieren, wenn Verluste drohen; insoweit ist der Einwand, der Bilanzierende könnte durch Vertragsabschluß Aufwendungen vorverlagern, hier nicht einschlägig[682].

Das hier vorgestellte Ergebnis sollte sich auch aus der von MOXTER[683] dargelegten Auffassung ableiten lassen, wonach nur diejenigen künftigen Aufwendungsüberschüsse gewinnmindernd zu passivieren sind, "die *unkompensiert* sind in den Sinne, daß ihnen keine künftigen Vermögenszugänge greifbar zugeordnet werden können"[684]. M.E. zeigt sich

---

676 So möglicherweise aber *Naumann*, Entstehen, WPg 1991, S. 530.

677 Vgl. erneut *Moxter*, Bilanzlehre, Bd. 2, 1986, S. 27.

678 Ebenfalls mit diesem Verständnis des Vorsichtsprinzips die Bilanzierung eines passiven Rechnungsabgrenzungspostens bei bestehender Ungewißheit bejahend *Herzig/Söffing*, Rechnungsabgrenzungsposten, BB 1993, S. 469; dort wird argumentiert, der Kaufmann würde sich andernfalls (also bei Nichtpassivierung) "reicher rechnen, als er ist".

679 So *Naumann*, Bewertung, 1989, S. 45; *Adler/Düring/Schmaltz*, Rechnungslegung, 5. Aufl., 1990, Anm. 77 zu § 252 HGB.

680 Im Gegensatz dazu müßte in der Passivierung von Anpassungsverpflichtungen die Legung stiller Reserven gesehen werden, da die zukünftigen Ausgaben noch vermieden werden können.

681 Mit dieser Argumentation wohl *Gail*, Entstehung, ZfB-Ergänzungsheft 1/87: Bilanzrichtlinien-Gesetz, S. 60 f.

682 Ebenfalls kritisch zu diesem "Argument der Gestaltungsfreiheit" *Ballwieser*, Passivierung, in: *IDW* (Hrsg.), Fachtagung, 1992, S. 148.

683 *Moxter*, Umweltschutzrückstellungen, in: *Moxter* (Hrsg.), Rechnungslegung, 1992, S. 432 f.

684 Ebenda (Hervorhebung im Original).

gerade an der hier erarbeiteten Differenzierung in sogenannte bedingt und unbedingt fällige Verpflichtungen, daß die Anpassungsverpflichtungen gerade als durch einwandfrei zurechenbare künftige Erträge kompensiert anzusehen sind in dem Sinne, als daß ihre Erfüllung wirklich nur dann zu einer wirtschaftlichen Belastung für den Bilanzierenden wird, wenn sich dieser dazu entschließt, die betriebliche Tätigkeit, an die die Anpassungsverpflichtung anknüpft, weiterzuführen[685]. Insoweit hat der Bilanzierende die Anpassungsverpflichtung auch nur zu erfüllen, wenn er zukünftig aus dieser Betätigung Erträge erzielen will. Demgegenüber sollte in den skizzierten Fällen der unbedingt fälligen Verpflichtungen aufgrund des Vorsichtsprinzips[686] bereits im Zeitpunkt der rechtlichen Entstehung zu passivieren sein, da diese im Zweifel als unkompensiert anzusehen sind und sich der Bilanzierende der Erfüllung der Verpflichtung auch dann nicht mehr entziehen kann, wenn eine wirtschaftliche Verursachung überhaupt nicht mehr eintritt.

(b)   Vereinbarkeit mit der BFH-Rechtsprechung und der vierten EG-Richtlinie

Der hier vorgetragenen Lösung steht m.E. nicht entgegen, daß die Kennzeichnung der verschiedenen Verpflichtungsstrukturen unter bewußter Vernachlässigung des ausschließlich als Bewertungsnorm zu verstehenden Going-Concern-Prinzips[687] erfolgt ist[688]. Denn insoweit wird hier ja nicht eine Bewertung mit Zerschlagungswerten[689] befürwortet. Vielmehr dient die Heranziehung der Fiktion einer (partiellen) Einstellung der Geschäftstätigkeit oder einer Umstellung derselben der Kennzeichnung solcher Verpflichtungen, die bereits am Bilanzstichtag als werthaltig und somit als wirtschaftliche

---

685 In diesem Falle ist die Verbindung zwischen künftigem Ertrag und künftigen Ausgaben als derart eng verknüpft anzusehen, daß von einer einwandfreien und greifbaren Zurechenbarkeit ausgegangen werden muß, die einer Passivierung nach dem Vorsichtsprinzip keinen Raum läßt.

686 Auch auf die Ausführungen von *Tipke/Lang*, Steuerrecht, 1991, S. 308 f, wonach das Vorsichtsprinzip die Haftungssubstanz erhalten und eine überhöhte Gewinnentnahme vermeiden will, sollte in diesem Zusammenhang zumindest hingewiesen werden.

687 Ebenfalls mit dem Verständnis des "Going-Concern-Prinzips" als ausschließlich für die Bewertung geltende Norm *Moxter*, Bilanzlehre, Bd. 2, 1986, S. 34 f; *Leffson*, GoB, 1987, S. 187 f; so auch *Budde/Geissler*, in: Beck'scher Bilanzkommentar, 1990, Anm. 9 f zu § 252 HGB; dem folgend das BFH-Urteil vom 13.11.1991 I R 102/88, BStBl. II 1992, S. 338. Der BFH führt aus: "Der Grundsatz des going-concern besagt, daß den Vermögensgegenständen eines Unternehmens im Falle der Fortführung ein anderer Wert beizumessen ist als im Falle der Einzelveräußerung oder Liquidation". Bereits früher schon das "Going-Concern Concept" unter die Bewertungsgrundsätze einordnend *Adler/Düring/Schmaltz*, Rechnungslegung, 4. Aufl., 1968, Anm. 65 zu § 149 AktG 1965.

688 "Im Unterschied zu den Aufwandsrückstellungen gilt bei den Rückstellungen wegen ungewisser Verbindlichkeiten der Fortführungsgedanke nicht"; *Nieland*, in: *Littmann/Bitz/Meincke*, EStG, 1991, Rn. 885 zu §§ 4, 5 EStG. Nach dieser Auffassung sollen nur solche Verbindlichkeiten rückstellbar sein, die auch bei Beendigung der betrieblichen Tätigkeit rechtlich noch entstehen werden. A.A. - mit abweichendem Verständnis des Going-Concern-Prinzips - *Naumann*, Entstehen, WPg 1991, S. 534.

689 Eine solche Bewertung mit Zerschlagungswerten ist außer im Konkurs- oder Liquidationsfall nicht zulässig, so *Baetge*, Bewertungsvorschriften, WPg 1987, S. 131; so auch *Moxter*, Bilanzlehre, Bd. 2, 1986, S. 34.

Last angesehen werden müssen, da das Vorsichtsprinzip ausschließlich die Passivierung werthaltiger Verpflichtungen erfordert. Nicht zuletzt auch die BFH-Rechtsprechung - hier insbesondere der I. Senat bezüglich der Verpflichtungen zur Aufstellung und Prüfung des Jahresabschlusses - bedient sich zur Kennzeichnung bilanzierungsrelevanter Sachverhalte der Überlegung, inwieweit "der Jahresabschluß auch erstellt und geprüft werden muß, wenn eine Aktiengesellschaft mit Ablauf des den Jahresabschluß betreffenden Wirtschaftsjahres zu bestehen aufhört"[690]. Daneben argumentiert auch der III. Senat im Urteil betreffend die Verpflichtung zur Arzneimittelprüfung mit der "freien unternehmerischen Entscheidung"[691] des Bilanzierenden, nach Ablauf einer Übergangsfrist die Geschäftstätigkeit (partiell) einzustellen, also auf den Vertrieb von prüfungspflichtigen Arzneimitteln zu verzichten.

In der hier erarbeiteten Lösung kann zudem kein Abweichen von einer möglicherweise durch die aktuelle BFH-Rechtsprechung vorgegebenen Entwicklungslinie gesehen werden, wonach das Realisationsprinzip die Passivierung nach dem Kriterium der rechtlichen Entstehung vollständig verdrängen könnte. Zwar schien sich in den Formulierungen der jüngeren Urteile[692] die Tendenz zu festigen, das Kriterium der wirtschaftlichen Verursachung konsequent und auch mit weitgehend rückstellungsbegrenzender Wirkung anzuwenden[693], mittlerweile muß aber festgestellt werden, daß ein Auffassungswechsel nicht stattgefunden hat. Vielmehr ist die Rechtsprechung in den jüngsten Urteilen wieder zu der nicht unumstrittenen Formulierung zurückgekehrt, wonach Voraussetzung für die Passivierung ist, daß die Verpflichtung "entweder dem Grunde nach entstanden oder ... wirtschaftlich ... verursacht ist"[694].

Das hier vorgestellte Ergebnis sollte m.E. auch einer Überprüfung hinsichtlich der Richtlinienkonformität standhalten. Diese Überprüfung könnte auch geboten erscheinen, da schon der EuGH festgestellt hat[695], daß das nationale Recht in Übereinstimmung mit den europäischen Richtlinien ("im Lichte des Wortlautes und des Zwecks der Richtlinie") auszulegen ist[696]. Allerdings wird in der Literatur eingewandt, daß das Bilanzrichtlinien-

---

690 BFH-Urteil vom 23.7.1980 I R 28/77, BStBl. II 1980, S. 63.
691 BFH-Urteil vom 25.8.1989 III R 95/87, BStBl. II 1989, S. 894.
692 Vgl. die BFH-Urteile vom 25.8.1989 III R 95/87, BStBl. II 1989, S. 893 f; vom 28.6.1989 I R 86/85, BStBl. II 1990, S. 552 f.
693 Mit einem Hinweis auf diese Entwicklungslinie, allerdings noch auf Basis der zu dieser Zeit aktuellen Rechtsprechung, *Herzig*, Risikovorsorge, in: *Doralt* (Hrsg.), Probleme, 1991, S. 213 f.
694 BFH-Urteil vom 12.12.1991 IV R 28/91, BStBl. II 1992, S. 601. Mit dieser Formulierung auch die BFH-Urteile vom 25.3.1992 I R 69/91, BStBl. II 1992, S. 1011; vom 13.11.1991 I R 102/88, BStBl. II 1992, S. 337; vom 13.11.1991 I R 78/89, BStBl. II 1992, S. 179.
695 Mit Urteil vom 10.4.1984, Rs. 14/83 Colson u. Kamann vs. Land NRW, Slg. 1984, 1891 ff.
696 Vgl. zu den Auslegungsmethoden des EuGH *Bleckmann*, Auslegungsmethoden, NJW 1982, S. 1177 ff.

Gesetz nicht an der vierten EG-Richtlinie zu messen sei[697]; vielmehr hätten die Gerichte, soweit das HGB auslegungsbedürftig sei, diese Richtlinie im wesentlichen nur zur Feststellung des Willens des Gesetzgebers heranzuziehen, ohne daß damit aber der Wortlaut des HGB außer acht gelassen werden könnte[698]. Bezüglich der hier untersuchten Problematik ist dann aber festzustellen, daß sich allein "aus der entsprechenden Regelung der Richtlinie die Absicht des Gesetzgebers noch nicht entnehmen läßt"[699]. So soll zwar im Vergleich zu den Rechnungslegungsvorschriften des AktG 1965 dem Ausweis eines aussagefähigen Periodenergebnisses[700] gegenüber der Vermögensdarstellung ein größeres Gewicht beigemessen werden[701], wie es sich insbesondere in einer Erweiterung der Rückstellungsmöglichkeiten zeigt[702], gleichwohl kann m.E. daraus nicht zwingend eine Regelung für die Periodenzuordnung solcher zukünftigen Ausgaben abgeleitet werden[703], die aus lediglich rechtlich bestehenden Verpflichtungen resultieren (werden). Die Vornahme dieser Periodenzuordnung kann nach der hier vertretenen Auffassung nur vor dem Hintergrund des Jahresabschlußzieles und unter Anwendung der allgemein anerkannten GoB erfolgen.

3. Zwischenfazit zur Periodisierung

1. Greifbare - also genügend objektivierte, aber gleichwohl ungewisse - Verbindlichkeiten sind nur dann als Rückstellungen zu passivieren, wenn ein Periodisierungskriterium ihre Aufnahme in die Bilanz des abgelaufenen Wirtschaftsjahres erzwingt[704]. Ein

---

[697] Vgl. zur Basis der vierten EG-Richtlinie, wonach "zur Verwirklichung des Niederlassungsrechts ... die Schutzbestimmungen, die in den Mitgliedstaaten den Gesellschaften im Interesse der Gesellschafter sowie Dritter vorgeschrieben sind, gleichwertig zu gestalten" sind *Helmrich*, Grundsatzentscheidungen, in: *Knobbe-Keuk/Klein/Moxter* (Hrsg.), Handels-, 1988, S. 220.

[698] So mit ausführlicher Herleitung dieses Ergebnisses *Herber*, Richter, in: *Knobbe-Keuk/Klein/Moxter* (Hrsg.), Handels-, 1988, S. 243 f. Vgl. auch *Bleckmann*, in: *Leffson/Rückle/Grossfeld* (Hrsg.), Handwörterbuch, 1986, Stichwort: "Richtlinie"; *Meyer-Arndt*, Zuständigkeit, BB 1993, S. 1623 ff.

[699] *Kraus*, Rückstellungen, 1987, S. 87.

[700] In der stärkeren Gewichtung der Ermittlung eines aussagefähigen Periodengewinns hat sich der Einfluß des angelsächsischen Bilanzrechts niedergeschlagen; vgl. ausführlicher, auch zum europäischen Bilanzrecht, *Küting*, Bilanzrecht, BB 1993, S. 30 ff.

[701] So *Busse von Colbe* (Hrsg.), Rechnungslegungsvorschriften, WPg 1987, S. 119.

[702] Zugleich ist aber von *Biener*, Rückstellungen, in: *Knobbe-Keuk/Klein/Moxter* (Hrsg.), Handels-, 1988, S. 53, ausgeführt worden, daß aus der Gewährung des Wahlrechts in § 249 II HGB nicht der Schluß gezogen werden dürfe, "daß bei der Auslegung der Pflichtrückstellungen nach § 249 Abs. 1 Satz 1 HGB dynamische Bilanzierungsgrundsätze stärker als bisher berücksichtigt werden könnten".

[703] Eine Lösung der Periodisierungsproblematik wird, wie bereits erwähnt, auch nicht unter Rückgriff auf das in § 264 II HGB niedergelegte Gebot des "true and fair view" abgeleitet werden können, da dieses Gebot nicht rechtsformunabhängig vorgeschrieben wird und ihm insoweit nicht die Stellung eines GoB zugesprochen werden kann.

[704] Für eine differenzierte bilanzielle Behandlung der Verpflichtungen nach Maßgabe ihrer Herkunft aus dem privaten oder öffentlichen Recht besteht nach h.M. kein Raum.

wesentlicher Schwerpunkt der aktuellen Diskussion um die Rückstellungsbilanzierung liegt somit in der materiell bedeutsamen Frage, wann Rückstellungen frühestmöglich passiviert werden können bzw. müssen.

2. Der BFH nimmt im Rahmen seiner Rückstellungsrechtsprechung eine Periodenzuordnung sowohl nach dem Kriterium der rechtlichen Entstehung als auch nach dem Kriterium der wirtschaftlichen Verursachung vor[705]; dabei ist die Auslegung und Bedeutung des Kriteriums der wirtschaftlichen Verursachung derzeit allerdings sehr umstritten.

3. Die wirtschaftliche Verursachung soll sich gemäß den Formulierungen der BFH-Rechtsprechung im Gegensatz zur rechtlichen Entstehung nach der Erfüllung (allein) der "wirtschaftlich wesentlichen Tatbestandsmerkmale" und weiterhin nach der Zurechenbarkeit der verpflichtungsbegründenden Ereignisse zum abgelaufenen Wirtschaftsjahr bestimmen[706]. Wenn der verpflichtungsbegründende Tatbestand also "im wesentlichen bereits verwirklicht" worden ist und die verpflichtungsbegründenden Ereignisse "wirtschaftlich dem abgelaufenen Geschäftsjahr zuzurechnen sind"[707], sollte die wirtschaftliche Verursachung zu bejahen sein. Beide Teilkriterien gewinnen - und so ist es auch im Fachschrifttum abgeleitet worden[708] - erst vor dem Hintergrund des Realisationsprinzips einen Sinn, so daß das Vorliegen der wirtschaftlichen Verursachung unter Rückgriff auf das Realisationsprinzip letztlich nur dann angenommen werden kann, wenn die künftigen Ausgaben bis zum Stichtag realisierte Umsätze alimentiert haben. Dem ist mittlerweile auch die jüngere BFH-Rechtsprechung gefolgt, die unter Bezugnahme auf MOXTER und auf die Interpretation der wirtschaftlichen Verursachung nach dem Realisationsprinzip ausführt, daß nur noch "die konkretisierte Zugehörigkeit künftiger Ausgaben zu bereits realisierten Erträgen"[709] erforderlich sei. Das Vorliegen der wirtschaftlichen Verursachung wird mithin dann verneint, wenn die "ungewisse Verbindlichkeit eng mit zukünftigen Gewinnchancen verbunden"[710] ist.

4. Die bislang h.M. - und dabei insbesondere die BFH-Rechtsprechung - sieht nun

---

705 Vgl. die BFH-Urteile vom 24.4.1968 I R 50/67, BStBl. II 1968, S. 544 f; vom 23.9.1969 I R 22/66, BStBl. II 1970, S. 104 f; vom 12.12.1991 I R 153/86, BStBl. II 1991, S. 482.

706 Rechtlich entstanden ist eine Verbindlichkeit, sobald alle Voraussetzungen erfüllt sind, von denen Gesetz, Satzung oder Vertrag die Entstehung abhängig machen; alle Merkmale des Tatbestandes, an den die Rechtsfolge geknüpft ist, müssen also verwirklicht sein.

707 Beide Zitate aus dem BFH-Urteil vom 19.5.1983 IV R 205/79, BStBl. II 1983, S. 670 ff.

708 Vgl. *Moxter*, Bilanzrechtsprechung, 2. Aufl., 1985, S. 60; dem folgend *Herzig*, Rückstellungen, DB 1990, S. 1346 f.

709 BFH-Urteile vom 25.8.1989 III R 95/87, BStBl. II 1989, S. 893 f; vom 28.6.1989 I R 86/85, BStBl. II 1990, S. 552 f.

710 So das BGH-Urteil vom 28.1.1991 II ZR 20/90, BB 1991, S. 508; so bspw. auch das BFH-Urteil vom 25.3.1992 I R 69/91, BStBl. II 1992, S. 1012.

in der wirtschaftlichen Verursachung ein den Zeitpunkt der Passivierung lediglich vorverlagerndes Kriterium; wenn rechtliche Entstehung und wirtschaftliche Verursachung einer Verpflichtung auseinanderfallen, soll der frühere der beiden Zeitpunkte maßgeblich sein. Rechtlich entstandene Verpflichtungen, die nicht wirtschaftlich verursacht sind, sollen dieser Auffassung folgend dann nach dem Vollständigkeits-, dem Imparitäts- bzw. dem Vorsichtsprinzip zu passivieren sein[711]; das nach dem Realisationsprinzip interpretierte Kriterium der wirtschaftlichen Verursachung soll insofern nicht zum Zuge kommen.

5. Die im Vordringen begriffene Mindermeinung will an die Passivierung nach dem Realisationsprinzip anknüpfend die wirtschaftliche Verursachung nicht mehr allein als zeitpunktvorverlagerndes Element ansehen, sondern als ein grundlegendes und somit zugleich auch als ein passivierungsbegrenzendes Kriterium verstanden und angewandt wissen. Damit wird in den Fällen eine Passivierung nicht erfolgen können, in denen eine ungewisse Verbindlichkeit rechtlich voll entstanden, aber wirtschaftlich noch nicht verursacht ist. Die Sachverhalte, in denen rechtliche Entstehung und wirtschaftliche Verursachung zusammenfallen oder die wirtschaftliche Verursachung vor der rechtlichen Entstehung gegeben ist, sind dagegen nahezu unstrittig.

6. In der Praxis ist von der kontroversen Diskussion um die rechtliche Entstehung vor der wirtschaftlichen Verursachung nach derzeitigem Kenntnisstand im wesentlichen die Problematik der Anpassungsverpflichtungen nach der TA Luft sowie die Problematik der Rekultivierungsverpflichtungen aufgrund einer Oberflächendevastierung im Vorfeld von Substanzabbauhandlungen (also ohne daß bereits ein Abbau von Bodenschätzen stattgefunden hätte) betroffen. Hier sollte - wenn eine (Anpassungs-)Verpflichtung rechtlich besteht - nach Auffassung der Mindermeinung wegen fehlender wirtschaftlicher Verursachung eine Passivierung nicht erfolgen können[712]; es zeigt sich insoweit also in aller Deutlichkeit die Auswirkung des Kriteriums der wirtschaftlichen Verursachung als passivierungsbegrenzendes Merkmal. Dagegen sind im Fachschrifttum allerdings Einwendungen insbesondere unter Hinweis auf das in § 246 I HGB kodifizierte Vollständigkeitsprinzip formuliert worden[713]; danach sollte es zu einer Verletzung des Gebotes des vollständigen Schuldenausweises kommen, wenn eine rechtlich entstandene Verpflichtung nicht passiviert wird[714].

7. Der hier erstmals vorgestellte eigenständige Lösungsansatz berücksichtigt nun Teilaspekte beider Fachschrifttumsauffassungen und mündet unter Formulierung der

---

711 So zuletzt *Loose*, Bildung, FR 1994, S. 140.
712 Vgl. auch *Herzig*, Rückstellungen, DB 1990, S. 1346; BMF-Schreiben vom 27.9.1988 - IV B2 - S 2137 - 49/88, DB 1988, S. 2279.
713 Vgl. stellvertretend *Günkel*, Rückstellungen, in: *Herzig* (Hrsg.), Umweltschutz, 1991, S. 41 f.
714 Diesbezüglich wird auch auf die ausführlichere Untersuchung in der Fallgruppe Anpassungsverpflichtungen verwiesen; vgl. dazu Teil 3 dieser Arbeit, 2. Kapitel, Abschnitt I.

These von der eingeschränkt rückstellungsbegrenzenden Wirkung des Realisationsprinzips in einer differenzierten Bilanzierungsregel, deren Ergebnis durch Abb. 4 verdeutlicht wird[715].

Kernelement dieses Lösungsansatzes ist vor dem Hintergrund des Jahresabschlußzieles der vorsichtigen Ermittlung eines ausschüttungsfähigen Gewinns eine wertende Gewichtung von Vorsichts- und Realisationsprinzip; weder das als Prüfkriterium zu verstehende Vollständigkeitsprinzip noch das hier nur Drohverlustrückstellungen begründende Imparitätsprinzip können zur Lösung der Frage nach der Periodenzuordnung lediglich rechtlich entstandener Verpflichtungen herangezogen werden.

Grundsätzlich entfaltet nun das Realisationsprinzip eine rückstellungsbegrenzende Wirkung, beispielsweise wenn das Entstehen einer greifbaren Verpflichtung lediglich droht, diese aber eben noch nicht rechtlich entstanden ist oder auch dann, wenn faktische Verpflichtungen zu passivieren sind. Daneben wird diese rückstellungsbegrenzende Wirkung allerdings eingeschränkt durch das Vorsichtsprinzip in seiner besonderen Ausprägung als Imparitätsprinzip sowie darüberhinaus in den Fällen der Rückstellungsnachholung und weiterhin auch dann, wenn bei rechtlich entstandenen Verpflichtungen der Eintritt der wirtschaftlichen Verursachung nicht oder zumindest nicht zweifelsfrei zu bestimmen ist.

Nach der hier vertretenen Auffassung sollte das Vorsichtsprinzip die rückstellungsbegrenzende Wirkung im Bereich der lediglich rechtlich entstandenen Verpflichtungen auch einschränken, soweit die wirtschaftliche Verursachung zukünftig bestimmbar ist; dies allerdings nur insoweit, als die Verpflichtungen unbedingt fällig sind, d.h. auch bei (partieller) Einstellung der Geschäftstätigkeit oder einer Umstellung derselben zu erfüllen. Bei Nichtpassivierung dieser Verpflichtungen in der Periode der rechtlichen Entstehung droht die Ausschüttung von Vermögensteilen, die noch keinen Reinvermögenszuwachs darstellen, da auf ihnen noch die wirtschaftliche Belastung aus einer solchen Verpflichtung ruht, der sich der Kaufmann im Ergebnis nicht mehr entziehen kann.

Bedingt fällige Verpflichtungen, zu denen auch die Anpassungsverpflichtungen zu zählen sind, sollen dadurch gekennzeichnet sein, daß sie mindestens noch bis zum Zeitpunkt der Fälligkeit vermeidbar sind. Aufgrund dieser Vermeidbarkeit sollte es das Vorsichtsprinzip m.E. nicht rechtfertigen, das Ausschüttungspotential durch eine Rückstellungsbildung um solche zukünftigen Ausgaben zu kürzen, die der Bilanzierende nur dann tätigen wird, wenn in kausalem Zusammenhang damit zukünftige Erträge anfallen werden.

8. Zusammenfassend läßt sich unter Rückgriff auf die These von der eingeschränkt rückstellungsbegrenzenden Wirkung des Realisationsprinzips festhalten, daß rechtlich entstandene Verpflichtungen, die wirtschaftlich (noch) nicht verursacht sind, unter Rückgriff auf das allgemeine Vorsichtsprinzip tatsächlich nur dann passiviert werden müssen, wenn sie nach der hier gewählten Kennzeichnung als unbedingt fällig, nicht aber, soweit sie nur

---

715 Zugleich verdeutlicht Abb. 4 allgemein die Periodenzuordnung von zukünftig anfallenden Aufwendungen aus der Erfüllung ungewisser Verbindlichkeiten.

```
                    Periodenzuordnung ungewisser Verbindlichkeiten
          ┌──────────────────┬──────────────────┬──────────────────┐
  weder wirtschaft-    wirtschaftliche Ver-   wirtschaftliche     wirtschaftliche Verursachung
  liche Verursachung   ursachung zeitgleich   Verursachung vor    nach rechtlicher Entstehung
  noch rechtliche      mit rechtlicher        rechtlicher         ┌─────────────┬─────────────┐
  Entstehung           Entstehung             Entstehung      unbedingt      bedingt fällige
                                                              fällige        Verpflichtung
                                                              Verpflichtung
```

| keine Rückstellungs-bildung möglich | Rückstellungsbildung zwingend unter Periodisierungs-aspekten | Rückstellungsbildung zwingend unter Periodisierungs-aspekten | Rückstellungsbildung zwingend, da Wirkung des Realisationsprinzips durch das Vorsichtsprinzip begrenzt | keine Rückstellungsbildung zwingend, da Wirkung des Realisationsprinzips nicht durch das Vorsichtsprinzip begrenzt |

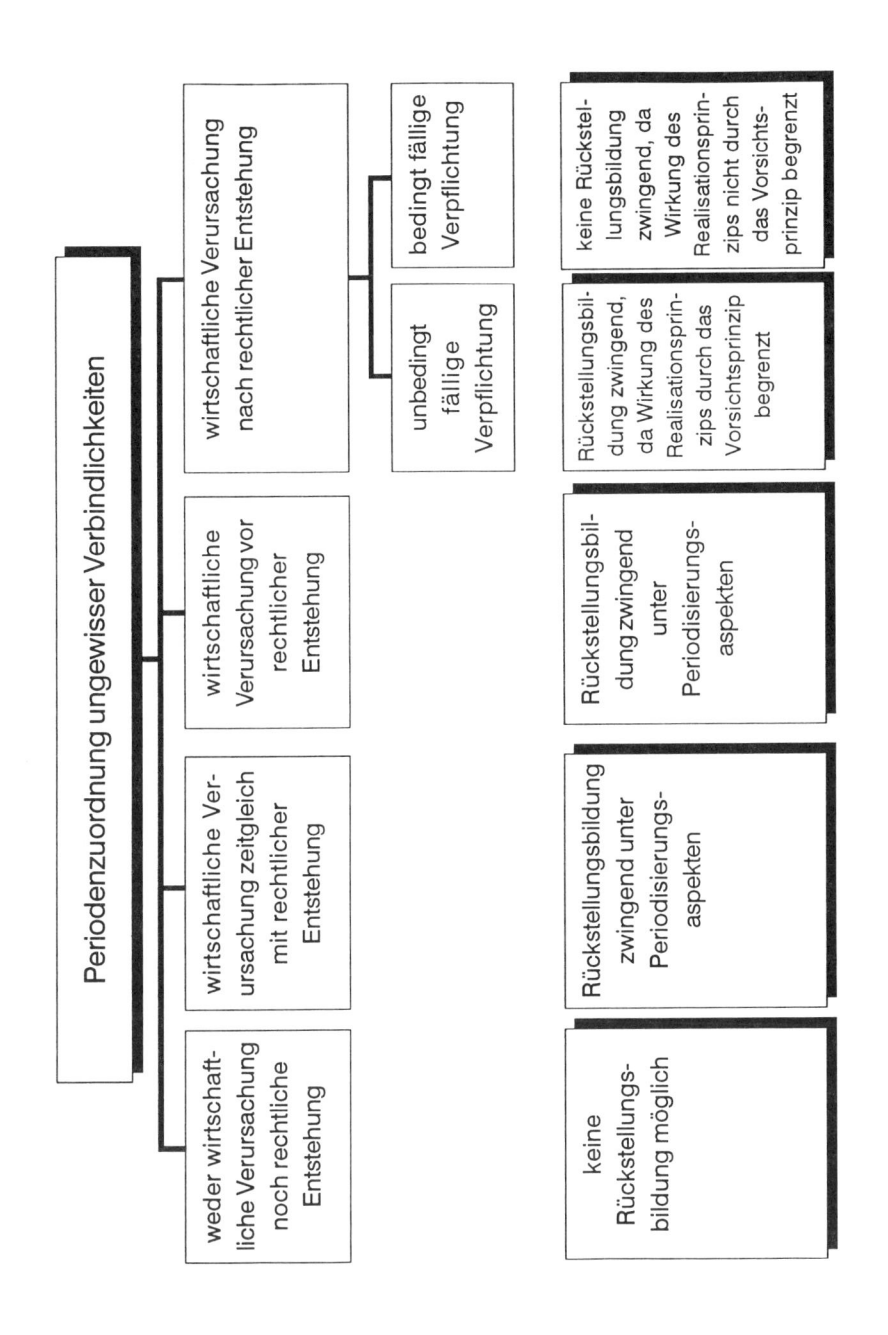

Abb. 4: Periodenzuordnung ungewisser Verbindlichkeiten nach Maßgabe des zeitlichen Verhältnisses von wirtschaftlicher Verursachung und rechtlicher Entstehung

als bedingt fällig anzusehen sind. Beim Vorliegen unbedingt fälliger Verpflichtungen - aber auch nur dann - muß also m.E. der durch das Realisationsprinzip verwirklichte Aspekt der umsatzbezogenen Gewinnermittlung hinter den Aspekt der *vorsichtigen* Ermittlung eines Umsatzgewinns zurücktreten[716].

II. Voraussetzungen für die Bilanzierung von Aufwandsrückstellungen

Während die Rückstellungskriterien als Ausfluß des Objektivierungs- und auch des Periodisierungsgedankens bei Verbindlichkeitsrückstellungen - wie soeben ausführlich dargestellt - nur durch die Rechtsprechung näher bestimmt und ausgefüllt werden, haben diese beiden Aspekte hinsichtlich der Bilanzierung von Aufwandsrückstellungen gemäß § 249 II HGB[717] ihren Niederschlag unmittelbar in der gesetzlichen Vorschrift gefunden[718].

Dort wird bestimmt, daß Aufwendungen, soweit sie

- ihrer Eigenart nach genau umschrieben,
- am Abschlußstichtag wahrscheinlich oder sicher - und nur hinsichtlich Höhe oder Zeitpunkt des Eintritts unbestimmt - und
- dem Geschäftsjahr oder einem früheren Geschäftsjahr zuzuordnen sind,

über eine Rückstellung erfaßt werden können.

Dem folgend läßt sich auch die Bilanzierung dieser Rückstellungsart auf zwei Grundgedanken reduzieren, nämlich auf

- den Periodisierungsgedanken einerseits und auf
- den Objektivierungsgedanken andererseits.

Kennzeichnend für die Aufwandsrückstellungen - insbesondere in Abgrenzung zu den

---

716 Das aus dem Periodisierungsgedanken entspringende und nach dem Realisationsprinzip interpretierte Passivierungskriterium der wirtschaftlichen Verursachung entfaltet also eine rückstellungsbegrenzende Wirkung in den Fällen, in denen die rechtliche Entstehung einer Verbindlichkeit (noch) nicht gegeben ist und zugleich die zukünftigen Ausgaben nur zukünftige Umsätze alimentieren; darüberhinaus werden davon auch die nur bedingt fälligen Verbindlichkeiten erfaßt, soweit diese ebenfalls als wirtschaftlich verursacht, wohl aber als bereits rechtlich entstanden angesehen werden können bzw. müssen.

717 Zur Begriffsklärung sei hier erneut darauf hingewiesen, daß im vorliegenden Zusammenhang unter dem Begriff Aufwandsrückstellungen nur diejenigen nach § 249 II HGB verstanden werden sollen; diese werden von *Borstell*, Aufwandsrückstellungen, 1987, S. 162 ff, auch als "echte Aufwandsrückstellungen" bezeichnet.

718 Die ebenfalls den Aufwandsrückstellungen im weiteren Sinne, welche terminologisch wohl zutreffender als Abgrenzungsrückstellungen zu bezeichnen wären, zuzuordnenden Rückstellungen für Abraumbeseitigung und unterlassene Instandhaltung sollen in diesem Teil der Untersuchung nicht näher betrachtet werden.

Verbindlichkeitsrückstellungen - ist nun, daß den zukünftigen zu Aufwand der Abrechnungsperiode transformierten Ausgaben gerade keine rechtliche oder faktische Außenverpflichtung zugrunde liegt[719]. Es handelt sich vielmehr um zukünftige Verpflichtungen eines Kaufmanns gegen sich selbst[720], denen das Merkmal des Schuldcharakters fehlt[721]; insoweit werden sie auch als Innenverpflichtungen bezeichnet[722].

Mit der Umsetzung des BiRiLiG und der Kodifizierung des angesprochenen § 249 II HGB[723] sind jetzt also erstmals diese Rückstellungen für genau umschriebene Aufwendungen zugelassen worden[724]; es ist somit eine neue Rückstellungsklasse für die Handelsbilanz eingeführt worden. Die gesetzliche Vorschrift sieht ein handelsrechtliches Passivierungswahlrecht vor[725], welches nach derzeit (noch) herrschender Auffassung ein Passivierungsverbot für die Steuerbilanz nach sich zieht[726].

Während in der Diskussion im Vorfeld dieser Neuregelung - welcher aufgrund des Fehlens eines objektivierend wirkenden Dritten "der Makel der Manipulationsanfälligkeit" anhaftet[727] - zunächst noch größte Befürchtungen geäußert wurden, diese Passivposition könnte sogar die Bilanzierung zu Wiederbeschaffungswerten einführen[728], hat sich mitt-

---

719 Vgl. zu dieser Kennzeichnung *Schmidt*, EStG, 1993, Anm. 46 zu § 5 EStG m.w.N. Ebenso *Borstell*, Aufwandsrückstellungen, 1987, S. 167; *Eder*, Aufwandsrückstellungen, 1988, S. 54; *Maul*, Aufwandsrückstellungen, BB 1986, S. 631.

720 Vgl. *Herzig*, Risikovorsorge, in: *Doralt* (Hrsg.), Probleme, 1991, S. 227.

721 Vgl. dazu bspw. das BFH-Urteil vom 26.10.1977 I R 148/75, BStBl. II 1978, S. 98.

722 Vgl. zu diesem Begriff *Moxter*, Bilanzrechtsprechung, 3. Aufl., 1993, S. 70; auch *Baetge*, Frage, in: *Moxter* (Hrsg.), Rechnungslegung, 1992, S. 37 f; auch *Eifler*, Kulanzrückstellungen, in: HdJ, Abt. III/6, 1987, Rn. 5 f. Aus dem Fehlen einer Drittverbindlichkeit könnte auch abgeleitet werden, daß im vorliegenden Zusammenhang nicht von Aufwandsrückstellungen für Umweltschutzverpflichtungen, sondern zutreffender von Aufwandsrückstellungen für (freiwillige) Umweltschutzmaßnahmen gesprochen werden sollte.

723 Vgl. zur Entwicklung der Formulierung dieser Vorschrift in den verschiedenen Gesetzesentwürfen zum HGB *Naumann*, Bewertung, 1989, S. 128 ff.

724 In der Zeit vor dem Inkrafttreten des Aktiengesetzes 1965 waren Aufwandsrückstellungen wohl weitergehend zugelassen, vgl. dazu *Borstell*, Aufwandsrückstellungen, 1987, S. 18 f.

725 Zur bilanzpolitischen Nutzung dieses Wahlrechts vgl. auch *Scheffler*, Aufwandsrückstellungen, in: IDW (Hrsg.), Fachtagung, 1989, S. 175 ff. Nach *Moxter*, Bilanzrechtsprechung, 2. Aufl., 1985, S. 83, sollte allerdings eine objektivierbare Innenverpflichtung bereits zur Begründung einer Passivierungspflicht ausreichen.

726 Vgl. dazu den grundlegenden BFH-Beschluß vom 3.2.1969 GrS 2/68, BStBl. II 1969, S. 291 ff. Nach der Auffassung von *Siegel*, Rückstellungen, BFuP 1987, S. 301, kann das handelsrechtliche Ansatzwahlrecht schon deshalb nicht auf die Steuerbilanz übertragen werden, weil handelsrechtliche Wahlrechte keine GoB darstellten, so daß sie folglich auch nicht in die steuerliche Gewinnermittlung übernommen werden dürften. Vgl. dazu auch *Mayer-Wegelin*, in: *Küting/Weber* (Hrsg.), Rechnungslegung, 3. Aufl., 1990, Rn. 75 zu § 249 HGB.

727 So *Naumann*, Bewertung, 1989, S. 129. "Manipulationsgefahr", so *Clemm/Nonnenmacher*, in: Beck'scher Bilanzkommentar, 1990, Anm. 303 zu § 249 HGB m.w.N.

728 Vgl. *Siegel*, Rückstellungen, BFuP 1987, S. 301.

lerweile wohl eine herrschende Meinung herausgebildet[729], welche die Auswirkungen nicht so dramatisch sieht, da der Gesetzgeber explizite Voraussetzungen für die Zulässigkeit derartiger Aufwandsrückstellungen kodifiziert hat[730]; dabei sind an die Erfüllung dieser Voraussetzungen hohe Anforderungen zu stellen[731].

Ohne den Umfang der hier möglichen Rückstellungsanlässe abschließend beurteilen zu müssen, kann doch festgehalten werden, daß Umweltschutzaufwendungen - unter den noch näher zu bestimmenden Voraussetzungen - als ihrer Art nach genau umschriebene Aufwendungen verstanden und über eine Aufwandsrückstellung im Sinne des § 249 II HGB, die insoweit als Instrument zur bilanziellen Abbildung der Auswirkungen betrieblicher Umweltschutzmaßnahmen anzusehen ist, erfaßt werden können[732]; daher sollen die diesen Aufwandsrückstellungen zugrundeliegenden Voraussetzungen nun näher untersucht werden.

A. *Zielsetzung dieser Vorschrift*

Als Aufgabe der "echten Aufwandsrückstellungen"[733] ist die periodengerechte Abgrenzung zukünftiger Ausgaben anzusehen, die aufwandsmäßig einem abgelaufenen Geschäftsjahr zuzurechnen sind[734]. Durch diese Vorverrechnung künftiger Ausgaben, die zu einer Eliminierung aperiodischer zukünftiger Aufwendungen und zu einer Erfolgsglättung führt[735], soll die Darstellung eines den tatsächlichen Verhältnissen entsprechenden Bildes der Ertragslage gefördert und gewährleistet werden[736]; zudem soll der Bilanzierende in die Lage versetzt werden, Vorsorge für konkrete künftige Ausgaben zu treffen[737]. Es soll

---

729 Vgl. bspw. *Borstell*, Aufwandsrückstellungen, 1987, S. 162 ff; *Eder*, Aufwandsrückstellungen, 1988, S. 54 ff; *Adler/Düring/Schmaltz*, Rechnungslegung, 5. Aufl., 1990, Anm. 132 ff zu § 249 HGB.

730 Vgl. *Siegel*, Rückstellungen, BFuP 1987, S. 304.

731 Vgl. *Herzig*, Meinungsspiegel, BFuP 1987, S. 366.

732 Bejahend dazu *Ballwieser*, Passivierung, in: *IDW* (Hrsg.), Fachtagung, 1992, S. 140; *Günkel*, Rückstellungen, in: *Herzig* (Hrsg.), Umweltschutz, 1991, S. 36; *Dörner*, Aufwandsrückstellungen, WPg 1991, S. 266; *Clemm/Nonnenmacher*, in: Beck'scher Bilanzkommentar, 1990, Anm. 323 zu § 249 HGB, Stichwort "Entsorgungsmaßnahmen"; *Adler/Düring/Schmaltz*, Rechnungslegung, 5. Aufl., 1990, Anm. 196 zu § 249 HGB; *Borstell*, Aufwandsrückstellungen, 1987, S. 247 ff; *Herzig*, Meinungsspiegel, BFuP 1987, S. 366; *Kussmaul*, Berechtigung, DStR 1987, S. 677.

733 So die begriffliche Kennzeichnung der Aufwandsrückstellungen nach § 249 II HGB bei *Borstell*, Aufwandsrückstellungen, 1987, S. 162 ff.

734 Vgl. bspw. *Clemm/Nonnenmacher*, in: Beck'scher Bilanzkommentar, 1990, Anm. 300 ff zu § 249 HGB; *Maul*, Aufwandsrückstellungen, BB 1986, S. 635; *Herzig*, Meinungsspiegel, BFuP 1987, S. 365.

735 Vgl. *Adler/Düring/Schmaltz*, Rechnungslegung, 5. Aufl., 1990, Anm. 136 zu § 249 HGB.

736 So *Borstell*, Aufwandsrückstellungen, 1987, S. 164.

737 Vgl. dazu *Mayer-Wegelin*, in: *Küting/Weber* (Hrsg.), Rechnungslegung, 3. Aufl., 1990, Rn. 70 zu § 249 HGB.

also die Möglichkeit der zutreffenden Periodisierung des Unternehmensergebnisses geschaffen werden[738]; insoweit ist hier festzuhalten, daß aus bilanztheoretischer Sicht dynamisches Gedankengut[739] seinen Niederschlag gefunden hat[740].

Als Aufwandsrückstellungen dürfen daher alle Aufwendungen zurückgestellt werden, die die nachfolgend zu betrachtenden Objektivierungsvoraussetzungen des § 249 II HGB erfüllen, dem Geschäftsjahr oder einem früheren Geschäftsjahr zuzurechnen und nicht schon als Ausfluß einer ungewissen bzw. gewissen Verbindlichkeit oder eines Drohverlustes anzusehen sind[741]. Daraus folgt also unzweifelhaft, daß auch die Möglichkeit gegeben ist, zukünftig anfallende Umweltschutzausgaben zu periodisieren und unter Erfüllung bestimmter Objektivierungs- und Periodisierungserfordernisse über Aufwandsrückstellungen im Rahmen der Bilanzierung abzubilden.

B. Objektivierungserfordernisse

Wie bereits dargestellt, liegen der Bilanzierung sowohl das Periodisierungsprinzip wie auch das Greifbarkeitsprinzip als Fundamentalprinzipien zugrunde[742]. Das letztgenannte schlägt sich im Rahmen des § 249 II HGB in der Formulierung nieder, daß "für ihrer Eigenart nach genau umschriebene Aufwendungen, ..., die am Abschlußstichtag wahrscheinlich oder sicher, aber hinsichtlich ihrer Höhe oder des Zeitpunkts ihres Eintritts unbestimmt" sind, Rückstellungen gebildet werden dürfen.

Die Passivierung von Aufwandsrückstellungen, denen ja nur eine innerbetriebliche Notwendigkeit zur späteren Ausgabentätigkeit zugrunde liegt, bedingt also die Erfüllung folgender - gesetzlich genannter - Objektivierungserfordernisse:

- Bestimmtheit der Aufwendungen,
- Wahrscheinlichkeit des Eintritts,
- Unbestimmtheit hinsichtlich Höhe oder Zeitpunkt des Eintritts.

Da diese Passivierung aufgrund des Fehlens eines objektivierend wirkenden Dritten mit einem gegenüber der Bilanzierung von Verbindlichkeitsrückstellungen höheren Maß an Unsicherheit bezüglich der Einhaltung der Voraussetzungen und der tatsächlichen Durchführung der geplanten Maßnahmen behaftet ist[743], muß anhand der oben genannten Er-

---

738 Vgl. *Adler/Düring/Schmaltz*, Rechnungslegung, 5. Aufl., 1990, Anm. 133 zu § 249 HGB.
739 Vgl. zur Begründung der Bildung solcher Aufwandsrückstellungen auch aus statischer Sicht *Naumann*, Bewertung, 1989, S. 138.
740 Vgl. *Eder*, Aufwandsrückstellungen, 1988, S. 13 ff.
741 So auch *Adler/Düring/Schmaltz*, Rechnungslegung, 5. Aufl., 1990, Anm. 134 zu § 249 HGB.
742 Vgl. erneut *Moxter*, Bilanzrechtsprechung, 2. Aufl., 1985, S. 217.
743 So *Borstell*, Aufwandsrückstellungen, 1987, S. 168.

fordernisse eine Grenzziehung zwischen den betriebswirtschaftlich begründeten und den willkürlichen Rückstellungen sowie eine Abgrenzung zu den Rücklagetatbeständen vorgenommen werden[744]; dazu sind die einzelnen Elemente näher zu untersuchen.

1. Bestimmtheit der Aufwendungen

Aus dem Erfordernis des wahrscheinlichen Eintritts von "ihrer Eigenart nach genau umschriebenen Aufwendungen", das mit EDER[745] der Tatbestandsebene der Aufwendungsumschreibung zugeordnet werden kann, folgt, daß Zweck und Inhalt der Rückstellung exakt feststehen müssen, daß also der Rückstellung ein konkret bezeichneter Sachverhalt zugrunde liegen muß. Unter den genau zu umschreibenden Aufwendungen sind die Aufwendungen für eine Maßnahme insgesamt zu verstehen[746]; dabei ist eine Rückstellung nur dann zulässig, wenn Notwendigkeit[747], Art und Umfang der vorzunehmenden Maßnahme bekannt sind[748]. Durch dieses Erfordernis wird die Bildung einer Rückstellung für das allgemeine Unternehmerrisiko ausgeschlossen[749], es bedingt die möglichst genaue Umschreibung sowohl der späteren Maßnahme wie auch der für diese Maßnahme erforderlichen Sachgüter und Leistungen[750].

2. Wahrscheinlichkeit des Eintritts

Daneben setzt die Passivierungsfähigkeit weiter voraus, daß die künftigen Ausgaben am Abschlußstichtag wahrscheinlich oder sicher sind; dieses Kriterium kann der Tatbestandsebene der Aufwendungserwartung zugerechnet werden[751].

Zwei Lösungsansätze werden bei der Auslegung dieser Voraussetzung im Fachschrifttum vertreten; einerseits wird eine Gleichstellung dieser Voraussetzung mit der im Rahmen der Verbindlichkeitsrückstellungen relevanten Wahrscheinlichkeit der Inanspruchnahme vorgenommen, wonach bekanntlich nicht weniger Gründe für als gegen eine Inanspruch-

---

744 So auch *Mayer-Wegelin*, in: *Küting/Weber* (Hrsg.), Rechnungslegung, 3. Aufl., 1990, Rn. 77 zu § 249 HGB; *Müller*, Gedanken, ZGR 1981, S. 142.
745 *Eder*, Aufwandsrückstellungen, 1988, S. 54 f.
746 So auch *Mayer-Wegelin*, in: *Küting/Weber* (Hrsg.), Rechnungslegung, 3. Aufl., 1990, Rn. 77 zu § 249 HGB.
747 Insoweit wird verlangt, daß die Notwendigkeit auch belegt wird; vgl. *Siegel*, Rückstellungen, BFuP 1987, S. 304.
748 So *Clemm/Nonnenmacher*, in: Beck'scher Bilanzkommentar, 1990, Anm. 305 zu § 249 HGB; *Niehus/Scholz*, in: *Meyer-Landrut/Miller/Niehus/Scholz*, GmbHG, 1987, Rdn. 607 ff zu §§ 238-335 HGB.
749 *Borstell*, Aufwandsrückstellungen, 1987, S. 170 m.w.N.
750 *Naumann*, Bewertung, 1989, S. 133 m.w.N.
751 Vgl. dazu *Eder*, Aufwandsrückstellungen, 1988, S. 54 f.

nahme sprechen sollten[752], und andererseits wird aus der Formulierung "oder sicher" abgeleitet, daß es hier einer erhöhten Wahrscheinlichkeit (nämlich einer an Sicherheit grenzenden Wahrscheinlichkeit) des Eintritts bedarf[753].

M.E. wird hier im Ergebnis darauf abzustellen sein, daß nicht weniger Gründe für als gegen das Anfallen der betreffenden Auszahlungen sprechen sollten, mehr läßt sich wohl unter Objektivierungsaspekten nicht fordern und auch aus Gesetzestext und Gesetzeszusammenhang nicht entnehmen[754]. An "die Eintrittswahrscheinlichkeit der Innenverpflichtung sollen keine höheren Anforderungen gestellt werden als an die ... ungewisser Verbindlichkeiten"[755]; allein diese Auslegung ist mit dem Wortlaut der vierten EG-Richtlinie vereinbar, da dort in Art. 20 I und II wortgleich sowohl für Verbindlichkeits- als auch für Aufwandsrückstellungen verlangt wird, daß die Verbindlichkeiten bzw. Aufwendungen "wahrscheinlich oder sicher, aber hinsichtlich ihrer Höhe oder dem Zeitpunkt ihres Eintritts unbestimmt sind". Eine differenzierte Beurteilung der Eintrittswahrscheinlichkeit danach, ob Verbindlichkeiten oder ihrer Eigenart nach genau umschriebene Aufwendungen betrachtet werden, findet demnach im Wortlaut der vierten EG-Richtlinie ebensowenig Rückhalt wie im Wortlaut des § 249 HGB; die Sicherheit des Eintritts der Auszahlungen kann somit erst recht nicht verlangt werden.

Gleichwohl sind, da die - objektiv nicht quantifizierbare - Wahrscheinlichkeit oder Sicherheit des Grundes bzw. des Eintritts der künftigen Aufwendungen davon abhängt, ob der Kaufmann sich diesen letztlich nicht entziehen kann, wenn er seinen Geschäftsbetrieb unverändert fortführen will[756], sachliche Anhaltspunkte für die Annahme erforderlich[757], daß die über die Rückstellung erfaßten Aufwendungen ihrer Art nach später tatsächlich

---

752 So wohl *Baetge*, Frage, in: *Moxter* (Hrsg.), Rechnungslegung, 1992, S. 43; *Brönner/Bareis*, Bilanz, 1991, Teil IV Rn. 187; *Naumann*, Bewertung, 1989, S. 134; *Borstell*, Aufwandsrückstellungen, 1987, S. 183 f.

753 *Borstell* spricht insoweit davon, daß eine "hohe Wahrscheinlichkeit" im Sinne von "so gut wie sicher" gegeben sein muß. Diese Auslegung würde sich also in Abgrenzung von dem Erfordernis der Wahrscheinlichkeit der Inspruchnahme (nach der BFH-Rechtsprechung zu den Verbindlichkeitsrückstellungen) durch erhöhte Anforderungen auszeichnen. Vgl. *Borstell*, Aufwandsrückstellungen, 1987, S. 183 f. Vgl. auch die Darstellung bei *Eder*, Aufwandsrückstellungen, 1988, S. 59 f.

754 Mit diesem Erfordernis soll letztlich nur vermieden werden, daß lediglich vage mögliche zukünftige Auszahlungen zum Ansatz kommen; so wohl auch *Lederle*, Probleme, in: *Baetge* (Hrsg.), Rückstellungen, 1991, S. 64.

755 *Kupsch*, Bilanzierung, in: *Albach/Forster* (Hrsg.), Beiträge, 1987, S. 74; mit diesem Ergebnis auch *Dörner*, Aufwandsrückstellungen, WPg 1991, S. 228.

756 Vgl. *Clemm/Nonnenmacher*, in: Beck'scher Bilanzkommentar, 1990, Anm. 302 zu § 249 HGB; vgl. zu dieser Formulierung erneut auch *Lederle*, Probleme, in: *Baetge* (Hrsg.), Rückstellungen, 1991, S. 62 sowie den Bericht des Rechtsausschusses zum Bilanzrichtlinien-Gesetz vom November 1985, BT-Drs. 10/4268, S. 99. Es soll also sein, daß der Kaufmann "vielmehr mit mehr oder minder großen Schwierigkeiten rechnen [muß], wenn er die betreffende Entscheidung nicht trifft"; so *Castan*, Rechnungslegung, 1990, S. 55.

757 Vgl. *Mayer-Wegelin*, in: *Küting/Weber* (Hrsg.), Rechnungslegung, 3. Aufl., 1990, Rn. 77 zu § 249 HGB.

anfallen werden; bloße Vermutungen reichen nicht aus. Ebensowenig dürfte es ausreichen, wenn der Unternehmer bestimmte Maßnahmen lediglich plant, vielmehr "muß unter dem Gesichtspunkt der Unternehmensfortführung die objektive Notwendigkeit bestehen, die beabsichtigten Maßnahmen später auch durchzuführen"[758].

3. Unbestimmtheit von Höhe oder Zeitpunkt des Eintritts

Als drittes Passivierungskriterium, welches nach EDER[759] der Tatbestandsebene der Aufwendungsunbestimmtheit zugeordnet werden kann, ist die Unbestimmtheit hinsichtlich der Höhe oder des Zeitpunktes des Eintritts der Ausgabe zu nennen. Dieses Kriterium lehnt sich an die allgemeinen Rückstellungskriterien an und sollte dahingehend verstanden werden, daß eine Gewißheit über Höhe und Zeitpunkt der Ausgabe nicht erforderlich ist[760].

Bemerkenswert ist in diesem Zusammenhang nur, daß die gesetzliche Formulierung auch die Passivierung solcher Sachverhalte zuläßt, in denen nur noch der Zeitpunkt des Eintritts der Ausgabe unsicher ist - womit Aufwandsrückstellungen in einem weiteren Rahmen gebildet werden können als Verbindlichkeitsrückstellungen[761] -, nicht aber, wenn zudem der Zeitpunkt auch noch sicher ist. Aus diesem sinnwidrigen Ergebnis wird im Fachschrifttum gefolgert[762], daß die Voraussetzung der Unbestimmtheit dann gegenstandslos sein sollte.

Im Ergebnis ist hinsichtlich der drei oben betrachteten Objektivierungsanforderungen das Bestreben zu erkennen, die Bilanzierung von allgemeinen Unternehmensrisiken und von solchen Belastungen, deren Eintritt eher unwahrscheinlich erscheint, zu vermeiden und damit eine eher willkürliche Verkürzung des Handelsbilanzergebnisses zu verhindern; unter diesem Gesichtspunkt wird - vorbehaltlich der Periodisierung - die Ansatzfähigkeit von bestimmten Aufwendungen nach § 249 II HGB zu prüfen sein.

C. Periodisierungsfragen

Als vierte Passivierungsvoraussetzung[763] schreibt § 249 II HGB vor, daß zur Passivierung der ihrer Eigenart nach genau umschriebenen Aufwendungen diese "dem Geschäftsjahr

---

758 *Borstell*, Aufwandsrückstellungen, 1987, S. 184.
759 *Eder*, Aufwandsrückstellungen, 1988, S. 54 f.
760 So wohl *Clemm/Nonnenmacher*, in: Beck'scher Bilanzkommentar, 1990, Anm. 302 zu § 249 HGB; *Naumann*, Bewertung, 1989, S. 134 f.
761 Weiterführend mit diesem Ergebnis *Borstell*, Aufwandsrückstellungen, 1987, S. 186.
762 Vgl. *Siegel*, Rückstellungen, BFuP 1987, S. 306; dem folgend *Naumann*, Bewertung, 1989, S. 135.
763 Diese Voraussetzung kann der Tatbestandsebene der Aufwendungszuordnung zugerechnet werden; vgl. erneut *Eder*, Aufwandsrückstellungen, 1988, S. 54 f.

oder einem früheren Geschäftsjahr" zuzuordnen sein müssen; ein Bezug auf zukünftige Perioden reicht also nicht aus[764].

Zu untersuchen ist in diesem Zusammenhang die Frage, wann und nach welchem Kriterium Aufwendungen einem Geschäftsjahr zuzurechnen sind. Das Spektrum der dazu in der Literatur vertretenen Meinungen[765] reicht von der Zurechnung nach "plausiblen betriebswirtschaftlichen Methoden"[766] über die Zurechnung, wenn nur ein allgemeiner Zusammenhang mit dem abgelaufenen Geschäftsjahr gegeben ist[767], bis zu der Auffassung, daß Aufwendungen dann nicht den abgelaufenen Wirtschaftsjahren zuzurechnen sind, wenn diese Aufwendungen auch Nutzungsmöglichkeiten für die Zukunft schaffen[768].

Wesentlich erscheint mir die Feststellung, daß es nicht nur auf eine subjektive wirtschaftliche Zurechenbarkeit, sondern auf eine objektive wirtschaftliche Zugehörigkeit ankommt[769]. Eine solche Vorverrechnung zukünftiger Ausgaben sollte - unter besonderer Berücksichtigung des durch die Passivierung von Aufwandsrückstellungen verfolgten Zwecks der periodengerechten Ergebnisabgrenzung und -ermittlung - nur dann möglich sein, wenn eine konkrete und intersubjektiv nachprüfbare Kausalität[770] zwischen den realisierten Erträgen und den später dafür anfallenden Ausgaben hergestellt werden kann, da die periodenbezogene Zuordnung der Aufwendungen zu den Erträgen nach Maßgabe des Realisationsprinzips erfolgt[771]. Die Frage nach der wirtschaftlichen Zugehörigkeit von Aufwendungen bestimmt sich also nach dem Realisationsprinzip als grundlegendem

---

764 Vgl. *Mayer-Wegelin*, in: *Küting/Weber* (Hrsg.), Rechnungslegung, 3. Aufl., 1990, Rn. 81 zu § 249 HGB; dem folgend *Dörner*, Aufwandsrückstellungen, WPg 1991, S. 228.

765 Vgl. zu deren Darstellung auch *Borstell*, Aufwandsrückstellungen, 1987, S. 174.

766 So *Müller*, Innovation, DStZ 1991, S. 390.

767 Vgl. insoweit *Maul*, Aufwandsrückstellungen, BB 1986, S. 634.

768 So wohl *Streim*, Großreparaturen, BB 1985, S. 1581. Kritisch dazu *Naumann*, Bewertung, 1989, S. 137, der am Beispiel der Reparaturausgaben ausführt, daß das Motiv für die Reparatur in der zukünftigen Nutzung zu sehen sei, die Ursache aber im Gebrauch der Anlage in der Vergangenheit liege und insoweit eine Aufwandsrückstellung gerechtfertigt wäre.

769 *Eder*, Aufwandsrückstellungen, 1988, S. 89.

770 Ein Zusammenhang mit Erträgen im Sinne einer Kausalität ist maßgebend, da mit der Zulassung der Aufwandsrückstellungen erreicht werden soll, daß die Ertragslage klarer dargestellt wird; so *Mayer-Wegelin*, in: *Küting/Weber* (Hrsg.), Rechnungslegung, 3. Aufl., 1990, Rn. 81 f zu § 249 HGB.

771 So *Moxter*, Bilanzrechtsprechung, 2. Aufl., 1985, S. 217; dem folgend *Borstell*, Aufwandsrückstellungen, 1987, S. 172; *Herzig*, Risikovorsorge, in: *Doralt* (Hrsg.), Probleme, 1991, S. 229 f; *Dörner*, Aufwandsrückstellungen, WPg 1991, S. 227.

Abgrenzungskriterium[772], also danach[773], ob die Ausgaben eine Beziehung zu den Erträgen dieser Perioden haben[774], ob sie bereits realisierte Erträge alimentiert haben[775].

Noch nicht abschließend geklärt ist die Frage, ob auf die Auslegung des bei Aufwandsrückstellungen notwendigen Periodisierungskriteriums "Zuordnung zu abgelaufenen Geschäftsjahren" der Begriff und Inhalt der wirtschaftlichen Verursachung (wie bei ungewissen Verbindlichkeiten) und möglicherweise auch die Rechtsprechung des BFH zur wirtschaftlichen Verursachung übertragen werden können[776].

Sollte sich die hier vertretene Auffassung der Auslegung des Merkmals der wirtschaftlichen Verursachung, also der Periodisierung von Verbindlichkeitsrückstellungen nach dem Realisationsprinzip, allerdings durchsetzen, so dürften sich die Inhalte der Begriffe "wirtschaftliche Verursachung" und "Zuordnung" (im Sinne einer wirtschaftlichen Zugehörigkeit) bis zur Deckungsgleichheit annähern. Denn in beiden Fällen wäre das Realisationsprinzip als grundlegendes Abgrenzungskriterium heranzuziehen mit der Folge, daß nur solche Ausgaben passiviert werden könnten, die bereits realisierte Erträge alimentiert haben[777].

Damit zeigt sich aber auch im Ergebnis, daß unterlassene Ausgaben, die erst in späteren Jahren mit Erträgen in Verbindung stehen, nicht dem Jahr der Unterlassung zugeordnet werden können[778]; auch insoweit entfaltet das Realisationsprinzip eine rückstellungsbe-

---

772 "Als Zuordnungsregel dient das Realisationsprinzip", so *Kupsch*, Bilanzierung, in: *Albach/Forster* (Hrsg.), Beiträge, 1987, S. 71; auch *Herzig*, Rückstellungen, DB 1990, S. 1346. A.A. *Ballwieser*, Bedeutung, in: *Beisse/Lutter/Närger* (Hrsg.), Festschrift Beusch, 1993, S. 66 ff; *ders.*, Passivierung, in: *IDW* (Hrsg.), Fachtagung, 1992, S. 140.

773 Nach Auffassung im Fachschrifttum bestimmt sich die Zugehörigkeit nach dem vom Realisationsprinzip eingeschlossenen Grundsatz der Abgrenzung der Sache und der Zeit nach. So *Eder*, Aufwandsrückstellungen, 1988, S. 88 f; auch *Ballwieser*, Grundsätze, ZfB-Ergänzungsheft 1/87: Bilanzrichtlinien-Gesetz, S. 11 f. "Die in § 249 enthaltene Forderung, daß Aufwendungen dem Geschäftsjahr einer früheren Geschäftsjahr zuzuordnen sind, beschreibt nichts anderes als den Grundsatz der Abgrenzung der Sache und der Zeit nach, auf dem die Innenverpflichtungen beruhen müssen", so *Baetge*, Frage, in: *Moxter* (Hrsg.), Rechnungslegung, 1992, S. 43; *ders.*, Bilanzen, 1992, S. 153.

774 So *Clemm/Nonnenmacher*, in: Beck'scher Bilanzkommentar, 1990, Anm. 306 zu § 249 HGB; so auch *Siegel*, Rückstellungen, BFuP 1987, S. 304 f.

775 Vgl. *Moxter*, Bilanzrechtsprechung, 3. Aufl., 1993, S. 89 f; *Herzig*, Meinungsspiegel, BFuP 1987, S. 364.

776 Gegen eine Maßgeblichkeit des Begriffs der wirtschaftlichen Verursachung *Mayer-Wegelin*, in: *Küting/Weber* (Hrsg.), Rechnungslegung, 3. Aufl., 1990, Rn. 81 zu § 249 HGB, dem folgend *Borstell*, Aufwandsrückstellungen, 1987, S. 173; a.A. *Eifler*, Kulanzrückstellungen, in: HdJ, Abt. III/6, 1987, Rn. 27 ff.

777 Vgl. auch *Herzig*, Rückstellungen, DB 1990, S. 1346. Das Vollständigkeitsprinzip kommt hier nicht zum Zuge, da es durch die Vorschrift des § 249 II HGB - ausdrückliche Gewährung eines Wahlrechts - durchbrochen wird.

778 Vgl. *Biener*, AG, 1979, S. 72; *Esser*, Aufwandsrückstellungen, StbJb 1984/85, S. 162 f; *Clemm/Nonnenmacher*, in: Beck'scher Bilanzkommentar, 1990, Anm. 306 zu § 249 HGB.

grenzende Wirkung[779]. In der Literatur werden hierzu als - eben nicht passivierungsfähige - Beispiele insbesondere die unterlassenen Werbemaßnahmen[780] wie auch unterlassene Forschungs- und Entwicklungsausgaben genannt[781].

Daraus ergibt sich m.E. für den hier zu untersuchenden Problemkreis der Umweltschutzrückstellungen als wesentliche Konsequenz, daß Aufwandsrückstellungen keinesfalls dann gebildet werden können, wenn und soweit die zu antizipierenden Ausgaben mit der Umstellung der Produktion auf umweltfreundliche Einsatz- bzw. Rohstoffe oder Produktionsverfahren - und insoweit mit zukünftigen Umsätzen - in Zusammenhang stehen. In diesen Fällen wäre höchstens zu prüfen, inwieweit der Ausweis der daraus resultierenden Belastungen unter der im Anhang des handelsrechtlichen Jahresabschlusses bei Kapitalgesellschaften auszuweisenden Position "sonstige finanzielle Verpflichtungen" gemäß § 285 Nr. 3 HGB in Betracht kommen könnte.

III. Möglichkeiten des Anhangsausweises gemäß § 285 Nr. 3 HGB

A. Anwendungsbereich und Zielsetzung

"Als Bestandteil des Jahresabschlusses [von Kapitalgesellschaften] nimmt der Anhang an dem Ziel des Jahresabschlusses teil"[782]; insbesondere hat er dazu beizutragen, daß der Jahresabschluß ein den tatsächlichen Verhältnissen entsprechendes Bild der Vermögens-, Finanz- und Ertragslage vermittelt[783].

---

779 In den besonderen Ausnahmefällen, in denen die Möglichkeit der Bildung einer Aufwandsrückstellung nicht anhand des Realisationsprinzips entschieden werden kann, da mit den zu erbringenden Aufwendungen weder Umsätze der vergangenen Perioden noch solche der zukünftigen Perioden alimentiert werden, wird eine Passivierung möglicherweise mit dem hinter dem Realisationsprinzip stehenden Vorsichtsprinzip begründet werden können.

780 Vgl. dazu *Ordelheide/Hartle*, Rechnungslegung, GmbHR 1986, S. 16; *Coenenberg*, Gliederungs-, DB 1986, S. 1587; *Borstell*, Aufwandsrückstellungen, 1987, S. 283 f.

781 Vgl. *Biener*, AG, 1979, S. 72; *Jonas*, EG-Bilanzrichtlinie, 1980, S. 116; *Esser*, Aufwandsrückstellungen, StbJb 1984/85, S. 116; *Clemm/Nonnenmacher*, in: Beck'scher Bilanzkommentar, 1990, Anm. 306 zu § 249 HGB; *Glade*, Rechnungslegung, 1986, Anm. 187 und 143 zu § 249 HGB; *Siegel*, Rückstellungen, BFuP 1987, S. 312 f; *Mayer-Wegelin*, in: *Küting/Weber* (Hrsg.), Rechnungslegung, 3. Aufl., 1990, Rn. 91 zu § 249 HGB; a.A. *Thiel*, Bilanzrecht, 4. Aufl., 1990, S. 193, Tz. 453; *Maul*, Aufwandsrückstellungen, BB 1986, S. 635; unentschieden *WP-Handbuch 1985/86* Band II, 1986, S. 68.

782 Vgl. *Flämig*, in: *Leffson/Rückle/Grossfeld* (Hrsg.), Handwörterbuch, 1986, Stichwort: "Erhebliche Nachteile". Vgl. grundsätzlich zum Anhang *Russ*, Anhang, 1986.

783 Vgl. zur Generalnorm ausführlich *Beisse*, Generalnorm, in: *Mellwig/Moxter/Ordelheide* (Hrsg.), Handelsbilanz, 1989, S. 15-31; *ders.*, Bilanzrechts, in: *Knobbe-Keuk/Klein/Moxter* (Hrsg.), Handels-, 1988, S. 25-44.

Er erfüllt in erster Linie eine Ergänzungsfunktion[784]; daneben kommt ihm eine Entlastungsfunktion in den Fällen zu, in denen Informationen wahlweise in der Bilanz oder im Anhang gegeben werden können[785]. Hinzu tritt eine Interpretations- und Erläuterungsfunktion; für den hier zu erörternden Problemkreis der Rückstellungen sei auf die Vorschrift des § 285 Nr. 12 HGB verwiesen, wonach Rückstellungen zu erläutern sind, sofern sie einen nicht unerheblichen Umfang haben und unter den "sonstigen Rückstellungen" ausgewiesen sind[786]. Bezüglich der Umweltschutzverpflichtungen kommt aber im wesentlichen die Ergänzungsfunktion zum Tragen.

Vor diesem Hintergrund ist die Vorschrift des § 285 Nr. 3 HGB zu sehen, wonach wesentliche sonstige finanzielle Verpflichtungen in einem Gesamtbetrag dann zwingend anzugeben sind[787], wenn und soweit diese Angaben für die Beurteilung der Finanzlage[788] insgesamt von Bedeutung sind[789].

In den Kreis der sonstigen finanziellen Verpflichtungen sind "notwendig werdende Umweltschutzmaßnahmen" unstreitig einzubeziehen[790], dies gilt insbesondere vor dem Hintergrund, daß in § 272 I Nr. 2 RegEHGB[791] zu dieser Regelung noch eine die Umweltschutzvorhaben einschließende beispielhafte Aufzählung der sonstigen finanziellen Verpflichtungen vorgesehen war[792], die - ohne den Regelungsinhalt ändern zu wollen - nur deshalb nicht gesetzlich fixiert worden ist, um dem Mißverständnis vorzubeugen, diese

---

784 Vgl. zu den Funktionen des Anhangs *Coenenberg*, Jahresabschluß, 1993, S. 306 f; auch *Selchert*, Verpflichtungen, DB 1987, S. 546; auch *Küffner*, Anhang, DStR-Beilage zu Heft 17/1987, S. 5.

785 So können bspw. die in § 251 HGB angesprochenen Haftungsverhältnisse wahlweise im Anhang oder unter der Bilanz angegeben werden; ein ähnliches Wahlrecht gilt bspw. auch für den Ausweis eines Disagios.

786 Der Erläuterungspflicht sollte allerdings durch verbale Umschreibungen ausreichend Rechnung getragen werden können, konkreter Zahlenangaben bedarf es insofern nicht; so *Clemm/Ellrott*, in: Beck'scher Bilanzkommentar, 1990, Anm. 231 zu § 285 HGB.

787 Da diese Angabe bei heterogener Zusammensetzung des Gesamtbetrages wenig aussagefähig erscheint, wird für diese Fälle eine weitere Aufgliederung gefordert; vgl. *Clemm/Ellrott*, in: Beck'scher Bilanzkommentar, 1990, Anm. 29 zu § 285 HGB. Diese Angabepflicht gilt gemäß § 288 HGB nicht für kleine Kapitalgesellschaften.

788 Vgl. zum unbestimmten Begriff der "Finanzlage" *Rückle*, in: *Leffson/Rückle/Grossfeld* (Hrsg.), Handwörterbuch, 1986, Stichwort: "Finanzlage", S. 168 ff.

789 Vgl. zur Berichterstattung über die sonstigen finanziellen Verpflichtungen die Untersuchung von *Kortmann*, Berichterstattung, Hamburg 1989; auch *Hauschildt/Kortmann*, Verpflichtungen, WPg 1990, S. 420 ff.

790 So bspw. *Herzig*, Rückstellungen, DB 1990, S. 1342; *Adler/Düring/Schmaltz*, Rechnungslegung, 5. Aufl., 1990, Anm. 43 zu § 285 HGB; *Clemm/Ellrott*, in: Beck'scher Bilanzkommentar, 1990, Anm. 43 zu § 285 HGB; *Csik/Dörner*, in: *Küting/Weber* (Hrsg.), Rechnungslegung, 3. Aufl., 1990, Rn. 149 zu §§ 284-288 HGB.

791 BR-Drs. 257/83 vom 3.6.1983; auch BT-Drs. 10/317 vom 26.8.1983, S. 17.

792 Daneben wurden exemplarisch noch folgende Verpflichtungen genannt: solche aus mehrjährigen Miet- oder Leasingverträgen, aus begonnenen Investitionsvorhaben und aus künftigen Großreparaturen.

Aufzählung sei abschließend[793] und dort nicht aufgeführte Verpflichtungen müßten regelmäßig auch nicht angegeben werden[794].

Aus diesem Entwurf lassen sich nun insbesondere die folgenden Arten[795] grundsätzlich berichtspflichtiger finanzieller Verpflichtungen ableiten:

- Verpflichtungen aus beiderseits noch nicht erfüllten Verträgen über die Beschaffung von Gegenständen des Anlage- bzw. Umlaufvermögens,
- Verpflichtungen aus künftigen inhaltlich bestimmten Aufwendungen,
- Verpflichtungen aus öffentlich-rechtlichen[796] bzw. privatrechtlichen Rechtsverhältnissen.

Ziel dieser Angabe ist es, die Jahresabschlußadressaten über solche zukünftigen Belastungen der Finanzlage aufzuklären[797], die sich noch nicht im Jahresabschluß niedergeschlagen haben; die Einschränkung des zukünftigen finanziellen Spielraumes durch diese finanziellen Verpflichtungen ist darzustellen[798]. Die Unterlassung des Anhangsausweises einer wesentlichen sonstigen finanziellen Verpflichtung wäre als Verstoß gegen das Gebot der Vollständigkeit zu werten, da der Anhang als Bestandteil des Jahresabschlusses den GoB unterliegt.

B. *Objektivierungserfordernisse*

1. Wesentlichkeit

Die Objektivierungserfordernisse lassen sich zunächst einmal in solche dem Grunde und solche der Höhe nach unterscheiden; dabei sollten gemäß dem Objektivierungserfordernis der Höhe nach nur solche Verpflichtungen in den Gesamtbetrag aufgenommen werden,

---

793 Vgl. die Begründung in der Beschlußempfehlung, BT-Drs. 10/4268 vom 18.11.1985, S. 110.

794 Insoweit muß wohl bei der Auslegung des Begriffs auf diese Aufzählung zurückgegriffen werden; so auch *Clemm/Ellrott*, in: Beck'scher Bilanzkommentar, 1990, Anm. 22 zu § 285 HGB.

795 Vgl. dazu - und zu den weiteren hier nicht interessierenden Arten - *Kupsch*, Anhang, in: HdJ, Abt. IV/4, 1988, Anm. 203.

796 Für eine generelle Angabepflicht für alle öffentlich-rechtlichen Verpflichtungen aufgrund des "Kriterium[s] der Unfreiwilligkeit bzw. Unabweisbarkeit einer finanziellen Verpflichtung" plädiert *Russ*, Anhang, 1986, S. 203.

797 Vgl. erneut zur Finanzlage *Rückle*, in: *Leffson/Rückle/Grossfeld* (Hrsg.), Handwörterbuch, 1986, Stichwort: "Finanzlage", S. 168 ff. Vgl. *Kupsch*, Anhang, in: HdJ, Abt. IV/4, 1988, Anm. 202.

798 Vgl. auch *Clemm/Ellrott*, in: Beck'scher Bilanzkommentar, 1990, Anm. 24 f zu § 285 HGB.

die für die Beurteilung der Finanzlage von Bedeutung, also als wesentlich anzusehen sind[799].

Obwohl es nach dem Wortlaut der Vorschrift nur auf die Beurteilung der Wesentlichkeit des Gesamtbetrages ankommen soll, wird hier die Auffassung vertreten, daß auf die Bedeutung und Wesentlichkeit der einzelnen Verpflichtung abzustellen ist[800], da eine zu einem anderen Ergebnis führende Wortauslegung mit dem Sinn und Zweck der Vorschrift, den Einblick in die Finanzlage zu verbessern, nicht zu vereinbaren ist[801].

Als wesentlich anzusehen sind in diesem Zusammenhang wohl nur solche Verpflichtungen (in entsprechender Höhe), die den geschäftsüblichen Rahmen überschreiten oder außerhalb des laufenden Geschäftsbetriebes bestehen[802]; regelmäßig sollten daher die kurzfristig revolvierenden Verpflichtungen, wie z.B. zur Lohn- und Gehaltszahlung[803], nicht anzugeben sein. Dabei kommt es für die Beurteilung der Frage, ob eine Verpflichtung als von Bedeutung bzw. als wesentlich anzusehen ist, auch auf die wirtschaftliche Situation des Unternehmens an[804], so daß letztlich wohl nur eine Betrachtung des konkreten Einzelfalls eine Entscheidung über die Wesentlichkeit ermöglichen dürfte. Bei Verpflichtungen aus notwendig werdenden Umweltschutzmaßnahmen dürfte die Wesentlichkeit häufig zu bejahen sein, da diese - wie bereits dargestellt - regelmäßig umfangreiche Ausgaben verursachen.

2. *Ausschluß passivierter Verpflichtungen*

Da es sich bei der Angabepflicht um einen Auffangtatbestand[805] für den Ausweis von finanziellen Verpflichtungen handelt, bedingt die Objektivierung dem Grunde nach zunächst, daß die Verpflichtungen nicht schon in der Bilanz - als Verbindlichkeits- oder

---

799 Vgl. zur Gleichsetzung der Begriffe "von Bedeutung" und "wesentlich" *Leffson*, in: *Leffson/Rückle/Grossfeld* (Hrsg.), Handwörterbuch, 1986, Stichwort: "Wesentlich", S. 434 ff; *Kupsch*, Anhang, in: HdJ, Abt. IV/4, 1988, Anm. 211.

800 Mit diesem Ergebnis auch *Glade*, Rechnungslegung, 1986, Anm. 28 zu § 285 HGB.

801 So auch *Clemm/Ellrott*, in: Beck'scher Bilanzkommentar, 1990, Anm. 24 zu § 285 HGB; a.A. *Selchert*, Verpflichtungen, DB 1987, S. 548.

802 Vgl. *Kupsch*, Anhang, in: HdJ, Abt. IV/4, 1988, Anm. 211; *Russ*, Anhang, 1986, S. 204; *Biener*, AG, 1979, S. 147; a.A. *Adler/Düring/Schmaltz*, Rechnungslegung, 5. Aufl., 1990, Anm. 47 zu § 285 HGB.

803 Vgl. mit diesem Beispiel *Clemm/Ellrott*, in: Beck'scher Bilanzkommentar, 1990, Anm. 24 zu § 285 HGB; auch *Jonas*, EG-Bilanzrichtlinie, 1980, S. 216 ff.

804 So *Leffson*, in: *Leffson/Rückle/Grossfeld* (Hrsg.), Handwörterbuch, 1986, Stichwort: "Wesentlich", S. 442; *Clemm/Ellrott*, in: Beck'scher Bilanzkommentar, 1990, Anm. 25 zu § 285 HGB. M.E. wird der Rahmen der Wesentlichkeit in einer krisenhaften Situation daher wohl eng gefaßt werden müssen.

805 So *Adler/Düring/Schmaltz*, Rechnungslegung, 5. Aufl., 1990, Anm. 37 zu § 285 HGB.

Aufwandsrückstellungen - erfaßt worden sind[806]; ein Anhangsausweis soll daneben auch in den - hier kaum relevanten - Fällen nicht in Betracht kommen, in denen die Verpflichtungen als Haftungsverhältnisse anzugeben sind[807].

3. Inhaltliche Greifbarkeit

Weiterhin bedingt die Objektivierung dem Grunde nach Klarheit über die zu erfassenden Leistungsverpflichtungen. Unter den Verpflichtungen sind Zahlungsansprüche Dritter zu verstehen, denen sich die Kapitalgesellschaft nicht entziehen kann; die Verpflichtungen können auf faktischem Zwang wie auch auf privat- oder öffentlich-rechtlichen Schuldverhältnissen beruhen[808], dabei ist insbesondere die Art abgeschlossener Verträge unerheblich[809]. Weiterhin sollen auch rein "wirtschaftliche Verpflichtungen aus tatsächlichen Umständen" erfaßt werden[810], soweit die künftigen Ausgaben unabwendbar sind[811]. Die anzugebenden Verpflichtungen müssen finanzieller Natur sein, Dienstleistungs- und Sachwertschulden sind nicht aufzunehmen[812].

Der Inhalt der anzugebenden Verpflichtungen umfaßt sowohl Zahlungsverpflichtungen aus begonnenen Investitionsvorhaben und Belastungen aus künftigen - inhaltlich bestimmten[813] - Aufwendungen, z.B. solche aufgrund von Großreparaturen oder von Entsorgungsmaßnahmen, wie auch Belastungen aus öffentlich-rechtlichen Rechtsverhältnissen[814]. Unter den finanziellen Verpflichtungen sind also grundsätzlich alle diejenigen Leistungsverpflichtungen zu erfassen, die das Unternehmen in der Zukunft finanziell belasten werden[815].

---

806 Vgl. *Csik/Dörner*, in: *Küting/Weber* (Hrsg.), Rechnungslegung, 3. Aufl., 1990, Rn. 164 zu §§ 284-288 HGB; *Adler/Düring/Schmaltz*, Rechnungslegung, 5. Aufl., 1990, Anm. 37 zu § 285 HGB; *Jung*, in: Heymann/Emmerich, HGB, Bd. 3, 1989, Rdn. 24 zu § 285 HGB.

807 Insoweit wird der Bilanzleser schon durch die Bilanz über diese Zahlungsverpflichtungen informiert, so *Selchert*, Verpflichtungen, DB 1987, S. 546.

808 Vgl. weiterführend *Clemm/Ellrott*, in: Beck'scher Bilanzkommentar, 1990, Anm. 22 zu § 285 HGB; *Jonas*, EG-Bilanzrichtlinie, 1980, S. 215.

809 Vgl. weiterführend *Selchert*, Verpflichtungen, DB 1987, S. 546.

810 So *Adler/Düring/Schmaltz*, Rechnungslegung, 5. Aufl., 1990, Anm. 34 zu § 285 HGB.

811 Erfaßt werden sollen also auch "wirtschaftliche Lasten, die sich aus der Betriebsfortführung ergeben"; so *Glade*, Rechnungslegung, 1986, Anm. 29 zu § 285 HGB.

812 Vgl. *Kortmann*, Berichterstattung, Hamburg 1989, S. 37; *Clemm/Ellrott*, in: Beck'scher Bilanzkommentar, 1990, Anm. 22 zu § 285 HGB; *Selchert*, Verpflichtungen, DB 1987, S. 546.

813 So *Kupsch*, Anhang, in: HdJ, Abt. IV/4, 1988, Anm. 203.

814 Vgl. *Adler/Düring/Schmaltz*, Rechnungslegung, 5. Aufl., 1990, Anm. 52 zu § 285 HGB; *Kupsch*, Anhang, in: HdJ, Abt. IV/4, 1988, Anm. 205 ff.

815 Vgl. zur insoweit gegebenen Mißverständlichkeit des zahlungsorientierten Begriffs der finanziellen Verpflichtung auch *Kortmann*, Berichterstattung, Hamburg 1989, S. 38 m.w.N.

Die Entscheidungsfreiheit, Ausgaben zu leisten oder darauf zu verzichten, steht der Angabepflicht entgegen[816]; stattdessen ist erforderlich, daß das Unternehmen der Verpflichtung nicht ausweichen und die Zahlung nicht vermeiden kann[817]. Das Unternehmen sollte sich aus wirtschaftlichen Gründen der Erfüllung einer Verpflichtung nicht entziehen können, sei es, daß in der Vergangenheit Aufwendungen unterlassen wurden oder daß das Unternehmen besondere, nicht in der Vergangenheit verursachte Aufwendungen zukünftig tätigen muß, um seinen wirtschaftlichen Fortbestand zu sichern[818].

Bei den hier betrachteten Umweltschutzmaßnahmen muß es sich daher also um solche handeln, die notwendig werden; dies kann beispielsweise auch bei einer zukünftigen öffentlich-rechtlichen Verpflichtung der Fall sein[819]. Grundsätzlich nicht auszuweisen sind freiwillige Umweltschutzmaßnahmen, denen sich das Unternehmen ohne Einschränkung der zukünftigen Geschäftstätigkeit (noch) entziehen kann, da bei diesen der Verpflichtungscharakter fehlt; sind allerdings für solche freiwilligen Maßnahmen schon Investitionsaufträge abgeschlossen, so kommt eine Berichtspflicht (dann wegen Verpflichtungen aus schwebenden Geschäften) in Betracht[820].

An das Erfordernis der inhaltlichen Greifbarkeit sind bei der Berichtspflicht für Belastungen aus künftigen Aufwendungen die gleichen Anforderungen zu stellen[821] wie an die Bildung von Aufwandsrückstellungen[822]. Verpflichtungen aus öffentlich-rechtlichen Lasten bedürfen nicht der Erfüllung des durch die Rechtsprechung entwickelten restriktiven Kriteriums der hinreichenden Konkretisierung[823]; das hier für den Bereich der Verbindlichkeitsrückstellungen entwickelte Objektivierungserfordernis der *Mindestkonkretisierung* wird m.E. aber schon erfüllt sein müssen, um eine Berichtspflicht annehmen zu können.

C. *Periodisierungsfragen*

Ein Periodisierungskriterium, wie es bei den Verbindlichkeits- bzw. Aufwandsrückstel-

---

816 So *Selchert*, Verpflichtungen, DB 1987, S. 546.
817 Vgl. *Clemm/Ellrott*, in: Beck'scher Bilanzkommentar, 1990, Anm. 22 zu § 285 HGB; *Kupsch*, Anhang, in: HdJ, Abt. IV/4, 1988, Anm. 206.
818 So *Adler/Düring/Schmaltz*, Rechnungslegung, 5. Aufl., 1990, Anm. 57 zu § 285 HGB.
819 So *Kortmann*, Berichterstattung, Hamburg 1989, S. 61; *Clemm/Ellrott*, in: Beck'scher Bilanzkommentar, 1990, Anm. 43 zu § 285 HGB; *Selchert*, Verpflichtungen, DB 1987, S. 546.
820 So *Clemm/Ellrott*, in: Beck'scher Bilanzkommentar, 1990, Anm. 43 zu § 285 HGB.
821 *Adler/Düring/Schmaltz*, Rechnungslegung, 5. Aufl., 1990, Anm. 57 zu § 285 HGB, stellen insoweit fest, daß die durch das HGB abstrakt zugelassene Bildung einer Aufwandsrückstellung als Indiz für den Verpflichtungscharakter des zukünftigen Aufwandes - mit der Folge der Berichtspflicht bei Nichtpassivierung - anzusehen ist.
822 So *Kupsch*, Anhang, in: HdJ, Abt. IV/4, 1988, Anm. 206.
823 Mit diesem Ergebnis auch *Clemm/Ellrott*, in: Beck'scher Bilanzkommentar, 1990, Anm. 43 zu § 285 HGB.

lungen im Merkmal der wirtschaftlichen Verursachung bzw. der Zuordnung zum abgelaufenen Geschäftsjahr zu erkennen ist und welches eine Periodenzuordnung auch mit der Konsequenz der Rückstellungs- bzw. Ausweisbegrenzung bewirkt, ist hier nicht zu erkennen. Vielmehr ergibt sich sowohl aus dem Gesetzestext wie auch aus dem als Auslegungshilfe herangezogenen Text des Regierungsentwurfs[824], daß nur auf zukünftig anfallende Zahlungen abgestellt werden soll und daß damit sowohl Auszahlungen, die mit Umsätzen der abgelaufenen Perioden in Verbindung stehen[825] als auch solche, die erst mit Umsätzen zukünftiger Perioden in Verbindung zu bringen sind[826], erfaßt werden müssen.

Wesentlich sollte sein, daß die künftigen Zahlungsverpflichtungen "am Bilanzstichtag bereits bestehen oder mit ihrem Entstehen aus vor dem Abschlußstichtag verursachten Sachverhalten ... mit Sicherheit oder großer Wahrscheinlichkeit" gerechnet werden muß[827].

Daraus ergibt sich, da es eben nicht um eine Aufwandszurechnung, sondern nur um eine Erfassung zukünftiger Zahlungen geht, als Zwischenergebnis, daß die Berichtspflicht gemäß § 285 Nr. 3 HGB zu prüfen sein wird,

- wenn bei beiderseitig noch nicht erfüllten Verträgen aufgrund begonnener Investitionsvorhaben (auch im Umweltschutzbereich) ohne Verpflichtungsüberhang eine (Drohverlust-)Rückstellung nicht in Betracht kommt[828],
- wenn es bei öffentlich-rechtlichen Verpflichtungen an der Erfüllung des Kriteriums der wirtschaftlichen Verursachung fehlt oder
- wenn die Passivierung von Aufwandsrückstellungen zulässigerweise unterlassen wurde.

IV. Abgrenzung der erörterten Instrumente zur Berücksichtigung von Umweltschutzverpflichtungen

Die Möglichkeiten der Erfassung von Umweltschutzverpflichtungen im Jahresabschluß durch die Instrumente Verbindlichkeitsrückstellung, Aufwandsrückstellung und Anhangsausweis nach Maßgabe der Erfüllung der jeweiligen Objektivierungs- und Periodisierungserfordernisse sind in Abb. 5 zusammengefaßt.

---

824 Vgl. erneut BR-Drs. 257/83 vom 3.6.1983; auch BT-Drs. 10/317 vom 26.8.1983, S. 17.

825 Als Beispiel für solche Auszahlungen könnten diejenigen genannt werden, für die auch Aufwandsrückstellungen hätten gebildet werden können.

826 Hier sei auf die Angabepflicht für Verpflichtungen aus begonnenen Investitionsvorhaben verwiesen.

827 So *Clemm/Ellrott*, in: Beck'scher Bilanzkommentar, 1990, Anm. 26 zu § 285 HGB.

828 So auch *Adler/Düring/Schmaltz*, Rechnungslegung, 5. Aufl., 1990, Anm. 44 zu § 285 HGB.

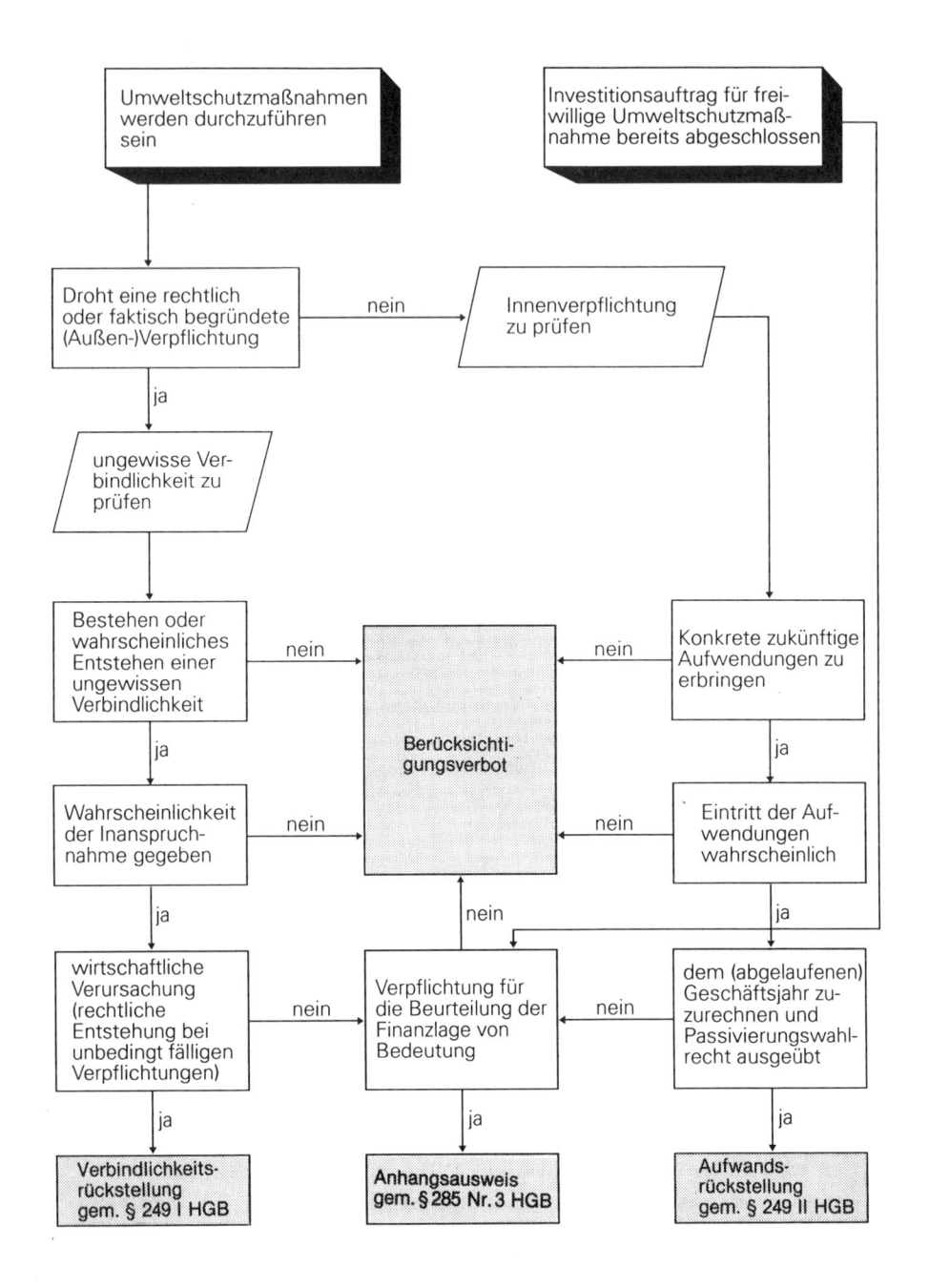

Abb. 5: Abgrenzung der Instrumente zur Berücksichtigung von Umweltschutzverpflichtungen im Jahresabschluß

A. Abgrenzung der Rückstellungsbildung vom Anhangsausweis gemäß § 285 Nr. 3 HGB

Wie soeben schon dargestellt, ist der Anwendungsbereich des Instrumentes Anhangsausweis lediglich in Teilbereichen mit dem der Rückstellungen deckungsgleich.

Zunächst kommt der Anhangsausweis als Auffangtatbestand nur dann zum Zuge, wenn Rückstellungen nicht gebildet werden können (Verbindlichkeitsrückstellungen) oder sollen (Aufwandsrückstellungen); die Prüfung der Berichtspflicht ist also erst dann notwendig, wenn die Rückstellungsbilanzierung hinsichtlich eines bestimmten (Verpflichtungs-) Sachverhaltes verneint werden muß.

Maßnahmen oder Verpflichtungen, die dem Grunde nach dem Kriterium der *Mindestkonkretisierung* oder dem Kriterium "ihrer Eigenart nach genau umschriebene Aufwendungen" nicht genügen und insoweit keine Rückstellungsbilanzierung auslösen können, werden - zumindest was solche im vorliegenden Zusammenhang betrifft - auch nicht von der Berichtspflicht erfaßt[829]; gleiches gilt, wenn die zukünftigen Auszahlungsverpflichtungen vermeidbar sind und der Bilanzierende sich ihnen folglich noch entziehen kann[830]. Bei fehlender Wahrscheinlichkeit des Ausgabenanfalls kommen weder eine Rückstellungspassivierung noch eine Berichtspflicht in Betracht.

Weitergehend ist hinsichtlich der Periodisierung festzustellen, daß ein Anhangsausweis auch für nicht bilanzierungsfähige Zahlungsverpflichtungen insbesondere dann in Betracht kommt, wenn die zukünftigen Auszahlungen noch keine bereits realisierten Erträge alimentiert haben. Daneben kann ein Anhangsausweis noch zum Zuge kommen bei bilanzierungsfähigen, aber nicht bilanzierten Zahlungsverpflichtungen, welche auch die Aufwandsrückstellungen nach § 249 II HGB umfassen.

---

[829] Nach der von *Russ*, Anhang, 1986, S. 201 f, vorgeschlagenen Systematisierung in a) nicht bilanzierungsfähige Zahlungsverpflichtungen, b) bilanzierungsfähige, aber nicht bilanzierte Zahlungsverpflichtungen und in c) nicht bilanzierungsfähige bedingte Zahlungsverpflichtungen (Eventualverpflichtungen) kämen theoretisch aber noch die Eventualverbindlichkeiten in Betracht, die zwar - gegenüber den anderen Zahlungsverpflichtungen - durch einen deutlich geringeren Verpflichtungsgrad gekennzeichnet sind, aber für den hier zu untersuchenden Bereich der Umweltschutzmaßnahmen und -verpflichtungen keine Relevanz entfalten.

[830] In diesem Fall ist weder das Erfordernis des wahrscheinlichen bzw. sicheren Eintritts der Aufwendungen (bei Rückstellungen) noch das Erfordernis der inhaltlichen Greifbarkeit (bei sonstigen finanziellen Verpflichtungen) erfüllt.

Im Ergebnis ist hier eine Berichtspflicht also nur dann zu prüfen, wenn

- die Passivierung einer Dritt- oder einer Innenverpflichtung am Periodisierungskriterium scheitert,
- die Passivierung einer Aufwandsrückstellung unterlassen wird oder
- für freiwillige Umweltschutzmaßnahmen bereits Investitionsaufträge abgeschlossen worden sind[831].

B. Abgrenzung der Verbindlichkeitsrückstellungen von den Aufwandsrückstellungen

Die eingehende Untersuchung der Rückstellungskriterien bei Verbindlichkeits- und Aufwandsrückstellungen sowohl nach dem Objektivierungs- wie auch nach dem Periodisierungsgedanken hat gezeigt, daß das gewichtigste Abgrenzungskriterium immer noch im Bestehen einer Außenverpflichtung[832] - gegenüber einem Dritten, also sowohl gegenüber einem bestimmten Berechtigten, z.B. einem Vertragspartner oder auch einer Kommune etc., als auch gegenüber der Allgemeinheit - bei den Rückstellungen wegen ungewisser Verbindlichkeiten zu sehen ist. Dieser objektivierend wirkende Dritte wird bei den Innenverpflichtungen ersetzt durch das Greifbarkeitserfordernis hinsichtlich der ihrer Eigenart nach genau umschriebenen Aufwendungen; bezüglich der bei beiden Rückstellungsarten zum Zuge kommenden Elemente der Unsicherheit des Grundes/der Höhe nach sowie der Wahrscheinlichkeit des Eintretens des Aufwandes sind keine entscheidenden Unterschiede festzustellen. Das hat insbesondere zur Folge, daß Verpflichtungen, denen es an der Wahrscheinlichkeit der Inanspruchnahme fehlt, weder über Verbindlichkeits- noch über Aufwandsrückstellungen Eingang in die Bilanz finden können.

Aufwendungen für solche Maßnahmen, für die eine verpflichtungsbegründende faktische, privat- oder öffentlich-rechtliche Basis nicht zu ermitteln ist oder bei denen es - für die Annahme des Bestehens oder wahrscheinlichen Entstehens einer Verpflichtung - an der hier geforderten *Mindestkonkretisierung*[833] fehlt, denen sich der Kaufmann aber gleichwohl nicht entziehen kann, wenn er seinen Geschäftsbetrieb unverändert fortführen will,

---

[831] In diesem Fall dürfte die Passivierung einer Drohverlustrückstellung regelmäßig an der Ausgeglichenheit des zugrundeliegenden schwebenden Vertrages scheitern.

[832] Mit diesem Ergebnis auch *Herzig*, Risikovorsorge, in: *Doralt* (Hrsg.), Probleme, 1991, S. 227.

[833] Aus der Nichterfüllung der Elemente des hier erarbeiteten Kriteriums der *Mindestkonkretisierung* folgt zweifellos auch die Nichterfüllung des deutlich restriktiveren Merkmals der hinreichenden Konkretisierung, welches durch die Rechtsprechung entwickelt wurde.

können zwar nicht als Verbindlichkeits-, wohl aber - handelsbilanziell - als Aufwandsrückstellungen berücksichtigt werden[834].

Im Rahmen der Periodisierung ist die inhaltliche Gleichsetzung des Kriteriums wirtschaftliche Verursachung mit dem der Zugehörigkeit der genau umschriebenen Aufwendungen zu dem (oder einem früheren) Geschäftsjahr noch nicht endgültig geklärt; nach der hier vertretenen Auslegung des Kriteriums der wirtschaftlichen Verursachung sollten sich diese Begriffe aber bis zur Deckungsgleichheit annähern.

---

834 Eine nicht zu unterschätzende Zuordnungsproblematik tritt allerdings dann auf, wenn Maßnahmen erforderlich werden, die durchgeführt werden müssen, um den Geschäftsbetrieb unverändert fortführen zu können und zugleich Anzeichen für das Bestehen einer faktischen Verpflichtung vorliegen. Der bei einer solchen Konstellation nötig werdenden Abgrenzung zwischen einer faktisch begründeten (Außen-)Verpflichtung und einer rein betrieblich begründeten (Innen-)Verpflichtung wird letztlich wohl nur im konkreten Einzelfall Rechnung getragen werden können.

3. Kapitel: Bewertungsproblematik

I. Rückstellungen

Hinsichtlich der Bewertung von Rückstellungen sind in der jüngeren Vergangenheit sowohl zur allgemeinen Problematik[835] als auch zu speziellen Aspekten[836] bereits einige beachtliche Stellungnahmen und Veröffentlichungen erschienen. Daher soll im folgenden nicht die gesamte Problematik ausgebreitet und betrachtet werden; vielmehr wird nach einer kurzen Darstellung der Grundüberlegungen auf diejenigen Aspekte abgestellt, die für die nachstehend untersuchten Fallgruppen der Umweltschutzverpflichtungen und -maßnahmen von Bedeutung sind.

Da die Bewertungsnorm des § 253 I Satz 2 HGB ihrem Wortlaut nach für alle Rückstellungen gilt, sollen auch die nachfolgenden Ausführungen sowohl für die Verbindlichkeits- wie auch für die nur handelsbilanziell ansatzfähigen Aufwandsrückstellungen Relevanz entfalten[837].

A. Bewertungsgrundsätze

Für die Bewertung von Rückstellungen wegen Umweltschutzverpflichtungen gelten handelsrechtlich die Grundsätze über die Bewertung von Verbindlichkeiten[838], wonach - wie bereits erwähnt - nur der nach vernünftiger kaufmännischer Beurteilung notwendige Betrag angesetzt werden darf[839]. Dieser Grundsatz gilt sowohl für die Obergrenze als auch für die Untergrenze[840], der notwendige Betrag darf weder über- noch unterschritten werden. Die vernünftige kaufmännische Beurteilung ist indes nur ein - allerdings der allein zulässige[841] - Schätzmaßstab, dahinter verbirgt sich als relevanter Bewertungsmaßstab der

---

835 Vgl. insbesondere *Naumann*, Bewertung, 1989; *Jacobs*, Berechnung, DStR 1988, S. 238 ff; *Hahn*, Bewertung, BB 1986, S. 1325 ff; *Strobl*, Bewertung, in: *Raupach* (Hrsg.), Werte, 1984, S. 195 ff.

836 Vgl. *Kupsch*, Umweltlasten, BB 1992, S. 2320 ff; *ders.*, Entwicklungen, DB 1989, S. 53 ff; *Bordewin*, Einzelfragen, DB 1992, S. 1533 ff; *Schroeder*, Abzinsung, 1990; *Institut "Finanzen und Steuern"*, Abzinsung, Brief Nr. 289, 1990; *Moxter*, Höchstwertprinzip, BB 1989, S. 945 ff; *Strobl*, Abzinsung, in: *Knobbe-Keuk/Klein/Moxter* (Hrsg.), Handels-, 1988, S. 615-634; *Groh*, Abzinsung, BB 1988, S. 1919 ff; *Böcking*, Verzinslichkeit, 1988; *Döllerer*, Ansatz, DStR 1987, S. 67 ff; *Offerhaus*, StBp 1975, S. 169.

837 Für die Abraumbeseitigungs- und die Instandhaltungsrückstellungen, die hier nur am Rande betrachtet werden, gilt nichts anderes.

838 Vgl. zu Rückstellungsbewertung und Höchstwertprinzip *Moxter*, Höchstwertprinzip, BB 1989, S. 945 ff; *ders.*, Fremdkapitalbewertung, WPg 1984, S. 397 ff.

839 So § 253 I Satz 2 HGB.

840 Vgl. *WP-Handbuch 1992*, Band I, 1992, Abschnitt E, Anm. 74.

841 So *Clemm/Nonnenmacher*, in: Beck'scher Bilanzkommentar, 1990, Anm. 152 zu § 253 HGB.

Erfüllungsbetrag[842]. Während bei Verbindlichkeitsrückstellungen zwingend der Erfüllungsbetrag zu berücksichtigen ist, wird in der Literatur eine Bewertung von Aufwandsrückstellungen auch mit Werten, die zwischen "Null und dem nach vernünftiger kaufmännischer Beurteilung notwendigen Betrag" liegen, für vertretbar gehalten[843], so daß hier Zwischenwertansätze denkbar sein sollten[844]. Dem nach vernünftiger kaufmännischer Beurteilung notwendigen Betrag kommt insofern dann nur noch die Funktion einer Wertobergrenze zu[845].

Die Grundsätze über die Bewertung von Verbindlichkeiten gelten auch steuerlich für die Rückstellungsbewertung[846]; die Höhe des Betrages richtet sich also in sinngemäßer Anwendung des § 6 I Nr. 3 EStG[847] nach dem Anschaffungswert bzw. dem höheren Teilwert. Da als Anschaffungs- bzw. Teilwert "der zur Erfüllung der Verpflichtung erforderliche Geldbetrag"[848] anzusehen ist, sind im Ergebnis in Handels- und Steuerbilanz die gleichen Werte anzusetzen[849].

Im Rahmen der Bewertung sind alle Aufwendungen zu berücksichtigen, die der Bilanzierende zur Erfüllung einer Verpflichtung zu tragen hat; dazu zählen auch Folgeaufwendungen[850]. Schäden an eigenen Wirtschaftsgütern des Bilanzierenden sollten - soweit sie keine privat- oder öffentlich-rechtlichen Verpflichtungen auslösen - nicht über Rückstellungen erfaßt werden können, da ihnen über eine aktivische Abwertung des entsprechenden Wirtschaftsgutes Rechnung zu tragen ist.

Während nun bei Geldleistungsverpflichtungen als Erfüllungsbetrag bzw. Teilwert der wahrscheinlich zu leistende Rückzahlungsbetrag angesehen werden muß, ist bei Sach- oder Dienstleistungsverpflichtungen der Geldwert aller erforderlichen Aufwendungen an-

---

842 Zur Bewertung von Rückstellungen grundlegend *Jacobs*, Berechnung, DStR 1988, S. 238 ff; *Strobl*, Bewertung, in: *Raupach* (Hrsg.), Werte, 1984, S. 197; zur "vernünftigen kaufmännischen Beurteilung" *Drukarczyk*, Interpretation, in: *Baetge/Moxter/Schneider* (Hrsg.), Bilanzfragen, 1976, S. 119 ff.

843 So *Scheffler*, Aufwandsrückstellungen, in: *IDW* (Hrsg.), Fachtagung, 1989, S. 179. Mit diesem Ergebnis und ausführlicher Ableitung auch *Eder*, Aufwandsrückstellungen, 1988, S. 171 f.

844 So schon *Adler/Düring/Schmaltz*, Rechnungslegung, 4. Aufl., 1968, Anm. 40 zu § 156 AktG 1965. Kritisch - unter Hinweis auf eine "manipulationsfreie Rückstellungsbilanzierung" - zu dieser Lösung *Naumann*, Rückstellungen, 1989, S. 363.

845 So *Clemm/Nonnenmacher*, in: Beck'scher Bilanzkommentar, 1990, Anm. 164 zu § 253 HGB.

846 Vgl. zu Maßgeblichkeitsprinzip und Bewertung auch *Döllerer*, Maßgeblichkeitsgrundsatz, in: *IDW* (Hrsg.), Fachtagung, 1989, S. 287 ff.

847 Vgl. bspw. *Schmidt*, EStG, 1993, Anm. 44 a) zu § 5 EStG m.w.N.

848 So das BFH-Urteil vom 7.7.1983 IV R 47/80, BStBl. II 1983, S. 753.

849 Vgl. dazu *Clemm/Nonnenmacher*, in: Beck'scher Bilanzkommentar, 1990, Anm. 153 zu § 253 HGB; mit dem hier vertretenen Ergebnis auch *Naumann*, Rückstellungen, 1989, S. 166 ff, 170.

850 *Herzig*, Rückstellungen, DB 1990, S. 1352.

zusetzen[851]; dabei stellt sich die noch zu betrachtende Frage nach der Bewertung zu Voll- oder zu Teilkosten.

Die Höhe der Verpflichtung ist regelmäßig - nach vernünftiger kaufmännischer Beurteilung - auf der Basis sämtlicher bei Bilanzaufstellung vorhandener Informationen über die tatsächlichen Verhältnisse am Bilanzstichtag zu schätzen[852]. Dabei ist der konkrete Wertansatz innerhalb einer weder besonders pessimistisch noch besonders optimistisch abgegrenzten Bandbreite zu bestimmen[853].

Aus der Vorschrift des § 252 I Nr. 4 HGB ergibt sich, daß vorsichtig zu bewerten ist. Dies hat zur Konsequenz, daß dann, wenn mehrere Beträge mit der gleichen Wahrscheinlichkeit zu erwarten sind, der höchste der in Frage kommenden Beträge anzusetzen ist; im übrigen ist aber bei der Höhe nach ungewissen Verbindlichkeiten nicht der ungünstigstenfalls zu erwartende Betrag, sondern der mit der höchsten Eintrittswahrscheinlichkeit zurückzustellen[854]. Bei Verbindlichkeiten, die der Höhe nach gewiß und nur noch dem Grunde nach ungewiß sind, ist der volle Betrag zu passivieren[855]; eine Bewertung der Passiva nach dem Grad der Wahrscheinlichkeit wurde im Rahmen der vorliegenden Untersuchung bereits abgelehnt[856].

Bei den hier zu untersuchenden Umweltschutzverpflichtungen wird wohl eine zweistufige Schätzung erforderlich sein[857]. In einem ersten Schritt sollte unter den möglichen technologischen Verfahren das wahrscheinlich zum Zuge kommende Verfahren ermittelt wer-

---

851 Vgl. die BFH-Urteile vom 19.1.1972 I 114/69, BStBl. II 1972, S. 392 f; vom 11.2.1988 IV R 191/85, BStBl. II 1988, S. 661 ff. So auch *Schmidt*, EStG, 1993, Anm. 44 a) zu § 5 EStG.

852 Vgl. den Überblick über die Schätzverfahren bei *Kupsch*, Berichterstattung, 1975, S. 49 ff. Ein kürzlich unterbreiteter Vorschlag zur Lösung der Probleme, die sich aus der Unvermeidlichkeit der Vornahme einer Schätzung ergeben, zielt darauf ab, daß nach der möglichst vollständigen Erfassung aller entscheidungsrelevanten Daten (Handlungsalternativen, Umweltzustände, Ereignisse) unter Anwendung mathematisch-statistischer Verfahren und anhand standardisierter Entscheidungsregeln ein punktueller Wert aus der Bandbreite der möglichen Werte, die einen bestimmten Rückstellungssachverhalt beschreiben, ausgewählt werden kann. Vgl. dazu *Naumann*, Bewertung, 1989, insbes. S. 163-255; vgl. daneben auch *Zimmermann*, Bewertung, ZfbF 1991, S. 759 ff.

853 Vgl. *Clemm/Nonnenmacher*, in: Beck'scher Bilanzkommentar, 1990, Anm. 154 zu § 253 HGB m.w.N.; auch *Adler/Düring/Schmaltz*, Rechnungslegung, 5. Aufl., 1990, Anm. 173 zu § 253 HGB.

854 Vgl. die BFH-Urteile vom 27.11.1968 I 162/64, BStBl. II 1969, S. 247; vom 19.2.1975 I R 28/73, BStBl. II 1975, S. 480. So auch *Clemm/Nonnenmacher*, in: Beck'scher Bilanzkommentar, 1990, Anm. 155 zu § 253 HGB. Für die Zulässigkeit des Ansatzes eines jeden Wertes innerhalb der Bandbreite der vernünftigen kaufmännischen Beurteilung *Karrenbauer*, in: *Küting/Weber* (Hrsg.), Rechnungslegung, 3. Aufl., 1990, Anm. 6 zu § 253 HGB.

855 Vgl. bspw. das BFH-Urteil vom 27.11.1968 I 162/64, BStBl. II 1969, S. 247.

856 Vgl. dazu die Ausführungen im zweiten Teil dieser Untersuchung, Abschnitt II., Unterabschnitt A. 2. b) (2) (c).

857 Vgl. hierzu *Herzig*, Rückstellungen, DB 1990, S. 1352.

den[858], um dann im zweiten Schritt die im Rahmen dieses Verfahrens wahrscheinlich anfallenden Kosten zu schätzen.

In Einzelfällen können auch das Ermessen begrenzende Schätzungsregeln zur Anwendung kommen; so sollen für die Beseitigung von Kernkraftwerken über die Nutzungsdauer jährlich pauschal 2 % der Anschaffungs- oder Herstellungskosten angesammelt werden können[859]. Dieser von der Finanzverwaltung zugelassenen 2 %-Regelung steht aber seitens der Kraftwerksbetreiber die Möglichkeit gegenüber, einzelfallbezogen einen höheren Stillegungsaufwand nachzuweisen[860]. Ein solches Vorgehen, mit dem eine Rückstellung gemäß der wirtschaftlichen Verursachung der zugrundeliegenden Verpflichtung angesammelt wird[861], hat sich in der Praxis wohl auch durchgesetzt[862].

B. Ausgewählte Problembereiche

1. Einzel- versus Pauschalrückstellung

Von der Technik der Rückstellungszumessung her existieren grundsätzlich zwei Modelle, die (mit Einschränkungen) von der Rechtsprechung zugelassen werden[863]. Neben die übliche Einzelerfassung und -bewertung eines Rückstellungsrisikos[864] tritt nämlich in Sonderfällen auch die Möglichkeit der pauschalen Rückstellungsbildung[865]; insoweit kommt es zu einer partiellen Aufweichung des im übrigen restriktiv angewandten Greifbarkeitsprinzips. Diese Bilanzierung von Pauschalrückstellungen wird von der Rechtsprechung bislang nur für häufig eintretende Risiken zugelassen, namentlich für Garantie-

---

858 Dabei sollte sich die Ausgabenschätzung an der zweckmäßigsten und nicht an der kostengünstigsten Verfahrenstechnologie orientieren; so *Kupsch*, Umweltlasten, BB 1992, S. 2327.

859 Vgl. speziell zu diesem Problemkomplex *Reinhard*, Rückstellungen, in: *Baetge* (Hrsg.), Rechnungslegung, 1987, S. 11 ff, 29 f.

860 Vgl. auch *Maul*, Behandlung, atomwirtschaft 1975, S. 43 ff.

861 Nach der hier vertretenen Auffassung ist - wie bereits dargelegt - die rechtliche Entstehung einer Verpflichtung zur Entsorgung eines Kernkraftwerkes nach dessen Stillegung nicht schon mit dem ersten Anfahren des Kraftwerkes gegeben, da der gesetzlich formulierte Tatbestand (§ 9a I AtomG: Beseitigungspflicht für Reststoffe und ausgebaute oder radioaktive Anlagenteile) erst mit Stillegung verwirklicht wird.

862 So *Reinhard*, Rückstellungen, in: *Baetge* (Hrsg.), Rechnungslegung, 1987, S. 30.

863 Vgl. bspw. das BFH-Urteil vom 30.6.1983 IV R 41/81, BStBl. II 1984, S. 263 ff.

864 Dem Grundsatz der Einzelbewertung gemäß § 252 I Nr. 3 HGB entspricht die Bildung von Einzelrückstellungen; so *Clemm/Nonnenmacher*, in: Beck'scher Bilanzkommentar, 1990, Anm. 162 zu § 253 HGB.

865 Vgl. allgemein zur Bilanzierung von Pauschalrückstellungen auch *Herzig/Köster*, Rückstellungsrelevanz, DB 1991, S. 55 f.

leistungen[866] und Bergschäden[867]. Die genannten Sachverhalte zeichnen sich dadurch aus, daß in der Vergangenheit regelmäßig Inanspruchnahmen erfolgt sind, die es geboten erscheinen lassen, das Bekanntwerden des Eintritts der Risiken nicht abzuwarten, sondern ihren Konkretisierungsgrad bereits aus den Vergangenheitswerten abzuleiten[868].

Allerdings schränkt der BFH die Passivierungsmöglichkeiten folgerichtig dahingehend ein, daß Rückstellungen für Haftpflichtrisiken nicht pauschal gebildet werden dürfen[869], da diese im allgemeinen eben nur selten und vereinzelt auftreten; insoweit soll die Wahrscheinlichkeit der Inanspruchnahme lediglich auf der Grundlage gefestigter Erfahrungswerte zu ermitteln und zu bejahen sein[870]. Aufgrund des Fehlens gefestigter Erfahrungswerte kommen somit Pauschalrückstellungen wegen Umweltschutzverpflichtungen nicht in Betracht.

2. Vollkosten- versus Einzelkostenbewertung

Grundsätzlich ist bei der Bewertung von Rückstellungen wegen Sach- oder Dienstleistungsverpflichtungen[871] nach der herrschenden Meinung von den Vollkosten auszugehen[872]. Eine Passivierung allein der Einzelkosten wäre mit den GoB nicht zu vereinbaren, da sich der Kaufmann dann unter Verstoß gegen das Realisationsprinzip unzulässigerweise reich rechnen würde[873], weil bereits verursachte zukünftige Gemeinkosten nicht antizi-

---

866 BFH-Urteile vom 18.10.1960 I 198/60, BStBl. III 1960, S. 495 f; vom 30.6.1983 IV R 41/81, BStBl. II 1984, S. 263 ff.

867 Vgl. dazu *Clemm/Nonnenmacher*, in: Beck'scher Bilanzkommentar, 1990, Anm. 100 zu § 249 HGB "Bergschäden".

868 So auch *Herzig/Hötzel*, Produkthaftung, BB 1991, S. 101.

869 Vgl. BFH-Urteile vom 17.1.1963 IV R 165/59 S, BStBl. III 1963, S. 238 f; vom 30.6.1983 IV R 41/81, BStBl. II 1984, S. 263 ff; dem folgend für Rückstellungen wegen Produzentenhaftpflicht *Christiansen*, Produzentenhaftpflicht, StBp 1980, S. 151 ff; vgl. auch *Vollmer/Nick*, Pauschalrückstellungen, DB 1985, S. 53 ff.

870 So auch *Herzig*, Risikovorsorge, in: *Doralt* (Hrsg.), Probleme, 1991, S. 220.

871 Gerade im Umweltschutzbereich werden die Sachleistungsverpflichtungen im Mittelpunkt des Interesses stehen, bspw. bei Rekultivierungs- oder Altlastensanierungsmaßnahmen.

872 Vgl. die BFH-Urteile vom 8.10.1987 IV R 18/86, BStBl. II 1988, S. 59 ff; vom 25.2.1986 VIII R 134/80, BStBl. II 1986, S. 788 ff; vom 19.7.1983 VIII R 160/79, BStBl. II 1984, S. 56 ff; vom 19.1.1972 I 114/69, BStBl. II 1972, S. 392 f. Vgl. weiterhin *Schmidt*, EStG, 1993, Anm. 44 a) zu § 5 EStG m.w.N.; *Christiansen*, Rückstellungsbildung, 1993, S. 51; ders., Rückstellungen, StBp 1987, S. 197; *Kupsch*, Umweltlasten, BB 1992, S. 2327; *Blümich/Schreiber*, EStG, 1991, Rz. 809 zu § 5 EStG; *Thiel*, Bilanzrecht, 4. Aufl., 1990, S. 224, Tz. 526; *Küting/Kessler*, Rückstellungsbildung, DStR 1989, S. 693; *Kupsch*, Entwicklungen, DB 1989, S. 60; *Jacobs*, Berechnung, DStR 1988, S. 242; *Döllerer*, Ansatz, DStR 1987, S. 71; *Hartung*, Verpflichtungen, 1987, S. 233; *Glade*, Rechnungslegung, 1986, Anm. 690 zu § 253 HGB; *Winkler/Hackmann*, Bewertung, BB 1985, S. 1103 ff; *Kaul*, Jahresabschlusses, DB 1985, S. 363 ff; *Bordewin*, Rückstellungen, NWB Fach 17, S. 1070; *Eifler*, Grundsätze, 1976, S. 69 f.

873 So bspw. *Moxter*, Bilanzrechtsprechung, 2. Aufl., 1985, S. 131; *Bachem*, Bewertung, BB 1993, S. 2338.

piert werden würden[874]. Soweit der BFH[875] für die Erstellung des Jahresabschlusses durch das Unternehmen selbst nur die Berücksichtigung von Einzelkosten zugelassen hat[876], kann daher dieser Auffassung nicht gefolgt werden[877]. Ebensowenig kann einer Begrenzung der Rückstellungshöhe auf den Wert gefolgt werden, den ein fremder Dritter für diese Tätigkeit in Rechnung gestellt hätte[878]. Eine solche Begrenzung liefe im Ergebnis auf eine der ständigen Rechtsprechung entgegenstehende Angemessenheitsprüfung[879] für (Betriebs-) Ausgaben und Rückstellungen hinaus[880]; zudem wird die Rückstellungsbewertung nicht von der Eigenvornahme oder der Fremdvergabe abhängen können[881]. Daher ist dem angesprochenen Urteil des IV. Senats[882] über den entschiedenen Sachverhalt hinaus wohl keine weitere Wirkung zuzusprechen. Diese Auffassung ist auch im Urteil des BFH vom 25.2.1986[883] vertreten worden, in dem ausgeführt wird, daß weiterhin vom Grundsatz der Vollkostenbewertung bei Rückstellungen für Sachleistungsverpflichtungen auszugehen ist und daß somit die Auffassung des IV. Senats auf den Sachverhalt der Jahresabschlußkosten beschränkt bleibt[884].

Zu den anzusetzenden Vollkosten[885] gehören also nicht nur die Einzel-, sondern auch die Gemeinkosten[886]; ein Wahlrecht zur Einrechnung der Gemeinkosten wird von der Rechtsprechung verneint[887]. Ein Einbezug von kalkulatorischen Kosten und Gewinnzu-

---

874 Ausführlicher dazu *Naumann*, Bewertung, 1989, S. 258 ff, der aus der die Aktivierungsnotwendigkeit erläuternden "Konservierungstheorie" eine "Reservierungstheorie" für die Passivseite ableitet.

875 Vgl. das von der herrschenden Rechtsprechung abweichende BFH-Urteil vom 24.11.1983 IV R 22/81, BStBl. II 1984, S. 301 ff.

876 Damit folgte der BFH der Verwaltungsauffassung; vgl. auch das BMF-Schreiben vom 19.11.1982, BB 1982, S. 2087, und den Widerspruch im Schrifttum, so bspw. bei Bordewin, Wahlrechte, BB 1985, S. 516 f; *Hartung*, Gemeinkosten, BB 1985, S. 32 f; *Leineweber*, Einbeziehung, DB 1984, S. 638; *Rudolph*, Jahresabschlußkosten, BB 1983, S. 943 f; *Kaul*, Jahresabschlusses, DB 1983, S. 363 ff.

877 Nach *Moxter*, Rechtsprechung, in: Baetge (Hrsg.), Rückstellungen, 1991, S. 13, ist die Tendenz der Rechtsprechung zur Gemeinkosteneinrechnung noch nicht ganz eindeutig.

878 So auch *Herzig*, Rückstellungen, DB 1990, S. 1353.

879 Vgl. dazu *Hartung*, Angemessenheitsprüfung, BB 1984, S. 510 f.

880 Vgl. *Döllerer*, Ansatz, DStR 1987, S. 71; *ders.*, Unternehmen, ZGR 1987, S. 447 m.w.N.; zur Notwendigkeit des Einbezuges von Fixkosten in die Rückstellungen vgl. *Jacobs*, Berechnung, DStR 1988, S. 242.

881 Vgl. *Vogel*, Bildung, JbFfSt 1977/78, S. 250.

882 Vom 24.11.1983 IV R 22/81, BStBl. II 1984, S. 301 ff.

883 VIII R 134/80, BStBl. II 1986, S. 788 ff, 790.

884 Zustimmend *Döllerer*, Ansatz, DStR 1987, S. 71.

885 Sehr differenziert zum Umfang der Vollkosten *Naumann*, Bewertung, 1989, S. 265 ff.

886 So *Thiel*, Bilanzrecht, 4. Aufl., 1990, S. 224, Tz. 526.

887 BFH-Urteil vom 25.2.1986 VIII R 134/80, BStBl. II 1986, S. 788 ff, 790; dem zustimmend (und zugleich ein handelsrechtliches Wahlrecht bejahend) *Döllerer*, Ansatz, DStR 1987, S. 72; *Bordewin*, Wahlrechte, BB 1985, S. 516 f; *ders.*, Umweltschutz, RWP 1991, SG 5.2, S. 2086.

schlägen in die Berechnung der Höhe der Rückstellungen wird vom BFH[888] - m.E. zurecht - ebenfalls abgelehnt[889].

3. Zukünftige Preissteigerungen

Da das geltende Bilanzrecht vom Eckpfeiler des Nominalwertprinzips ausgeht[890], können - entgegen einer vielfach vertretenen Literaturauffassung[891] - bei der Bewertung von Rückstellungen in Handels- und Steuerbilanz zukünftige Preissteigerungen regelmäßig keine Berücksichtigung finden[892].

Abweichend davon wird der Einbezug von zukünftigen Kostensteigerungen aber dann - und nur dann - als möglich angesehen, wenn diese sich, z.B. aufgrund eines kurz vor dem Abschluß stehenden Tarifvertrages, bereits am Bilanzstichtag abzeichnen[893] und insoweit als genügend greifbar anzusehen sind. Dieses Ergebnis entspricht auch der Passivierung nach dem Realisationsprinzip, wonach grundsätzlich - eben unter objektivierungsbedingten Einschränkungen - sämtliche mit gegenwärtigen Umsätzen verbundenen künftigen Ausgaben zu antizipieren sind[894].

In Höhe der zum Stichtag bereits eingetretenen und damit der abgelaufenen Periode zuzurechnenden Preissteigerung ist daher sowohl bei durch Einmalzuführung gebildeten Rückstellungen als auch bei Ansammlungsrückstellungen eine Erhöhung vorzunehmen; bei Rückstellungen, die über mehrere Bilanzstichtage hinweg bilanziert werden, kann es in der laufenden Periode darüberhinaus auch zu einer Rückstellungszuführung durch die

---

888 Vgl. BFH-Urteile vom 19.7.1983 VIII R 160/79, BStBl. II 1984, S. 56 ff; vom 19.1.1972 I 114/69, BStBl. II 1972, S. 392.

889 Zustimmend *Jacobs*, Berechnung, DStR 1988, S. 241 f.

890 Vgl. *Leffson*, GoB, 1987, S. 458-465; dem folgend *Herzig*, Rückstellungen, DB 1990, S. 1353; *Beisse*, Nominalwertprinzips, FR 1975, S. 472 ff; *ders.*, Tendenzen, DStR 1980, S. 244.

891 Vgl. bspw. *Clemm/Nonnenmacher*, in: Beck'scher Bilanzkommentar, 1990, Anm. 160 zu § 253 HGB m.w.N.; auch *Adler/Düring/Schmaltz*, Rechnungslegung, 5. Aufl., 1990, Anm. 179 zu § 253 HGB; *Strobl*, Bewertung, in: *Raupach* (Hrsg.), Werte, 1984, S. 205 f; *Pfleger*, Bilanzierungsprobleme, DB 1981, S. 1687; *Eifler*, Grundsätze, 1976, S. 70 f.

892 So die BFH-Rechtsprechung; vgl. die BFH-Urteile vom 16.9.1970 I R 184/67, BStBl. II 1971, S. 85; vom 14.5.1974 VIII R 95/72, BStBl. II 1974, S. 572; vom 19.2.1975 I R 28/73, BStBl. II 1975, S. 480; vom 7.10.1982 IV R 39/80, BStBl. II 1983, S. 104. Dieser Rechtsprechung folgend *Schmidt*, EStG, 1993, Anm. 44 a) zu § 5 EStG m.w.N.; *Günkel*, Rückstellungen, in: *Herzig* (Hrsg.), Umweltschutz, 1991, S. 53; *Herzig*, Rückstellungen, DB 1990, S. 1353; *Naumann*, Bewertung, 1989, S. 272 ff; *Groh*, Verbindlichkeitsrückstellung, BB 1988, S. 30; *Jacobs*, Berechnung, DStR 1988, S. 243 f; *Eifler*, Rückstellungen, in: HdJ, Abt. III/5, 1984, Rn. 100; *Döllerer*, Imparitätsprinzips, StbJb 1977/78, S. 151.

893 So *Woerner*, Passivierung, StbJb 1984/85, S. 198; zustimmend *Herzig*, Rückstellungen, DB 1990, S. 1353; *Kupsch*, Umweltlasten, BB 1992, S. 2327; vgl. auch *Moxter*, Bilanzrechtsprechung, 2. Aufl., 1985, S. 131 f.

894 So auch *Moxter*, Bilanzrechtsprechung, 2. Aufl., 1985, S. 131; dem folgend *Herzig*, Rückstellungen, DB 1990, S. 1346 f.

Preissteigerungseffekte kommen, die auf bereits in vorangegangenen Perioden passivierte (Teil-)Beträge der Verpflichtung entfallen[895].

Das Nominalwertprinzip, welches dem Fundamentalprinzip Ermessensbegrenzung (Objektivierungsprinzip) zuzuordnen ist, begrenzt also nur die Antizipation von wertbedingt zukünftig steigenden Ausgabenerfordernissen, also die Antizipation von Änderungen im Wertgerüst, die nicht genügend greifbar sind; soweit diese aber objektiviert sind, erfordert das Realisationsprinzip ihre Erfassung[896]. Aufstockungen, die hingegen durch Änderungen im Mengengerüst notwendig werden, sind vom Nominalwertprinzip insoweit nicht betroffen; wenn der Umfang einer Verpflichtung - z.B. im vorliegenden Zusammenhang aufgrund von neuen gesetzlichen Vorschriften zum Umweltschutz, welche erhöhte Anforderungen an die Erfüllung einer Verpflichtung stellen - erweitert wird, so ist dies bei der Rückstellungsbewertung zwingend zu berücksichtigen[897].

4. Abzinsung

Da Rückstellungen für ungewisse Verbindlichkeiten wie dem Grunde und der Höhe nach sichere Verbindlichkeiten zu bewerten sind, ist eine Abzinsung nur insoweit zulässig, als im Rückzahlungs- bzw. Erfüllungsbetrag verdeckte Zinszahlungen enthalten sind[898]; im übrigen ergibt sich die Erkenntnis, daß eine Abzinsung nicht in Betracht kommen kann, auch aus der Notwendigkeit, die Rückstellung - unter Beachtung des Objektivierungsprinzips - mit dem voraussichtlichen erforderlichen Erfüllungsbetrag zu bewerten. Die Annahme verdeckter Zinszahlungen[899] setzt ein von den Beteiligten gewolltes Kreditgeschäft voraus[900]. Dieser Beurteilung ist jüngst auch der BFH in seinen Urteilen vom 12.12.1990[901] gefolgt, in denen er ausgeführt hat, daß bei tatsächlich unverzinslichen Schulden eine Abzinsung nicht möglich ist[902].

---

895 Vgl. auch das Zahlenbeispiel zu den Rückstellungsnachholungen aufgrund von Preissteigerungen bei *Moxter*, Bilanzrechtsprechung, 2. Aufl., 1985, S. 212 f.
896 Vgl. erneut *Moxter*, Bilanzrechtsprechung, 2. Aufl., 1985, S. 131 und S. 217 f.
897 So auch *Naumann*, Bewertung, 1989, S. 279.
898 So *Groh*, Rechtsprechung, StuW 1992, S. 183 f; *ders.*, Abzinsung, BB 1988, S. 1919 ff; früher schon *Döllerer*, Herstellungskosten, JbFfSt 1976/77, S. 200.
899 Vgl. die Untersuchung einzelner Schuldverhältnisse hinsichtlich der Möglichkeit des Vorliegens verdeckter Zinsanteile bei *Schroeder*, Abzinsung, 1990, S. 129-136.
900 So *Clemm/Nonnenmacher*, in: Beck'scher Bilanzkommentar, 1990, Anm. 161 zu § 253 HGB.
901 I R 18/89, BStBl. II 1991, S. 487; I R 153/86, BStBl. II 1991, S. 483.
902 Vgl. die Würdigung dieser Urteile von *Clemm*, Abzinsung, BB 1991, S. 2115 ff.

Betreffend die nachfolgend erörterten Fallgruppen ist festzustellen, daß eine Abzinsung[903] ausscheidet[904], da es sich bei den betrachteten Umweltschutzverpflichtungen fast ausschließlich um Sachleistungsverpflichtungen handelt[905], die regelmäßig weder auf vertraglichen Vereinbarungen noch auf einem Kreditgeschäft beruhen[906]; insoweit kann bei diesen ungewissen Verbindlichkeiten eine (verdeckte) Zinsabrede nicht vorliegen[907].

Diese Auffassung ist von der älteren Rechtsprechung zu Sachleistungsverpflichtungen hinsichtlich der Ansammlungsrückstellungen für Wiederauffüllverpflichtungen und Rekultivierungskosten geteilt worden[908].

Die gegenteilige Auffassung der Finanzverwaltung, die im aktuellen Entwurf eines BMF-Schreibens[909] hinsichtlich der Abzinsung von Altlastensanierungsrückstellungen zum Ausdruck kommt, ist, da (auch) die Abzinsung einer Sanierungsrückstellung eine gegen das

---

903 Vgl. allgemein zu dieser zuletzt intensiv diskutierten Problematik insbesondere *Böcking*, Verzinslichkeit, 1988, S. 257 ff; daneben auch *Moxter*, Abzinsungsgebote, in: *Raupach/Uelner* (Hrsg.), Ertragsbesteuerung, 1993, S. 204 ff; *Clemm*, Bilanzierung, in: *Raupach/Uelner* (Hrsg.), Ertragsbesteuerung, 1993, S. 177 ff; *ders.*, Abzinsung, BB 1991, S. 2115 ff; *Schroeder*, Abzinsung, 1990; *Institut "Finanzen und Steuern"*, Abzinsung, Brief Nr. 289, 1990; *Groh*, Umweltrisiken, in: *Baetge* (Hrsg.), Umweltrisiken, 1994, S. 105 f; *ders.*, Abzinsung, BB 1988, S. 1919 ff. Vgl. aktuell auch *Sarrazin*, Zweifelsfragen, WPg 1993, S. 6 f, der basierend auf der Behauptung, daß die "Frage der Zulässigkeit der Abzinsung bei der Bewertung von Rückstellungen ... in Rechtsprechung und Rechtslehre noch weitgehend ungeklärt" ist, zu dem m.E. nicht überzeugenden Ergebnis kommt, daß auch Sachleistungsverpflichtungen abzuzinsen sind.

904 So auch *Herzig/Köster*, Rückstellungen, in: *Vogl/Heigl/Schäfer* (Hrsg.), Handbuch des Umweltschutzes, 1992, Kap. III - 8.1, S. 14 m.w.N.; *Clemm*, Abzinsung, BB 1991, S. 2117; *ders.*, umweltschutzbezogenen Rückstellungen, BB 1993, S. 687 ff; *Günkel*, Rückstellungen, in: *Herzig* (Hrsg.), Umweltschutz, 1991, S. 53.

905 Anders bei zukünftigen unverzinslichen Geldverbindlichkeiten, die nur mit dem abgezinsten Betrag zurückgestellt werden können; so das BFH-Urteil vom 7.7.1983 IV R 47/80, BStBl. II 1983, S. 753-755. Vgl. zur Abzinsung auch die BFH-Urteile vom 19.7.1983 VIII R 160/79, BStBl. II 1984, S. 56; vom 5.2.1987 IV R 81/84, BStBl. II 1987, S. 845. Vgl. auch *Institut "Finanzen und Steuern"*, Abzinsung, Brief Nr. 289, 1990, S. 64 ff.

906 Vgl. ausführlich *Herzig*, Arbeitsverhältnissen, StbJb 1985/86, S. 87 f; *Groh*, Abzinsung von Rückstellungen?, in: *Mellwig/Moxter/Ordelheide* (Hrsg.), Handelsbilanz und Steuerbilanz, 1989, S. 119 ff, 124; vgl. auch die Nachweise bei *Strobl*, Abzinsung, in: *Knobbe-Keuk/Klein/Moxter* (Hrsg.), Handels-, 1988, S. 615 ff, 620; *Hartung*, Abzinsung, BB 1990, S. 313 ff; *ders.*, Ansammlung, BB 1989, S. 1723.

907 Verpflichtungen, die nicht durch ein Rechtsgeschäft begründet worden sind, können keinen Zinsanteil enthalten; so *Groh*, Abzinsung, BB 1988, S. 1920; *Kupsch*, Umweltlasten, BB 1992, S. 2327. Dies gilt insbesondere für gesetzlich begründete Verbindlichkeiten; so *Strobl*, Abzinsung, in: *Knobbe-Keuk/Klein/Moxter* (Hrsg.), Handels-, 1988, S. 628 f.

908 Nach *Moxter*, Rechtsprechung, in: *Baetge* (Hrsg.), Rückstellungen, 1991, S. 13, ist die Tendenz der Rechtsprechung auch zur Abzinsung von Rückstellungen noch nicht eindeutig. Vgl. die BFH-Urteile vom 19.2.1975 I R 28/73, BStBl. II 1975, S. 480 ff; vom 16.10.1970 I R 184/67, BStBl. II 1971, S. 85 ff.

909 Vgl. den noch nicht veröffentlichten Entwurf eines BMF-Schreibens zu "Ertragsteuerliche[n] Fragen im Zusammenhang mit der Sanierung schadstoffverunreinigter Wirtschaftsgüter", Stand: Februar 1993; der Entwurf wird auch in diesem Punkt kritisiert vom *IDW*, schadstoffbelasteten Wirtschaftsgütern, WPg 1993, S. 252.

Realisationsprinzip verstoßende Vorwegnahme zukünftiger Erträge bedeuten würde[910], daher als nicht sachgerecht abzulehnen.

Abweichend von dieser Beurteilung könnte der Ansatz eines Barwertes und somit eine Abzinsung m.E. ausnahmsweise dann in Betracht kommen, wenn Verpflichtungen zu bewerten sind, denen zeitlich unbegrenzt durch Aufwandserbringung Rechnung getragen werden muß (sog. "ewige Belastungen")[911]. Diese Ausnahme könnte allerdings nur mit wirtschaftlichen Überlegungen begründet werden, denn wenn es keinen Anhaltspunkt dafür gibt, wie der dieser Rückstellungsbewertung zugrundezulegende Zeitraum bemessen sein muß, dann ist der Ansatz des letztlich nicht abzuschätzenden vollen Erfüllungsbetrages auch nicht willkürfrei möglich.

5. "Saldierung" mit Ansprüchen - insbesondere aus Versicherungen -

Eine weitere im Zusammenhang mit der Rückstellungsbewertung kontrovers diskutierte Frage ist die nach der Möglich- oder Notwendigkeit der Saldierung von Verbindlichkeiten[912] mit Rückgriffs- und Versicherungsansprüchen[913]. Diese ist m.E. grundsätzlich dann - aber auch nur dann - gegeben, wenn der Rückgriffs- bzw. Versicherungsanspruch unbestritten[914] und eine eindeutige Verknüpfung mit dem schadenstiftenden Ereignis gegeben ist[915]; eine solche eindeutige Verknüpfung sollte dann vorliegen, wenn die Entstehung einer Verpflichtung kausal[916] mit der einer künftigen Forderung verbunden ist[917].

---

910 Vgl. *Thiel*, Bilanzrecht, 4. Aufl., 1990, S. 225, Tz. 529; *Jacobs*, Berechnung, DStR 1988, S. 245; *Moxter*, Ulrich Leffson, WPg 1986, S. 175; *Leffson*, GoB, 1987, S. 295 f; *Herzig*, Arbeitsverhältnissen, StbJb 1985/86, S. 88; mit diesem Ergebnis auch *Böcking*, Verzinslichkeit, 1988, S. 279.

911 Vgl. dazu ausführlicher den nachfolgenden Unterabschnitt 6.

912 Vgl. zur Saldierung von Risiken mit Deckungsgeschäften *Windmöller*, Deckungsgeschäfte, in: IDW (Hrsg.), Fachtagung, 1989, S. 100 f; *Hartung*, Kurssicherung, RIW 1990, S. 635 ff; vgl. insbesondere zu schwebenden Geschäften *Pössl*, Saldierungen, DStR 1984, S. 428 ff.

913 Vgl. *Liedmeier*, Rückstellungen, DB 1989, S. 2133 ff.

914 So auch *Schmidt*, EStG, 1993, Anm. 57 zu § 5 EStG "Haftpflichtverbindlichkeiten". A.A. *Eifler*, Grundsätze, 1976, S. 60 f, der aufgrund des Grundsatzes der Klarheit einen Bruttoausweis fordert; mit diesem Ergebnis auch *Grubert*, Rückstellungsbilanzierung, 1978, S. 196 ff, der jegliche Saldierung ablehnt.

915 So *Herzig*, Rückstellungen, DB 1990, S. 1353. Ohne diese eindeutige Verknüpfung ist allerdings eine Saldierung nicht zulässig; so schon zur Verrechnung von Wiederauffüllverpflichtungen mit erwarteten Kippgebühren das BFH-Urteil vom 16.9.1970 I R 184/67, BStBl. II 1971, S. 85 ff.

916 *Naumann*, Bewertung, 1989, S. 225 f, spricht insoweit von einer erforderlichen "wechselseitigen Kausalität". Diese wird im Ergebnis bspw. vom Hessischen Finanzgericht mit Urteil vom 8.9.1992 4 K 4448-4450/90, EFG 1993, S. 140 f, bejaht für den Fall, daß im Rahmen der Haftung einer GmbH aus einem Bauherrenmodellprospekt zugleich ein Regreßanspruch der GmbH gegen ihren Geschäftsführer entsteht; nach dieser Auffassung muß ein bestehender Regreßanspruch bei der Bewertung der Rückstellung berücksichtigt werden.

917 So *Kupsch*, Entwicklungen, DB 1989, S. 59; *ders.*, Umweltlasten, BB 1992, S. 2327.

In diesem Falle[918] ist in der Saldierung wohl kein Verstoß gegen den Einzelbewertungsgrundsatz[919] zu sehen, da insoweit lediglich alle bewertungsrelevanten Faktoren berücksichtigt werden[920], um die wahrscheinliche Belastung des Unternehmens zu ermitteln[921]; das Saldierungsverbot sollte ebenfalls nicht verletzt sein[922].

In allen übrigen Fällen, wenn also der geforderte direkte Kausalzusammenhang nicht gegeben ist, folgt aber aus dem Grundsatz der Einzelbewertung, daß die Wirtschaftsgüter "einzeln" anzusetzen und zu bewerten sind[923] mit der Konsequenz, daß dann, wenn der Bestand der Ansprüche bestritten wird oder unklar ist, diese Saldierung nicht in Betracht kommen kann. Anstelle des Nettoausweises könnten - in Abhängigkeit von der Aktivierungsfähigkeit des Anspruchs - dann zwei andere Bilanzierungskonstellationen zu prüfen sein:

(1) Bilanzierung der Verpflichtung in vollem Umfang bei gleichzeitiger Aktivierung des (Rückgriffs-)Anspruchs (Bruttoausweis).
(2) Lediglich Bilanzierung der Verpflichtung in vollem Umfang ohne Berücksichtigung des (Rückgriffs-)Anspruchs, wenn dieser (noch) nicht aktivierungsfähig ist.

Die erstgenannte Konstellation (1) wäre insbesondere dann vorstellbar, wenn es sich um Verpflichtungen aus einer Gesamtschuldnerschaft, wie z.B. einer solchen zur Sanierung einer Altlast[924], handelt, da sich jeder einzelne Bilanzierende zunächst der ungeminderten Verpflichtung gegenüber sieht. Ein eventuell vorhandener Ausgleichsanspruch könnte dann daneben zu aktivieren sein. Wenn nun dieser Ausgleichsanspruch aber nicht hinreichend greifbar und somit nicht zu aktivieren ist, kann es zur vollen Berücksichtigung des Erfüllungsbetrages der Verpflichtung in den Bilanzen aller Gesamtschuldner ohne Berücksichtigung der Ausgleichsansprüche kommen; insoweit wäre die eben genannte Bilanzie-

---

918 Ein anderer typischer Fall für einen Saldierungen begründenden Kausalzusammenhang ist in bestimmten Kurssicherungsgeschäften zu sehen; vgl. ausführlicher dazu *Jacobs*, Berechnung, DStR 1988, S. 241.

919 Dazu und zur Saldierungsproblematik bei Delkredereversicherungen *Rose*, Forderungsbewertung, BB 1968, S. 1323 ff. A.A. wohl *Woerner*, Passivierung, StbJb 1984/85, S. 179.

920 So auch *Kupsch*, Entwicklungen, DB 1989, S. 59.

921 Vgl. so zum Problemkreis der Rückgriffsforderungen unter Hinweis auf den Grundsatz der Richtigkeit *Eifler*, Grundsätze, 1976, S. 60.

922 Mit diesen Überlegungen auch das BFH-Urteil vom 17.2.1993 X R 60/89, BStBl. II 1993, S. 437 ff. Dort wird weiter ausgeführt, daß wirtschaftlich noch nicht entstandene Rückgriffsansprüche dann zur Kompensation heranzuziehen sind, wenn diese in unmittelbarem Zusammenhang mit der drohenden Inanspruchnahme stehen, in rechtlich verbindlicher Weise der Entstehung oder Erfüllung der Verpflichtung nachfolgen und vollwertig im Sinne von unbestritten sind. Kritisch zu diesem Urteil *Fürst/Angerer*, Beurteilung, WPg 1993, S. 425 ff.

923 Vgl. *Jacobs*, Berechnung, DStR 1988, S. 241.

924 Vgl. zum Beispiel der Schuldnermehrheit im Falle einer Altlastensanierungsverpflichtung die Ausführungen von *Wassermann*, in: *Kamphausen/Kolvenbach/Wassermann*, Beseitigung, DB 1987, Beilage Nr. 3/87, S. 15.

rungskonstellation (2) gegeben. Da für die Bilanzierung auf die Verhältnisse des einzelnen Kaufmanns abzustellen ist, kann eine solche Bilanzierung auch nicht wegen der sich im Ergebnis einstellenden Mehrfachberücksichtigung[925] der Verpflichtung für unzulässig erklärt werden.

Wenn nun schon die Verrechnung einer Verpflichtung mit Ausgleichsansprüchen nur in sehr engen Grenzen möglich ist, so ist für die Verrechnung mit anderen erwarteten Einnahmen noch weniger Raum. Daher hat der BFH in dem häufig zitierten Urteil zur Kiesgrubenauffüllung[926] dann auch entschieden, daß eine Verrechnung der zu passivierenden Rekultivierungsverpflichtung mit - nicht kausal auf die Entstehung der bilanzierungspflichtigen Schuld zurückzuführenden - Einnahmen aus zukünftigen Kippgebühren nicht zulässig ist.

6. Dauerinstandhaltungs- und Dauerbetriebskosten

Mit dem Begriff Dauerinstandhaltungs-[927] und Dauerbetriebskosten sollen hier diejenigen Aufwendungen gekennzeichnet werden, die aufgrund technischer Notwendigkeiten nach dem Ende der eigentlichen Umweltschutzmaßnahme weiterhin anfallen werden. Zu untersuchen ist hierbei die im Fachschrifttum bislang noch weitgehend vernachlässigte Frage, ob und inwieweit auch diese Aufwendungen bei der Rückstellungsbewertung zu berücksichtigen sind.

Als Beispiel könnten die aus Rekultivierungsverpflichtungen resultierenden Aufwendungen zur regelmäßigen Pflege, Unterhaltung und Sicherung von rekultivierten Flächen mit Baggerseen und von ehemaligen Deponien genannt werden; weiterhin kann im Rahmen der Bergschädenproblematik auch der "ewige" Betrieb von Pumpwerken[928] notwendig sein. Im vorliegenden Zusammenhang können Dauerbetriebskosten insbesondere auch in Verbindung mit Altlastensanierungsmaßnahmen anfallen, beispielsweise könnte eine Sicherungsmaßnahme auf einem kontaminierten Grundstück den "ewigen" Betrieb einer Pumpanlage - zur Unterbindung des Emissionspfades Altlast-Grundwasser durch andauernde Absenkung des Grundwasserspiegels - auch über den Zeitpunkt der Einstellung des Geschäftsbetriebes hinaus notwendig machen.

---

925 Mehrfachberücksichtigung insoweit, als daß mehrere Bilanzierende jeweils den gesamten Erfüllungsbetrag, welcher im Ergebnis aber nur einmal aufgebracht werden muß, zunächst (auch mit steuermindernder Wirkung) geltend machen können bzw. müssen.

926 BFH-Urteil vom 16.9.1970 I R 184/67, BStBl. II 1971, S. 85 ff.

927 Vgl. zum Begriff der Dauerinstandhaltung und zur deren Problematik bei Rekultivierungsmaßnahmen *Burger*, Zulässigkeit, StBp 1981, S. 28 f.

928 Vgl. zu diesem Beispiel *WP-Handbuch 1992*, Band I, 1992, Abschnitt E, Anm. 92.

Ob nun derartige Aufwendungen in den Umfang der Rückstellung einzubeziehen sind, kann m.E. nur vor dem Hintergrund der bisher getroffenen Feststellungen - Bilanzierung des zu Vollkosten bewerteten Erfüllungsbetrages - gesehen und nach der Anwendung und Auslegung des Realisationsprinzips - und möglicherweise auch unter Rückgriff auf das Rückstellungskriterium der wirtschaftlichen Verursachung - entschieden werden, weil es sich im Ergebnis um eine Frage nach der Periodenzuordnung von zukünftig anfallenden Ausgaben handelt.

Wenn nun die grundlegende Ursache für die Notwendigkeit des Anfalls dieser Ausgaben in den Handlungen und/oder Vorkommnissen der Vergangenheit zu sehen ist und diese künftigen Ausgaben bis zum Abschlußstichtag realisierte Umsätze alimentiert haben, sollten sie - als wirtschaftlich in den abgelaufenen Perioden verursacht - passiviert werden müssen[929].

Käme die Periodenzuordnung über das Realisationsprinzip hier nicht so eindeutig zum Zuge, könnte die Erhöhung einer entsprechenden Rückstellung um die Kosten eines Dauerbetriebes auch gemäß § 252 I Nr. 4 HGB (mit dem Vorsichtsprinzip) zu befürworten sein[930].

Würde bei der Lösung dieser Frage stattdessen die Überlegung in den Vordergrund gerückt, daß die laufenden Sicherungsmaßnahmen, die sich in Dauerbetriebskosten niederschlagen, zukünftige Belastungen vermeiden und somit Nutzen für die Zukunft stiften sollen, könnte eine Zurechnung zu den Umsätzen des abgelaufenen Wirtschaftsjahres wohl nur schwerlich befürwortet werden; insoweit würde dann allerdings das Motiv der Ausgabentätigung über die Bilanzierung entscheiden.

M.E. kann diesem letztgenannten Lösungsansatz, der auf das Motiv der Durchführung des Dauerbetriebes bzw. der Dauerinstandhaltung abstellt, aber nicht gefolgt werden, da im Grundsatz jede Umweltschutzmaßnahme auch in zukünftige Perioden ausstrahlt und gerade weitergehende Schäden und Belastungen, z.B. bei Altlastensicherungen und -sanierungen, vermeiden soll und will; stattdessen wird auf die Verursachung der Verpflichtung abzustellen sein. Ordnet man die angesprochenen Aufwendungen nach dem Realisationsprinzip den durch sie alimentierten Umsätzen zu, so ist festzustellen, daß die weitere Tätigkeit der Unternehmung - und somit auch die weitere Umsatzerzielung der zukünftigen Perioden - zwar durch die Tätigung dieser Ausgaben vor weiteren Belastungen geschützt werden soll, als ursächlich dafür aber die Perioden der tatsächlichen Verursachung des Sicherungs-, Pflege- und Dauerbetriebsbedarfs angesehen werden müssen. Da-

---

929 Vgl. erneut zur Passivierung nach dem Realisationsprinzip *Moxter*, Bilanzrechtsprechung, 2. Aufl., 1985, S. 49 ff; *ders.*, Bilanzrechtsprechung, 3. Aufl., 1993, S. 87 ff.

930 "Bei zweifelhafter Periodisierung ist also der Aufwand schon im abzurechnenden Geschäftsjahr anzusetzen"; so *Rückle*, in: *Leffson/Rückle/Grossfeld* (Hrsg.), Handwörterbuch, 1986, Stichwort: "Vorsicht".

her werden auch Dauerinstandhaltungs- und Dauerbetriebskosten bei der Ermittlung des Erfüllungsbetrages[931] und der entsprechenden Bemessung der Rückstellungshöhe zu berücksichtigen sein[932].

Im Fachschrifttum wird bezüglich der konkreten Wertzumessung der Ansatz des Barwertes der "ewigen" Belastung verlangt[933]. Dem ist in Hinblick auf die zwingende Vorschrift des § 253 I Satz 2 HGB zuzustimmen, wonach Rentenverpflichtungen mit dem Barwert anzusetzen sind[934].

7. Rückstellungsbildung für aktivierungspflichtige Aufwendungen oder für zukünftige Abschreibungen?

Eine weitere Problematik, welche insbesondere bei Umweltschutzverpflichtungen auftritt und welche ähnlich strukturiert ist wie diejenige im Bereich der Dauerinstandhaltungskosten, zeigt sich auch hinsichtlich derjenigen (Verpflichtungs-)Sachverhalte, bei denen die erforderlichen Umweltschutzmaßnahmen (auch) zur Anschaffung bzw. Herstellung von Wirtschaftsgütern führen, bei denen also die im Rahmen der Erfüllung einer Verpflichtung zukünftig anfallenden Aufwendungen als Herstellungsaufwand (mit der Konsequenz der Aktivierung) zu qualifizieren sind und somit aktivierungspflichtige Aufwendungen anfallen werden.

Die Frage der Zulässigkeit von Rückstellungen für Herstellungskosten ist vom BFH mit dem Urteil vom 1.4.1981[935], an welches das aktuelle Urteil vom 30.1.1990[936] anknüpft, dahingehend entschieden worden, daß für Aufwendungen, die als Herstellungskosten zu aktivieren sein werden, eine Rückstellungsbildung nicht zulässig ist. Dieser Entscheidung, wonach also ein Ausschluß von Rückstellungen für aktivierungspflichtigen Aufwand erfol-

---

931 Da es um die Ermittlung des Betrages geht, der notwendig ist, um sich der Verpflichtung entledigen zu können, sollten also auch Dauerinstandhaltungs- und Dauerbetriebskosten zu erfassen sein.
932 Unterstützung findet diese Lösung m.E. auch im BFH-Urteil vom 23.10.1985 I R 227/81, BFH/NV 1987, S. 123. Dort ist entschieden worden, daß, wenn die Übernahme einer Verpflichtung nicht in Zusammenhang mit dem Erwerb eines Wirtschaftsgutes steht, die Übernahme einer Reinigungs- und Instandhaltungsverpflichtung "für alle Zeiten" nicht in Betracht kommt, weil im zu entscheidenden Sachverhalt weder die rechtliche Entstehung noch die wirtschaftliche Verursachung gegeben war. Daraus wird m.E. aber im Umkehrschluß gefolgert werden müssen, daß bei gegebener wirtschaftlicher Verursachung auch "für alle Zeiten" zu erfüllende Verpflichtungen im Rahmen der Ermittlung der Rückstellungshöhe zu berücksichtigen sind.
933 So das *WP-Handbuch 1992*, Band I, 1992, Abschnitt E, Anm. 92.
934 Zu einem ähnlichen Ergebnis gelangt auch *Burger*, Zulässigkeit, StBp 1981, S. 30, der als Wert die geschätzten Kosten zum Zeitpunkt der Bilanzerstellung ansetzen will, die über eine Vervielfältigung (der geschätzten Jahresbeträge) nach den Vorschriften des Bewertungsgesetzes ermittelt worden sind, wobei ein Zeitraum von zwanzig bis fünfzig Jahren zugrundezulegen sein soll.
935 I R 27/79, BStBl. II 1981, S. 660 ff.
936 VIII R 183/85, BFH/NV 1990, S. 504 ff.

gen soll, ist bisher in der Literatur im wesentlichen gefolgt worden[937]. Allerdings ist die Problematik bislang weitgehend nur in Verbindung mit den Rückstellungen wegen unterlassener Instandhaltung betrachtet worden, da gerade die Aufwandstätigung in Zusammenhang mit der Nachholung unterlassener Instandhaltungsaufwendungen als nachträglicher Herstellungsaufwand zu qualifizieren sein kann[938].

Im vorliegenden Zusammenhang ist nun die Notwendigkeit der Berücksichtigung von Anschaffungs- bzw. Herstellungskosten im Rahmen der Rückstellungsbewertung zu prüfen. Insoweit stellt sich die Frage, ob nicht gerade im Umweltschutzbereich von der bislang nahezu unbestrittenen Auffassung, wonach Rückstellungen für Herstellungsaufwand[939] oder für zukünftigen Abschreibungsaufwand eben nicht passivierungsfähig sein sollten, abgewichen werden muß[940].

Die herrschende Auffassung sollte m.E. überhaupt nur dann in den Fällen zum Zuge kommen können, in denen die später zu erbringenden Aufwendungen unzweifelhaft auch als Herstellungskosten zu qualifizieren sein werden; diese Problematik der Qualifikation von Umweltschutzaufwendungen als Herstellungs- oder Erhaltungsaufwand ist nach derzeitigem Kenntnisstand allerdings noch nicht umfassend untersucht worden. In den Fällen, in denen mithin noch zweifelhaft ist, ob es später tatsächlich zu Anschaffungs-/Herstellungs- oder doch zu Erhaltungsaufwand kommen wird, kann eine Rückstellungspassivierung wohl nicht unterlassen werden[941].

---

[937] So *Schmidt*, EStG, 1993, Anm. 57 zu § 5 EStG "unterlassene Instandhaltung"; *Bordewin*, Einzelfragen, DB 1992, S. 1533; *ders.*, Umweltschutz, RWP 1991, SG 5.2, S. 2087; *Günkel*, Rückstellungen, in: Herzig (Hrsg.), Umweltschutz, 1991, S. 43 f; *Bartels*, Rückstellungen, BB 1992, S. 1098 f; *ders.*, Neulastenfällen, BB 1992, S. 1312 f; *Blümich/Schreiber*, EStG, 1991, Rz. 885 zu § 5 EStG; *Mayer-Wegelin*, in: *Küting/Weber* (Hrsg.), Rechnungslegung, 3. Aufl., 1990, Anm. 52 u. 80 zu § 249 HGB; *Nieland*, in: Littmann/Bitz/Meincke, EStG, 1991, Rn. 949 zu §§ 4, 5 EStG "Instandhaltung"; OFD Düsseldorf, Vfg. vom 14.2.1985, DStZ/E 1985, S. 98. Unter Hinweis auf das Vollständigkeitsgebot kritisch zur h.M. *Crezelius*, Umweltschutzmaßnahmen, DB 1992, S. 1362 f. Differenziert *Christiansen*, Rückstellungen, StBp 1987, S. 197 f, und *Herzig*, Rückstellungen, DB 1990, S. 1350; vgl. auch *Borstell*, Aufwandsrückstellungen, 1988, S. 88.

[938] Der im Rahmen der Problematik der unterlassenen Instandhaltung entwickelte Lösungsansatz kann m.E. nur sehr begrenzt zur Lösung der hier zu erörternden Problematik herangezogen werden, da bei unterlassener Instandhaltung die in einer späteren Periode anfallenden Reparaturausgaben den bereits realisierten Umsätzen aufwandswirksam zugerechnet werden sollen; so auch *Borstell*, Aufwandsrückstellungen, 1988, S. 91 m.w.N. Wenn man aber die Wartungs- und Reparaturausgaben einen derartigen Umfang erreichen, daß sie als Herstellungskosten aktiviert werden müssen, kann vermutet werden, daß das neugeschaffene Nutzungspotential erst Umsätze zukünftiger Perioden alimentieren wird.

[939] Die Ablehnung der Rückstellungen für Herstellungsaufwand wird in der Literatur regelmäßig damit begründet, daß der Herstellungsaufwand erst über zukünftige Abschreibungen den zukünftigen Umsätzen zugerechnet werden kann und muß; insoweit fehle es am Rückstellungserfordernis des buchmäßigen Aufwands; vgl. bspw. *Bartels*, Umweltrisiken, 1992, S. 150 f.

[940] Vgl. auch die Aufarbeitung und Darstellung der zu dieser Problematik vertretenen Literaturauffassungen bei *Kühnberger/Faatz*, Altlasten, BB 1993, S. 104 f.

[941] So auch *Loose*, Umweltverbindlichkeiten, 1993, S. 34.

Im folgenden soll nun allerdings von der Pflicht zur Leistung solcher zukünftigen Aufwendungen ausgegangen werden, für die eine Aktivierung unvermeidlich sein wird. Als unverzichtbarer Bestandteil der nachfolgenden Ausführungen muß insoweit die Prämisse angesehen werden, daß die in Erfüllung einer Umweltschutzverpflichtung verausgabten Beträge tatsächlich auch als aktivierungspflichtig in Betracht kommen können; es wird also unterstellt, daß in Erfüllung einer jeden der hier untersuchten Umweltschutzverpflichtungen aktivierungspflichtige Maßnahmen überhaupt in Betracht kommen können. Weiterhin sollen hinsichtlich der nachfolgenden Überlegungen dann zwei Modelle unterschieden werden, nämlich Rückstellungen für Herstellungskosten einerseits und Rückstellungen für zukünftigen Abschreibungsaufwand andererseits[942].

Die Bildung von Rückstellungen für Herstellungsaufwand würde bedeuten, daß die Rückstellungsbilanzierung diejenigen Aufwendungen antizipiert, die in einem späteren Zeitpunkt erbracht und - bei Anschaffung oder Herstellung - erst dann aktiviert werden würden. Mit der Aktivierung der entstandenen Aufwendungen, mit welcher eine Aufwandswirksamkeit vermieden wird, müßte zugleich auch die Rückstellung erfolgswirksam aufgelöst werden[943]. Eine solche Lösung(-stechnik) vermag aber höchstens hinsichtlich der Herstellungskosten auf Grund und Boden, nicht aber hinsichtlich der Aktivierung abnutzbarer Wirtschaftsgüter zu überzeugen, da die Ergebnisse in den Perioden, in denen dann die Herstellungskosten über den Abschreibungsaufwand zu verrechnen wären, zu sehr zugunsten der Periode, in der die Aktivierung bei gleichzeitiger Rückstellungsauflösung[944] vorzunehmen wäre, belastet werden würden; insoweit käme es nämlich zu einer einmaligen und punktuellen Ergebnisverbesserung (bzw. Ergebnisverzerrung) im

---

942 Diese Differenzierung, die hinsichtlich der Zielsetzung einer Verpflichtung unterscheidet, scheint zunächst überwiegend technischer Natur zu sein. Gleichwohl sollte es insbesondere für die Auflösung der Rückstellung entscheidend sein, worin denn der Grund für diese Rückstellung liegt; soweit nämlich dieser Grund wegfällt, wird dann auch die Rückstellung aufzulösen sein. So könnte eine Rückstellung für Herstellungsaufwand wohl nur Verpflichtungen abbilden, die mit der Herstellung eines Wirtschaftsgutes als erfüllt anzusehen wären; mit der erfolgten Herstellung würde die Rückstellung wegfallen müssen. M.E. sollten die Umweltschutzverpflichtungen aber gerade nicht auf die Herstellung eines Wirtschaftsgutes abzielen, sondern vielmehr auf das Erreichen eines bestimmten Leistungserfolges, also wohl eher auf den Einsatz des hergestellten Wirtschaftsgutes im Zeitablauf. Somit müßte das Denkmodell der Rückstellungen für zukünftigen Abschreibungsaufwand hier wohl als sachgerechter erachtet werden.

943 Eine Verbindlichkeitsrückstellung ist aufzulösen, wenn und soweit der Bilanzierende aus der Verpflichtung in Anspruch genommen wird bzw. bei Aufwandsrückstellungen die Ausgabe leistet, die den schon früher durch die Rückstellungsbildung verrechneten Aufwendungen entspricht. Es kommt dann zu einer erfolgsneutralen Verrechnung des Ertrages aus Rückstellungsauflösung mit den Aufwendungen, die in Erfüllung der ungewissen Verbindlichkeit bzw. der Innenverpflichtung anfallen; vgl. *Gail*, Auflösung, BB 1982, S. 217 ff. Außerdem erstreckt sich die Auflösungspflicht auch auf die Fälle, in denen eine Inanspruchnahme (aufgrund einer Änderung der Verhältnisse) nicht mehr zu erwarten ist; vgl. dazu grundlegend das BFH-Urteil vom 17.1.1973 I R 204/70, BStBl. II 1973, S. 320.

944 Mit abweichender Begründung zu diesem Ergebnis *Christiansen*, Rückstellungen, StBp 1987, S. 197 f.

Jahre der Anschaffung bzw. Herstellung zuungunsten des Jahres der Rückstellungsbildung.

Daher bietet sich als Denkmodell die Rückstellung für zukünftigen Abschreibungsaufwand an, mit der auf spätere Wirtschaftsjahre entfallender Abschreibungsaufwand durch eine Rückstellungsbildung zeitlich vorverlagert wird; nach Maßgabe der jeweiligen (betriebsüblichen) Abschreibung des aktivierten Wirtschaftsgutes wäre die Rückstellung dann im Zeitablauf (gewinnerhöhend) aufzulösen[945]. Allein in diesem Fall sollte sich somit auch ein mit dem Rechnungslegungsziel der vorsichtigen Ermittlung eines verteilungsfähigen Gewinns zu vereinbarendes Ergebnis einstellen, daß nämlich die durch die Anschaffungs- bzw. Herstellungskosten alimentierten Umsätze (oder zumindest ein Teil von diesen) im Zuge der Rückstellungsbildung belastet und zugleich die Perioden, in denen die Abschreibungen ansonsten erfolgswirksam werden würden, entlastet werden. Insoweit müßte aber davon ausgegangen werden, daß die öffentlich-rechtliche Verpflichtung nicht auf die Anschaffung oder Herstellung eines Wirtschaftgutes, sondern auf dessen Einsatz abzielt und daß somit die Erfüllung der öffentlich-rechtlichen Verpflichtung nicht schlagartig durch die Anschaffung, sondern kontinuierlich durch die Verwendung erreicht wird.

Allerdings ist dabei zu beachten, daß dieses Modell der Rückstellungen für zukünftigen Abschreibungsaufwand nur im Bereich der abnutzbaren Wirtschaftsgüter in Betracht kommen kann, nicht aber, wenn es sich beispielsweise um Herstellungsaufwand im Zusammenhang mit Grund und Boden handeln sollte. Diese Einschränkung - also Rückstellungen für zukünftigen Abschreibungsaufwand nur im Bereich der abnutzbaren Wirtschaftsgüter - scheint mir aber auch sachgerecht zu sein, da ansonsten ein - bei isolierter Betrachtung - ergebnisneutraler Vorgang zwei künstliche - und möglicherweise willkürlich anmutende - ergebniswirksame Vorgänge auslösen und eine m.E. nicht zu rechtfertigende Ergebnisverlagerung bewirken würde. Somit wäre nachfolgend nur noch die Frage interessant, inwieweit Rückstellungen für zukünftigen Abschreibungsaufwand - insbesondere im Umweltschutzbereich - zulässig sein können.

Zu den Rückstellungen für Herstellungskosten hat der BFH mit dem bereits angesprochenen Urteil vom 1.4.1981[946] entschieden, daß für Aufwendungen, die bei ihrem späteren Anfall als Herstellungskosten aktiviert werden müssen, keine Rückstellung gebildet werden kann. Diesem Urteil lag der Sachverhalt zugrunde, daß eine Rückstellung geltend

---

[945] Dieses Denkmodell kann - wie noch zu erläutern sein wird - im Gegensatz zu der soeben betrachteten Rückstellung für Herstellungskosten allerdings nur dann in Betracht kommen, wenn die Aufwendungen zur Herstellung bzw. Anschaffung von abnutzbarem Anlagevermögen erbracht werden.

[946] I R 27/79, BStBl. II 1981, S. 660 ff.

gemacht wurde für die Umrüstkosten bei Eisenbahnwaggons[947], welche erforderlich waren, um diese Waggons "erstmalig in einen dem angestrebten Zweck entsprechenden (betriebsbereiten) Zustand zu versetzen"[948].

Dem Tenor dieses Urteils ist insoweit uneingeschränkt zuzustimmen, als daß der Aufwand hier erst durch die zukünftige Nutzung der Wirtschaftsgüter - hier: Eisenbahnwaggons - wirtschaftlich verursacht ist[949], da die Aufwendungen in Form der zukünftigen Abschreibungen insoweit mit dem künftigen Produktionsprozeß und damit mit künftigen Erträgen verknüpft sind. Ein Bezug zu bereits realisierten Umsätzen ist dagegen nicht zu erkennen; es handelt sich insofern um eine Anpassung der Anlagen des Bilanzierenden an eine für die zukünftige Geschäftstätigkeit relevante Umweltbedingung.

Eine grundsätzlich andere Beurteilung könnte m.E. aber bezüglich der Rückstellungen für zukünftigen Abschreibungsaufwand greifen, wenn und soweit dieser durch bereits realisierte Erträgen verursacht worden sein sollte.

Zunächst ist festzuhalten, daß - wie bereits dargestellt[950] - der BFH in ständiger Rechtsprechung von der Vollkostenbewertung der über die Rückstellungen erfaßten Sachleistungsverpflichtungen ausgeht[951]; in diesen Vollkosten (und somit auch in den bilanzierten Rückstellungen) sollten anteilige Abschreibungen enthalten sein. Dahingehend werden auch die Ausführungen CHRISTIANSENs[952] zu verstehen sein, wonach es keinen Unterschied machen soll, ob der Bilanzierende zur Erfüllung seiner Verpflichtung bereits vorhandene Wirtschaftsgüter einsetzt oder ob er das zur Erfüllung benötigte Anlagevermögen noch beschaffen muß[953]; insoweit könnte wohl auch nach der Argumentation von CHRISTIANSEN eine Rückstellung für zukünftigen Abschreibungsaufwand möglich

---

947 Zum erstmaligen Einsatz der angesprochenen Eisenbahnwaggons auf den Gleisen der Deutschen Bundesbahn war von dieser die Umrüstung der Waggons von Gleit- auf Rollenachslager gefordert worden.
948 BFH-Urteil vom 1.4.1981 I R 27/79, BStBl. II 1981, S. 661.
949 Vgl. mit ähnlicher Argumentation *Günkel*, Rückstellungen, in: *Herzig* (Hrsg.), Umweltschutz, 1991, S. 44.
950 Vgl. hier den vorhergehenden Unterabschnitt "Vollkosten- versus Einzelkostenbewertung".
951 Vgl. dazu erneut die umfangreiche Herleitung bei *Jacobs*, Berechnung, DStR 1988, S. 241 ff.
952 Vgl. *Christiansen*, Rückstellungen, StBp 1987, S. 197 f.
953 Zustimmend *Herzig*, Rückstellungen, DB 1990, S. 1350.

sein[954]. Über diesen Präzedenzfall der Vollkostenbewertung hinaus kann die Frage nach der Erfassung zukünftiger Abschreibungsaufwendungen durch Rückstellungsbildung aber auch unter Rückgriff auf grundsätzliche Überlegungen gelöst werden.

Bei näherer Betrachtung zeigt sich, daß diese Thematik allein ein Problem der Periodenzuordnung beinhaltet, nämlich das Problem, welchem Wirtschaftsjahr die künftigen Aufwendungen erfolgswirksam zuzuordnen sind.

Die in diesem Zusammenhang aufzuwerfende Frage müßte wohl wie folgt lauten: Ist eine bilanzrechtlich entscheidende Verbindung des Abschreibungsaufwandes zum abgelaufenen Wirtschaftsjahr bzw. zu bereits realisierten Umsätzen erkennbar, die es rechtfertigen könnte, den Abschreibungsaufwand bereits vor dessen Verwirklichung durch die Passivierung einer Rückstellung zu antizipieren?

Unter Beachtung des Realisationsprinzips, welches die Passivierung sämtlicher zukünftiger Ausgaben erfordert, die die bereits realisierten Umsätze des abgelaufenen Geschäftsjahres alimentiert haben[955], ist die Frage m.E. wie folgt zu beantworten:

(1) Abschreibungsaufwand, der erst durch die künftige Nutzung der Anlagen zur Umsatzerzielung verursacht wird, darf nicht über eine Rückstellung antizipiert werden; das für die Umsatzerzielung eingesetzte Nutzungspotential der Wirtschaftsgüter ist auch diesen zukünftigen Perioden zuzurechnen und wird entsprechend durch künftige Abschreibungen in den späteren Wirtschaftsjahren verrechnet.

Ein derartiger Abschreibungsaufwand wird insbesondere dann auftreten, wenn - wie in dem vom BFH entschiedenen Fall[956] - die Anlagen des Betriebes an für die zukünftige Geschäftstätigkeit relevante Umweltbedingungen angepaßt werden müssen, z.B. durch erstmalige Herstellung des Zustandes der Betriebsbereitschaft.

Nach der hier vertretenen Auffassung sollte eine Rückstellung auch dann nicht in Betracht kommen, wenn und soweit die Anschaffung bzw. Herstellung eines Vermögensgegenstandes des Anlagevermögens zwar öffentlich-rechtlich zwingend vorgeschrieben ist, die

---

954 "Der Einbezug der späteren Abschreibungen in die Rückstellungsbemessung kommt allerdings dann in Betracht, wenn die öffentlich-rechtliche Verpflichtung nicht dahin geht, ein bestimmtes Wirtschaftsgut anzuschaffen oder herzustellen, sondern auf die Bewirkung eines bestimmten Erfolges gerichtet ist und dem Unternehmen die Wahl der hierfür einzusetzenden Mittel freistellt. In diesem Fall werden nicht Anschaffungs- oder Herstellungskosten zurückgestellt, auch nicht in Form späterer Abschreibungen, sondern allgemein Kosten zur Erreichung eines bestimmten Leistungserfolgs. Diese Kosten sind nach allgemeinen Grundsätzen der Vollkostenbewertung in die Rückstellungsbemessung einzubeziehen". So *Christiansen*, Rückstellungen, StBp 1987, S. 198, der aber zuvor noch ausgeführt hat, daß "der Einbezug zu aktivierender Kosten in die Rückstellungsbemessung ... nicht möglich" sei; ebenso sei "der spätere Aufwand in Form der Abschreibungen der Anlagen nicht rückstellbar" (S. 197).

955 Vgl. erneut *Moxter*, Bilanzrechtsprechung, 3. Aufl., 1993, S. 87 ff.

956 Vgl. erneut das BFH-Urteil vom 1.4.1981 I R 27/79, BStBl. II 1981, S. 660 ff.

(Abschreibungs-)Aufwendungen zur Erfüllung der zugrundeliegenden Verpflichtung aber in Zusammenhang mit der zukünftigen Produktion stehen[957] und insoweit Kosten dieser zukünftigen Produktion darstellen[958].

(2) Abschreibungsaufwand ist m.E. aber dann in die Rückstellungsbemessung einzubeziehen, wenn die Ursache für die Anschaffung bzw. Herstellung als in Zusammenhang mit Umsätzen der abgelaufenen Perioden stehend angesehen werden muß.

Dies wird insbesondere dann der Fall sein, wenn verursachte Umweltschäden, z.B. Altlasten, zu sichern oder zu beseitigen sind[959]. Ein entsprechender Fall ist beispielsweise dann vorstellbar, wenn Wirtschaftsgüter im Rahmen einer Altlastensanierung angeschafft oder hergestellt werden müssen, die zukünftig keinen Erfolgsbeitrag leisten werden, sondern vielmehr primär dazu dienen, die in der Vergangenheit wirtschaftlich verursachte öffentlich-rechtliche Verpflichtung zu erfüllen[960].

Zwar entfaltet hier die Anschaffung oder Herstellung bzw. der Einsatz von entsprechenden Wirtschaftsgütern auch Nutzen für zukünftige Perioden, gleichwohl muß die Ursache für diesen Abschreibungsaufwand aber in den Umsätzen der abgelaufenen Perioden[961] gesehen werden, bei deren Erzielung die Umweltschäden verwirklicht worden sind. Im Rahmen der das betriebliche Geschehen abbildenden Bilanzierung sollte letztlich auf die Ursachen und nicht auf die Motive (des Bilanzierenden) abzustellen sein. Dementsprechend sollten wirtschaftlich verursachte zukünftige Ausgaben auch dann zu passivieren sein, wenn es sich dabei um Anschaffungs- oder Herstellungskosten handeln würde; das

---

957 Mit diesem Ergebnis auch *Herzig*, Rückstellungen, DB 1990, S. 1351.

958 Als Beispiel aus dem hier betrachteten Umweltschutzbereich könnte die Verpflichtung zur Errichtung einer Filter- oder Kläranlage genannt werden, wenn und soweit die Aufwendungen als Herstellungskosten anzusehen sein werden. Wird dieser Beipielsfall nun anhand der hier erarbeiteten Rückstellungskriterien - und insbesondere unter Berücksichtigung der eingeschränkt rückstellungsbegrenzenden Wirkung des Realisationsprinzips - untersucht, so zeigt sich, daß die Abschreibungen auf die Filter- bzw. Kläranlage erst Kosten der zukünftigen Produktion darstellen und daher noch nicht über eine Rückstellung antizipiert werden können.

959 Beispielhaft könnte hier auch an eine Verpflichtung zur Sicherung von bislang nur aufgeschüttetem Gießereisand, der aus der Produktion des abgelaufenen Wirtschaftsjahres resultiert, gedacht werden. Wenn nun zur Erreichung eines bestimmten Erfolges (hier: Sicherung vor Verwehung) zukünftiger Abschreibungsaufwand (hier bspw.: aus der Herstellung einer den Gießereisand umgebenden Halle) anfällt, so ist dieser unter Beachtung des Realisationsprinzips bereits dem abgelaufenen Wirtschaftsjahr zuzurechnen und folglich im Rahmen der Rückstellungsbemessung zu berücksichtigen.

960 Vgl. mit diesem Beispiel auch *Herzig*, Rückstellungen, DB 1990, S. 1350.

961 Müssen Rückstellungen nachgeholt werden, hat also der möglicherweise zu antizipierende Abschreibungsaufwand nicht die Umsätze des abgelaufenen, sondern solche eines vorhergehenden Geschäftsjahres alimentiert, so sollte hier nach den allgemeinen Grundsätzen das das Realisationsprinzip ergänzende Vorsichtsprinzip zum Zuge kommen, was zur Folge hätte, daß auch hier der Abschreibungsaufwand bei der Rückstellungsbemessung zu berücksichtigen sein könnte.

Motiv der Aufwandstätigung (nämlich Ertragserzielung in späteren Geschäftsjahren) müßte bei dieser Beurteilung deutlich zurücktreten.

Schließlich darf bei der Beurteilung der hier aufgeworfenen Frage nicht übersehen werden, daß es sich in den angesprochenen Fällen des Erwerbes oder der Herstellung von Wirtschaftsgütern nicht um freiwillige Investitionen handelt, die zukünftig zur Ertragserzielung beitragen sollen, sondern um rechtlich oder faktisch erzwungene Vermögensumschichtungen und -abflüsse, mit denen eben keine konkrete Ertragserwartung verbunden ist[962]. Würden die daraus resultierenden Abschreibungsaufwendungen nicht über eine Rückstellungspassivierung antizipiert, müßte aktuell vom Ausweis eines "umweltbelasteten" und somit überhöhten Gewinns ausgegangen werden.

Das hier vorgestellte Ergebnis - der Minderung des Periodenerfolges um den der Periode zuzurechnenden Betrag - sollte insbesondere dem Ziel der vorsichtigen Ermittlung eines ausschüttungsfähigen (Umsatz-)Gewinns gerecht werden, da jedem Umsatz der durch ihn verursachte Aufwand zugerechnet wird; das Zuordnungsproblem in zeitlicher Hinsicht könnte also durch die Anwendung des Realisationsprinzips (als besonderer Ausprägung des Vorsichtsprinzips) und über die Vorwegnahme solcher zukünftigen Abschreibungsaufwendungen, die bereits realisierte Umsätze alimentiert haben, gelöst werden[963].

II. Sonstige finanzielle Verpflichtungen

Für die Bewertung sonstiger finanzieller Verpflichtungen existiert keine spezielle Bewertungsvorschrift; sie sollte aber der Bewertung der Verbindlichkeiten und der Rückstellungen entsprechen[964]. Im übrigen kann zur Beurteilung dieser Frage sowohl auf den Ausweiszweck - Verbesserung des Einblicks in die Finanzlage - als auch allgemein auf die GoB[965] zurückgegriffen werden. Unter dem Aspekt der Zielsetzung als eine - Bilanz und GuV - ergänzende Informationsquelle wird der Anhangausweis die Summe der zukünftig aus dem jeweiligen Sachverhalt resultierenden Zahlungsmittelabflüsse in voller Höhe enthalten müssen[966].

---

962 Zugleich scheint es mir nicht unproblematisch zu sein, Herstellungskosten aus erzwungenen Maßnahmen überhaupt als Investitionen betrachten zu wollen.

963 Den Einbezug von zukünftigen Abschreibungen bei der Rückstellungsbemessung unter Hinweis auf das Vorsichtsprinzip pauschal befürwortend (und insoweit das Realisationsprinzip mißachtend) *Crezelius*, Umweltschutzmaßnahmen, DB 1992, S. 1362 f; dem folgend *Loose*, Umweltverbindlichkeiten, 1993, S. 35. A.A. *Kupsch*, Umweltlasten, BB 1992, S. 2323, der insoweit das Vorliegen einer Vermögensbelastung verneint.

964 So *Kupsch*, Anhang, in: HdJ, Abt. IV/4, 1988, Anm. 209; *Clemm/Ellrott*, in: Beck'scher Bilanzkommentar, 1990, Anm. 30 zu § 285 HGB.

965 Der Anhang unterliegt den GoB; so *Tanski/Kurras/Weitkamp*, Jahresabschluß, 1991, S. 344.

966 Vgl. bspw. *Clemm/Ellrott*, in: Beck'scher Bilanzkommentar, 1990, Anm. 29 zu § 285 HGB.

Eine Abzinsung der sonstigen finanziellen Verpflichtungen ist nicht zulässig[967], da ansonsten die auszuweisenden tatsächlichen Ausgabebeträge um nicht realisierte Zinserträge gekürzt werden würden[968].

Es wird zur betragsmäßigen Bestimmung der Verpflichtungen das Preisniveau - soweit überhaupt relevant - des Bilanzstichtags zugrunde zu legen sein; die Frage nach Voll- oder Einzelkostenbewertung sollte sich m.e. regelmäßig nicht stellen.

Eine Saldierung der anzugebenden Verpflichtungen mit Gegenansprüchen, z.b. bei Verpflichtungen aus schwebenden Geschäften, ist - anders als bei der Rückstellungsbewertung[969] - regelmäßig nicht zulässig[970], da der Gesamtbetrag alle künftigen Ausgaben zeigen soll[971]; allerdings erscheint eine Saldierung zumindest mit - insbesondere unter Umweltschutzgesichtspunkten gewährten - staatlichen Zuschüssen erforderlich, da insoweit zukünftig keine finanzielle Belastung eintritt[972]. Eine derartige Behandlung sollte auch den GoB, insbesondere den Grundsätzen der Bilanzwahrheit, Bilanzklarheit und Übersichtlichkeit[973] sowie dem der Willkürfreiheit entsprechen.

Anders als bei der Bilanzierung von Drohverlustrückstellungen ist also bei dem Ausweis der sonstigen finanziellen Verpflichtungen aus schwebenden Geschäften der Gesamtbetrag und nicht nur ein überschießender Verlustbetrag anzusetzen[974].

Bei notwendig werdenden Umweltschutzmaßnahmen, denen sich der Bilanzierende nicht entziehen können wird, ist der Betrag zu nennen, den das Unternehmen für die Durchführung der Maßnahme aufwenden muß[975]. Dies bedeutet bei Maßnahmen, die sich über mehrere Perioden erstrecken, daß sich die Angabe nicht auf den Betrag beschränken darf, der allein in der in auf den Jahresabschlußzeitraum folgenden Periode anfallen wird. Nicht

---

967 So auch *Selchert*, Verpflichtungen, DB 1987, S. 548.

968 So auch *Clemm/Ellrott*, in: Beck'scher Bilanzkommentar, 1990, Anm. 30 zu § 285 HGB.

969 Abweichend von der Bewertung der (Drohverlust-)Rückstellungen werden beim Anhangsausweis, bspw. aufgrund von begonnenen Investitionsvorhaben, die Gegenansprüche des Bilanzierenden nicht gegen die Zahlungsmittelabflüsse aufgerechnet, da es im Ergebnis eben auf die Darstellung dieser Zahlungsmittelabflüsse ankommt; demgegenüber wäre unter der Position Rückstellung höchstens der Ausweis des Verpflichtungsüberschusses als Drohverlustrückstellung denkbar.

970 So *Selchert*, Verpflichtungen, DB 1987, S. 548; *Csik/Dörner*, in: *Küting/Weber* (Hrsg.), Rechnungslegung, 3. Aufl., 1990, Anm. 164 zu §§ 284-288 HGB; *Glade*, Rechnungslegung, 1986, Anm. 31 zu § 285 HGB.

971 Vgl. *Jonas*, EG-Bilanzrichtlinie, 1980, S. 217; *Selchert*, Verpflichtungen, DB 1987, S. 547.

972 Vgl. *Clemm/Ellrott*, in: Beck'scher Bilanzkommentar, 1990, Anm. 30 zu § 285 HGB.

973 Vgl. dazu § 243 II HGB.

974 So auch *Csik/Dörner*, in: *Küting/Weber* (Hrsg.), Rechnungslegung, 3. Aufl., 1990, Anm. 164 zu §§ 284-288 HGB; *Adler/Düring/Schmaltz*, Rechnungslegung, 5. Aufl., 1990, Anm. 30 und 44 ff zu § 285 HGB.

975 So wohl auch *Adler/Düring/Schmaltz*, Rechnungslegung, 5. Aufl., 1990, Anm. 55 zu § 285 HGB; *Clemm/Ellrott*, in: Beck'scher Bilanzkommentar, 1990, Anm. 30 zu § 285 HGB.

bilanzierte Aufwandsrückstellungen sind mit dem Betrag zu vermerken, der auch hätte passiviert werden können[976].

Die angesprochene Problematik der Bewertung der finanziellen Verpflichtungen wird unter praktischen Gesichtspunkten allerdings durch nicht zu unterschätzende Ermessensspielräume hinsichtlich der Ausweisfrage erheblich abgemildert, da der Betrag der sonstigen finanziellen Verpflichtungen nur bei Wesentlichkeit auszuweisen ist; zudem sind die sonstigen finanziellen Umweltschutzverpflichtungen auch noch mit den anderen sonstigen finanziellen Verpflichtungen zu einem Gesamtbetrag zusammenzufassen.

---

976 Vgl. *Adler/Düring/Schmaltz,* Rechnungslegung, 5. Aufl., 1990, Anm. 57 zu § 285 HGB.

3. Teil: Erfassung ausgewählter ungewisser Umweltschutzverpflichtungen im handelsrechtlichen Jahresabschluß und in der Steuerbilanz

1. Kapitel: Systematik der Umweltschutzverpflichtungen

Im Rahmen der ersten grundlegenden Ausarbeitung zur Problematik der Rückstellungen wegen öffentlich-rechtlicher Verpflichtungen von HERZIG[1] wurden die Umweltschutzverpflichtungen strukturiert nach Rekultivierungs-, Abfallbeseitigungs-, Altlastensanierungs- und Anpassungsverpflichtungen untersucht. Insoweit handelt es sich im wesentlichen um eine Systematisierung nach dem Kriterium des Maßnahmeninhaltes; dieser ist im Fachschrifttum vielfach gefolgt worden[2]. Zur Kennzeichnung der im folgenden zum Zuge kommenden Systematik sollen hier nun kurz die grundlegenden Möglichkeiten einer Systematisierung von Umweltschutzverpflichtungen skizziert werden; anschließend wird diejenige näher erläutert, die für die Zwecke der vorliegenden Untersuchung sachgerecht erscheint[3].

I. Möglichkeiten der Systematisierung von Umweltschutzverpflichtungen, insbesondere unter Rückstellungsaspekten

Die Notwendigkeit einer Systematisierung[4] von Umweltschutzverpflichtungen unter Rückstellungsaspekten resultiert aus der Tatsache, daß die (Lebens-)Sachverhalte, die von den privatrechtlich wie auch von den öffentlich-rechtlich begründeten Umweltschutzver-

---

1   *Herzig*, Rückstellungen, DB 1990, S. 1341 ff.

2   Vgl. bspw. *Gail*, Umweltschutz, StbJb 1990/91, S. 67 ff; *Günkel*, Rückstellungen, StbJb 1990/91, S. 97 ff; *Bordewin*, Umweltschutz, RWP 1991, SG 5.2, S. 2079 ff; *Rürup*, Rückstellungen, in: *Moxter* (Hrsg.), Rechnungslegung, 1992, S. 518 ff. Kritisch *Bartels*, Öffentlich, BB 1991, S. 2044 ff, der einwendet, daß diese nicht schlüssig begründet worden sei.

3   Es ist erneut darauf hinzuweisen, daß im Rahmen der hier vorgestellten Systematik und Fallgruppeneinteilung nur ein Ausschnitt - der allerdings den Großteil der verpflichtungsrelevanten Instrumente beinhaltet - aus dem Instrumentarium der Umweltpolitik betrachtet wird, welches neben den hier im wesentlichen betrachteten Ge- und Verboten auch Selbstverpflichtungen und Zusagen, Beratungs- und Informationsleistungen sowie Steuervergünstigungen und Haftungsregelungen umfaßt. Vgl. weiterführend *Hoppe/Beckmann*, Umweltrecht, 1989, S. 19.

4   Nachfolgend sollen die Begriffe Systematisierung und Klassifikation synonym verwendet werden; dabei werden diese Begriffe im Sinne von Einteilung schlechthin verwandt. Von dem Versuch einer Klassifikation oder gar einer Typenbildung kann im vorliegenden Zusammenhang insbesondere deshalb gesprochen werden, weil hier der Untersuchungsgegenstand - die Umweltschutzverpflichtungen - nach einem bestimmten Merkmal - oder möglicherweise auch mehreren - gegliedert werden soll; vgl. dazu weiterführend *Knoblich*, typologische Methode, WiSt 1972, S. 141 ff.

pflichtungen erfaßt werden, nicht monokausal strukturiert sind[5]. Kann auf der Basis einer solchen Systematisierung eine Zuordnung der einzelnen - zunächst als sehr heterogen zu beurteilenden - Umweltschutzmaßnahmen nach rückstellungsrelevanten Sachverhaltsausprägungen zu übergeordneten Fallgruppen erfolgen, die aufgrund eines oder mehrerer gemeinsamer Merkmale gebildet werden, so könnten allgemeinere Aussagen über die Rückstellungsrelevanz der erfaßten Maßnahmen zulässig sein. Zugleich eröffnet sich die Möglichkeit, später - durch andersartige Sachverhaltsverwirklichung oder veränderte Gesetzeslage - neu auftretende Umweltschutzsachverhalte[6] einordnen und umgehend hinsichtlich ihrer bilanziellen Relevanz beurteilen zu können.

Wenn also eine Gruppenbildung die Untersuchung bereits existierender wie auch zukünftig eintretender Umweltschutzverpflichtungen erleichtern soll, ist weiterhin die Frage zu lösen, nach welchen Kriterien denn die Eignung einer denkbaren Klassifikation zu beurteilen ist. In Hinblick auf das angestrebte Ziel, durch eine Systematisierung die bilanzielle Relevanz einzelner Umweltschutzverpflichtungen einfach und zutreffend beurteilen zu können, muß die auszuwählende Systematik demnach wohl folgenden Kriterien gerecht werden:

- Zunächst sollte diese möglichst überschneidungsfrei sein, damit nicht schon bei der Zuordnung einer Verpflichtung zu einer Fallgruppe die Gefahr auftritt, durch eben diese Zuordnungsentscheidung das Ergebnis (Beurteilung der bilanziellen Relevanz) zu beeinflussen und vorherzubestimmen ("Eindeutigkeitsbedingung").
- Außerdem - und diese Forderung schließt sich an die nach der Überschneidungsfreiheit direkt an - sollte die anzuwendende Systematik handhabbar auch im Sinne einer gegebenen Überschaubarkeit sein ("Überschaubarkeitsbedingung").
- Darüberhinaus - und hiermit ist ein grundsätzliches Erfordernis angesprochen - müssen die in einer Fallgruppe zusammengeführten Umweltschutzverpflichtungen homogen sein in dem Sinne, daß diese Verpflichtungen hinsichtlich eines oder mehrerer

---

5   Es ist - nicht zuletzt aufgrund der Fülle der umweltrechtlichen Regelungen - vielmehr zu beobachten, daß die Verwirklichung einzelner Lebenssachverhalte, wie z.B. die Erzeugung von Sonderabfall, mittelbar und unmittelbar mehrere Verpflichtungsarten und -ziele tangiert wird und eine Vielzahl von inhaltlich heterogenen Maßnahmen erfordert. Betreffend den Sonderabfall kann beispielhaft aufgezeigt werden, daß dieser zunächst (in den Fällen des § 3 IV AbfG zwingend) vom Abfallbesitzer zu entsorgen sein kann. Wird der Sonderabfall in Erfüllung der Entsorgungsverpflichtung verbrannt ("thermisch behandelt"), so wird dies zweitens in einer Anlage erfolgen müssen, dem Immissionsschutzrecht unterliegt und den dort genannten Grenzwertvorschriften Rechnung trägt; eventuelle (Verbrennungs-) Rückstände könnten deponiert werden, wobei die Deponie drittens zu rekultivieren oder gar viertens - falls sich die deponierten Stoffe später aufgrund besserer Erkenntnis als gefährlich herausstellen sollten - zu sanieren sein könnte. Schon anhand dieses Beispiels zeigt sich, daß ein einzelner Lebenssachverhalt diverse Maßnahmen - wenn auch möglicherweise bei verschiedenen Betroffenen bzw. Verpflichteten - auslösen kann, die hinsichtlich ihrer Rückstellungsrelevanz als heterogen angesehen und separat betrachtet werden müssen.

6   Auf die Dynamik der umweltrechtlichen Gesetzgebung ist bereits in der Einleitung zu dieser Untersuchung hingewiesen worden; es darf wohl auch weiterhin mit dem vermehrten Erlaß umweltrechtlicher Normen (auch: Verwaltungsanweisungen) gerechnet werden.

(rückstellungsrelevanter) Kriterien als gleichartig angesehen werden müssen mit der Konsequenz, daß Aussagen über die Gesamtheit "Fallgruppe" (oder über einen Ausschnitt aus dieser Fallgruppe) zugleich als Aussagen über jede einzelne darin enthaltene Verpflichtung gelten können ("Homogenitätsbedingung").

- Schließlich sollte durch die angestrebte Systematik aber auch eine möglichst vollständige Erfassung gegebener und potentieller Verpflichtungen gewährleistet werden ("Vollständigkeitsbedingung").

Vor dem Hintergrund dieser Kriterien bieten sich nun einige Anknüpfungspunkte an, anhand derer eine Klassifikation der Umweltschutzverpflichtungen vorstellbar wäre. Diese Anknüpfungspunkte können bei grober Differenzierung einerseits auf betriebswirtschaftliche und andererseits auf juristische Ausgangsüberlegungen zurückgeführt werden.

(1) Eine erste Klassifikation auf betriebswirtschaftlicher Grundlage könnte an dem Merkmal des Zeitbezuges festmachen, also an der Frage, ob mit der Umweltschutzmaßnahme Schädigungen aus der Vergangenheit (Ursache in der Vergangenheit) beseitigt oder zumindest abgemildert werden sollen bzw. müssen (Motiv) oder ob eine zukünftige Belastung (Ursache in der Zukunft) vermieden werden soll bzw. muß (Motiv), die derzeit noch nicht entstanden ist. Eine derartig elementare Unterscheidung in reparativ-wiederherstellende (Umweltschutz ex post) und in präventiv-vorsorgende (Umweltschutz ex ante) Maßnahmen[7] führt bei alleiniger Betrachtung aber weder zu handhabbaren noch zu homogenen Fallgruppen, da sich im Ergebnis nur eine Zweiteilung einstellen kann; gleichwohl muß dieser divergierende Zeitbezug bei den weiteren Überlegungen Berücksichtigung finden.

(2) Eine weitere Klassifikation auf betriebswirtschaftlicher Grundlage könnte auf die Möglichkeiten der Zuordnung der Verpflichtungen zu den Bereichen des betrieblichen Prozesses abstellen und danach unterscheiden, ob die jeweilige Verpflichtung eher input-, throughput- oder outputbezogen ist[8]; möglicherweise könnte auch an die Vornahme von Investition oder Desinvestition angeknüpft werden[9]. Allerdings führen auch diese Diffe-

---

7   Die repressiv-zurückdrängenden Maßnahmen wären hinsichtlich des Zeitbezuges wohl den reparativ-wiederherstellenden Maßnahmen zuzuordnen; vgl. zur zugrundeliegenden Einteilung - auch der Funktionen des Umweltschutzes - in die drei genannten (Maßnahmen-)Bereiche erneut *Kloepfer*, Umweltrecht, 1989, S. 10 ff.

8   Vgl. zu den Ansatzpunkten einer umweltschutzorientierten Produktion *Wickert/Haasis/Schafhausen/Schulz*, Umweltökonomie, 1992, S. 124 ff.

9   So könnte in Umweltschutzmaßnahmen, die im Rahmen von durchzuführenden Investitionen (bspw.: Immissionsschutz), und solche, die erst in der Beendigungsphase einer unternehmerischen Betätigung (bspw.: Rekultivierung, Altlastensanierung bei der Rückgabe gepachteter Grundstücke) vorzunehmen sind, unterschieden werden.

renzierungen weder zu überschneidungsfreien noch zu handhabbaren oder homogenen Fallgruppen[10], so daß dieser Ansatz nicht weiter verfolgt werden soll.

(3) Die dritte zu erwägende Systematisierung, die in Zusammenhang mit einer Untersuchung zur Integration des Umweltschutzes in das interne Rechnungswesen und die Organisation eines Unternehmens vorgestellt wurde und in Maßnahmen zum Verzicht auf Umweltbelastungen, solche zum Abbau von Umweltbelastungen und solche zum Schutz vor potentiellen Umweltbelastungen unterscheidet[11], kann unter Rückstellungsaspekten ebenfalls nicht zum Zuge kommen, da sowohl die Eindeutigkeits- wie auch die Homogenitätsbedingung verletzt wären. Problematisch ist dabei nämlich insbesondere, daß einerseits einige Verpflichtungen zum Abbau von Umweltbelastungen (z.B. solche zur Altlastensanierung) zugleich als Verpflichtungen zum Schutz vor potentiellen (zukünftigen) Umweltbelastungen und andererseits Verpflichtungen zum Schutz vor potentiellen Umweltbelastungen (z.B. Immissionsschutz) gleichermaßen als Verpflichtungen zum Verzicht auf Umweltbelastungen verstanden werden können. Ausgehend von dieser Klassifikation könnte aber bei weiterer Differenzierung die der vorliegenden Untersuchung zugrundeliegende Fallgruppendefinition entwickelt werden.

(4) Eine erste Klassifikation auf juristischer Grundlage könnte an der Systematik des Umweltrechts[12] festmachen, wobei der Rechtsstoff insbesondere hinsichtlich der Zugehörigkeit zu herkömmlichen Rechtsbereichen - Umweltstrafrecht, Umweltprivatrecht und öffentliches Umweltrecht - aufzugliedern wäre. Die dabei entstehenden Fallgruppen sind, da verschiedene Rechtsgrundlagen inhaltlich ähnliche Maßnahmen fordern, allerdings weder als handhabbar noch als homogen anzusehen, so daß diese Überlegung nicht weiter verfolgt werden soll. Mit der Ablehnung dieses Klassifikationskriteriums ist zugleich auch die bloße Unterscheidung in privat- und in öffentlich-rechtlich begründete Umweltschutzverpflichtungen zu verwerfen; wie bereits dargelegt, kann es für die Rückstellungsbilanzierung gerade nicht auf die Zugehörigkeit zu einem bestimmten Rechtsbereich ankommen.

(5) Eine weitere Klassifikation auf juristischer Grundlage könnte auf die derzeit geltenden Umweltgesetze abstellen, die entweder auf bestimmte zu schützende Umweltme-

---

10 Diese Differenzierungen führen insbesondere weder zu handhabbaren noch zu homogenen Fallgruppen, weil sich letztlich auch hier nur eine Zwei- oder Dreiteilung einstellen kann. Denn diejenigen Umweltschutzverpflichtungen, die auf wiederherstellende Maßnahmen abzielen (z.B. Abfall- oder Altlastenbeseitigung), müssen wohl als outputbezogen gekennzeichnet werden, während die auf vorsorgende Maßnahmen abzielenden Verpflichtungen (Abfallvermeidung, Immissionsschutz) als in- oder throughputbezogen zu bezeichnen sind.

11 Vgl. *Frese/Kloock*, Rechnungswesen, BFuP 1989, S. 1 ff.

12 Vgl. ausführlicher *Hoppe/Beckmann*, Umweltrecht, 1989, S. 25-40.

dien[13] (Luft, Wasser, Boden) oder auf besondere Gefahrenquellen (kerntechnische Anlagen, Chemikalien, Abfälle)[14] ausgerichtet sind[15]. Ein solcher gesetzessystematischer Ansatz führt aber weder zu eindeutigen noch zu handhabbaren oder gar zu homogenen Fallgruppen[16], da insoweit noch keine bilanzrechtlichen Überlegungen zum Zuge kommen konnten. Insbesondere kann auf diesen Ansatz auch nicht zurückgegriffen werden, weil in Hinblick auf eine mögliche Rückstellungsbilanzierung für eine Fallgruppenbildung weder das geschädigte Umweltgut noch die schädigende Handlung bzw. Gefahrenquelle von Relevanz sind, sondern wohl eher die Frage als ausschlaggebend angesehen werden muß, welche Maßnahmen das Unternehmen im Zusammenhang mit einer Umweltschutzverpflichtung ergreifen muß.

(6) Auf ähnlichen Überlegungen baut die von BARTELS[17] vorgestellte Systematik öffentlich-rechtlich begründeter Umweltschutzverpflichtungen auf, die unter Rückgriff[18] auf das Umweltprogramm der Bundesregierung von 1971[19] zunächst in Verpflichtungen zur Schadensverhütung, zur Schadensbeseitigung und zur Schadensbegrenzung unterteilt. Da die daraus resultierenden Verpflichtungsgruppen, "in die sich prinzipiell alle materiellen Umweltverpflichtungen der Unternehmungen einordnen lassen", "mit Leben gefüllt" und anhand von Beispielen erläutert werden sollen, erfolgt eine Untergliederung auf einer zweiten Stufe; zudem wird in einem weiteren Schritt diese Einteilung um einen zeitlichen

---

13   In diesem Zusammenhang wird bei der Unterteilung des Umweltverwaltungsrechts (neben diesem Umweltverwaltungsrecht gehören noch völkerrechtliche und verfassungsrechtliche Regelungen zum öffentlichen Umweltrecht) nach Schutzgegenständen auch vom "medialen Umweltschutz" gesprochen; vgl. bspw. *Breuer*, Umweltschutzrecht, in: *von Münch* (Hrsg.), Besonderes Verwaltungsrecht, 1985, S. 554 f; *Hoppe/Beckmann*, Umweltrecht, 1989, S. 37.

14   Der stoffbezogene Ansatz im Umweltschutzrecht wird bei der angesprochenen Unterteilung des Umweltverwaltungsrechts nach Schutzgegenständen als "kausaler Umweltschutz" bezeichnet; vgl. bspw. *Breuer*, Umweltschutzrecht, in: *von Münch* (Hrsg.), Besonderes Verwaltungsrecht, 1985, S. 556 f; *Hoppe/Beckmann*, Umweltrecht, 1989, S. 38.

15   Neben dem medialen und dem kausalen Umweltschutz wären bei der Unterteilung des Umweltverwaltungsrechts nach Schutzgegenständen noch zwei weitere Rechtsbereiche zu nennen, nämlich der des vitalen und des integrierten Umweltschutzes. Vitaler Umweltschutz ist unmittelbar auf den Schutz von Tieren und Pflanzen ausgerichtet, während der integrierte Umweltschutz gesetzlich in eine übergreifende Aufgabenstellung (bspw. Recht der Raumplanung; Gesundheitsrecht) eingebunden ist; vgl. weiterführend *Breuer*, Umweltschutzrecht, in: *von Münch* (Hrsg.), Besonderes Verwaltungsrecht, 1985, S. 558 ff; *Hoppe/Beckmann*, Umweltrecht, 1989, S. 38 f.

16   Vielmehr muß festgestellt werden, daß einzelne Gesetze eine Vielzahl von Verpflichtungen mit unter Rückstellungsaspekten als heterogen anzusehenden Maßnahmeninhalten enthalten; vgl. bspw. *Herzig/Köster*, Rückstellungsrelevanz, DB 1991, S. 53-57, die die verschiedenen aus dem Umwelthaftungsgesetz resultierenden Verpflichtungen (Haftungs-, Auskunfts-, Deckungsvorsorge- und Aufzeichnungsverpflichtungen) hinsichtlich ihrer Rückstellungsrelevanz untersuchen.

17   *Bartels*, Öffentlich, BB 1991, S. 2046 ff (dort auch die beiden nachfolgenden Zitate); *ders.*, Jahresabschlußrelevante, in: *Baetge* (Hrsg.), Umweltrisiken, 1994, S. 6 ff.

18   Auf das genannte Umweltprogramm wird auch in der juristischen Fachliteratur zurückgegriffen, vgl. bspw. *Breuer*, Umweltschutzrecht, in: *von Münch* (Hrsg.), Besonderes Verwaltungsrecht, 1985, S. 542.

19   Umweltprogramm der Bundesregierung von 1971, BT-Drs. VI/2710.

Aspekt erweitert, indem die Altlastensanierungsverpflichtungen einer gesonderten Fallgruppe zugeordnet werden. Dieses Vorgehen erscheint grundsätzlich auch als sachgerecht, da durch die angestrebte Differenzierung in Fallgruppen nicht nur eine möglichst vollständige Erfassung der Verpflichtungen, sondern auch eine Überschaubarkeit gewährleistet werden soll; daneben sollten aber auch die Eindeutigkeits- und die Homogenitätsbedingung erfüllt sein. Kritik an dieser Systematik könnte im wesentlichen an die Absicht anknüpfen, Fallgruppen zunächst nach dem Ziel der Verpflichtung (Verhütung, Beseitigung, Begrenzung) zu bilden, obwohl unter Rückstellungsaspekten letztlich nur die in Erfüllung der Verpflichtung zu erbringende Leistung von Interesse sein kann.

Eine Systematik, die auf dieser grundlegenden ersten Stufe verharren würde, wäre, obwohl das Umweltschutzrecht tatsächlich sowohl reparativ-wiederherstellende und repressiv-zurückdrängende als auch präventiv-vorsorgende Funktionen[20] vereinigt, wohl nicht überschneidungsfrei, da eine Maßnahme, die die Beseitigung eines latent gefährlichen Umweltschadens zum Ziel hat, nicht ausschließlich einen reparativ-wiederherstellenden, sondern immer auch präventiv-vorsorgenden Charakter hat. Insoweit würde diese Systematik dann doch regelmäßig auch eine Zuordnungsentscheidung voraussetzen, die folglich auch entscheidende Auswirkungen für die Beurteilung der Bilanzierungsrelevanz entfalten könnte[21].

(7) Eine sowohl betriebswirtschaftliche als auch juristische Elemente verbindende Systematik ist im Ergebnis auch in der Fallgruppenbildung von HERZIG[22] zu erkennen, der - bezüglich der öffentlich-rechtlichen Lasten - zunächst auf den Handlungsinhalt der konkret zu treffenden Maßnahmen abstellt und zugleich - neben der reparativ-wiederherstellenden - auch der präventiv-vorsorgenden Funktion des Umweltschutzes über die Fallgruppe der Anpassungsverpflichtungen Rechnung trägt. Diese Systematik ist zudem auch hinsichtlich der Frage nach der Schadensverursachung in der Vergangenheit, Gegenwart oder Zukunft differenziert, da die Verpflichtungen zur Altlastensanierung (Schadensverursachung in der Vergangenheit) einer gesonderten Fallgruppe zugeordnet werden[23].

---

20 Vgl. *Kloepfer*, Umweltrecht, 1989, S. 10 ff.

21 Gleichwohl kann festgestellt werden, daß das sich - nach der Durchführung der zwingend notwendigen weiteren Untergliederung auf der zweiten Stufe und insbesondere nach der sich daran anschließenden Aggregation der herausgearbeiteten Fallgruppen unter Rückstellungsaspekten - einstellende Ergebnis als Grundlage für eine Untersuchung der Rückstellungsrelevanz von Umweltschutzverpflichtungen dienen kann; es weicht dann - unter Vernachlässigung öffentlich-rechtlicher Abgabenverpflichtungen - allerdings nicht mehr wesentlich von der nachfolgend betrachteten Fallgruppenbildung nach *Herzig* ab.

22 *Herzig*, Rückstellungen, DB 1990, S. 1341 ff; dem folgend *Herzig/Köster*, Rückstellungen, in: *Vogl/Heigl/Schäfer* (Hrsg.), Handbuch des Umweltschutzes, 1992, Kap. III - 8.1, S. 4 ff.

23 Vgl. zur näheren Begründung der gesonderten Untersuchung der Altlastensanierungsverpflichtungen *Bartels*, Öffentlich, BB 1991, S. 2046 f, der - aufgrund der spezifischen rechtlichen Problematik - diese Verpflichtungen aus seiner Systematisierung herausnimmt und sie ebenfalls gesondert betrachten will.

Die im Rahmen der vorliegenden Untersuchung zum Zuge kommende Fallgruppensystematisierung folgt nun im wesentlichen der Differenzierung von HERZIG. Sie stellt auf die inhaltliche Struktur der Sachverhalte und auf den Handlungsinhalt der Verpflichtungen, der sich auch in der Vorgabe eines Handlungsziels ausdrücken kann, ab und faßt einzelne Umweltschutzverpflichtungen, die eine gewisse Gleichartigkeit hinsichtlich ihrer Rückstellungsrelevanz aufweisen, in einer Fallgruppe zusammen, um darauf aufbauend mit den Rückstellungskriterien eingreifen zu können; die inhaltliche Kennzeichnung der hier untersuchten Fallgruppen erfolgt im nachfolgenden Abschnitt. Eine derartige Systematik kann m.E. sowohl als homogen als auch als handhabbar angesehen werden; zugleich muß von einer weitestgehenden Überschneidungsfreiheit und auch von der Erfassung aller wesentlichen Verpflichtungen ausgegangen werden.

Allerdings wird dabei nicht übersehen, daß eine solche Systematisierung unter Rückstellungsaspekten nur auf Basis einer bereits erfolgten Betrachtung der Umweltschutzverpflichtungen - und insoweit auf der Basis erster Ergebnisse - erfolgen kann[24]; dieses Vorgehen erscheint aber auch sinnvoll, da nur auf diesem Wege die zuvor aufgestellte Homogenitätsbedingung zu erfüllen ist[25].

II. Fallgruppenkennzeichnung

Eine der konkreten Fallgruppendefinition vorgelagerte grundsätzliche Unterscheidung sollte die Geldleistungs- oder Zahlungsverpflichtungen von den Sachleistungsverpflichtungen trennen; für den öffentlich-rechtlichen Bereich hat HERZIG[26] in öffentlich-rechtliche Abgabenverpflichtungen und öffentlich-rechtliche Lasten[27] differenziert.

---

24 Diese eher die Methodik der Untersuchung betreffenden Überlegungen erlangen im vorliegenden Zusammenhang keine Relevanz, da es hier eben nicht gilt, bereits gegebene und noch zu erwartende Sachverhalte einem existierenden Schema (mit übergeordneten Fallgruppen) zuzuordnen; vielmehr werden unter Rückstellungsaspekten aus der Vielzahl der Verpflichtungen einige Fallgruppen (und somit ein Schema) entwickelt, es werden also die Verpflichtungen hinsichtlich gemeinsamer Merkmale zu Fallgruppen geordnet.

25 Eine andere Fallgruppenbildung könnte dann - und m.E. nur dann - sinnvoll erscheinen, wenn andere Beurteilungskriterien zugrundegelegt oder die Rückstellungskriterien abweichend von der hier vertretenen Auffassung ausgelegt werden würden.

26 *Herzig*, Rückstellungen, DB 1990, S. 1341 ff.

27 Eine entsprechende Unterscheidung in Abgaben- und Auflagenverpflichtungen findet sich sowohl bei *Grubert*, Rückstellungsbilanzierung, 1978, S. 134, wie auch bei *Naumann*, Bewertung, 1989, S. 88 f. Der Begriff Auflagenverpflichtung wird hier durch den Terminus "öffentlich-rechtliche Last" ersetzt, da der Begriff der Auflage im privaten und öffentlichen Recht bereits anders besetzt ist. Dabei wird im Verwaltungsrecht unter Auflage eine mit einem begünstigenden Verwaltungsakt verbundene Verpflichtung zu einem bestimmten Tun, Dulden oder Unterlassen verstanden; sie ist eine Nebenbestimmung, da sie auf einen Hauptverwaltungsakt bezogen ist und in ihrem Bestand von dessen Wirksamkeit abhängt.

Im Umweltschutzbereich ist hinsichtlich der Geldleistungs- oder Zahlungsverpflichtungen insbesondere an Zahlungen aufgrund des Abwasserabgabengesetzes[28] zu denken[29]. Da hier die öffentlich-rechtlich begründeten Zahlungsverpflichtungen aber hinsichtlich ihrer Passivierungsfähig- und -pflichtigkeit nicht anders zu beurteilen sind als die ebenfalls öffentlich-rechtlich begründete Zahlungsverpflichtung bezüglich der Gewerbesteuer, sollen - wie zu Beginn der vorliegenden Untersuchung bereits dargelegt - derartige Abgabenverpflichtungen[30] nicht näher behandelt werden, da ein Erkenntniszuwachs betreffend die Rückstellungsbilanzierung nicht zu erwarten ist.

Für die nachfolgenden Untersuchungen der dann verbleibenden Umweltschutzverpflichtungen, die den Sachleistungsverpflichtungen (und überwiegend den öffentlich-rechtlichen Lasten) zuzurechnen sind, werden diese also hinsichtlich der Zielsetzung und sachlichen Inhalten der angestrebten oder zu erbringenden Maßnahmen systematisiert, d.h. es werden sowohl privat- als auch öffentlich-rechtliche Verpflichtungen hinsichtlich ihrer Maßnahmeninhalte zusammengefaßt und betrachtet.

Da hier grundsätzlich nur eine weitergehende Untersuchung der materiell gewichtigen und zugleich problematischen Verpflichtungen erfolgen kann, ist eine Auswahl vorzunehmen; insoweit müssen also - wie ausgeführt - neben den bereits angesprochenen Zahlungs- und Abgabenverpflichtungen auch die Haftungsverpflichtungen[31] nach dem Umwelthaftungsgesetz und nach dem Wasserhaushaltsgesetz im wesentlichen außer Betracht bleiben[32].

Unter Beachtung dieser Einschränkungen kristallisieren sich im Ergebnis fünf Fallgruppen heraus, die sich aufgrund des Primats des öffentlichen Umweltrechts[33] im wesentlichen an

---

28 Gesetz über Abgaben für das Einleiten von Abwasser in Gewässer (Abwasserabgabengesetz - AbwAG) vom 13.9.1976, BGBl. I S. 2721, geändert durch G vom 19.12.1986, BGBl. I S. 2619. Vgl. dazu *Küffmann*, Abwasserabgabe, NWB Fach 25, S. 2059 ff; *Schröder*, Abwasserabgabe, DÖV 1983, S. 667-674.

29 Die Abwasserabgabe ist als eine Umweltnutzungsabgabe anzusehen, da sie ein Entgelt für die Inanspruchnahme von Umweltgütern oder Umweltmedien darstellt. Sie wird erhoben bei unmittelbarem Einleiten (Verbringen) von Abwasser in ein Gewässer; dabei bemißt sich die Höhe der zu leistenden Abgabe nach der Schädlichkeit des Abwassers, welche u.a. unter Zugrundelegung der Metalle Quecksilber, Kadmium, Blei, Chrom, Nickel, Kupfer und ihrer Verbindungen sowie der Giftigkeit des Abwassers (gegenüber Fischen) in Schadeinheiten bestimmt wird. Vgl. ausführlicher dazu *Hoppe/Beckmann*, Umweltrecht, 1989, S. 386-391.

30 Vgl. zum Begriff erneut *Herzig*, Rückstellungen, DB 1990, S. 1341 ff.

31 Dabei könnten die Haftungsverpflichtungen allerdings auch den Zahlungsverpflichtungen zugeordnet werden, insbesondere wenn der Geschädigte einen Zahlungsanspruch geltend machen kann. Die Frage nach der Qualifizierung dieser Verpflichtung kann jedoch hier - da Haftungsverpflichtungen nicht betrachtet werden - unbeantwortet bleiben.

32 Vgl. zur Haftung nach dem Umwelthaftungsgesetz *Herzig/Köster*, Rückstellungsrelevanz, DB 1991, S. 53 ff; dem folgend *Herzig*, Risikovorsorge, in: *Doralt* (Hrsg.), Probleme, 1991, S. 216 ff.

33 Vgl. *Erbguth*, Grundfragen, 1987, S. 64.

den Systematisierungsmöglichkeiten bei öffentlich-rechtlichen Lasten orientieren und die hier inhaltlich zunächst nur kurz gekennzeichnet werden sollen.

Unter dem Titel "Altlasten- und Betriebslastensanierungsverpflichtungen" werden in der ersten Fallgruppe die materiell besonders gewichtigen Probleme der Verpflichtungen zur Beseitigung, Begrenzung oder Sicherung von Bodenkontaminationen aus bilanzrechtlicher Sicht untersucht[34]; dies schließt die Betrachtung der Problematik einer aus der Bodenkontamination möglicherweise resultierenden Wertminderung und ihrer Erfassung durch eine (Teilwert-)Abschreibung mit ein.

Die zweite Fallgruppe "Rekultivierungsverpflichtungen" soll dann im weiteren Sinne alle Maßnahmen umfassen, mit denen ein durch die Tätigkeit des Unternehmens in Mitleidenschaft gezogener, aber zuvor vorhandener Umweltzustand wiederhergestellt[35] oder zumindest ein Versuch zur Annäherung an den ehemals gegebenen Zustand unternommen wird[36]; als beispielhaft können Maßnahmen der landschaftlichen Neugestaltung im Bereich des oberflächennahen und -fernen Rohstoffabbaus[37], Wiederauffüllungsverpflichtungen bei Kiesgruben wie auch Bergbauwagnisse genannt werden[38].

Im Anschluß daran werden im Rahmen einer dritten Fallgruppe unter dem Vorzeichen "Abfallbeseitigung" alle Maßnahmen betrachtet, mit denen die Beseitigung (zumindest aber die Entsorgung), die Verminderung oder die Vermeidung von Abfällen angestrebt wird. Dabei sollen Fragen atomrechtlicher Art allerdings weitestgehend ausgeklammert

---

34 Aufgrund der "besondere(n) tatsächliche(n) Bedeutung" und der "besondere(n) umwelt- und bilanzrechtliche(n) Problematik der Verpflichtung zur Altlastensanierung" erweitert *Bartels* die - abschließend "alle materiellen Umweltverpflichtungen" erfassende - Systematik um eine spezielle Fallgruppe Altlasten und vermeidet somit eine Zuordnung der Verpflichtung zur Altlastensanierung zu denen der Schadensverhütung, -beseitigung oder -begrenzung; vgl. erneut *Bartels*, Öffentlich, BB 1991, S. 2046 f.

35 Vgl. die gleichlautende Definition dieser Fallgruppe bei *Herzig*, Rückstellungen, DB 1990, S. 1343.

36 Insoweit könnten unter Rekultivierungsverpflichtungen im weitesten Sinne auch die Verpflichtungen zur Altlastensanierung subsumiert werden. Aufgrund der gewaltigen materiellen Relevanz sowie der (bilanz-)rechtlichen Besonderheiten ist die Bearbeitung einer eigenen Fallgruppe "Altlastensanierung" aber geboten.

37 Dabei bestimmt sich die landschaftliche Neugestaltung nach der Art der nach Beendigung des Abbaus beabsichtigten Nutzung des Geländes; die geplante Nutzung als Bauland steht z.B. einer Wiederaufforstung entgegen.

38 In der von *Bartels*, Öffentlich, BB 1991, S. 2044 ff, vorgestellten Untergliederung der Fallgruppen sind die (dort: "aperiodisch anfallenden") Rekultivierungsverpflichtungen den "auf Neulasten beruhenden Verpflichtungen zur Schadensbeseitigung" zuzuordnen. Die im vorliegenden Zusammenhang aufgrund ihrer sachlichen Nähe den Rekultivierungsverpflichtungen im weiteren Sinne zugeordneten Verpflichtungen zum Gruben- und Schachtversatz finden - soweit ersichtlich - bei Bartels keine Berücksichtigung, obwohl sie dort zunächst (vgl. Fn. 6 auf S. 2044) den speziellen Umweltschutzverpflichtungen zugeordnet werden.

werden, da es sich insoweit nur um einen sehr eng begrenzten Kreis von betroffenen Bilanzierenden handelt[39].

Die vierte Fallgruppe soll unter dem Titel "Anpassungsverpflichtungen" zunächst alle diejenigen Verpflichtungen erfassen, mit denen der Bilanzierende hinsichtlich seiner Emissionen (Schadstoffe, Lärm etc.) zur Anpassung an Grenzwerte gezwungen wird. Regelmäßig wird hier nur das öffentliche Recht als Basis für eine Verpflichtung angenommen werden können. Die Anpassungsverpflichtungen enthalten insoweit alle Verpflichtungen mit präventivem Charakter, die das Entstehen von Schäden aus zukünftiger Produktion verhüten sollen; dabei können die entsprechenden Maßnahmen sowohl am Ende des Produktionsprozesses (end-of-the-pipe-technology) als auch in dessen Verlauf oder bereits vor dessen Beginn zum Zuge kommen. Daher wird das Verbot des Inputs bestimmter Einsatzstoffe wie auch das der Anwendung bestimmter Produktionsverfahren (und damit zusammenhängend das der Erzeugung bestimmter Emissionen oder Reststoffe) ebenfalls hierunter zu zählen sein[40].

Die fünfte Fallgruppe beschäftigt sich allgemein mit umweltrechtlich relevanten "Nachweisverpflichtungen", bei deren Erfüllung der Verpflichtete über umweltrechtlich relevante Sachverhalte Auskunft geben bzw. Nachweise führen muß und die dem formellen Umweltrecht[41] und - ähnlich den Anpassungsverpflichtungen - beinahe ausschließlich den öffentlich-rechtlichen Verpflichtungen zugeordnet werden können; dabei sollten die Ausführungen zu dieser Fallgruppe aber aufgrund der vergleichsweise geringeren materiellen Relevanz bewußt sehr knapp gehalten werden[42].

Die dargestellte Abfolge der Fallgruppenuntersuchung resultiert aus folgenden Überlegungen: Die Maßnahmen der ersten vier Fallgruppen sind den materiellen Umweltpflichten, welche der Umwelt unmittelbar zugute kommen, zuzuordnen, während die der letztgenannten Fallgruppe dem Bereich der formellen, primär verfahrensbezogenen Umweltpflichten zugehörig sind; dabei bilden die formellen Umweltpflichten meist Nebenpflichten zu einer primär bestehenden materiellen Umweltpflicht[43]. Von den den materiellen Umweltpflichten zuzuordnenden vier Fallgruppen werden zunächst diejenigen betrachtet,

---

[39] Die besondere steuerliche Problematik dürfte - wohl nicht zuletzt auch aufgrund des politischen Stellenwertes - bereits für den Einzelfall zwischen Kernkraftwerksbetreibern und der Finanzverwaltung geklärt worden sein, weitergehende wissenschaftliche Erkenntnisse sind daher von einer ausführlichen Betrachtung des Problemkreises nicht zu erwarten.

[40] Vgl. auch die Differenzierung der betrieblichen Anpassungsmaßnahmen (hinsichtlich Input-, Verfahrens- und Outputbereich) bei *Wickert/Haasis/Schafhausen/Schulz*, Umweltökonomie, 1992, S. 155 ff.

[41] Vgl. zu den materiellen und den formellen Umweltpflichten *Kloepfer*, Umweltrecht, 1989, S. 149 f.

[42] Im Rahmen der Systematisierung von *Bartels*, Öffentlich, BB 1991, S. 2044 ff, findet sich keine äquivalente Fallgruppe, da dessen Untersuchung sich auf "materielle Umweltpflichten" beschränkt und formelle (Anzeige-, Auskunfts- und Mitwirkungs-)Pflichten unberücksichtigt läßt.

[43] So *Kloepfer*, Umweltrecht, 1989, S. 150.

die über Nachsorgemaßnahmen der reparativ-wiederherstellenden Funktion des Umweltschutzes Rechnung tragen; daran schließt sich die Untersuchung der die präventiv-vorsorgende Funktion des Umweltschutzes verwirklichenden Vorsorgeverpflichtungen (hier: Anpassungsverpflichtungen) an[44].

---

44 Vgl. zur Einteilung in Vorsorge- und Nachsorgemaßnahmen *Ballwieser*, Passivierung, in: *IDW* (Hrsg.), Fachtagung, 1992, S. 134 f.

2. Kapitel: Anwendung des Instrumentariums auf die in Fallgruppen zusammengefaßten Umweltschutzverpflichtungen

Die oben vorgestellte Fallgruppensystematisierung zur Grundlage nehmend, werden im ersten Abschnitt dieses Kapitels zunächst die Altlastensanierungsverpflichtungen untersucht, bevor danach die Rekultivierungsverpflichtungen im weiteren Sinne[45] und die Verpflichtungen im Zusammenhang mit Abfällen und Reststoffen[46] betrachtet werden; daran anschließend sollen die Anpassungsverpflichtungen[47] und zuletzt auch kurz die umweltrechtlichen Prüfungs-, Nachweis- und Erklärungsverpflichtungen[48] beachtet werden.

I. Altlasten- und Betriebslastensanierungsverpflichtungen

A. Einführung in die Problematik und Begriffsklärung

Im Kontext der Verpflichtungen zur Beseitigung bereits eingetretener Umweltschäden sowie solcher Verpflichtungen zur Minderung akuter und zur Vermeidung künftiger Umweltgefährdungen kommt den Altlasten- und Betriebslastensanierungsverpflichtungen ein besonders hoher Stellenwert zu[49]. Die materielle Relevanz der derzeit hochaktuellen Problematik der gefahrenträchtigen Bodenkontaminationen ist bereits im ersten Teil der vorliegenden Untersuchung ausführlich gekennzeichnet worden, so daß hier weitere Ausführungen dazu unterbleiben können[50].

Im Gegensatz zur materiellen Relevanz dieser Problematik steht ihre theoretische Durchdringung insbesondere in den Rechts- und Wirtschaftswissenschaften; zugleich kann aber festgehalten werden, daß aktuell auch dieser Durchdringung eine stark steigende Bedeutung beigemessen wird. So war bis in die jüngste Vergangenheit hinein der Begriff der Altlast gesetzlich nicht definiert.

---

45 Vgl. Abschnitt II in diesem Kapitel.
46 Vgl. Abschnitt III in diesem Kapitel.
47 Vgl. Abschnitt IV in diesem Kapitel.
48 Vgl. Abschnitt V in diesem Kapitel.
49 Die Existenz einer Bodenkontamination erlangt aber nicht nur hinsichtlich eventuell notwendig werdender Sanierungsmaßnahmen materielle Relevanz; vielmehr ist auch zu berücksichtigen, daß belastete Grundstücke tatsächlich kaum noch vermittel- und veräußerbar sind. Vgl. dazu *Beckmann/Grosse-Hündfeld*, Wiederverwertung, BB 1990, S. 1570 f; auch *Ewer/Schäfer*, Altlast-Rechtsprechung, BB 1991, S. 709 ff, und *Weyers*, Altlasten, Der langfristige Kredit 1987, S. 588 ff.
50 Vgl. stattdessen die Ausführungen im ersten Teil, 1. Kapitel, Abschnitt I., der vorliegenden Untersuchung. *Wilhelm*, Rechtsprechungsbericht, BB 1991, S. 1969, spricht insoweit von einem "düsteren Zukunftsthema".

Mittlerweile hat der Begriff der Altlast aber doch Eingang zumindest in landesrechtliche Regelungen gefunden; eine bundeseinheitliche Definition steht jedoch noch aus. So werden beispielsweise im § 28 I LAbfG NRW[51] Altlasten definiert als "Altablagerungen und Altstandorte, sofern von diesen ... eine Gefahr für die öffentliche Sicherheit und Ordnung ausgeht"; dem Inhalt dieser hier nur beispielhaft angeführten Vorschrift entsprechen die Formulierungen in den einschlägigen Rechtssätzen anderer Bundesländer[52]. Um eine einheitliche Begriffsprägung zu unterstützen, sollen nachfolgend in Übereinstimmung mit den gesetzlichen Formulierungen und dem RAT DER SACHVERSTÄNDIGEN FÜR UMWELTFRAGEN unter Altlasten eben auch nur gefahrenträchtige Altablagerungen und Altstandorte verstanden werden[53]; der Begriff Altlast soll sich also auf bereits abgeschlossene Vorgänge und Aktivitäten beziehen. Gleichwohl interessieren im Hinblick auf die vorliegende Fragestellung der Bilanzierung von Umweltschutzverpflichtungen auch solche umweltgefährdenden Bodenbelastungen, die durch derzeit noch andauernde Aktivitäten in und auf in Betrieb befindlichen Anlagen und Flächen verursacht werden; diese Belastungen sollen nachfolgend als Betriebslasten bezeichnet werden.

Hinsichtlich der Begriffsdefinitionen ist nun festzuhalten, daß in der vorliegenden Untersuchung die nachfolgend umschriebenen Sachverhalte zunächst unter dem Oberbegriff "gefahrenträchtige Bodenkontaminationen" subsumiert werden sollen (vgl. dazu Abb. 6):

- Unter Altlasten sollen lediglich Altstandorte sowie Altablagerungen, soweit sie gefahrenträchtig sind, verstanden werden, also auf bereits abgeschlossenen Aktivitäten beruhende gefahrenträchtige Bodenkontaminationen[54].

---

51 Abfallgesetz für das Land Nordrhein-Westfalen (Landesabfallgesetz - LAbfG) vom 21.6.1988, GV NW S. 250, geänd. durch G vom 20.6.1989, GV NW S. 366.

52 Vgl. ausführlicher dazu *Knopp*, Altlastenrecht, 1992, S. 27 f u. 35 f. So definiert Art. 26 IV BayAbfAlG (Gesetz zur Vermeidung, Verwertung und sonstigen Entsorgung von Abfällen und zur Erfassung und Überwachung von Altlasten in Bayern (Bayerisches Abfallwirtschafts- und Altlastengesetz) vom 27.2.1991 (GVBl. S. 64)): "Altlasten sind Belastungen der Umwelt, ... im Bereich von Altablagerungen und Altstandorten, wenn ... eine Gefahr für die öffentliche Sicherheit und Ordnung vorliegt". Für Rheinland-Pfalz bestimmt § 25 I LAbfWAG: "Altlasten im Sinne dieses Gesetzes sind Altablagerungen und Altstandorte, sofern von ihnen Gefährdungen für die Umwelt, insbesondere die menschliche Gesundheit ausgehen".

53 Vgl. *SRU*, Altlasten, 1990, BT-Drs. 11/6191, S. 222 u. 237. Dieser Begriffsprägung entspricht auch die Definition von Altlasten in § 4 des Entwurfs des Bundes-Bodenschutzgesetzes ("Gesetz zum Schutz des Bodens"), wie sie in der Entwurfsfassung vom 7.2.1994 vorgesehen ist. Danach sollen unter Altlasten nur solche Altablagerungen und Altstandorte verstanden werden, "durch die schädliche Bodenveränderungen oder sonstige Gefahren für den einzelnen oder die Allgemeinheit hervorgerufen werden".

54 Im Schrifttum wurden Altlasten bislang definiert als gefahrenträchtige schadstoffhaltige Standorte, die zurückgeführt werden können auf verlassene und stillgelegte Ablagerungsplätze mit kommunalen und gewerblichen Abfällen (Altablagerungen), wilde Ablagerungen, Aufhaldungen und Verfüllungen mit umweltgefährdenden Produktionsrückständen, auch in Verbindung mit Bergematerial und Bauschutt (Altablagerungen), ehemalige Industriestandorte (Altstandorte), defekte Abwasserkanäle, Korrosion von Leitungssystemen, abgelagerte Kampfstoffe, unsachgemäße Lagerung wassergefährdender Stoffe sowie andere Bodenkontaminationen. Vgl. zu dieser Auflistung bspw. *Umweltbundesamt*, Daten zur Umwelt 1986/87, 1986, S. 175.

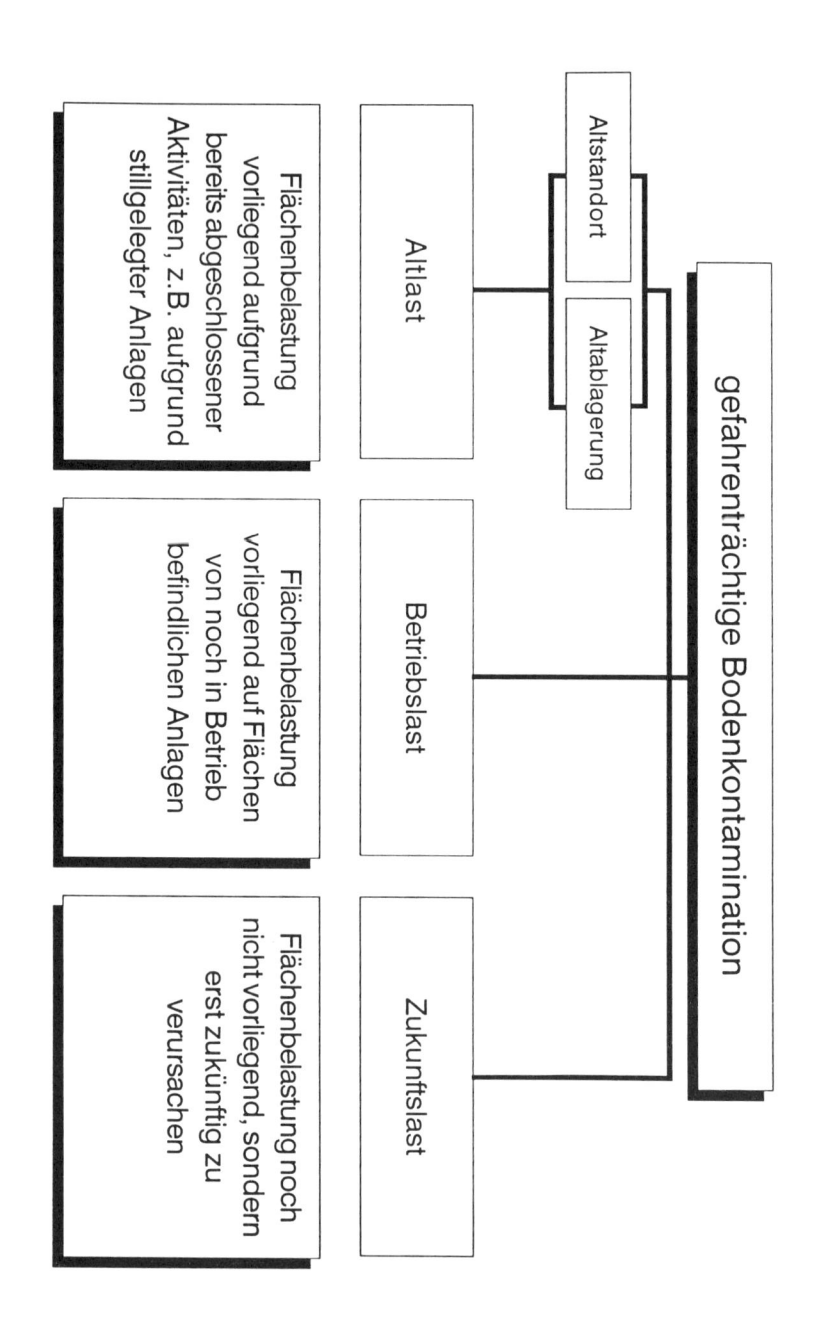

Abb. 6: Begriffliche Abgrenzung der gefahrenträchtigen Bodenkontamination

- Mit Betriebslasten werden gefahrenträchtige Bodenkontaminationen bezeichnet, die auf Flächen von noch in Betrieb befindlichen Anlagen entstanden sind.
- Mit dem Begriff "Zukunftslasten" sollen solche Kontaminationen gekennzeichnet werden, die gegenwärtig zwar noch nicht erfolgt sind, die aber in zukünftigen Perioden verursacht werden[55].

Bodenkontaminationen gehen also auf durch menschliche Verhaltensweisen bedingte schädliche Verunreinigungen des Erdreichs und des Grundwassers durch Chemikalien und andere Stoffe zurück. Sie resultieren insbesondere aus Abfallablagerungen und gewerblicher bzw. industrieller Produktion sowie aus den beiden Weltkriegen[56]. Bodenkontaminationen können insbesondere die Qualität des Grund- sowie des Oberflächenwassers gefährden oder beeinträchtigen und die Nutzung des betroffenen Grund und Bodens einschränken oder gar verhindern. Auf die Gesundheit betroffener Personen können sich die Bodenkontaminationen auf verschiedenen Wegen (Expositionspfaden) auswirken: Es sind dies die orale Aufnahme von kontaminiertem Boden durch Hand-zu-Mund-Kontakt, von belasteten Nahrungsmitteln oder verunreinigtem Trinkwasser, die Inhalation kontaminierter Luft und auch der dermale Kontakt mit belastetem Boden oder Wasser[57]. Aufgrund der Vielfalt dieser möglichen Expositionspfade und der großen Anzahl an denkbaren umweltgefährdenden Stoffen und Stoffkombinationen erwächst die Notwendigkeit, die zur Beseitigung der Gefährdung oder zur Beseitigung der Kontamination erforderlichen Maßnahmen in jedem Einzelfall konkret zu bestimmen; pauschale Aussagen sollten insoweit nicht möglich sein[58].

Altlastensicherungs- und Bodendekontaminierungsverfahren sollen gewährleisten, daß von einer Bodenkontamination bzw. Altlast nach der Sanierung keine Gefährdungen und

---

[55] Diese Zukunftslasten werden in der Literatur auch als "Neulasten" bezeichnet. Vgl. bspw. *Bartels*, Umweltrisiken, 1992, S. 32 ff; *ders.*, Neulastenfälle, BB 1992, S. 1317 f. Der Rat der Sachverständigen für Umweltfragen hält diesen Begriff der Neulast für ungeeignet; vgl. *SRU*, Altlasten, 1990, BT-Drs. 11/6191, S. 237, Tz. 1013.

[56] Die auf Kriegsfolgen und insbesondere auf abgelagerte Kampfstoffe zurückgehenden Altlasten sollen im vorliegenden Zusammenhang nicht weiter betrachtet werden.

[57] Vgl. auch *SRU*, Altlasten, 1990, BT-Drs. 11/6191, S. 225.

[58] Die Finanzierung der notwendig werdenden Alt- und Betriebslastensanierungsmaßnahmen wirft große Probleme auf, zu deren Bewältigung die verschiedensten Finanzierungsmodelle erwogen und diskutiert werden. Diese Finanzierungsmodelle bedürfen in der vorliegenden Untersuchung allerdings keiner weitergehenden Beachtung, da sich die nachfolgenden Ausführungen auf die Probleme derjenigen bilanzierenden Unternehmen konzentrieren, die für die Beseitigung einer Bodenkontamination in Anspruch genommen werden können und die daher mit einer zu erfüllenden Verpflichtung rechnen müssen. Vgl. weiterführend *Radke/Eisenbarth*, Finanzierung, UPR 1993, S. 86 ff; *Wagener*, Kooperation, bzw. *Holtmeier*, Nordrhein-Westfalen-Modell, beide in: *Brandt* (Hrsg.), Altlasten, 1988, S. 132 ff, bzw. S. 142 ff; auch *SRU*, Altlasten, 1990, BT-Drs. 11/6191, S. 186 ff u. 233, sowie *Kloepfer/Follmann*, Lizenzentgelt, DÖV 1988, S. 573 ff.

höchstens noch beherrschbare, d.h. geringere Beeinträchtigungen ausgehen[59]. Eine vollständige Dekontaminierung scheitert regelmäßig an technischen oder wirtschaftlichen Gegebenheiten, so daß es in den meisten Fällen nicht mehr möglich ist, durch Sanierungsmaßnahmen die Kontamination derart zu vermindern, daß an den Standorten nachgewiesener Alt- oder Betriebslasten künftig jede Art von Nutzung ermöglicht werden würde; die "Forderung nach Wiederherstellung des Status quo ante oder der Multifunktionalität von Standorten stößt auf naturgegebene, technische und wirtschaftliche Grenzen"[60].

Die Maßnahmen zur Abwehr und Beherrschung von Umweltauswirkungen aus Alt- oder Betriebslasten lassen sich in vier Gruppen einteilen (vgl. Abb. 7) und wie folgt kennzeichnen[61]:

- Zu den Schutz- und Beschränkungsmaßnahmen können Soforteingriffe zur Abwehr von akut drohenden Gefahren für den Menschen gezählt werden. Insbesondere wären dabei Einschränkungen der Nutzung des betroffenen Geländes, Sicherungen des Geländes vor unbefugtem Zutritt sowie Untersagungen der Nutzung von Grund- und Oberflächenwasser zu nennen; sie kommen allerdings hauptsächlich als Zwischenlösungen in Betracht.
- Zu den Sicherungsmaßnahmen zählen solche "Maßnahmen, die eine zeitlich befristete Verminderung oder Verhinderung der Umweltkontaminationen durch Unterbrechung der Kontaminationswege gewährleisten"[62]; beispielhaft wäre hier die Immobilisierung der Schadstoffe[63] oder die Einkapselung[64] zu nennen.
- Zu den Dekontaminierungsmaßnahmen sind insbesondere thermische, chemische, physikalische sowie biologische Verfahren zur Behandlung der jeweiligen Verunreinigung zu zählen[65].
- Als letzte Gruppe ist die einfache Umlagerung zu nennen, also die Ablagerung des kontaminierten Erdreichs auf einer Sonderdeponie.

Inhalt und Tragweite der jeweils bilanziell abzubildenden Verpflichtung müssen vor diesem Hintergrund sorgfältig ermittelt werden. Dabei ist zu beachten, daß sich an die

---

59 Soweit nachfolgend von Sanierung bzw. von Sanierungsmaßnahmen die Rede ist, sollen damit sowohl Sicherung bzw. Sicherungsmaßnahmen als auch Dekontaminierung bzw. Dekontaminierungsmaßnahmen bezeichnet und erfaßt sein.
60 *SRU*, Altlasten, 1990, BT-Drs. 11/6191, S. 169, Tz. 637.
61 Ebenda, S. 119 ff.
62 Ebenda, S. 119, Tz. 457.
63 Vgl. dazu *Bölsing*, Verfestigen, in: *Weber* u.a. (Hrsg.), Altlasten, 1990, S. 279 ff; *SRU*, Altlasten, 1990, BT-Drs. 11/6191, S. 134 ff.
64 Vgl. dazu *Müller-Kirchenbauer*, Einkapselung, in: *Weber* u.a. (Hrsg.), Altlasten, 1990, S. 168 ff; erneut auch *SRU*, Altlasten, 1990, BT-Drs. 11/6191, S. 129 ff.
65 Vgl. die ausführliche Darstellung der Dekontaminierungstechniken in: *Weber* u.a. (Hrsg.), Altlasten, 1990, S. 198-372.

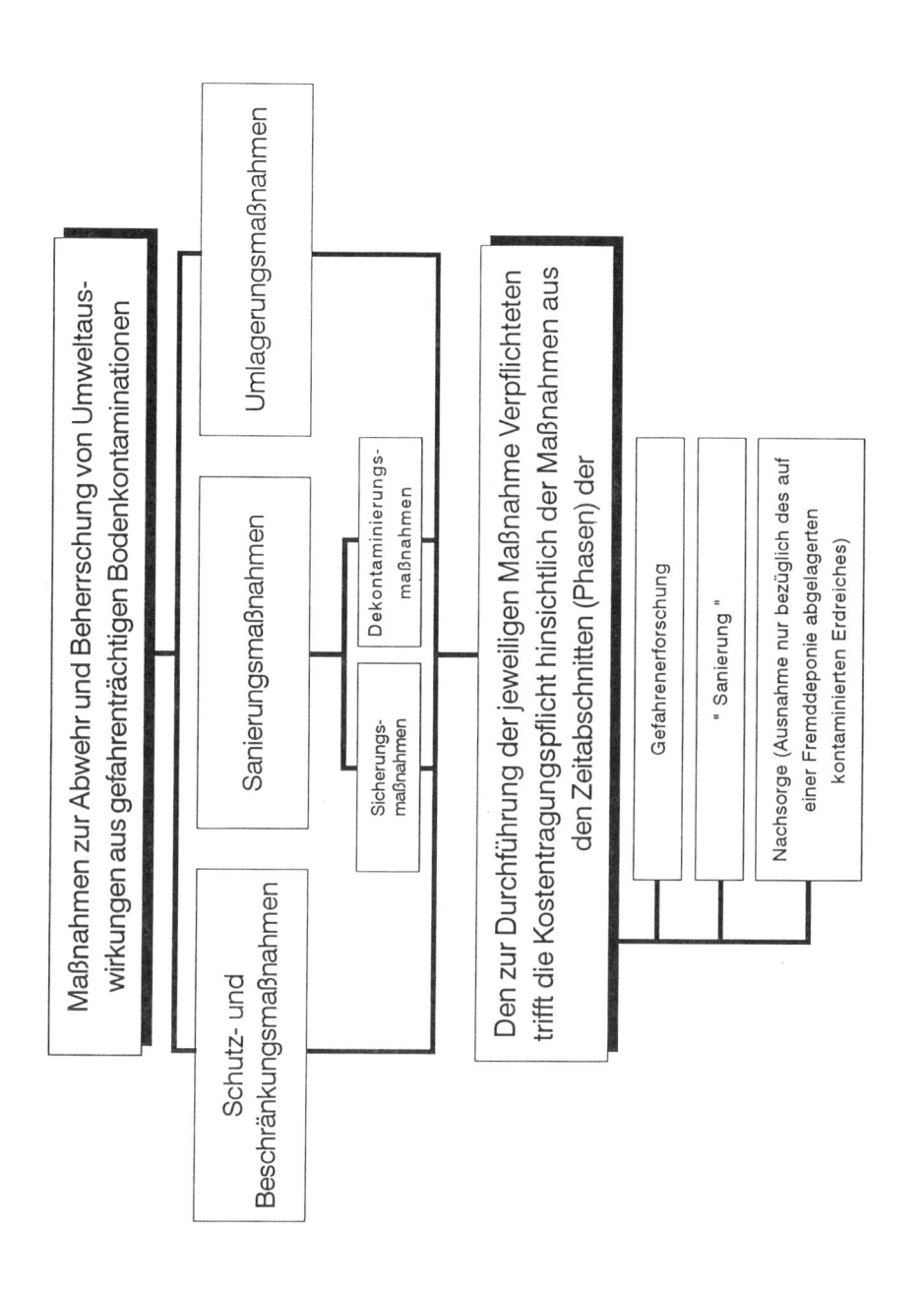

Abb. 7: Maßnahmen zur Abwehr und Beherrschung von Umweltauswirkungen aus gefahrenträchtigen Bodenkontaminationen und Kostentragung

Sanierungsphase regelmäßig eine Nachsorgephase anschließt, in der der Erfolg der Maßnahmen überwacht werden muß; eine Überwachung entfällt dann, wenn keine Restbelastung mehr nachgewiesen werden kann. Ist lediglich eine Sicherungsmaßnahme durchgeführt worden, so gestalten sich die Überwachungsaufgaben intensiver und langfristiger, da die Kontamination noch vorhanden ist und z.b. die Bauwerke (Einkapselungssysteme) der fortlaufenden Funktionskontrolle und Überprüfung der Langzeitstabilität bedürfen. In diesem Fall sollte nicht unterschätzt werden, daß eine solche langfristige, intensive und umfassende Überwachung hohe Kosten durch die Bindung von Personal und Sachmitteln verursacht[66].

Das rechtliche Instrumentarium, welches zur Verfügung steht, um die jeweils Verantwortlichen zur Sicherung oder Dekontaminierung einer Alt- oder Betriebslast verpflichten zu können, ist "vor allem aus historischen Gründen ausgesprochen zersplittert"[67]. Dies resultiert nicht zuletzt daraus, daß eben noch keine zentrale Rechtsgrundlage (z.B. ein Bodenschutzgesetz), wie sie auf rechtspolitischer Ebene gefordert wird, gegeben ist[68].

Das Umweltprivatrecht bietet kaum eine Handhabe zur Erlangung und Durchsetzung von Ansprüchen auf Alt- oder Betriebslastensanierungsmaßnahmen, da es ganz überwiegend aus Normen besteht, die dem Umweltschutz nur mittelbar dienen, da regelmäßig nur private Rechte mit zivilrechtlichen Instrumenten verteidigt werden können[69]. Diese zivilrechtlichen Anspruchsgrundlagen kommen schließlich nur in bestimmten Fällen zum Zuge, nämlich dann, wenn von der Bodenkontamination eine rechtswidrige Einwirkung auf ein Nachbargrundstück oder andere Rechtsgüter Dritter ausgeht[70].

Auch im öffentlichen Recht existieren keine Vorschriften, die unmittelbar darauf abzielen, daß Bodenkontaminationen zu beseitigen sind. Vielmehr können unter bestimmten sachlichen und zeitlichen Voraussetzungen entweder Vorschriften des Immissionschutz-, des Abfall- oder des Wasserrechts zum Zuge kommen; soweit diese spezialgesetzlichen Normen nicht greifen, muß ein Rückgriff auf das allgemeine Polizei- und Ordnungsrecht

---

66   Vgl. ausführlicher zum Problemkomplex der Nachsorge *SRU*, Altlasten, 1990, BT-Drs. 11/6191, S. 168 f.
67   *SRU*, Altlasten, 1990, BT-Drs. 11/6191, S. 234, Tz. 990.
68   Vgl. dazu *Kloepfer*, Umweltrecht, 1989, S. 815 ff; *Sondermann*, Rechtliche Fragen, in: *Weber* u.a. (Hrsg.), Altlasten, 1990, S. 5 ff. Mittlerweile liegt aber aus dem Bundesumweltministerium zumindest der Referentenentwurf betreffend das "Gesetz zum Schutz des Bodens", Stand: 7.2.1994, vor.
69   Das zivile Haftungsrecht ist auf den individuellen (Schaden-)Ausgleich zwischen Schädiger und Geschädigtem beschränkt, so *Knopp*, Rechtsfragen, BB 1990, S. 581; *Kloepfer*, Umweltrecht, 1989, S. 226 f; *Hoppe/Beckmann*, Umweltrecht, 1989, S. 27.
70   Die verschiedenen Anspruchsgrundlagen sind im Rahmen der nachfolgenden Ausführungen jeweils gesondert zu betrachten, da die zivilrechtlichen Verpflichtungen - mit Wirkung für die Rückstellungsbildung - an höchst unterschiedliche Voraussetzungen anknüpfen. Eine Erweiterung dieser Anspruchsgrundlagen könnte sich aus dem jüngst verabschiedeten Umwelthaftungsgesetz ergeben.

erfolgen[71]. Aufgrund der Tatsache, daß die umweltrechtlichen Regelungen erst in der jüngeren Vergangenheit differenziert entwickelt worden sind und zugleich das im Art. 103 II GG verankerte Rückwirkungsverbot[72] zu beachten ist, kommt es dabei für die Bestimmung der Rechtsgrundlage der Sicherungs- bzw. Dekontaminierungsverpflichtung entscheidend auf die zeitliche Dimension an.

Altlasten, die auf nach dem Inkrafttreten des Abfallgesetzes des Bundes (11.6.1972) stillgelegten Anlagen oder Flächen entstanden sind, können demnach auf der Grundlage des Abfallgesetzes des Bundes zu sanieren sein; für Betriebslasten könnten ebenfalls die Vorschriften der Abfallgesetze und zudem auch die Vorschriften des Bundesimmissionsschutzgesetzes in Betracht kommen. Ist eine Altlast vor dem 11.6.1972, aber nach dem Inkrafttreten des Wasserhaushaltsgesetzes (1.3.1960) verursacht worden, so sind wasserrechtliche Vorschriften zu prüfen. Liegt der Zeitpunkt der Verursachung noch früher oder kommen die angesprochenen spezialgesetzlichen Regelungen aus sachlichen Gründen nicht zum Zuge, so kann eine Sanierungsverpflichtung allein auf die Vorschriften des allgemeinen Polizei- und Ordnungsrechts gestützt werden.

B. *Erfassung von Bodenkontaminationen im handelsrechtlichen Jahresabschluß und in der Steuerbilanz*

"Eine der zentralen Fragen im Zusammenspiel von Umweltschutz und Bilanz ... ist die bilanzielle Berücksichtigung von Sanierungspflichten für Altlasten"[73]. Dabei steht die Frage der Passivierung von Verbindlichkeitsrückstellungen[74] aufgrund der weitreichenden steuerlichen Konsequenzen im Mittelpunkt des Interesses[75].

Daneben könnten Bodenkontaminationen aber auch noch über zwei weitere Instrumente

---

71 Abweichend von der - auch im Schrifttum üblichen - stufenweisen Prüfung der verschiedenen Rechtsbereiche zur Beurteilung der aus einer gefahrenträchtigen Bodenkontamination resultierenden Verpflichtungen unternehmen *Stöck/Müller*, Altlasten, DWiR 1991, S. 177 ff, den Versuch, die Altlastenfälle so zu systematisieren, daß sich - umgekehrt - als Ergebnis des betrachteten Vorgangs die Eingriffsnorm ergibt.

72 Belastende Gesetze und darauf beruhende Verwaltungsakte dürfen in der Regel nicht auf einen vor der Gesetzesverkündung liegenden Zeitpunkt zurückwirken. Lediglich eine unechte Rückwirkung, die dann vorliegt, wenn auf noch nicht abgeschlossene gegenwärtige Sachverhalte mit Wirkung für die Zukunft eingewirkt wird, kann zulässig sein. Vgl. dazu auch *Avenarius*, Rechtswörterbuch, 1992, Stichwort "Rückwirkung", S. 423 f.

73 *Herzig*, Rückstellungen, DB 1990, S. 1348 f.

74 Da Alt- und Betriebslasten regelmäßig nicht versicherbar sind, weil es an der Zufälligkeit des Schadenseintritts fehlt, stellt sich eben in besonderem Maße die Frage nach der unternehmensinternen Risikovorsorge (und somit nach der Rückstellungsbilanzierung als dem dazu besonders geeigneten Instrument).

75 (Ungewisse) Verpflichtungen zur Sanierung vorhandener Alt- oder Betriebslasten werden insbesondere aus dem öffentlichen Recht resultieren; zugleich sind auch privatrechtlich begründete Sanierungsverpflichtungen, z.B. aus Pachtverträgen, vorstellbar.

Eingang in die Bilanzen bzw. in den handelsrechtlichen Jahresabschluß finden, nämlich über die Bilanzposition der Aufwandsrückstellungen sowie im Rahmen des Ausweises der sonstigen finanziellen Verpflichtungen im Anhang. Zugleich kann sich eine Bodenkontamination aber auch auf der Aktivseite der Bilanz auswirken, wenn und soweit sie eine Wertminderung des betroffenen Grundstückes nach sich zieht, der durch eine Abschreibung Rechnung zu tragen ist. Eine Konkurrenz der bilanziellen Instrumente zur Abbildung einer Bodenkontamination ist demnach gegeben, soweit nebeneinander sowohl die Voraussetzungen für eine Abschreibungsvornahme als auch diejenigen für eine Rückstellungsbildung erfüllt sind[76].

Im Rahmen der nachfolgenden Ausführungen wird - sofern nichts gegenteiliges vermerkt ist - davon ausgegangen, daß der Bilanzierende Kenntnis[77] vom Vorliegen einer Bodenkontamination, für die er rechtlich verantwortlich ist, hat[78]. Soweit er das Vorliegen einer solchen lediglich vermutet, scheidet eine bilanzielle Berücksichtigung mangels Greifbarkeit bzw. Konkretisierung regelmäßig aus[79], da insoweit weder die Wahrscheinlichkeit des Entstehens einer Verpflichtung noch die Wahrscheinlichkeit der Inanspruchnahme bejaht werden können. Dahingehend hat auch das FG Baden-Württemberg in einem Verfah-

---

76   Nachfolgend nicht näher betrachtet werden sollen die Überlegungen, Altlastensanierungsmaßnahmen über die Einräumung der Möglichkeit der Bildung einer steuerfreien Rücklage zu fördern; entsprechende Überlegungen sind mit der Gesetzesinitiative des Landes NRW zur Einführung einer steuerfreien Rücklage, BR-Drs. 353/90, vorgestellt worden. Vgl. dazu auch den Hinweis bei *Herzig/Köster*, Rückstellungsrelevanz, DB 1991, S. 57.

77   Werterhellende Erkenntnisse, also bspw. die Entdeckung einer bereits vor dem Stichtag verursachten Bodenkontamination, zwischen Stichtag und Tag der Bilanzaufstellung sind für Zwecke der Bilanzierung zu berücksichtigen; so das BFH-Urteil vom 2.10.1992 III R 54/91, BStBl. II 1993, S. 153 ff. Von den werterhellenden Erkenntnissen und Tatsachen sind die wertbeeinflussenden (wertbestimmenden) Tatsachen streng zu trennen, denn diese Ereignisse, die nach dem Bilanzstichtag die Verhältnisse vom Bilanzstichtag noch verändern, dürfen nicht berücksichtigt werden, da aufgrund des Stichtagsprinzips nur die am Bilanzstichtag bestehenden Tatsachen maßgebend sind. Daraus folgt, daß nur die bis zum Stichtag verursachten und möglicherweise nachträglich entdeckten, nicht aber die in der Zwischenzeit verursachten Bodenkontaminationen über eine Rückstellung Berücksichtigung finden können bzw. müssen. Vgl. zum Unterschied von werterhellenden und wertbeeinflussenden Tatsachen die BFH-Urteile vom 4.4.1973, I R 130/71, BStBl. II 1973, S. 485 f; vom 27.4.1965 I 324/62 S, BStBl. III 1965, S. 409 f; auch *Thiel*, Bilanzrecht, 4. Aufl., 1990, S. 109, Tz. 257. Ausführlich zu nach dem Stichtag eintretenden Verlusten *Moxter*, Beschränkung, in: *Herzig* (Hrsg.), Betriebswirtschaftliche Steuerlehre, 1991, S. 173 f m.w.N. zur h.M.

78   Sollte der Bilanzierende zunächst keine Kenntnis vom Vorliegen einer Bodenkontamination haben, könnte eine Rückstellungsbildung wohl nur in Ausnahmefällen in Betracht kommen, nämlich dann, wenn gegen ihn von der zuständigen Behörde, die insoweit weitergehendere Kenntnis vom Vorliegen einer Bodenkontamination haben müßte, eine Sanierungsverfügung ergeht. Diese Fälle bedürfen m.E. hier keiner weiteren Betrachtung.

79   So auch *Bäcker*, Altlastenrückstellungen, BB 1990, S. 2230; *Herzig*, Rückstellungen, DB 1990, S. 1349, und *Rürup*, Rückstellungen, in: *Moxter* (Hrsg.), Rechnungslegung, 1992, S. 539. In solchen Fällen liegt neben der Unsicherheit, ob eine Verpflichtung entstehen wird und die Inanspruchnahme daraus auch wahrscheinlich ist, zusätzlich noch ein weiteres Unsicherheitselement dahingehend vor, ob auf tatsächlicher Ebene überhaupt ein verpflichtungsbegründender Tatbestand verwirklicht worden ist. In besonders gelagerten Grenzfällen könnte allerdings auch dann vorstellbar sein, daß eine Rückstellungsbildung aus dem wahrscheinlichen Entstehen einer Verpflichtung abgeleitet werden muß.

ren über die "Aufhebung der Vollziehung" mit Beschluß vom 19.12.1991[80] entschieden. Im zu entscheidenden Fall waren zwar Grundwasserbelastungen nachgewiesen worden, die Herkunft der Belastungen aber (noch) nicht aufgeklärt, da sowohl eine Industriemüll- als auch eine in räumlicher Nähe dazu gelegene Hausmülldeponie als Verursacher und somit als sanierungspflichtige Störer in Betracht kamen. Zudem stand einer in diesem Falle vom Betreiber der Industriemülldeponie geltend gemachten Verbindlichkeitsrückstellung die Tatsache entgegen, daß keine akute Gefahr von der Deponie ausging und somit keine Sofortmaßnahmen erforderlich waren.

1. Erfassung durch Rückstellungen

a) Rückstellungsansatz

(1) Verbindlichkeitsrückstellungen

Für die Verpflichtung zur Sanierung einer Bodenkontamination ist natürlich deren Vorhandensein zwingende Voraussetzung[81]. Diesbezüglich ist der Bilanzierende, soweit er wegen des Vorliegens einer Bodenkontamination eine Verbindlichkeitsrückstellung steuermindernd geltend machen will, beweispflichtig. Gleichwohl ist die Vorlage eines entsprechenden Sachverständigengutachtens nicht notwendige Voraussetzung für die Anerkennung dieser Rückstellung, da die Beschränkung auf ein externes Gutachten eine unzulässige Einschränkung der möglichen Beweismittel darstellen würde[82]. Das Vorliegen einer sanierungspflichtigen Bodenkontamination kann auch anders, z.B. durch den Vortrag fachkundiger Betriebsangehöriger und durch einschlägige betriebliche Aufzeichnungen glaubhaft gemacht werden[83]. Die bilanzrechtliche Frage nach der Passivierung einer solchen sanierungspflichtigen Bodenkontamination entscheidet sich dann nach den Erfordernissen der Periodisierung und der Objektivierung.

---

80 6 V 20/90, EFG 1993, S. 13 f.

81 So *Nieland*, Behandlung, StBp 1992, S. 271.

82 So auch *Herzig*, Abwertung, in: *Wagner* (Hrsg.), Umweltschutz, 1993, S. 172.

83 So schon *Bäcker*, Rückstellungen, BB 1989, S. 2078; *Nieland*, Behandlung, StBp 1992, S. 271, und auch *Spross*, Altlasten, DStZ 1992, S. 785 (Danach würde in einem ausschließlichen Abstellen auf den Nachweis einer Schadstoffverunreinigung über Sachverständigengutachten eine unzulässige, dem Verwaltungsverfahren grundsätzlich fremde Einschränkung der Beweismittel zu sehen sein). A.A. *Luig*, Altlastensanierung, BB 1992, S. 2183, der - m.E. unzutreffend - ausführt, daß ohne Vorlage eines Sachverständigengutachtens eine Rückstellung nicht in Frage kommt, da es "an der Wahrscheinlichkeit der Inanspruchnahme ... und am Nachweis der Höhe der voraussichtlichen Sanierungskosten [fehlt]".

(a) Periodisierung

Liegt nun eine Bodenkontamination unzweifelhaft vor, so stellt sich die Frage, welcher Periode die aus einer durchzuführenden Sanierungsmaßnahme resultierenden Aufwendungen zuzuordnen sind.

Dies muß sinngemäß auch für die hier als Betriebslasten bezeichneten Bodenkontaminationen gelten, da auch diese auf die Tätigkeit bzw. Produktion in den abgelaufenen Perioden (oder aber auf die Rechtsnachfolgerproblematik) zurückgehen.

Eine Rückstellungsbildung soll nach der hier vertretenen Auffassung, die im zweiten Teil der vorliegenden Untersuchung ausführlich hergeleitet und begründet worden ist[84], unter Periodisierungsaspekten dann mit Wirkung für das Wirtschaftsjahr, für das die Bilanz bzw. der Jahresabschluß aufzustellen ist, vorzunehmen sein, wenn entweder das Realisations- oder aber das Vorsichtsprinzip dies gebieten. Zur Beurteilung dieser Frage wird darauf abgestellt, ob die ungewisse Verbindlichkeit (aus der Bodenkontamination) in der abgelaufenen oder einer vorangegangenen Periode wirtschaftlich verursacht worden ist, also darauf, ob diese Verpflichtung bereits realisierte Erträge alimentiert hat; dies wird bei Bodenkontaminationen regelmäßig zu bejahen sein.

Eine solche Verknüpfung mit bereits realisierten Erträgen ist allerdings dann nicht vorstellbar, wenn beispielsweise der Eigentümer eines kontaminierten Grundstücks als Rechtsnachfolger des Altlastenverursachers zur Sanierung in Anspruch genommen wird[85], ohne daß er bislang eine Tätigkeit auf diesem Grundstück entfaltet hätte (z.B. weil es sich um ein betriebliches Reservegrundstück handelt); gleiches muß gelten, wenn sich Schadstoffe niedergeschlagen haben oder zugewandert sind[86]. In derartigen Fällen könnte eine tatsächlich unumgängliche Rückstellungsbildung m.E. wohl allein mit dem Vorsichtsprinzip begründet werden, da diesen zukünftig unkompensierten Aufwandsüberschüssen eben weder Erträge der abgelaufenen noch solche der zukünftigen Perioden zugerechnet werden können.

Die Frage der Bilanzierung von Sanierungsverpflichtungen unter Periodisierungsaspekten

---

84 Vgl. dazu die Ausführungen im zweiten Teil der vorliegenden Untersuchung, 2. Kapitel, Abschnitt I., Unterabschnitt B. 2. b) (2).

85 "Der Erwerber eines verunreinigten Grundstücks tut sich nach der Rechtsprechung des BGH schwer, Sanierungskosten vom Veräußerer ersetzt zu bekommen"; *Reuter*, Altlast, BB 1988, S. 503 (mit ausführlicher Begründung dieser Einschätzung).

86 Vgl. zur Mobilität von Schadstoffen bspw. *Bäcker*, Rückstellungen, BB 1989, S. 2072.

ist nun nach derzeitigem Kenntnisstand nicht ernsthaft umstritten. Vielmehr ist allgemein anerkannt[87], daß Altlasten "per definitionem ihre Ursache in einem abgelaufenen Geschäfts- oder Wirtschaftsjahr"[88] haben und Sanierungsverpflichtungen somit als wirtschaftlich verursacht anzusehen sind.

Lediglich hinsichtlich der hier als Zukunftslasten bezeichneten Bodenkontaminationen, welche ja erst in späteren Perioden verursacht und damit auch erst zukünftig entstehen werden, ist eine Passivierung unter Periodisierungsgesichtspunkten nicht vorstellbar[89].

Die Periodenzuordnung solcher Aufwendungen, die aus in späteren Perioden noch durchzuführenden Sanierungsmaßnahmen resultieren, ist also als unproblematisch anzusehen, denn es gilt, daß (bereits vorliegende) Alt- oder Betriebslasten der Tätigkeit des Unternehmens in der Vergangenheit und somit regelmäßig den bereits erzielten Erträgen zuzurechnen sind. Daher konzentriert sich das bilanzrechtliche Interesse hier auf die Frage nach der zur Passivierung einer Alt- oder Betriebslastensanierungsrückstellung notwendigen Objektivierung.

(b)   Objektivierung

Rückstellungen wegen Alt- oder Betriebslastensanierungsverpflichtungen sollten unter Objektivierungsaspekten regelmäßig einen klassischen Fall der Rückstellungen wegen ungewisser Verbindlichkeiten bei Unsicherheit über das Bestehen oder zukünftige Entstehen einer Verpflichtung einerseits und bei gleichzeitiger Unsicherheit über die Höhe der Verpflichtung andererseits darstellen.

Neben der Frage, ob überhaupt eine Verpflichtung besteht oder entstehen wird, wird in jedem Einzelfall insbesondere auch der Frage der Wahrscheinlichkeit der Inanspruchnahme eine weitreichende Bedeutung zukommen. Die Unsicherheit auf seiten des für die (Kosten einer) Sanierung einer Alt- oder Betriebslast heranzuziehenden Verantwortlichen resultiert im wesentlichen daraus, daß in einem ersten Schritt das tatsächliche Be- oder Entstehen einer Verpflichtung zu prüfen ist, daß in einem zweiten Schritt prognostiziert werden

---

87 Vgl. explizit *Moxter*, Umweltschutzrückstellungen, in: *Moxter* (Hrsg.), Rechnungslegung, 1992, S. 434; *Klein*, Umweltschutzmaßnahmen, DStR 1992, S. 1773; *Bordewin*, Umweltschutzrückstellungen, DB 1992, S. 1098; *Schmidt*, Altlasten, BB 1992, S. 675; *Kühnberger/Faatz*, Altlasten, BB 1993, S. 102; *Günkel*, Rückstellungen, in: Herzig (Hrsg.), Umweltschutz, 1991, S. 51; *Bäcker*, Kontaminationen, DStZ 1991, S. 35; *ders.*, Altlastenrückstellungen, BB 1990, S. 2230; *ders.*, Rückstellungen, BB 1989, S. 2077. Mit diesem Ergebnis wohl auch *Rürup*, Rückstellungen, in: *Moxter* (Hrsg.), Rechnungslegung, 1992, S. 538 f; *Kupsch*, Umweltlasten, BB 1992, S. 2324 f; *Ballwieser*, Passivierung, in: *IDW* (Hrsg.), Fachtagung, 1992, S. 144; *Spross*, Altlasten, DStZ 1992, S. 786.

88 *Wassermann*, in: *Kamphausen/Kolvenbach/Wassermann*, Beseitigung, DB Beilage Nr. 3/87, S. 16.

89 Die Zukunftslasten sollten im Vergleich zu den Altlasten aber auch deutlich weniger gewichtig sein, da die aktuellen Bestrebungen dahingehen, durch Vorsorgemaßnahmen die zukünftige Entstehung von Bodenkontaminationen zu vermeiden.

muß, ob der potentiell Anspruchsberechtigte überhaupt Kenntnis von der Möglichkeit des Be- oder Entstehens eines Anspruchs erlangen wird und daß letztlich dann noch abgeschätzt werden muß, ob der Berechtigte seinen Anspruch tatsächlich auch geltend machen wird.

Die Verpflichtung zur Altlastensanierung kann nun grundsätzlich sowohl auf privat- als auch auf öffentlich-rechtlicher wie auch auf faktischer Basis entstehen. Dabei können sich die Verpflichtungsgrundlagen durchaus - insbesondere bei auf Pachtverträgen beruhenden und zugleich öffentlich-rechtlich begründeten Alt- oder Betriebslastensanierungsverpflichtungen - überlagern, ohne daß daraus aber Sonderprobleme für die Bilanzierung dem Grunde nach erwachsen würden[90], da jede der beiden Verpflichtungen gleichermaßen über eine Verbindlichkeitsrückstellung erfaßt werden müßte.

Einschränkend ist jedoch bezüglich der Rechtslage in den neuen Bundesländern[91] zu bemerken, daß hier die Erfüllung einer öffentlich-rechtlichen Sanierungsverpflichtung vermieden werden kann, wenn eine sogenannte Freistellung erwirkt wird[92]; unter bestimmten Voraussetzungen kann nämlich ein Anlagenerwerber von der Verantwortlichkeit für Altlasten freigestellt werden. Nachdem die Freistellungsklausel im März 1991 neu gefaßt worden ist[93], bestimmt sie - grob gekennzeichnet -, daß eine Freistellung von der öffentlich-rechtlichen Verantwortlichkeit für vor dem 1.7.1990 verursachte Schäden durch die zuständigen Behörden erfolgen kann (Ermessensentscheidung), soweit die Anlagen und Grundstücke gewerblichen Zwecken dienen oder im Rahmen wirtschaftlicher Unternehmungen Verwendung finden. Davon erfaßt sind folglich nicht nur Altlasten (Altstandorte und Altablagerungen), sondern auch die hier als solche bezeichneten Betriebslasten. Die privatrechtliche Haftung für Altlasten blieb nach der alten Gesetzesfas-

---

90 Für die Bilanzierung der Höhe nach wird die weiterreichende bzw. aufwendigere Verpflichtung berücksichtigt werden müssen; so wird der Verpächter aufgrund des Pachtvertrages möglicherweise einen Anspruch geltend machen können, der deutlich über eine bloße Gefahrenabwehr, die mit den Vorschriften des öffentlichen Rechts lediglich erreichbar wäre, hinausgeht.

91 Hier kann die Dimension der Altlastenproblematik derzeit wohl noch nicht mit hinreichender Wahrscheinlichkeit abgeschätzt werden; so *Knopp*, Altlastenrecht, 1992, Rn. 195. Die weiteren für die neuen Bundesländer bedeutsamen, aus der Rechnungslegung nach dem D-Markbilanzgesetz resultierenden Besonderheiten, wie z.B. diejenige gemäß § 36 DMBilG, wonach bis 1994 nachträglich ein Wertansatz mit Wirkung für die Eröffnungsbilanz geändert werden kann, sollen nachfolgend nicht näher betrachtet werden. Vgl. insoweit die Hinweise (auch zu Rückstellungen) in *KPMG* (Hrsg.), D-Markbilanzgesetz, 1990, S. 369 ff.

92 Insoweit wird der Tatsache Rechnung getragen, daß sich die Verantwortlichkeit bzw. Haftung für Altlasten als immenses Investitionshemmnis herausstellt. Vgl. dazu bspw. *Spieth/Hammerstein*, Altlastenhaftung, HB Nr. 139 vom 23.7.1990, S. 6. Zur Vereinbarung von Altlastenklauseln in Unternehmenskaufverträgen mit der Treuhandanstalt *Wächter/Kaiser/Krause*, Klauseln, WM 1992, S. 337 ff.

93 Vgl. zur Entwicklung dieser Rechtsnorm, zu deren Wortlaut und ausführlicher zu den Voraussetzungen *Knopp*, Altlastenrecht, 1992, S. 111 ff; auch *Rose*, Altlastenfreistellungsklauseln, BB 1991, S. 2100 ff; ausführlich *Dombert*, Freistellungsklausel, BB 1992, S. 513 ff.

sung allerdings von der Freistellung unberührt[94], aktuell ist nun aber auch die Möglichkeit der Freistellung von dieser privatrechtlichen Haftung vorgesehen[95].

(11) Verbindlichkeitsrückstellungen auf privatrechtlicher Basis

Im Zivilrecht gründende Ansprüche auf die Durchführung von Maßnahmen zur Sanierung von Bodenkontaminationen, denen auf seiten des Verpflichteten durch eine Rückstellungsbildung Rechnung zu tragen wäre, werden zwar nur eher selten gegeben sein, gleichwohl dürfen diese im Einzelfall materiell durchaus bedeutsamen Verpflichtungen nicht vernachlässigt werden; daher wird dieser im Fachschrifttum bislang wenig beachtete Problemkreis nachfolgend näher untersucht.

(i) Objektivierung aufgrund Vertrag

Die wachsende Sensibilität gegenüber Umweltschäden sollte mittlerweile bei Pachtverhältnissen insbesondere über betrieblich genutzte Grundstücke dazu führen, daß der Verpächter nach Beendigung des Pachtverhältnisses[96] darauf achten und in Zweifelsfällen auch überprüfen (lassen) wird, ob sich das Grundstück bei Rückgabe in einem ordnungsgemäßen, d.h. unbelasteten Zustand befindet[97]. Ist das Grundstück belastet, so stellt sich die Frage, ob der Pächter zur Sanierung verpflichtet ist.

Pachtverträge jüngeren Datums werden regelmäßig Klauseln enthalten, wonach der Pächter für alle z.B. durch die Lagerung fester, flüssiger oder gasförmiger Stoffe entstandenen Sach- und Personenschäden haftet[98]. Zudem kann der Nachweis des ordnungsgemäßen Zustandes des Grund und Bodens (und im übrigen die Vornahme eines eventuell notwendig werdenden Bodenaustausches) dem Pächter auferlegt und für die Beendigung des

---

94 So bspw. *Spieth/Hammerstein*, Altlastenhaftung, HB Nr. 139 vom 23.7.1990, S. 6.

95 Trotz dieses weitgehenden Versuches, das Investitionshemmnis Altlast zu beseitigen, wird im Schrifttum die Auffassung vertreten, daß es sich bei dieser Freistellungsklausel lediglich um ein "stumpfes Förderinstrument" handelt; vgl. *Spross*, Altlasten, DStZ 1992, S. 785. Nach seinen Angaben sollen bis Ende März 1992 zehntausend Anträge eingegangen und fünfzig davon bearbeitet worden sein. Vgl. mit konkreten Beispielen zur Freistellung *Krumrey*, Zeitbomben, Wirtschaftswoche Nr. 45 vom 2.11.1990, S. 35 f; demnach wurde die BASF AG bei der Übernahme des Synthesewerks Schwarzheide AG sowohl von der öffentlich-rechtlichen als auch von der privatrechtlichen Haftung freigestellt.

96 Rückstellungen wegen vertraglicher Haftung aus der Veräußerung belasteter Grundstücke sollen nachfolgend nicht näher betrachtet werden, da insoweit keine besondere bilanzrechtliche Problematik zu erkennen ist.

97 "Die Rechtsprechung des BGH läuft gleichwohl darauf hinaus, den Vermieter im Zusammenhang mit der Rückgabe eines vermieteten Grundstückes zu verpflichten, ausnahmslos das Mietgrundstück auf mögliche Grundwasserbeeinträchtigungen ... zu untersuchen"; *Janke-Weddige*, Verjährung, BB 1991, S. 1808.

98 Vgl. mit diesem Beispiel auch *Herzig/Köster*, Rückstellungen, in: *Vogl/Heigl/Schäfer* (Hrsg.), Handbuch des Umweltschutzes, 1992, Kap. III - 8.1, S. 6.

Pachtverhältnisses vertraglich vereinbart werden. Insoweit soll sichergestellt werden, daß das Grundstück bei Beendigung des Pachtverhältnisses unbelastet (ggf. saniert) zurückgegeben oder zumindest ein Schadensausgleich vorgenommen wird.

Existiert ein derartiger Pachtvertrag und hat der Pächter von einer durch ihn verursachten Alt- oder Betriebslast Kenntnis, so ist eine Verbindlichkeitsrückstellung zu bilanzieren. Denn eine Verpflichtung ist in diesem Falle bereits mit der Verursachung der Kontamination entstanden, da der Tatbestand, an den der Vertrag die Rechtsfolge knüpft, verwirklicht worden ist[99]; von der Wahrscheinlichkeit der Inanspruchnahme muß aufgrund der oben dargelegten Überlegungen (steigende Bedeutung des Umweltschutzes, weitreichende materielle Relevanz) ausgegangen werden.

Liegt hingegen ein (älterer) Pachtvertrag ohne entsprechende Klauseln vor, so hat der bilanzierende Pächter immerhin noch zu prüfen, inwieweit er vom Verpächter zur Sanierung einer Bodenkontamination in Anspruch genommen werden könnte. Droht auch hier die Inanspruchnahme aus einer Verpflichtung, so ist dem ebenfalls durch die Bilanzierung einer Rückstellung Rechnung zu tragen; eine Rückstellungsbildung kann allerdings nur insoweit erfolgen, wie es zur Erfüllung der Verpflichtung erforderlich ist.

Die Tragweite der Verpflichtung in sachlicher Hinsicht sollte auf die Beseitigung der verursachten Schäden und somit auf eine Vollsanierung, also auf die Wiederherstellung aller vor der Verpachtung auf dem Grundstück gegebenen Nutzungsmöglichkeiten, hinauslaufen; eine Sanierung über den ursprünglichen Zustand hinaus (Luxussanierung) wird dem Verpflichteten aber nicht aufgegeben werden können. Die Aufwendungen aus der Sanierung hat aufgrund seiner Stellung als Vertragspartner letztlich der Pächter, soweit er als Verursacher verantwortlich zu machen ist, zu tragen; Dritte sollten dabei regelmäßig nicht als Kostentragungspflichtige in Betracht kommen.

(ii) Objektivierung aufgrund gesetzlicher Vorschriften des Zivilrechts

(aa) Sanierungsverpflichtungen nach dem BGB

Sanierungsverpflichtungen, denen auf seiten der Geschädigten Ansprüche auf Durchführung von Sanierungsmaßnahmen entsprechend gegenüberstehen, könnten sich aus drei Normen des Bürgerlichen Gesetzbuchs ableiten lassen, nämlich aus § 823 I und II, § 1004 und § 906 BGB; diese sollten sowohl Alt- als auch Betriebslasten betreffen[100].

---

99 Mit diesem Ergebnis hinsichtlich der Entstehung einer Verpflichtung zur Instandhaltung eines Inventars durch den Pächter *Sundermann*, Pachtverträgen, BB 1993, S. 825.

100 Vgl. ausführlich zur Schadensregulierung in den Bereichen des Delikts- und Nachbarrechts *Fees-Dörr/Prätorius/Steger*, Umwelthaftungsrecht, 1992, S. 58 ff (mit umfangreicher Fallgruppendarstellung).

Gemäß § 823 I BGB haftet auf Schadensersatz, wer widerrechtlich und schuldhaft Eigentum, Gesundheit oder ein sonstiges Rechtsgut eines anderen verletzt. Daraus könnte möglicherweise eine Verpflichtung zur Sanierung des kontaminierten Grundstücks abgeleitet werden, soweit als Inhalt der Schadensersatzverpflichtung eben die Wiederherstellung des ursprünglichen Zustandes, also die Sanierung des kontaminierten Grundstücks angesehen werden würde[101]. Hohe Hürden sind allerdings in den gesetzlich genannten Voraussetzungen zu erkennen[102]; so dürfte neben dem Nachweis der Ursächlichkeit zwischen Verletzungshandlung und konkretem Schaden sowie dem Nachweis der Verletzung eines geschützten Rechtsguts überhaupt[103] insbesondere "der Verschuldensnachweis am problematischsten"[104] sein[105]. Da als Verschuldensmaßstäbe Vorsatz oder Fahrlässigkeit gelten und für deren Beurteilung auf den Kenntnisstand zum Zeitpunkt der Kontaminierung abgestellt werden muß[106], sollten Ansprüche auf der Basis des § 823 I BGB - insbesondere bei Altablagerungen - häufig ausscheiden, da Vorsatz nicht vorliegen (bzw. nachzuweisen sein) dürfte und auch Fahrlässigkeit regelmäßig auszuschließen sein sollte[107].

Daneben ist als weitere Anspruchsgrundlage für den Ersatz eines Umweltschadens, welcher dann auch die Verpflichtung zur Sanierung des kontaminierten Grundstückes umfassen soll[108], § 823 II BGB anzusehen. Voraussetzung zur Anwendung dieser Vorschrift ist, daß der Eigentümer eines kontaminierten Grundstückes vorsätzlich oder fahrlässig gegen ein Schutzgesetz verstößt, welches den Schutz eines Dritten bezweckt (z.B. Abfallgesetz, Wasserhaushaltsgesetz)[109]. Auch für diesen Fall muß festgestellt werden, daß eine Verpflichtung regelmäßig am Nachweis von Vorsatz oder Fahrlässigkeit scheitern

---

101 Diese Möglichkeit bejahend *Eilers*, Rückstellungen, DStR 1991, S. 103.

102 Vgl. auch *Reuter*, Altlast, BB 1988, S. 500 ff; zudem ausführlich auch *Diederichsen*, Verantwortlichkeit, BB 1986, S. 1726 f.

103 So können an die alleinige Verunreinigung des Grundwassers noch keine Schadensersatzanspüche angeknüpft werden, da dieses "in niemandes Eigentum" steht; so *Knopp*, Rechtsfragen, BB 1990, S. 581.

104 *Knopp*, Altlastenrecht, 1992, S. 81.

105 Ausführlich zu dieser Problematik *Kolvenbach*, in: *Kamphausen/Kolvenbach/Wassermann*, Beseitigung, DB Beilage Nr. 3/87, S. 9.

106 Vgl. erneut *Knopp*, Rechtsfragen, BB 1990, S. 581.

107 Mit diesem Ergebnis auch *Kolvenbach*, in: *Kamphausen/Kolvenbach/Wassermann*, Beseitigung, DB Beilage Nr. 3/87, S. 9.

108 So *Eilers*, Rückstellungen, DStR 1991, S. 103.

109 Vgl. ausführlicher *Kloepfer*, Umweltrecht, 1989, S. 235 f.

dürfte[110]; selbst eine Umkehr der Beweislast sollte in bezug auf Alt- oder Betriebslasten und ihre Auswirkungen keine Änderung dieser Beurteilung bewirken[111].

Diese dem Deliktsrecht angehörenden Normen betreffend läßt sich also folgern, daß eine Rückstellung wegen einer Sanierungsverpflichtung auf eben dieser Basis nur in seltenen Grenzfällen zum Tragen kommen kann, denn "auf das typische Schadensentstehungsbild bei den Altlasten wollen die verschiedenen gesetzlichen Tatbestandsmerkmale nicht so recht passen, wenn man die vorsätzlich verursachten Umweltschäden beiseite läßt"[112].

Im Sachenrecht, insbesondere im privaten Nachbarrecht, finden sich - wie bereits erwähnt - weitere Rechtsgrundlagen für zivilrechtliche Abwehr-, Unterlassungs- und Schadensersatzansprüche, nämlich in den §§ 906 und 1004 BGB[113]. Elementarer Unterschied zum Inhalt der zuvor genannten Normen ist, daß es hier nicht auf ein Verschulden ankommt. Vielmehr hat gemäß § 1004 BGB jeder Eigentümer, dessen Eigentum durch Dritte eine nicht zu duldende Störung bzw. Beeinträchtigung erfährt, einen Beseitigungs- und Unterlassungsanspruch bezüglich dieser Störung[114]; bezogen auf durch Bodenkontaminationen verursachte Störungen kann daraus eine den Dritten betreffende Sanierungspflicht abgeleitet werden[115]. Diese den jeweiligen Störer betreffende Verpflichtung beinhaltet m.E. aber keine Voll- und erst recht keine Luxussanierung, sondern nur eine Sicherungsverpflichtung, die insoweit z.B. durch eine Abdeckungs- oder Einkapselungsmaßnahme erfüllt werden kann[116]; ihr ist bei drohender Inanspruchnahme durch Bilanzierung einer Rückstellung Rechnung zu tragen.

Ein Abwehranspruch steht auch einem von den Auswirkungen einer Kontamination betroffenen Nachbarn gemäß § 906 BGB zu, der die Zuführung unwägbarer Stoffe von einem anderen Grundstück verbieten kann, soweit die Benutzung seines Grundstücks durch eine nicht ortsübliche Benutzung des anderen Grundstücks wesentlich beeinträchtigt wird[117]. Insoweit ist aber der Kreis der von dieser letztgenannten Rechtsnorm geschützten Personen begrenzt auf Grundstückseigentümer und den diesen Gleichgestellten; als Verpflichtungsschuldner ist der jeweilige Störer anzusehen. Hier sollte ebenfalls eine

---

110 Mit diesem Ergebnis auch *Kolvenbach*, in: *Kamphausen/Kolvenbach/Wassermann*, Beseitigung, DB Beilage Nr. 3/87, S. 9 f.

111 Ebenda.

112 *Diederichsen*, Verantwortlichkeit, BB 1986, S. 1726.

113 Vgl. zu diesen Vorschriften auch die einschlägige Kommentierung von *Bassenge*, in: *Palandt*, Bürgerliches Gesetzbuch, 1992.

114 Vgl. auch *Knopp*, Altlastenrecht, 1992, S. 83.

115 So *Eilers*, Rückstellungen, DStR 1991, S. 104.

116 Nach der Auffassung von *Michalski*, Nachbarschutz, DB 1991, S. 1365, könnte aus dem § 1004 BGB auch ein Anspruch auf Bodenaustausch abzuleiten sein.

117 Vgl. ausführlicher dazu *Kloepfer*, Umweltrecht, 1989, S. 231 ff; erneut auch *Michalski*, Nachbarschutz, DB 1991, S. 1368.

durch den Störer zu erbringende Abdeckungs- oder Einkapselungsmaßnahme zur Erfüllung der Verpflichtung genügen[118]; insoweit wäre bei drohender Inanspruchnahme aus einer solchen Beseitigungs- und Unterlassungsverpflichtung eine Rückstellung zu bilden.

(bb) Sanierungsverpflichtungen nach dem Wasserhaushalts- und dem Umwelthaftungsgesetz

Während sich die bis hierhin aufgezeigten Zivilrechtsnormen für die Bewältigung der Alt- und der Betriebslastenproblematik (und zur Begründung von Sicherungs- oder Dekontaminierungsverpflichtungen) also als wenig geeignet erweisen[119], könnten sich Verpflichtungen zur Bodendekontaminierung weitergehend auch aus spezialgesetzlichen Haftungsregelungen mit zivilrechtlichem Charakter ergeben. Eine verschuldensunabhängige Gefährdungshaftung ergibt sich aus dem § 22 WHG[120] einerseits und aus den Regelungen des zum 1.1.1991 in Kraft getretenen Umwelthaftungsgesetzes[121] andererseits.

Die Vorschrift des § 22 WHG enthält nun zwei Tatbestände, bei denen gerade auf diese Voraussetzung des Verschuldens verzichtet wird[122]. Stattdessen soll zum Schadensersatz gegenüber einem anspruchsberechtigten Dritten verpflichtet sein, wer in ein Gewässer Stoffe einbringt oder einleitet oder auf ein Gewässer derart einwirkt, daß die Beschaffenheit des Wassers verändert wird, soweit einem anderen daraus ein Schaden entsteht (Verhaltenshaftung). Daneben ist auch der Inhaber einer Anlage[123] zum Schadensersatz verpflichtet, wenn aus dieser Anlage Stoffe in ein Gewässer gelangen, ohne eingebracht

---

118 Gleichwohl ist auch hier auf tatsächlicher Ebene die Beweissituation als problematisch anzusehen. Der für die Begründung eines Anspruchs nach § 906 BGB erforderliche Kausalitätsnachweis soll erst dann erbracht sein, "wenn der Geschädigte nachweist, daß der in Anspruch Genommene überhaupt auf die Umwelt eingewirkt hat, diese Einwirkung für den Schadenseintritt zumindest mitursächlich war und sich der Anteil des Schädigers an dem entstandenen Schaden bestimmen läßt"; so *Kloepfer*, Umweltrecht, 1989, S. 236.

119 So auch *Eilers*, Rückstellungen, DStR 1991, S. 104. "Der durch Altlasten Geschädigte hat nach der momentanen Rechtslage vom Zivilrecht wenig Hilfe zu erwarten"; so *Huth*, Verbesserungen, Müllmagazin 1988, S. 34.

120 Gesetz zur Ordnung des Wasserhaushalts (Wasserhaushaltsgesetz - WHG) in der Fassung der Bekanntmachung vom 23.9.1986, BGBl. I S. 1529, ber. S. 1654, geändert durch G v. 12.2.1990, BGBl. I S. 205.

121 Gesetz über die Umwelthaftung (UmweltHG) vom 10.12.1990, BGBl. 1990 I S. 2634.

122 Vgl. ausführlich dazu *Kloepfer*, Umweltrecht, 1989, S. 648; auch *Schröder*, wasserrechtliche Gefährdungshaftung, BB 1976, S. 63 ff.

123 Dabei ist der Begriff der Anlage weit gefaßt. Dazu gehören Fabrikations- und Abfallentsorgungsanlagen ebenso wie Halden, Tankanlagen und Jauchegruben; eben "alle betrieblichen Anlagen, die auch für die Entstehung von Altlasten im weitesten Sinne ursächlich waren", so *Knopp/Striegl*, Betriebsorganisation, BB 1992, S. 2012.

oder eingeleitet worden zu sein, und einem Dritten daraus ein Schaden entsteht (Anlagenhaftung)[124].

Anspruchsberechtigt ist, wer durch die Veränderung der Beschaffenheit des Wassers persönlich betroffen ist und einen Schaden erleidet[125]; dazu kann auch der Grundeigentümer zählen, wenn bei einer Grundwasserverunreinigung das verseuchte Erdreich entfernt werden muß[126]. Verpflichtet ist der Inhaber der Anlage oder derjenige, der Stoffe einbringt oder einleitet bzw. auf ein Gewässer einwirkt; dabei ist der Haftungsumfang nicht summenmäßig begrenzt. Unter die Schadensersatzpflicht fallen auch die sogenannten Rettungskosten, z.b. Kosten für das Ausbaggern und den Abtransport von öldurchtränktem Erdreich nach einem Tankwagenunfall[127], wenn andernfalls, d.h. ohne Vornahme der Abwehrmaßnahme, wassergefährdende Stoffe in das Gewässer gelangt wären[128]. Ist also der Inhaber einer Anlage oder derjenige, der die Beschaffenheit des Wassers verändert, von einer solchen Verpflichtung betroffen, so hat er diese bilanziell über eine Verbindlichkeitsrückstellung abzubilden, wenn ihm gegenüber ein Schadensersatzanspruch geltend gemacht wird oder wenigstens die den Anspruch begründenden Tatsachen im einzelnen bekannt geworden sind[129]. Zu beachten ist dabei, daß der Verpflichtung mit einer Sicherungsmaßnahme möglicherweise nicht Genüge getan ist, vielmehr wird auch eine Vollsanierung verlangt werden können.

Eine verschuldensunabhängige Gefährdungshaftung, die über den Bereich des Gewässerschutzes hinausgeht und sich nun auch auf die Bereiche Boden und Luft erstreckt und die bestimmte gefährliche Anlagen[130] erfaßt, ist nunmehr im jüngst erlassenen Umwelthaftungsgesetz vorgesehen. Der Inhaber einer Anlage ist, auch soweit diese nicht mehr oder eben noch nicht betrieben wird, einem Geschädigten zum Schadensersatz wegen solcher von der Anlage ausgehenden Umwelteinwirkungen verpflichtet, die seinen Körper oder seine Gesundheit verletzt oder eine Sache beschädigt haben; dies gilt auch für Schäden aus dem bestimmungsgemäßen Betrieb der Anlage (Normalbetrieb). Dabei statuiert das Gesetz

---

124 Ausführlich zur Gefährdungshaftung nach § 22 WHG *Fees-Dörr/Prätorius/Steger*, Umwelthaftungsrecht, 1992, S. 42 ff. Vgl. dazu auch *Diederichsen*, Verantwortlichkeit, BB 1986, S. 1728 ff; *ders.*, Altlasten, BB 1988, S. 921; *Knopp*, Altlastenrecht, 1992, S. 82 f.

125 Vgl. ausführlicher *Gieseke/Wiedemann/Czychowski*, Wasserhaushaltsgesetz, 1989, Anm. 22 zu § 22 WHG.

126 Mit diesem Beispiel *Kloepfer*, Umweltrecht, 1989, S. 649, Rn. 193.

127 Ausführlich zur Kostentragung bei Ölunfällen *Ehle/Drabe*, Ölunfälle, ZfW 1983, S. 143 ff.

128 Vgl. *Gieseke/Wiedemann/Czychowski*, Wasserhaushaltsgesetz, 1989, Anm. 30 ff zu § 22 WHG m.w.N.

129 Vgl. zu dieser Formulierung auch das BFH-Urteil vom 17.1.1963 IV 165/59 S, BStBl. III 1963, S. 237 f.

130 Die vom Umwelthaftungsgesetz erfaßten Anlagen werden im Anhang 1 zu diesem Gesetz erschöpfend aufgezählt; es handelt sich dabei um eine Zusammenstellung solcher Anlagetypen (aus den Industrie- und Gewerbebereichen z.B. der Wärmeerzeugung, Bergbau und Energie, Chemie, Metall, Kunststoff etc.), bei denen eine besondere Gefährlichkeit vermutet wird.

eine Verursachungsvermutung, welche nur ausgeschlossen ist, soweit der Anlageninhaber den bestimmungsgemäßen Betrieb nachweisen kann. Der Haftungsumfang ist bei Tötung, Körper- und Gesundheitsverletzung auf 160 Mio. DM begrenzt; der gleiche Höchstbetrag gilt für Sachbeschädigungen.

Aus den Regelungen des Umwelthaftungsgesetzes können nun zwei Ansätze zur Begründung von Sanierungsverpflichtungen wie folgt hergeleitet werden: Zunächst bestimmt § 1 UmweltHG, daß der Inhaber der Anlage zum Schadensersatz verpflichtet ist. Weiterhin geht aus § 16 UmweltHG hervor, daß die Aufwendungen zur Wiederherstellung eines Zustandes, wie er vor der Beschädigung einer Sache bei gleichzeitiger Beeinträchtigung der Natur oder der Landschaft existiert hatte, nicht deshalb als unverhältnismäßig anzusehen sind, weil sie den Wert der Sache übersteigen. Der Inhaber einer Anlage wird also bis zur genannten Höchstsumme zur Sanierung des Grundstücks eines Dritten in Anspruch genommen werden können, soweit die Kontamination auf die Umwelteinwirkung einer vom Umwelthaftungsgesetz erfaßten Anlage zurückgeführt werden muß. Die entsprechende Verpflichtung dürfte somit nicht durch Sicherung, sondern wohl nur durch Vollsanierung zu erfüllen sein. Hat also der Inhaber einer solchen Anlage eine ein (Fremd-)Grundstück verunreinigende Umwelteinwirkung zu vertreten, so muß er der dann bestehenden (Schadensersatz-)Verpflichtung bei unterstellter Wahrscheinlichkeit der Inanspruchnahme durch eine Rückstellungsbildung Rechnung tragen. Eine zu passivierende Beseitigungsverpflichtung sollte m.E. nicht nur bei Betriebslasten, sondern auch dann gegeben sein, wenn die Bodenverunreinigung nach derzeitigem Kenntnisstand gar nicht gefahrträchtig ist, sondern nur eine Beschädigung der Sache (Fremd-)Grundstück darstellt; auch insoweit wäre eine Rückstellung zu bilden. Schäden aus Altlasten können wegen des in § 23 UmweltHG formulierten Rückwirkungsverbotes[131] allerdings nicht auf der Grundlage des Umwelthaftungsgesetzes ausgeglichen bzw. beseitigt werden[132]; insofern müßten die bereits vorgestellten anderen zivilrechtlichen Anspruchsgrundlagen zur Anwendung kommen.

Neben dieser fremde Grundstücke betreffenden Sanierungsverpflichtung könnte sich als Reflex auch die Verpflichtung zur Sanierung des eigenen kontaminierten Grundstückes ergeben[133], soweit die Kontamination als gefahrträchtig und die Dekontaminierung zur Abwendung weiterer Schäden als unverzichtbar angesehen werden muß. Das angestrebte

---

131 "Dieses Gesetz findet keine Anwendung, soweit der Schaden vor dem Inkrafttreten dieses Gesetzes verursacht worden ist."

132 So wohl auch *Knopp*, Altlastenrecht, 1992, S. 89 f. Nach dieser Auffassung sollen "solche stetigen Schadstoffeinträge im Boden/Grundwasser, die sich aus der Vergangenheit bis über den 1.1.1991 hinaus erstrecken", aber vom Umwelthaftungsgesetz erfaßt werden. Diese Aussage ist insoweit ungenau, als bei Schäden, die durch langandauernde Einwirkungen entstanden sind, nur der Schadensteil der Gefährdungshaftung unterliegt, der nach dem Inkrafttreten des Gesetzes hinzugekommen ist; so auch *Landsberg/Lülling*, Umwelthaftungsgesetz, DB 1990, S. 2211.

133 So *Eilers*, Rückstellungen, DStR 1991, S. 104 f.

Ergebnis wird in solchen Fällen regelmäßig bereits durch Sicherungsmaßnahmen erreicht werden können.

(22) Verbindlichkeitsrückstellungen auf öffentlich-rechtlicher Basis

Ansprüche auf und Verpflichtungen zur Sanierung von Bodenkontaminationen werden mehrheitlich wohl nicht aus zivilrechtlichen Regelungen abgeleitet werden können; als weitaus bedeutsamer sollten daher die Vorschriften des öffentlichen Rechts, die im Gegensatz zu den zivilrechtlichen Normen unmittelbar auf die Verwirklichung der bereits im ersten Teil der vorliegenden Untersuchung vorgestellten Umweltschutzziele[134] ausgerichtet sind, anzusehen sein. Die Passivierung entsprechender Sanierungsverpflichtungen bestimmt sich nach den im zweiten Teil der vorliegenden Untersuchung abgeleiteten (Periodisierungs- und) Objektivierungskriterien; danach erfordert die Passivierung einer ungewissen Verbindlichkeit unter Greifbarkeitsaspekten lediglich das wahrscheinliche Entstehen einer Verpflichtung, soweit zugleich die Inanspruchnahme daraus wahrscheinlich ist.

Die - hinsichtlich der Rückstellungspflicht notwendige - Greifbarkeit einer im öffentlichen Recht begründeten ungewissen Sanierungsverbindlichkeit kann nun aus den folgenden drei im weiteren detailliert untersuchten Sachverhaltskonstellationen abgeleitet werden:

- Zunächst kann das Vorliegen eines subjektiven öffentlichen Rechts objektivierend wirken,
- daneben sollte eine zur Rückstellungsbegründung ausreichende Greifbarkeit auch bei Vorliegen oder Drohen eines Verwaltungsaktes gegeben sein und schließlich
- ist die Frage der ausreichenden Objektivierung auch schon zu bejahen bei der Existenz einer einschlägigen gesetzlichen Vorschrift des öffentlichen Rechts.

(i) Objektivierung aufgrund des Vorliegens eines subjektiven öffentlichen Rechts

Nach unbestrittener Auffassung sollen öffentlich-rechtlich begründete Verpflichtungen also nur dann zu einer Passivierungspflicht führen, wenn sie konkretisiert im Sinne einer

---

134 Dem Umweltschutz werden, wie bereits erwähnt, drei Hauptziele zugeordnet, nämlich erstens die Beseitigung bereits eingetretener Umweltschäden, zweitens die Ausschaltung oder Minderung aktueller Umweltgefährdungen und drittens Vermeidung künftiger Umweltgefährdungen durch Vorsorgemaßnahmen. Vgl. auch die Ausführungen im ersten Teil der vorliegenden Untersuchung, 2. Kapitel, Abschnitt I.

(für Zwecke der Bilanzierung ungewisser Verbindlichkeiten definierten) ausreichenden Objektivierung sind[135].

Im zweiten Teil der vorliegenden Untersuchung ist nun bereits dargelegt worden[136], daß es zur Annahme einer rückstellungsbegründenden Objektivierung, also insbesondere zur Annahme des wahrscheinlichen Entstehens einer Verpflichtung und der Wahrscheinlichkeit der Inanspruchnahme daraus ausreicht, wenn der Bilanzierende einen Dritten in seinen Rechten verletzt hat oder zu verletzen droht und diesem Dritten nun ein subjektives öffentliches Recht dergestalt zukommt, daß er von der zuständigen Behörde ein in diesem Falle drittbelastendes Verwaltungshandeln (hier: Sanierungsverfügung gegen den Bilanzierenden) verlangen kann[137].

Problematisch ist in diesem Zusammenhang allein die Erfüllung der Voraussetzungen, bei deren Vorliegen überhaupt erst von der Existenz eines subjektiven öffentlichen Rechts ausgegangen werden kann. Dies ist nämlich nur dann der Fall, wenn einerseits ein die Behörde zu einem bestimmten Verhalten verpflichtender Rechtssatz des öffentlichen Rechts vorliegt und dieser Rechtssatz andererseits auch der Befriedigung von Einzelinteressen zu dienen bestimmt ist.

Bezogen auf den Problemkomplex der Alt- und Betriebslastensanierungsverpflichtungen ist nun festzustellen, daß zunächst keine gesetzliche Vorschrift existiert, die als drittschützende Norm den zuständigen Behörden unmittelbar auferlegen würde, gegen den für eine Bodenkontamination Verantwortlichen eine Sanierungsverfügung zu erlassen. Allerdings existiert hier mit der polizeirechtlichen Generalklausel gleichwohl eine einschlägige Eingriffsermächtigung. Diese Generalklausel des allgemeinen Polizei- und Ordnungsrechts, wie sie sich z.B. in den §§ 1 und 8 PolG NW[138] niedergeschlagen hat, bestimmt, daß die Polizei die notwendigen Maßnahmen treffen kann, um eine im einzelnen Fall bestehende,

---

135 Daher kann aus dem Vorliegen allgemeiner Leitsätze des öffentlichen Rechts weder das Bestehen bzw. das wahrscheinliche Entstehen einer Verpflichtung noch die Wahrscheinlichkeit der Inanspruchnahme aus dieser abgeleitet werden; eine Rückstellungsbildung ist insoweit nicht vorstellbar.

136 Dort im 2. Kapitel, Abschnitt I., Unterabschnitt A. 5. a).

137 Insofern bedarf es weder der Möglichkeit der Geltendmachung eines zivilrechtlichen Anspruchs durch den Geschädigten noch der Erfüllung des von der Rechtsprechung entwickelten Kriteriums der hinreichenden Konkretisierung bzw. des hier stattdessen als sachgerecht erachteten Kriteriums der *Mindestkonkretisierung*. Denn bei Existenz eines subjektiven öffentlichen Rechts liegt eine strukturelle Vergleichbarkeit zwischen Verpflichtungen des privaten und solchen des öffentlichen Rechts vor, die eine nach der Herkunft der Verpflichtung differenzierte bilanzielle Behandlung verbietet. Für die Rückstellungsbildung genügt - soweit die Inanspruchnahme wahrscheinlich erscheint - also der Umstand, daß ein geschädigter Dritter von einer handlungsverpflichteten Behörde eine bestimmte, den Bilanzierenden belastende Maßnahme erzwingen kann, hier also z.B. den Erlaß einer Sanierungsverfügung.

138 Polizeigesetz des Landes Nordrhein-Westfalen (PolG NW) in der Fassung der Bekanntmachung vom 24.2.90 GV NW S. 70.

konkrete Gefahr für die öffentliche Sicherheit abzuwehren[139]; dabei hat sie die Maßnahmen nach pflichtgemäßem Ermessen zu treffen. Soweit eine rechtsfehlerfreie Ermessensausübung nur durch ein Einschreiten möglich ist, handelt es sich um eine Ermessensreduzierung auf Null; die Behörde ist insoweit zum Einschreiten verpflichtet[140].

Unter der durch die Generalklausel geschützten öffentlichen Sicherheit wird insbesondere auch die Unversehrtheit von Leben, Gesundheit, Ehre, Freiheit und Vermögen der Bürger verstanden[141]; insoweit ist darin eine individualbezogene Schutzrichtung zu erkennen. Da der individualbezogene Schutzzweck aber nur dann erfüllt werden kann, wenn die betroffenen Bürger einen Anspruch auf staatliches Einschreiten gegen sie gefährdende Dritte haben, muß die Generalklausel als drittschützend gelten[142]. Derjenige, "dessen Rechte, Rechtsgüter oder durch Normen des öffentlichen Rechts geschützte Eigeninteressen konkret gefährdet oder gestört sind, hat gegenüber den zuständigen Polizei- und Ordnungs-(Sicherheits-)behörden ein subjektives öffentliches Recht auf fehlerfreie Ausübung des zum Zwecke der Gefahrenabwehr eingeräumten Ermessens"[143], bei Ermessensreduzierung auf Null also einen Anspruch auf Einschreiten. Besteht also eine konkrete und erhebliche Gefahr für Leben, Gesundheit oder Vermögen, kann der Gefährdete ein Einschreiten der Ordnungsbehörden erzwingen[144].

Für die bilanzrechtliche Beurteilung ergibt sich aus den bisherigen Ausführungen, daß aufgrund der angesprochenen strukturellen Vergleichbarkeit an die Konkretisierung einer Verpflichtung zur Abwehr von Gefahren, die einen Dritten bedrohen, dem ein subjektives öffentliches Recht auf Einschreiten der Ordnungsbehörden zukommt, keine weitergehen-

---

139 Auf die Tatsache, daß in einigen Bundesländern Polizei- und Ordnungsbehörden nebeneinander zur Gefahrenabwehr tätig sind, soll im vorliegenden Zusammenhang nicht näher eingegangen werden; vielmehr kann aufgrund der materiellen Übereinstimmung der ordnungsrechtlichen mit der polizeirechtlichen Generalklausel eine entsprechende Differenzierung vernachlässigt werden. Vgl. stattdessen ausführlicher zur Zweigliederung in Polizei- und Ordnungsverwaltung *Friauf*, Polizei, in: *von Münch* (Hrsg.), Besonderes Verwaltungsrecht, 1985, S. 192 f.

140 Bei erheblichen Gefahren für bedeutsame Rechtsgüter, z.B. bei schweren Gefahren für Leib und Leben, besteht eine solche Verpflichtung zum Einschreiten; so *Götz*, Ordnungsrecht, 1990, Rn. 270 m.w.N.; so auch *Friauf*, Polizei, in: *von Münch* (Hrsg.), Besonderes Verwaltungsrecht, 1985, S. 207 f.

141 *Friauf*, Polizei, in: *von Münch* (Hrsg.), Besonderes Verwaltungsrecht, 1985, S. 194 f.

142 Mit dieser Ableitung *Klein*, Umweltschutzmaßnahmen, DStR 1992, S. 1774 m.w.N.

143 *Götz*, Ordnungsrecht, 1990, Rn. 272.

144 Gefahr bezeichnet hier eine Sachlage, die bei ungehindertem Ablauf in absehbarer Zeit mit hinreichender Wahrscheinlichkeit erkennbar zu einem Schaden für die öffentliche Sicherheit (hier z.B. Leben oder Gesundheit) und Ordnung führen würde. Insoweit ist immer eine Prognose über den zukünftigen Geschehensablauf erforderlich. Vom Schaden abzugrenzen ist die polizeirechtlich irrelevante bloße Belästigung, aus der gerade kein Anspruch auf ein Einschreiten geltend gemacht werden kann; zu dieser Abgrenzung bedarf es eines Werturteils anhand einer Abwägung der konkurrierenden Lebensgüter und Interessen. Vgl. *Klein*, Umweltschutzmaßnahmen, DStR 1992, S. 1775; *Knopp*, Altlastenrecht, 1992, S. 39 ff; auch *Götz*, Ordnungsrecht, 1990, Rn. 115; zur Prognose *Friauf*, Polizei, in: *von Münch* (Hrsg.), Besonderes Verwaltungsrecht, 1985, S. 201.

den Anforderungen gestellt werden dürfen[145]. Vielmehr ist eine Verbindlichkeitsrückstellung dann - aber auch nur dann - zu bilden, wenn durch eine Alt- oder Betriebslast eine konkrete Gefährdung (oder Störung) insbesondere von Leben oder Gesundheit eines Dritten, dem nach Polizei- und Ordnungsrecht ein Anspruch auf Einschreiten zur Gefahrenabwehr zusteht, auftritt. Als aus dieser Situation letztlich Verpflichteter ist der Verantwortliche (Störer) im polizeirechtlichen Sinne anzusehen; dabei kommen sowohl der Ablagerer als auch der Eigentümer sowie der Besitzer als Verantwortlicher für eine Bodenkontamination in Betracht[146]. Dieser hat unter Objektivierungsaspekten eine Verbindlichkeitsrückstellung zu passivieren, wenn er Kenntnis vom Vorliegen einer solchen Situation, also insbesondere der Verwirklichung einer einen Dritten konkret gefährdenden Bodenkontamination, hat[147].

(ii) Objektivierung aufgrund Verwaltungsakt

Zur Passivierung einer öffentlich-rechtlichen Verpflichtung, die nicht aufgrund eines subjektiven öffentlichen Rechts von einem gefährdeten Dritten über die Ordnungsbehörden geltend gemacht werden kann, genügt es unter Objektivierungsaspekten, wenn die Verpflichtung nach der hier vertretenen Auffassung mindestkonkretisiert ist. Diese *Mindestkonkretisierung* kann sich aus dem Verwaltungshandeln ergeben, namentlich aus dem Vorliegen einer Sanierungsverfügung bezüglich der Bodenkontamination[148]; insoweit muß zweifellos vom Bestehen einer passivierungspflichtigen, der Höhe nach ungewissen Verbindlichkeit ausgegangen werden[149]. Allerdings muß ein Bilanzierender, der von einer durch ihn verursachten oder zumindest zu verantwortenden Alt- oder Betriebslast Kenntnis

---

145 So auch *Klein*, Umweltschutzmaßnahmen, DStR 1992, S. 1774.

146 Vgl. auch *Götz*, Ordnungsrecht, 1990, Rn. 212a.

147 Die Verpflichtung muß aber mit erfolgter Gefahrenabwehr bereits als erfüllt gelten; nur insoweit kann eine Rückstellungsbildung auch zulässig sein.

148 Nach h.M. ist bei Vorliegen eines Verwaltungsaktes (hier: Sanierungsverfügung) eine Verbindlichkeitsrückstellung zu bilden. Vgl. dazu grundlegend die BFH-Rechtsprechung, vgl. bspw. aktuelle BFH-Urteil vom 12.12.1991 IV R 28/91, BStBl. II 1992, S. 602 f. Dem folgend die Finanzverwaltung, vgl. z.B. das BMF-Schreiben vom 11.2.1992, IV B 2 - S 2137 - 8/92, Rückstellungen wegen Vernichtung gelagerter Altreifen, DStR 1992, S. 357 sowie die *Branchenhinweise* "Gießereiindustrie" der OFD Münster, Az. S. 1474-18/1-St41-32, Stand: März 1989, S. 5 f. Mit diesem Ergebnis auch statt vieler *Sarrazin*, Zweifelsfragen, WPg 1993, S. 3; *Nieland*, Behandlung, StBp 1992, S. 271; *Kupsch*, Umweltlasten, BB 1992, S. 2323; *Herzig/Köster*, Rückstellungen, in: *Vogl/Heigl/Schäfer* (Hrsg.), Handbuch des Umweltschutzes, 1992, Kap. III - 8.1, S. 6 f; *Christiansen*, Rückstellungen, StBp 1987, S. 194.

149 Der Rückstellungsbildung steht in diesem Zusammenhang auch nicht entgegen, daß bei einer zur Gefahrenabwehr erlassenen Sanierungsverfügung regelmäßig der sofortige Vollzug angeordnet wird, da die Sanierungsaufwendungen aus der Verpflichtung dann entweder durch Sanierungsvollzug oder durch Passivierung (soweit die Verpflichtung eben noch nicht erfüllt wurde) in der entsprechenden Periode der Bodenkontaminierung oder ihrer Entdeckung ertragswirksam werden. Vgl. die entsprechenden Hinweise bei *Bäcker*, Rückstellungen, BB 1990, S. 2076; dem folgend *Bartels*, Neulastenfällen, BB 1992, S. 1319.

hat, schon mit der Eröffnung des Verwaltungsverfahrens[150] eine Rückstellung passivieren, da insoweit das Kriterium der *Mindestkonkretisierung durch Verwaltungsakt für das wahrscheinliche Entstehen einer Verpflichtung* erfüllt ist. Dieses Ergebnis gilt auch in den Fällen des Vorliegens eines bedingten Verwaltungsaktes, soweit die Erfüllung der Bedingung wahrscheinlich erscheint. Wird unmittelbar ein befehlender Verwaltungsakt erlassen, so wird die rückstellungsbegründende *Mindestkonkretisierung durch Verwaltungsakt für das Bestehen einer Verpflichtung* bejaht werden müssen. Gleiches gilt, wenn die Ordnungsbehörde zur Abwehr einer unmittelbar bevorstehenden Gefahr selbst tätig wird und daraufhin die Verantwortlichen zur Kostentragung verpflichtet.

Der Rückstellungsbildung steht in diesen Fällen nicht die Tatsache entgegen, daß sich der Verantwortliche mit einem Rechtsbehelf gegen die Verpflichtung zur Sanierung oder Kostentragung zur Wehr setzt, soweit an der Rechtmäßigkeit des Verwaltungsaktes kein Zweifel besteht[151]. Ist hingegen abzusehen, daß der Bilanzierende im Ergebnis aus dem Verwaltungshandeln nicht belastet werden wird, weil er den geltend gemachten Anspruch abwehren kann, muß eine Rückstellungsbildung unterbleiben[152].

(iii) Objektivierung aufgrund gesetzlicher Vorschriften des öffentlichen Rechts

Es ist nun allgemein anerkannt, daß mit der Passivierung einer öffentlich-rechtlichen Verpflichtung nicht regelmäßig bis zum unmittelbar bevorstehenden Ergehen eines Verwaltungsaktes gewartet werden darf. Vielmehr kann nach h.M. auch eine gesetzliche Vorschrift Grundlage einer öffentlich-rechtlichen Verpflichtung sein und somit rückstellungsbegründend wirken, wenn sie bestimmten inhaltlichen Anforderungen genügt. Diese Problematik betreffend ist im zweiten Teil der vorliegenden Untersuchung herausgearbeitet worden, daß es nicht der von der Rechtsprechung formulierten hinreichenden Konkretisierung, sondern - insbesondere auch zur Erfassung von nur wahrscheinlich entstehenden Verpflichtungen - lediglich einer *Mindestkonkretisierung* bedarf. Zur Beurteilung der Frage, ob aus einer gesetzlichen Vorschrift eine vom Bilanzierenden zu passivierende Verpflichtung (hier: zur Bodendekontaminierung) abgeleitet werden

---

150 Regelmäßig sollte nämlich dem Ergehen eines Verwaltungsaktes eine Anhörung des oder der Betroffenen gemäß § 28 VwVfG vorausgehen. Wenn jedoch unmittelbar eine sofortige Gefahrenabwehr notwendig ist, kann auch die rechtlich sonst zulässige Maßnahme im Wege der unmittelbaren Ausführung (durch die Behörde) vorgenommen und der Verantwortliche zur Kostentragung verpflichtet werden.

151 Mit diesem Ergebnis wohl auch *Wassermann*, in: *Kamphausen/Kolvenbach/Wassermann*, Beseitigung, DB Beilage Nr. 3/87, S. 14 f.

152 Als Rechtsbehelfe kommen insbesondere die Einlegung des Widerspruchs sowie die Erhebung einer Anfechtungsklage in Betracht. Die sich daraus zunächst ergebende aufschiebende Wirkung entfällt, soweit die Behörde die sofortige Vollziehung im öffentlichen Interesse oder im überwiegenden Interesse eines Beteiligten anordnet; dies sollte insbesondere bei bereits erfolgten oder noch zu befürchtenden Grundwasserkontaminationen der Fall sein. Vgl. dazu auch *Knopp*, Altlastenrecht, 1992, S. 74 ff.

muß, bedarf es der separaten Untersuchung der einzelnen Vorschriften. Für den Problembereich der Bodenkontaminationen kommen insoweit sowohl die spezialgesetzlichen Regelungen des Bundesimmissionsschutzgesetzes, des Abfall- und des Wasserrechts sowie auch ein Rückgriff auf die bereits vorgestellte Generalklausel des allgemeinen Polizei- und Ordnungsrechts in Betracht[153]. Ob nun aus einer solchen Regelung tatsächlich die Verpflichtung zur Sanierung einer Alt- oder Betriebslast abgeleitet werden muß, ist nachfolgend anhand jeder einzelnen in Betracht kommenden Rechtsnorm zu entscheiden.

(aa) Verpflichtungen nach dem Immissionsschutzrecht

Spätestens seit der 3. Novelle[154] zum Bundesimmissionsschutzgesetz[155] (BImSchG) muß dieses auch hinsichtlich des Problembereichs der Sanierung von Bodenkontaminationen beachtet werden[156].

Darin wird in genehmigungsbedürftige und nicht genehmigungsbedürftige Anlagen differenziert[157]. Unter Anlagen werden gemäß § 3 V BImSchG sowohl Betriebsstätten und sonstige ortsfeste Einrichtungen wie auch Maschinen, Geräte und eben auch solche Grundstücke verstanden, "auf denen Stoffe gelagert oder abgelagert oder Arbeiten durchgeführt werden, die Emissionen verursachen können"[158]. Genehmigungsbedürftig sind alle diejenigen Anlagen, "die auf Grund ihrer Beschaffenheit oder ihres Betriebes in be-

---

153 Bezüglich der Rechtslage in den neuen Bundesländern ist allerdings zu beachten, daß die spezialgesetzlichen Regelungen nur insoweit als verpflichtungsbegründend zum Zuge kommen, soweit der Sachverhalt, der zu der Bodenkontamination geführt hat, nicht bereits vor der Überleitung der jeweiligen Gesetze abgeschlossen war, soweit also die entsprechenden Tatbestände noch nicht vor dem 1.7.1990 abgeschlossen waren. Ansonsten kann eine Sanierung nur auf der Basis der Generalklauseln des allgemeinen Polizei- und Ordnungsrechts verlangt und durchgesetzt werden. So *Klein*, Umweltschutzmaßnahmen, DStR 1992, S. 1774; *Knopp*, Altlastenrecht, 1992, S. 108; *Michael/Thull*, Verantwortlichkeit, BB Beilage Nr. 30/90, S. 2 f; *Enders*, Rechtsprobleme, DVBl. 1993, S. 82 ff, 85. Vgl. auch zur diesbezüglichen Rechtslage *Kamphausen*, Umweltrecht, DB 1990, S. 3136 ff; *Stöck/Müller*, Altlasten, DWiR 1991, S. 182 ff; *Ebenroth/Wolff*, Umweltaltlastenverantwortung, 1992.

154 Vgl. dazu ausführlich *Büge*, Novelle, DB 1990, S. 2408 ff.

155 Gesetz zum Schutz vor schädlichen Umwelteinwirkungen durch Luftverunreinigungen, Geräusche, Erschütterungen und ähnliche Vorgänge (Bundes-Immissionsschutzgesetz - BImSchG) in der Fassung der Bekanntmachung vom 14.5.1990, BGBl. I S. 880, zuletzt geändert durch G zu dem Einigungsvertrag v. 23.9.1990, BGBl. II S. 885.

156 Hinsichtlich der bis zu dieser Neuregelung gegebenen Situation ist es wohl strittig, ob die Sanierung von Betriebslasten über immissionsschutzrechtliche Vorschriften bewirkt werden kann bzw. konnte. Gesicherte Auffassung ist hingegen, daß Altlastensanierungsverpflichtungen nicht auf dieser Basis hergeleitet werden können bzw. konnten. Vgl. dazu ausführlicher *SRU*, Altlasten, 1990, BT-Drs. 11/6191, S. 202, Tz. 802.

157 Allgemein bezweckt das BImSchG den Schutz insbesondere von Menschen, Tieren, Pflanzen und anderen Sachen vor schädlichen Umwelteinwirkungen sowie vor Gefahren, erheblichen Nachteilen und erheblichen Belästigungen, die von genehmigungsbedürftigen Anlagen ausgehen; zudem soll dem Entstehen schädlicher Umwelteinwirkungen vorgebeugt werden. Vgl. dazu ausführlicher *Kloepfer*, Umweltrecht, 1989, S. 398 ff; *Hoppe/Beckmann*, Umweltrecht, 1989, S. 399 ff.

158 § 3 V Nr. 3 BImSchG.

sonderem Maße geeignet sind, schädliche Umwelteinwirkungen hervorzurufen oder in anderer Weise die Allgemeinheit oder die Nachbarschaft zu gefährden, erheblich zu benachteiligen oder erheblich zu belästigen"[159]. Dazu zählen die etwa 150 in der 4. BImSch-Verordnung[160] abschließend genannten Anlagetypen, also nahezu alle industriellen und gewerblichen Großanlagen, so z.b. Feuerungsanlagen ab einer bestimmten Größe, Fabriken und Abfallbehandlungsanlagen. Im vorliegenden Zusammenhang entscheidend ist diese Differenzierung nun, weil an den Betrieb genehmigungsbedürftiger Anlagen besondere Betreiberpflichten, nämlich Schutz-, Vorsorge- und Reststoffvermeidungs- sowie Reststoffentsorgungs- und Abwärmenutzungspflichten angeknüpft sind[161].

Die genannte 3. Novelle erweitert nun zunächst die genannten Schutzgüter insbesondere um Boden, Wasser und Atmosphäre. Zugleich wird dem Betreiber einer genehmigungsbedürftigen Anlage eine in bezug auf die Bilanzierung von Sanierungsverpflichtungen bedeutsame neue Pflicht auferlegt. Er muß nämlich fortan nach einer Betriebseinstellung sicherstellen, daß insbesondere "von der Anlage oder dem Anlagengrundstück keine schädlichen Umwelteinwirkungen und sonstige Gefahren, erhebliche Nachteile und erhebliche Belästigungen für die Allgemeinheit und die Nachbarschaft hervorgerufen werden können"[162]; dadurch "soll der Entstehung neuer Altlasten vorgebeugt werden"[163]. Nicht von dieser Vorschrift erfaßt sind allerdings Gefahren, die von Nachbargrundstücken ausgehen, auch wenn sie auf den Anlagenbetrieb zurückzuführen sind[164].

Betreffend die Bilanzierung von Sanierungsverpflichtungen ergibt sich daraus folgendes: Der Betreiber einer genehmigungsbedürftigen Anlage im Sinne des BImSchG - und allein dieser ist aufgrund seiner Stellung als Grundstückspächter oder -eigentümer als aus der Vorschrift des § 5 III BImSchG Verpflichteter anzusehen[165] - hat bei Kenntnis vom Vorliegen einer Bodenkontamination auf dem Anlagengrundstück[166], durch welche schädliche Umwelteinwirkungen und sonstige Gefahren, erhebliche Nachteile und erhebliche Belästigungen für die Allgemeinheit und die Nachbarschaft hervorgerufen werden können, eine Verbindlichkeitsrückstellung zu bilden, da insoweit das Kriterium der *Mindestkon-*

---

159 § 4 I BImSchG.

160 Vierte Verordnung zur Durchführung des Bundesimmissionsschutzgesetzes (Verordnung über genehmigungsbedürftige Anlagen - 4. BImSchV) vom 24.7.1985, BGBl. I S. 1586, geändert durch VO vom 28.8.1991, BGBl. I S. 1838, ber. S. 2044.

161 Vgl. zu den Pflichten nicht genehmigungsbedürftiger Anlagen *Kloepfer*, Umweltrecht, 1989, S. 436 ff; *Hoppe/Beckmann*, Umweltrecht, 1989, S. 426 ff.

162 § 5 III Nr. 1 BImSchG.

163 *Büge*, Novelle, DB 1990, S. 2410.

164 *Fluck*, Nachsorgepflicht, BB 1991, S. 1801.

165 Die Nachsorgepflicht trifft also nur den ehemaligen Betreiber, nicht aber den Rechtsnachfolger im Eigentum an einer endgültig stillgelegten Anlage; so *Fluck*, Nachsorgepflicht, BB 1991, S. 1799.

166 Grundstücke können sowohl selbständige Anlagen im Sinne des BImSchG als auch Anlagenteile oder Nebeneinrichtungen sein.

kretisierung durch gesetzliche Vorschrift für das Bestehen einer Verpflichtung[167] erfüllt ist[168]. Denn der Betreiber sieht sich - auch schon für den Zeitraum vor der Betriebseinstellung[169] - einer aufgrund einer gesetzlichen Vorschrift, welche ein bestimmtes Handlungsziel durchsetzbar vorschreibt, bestehenden Verpflichtung gegenüber, deren Erfüllung er sich im Ergebnis nicht mehr entziehen kann[170], da die zuständige Behörde gemäß § 17 I BImSchG zur Erfüllung der sich aus diesem Gesetz ergebenden Pflichten und somit insbesondere zur Sicherstellung der Vermeidung schädlicher Umwelteinwirkungen gegebenenfalls nachträgliche Anordnungen erlassen wird. Die Wahrscheinlichkeit der Inanspruchnahme einer nur noch der Höhe nach ungewissen Verbindlichkeit sollte sich zur Gewißheit verdichten, wenn bei der Beurteilung berücksichtigt wird, daß der Betreiber die beabsichtigte Betriebseinstellung gemäß § 16 II BImSchG anzeigen und dieser Anzeige zugleich auch Unterlagen über die von ihm vorgesehenen Maßnahmen zur Erfüllung der aus dem § 5 III BImSchG resultierenden Pflichten (Stillegungskonzept) beifügen muß[171]; Verstöße gegen diese Anzeigepflicht sind bußgeldbewehrt[172]. Somit stellt die Erfüllung der Anzeigepflicht gemäß § 16 II BImSchG "eine faktische Selbstverpflichtung [dar], die beschriebenen Maßnahmen durchzuführen"[173]. Hervorzuheben ist, daß die Regelung auch solche Betriebslasten mit in ihren Anwendungsbereich einbezieht, die schon vor dem Inkrafttreten der Regelung (1.9.1990) durch den Betrieb der Anlage verursacht worden sind[174]. Wenn die sachlichen und zeitlichen Voraussetzungen des BImSchG also im Einzelfall erfüllt sind, ist eine Rückstellung insoweit zu bilanzieren, wie es zur Erreichung

---

167 *Fluck*, Nachsorgepflicht, BB 1991, S. 1800: "Die Pflicht zur Beseitigung von Bodenverunreinigungen nach § 5 III BImSchG entsteht jedoch nicht erst mit der erfolgten Betriebseinstellung, sondern unmittelbar mit der erfolgten Bodenverunreinigung".

168 Nach Auffassung von *Nieland*, Behandlung, StBp 1992, S. 274, ist aufgrund der gesetzlichen Überwachungs- und Regulierungsmechanismen der Druck zur Sanierung auf den Unternehmer so groß, daß sogar die restriktiven Konkretisierungsvoraussetzungen der Rechtsprechung erfüllt sein sollten.

169 So *Fluck*, Nachsorgepflicht, BB 1991, S. 1797 u. 1801.

170 Mit diesem Ergebnis auch *Fluck*, Rückstellungsbildung, BB 1991, S. 176 f; dem folgend *Bartels*, Umweltrisiken, 1992, S. 160 f, und *Rürup*, Rückstellungen, in: *Moxter* (Hrsg.), Rechnungslegung, 1992, S. 527.

171 Anläßlich der Betriebseinstellung werden künftig regelmäßig Überprüfungen der Anlage durch Sachverständige verlangt werden können; so *Büge*, Novelle, DB 1990, S. 2410. Ausführlich zur Anzeigepflicht auch *Fluck*, Nachsorgepflicht, BB 1991, S. 1802 ff.

172 Es bedarf in diesen Fällen zur Rückstellungsbildung unter Objektivierungsaspekten also keinesfalls des Tätigwerdens einer Behörde. So auch allgemein eine Rückstellungsbildungspflicht allein bei Kenntnis der Kontamination unabhängig von Maßnahmen der Behörde bejahend *Kupsch*, Umweltlasten, BB 1992, S. 2323.

173 *Fluck*, Rückstellungsbildung, BB 1991, S. 177.

174 So auch *Nieland*, Behandlung, StBp 1992, S. 274. *Oerder*, Altlasten, NVwZ 1992, S. 1032, weist ebenfalls darauf hin, daß die Anlage am 1.9.1990 noch betrieben werden muß.

des angestrebten Zieles erforderlich ist; dabei sollte allerdings die Durchführung von Sicherungsmaßnahmen bereits ausreichen[175].

Allein alle diejenigen Bodenkontaminationen, die als Altlasten anzusehen sind, sowie diejenigen Betriebslasten, die nicht im Zusammenhang mit genehmigungsbedürftigen Anlagen stehen, werden von den Normen des BImSchG nicht tangiert; ihre Sanierung wird auf andere Vorschriften gestützt werden müssen. Diese anderen Vorschriften werden ebenfalls herangezogen werden müssen, wenn das wahrscheinliche Entstehen einer Verpflichtung mit Wirkung für Zeiträume vor Bekanntwerden der Novellierungsabsicht zu beurteilen ist, da insoweit eben von der damaligen Rechtslage (ohne die Änderungen der zwischenzeitlich erfolgten Novellierung) auszugehen ist.

(bb) Verpflichtungen nach dem Abfallrecht

Das Abfallgesetz des Bundes[176], welches als spezielleres (und jüngeres) Regelungswerk dem im nächsten Unterabschnitt noch näher zu betrachtenden Wasserhaushaltsgesetz vorgeht[177], zielt nicht mehr nur allein auf die Beseitigung, sondern darüberhinaus auch auf die Vermeidung und Entsorgung von Abfällen ab. Es wird - insbesondere auch zur Regelung von durch den Bundesgesetzgeber offen gelassenen Detailfragen - durch die Abfallgesetze der Länder ergänzt[178].

In zeitlicher Hinsicht erfaßt das Bundesabfallgesetz insbesondere nicht solche Anlagen und Ablagerungen, die vor dem Inkrafttreten des Abfallbeseitigungsgesetzes (11.6.1972) stillgelegt bzw. vorgenommen worden sind; also ist auf Altlasten, deren Verursachung vor dem 11.6.1972 abgeschlossen war, das Abfallgesetz grundsätzlich nicht anwendbar[179].

---

175 Auch *Fluck*, Nachsorgepflicht, BB 1991, S. 1801, vertritt im Ergebnis die Auffassung, daß aus § 5 III BImSchG keine Verpflichtung zur Voll- oder gar zur Luxussanierung abgeleitet werden kann.

176 Abfallbeseitigungsgesetz, Bezeichnung geändert durch die Erweiterung vom 1.1.1986 "Gesetz über die Vermeidung und Entsorgung von Abfällen" (Abfallgesetz) vom 27.8.1986, BGBl. I S. 1410, ber. 1501, zuletzt geändert durch G zu dem Einigungsvertrag v. 23.9.1990, BGBl. II S. 885.

177 So auch *Nieland*, Behandlung, StBp 1992, S. 274.

178 Vgl. auch die Übersichten bei *Kloepfer*, Umweltrecht, 1989, S. 678 f; *Hösel/von Lersner*, Recht der Abfallbeseitigung, 1990/92, Rn. 3 ff zu § 10 AbfG.

179 Soweit Ablagerungen aber sowohl vor als auch nach dem Inkrafttreten vorgenommen worden sind, gelten für diese die Vorschriften des Abfallgesetzes gleichwohl, da es sich insoweit um eine unbedenkliche unechte Rückwirkung handelt; so *Kloepfer*, Umweltrecht, 1989, S. 724.

In Ausnahme dazu - und insoweit das Rückwirkungsverbot durchbrechend[180] - ist in den Landesabfallgesetzen der Länder Bayern[181] bzw. Rheinland-Pfalz[182] bestimmt, daß auch vor dem Inkrafttreten des Abfallbeseitigungsgesetzes stillgelegte (bzw. vor diesem Zeitpunkt betriebene, aber danach stillgelegte) Anlagen zu rekultivieren[183] und zu sichern sind[184]. Aus dem hier beispielhaft und stellvertretend untersuchten BayAbfAlG ergibt sich somit folgende bilanzielle Relevanz: Der ehemalige Betreiber einer Abfallentsorgungsanlage als Betroffener aus der Regelung des Art. 22 BayAbfAlG ist nicht nur zur Rekultivierung, sondern eben auch dazu verpflichtet, Vorkehrungen zu treffen, um Beeinträchtigungen des Wohles der Allgemeinheit zu verhüten[185]. Sind Anordnungen gegen diesen nicht möglich oder nicht erfolgversprechend, soll durch die Behörden ersatzweise auf den Grundstückseigentümer zurückgegriffen werden. Wird eine Sicherungsmaßnahme von den Behörden durchgeführt, so ist eine Kostentragung durch den Betreiber bzw. den Grundstückseigentümer vorgesehen. Daraus folgt, daß der nach dem BayAbfAlG Verantwortliche bei Kenntnisnahme vom Vorliegen einer Bodenkontamination, durch welche eine Beeinträchtigung des Wohles der Allgemeinheit zu befürchten ist, eine Verbindlichkeitsrückstellung bilden muß, da insoweit das Kriterium der *Mindestkonkretisierung durch gesetzliche Vorschrift für das Bestehen einer Verpflichtung* erfüllt ist. Denn der Verantwortliche sieht sich einer gesetzlichen Vorschrift, welche ein bestimmtes Handlungsziel durchsetzbar vorschreibt, gegenüber, deren Erfüllung er sich im Ergebnis nicht mehr entziehen kann, da die Zuwiderhandlung gegen eine Anordnung nach Art. 22 I BayAbfAlG gemäß Art. 33 BayAbfAlG als Ordnungswidrigkeit mit einer Geldbuße geahndet werden soll. Somit muß das Bestehen einer Verpflichtung zur Gefahrenabwehr[186], nicht aber zur Vollsanierung bejaht werden; des behördlichen Tätigwerdens bedarf es zur Bilanzierung einer Rückstellung insoweit nicht. Die Wahrscheinlichkeit der Inanspruchnahme einer Verpflichtung sollte insbesondere vor dem Hintergrund

---

180 Vgl. zur Zulässigkeit dieser Durchbrechung *Hösel/von Lersner*, Recht der Abfallbeseitigung, 1990/92, Rn. 22 zu § 10 AbfG; kritisch *Papier*, polizeiliche Störerhaftung, 1985, S. 7 f.

181 Gesetz zur Vermeidung, Verwertung und sonstigen Entsorgung von Abfällen und zur Erfassung und Überwachung von Altlasten in Bayern (Bayerischen Abfallwirtschafts- und Altlastengesetz - BayAbfAlG) vom 27.02.1991, GVBl. S. 64.

182 Landesabfallwirtschafts- und Altlastengesetzes (LAbfWAG) des Landes Rheinland-Pfalz in der Fassung vom 30.4.1991, GVBl. 5.251.

183 Vgl. ausführlich zu den im Rahmen der Bodendekontaminierungsverpflichtungen nicht betrachteten Rekultivierungsverpflichtungen die Ausführungen in diesem Kapitel der vorliegenden Untersuchung, Abschnitt II.

184 Vgl. zu den Regelungen anderer Bundesländer *SRU*, Altlasten, 1990, BT-Drs. 11/6191, S. 200, Tz. 789.

185 Art. 22 I BayAbfAlG: "Die ehemaligen Betreiber ... haben das Gelände ... auf ihre Kosten zu rekultivieren oder sonstige Vorkehrungen zu treffen, um Beeinträchtigungen des Wohls der Allgemeinheit zu verhüten".

186 Ebenfalls auf Maßnahmen der Gefahrenabwehr abstellend und die Möglichkeit einer an der Vorsorge orientierten Sanierung verneinend *SRU*, Altlasten, 1990, BT-Drs. 11/6191, S. 200, Tz. 788 m.w.N.

zu bejahen sein, daß über die Erstellung von Altlastenkatastern - auch in Bayern - eine umfassende Ermittlung der vorhandenen altlastenverdächtigen Flächen und Altlasten angestrebt wird[187]. Für den Kreis der weder vom Bundesabfallgesetz noch von den genannten landesgesetzlichen Regelungen erfaßten Alt- oder Betriebslasten ergibt sich aus dem Abfallrecht keine Sanierungsverpflichtung; eine solche könnte aber immerhin noch aus dem Wasserhaushaltsgesetz oder aus dem allgemeinen Polizei- und Ordnungsrecht abzuleiten sein.

Nachfolgend sollen nun die Regelungen vorgestellt werden, die für die vom Abfallgesetz (des Bundes) erfaßten Sachverhalte hinsichtlich der Sanierung von Alt- und von Betriebslasten gelten[188]. Zunächst erscheint es sinnvoll, hinsichtlich der Sachverhalte weiter zu differenzieren in bereits stillgelegte oder noch stillzulegende Abfallbeseitigungsanlagen einerseits und sonstige Alt- oder Betriebslasten andererseits. Dabei ist entscheidendes Kriterium für die Beurteilung einer Anlage oder Einrichtung als Abfallbeseitigungsanlage ihre Zweckbestimmung; auf besondere Einrichtungen zur Abfallentsorgung kommt es nicht an[189]. Für die vom Abfallgesetz erfaßten bereits stillgelegten[190] oder noch stillzulegenden Anlagen sieht nun § 10 II AbfG vor, daß die zuständige Behörde den (ehemaligen) Inhaber einer ortsfesten Abfallentsorgungsanlage verpflichten soll, auf seine Kosten das Gelände zu rekultivieren und "sonstige Vorkehrungen zu treffen, die erforderlich sind, Beeinträchtigungen des Wohls der Allgemeinheit zu verhüten". Daraus ist also zunächst die zuständige Behörde zum Handeln verpflichtet; zugleich sollte nach allgemein herrschender Auffassung die gesetzliche Formulierung einer "Soll"-Vorschrift aber nicht über die Tatsache hinwegtäuschen, daß die zuständige Behörde tatsächlich zum Einschreiten verpflichtet und nicht bloß ermächtigt ist[191]. Zugleich ergibt sich daraus aber auch für den (ehemaligen) Inhaber einer ortsfesten Abfallentsorgungsanlage eine rückstellungsrelevante Pflichtensituation, da er die stillgelegte Anlage auf seine Kosten zu sichern und zu rekultivieren hat[192]; die *Mindestkonkretisierung durch gesetzliche Vorschrift für das wahrscheinliche Entstehen einer Verpflichtung* ist als erfüllt anzusehen. Diese Sicherungspflicht, die darauf abzielt, daß der Inhaber eine Beeinträchtigung des Wohles der Allgemeinheit zu vermeiden hat, ist insoweit auch durchsetzbar, als § 9 AbfG vorsieht, daß die Behörden nachträglich (auch nach bereits erfolgter Stillegung) Bedingungen und Auflagen anordnen und gegebenenfalls sogar den Betrieb untersagen können.

---

187 Vgl. dazu stellvertretend Art. 27 BayAbfAlG.

188 Vgl. ausführlich zur Sanierung auf abfallrechtlicher Grundlage auch *Paetow*, Abfallrecht, NVwZ 1990, S. 510 ff.

189 So *Hoppe/Beckmann*, Umweltrecht, 1989, S. 482.

190 So *Hösel/von Lersner*, Recht der Abfallbeseitigung, 1990/92, Rn. 14 zu § 10 AbfG; *Schink*, Abfallrechtliche, DVBl. 1985, S. 1157.

191 So auch *Nieland*, Behandlung, StBp 1992, S. 274 m.w.N.; *Schink*, Abfallrechtliche, DVBl. 1985, S. 1156 m.w.N.

192 So *Hösel/von Lersner*, Recht der Abfallbeseitigung, 1990/92, Rn. 14 zu § 10 AbfG.

Als Sicherungsmaßnahmen kommen "insbesondere Vorkehrungen zur Vermeidung von Auswaschungen, von Schäden durch Austritt oder Explosion von Gasen oder zur schadlosen Beseitigung des Sickerwassers"[193] in Betracht. Hat also der Inhaber einer Abfallentsorgungsanlage als derjenige, der aus der Vorschrift des § 10 II AbfG allein verpflichtet werden kann[194], konkrete Kenntnis vom Vorliegen einer die Gefahr der Beeinträchtigung des Wohles der Allgemeinheit mit sich bringenden Bodenkontamination[195], so muß er eine Verbindlichkeitsrückstellung in dem Umfang bilden, wie es zur Sicherung (nicht: Vollsanierung) der Kontamination (nach der Stillegung) erforderlich ist[196]. Von der Wahrscheinlichkeit der Inanspruchnahme ist auszugehen, da der Inhaber einer Anlage zur Anzeige der beabsichtigten Stillegung verpflichtet ist, die Behörden insbesondere daraufhin nicht nur zum Einschreiten berechtigt, sondern sogar verpflichtet sind und zudem auch noch gemäß § 11 AbfG ein Netz von Anzeige- und Überwachungspflichten bezüglich der Abfallentsorgung gesetzlich vorgesehen ist.

Die hier als sonstige Alt- und Betriebslasten bezeichneten übrigen Kontaminationssachverhalte betreffend ist festzustellen, daß eine Sanierungsverpflichtung regelmäßig wohl nicht aus dem Abfallrecht hergeleitet werden kann, da "der Schlüssel für die Anwendung des AbfG ... in der Definition des Begriffs »Abfall« in § 1 Abs. 1 AbfG zu sehen"[197] ist. Denn der Abfallbegriff hat zur Voraussetzung, daß es sich um bewegliche Sachen handelt; zur unbeweglichen Sache werden Abfallstoffe dann, wenn sie zu wesentlichen Bestandteilen eines Grundstückes geworden sind, also wenn sie mit diesem fest verbunden sind. Daraus folgt, daß Bodenkontaminationen regelmäßig nicht als Abfälle angesehen werden können, nämlich immer dann nicht, wenn und soweit sich in den Boden eingedrungene Stoffe mit diesem fest verbunden haben oder aber An- oder Aufschüttungen mit einer Erdschicht bedeckt und mit größeren Sträuchern oder Bäumen bewachsen sind[198]. Zu Abfall wird der kontaminierte Boden aus Alt- oder Betriebslasten erst mit dem Ausbaggern; bis zu diesem Zeitpunkt kann aus den Vorschriften des Abfallgesetzes, soweit diese an den Abfallbegriff anknüpfen, keine Sanierungsverpflichtung abgeleitet werden.

Soweit in Ausnahmefällen die sonstigen Alt- oder Betriebslasten nun doch als Abfall an-

---

193 *Schink*, Abfallrechtliche, DVBl. 1985, S. 1156.
194 Den Begriff des Inhabers (und somit den Kreis der aus § 10 AbfG Verpflichteten) allein auf die Betreiber einer Entsorgungsanlage beschränkend *Hösel/von Lersner*, Recht der Abfallbeseitigung, 1990/92, Rn. 9 zu § 10 AbfG m.w.N.; *Kamphausen*, in: Kamphausen/Kolvenbach/Wassermann, Beseitigung, DB Beilage Nr. 3/87, S. 3. A.A., wonach auch der Grundstückseigentümer als Inhaber der tatsächlichen Gewalt zur Vornahme von Sicherungsmaßnahmen verpflichtet werden kann, ist *Schink*, Abfallrechtliche, DVBl. 1985, S. 1156.
195 Eine bloße Vermutung aufgrund des für den Betrieb von Abfallbeseitigungsanlagen wohl typischen Risikos der Bodenkontaminierung reicht zur Rückstellungsbildung nicht aus.
196 So wohl auch *SRU*, Altlasten, 1990, BT-Drs. 11/6191, S. 200, Tz. 788 m.w.N.
197 *Schink*, Abfallrechtliche, DVBl. 1985, S. 1151.
198 Ebenda.

zusehen sind, liegt ein Verstoß gegen § 4 I AbfG - wonach Abfälle nur in den dafür zugelassenen Anlagen oder Einrichtungen behandelt, gelagert oder abgelagert werden dürfen - vor. In diesen Fällen eines Verstoßes gegen § 4 I AbfG sind die zuständigen Behörden auf der Grundlage von aus den Landesabfallgesetzen resultierenden Sonderregelungen oder der ordnungsbehördlichen Generalklausel berechtigt, die Entfernung der Abfälle und ihre Entsorgung anzuordnen[199]; dieser Verstoß ist gemäß § 18 I Nr. 1 AbfG mit einem Bußgeld belegt. Das bereits stellvertretend vorgestellte BayAbfAlG bestimmt in Art. 31 I: "Wer in unzulässiger Weise Abfälle behandelt, lagert oder ablagert, ist zur Beseitigung des rechtswidrigen Zustandes verpflichtet". Gemäß Art. 31 II BayAbfAlG kann die Kreisverwaltungsbehörde die erforderlichen Anordnungen zur Beseitigung des rechtswidrigen Zustandes treffen; wird diesen nicht nachgekommen, so droht eine Geldbuße. Können also nun diese Vorschriften im Einzelfall tatsächlich zur Anwendung kommen, so ist dem durch Passivierung einer Rückstellung Rechnung zu tragen, da die *Mindestkonkretisierung durch gesetzliche Vorschrift für das Bestehen einer Verpflichtung* als erfüllt angesehen werden muß. Denn es existiert eine gesetzliche Vorschrift, die ein Handlungsziel (Beseitigung des rechtswidrigen Zustandes) durchsetzbar vorschreibt; die Erfüllung der Verpflichtung dürfte nur über eine Vollsanierung, d.h. über eine völlige Beseitigung der Abfälle, zu erreichen sein. Das Vorliegen der Wahrscheinlichkeit der Inanspruchnahme ist mit den oben bereits angeführten Argumenten zu bejahen.

(cc) Verpflichtungen nach dem Wasserrecht

Neben den spezialgesetzlichen Vorschriften des Abfallrechts kommt auch denjenigen des Wasserrechts eine - wenn auch nur begrenzte - Bedeutung für die Sanierung von Alt- und Betriebslasten zu[200]. Die Anwendbarkeit des Wasserrechts resultiert aus dem Umstand, daß das durch Bodenkontaminierungen verunreinigte Erdreich in vielen Fällen auch eine Gefahr für das (Grund-)Wasser darstellt. Das Wasserrecht kommt insbesondere dann zur Anwendung, wenn die Vorschriften des erst zwölf Jahre später in Kraft getretenen Abfallgesetzes nicht greifen; dies wird z.B. häufig der Fall sein bei Bodenverunreinigungen in der Folge industrieller Produktion, da - wie bereits ausgeführt - kontaminiertes Erdreich vor dem Ausbaggern gerade nicht als Abfall gilt, weil insoweit nur eine unbewegliche Sache vorliegt[201]. Das Wasserrecht kommt allerdings nicht zur Anwendung, soweit

---

199 Vgl. *Knopp*, Rechtsfragen, BB 1990, S. 579 m.w.N.
200 Zur (hier nicht bedeutsamen) Relativierung der vom WHG geschützten Belange durch das Abfallgesetz vgl. *Gieseke/Wiedemann/Czychowski*, Wasserhaushaltsgesetz, 1989, Anm. 15 zu § 26 WHG m.w.N.
201 Vgl. auch *Schink*, Wasserrechtliche, DVBl. 1986, S. 162.

(grund-) wassergefährdende Ablagerungen vor dem Inkrafttreten des Wasserhaushaltsgesetzes (1.3.1960) abgeschlossen worden sind[202].

Auf Ablagerungen nach diesem Datum sowie auf Ablagerungen vor diesem Datum, die darüberhinaus noch andauern[203], können jedoch die wasserrechtlichen Regelungen, namentlich die §§ 26 II und 34 II WHG, Anwendung finden[204]. Eine unerlaubte Gewässerbenutzung im Sinne des § 3 I oder II WHG kann aber in einer Grundwasserkontamination aufgrund von Alt- oder Betriebslasten im Regelfall wohl nicht gesehen werden, da es insoweit schon an dem vorauszusetzenden gewässerbezogen-zielgerichteten Handeln (insbesondere Einbringen und Einleiten) fehlt[205].

Die Vorschriften der §§ 26 II und 34 II WHG sind beinahe wortgleich, so lautet § 26 II WHG: "Stoffe dürfen an einem Gewässer nur so gelagert oder abgelagert werden, daß eine Verunreinigung des Wassers oder eine sonstige nachteilige Veränderung seiner Eigenschaften ... nicht zu besorgen ist." Demgegenüber stellt § 34 II WHG auf das Grundwasser ab: "Stoffe dürfen nur so gelagert oder abgelagert werden, daß eine schädliche Verunreinigung des Wassers oder eine sonstige nachteilige Veränderung seiner Eigenschaften nicht zu besorgen ist."

Eine Zuwiderhandlung gegen diese Vorschriften ist gemäß § 41 I Nr. 9 WHG als Ordnungswidrigkeit mit einem Bußgeld belegt; wer diesen Vorschriften zuwiderhandelt, kann mit Mitteln des Ordnungsrechts gezwungen werden, die Vorschriften einzuhalten[206]. Daraus folgt, daß mit ordnungsrechtlichen Mitteln eine Beseitigung des rechtswidrigen Zustandes, also eine Sanierung, durchsetzbar ist. Weiterhin ist zu berücksichtigen, daß mit der Zuwiderhandlung darüberhinaus auch der Straftatbestand der Gewässerverunrei-

---

202 Die bundesrechtlichen Regelungen (Wasserhaushaltsgesetz) werden hier durch landesrechtliche Regelungen (Landeswassergesetze) ergänzt. Insoweit ist die Situation derjenigen im Abfallrecht vergleichbar. Allerdings kommt den Landeswassergesetzen dabei keine so weitreichende Bedeutung zu wie vergleichsweise den Landesabfallgesetzen. Vielmehr ist "den Landesgesetzgebern in wesentlichen Fragen kein eigener Entscheidungsspielraum mehr verblieben"; so *Hoppe/Beckmann*, Umweltrecht, 1989, S. 339. Daher soll nachfolgend nur noch auf das WHG Bezug genommen werden.

203 Beispielhaft könnte hier an eine Deponie gedacht werden, die vor diesem Datum in Betrieb genommen und später fortbetrieben wurde; mit diesem Hinweis *SRU*, Altlasten, 1990, BT-Drs. 11/6191, S. 201, Tz. 791.

204 Dritte können weder ein subjektives Recht noch ein eigenes rechtlich geschütztes Interesse aus diesen Vorschriften ableiten; so *Gieseke/Wiedemann/Czychowski*, Wasserhaushaltsgesetz, 1989, Anm. 21 zu § 34 WHG m.w.N.

205 Vgl. dazu *Kloepfer*, Umweltrecht, 1989, S. 724; so auch *Kamphausen*, in: *Kamphausen/Kolvenbach/Wassermann*, Beseitigung, DB Beilage Nr. 3/87, S. 5, und *Schink*, Wasserrechtliche, DVBl. 1986, S. 162 f. Danach erfüllt das zufällige Hineingelangen von wassergefährdenden Stoffen in das Erdreich, z.B. als unbeabsichtigte Folge industrieller Produktion, nicht die Tatbestände des § 3 WHG.

206 So *Gieseke/Wiedemann/Czychowski*, Wasserhaushaltsgesetz, 1989, Anm. 19 zu § 34 WHG m.w.N.

nigung im Sinne des § 324 StGB erfüllt sein kann[207]. Gemäß § 324 StGB ist sowohl die Verunreinigung als auch die nachteilige Veränderung der Qualität des Wassers durch Einbringung von Stoffen strafbar; dabei sind auch die fahrlässige Begehung und der Versuch strafrechtlich erfaßt[208]. Wer ein Gewässer verunreinigt oder sonst nachteilig verändert, ist danach zu bestrafen; jedes Verursachen - z.b. durch Einlagern von Stoffen in den Boden -, jedes Setzen einer Ursache für eine Gewässerverunreinigung genügt[209], um diesen Straftatbestand zu erfüllen[210]. Unter Objektivierungsaspekten ist also bedeutsam, daß an die Verletzung der Pflichten (z.b. solcher zur Vermeidung (grund-)wassergefährdender Stofflagerungen und Stoffablagerungen) Sanktionen geknüpft sind[211].

Das WHG enthält somit zwar keine Norm, die in der Form einer konditionalen Anordnung unmittelbar die Sanierung vorhandener Alt- oder Betriebslasten sanktionsbewehrt anordnen würde; es formuliert aber sanktionsbewehrt ein Gebot der die Gewässer nicht gefährdenden Lagerung oder Ablagerung von Stoffen, das auch als Unterlassungsgebot bzw. als Verbot der (grund-)wassergefährdenden Lagerung oder Ablagerung interpretiert werden kann. Im Umkehrschluß könnte daraus aber nun doch die Anordnung, bereits eingetretene schädliche Verunreinigungen oder nachteilige Veränderungen wieder zu beseitigen, abgeleitet werden[212]. Zudem wird im Fachschrifttum ausgeführt, daß sich eine Rechtspflicht zur Beseitigung der Gefahrensituation auch schon aus der Vorschrift des § 1 a II WHG ableiten läßt, welche "den Verursacher einer Grundwassergefährdung durch in den Boden eingedrungene wassergefährdende Stoffe dazu [verpflichtet], den Boden abzutragen, um ein weiteres Eindringen der Flüssigkeit ins Grundwasser zu verhüten"[213];

---

207 Zu den strafrechtlichen Konsequenzen von Bodenkontaminationen vgl. bspw. *Wüterich*, Altlastenproblematik, BB 1992, S. 2449 ff; *Breuer*, Änderungen, NJW 1988, S. 2074 ff. Zur strafrechtlichen Verantwortlichkeit für unzulässige Müllablagerungen Dritter allein aufgrund des Grundeigentums *Schmitz*, Müllablagerungen, NJW 1993, S. 1167 ff, sowie *Hecker*, Müllablagerungen, NJW 1992, S. 873 ff.

208 Vgl. *Kamphausen*, in: *Kamphausen/Kolvenbach/Wassermann*, Beseitigung, DB Beilage Nr. 3/87, S. 18; auch *Knopp*, Altlastenrecht, 1992, S. 95 ff.

209 Vgl. ausführlicher zu den genannten strafrechtlichen Aspekten *Franzheim*, Verantwortlichkeiten, in: *Entsorga* (Hrsg.), Altlastensanierung, 1989, S. 79 ff; *ders.*, Strafrechtliche, ZfW 1987, S. 9 ff.

210 Zugleich ist aber zu beachten, daß aufgrund des im Art. 103 II GG verankerten Rückwirkungsverbots Boden- oder Grundwasserverunreinigungen dann nicht bestraft werden können, wenn diese vor dem Datum des Inkrafttretens der Vorschriften des §§ 324 ff StGB (28.3.1980) abgeschlossen waren. Außerdem kann eine Bestrafung dann nicht erfolgen, wenn die Umweltstraftaten bereits verjährt sind. Vgl. ausführlicher *Franzheim*, Verantwortlichkeiten, in: *Entsorga* (Hrsg.), Altlastensanierung, 1989, S. 79 f; *Knopp*, Altlastenrecht, 1992, S. 95 ff.

211 "Die drohende Bestrafung kann manchen Verantwortlichen dazu bewegen, Altlasten schnell und ordnungsgemäß zu beseitigen oder zu sanieren", so *Franzheim*, Strafrechtliche, ZfW 1987, S. 16.

212 So *Bäcker*, Kontaminationen, DStZ 1991, S. 34; dem folgend *Bartels*, Umweltrisiken, 1992, S. 156.

213 *Schink*, Wasserrechtliche, DVBl. 1986, S. 164.

diese Auffassung wird unter Hinweis auf die Unbestimmtheit des in § 1 a II WHG formulierten Tatbestandes allerdings auch abgelehnt[214].

Ohne daß es hier hinsichtlich der zuletzt aufgezeigten Auffassungsunterschiede einer abschließenden Entscheidung bedürfte, ist bereits auf der Basis der Ausführungen zu den §§ 26 und 34 WHG für bilanzrechtliche Zwecke folgende Beurteilung vorzunehmen:

Im zweiten Teil der vorliegenden Untersuchung wurde bereits bejaht[215], daß auch ein sanktionsbewehrtes Verbot (Unterlassungsgebot) als Grundlage für eine Rückstellungspassivierung zu berücksichtigen ist, da insofern die Möglichkeit des wahrscheinlichen Entstehens einer ungewissen Verbindlichkeit geprüft werden muß.

Die Anwendbarkeit der Vorschriften der §§ 26 II und 34 II WHG setzt nun auf der tatsächlichen Ebene voraus, daß einerseits Stoffe gelagert oder abgelagert wurden[216] und daß andererseits daraus eine Verunreinigung des (Grund-)Wassers[217] auch nur zu besorgen ist. Der sogenannte Besorgnisgrundsatz bedeutet, daß es keiner bevorstehenden Gefahr im Sinne des allgemeinen Polizei- und Ordnungsrechts bedarf, sondern nur der Möglichkeit eines entsprechenden Schadenseintritts nach den gegebenen Umständen im Rahmen einer auf sachlich vertretbaren Feststellungen beruhenden Prognose[218].

Hat ein Bilanzierender Kenntnis von einer durch ihn zu verantwortenden Lagerung oder Ablagerung von Stoffen, aufgrund der eine (Grund-)Wasserverunreinigung zu besorgen ist, und verstößt er somit gegen die §§ 26 II WHG oder den § 34 II WHG, so handelt er ordnungswidrig und muß eine Rückstellung bilden, da er sich einer durchsetzbaren Verpflichtung aus einer gesetzlich fixierten Pflichtensituation gegenübersieht. Die *Mindestkonkretisierung durch gesetzliche Vorschrift für das wahrscheinliche Entstehen einer Verpflichtung* ist als erfüllt anzusehen, da aus dem gesetzlichen Verbot der (grund-)wassergefährdenden Lagerung oder Ablagerung von Stoffen im Umkehrschluß - unter Berücksichtigung der Position insbesondere des Grundwassers als besonders hoch anzusiedelndes Schutzgut - gefolgert werden muß, daß eine Pflichtensituation dahingehend besteht, ver-

---

214 So *Gieseke/Wiedemann/Czychowski*, Wasserhaushaltsgesetz, 1989, Anm. 25 zu § 1 a WHG m.w.N.

215 Vgl. im zweiten Teil der vorliegenden Untersuchung das zweite Kapitel, Abschnitt I., Unterabschnitt A. 5. b) (2) (a).

216 Der Begriff "Stoffe" umfaßt dabei alle festen, flüssigen oder gasförmigen Stoffe, die eine nachteilige Veränderung des (Grund-)Wassers bewirken können. Lagern meint die Aufbewahrung mit dem Ziel späterer Verwertung im Sinne einer zukünftig noch beabsichtigten gezielten Einwirkung auf den Stoff. Beim Ablagern ist eine solche spätere Einwirkung nicht mehr beabsichtigt, der Ablagernde will sich vielmehr der Stoffe entledigen. Vgl. ausführlicher *Gieseke/Wiedemann/ Czychowski*, Wasserhaushaltsgesetz, 1989, Anm. 17 ff zu § 26 WHG m.w.N.

217 "Ortsfeste" (z.B. gebundene, immobile bzw. immobilisierte Alt- bzw. Betriebslasten, also solche, bei denen eine Kontaminierung des (Grund-)Wassers auszuschließen ist, fallen demnach nicht in den Anwendungsbereich des WHG.

218 Vgl. erneut *Gieseke/Wiedemann/Czychowski*, Wasserhaushaltsgesetz, 1989, Anm. 28 ff zu § 26 WHG.

botswidrig eingetretene schädliche Verunreinigungen umgehend (also sofort) zu beseitigen[219]; dazu kann der Verantwortliche von den Wasserbehörden mit den Mitteln des Ordnungsrechts gezwungen werden. Von der Wahrscheinlichkeit der Inanspruchnahme ist auszugehen, da das Ermessen der Behörden aufgrund des überragend hohen Stellenwertes der Grundwasserreinheit regelmäßig auf Null reduziert sein dürfte; insoweit bestünde eine Eingriffspflicht der Behörde[220]. Von der Wahrscheinlichkeit der Kenntnisnahme einer Grundwassergefährdung durch die Wasserbehörden ist ebenfalls auszugehen, da insbesondere die Landeswassergesetze Bestimmungen über Anzeigepflichten für die Fälle des Austretens wassergefährdender Stoffe einerseits und auch weitere Anzeigepflichten hinsichtlich der Herstellung, des Betriebs und der Stillegung von Anlagen zum Umgang mit wassergefährdenden Stoffen andererseits enthalten[221]. Insoweit darf für Zwecke der Rückstellungsbildung nicht auf ein Tätigwerden der Behörden abgestellt werden.

Umstritten ist jedoch, wie weit der Kreis der Verantwortlichen insbesondere hinsichtlich der Regelung des § 34 II WHG zu ziehen ist, da es zur Annahme des Ablagerns einer finalen Handlungsweise bedürfen soll[222]; nach anderer Auffassung kann ein Ablagern aber auch schon durch Unterlassung, z.B. der Beseitigung der Gefahr einer Grundwasserbeeinträchtigung, gegeben sein[223]. Dies hindert aber keinesfalls die Rückstellungsbildung in den Fällen, in denen der Bilanzierende tatsächlich für die (Grund-)Wassergefährdung verantwortlich gemacht werden muß.

Von diesem Verantwortlichen, also demjenigen, der lagert oder ablagert, können Gefahrenabwehr- und Beseitigungsmaßnahmen, z.B. Austausch des verunreinigten Erdreiches sowie Abpumpen und Reinigen des belasteten Grundwassers, verlangt werden, nicht jedoch Rekultivierungsmaßnahmen[224]; demnach zielt die Verpflichtung zwar auf eine Voll-, nicht aber auf eine Luxussanierung ab.

(dd) Verpflichtungen nach dem allgemeinen Polizei- und Ordnungsrecht

Soweit nun also die spezialgesetzlichen Regelungen im konkreten Einzelfall aufgrund ihrer jeweiligen zeitlichen und/oder sachlichen Beschränkungen nicht zum Tragen kommen,

---

219 Mit diesem Ergebnis wohl auch *Nieland*, Behandlung, StBp 1992, S. 275; sowie *Bäcker*, Altlastenrückstellungen, BB 1990, S. 2229.
220 So auch *Klein*, Umweltschutzmaßnahmen, DStR 1992, S. 1775.
221 Vgl. ausführlicher dazu *Gieseke/Wiedemann/Czychowski*, Wasserhaushaltsgesetz, 1989, Anm. 20 zu § 19 g WHG m.w.N.; auch *Wüterich*, Altlastenproblematik, BB 1992, S. 2452.
222 So *Gieseke/Wiedemann/Czychowski*, Wasserhaushaltsgesetz, 1989, Anm. 15 zu § 34 WHG m.w.N.
223 Vgl. ausführlicher *Schink*, Wasserrechtliche, DVBl. 1986, S. 164.
224 So *Schink*, Wasserrechtliche, DVBl. 1986, S. 165; *Kamphausen*, in: *Kamphausen/Kolvenbach/Wassermann*, Beseitigung, DB Beilage Nr. 3/87, S. 5; *Kloepfer*, Umweltrecht, 1989, S. 724; dem folgend *Knopp*, Rechtsfragen, BB 1990, S. 579.

muß auf das subsidiär anzuwendende allgemeine Polizei- und Ordnungsrecht zurückgegriffen werden; da dies in der Praxis häufig der Fall sein dürfte, wird in diesem Zusammenhang auch von der "Renaissance des Polizei- und Ordnungsrechts"[225] gesprochen. Seine wesentlichen Anwendungsbereiche[226] beziehen sich einerseits auf vor Inkrafttreten des Abfallgesetzes entstandene Altablagerungen, soweit keine nach dem WHG zu beurteilende Besorgnis der Gewässerbeeinträchtigung besteht, sondern andere über die angesprochene Generalklausel zu schützende Rechtsgüter bedroht sind, und andererseits auf Altablagerungen, die vor Inkrafttreten des WHG entstanden sind[227]. Daneben können aber wohl auch Alt- oder Betriebslasten an nicht dem Immissionschutzrecht unterliegenden Standorten vom Polizei- und Ordnungsrecht betroffen sein, sofern weder das Wasserrecht (z.B. wegen nicht zu besorgender Gewässergefährdung) noch das Abfallrecht (z.B. wegen der Verunreinigung von Erdreich, welches vor dem Ausbaggern ja gerade nicht als Abfall angesehen werden kann) zur Anwendung kommen können.

Die Generalklausel des allgemeinen Polizei- und Ordnungsrechts, wie sie sich - dem Musterentwurf eines ländereinheitlichen Polizeigesetzes folgend - z.B. im § 14 OBG NW[228] und in den §§ 1 und 8 PolG NW[229] niedergeschlagen hat, sieht vor, daß die Ordnungs- bzw. die Polizeibehörden[230] die notwendigen Maßnahmen treffen können, um eine im einzelnen Fall bestehende, konkrete Gefahr für die öffentliche Sicherheit und Ordnung abzuwehren. Da das - auf die spezielle Bodenkontaminationsproblematik nicht zugeschnittene[231] - Polizei- und Ordnungsrecht also ein Gefahrenabwehrrecht ist, sind zur Beurteilung der Frage, ob Alt- oder Betriebslastensanierungsrückstellungen aufgrund der Generalklausel zu bilden sind, drei entscheidende Aspekte zu beachten[232]:

---

225 *Breuer*, Rechtsprobleme, NVwZ 1987, S. 753.

226 Vgl. dazu *SRU*, Altlasten, 1990, BT-Drs. 11/6191, S. 201, Tz. 795; auch *Schink*, Wasserrechtliche, DVBl. 1986, S. 166.

227 Dies gilt, soweit das Immissionschutzrecht nicht zum Zuge kommt.

228 Gesetz über Aufbau und Befugnisse der Ordnungsbehörden - Ordnungsbehördengesetz (OBG) - vom 13.5.1980 GV NW 1980 S. 528, zuletzt geänd. durch Art. 7 des Gesetzes zur Änd. des VwVfG für das Land NW und zur Änd. anderer landesrechtlicher Vorschriften vom 24.11.1992 (GV NW S. 446).

229 Polizeigesetz des Landes Nordrhein-Westfalen (PolG NW) in der Fassung der Bekanntmachung vom 24.2.90 GV NW S. 70.

230 Im vorliegenden Zusammenhang soll nicht näher auf die Tatsache eingegangen werden, daß in einigen Bundesländern Polizei- und Ordnungsbehörden nebeneinander zur Gefahrenabwehr tätig sind; eine entsprechende Differenzierung kann, wie bereits erwähnt, vernachlässigt werden.

231 So *Staupe*, Aspekte, DVBl. 1988, S. 610.

232 Die Rückstellungsbildung hängt von der öffentlich-rechtlichen Pflichtenlage ab. Da diese Pflichtenlage, wie *Groh*, Altlastenrückstellungen, DB 1993, S. 1833, zutreffend feststellt, im bisher veröffentlichten Fachschrifttum "nur dürftig erörtert worden" ist, sind nachfolgend einige grundsätzliche Ausführungen dazu unabdingbar.

- Zunächst ist als wesentliche Voraussetzung für dessen Anwendbarkeit zu berücksichtigen, daß aufgrund der vorliegenden Alt- oder Betriebslast eine Beeinträchtigung der öffentlichen Sicherheit und Ordnung bereits eingetreten sein muß oder zumindest eine Gefahr für die öffentliche Sicherheit und Ordnung von ihr ausgeht.
- Dann ist festzustellen, daß nach dem Polizei- und Ordnungsrecht für eine Gefahrenquelle sowohl der sogenannte Handlungs- wie auch der sogenannte Zustandsstörer verantwortlich sind; die Entscheidung über die jeweilige Inanspruchnahme - wie auch diejenige über das Einschreiten im Einzelfall überhaupt - treffen die Behörden nach pflichtgemäßem Ermessen.
- Schließlich ist zu beachten, daß allein auf dieser Grundlage auch nur eine Beseitigung der Gefahr verlangt und vom Verantwortlichen erzwungen werden kann; die Forderung nach einer darüberhinausgehenden Sanierung läßt sich keinesfalls auf diese Grundlage stützen[233].

Unter öffentlicher Sicherheit wird allgemein die Unversehrtheit von Leben, Gesundheit, Ehre, Freiheit und Vermögen der Bürger einerseits sowie Bestand und Funktionieren des Staates und seiner Einrichtungen andererseits verstanden[234]; demnach kann von Bodenkontaminationen durchaus die öffentliche Sicherheit bedroht sein[235].

Drohende Gefahr für die öffentliche Sicherheit bezeichnet eine Lage, in der bei ungehindertem Geschehensablauf ein Zustand in absehbarer Zeit mit hinreichender Wahrscheinlichkeit zu einem Schaden für die Schutzgüter der öffentlichen Sicherheit führen würde[236]; ein solcher Schaden aufgrund von Alt- oder Betriebslasten kann insbesondere in Form von Grundwasserverunreinigungen und Beeinträchtigungen der menschlichen Ge-

---

233 Die Verpflichtung zur Gefahrenabwehr sollte durch eine reine Sicherungsmaßnahme erfüllt sein; Voll- oder gar Luxussanierungen können auf dieser Rechtsgrundlage nicht eingefordert werden. Diesbezüglich ist das Polizei- und Ordnungsrecht "völlig überfordert"; so *Michels*, Modelle, 1987, S. 40. Mit diesem Ergebnis auch *Papier*, Altlasten, Jura 1989, S. 506; ders., Störerhaftung, DVBl. 1985, S. 874; *Thull*, Spielraum, Müllmagazin 1989, S. 40 *Schink*, Wasserrechtliche, DVBl. 1986, S. 166; *Seibert*, Kostentragungspflicht, DVBl. 1985, S. 328 f.
234 Vgl. dazu bspw. *Klein*, Umweltschutzmaßnahmen, DStR 1992, S. 1774; grundlegend *Götz*, Ordnungsrecht, 1990, S. 40 ff.
235 Mit öffentlicher Ordnung wird "die Gesamtheit der (nicht rechtlichen, zumeist ungeschriebenen) Regeln, deren Befolgung nach den jeweils herrschenden sozialen u. ethischen Anschauungen als unerläßliche Voraussetzung für ein gedeihliches Zusammenleben der Menschen angesehen wird", bezeichnet, dieser Aspekt kann unter Umweltschutzaspekten vernachlässigt werden; *Avenarius*, Rechtswörterbuch, 1992, Stichwort "Polizeirecht", S. 373.
236 So bspw. *Klein*, Umweltschutzmaßnahmen, DStR 1992, S. 1775; *Götz*, Ordnungsrecht, 1990, Rn. 115.

sundheit sowie Beeinträchtigungen der öffentlichen Wasserversorgung drohen[237]. Sind Sachverhalte gegeben, bei denen objektive Sachverhaltsumstände auf Gefahren schließen lassen, ohne diese zu belegen, so liegt lediglich ein Gefahrenverdacht vor, der keinesfalls Sanierungsmaßnahmen, sondern nur Gefahrenerforschungsmaßnahmen durch die Behörden (z.B. Probebohrungen) rechtfertigt. Die Generalklausel gibt den Ordnungs- und Polizeibehörden nämlich keinen Freibrief; vielmehr müssen diese zunächst ermitteln, ob tatsächlich eine Gefahr gegeben ist, dann nach pflichtgemäßem Ermessen entscheiden, ob überhaupt zur Gefahrenabwehr eingeschritten werden soll und schließlich im Rahmen der Durchführung der Gefahrenabwehrmaßnahmen, die in einem angemessenen Verhältnis zum angestrebten Erfolg stehen müssen, auch den heranzuziehenden Störer auswählen[238].

Zur Tragung der aus den Maßnahmen der Gefahrenabwehr resultierenden Kosten letztlich herangezogen werden können nur die Handlungs- und die Zustandsstörer als polizeirechtlich Verantwortliche; allein diese haben die Notwendigkeit einer Rückstellungsbildung zu prüfen. Dabei ist Handlungsstörer diejenige (natürliche oder juristische) Person, die die Gefahr (hier: aus einer Alt- oder Betriebslast) verursacht hat; demgegenüber sind als Zustandsstörer die Eigentümer eines Grundstückes und auch diejenigen anzusehen, die die tatsächliche Gewalt über ein Grundstück haben. Zur Durchführung von Sicherungsmaßnahmen bei Alt- oder Betriebslasten können daher in Abhängigkeit vom konkreten Einzelfall verschiedene Störer verpflichtet werden: neben (ehemaligen) Deponiebetreibern auch Abfallbeförderer und Abfallerzeuger sowie (ehemalige) Anlagenbetreiber und schließlich sogar die Grundstückseigentümer sowie letztendlich auch noch diejenigen, die die tatsächliche Gewalt über ein Grundstück ausüben[239].

Dieser weite Störerbegriff kann im Einzelfall zu Unbilligkeiten führen; daher muß nach wohl allgemein herrschender Auffassung in einigen Fällen ein Ausschluß von der Verantwortlichkeit erfolgen. So sollte z.B. der mit dem Deponiebetreiber nicht identische Deponieeigentümer nicht als Handlungsstörer in Betracht kommen; daneben wird auch der Abfallerzeuger als Verhaltensstörer regelmäßig ausscheiden, wenn und weil die Ab-

---

237 Problematisch und auch noch nicht genügend geklärt ist dabei aber die Frage nach den Grenzwerten, bei deren Überschreitung überhaupt erst vom Vorliegen eines Schadens ausgegangen werden muß. Toleranz- oder Grenzwertlisten sind zwar in behördlichem Gebrauch, aber eben nicht gesetzlich verankert; vgl. dazu *Knopp*, Altlastenrecht, 1992, S. 40. Eine Gefahr liegt jedenfalls vor, wenn in überschaubarer Zukunft mit dem Schadenseintritt hinreichend wahrscheinlich gerechnet werden muß; dabei liegen dem Wahrscheinlichkeitsurteil Erfahrungssätze zugrunde. Der Eintritt des Schadens muß aber weder gewiß sein noch unmittelbar bevorstehen; gleichwohl genügen nur entfernte Möglichkeiten des Schadenseintritts nicht; vgl. dazu *Götz*, Ordnungsrecht, 1990, Rn. 117 ff. Dabei sind die Anforderungen an die Wahrscheinlichkeit des Schadenseintritts umso geringer, je bedeutender das bedrohte Schutzgut ist; so *Papier*, Altlasten, Jura 1989, S. 506; *Friauf*, Polizei, in: *von Münch* (Hrsg.), Besonderes Verwaltungsrecht, 1985, S. 202.
238 Vgl. *Avenarius*, Rechtswörterbuch, 1992, Stichwort "Polizeirecht", S. 373.
239 Vgl. insoweit auch *SRU*, Altlasten, 1990, BT-Drs. 11/6191, S. 204 f.

fallerzeugung als solche die Gefahrengrenze noch nicht überschreitet[240]. Darüberhinaus wird ein Ausschluß von der Zustandsverantwortlichkeit[241] für die Fälle diskutiert, in denen die Gefahrenlage durch eine den Eigentümer ausschließende Fremdeinwirkung geschaffen wurde, so z.B. für die Fälle der wilden Abfallablagerungen auf Fremdgrundstücken[242]. Von der auf das Innehaben der tatsächlichen Gewalt über Sachen abstellenden Zustandsverantwortlichkeit gar nicht erfaßt wird das Grundwasser, da hieran privates Eigentum nicht besteht. Somit kann die Tragweite einer Gefahrenabwehrverpflichtung aus der Zustandsverantwortlichkeit auf verunreinigtes Erdreich beschränkt sein, während sich die entsprechende Verpflichtung aus der Handlungsverantwortlichkeit für dieselbe Verunreinigung darüberhinaus auch noch auf das Grundwasser erstreckt[243].

Weitere Grenzen der Verantwortlichkeit für Alt- oder Betriebslasten - die zugleich Grenzen der Rückstellungsbildung darstellen - können sich insbesondere aus den beiden Problemkreisen der Legalisierungswirkungen behördlicher Genehmigungen[244] einerseits und aus der Rechtsnachfolge andererseits ergeben. Betreffend den ersten Problemkreis ist festzustellen, daß nach herrschender Auffassung solche Gefahren, die Gegenstand einer Prüfung im Rahmen einer spezialgesetzlichen Genehmigungsvorschrift waren, keine Verantwortlichkeit nach dem Polizei- und Ordnungsrecht mehr auslösen können[245]. Allerdings können Genehmigungen nur im äußert engen Rahmen des Bescheidungsgegenstandes eine Legalisierungswirkung entfalten[246], so daß ihnen im Zusammenhang mit Alt- oder Be-

---

240 So *Kloepfer*, Umweltrecht, 1989, S. 729.
241 Ausführlich zur Zustandsverantwortlichkeit *Knopp*, Kostentragung, BB 1989, S. 1425 ff.
242 Vgl. erneut *SRU*, Altlasten, 1990, BT-Drs. 11/6191, S. 204 f; speziell zum Ablagern von Giftfässern auf Fremdgrundstücken *Hohmann*, Kostentragungspflicht, DVBl. 1984, S. 997 ff.
243 Kritisch diskutiert wird derzeit die Frage, ob und inwieweit im Falle des Konkurses (insbesondere einer juristischen Person) dem Konkursverwalter als Zustandsstörer eine Gefahrenabwehrverpflichtung obliegt. Einer solchen Verpflichtung, die wohl tatsächlich bestehen kann, wird sich der Konkursverwalter jedoch durch Freigabe des Grundstücks entziehen können und sogar müssen, da dies zu seiner Amtspflicht gehört; so *Pape*, Altlasten, ZIP 1991, S. 1544 ff, 1546. Vgl. weiterhin dazu *Stoll*, Altlasten, ZIP 1992, S. 1437 ff, 1444; *Knopp*, Altlastenrecht, 1992, S. 44 f; auch Beschluß des OVG Lüneburg vom 7.5.1991 - 7 M 3600/91, ZIP 1991, S. 1607 ff.
244 Hierbei soll es sich um ein vor allem die Fälle kontaminierter Produktionsstätten betreffendes "Schlüsselproblem der Altlastensanierung" handeln; so *Kloepfer*, Umweltrecht, 1989, S. 727, Rn. 141.
245 So bspw. *SRU*, Altlasten, 1990, BT-Drs. 11/6191, S. 205 f, Tz. 821; auch *Kohl*, Altlasten, JuS 1992, S. 868.
246 So der VGH Baden-Württemberg mit Beschluß vom 14.12.1989 - 1 S 2719/89, BB 1990, S. 238; *Kloepfer*, Umweltrecht, 1989, S. 728 f; *Bäcker*, Rückstellungen, BB 1989, S. 2075; *Staupe*, Aspekte, DVBl. 1988, S. 609; *Schink*, Wasserrechtliche, DVBl. 1986, S. 167. So wohl auch *Kamphausen*, in: Kamphausen/Kolvenbach/Wassermann, Beseitigung, DB Beilage Nr. 3/87, S. 7; a.A. *Papier*, Altlasten, Jura 1989, S. 507; *ders.*, Störerhaftung, DVBl. 1985, S. 875 f.

triebslasten nur eine geringe Bedeutung zukommen sollte[247]. Keine Legalisierungswirkung kann nach h.M. der bloßen behördlichen Duldung beigelegt werden[248].

Bezüglich der Frage der Inanspruchnahme von Rechtsnachfolgern kann festgehalten werden, daß die Zustandsverantwortlichkeit mit dem Verlust der tatsächlichen Verfügungsgewalt oder des Eigentums an der störenden Sache erlischt. Betreffend die Verhaltensverantwortlichkeit ist zu differenzieren, ob in eine durch eine behördliche Verfügung bereits konkretisierte Rechtsstellung oder nur in die abstrakte Polizeipflicht nachgefolgt wird. Im erstgenannten Fall wird auch der Rechtsnachfolger durch die Verfügung verpflichtet, im letztgenannten wohl nicht[249].

Beachtlich ist im vorliegenden Zusammenhang nun noch weiterhin, daß der Behörde ein Auswahlermessen dann zusteht, wenn im Falle einer festgestellten Gefahrenlage mehrere Personen polizeirechtlich verantwortlich sind; insoweit können sowohl einzelne wie auch alle Störer gemeinsam zur Gefahrenabwehr herangezogen werden. Kann ein Bilanzierender aufgrund dieses Auswahlermessens begründet damit rechnen, daß er nicht in Anspruch genommen wird, so darf er wegen fehlender Wahrscheinlichkeit der Inanspruchnahme auch keine Rückstellung bilden. Maßstab für die Ausübung des Ermessens ist allein der Gesichtspunkt der schnellen und wirksamen Gefahrenbeseitigung[250]. Neben der wirtschaftlichen Leistungsfähigkeit sind als weitere Auswahlkriterien die persönliche und sachliche Nähe der Verantwortlichen sowie ihr jeweiliger Anteil an der Gefahrenverursachung anzusehen[251]; aufgrund des im Umweltrecht vorherrschenden Verursacherprinzips soll aber wohl nach Möglichkeit auf den Handlungsstörer zurückgegriffen werden[252].

Ist nun trotz der aufgezeigten Einschränkungen die Relevanz des allgemeinen Polizei- und Ordnungsrechts als Grundlage einer Verpflichtung im Einzelfall nicht auszuschließen, so muß für Zwecke der Rückstellungsbildung folgendes gelten:

---

247 Gegen eine "extensive Auslegung der Legalisierungswirkung" *SRU*, Altlasten, 1990, BT-Drs. 11/6191, S. 206, Tz. 822.

248 Statt vieler *Papier*, Verantwortlichkeit, NVwZ 1986, S. 259.

249 So *Knopp*, Altlastenrecht, 1992, S. 49. Vgl. auch die Problemdarstellung bei *SRU*, Altlasten, 1990, BT-Drs. 11/6191, S. 207, Tz. 830 ff; *Papier*, Altlasten, Jura 1989, S. 510 m.w.N.; *Hoppe/Beckmann*, Umweltrecht, 1989, S. 274. Ausführlich zur Rechtsnachfolge in öffentlich-rechtliche Rechte und Pflichten *Peine*, Rechtsnachfolge, DVBl. 1980, S. 941 ff.

250 So *Papier*, Altlasten, Jura 1989, S. 507 m.w.N.; auch *Knopp*, Altlastenrecht, 1992, S. 45 f.

251 Allerdings können nach Auffassung des hamburgischen OVG, Urteil vom 19.12.1989 - OVG Bf VI 48/86, DB 1990, S. 1085, zwei Personen, die zeitlich nacheinander und unabhängig voneinander zu einer Bodenverunreinigung beigetragen haben, nur dann als Handlungsstörer in Anspruch genommen werden, wenn sich nachweisen läßt, in welchem Umfang jeder die Verunreinigung verursacht hat.

252 Dazu und auch zu Argumenten für eine Inanspruchnahme des Zustandsstörers (z.B. Effizienzerwägungen) *Kloepfer*, Umweltrecht, 1989, S. 730; vgl. auch - unter Hinweis auf das Übermaßverbot - *Knopp*, Kostentragung, BB 1989, S. 1426 m.w.N.

Im allgemeinen Polizei- und Ordnungsrecht ist keine gesetzliche Vorschrift zu erkennen, die ein bestimmtes Handlungsziel durchsetzbar vorschreiben würde[253]; die *Mindestkonkretisierung durch gesetzliche Vorschrift für das Bestehen einer Verpflichtung* kann folglich nicht bejaht werden. Angenommen werden kann aber die *Mindestkonkretisierung durch gesetzliche Vorschrift für das wahrscheinliche Entstehen einer Verpflichtung*, da aus der Generalklausel[254] eine durchsetzbare Pflichtensituation dahingehend abgeleitet werden muß, daß polizeirechtswidrige Zustände (Gefährdung der öffentlichen Sicherheit) vom Ordnungspflichtigen zu beseitigen sind[255].

Kann nun in diesem Zusammenhang eine Rückstellungsbildung nicht auf das Vorliegen eines subjektiven öffentlichen Rechts gestützt werden[256], so müssen zur Annahme des rückstellungsrelevanten wahrscheinlichen Entstehens einer Verpflichtung auf der tatsächlichen Ebene folgende Voraussetzungen erfüllt sein:

- Der Bilanzierende muß Kenntnis von einer bereits vorliegenden Bodenkontamination haben, die eine Gefahr für die öffentliche Sicherheit, z.B. eine Gefahr für das besonders hoch angesiedelte Schutzgut der Grundwasserreinheit, darstellt.
- Ihm muß darüberhinaus die Stellung eines polizeirechtlich Verantwortlichen, also eines Handlungs- oder Zustandsstörers, zukommen[257]; andere öffentlich-rechtliche Grundlagen einer Verpflichtung zur Sanierung dürfen zudem tatbestandsmäßig nicht erfüllt sein.
- Seine Verantwortlichkeit darf insoweit auch nicht durch die Legalisierungswirkung einer Genehmigung ausgeschlossen sein.

---

253 "Die genannten Eingriffsvorschriften für polizei- und ordnungsbehördliches Handeln enthalten ohne Konkretisierung keine bestimmten Verpflichtungen"; auf der Grundlage dieser Feststellung verneinte das FG Münster mit Urteil vom 12.6.1990 - X 5791/89 G, BB 1990, S. 1806, die Pflicht zur Bildung einer Verbindlichkeitsrückstellung, da die Verpflichtung insoweit nicht hinreichend konkretisiert sei. Kritisch dazu *Eilers*, Rückstellungen, DStR 1991, S. 106.

254 Vgl. zur Anwendbarkeit der Generalklausel *Friauf*, Polizei, in: *von Münch* (Hrsg.), Besonderes Verwaltungsrecht, 1985, S. 205 f.

255 So *Bäcker*, Altlastenrückstellungen, BB 1990, S. 2229; dem folgend *Bartels*, Umweltrisiken, 1992, S. 156 f.

256 Soweit ein in seinen Rechten verletzter Dritter ein subjektives öffentliches Recht geltend machen und somit das Einschreiten der zuständigen Behörden erzwingen kann, ist nach den hier bereits dargelegten Überlegungen (aufgrund der schon dargestellten strukturellen Vergleichbarkeit) eine Rückstellung zu bilden; einer weitergehenden Betrachtung des wahrscheinlichen Entstehens und der Wahrscheinlichkeit der Inanspruchnahme bedarf es insoweit nicht. Vgl. ausführlicher in diesem Abschnitt den Unterabschnitt B. 1. a) (1) (b) (22) (i).

257 Dabei ist zu beachten, daß sogar der Sicherungsnehmer als Zustandsstörer zur Beseitigung einer Störung herangezogen werden kann; so *Schneider/Eichholz*, Sicherungsnehmers, ZIP 1990, S. 18 ff.

- Es dürfen im konkreten Einzelfall nicht weniger Gründe für als gegen seine Inanspruchnahme zur Gefahrenabwehr sprechen[258].

Mit dem letztgenannten Punkt ist bereits auch schon das Erfordernis der Wahrscheinlichkeit der Inanspruchnahme angesprochen worden, welches hier mit dem des wahrscheinlichen Entstehens der Verpflichtung zusammenfällt. Die Voraussetzung der Wahrscheinlichkeit der Inanspruchnahme kann insbesondere mit Gültigkeit für den öffentlich-rechtlichen Bereich in zwei aufeinander aufbauende Elemente differenziert werden, nämlich in die Wahrscheinlichkeit der Entdeckung (hier: der Umweltschädigung) und die Wahrscheinlichkeit des Verwaltungshandelns (hier z.B.: Erlaß einer Sanierungsverfügung).

Die Wahrscheinlichkeit der Inanspruchnahme und damit einhergehend der Zeitpunkt der frühestmöglichen Rückstellungsbildung wird nun insbesondere auch in Abhängigkeit vom Stand des behördlichen Handelns zu beurteilen sein[259]; insoweit können die nachfolgenden Fallgruppen abgestuft werden:

1. Ist der Stand des Verwaltungsverfahrens soweit fortgeschritten, daß bereits ein Verwaltungsakt erlassen wurde, so ist die schon vorgestellte *Mindestkonkretisierung durch Verwaltungsakt* mit der Folge der Rückstellungsbildung zu bejahen.

2. Da nach der hier vertretenen Auffassung aber nicht bis zu diesem Erlaß eines Verwaltungsaktes gewartet werden darf, ist eine Rückstellung auch dann schon zu bilden, wenn sowohl der Bilanzierende als auch die Behörde Kenntnis vom Vorliegen der gefahrträchtigen Bodenkontamination haben und der Bilanzierende insoweit mit einer jederzeitigen Inanspruchnahme rechnen muß[260]. Dies wird der Fall sein bei schweren Umwelt-

---

258 Die Wahrscheinlichkeit der Inanspruchnahme eines als Zustandsstörer in Betracht kommenden Bilanzierenden, welchem nur eine geringe wirtschaftliche Leistungsfähigkeit zuzurechnen ist, wird bspw. dann zu verneinen sein, wenn daneben noch ein leistungsfähiger und möglicherweise hinsichtlich der Gefahrenabwehr auch sachlich kompetenter Handlungsstörer von den Behörden zur Durchführung von Gefahrenabwehrmaßnahmen herangezogen werden kann.

259 So wohl auch *Bordewin*, Umweltschutzrückstellungen, DB 1992, S. 1099; danach ist "das Einzelfallverhalten der Behörde ... nicht eine Frage der (inhaltlichen) Konkretisierung der Verpflichtung, sondern eine Frage der Wahrscheinlichkeit der Inanspruchnahme aus der Verpflichtung".

260 So auch *Herzig*, Rückstellungen, DB 1990, S. 1349 f. Bei solchen Sachverhalten könnte eine Rückstellungsbildung nicht nur mit der aus einer gesetzlichen Vorschrift resultierenden Pflichtensituation, sondern auch mit einem drohenden Verwaltungsakt begründet werden.

schädigungen[261], aufgrund derer (wegen einer Ermessensreduzierung auf Null[262]) die Behörden zum Einschreiten verpflichtet sind[263]. Sollten die Behörden nicht zum Handeln verpflichtet sein, weil keine schwere Umweltschädigung vorliegt, so bedarf es zur Passivierung des Vorliegens von Anhaltspunkten, die das Ergehen eines Verwaltungsaktes und somit eine Inanspruchnahme im konkreten Einzelfall wahrscheinlich erscheinen lassen[264].

3. Daneben ist die Wahrscheinlichkeit der Inanspruchnahme auch schon dann zu bejahen, wenn allein der Bilanzierende (und nicht auch die Behörde) vom Vorliegen der schweren Umweltschädigung weiß[265] und die Behörde bereits Ermittlungshandlungen, z.B. Probebohrungen, eingeleitet oder zumindest im Rahmen eines planmäßigen Vorgehens gegen andere Unternehmen der gleichen Branche schon Ordnungsverfügungen erlassen hat[266]. Somit ist bereits abzusehen, daß die insoweit noch vorhandene "asymmetrische Informationsverteilung", die nach den bereits vorgestellten Überlegungen[267] ein wesentliches Problem bei der Beurteilung der Wahrscheinlichkeit der Inanspruchnahme darstellt[268], beseitigt werden wird. Liegt keine schwere Umweltschädigung vor und der Erlaß eines Verwaltungsaktes somit im Ermessen der Behörden, so wird erst bei Vorliegen von Anzeichen für ein über die Gefahrenerkundung hinausgehendes Handeln die Wahrscheinlichkeit der Inanspruchnahme zu bejahen sein.

4. Der kritische Grenzfall ist nun gegeben, wenn bei Kenntnis des Bilanzierenden und Un-

---

261 Unter einer schweren Umweltschädigung soll hier eine Umweltschädigung oder -gefährdung verstanden werden, die eine derartig gravierende Gefahr für die öffentliche Sicherheit darstellt, daß die zuständigen Behörden aufgrund einer Ermessensschrumpfung auf Null zum Einschreiten verpflichtet sind; demgegenüber sollen minder schwere Umweltschädigungen oder -gefährdungen dahingehend definiert sein, daß bei ihrem Vorliegen den Behörden trotz Gefährdung der öffentlichen Sicherheit noch ein Ermessensspielraum hinsichtlich des Einschreitens verbleibt. Vgl. ebenfalls mit einer entsprechenden Differenzierung in schwere und nicht schwere Umweltschädigungen *Nieland*, Behandlung, StBp 1992, S. 272.

262 Vgl. ausführlich zur Ermessensentscheidung und -schrumpfung auf Null *Gieseke/Wiedemann/Czychowski*, Wasserhaushaltsgesetz, 1989, Anm. 42 ff zu § 21 WHG m.w.N.

263 So auch *Nieland*, Behandlung, StBp 1992, S. 272.

264 Ebenfalls die Annahme einer rückstellungspflichtigen Belastung bei gegebener Ermessensreduzierung auf Null (hier: schwere Umweltschädigung) bereits vor Ergehen eines Verwaltungsaktes - unter Rückgriff auf die zivilrechtliche Figur des Anwartschaftsrechts - bejahend *Crezelius*, Umweltschutzmaßnahmen, DB 1992, S. 1360.

265 A.A. *Luig*, Altlastensanierung, BB 1992, S. 2183, der zur Rückstellungsbildung darauf abstellt, daß der Sachverhalt den Umweltbehörden z.B. durch Anzeige des Unternehmens bekannt sein muß.

266 So auch *Wassermann*, in: *Kamphausen/Kolvenbach/Wassermann*, Beseitigung, DB Beilage Nr. 3/87, S. 14; *Thull/Toft*, Altlastensanierungskosten, DStZ 1993, S. 475.

267 Vgl. dazu die Ausführungen im zweiten Teil der vorliegenden Untersuchung, 2. Kapitel, Abschnitt I., Unterabschnitt A. 5. b) (3).

268 Dieses Problem der "asymmetrischen Informationsverteilung" wurde bislang die Verpflichtungen nach dem Immissionsschutz-, dem Abfall- und dem Wasserrecht betreffend nicht angesprochen, da die insoweit jeweils gesetzlich vorgesehenen Informationspflichten gerade auf die Beseitigung dieser "asymmetrischen Informationsverteilung" abzielen und daher letztendlich von der Wahrscheinlichkeit der Entdeckung der Umweltschädigung ausgegangen werden mußte.

kenntnis der Behörden auch keine Anhaltspunkte für ein Tätigwerden der Behörden bestehen[269]. Insoweit ist in Abgrenzung zum soeben beschriebenen Fall nicht einmal abzusehen, ob und wann die noch vorhandene "asymmetrische Informationsverteilung" beseitigt werden wird.

Diese "asymmetrische Informationsverteilung" betreffend hat der BFH entschieden, daß es in den Fällen der Patentrechtsverletzung[270] hinsichtlich der Rückstellungsbildung durch den Verletzenden überhaupt nicht auf die Kenntnisnahme oder gar die Geltendmachung des Anspruchs durch den Gläubiger ankommt[271]. Vielmehr ist eine Patentrechtsverletzungsrückstellung schon zu bilden, wenn der Unternehmer feststellt, daß er ein fremdes Patentrecht verletzt hat; für die Zulässigkeit der Rückstellung kommt es nicht darauf an, ob der Patentinhaber von der Verletzung bereits erfahren hat. Voraussetzung für die Passivierung ist also allein, daß "eine Verbindlichkeit wegen Patentverletzungen dem Grunde nach besteht"; die Wahrscheinlichkeit der Inanspruchnahme wird durch den BFH bei rechtlich bestehenden Verpflichtungen vermutet[272]. Somit hat der BFH hier in einem Fall "asymmetrischer Informationsverteilung" entschieden, daß es nicht auf die Kenntnisnahme durch den Berechtigten ankommt, wenn nur die Wahrscheinlichkeit zu bejahen ist, daß dieser Kenntnis erlangen und den Anspruch geltend machen wird. Dieser Lösungsansatz ist im Fachschrifttum[273] aufgegriffen und auf die Altlastenproblematik (bzw. Betriebslastenproblematik) übertragen worden. Danach soll es auch in diesem Grenzfall nicht auf eine Kenntnisnahme der Behörde, sondern nur auf die tatsächliche Verwirklichung einer Altlast (bzw. Betriebslast) ankommen, da die zugunsten der Umweltsanierung gewährte Rechtsposition ähnlich günstig sei wie die Rechtsposition des Patentinhabers.

Der hier zu erörternde kritische Grenzfall ist in jüngster Vergangenheit nunmehr auch durch den BFH[274] in einem Urteil, welches gleichzeitig seine erste Stellungnahme zur Problematik der Altlastenrückstellungen darstellt, entschieden worden. Danach soll es an der Möglichkeit der Rückstellungsbildung solange fehlen, bis die Kenntnisnahme durch den Geschädigten (hier: die für die Entscheidung über die Rechtsfolgen zuständige Be-

---

269 Vgl. dazu auch *Herzig/Köster*, Rückstellungen, in: *Vogl/Heigl/Schäfer* (Hrsg.), Handbuch des Umweltschutzes, 1992, Kap. III - 8.1, S. 11 f.

270 Vgl. dazu das BFH-Urteil vom 11.11.1981 I R 157/79, BStBl. II 1982, S. 748 f.

271 Dieses Ergebnis wird im Rahmen der vorliegenden Untersuchung und auch vom Fachschrifttum geteilt; vgl. statt vieler *Bäcker*, Rückstellungen, BB 1990, S. 2227.

272 Vgl. erneut das BFH-Urteil vom 11.11.1981 I R 157/79, BStBl. II 1982, S. 748.

273 Vgl. *Herzig*, Rückstellungen, DB 1990, S. 1350. Dem folgend *Günkel*, Rückstellungen, in: *Herzig* (Hrsg.), Umweltschutz, 1991, S. 46 f; *Kupsch*, Umweltlasten, BB 1992, S. 2323; *Loose*, Bildung, FR 1994, S. 142.

274 BFH-Urteil vom 19.10.1993 VIII R 14/92, BStBl. II 1993, S. 893.

hörde) gegeben ist oder zumindest unmittelbar bevorsteht[275]. In der Urteilsbegründung wird ausgeführt, daß es für die Rückstellungsbildung entscheidend auf die Wahrscheinlichkeit der Inanspruchnahme ankomme. Bis zu dem Zeitpunkt der zumindest unmittelbar bevorstehenden Kenntnisnahme durch den Geschädigten solle es nun aber gerade an Anhaltspunkten für die Wahrscheinlichkeit der Inanspruchnahme und somit an der Möglichkeit der Rückstellungsbildung fehlen. Zugleich behauptet der BFH, er weiche mit dieser Beurteilung nicht vom Patentrechtsverletzungsurteil[276] ab, da diese Rechtsprechung "durch die inzwischen in § 5 Abs. 3 EStG getroffene Regelung überholt"[277] sei.

Dieser Hinweis vermag nicht zu überzeugen. Wenn der BFH im Jahre 1981 in der Auslegung geltenden Handelsrechts[278] feststellt, daß es für Zwecke der Passivierung ungewisser Verbindlichkeiten wegen Patentrechtsverletzung nicht auf das Vorliegen von Anhaltspunkten über die Kenntnisnahme durch den Geschädigten ankomme, so kann dieser Wertung die Grundlage nicht allein durch eine Neuregelung im Ertragsteuerrecht entzogen werden. Etwas anderes könnte nur gelten, wenn sich die handelsbilanziellen Regelungen entscheidend geändert hätten; dies ist aber gerade nicht der Fall[279]. Demnach bleibt m.E. ein Widerspruch zwischen den beiden angeführten Urteilen bestehen; den Feststellungen des BFH aus dem Jahre 1981 sollte - ungeachtet der ertragsteuerrechtlichen Neuregelung - weiterhin Bedeutung beigemessen werden können.

Der betrachtete kritische Grenzfall ist - unter Bezugnahme auf die Konkretisierungserfordernisse des BFH - zuvor auch schon vom FG Münster mit Urteil vom 12.6.1990[280] entschieden worden. Das FG Münster hat dazu ausgeführt, daß es nach objektiven Kriterien an jeglicher Grundlage für die befürchtete Inanspruchnahme fehlen und die bloße Erwartung des Bilanzierenden, die Behörden würden zukünftig ermitteln, allein nicht ausreichen solle, um eine Rückstellungspflicht zu begründen[281]. Abweichend von dieser Beurteilung wurde aber auch in einem Altlastenrückstellungen betreffenden Beschluß des FG Münster vom 10.9.1990[282] eingeräumt, daß die im Fachschrifttum geäußerte Kritik an den Kon-

---

275 Kritisch zu dieser Argumentation *Eilers*, Konkretisierung, DStR 1994, S. 123. Nach *Baetge/Philipps*, Rückstellungen, BBK Fach 12, S. 1848, soll der BFH mit "dem Kriterium der Kenntniserlangung ... nicht mehr die bislang gängige Formel, daß mehr Gründe für als gegen die Inanspruchnahme sprechen müssen", verwenden.
276 Vgl. erneut das BFH-Urteil vom 11.11.1981 I R 157/79, BStBl. II 1982, S. 748 f.
277 BFH-Urteil vom 19.10.1993 VIII R 14/92, BStBl. II 1993, S. 893.
278 Das Urteil erging zu § 152 VII AktG 1965 a.F. (jetzt § 249 I HGB n.F.).
279 Vielmehr entspricht der Wortlaut der Vorschrift über Verbindlichkeitsrückstellungen (§ 249 I HGB n.F.) dem in § 152 VII S. 1 AktG 1965 a.F., worauf auch *Clemm/Nonnenmacher*, in: Beck'scher Bilanzkommentar, 1990, Anm. 6 zu § 249 HGB, hinweisen.
280 X 5791/89 G, BB 1990, S. 1806 f.
281 Zur Kritik an diesem Urteil vgl. *Eilers*, Rückstellungen, DStR 1991, S. 106; *Fluck*, Rückstellungsbildung, BB 1991, S. 176 f; *Bordewin*, Umweltschutz, RWP 1991, SG 5.2, S. 2093 f.
282 IX 3976/90 V, BB 1991, S. 874 f.

kretisierungserfordernissen beachtlich sei und dann weiterhin ausgeführt, daß es auch nach der Rechtsprechung des BFH zur Annahme der Wahrscheinlichkeit der Inanspruchnahme des Betriebsübernehmers aus betrieblichen Steuerschulden[283] nicht auf ein Verwaltungshandeln (hier: Erlaß eines Haftungsbescheides) ankommt. Diese beiden Sachverhalte sind insbesondere vergleichbar, weil sie auf Ermessensakten der Behörden beruhen; daher bestehen begründete Bedenken, die Passivierung von Altlastenrückstellungen nur bei gegebenem Verwaltungshandeln zuzulassen. Zudem wird - m.E. mit Recht - darauf hingewiesen, daß das Ermessen der Behörden gerade bei Verletzung hochrangiger öffentlicher Interessen, z.B. bei Grundwasserverunreinigung, auf Null reduziert sein kann, soweit allein das Einschreiten eine rechtsfehlerfreie Ermessensausübung darstelle. Insoweit ist - wie vorstehend bereits ausgeführt - die Behörde dann tatsächlich zum Einschreiten verpflichtet; die Wahrscheinlichkeit des Verwaltungshandelns aus der Ermessensentscheidung ist somit gegeben.

Eine Übertragung der Ergebnisse der BFH-Rechtsprechung zu den Patentrechtsverletzungsfällen auf die Altlastensachverhalte wurde im bereits angesprochenen Urteil des FG Münster vom 12.6.1990 abgelehnt, da nach dessen nicht näher begründeter Auffassung die Rechtsstellung der Ordnungsbehörden nicht mit der eines Patentinhabers verglichen werden kann. Dem wird im Fachschrifttum entgegengehalten[284], daß die Ordnungsbehörden schnell und effektiv Sanierungsmaßnahmen erzwingen können und daß die Position der Ordnungsbehörden tatsächlich nicht mit der eines Patentinhabers vergleichbar (sondern eher als stärker anzusehen) sei, da die Ordnungsbehörden sogar zum unverzüglichen Einschreiten gezwungen wären, während ein Patentinhaber hinsichtlich der Geltendmachung seines Anspruches abwarten könne.

Möglicherweise ist mit dieser Diskussion um die jeweilige Rechtsposition gar nicht der entscheidende Kern der Problematik getroffen[285], da sich der Bilanzierende in beiden Fällen, also sowohl aufgrund einer polizeirechtlich relevanten Umweltschädigung als auch aufgrund einer Patentrechtsverletzung, bei Anspruchserhebung einer Verpflichtung gegenübersieht, der er sich nicht entziehen kann. Zur Beurteilung stand und steht m.E. doch vielmehr die Frage an, ob ein Anspruchsberechtigter Kenntnis von seinem Anspruch erlangen wird; die Wahrscheinlichkeit der Anspruchserhebung nach erfolgter Kenntnisnahme wird vom BFH im Patentrechtsverletzungsfall letztlich als gegeben unterstellt.

---

283 Vgl. das BFH-Urteil vom 2.5.1984 VIII R 239/82, BStBl. II 1984, S. 695 ff.

284 So bspw. *Eilers*, Rückstellungen, DStR 1991, S. 106; dem folgend *Bartels*, Umweltrisiken, 1992, S. 158 f, und *Loose*, Umweltverbindlichkeiten, 1993, S. 110 f.

285 So sollte m.E. der Grund für die Ablehnung der Rückstellungsbildung durch das Urteil des FG Münster nicht allein in der fehlenden Kenntnis der Behörden (bzw. in der fehlenden Wahrscheinlichkeit der Entdeckung der Bodenkontamination), sondern allgemein in der grundsätzlichen Unsicherheit darüber, ob eine Verpflichtung überhaupt entstehen wird, liegen.

Eine solche Unterstellung (der Wahrscheinlichkeit des Verwaltungshandelns) wird auch bezüglich der schweren Umweltschädigungen greifen müssen, bei deren Vorliegen die Behörden definitionsgemäß zum Einschreiten verpflichtet sind. M.E. ist hier also wie auch schon in dem vorstehend unter 3. genannten Fall zu differenzieren: Liegt keine schwere Umweltschädigung oder -gefährdung vor, so bedarf es weiterer Anhaltspunkte für die Annahme der Wahrscheinlichkeit des Verwaltungshandelns, liegt hingegen tatsächlich eine schwere Umweltschädigung oder -gefährdung vor, so ist allein die Wahrscheinlichkeit der Entdeckung - und nur noch diese - zu beurteilen[286]. In diesem Zusammenhang sind in jedem konkreten Einzelfall Argumente zu sammeln und zu würdigen, die dafür bzw. dagegen sprechen, daß die "asymmetrische Informationsverteilung" beseitigt und die Behörde somit in Kenntnis von der schweren Umweltschädigung gesetzt werden wird.

In bezug auf Alt- oder Betriebslasten muß dazu festgestellt werden, daß in Hinblick auf die durch die Behörden mit Nachdruck betriebene Erkundung von Alt- oder Betriebslasten auf längere Sicht jeder Grundbesitzer bzw. Unternehmer mit der Entdeckung einer durch ihn zu vertretenden Alt- oder Betriebslast rechnen muß[287]. Für die sich früher oder später einstellende Entdeckung einer gefahrträchtigen Bodenkontamination sprechen nicht nur die allgemeine Lebenserfahrung sowie der stark steigende Stellenwert des Umweltschutzes und der Grundwasserreinheit, sondern auch die Erstellung von Altlastenkatastern sowie die Tatsache, daß künftig keine Grundstücksveräußerung - möglicherweise noch mit Gewährleistungsausschluß des Veräußerers - ohne vorherige Untersuchung des betreffenden Grundstückes mehr erfolgen dürfte.

M.E. kann es bei schweren - im Gegensatz zu den minder schweren - Umweltschädigungen also tatsächlich nicht auf die derzeitige Kenntnis der Behörden ankommen; vielmehr muß (auch) bei diesen davon ausgegangen werden, daß die Behörden früher oder später Kenntnis vom Vorliegen der Schädigung erlangen werden und somit einschreiten müssen[288]. Dieser Beurteilung steht das Urteil des FG Münster vom 12.6.1990[289] nicht entgegen, da im zu entscheidenden Fall eine schwere Umweltschädigung wohl gerade nicht vorlag. Es stand darüberhinaus nicht fest, inwieweit eine Gefahr für die öffentliche Sicherheit überhaupt gegeben war; außerdem hatte es nach Ausführungen des FG Münster

---

286 Ebenfalls mit dem Ergebnis, daß bei Kenntnis allein des Bilanzierenden und Nachweis der Wahrscheinlichkeit der Inanspruchnahme eine Rückstellungspflicht zu bejahen ist *Wassermann*, in: *Kamphausen/Kolvenbach/Wassermann*, Beseitigung, DB Beilage Nr. 3/87, S. 14.

287 So auch *Kühnberger/Faatz*, Altlasten, BB 1993, S. 103.

288 *Nieland*, Behandlung, StBp 1992, S. 272: "Wegen der Schwere der Umweltbeeinträchtigung muß der Unternehmer mit jederzeitiger Entdeckung und Inanspruchnahme durch die Behörde rechnen". Letztlich wohl a.A. BFH-Urteil vom 19.10.1993 VIII R 14/92, BStBl. II 1993, S. 893.

289 X 5791/89 G, BB 1990, S. 1806.

die Klägerin "selbst in der Hand ..., auf eine weitere Nutzung des Grundstücks vorerst zu verzichten, um einer für möglich gehaltenen Sanierungsverpflichtung zu entgehen".

Die Wahrscheinlichkeit der Entdeckung minder schwerer Umweltschädigungen ist mit den bereits dargestellten Argumenten ebenfalls zu bejahen. Gleichwohl bedarf es hier zur Rückstellungsbildung des Vorliegens von Anhaltspunkten für ein konkretes Einschreiten der Behörden gegen den Bilanzierenden, da minder schwere Umweltschädigungen ja gerade dahingehend definiert waren, daß bei Entdeckung ihres Vorliegens die Behörden zwar handeln können, aber eben nicht handeln müssen. Die somit gegebene Unsicherheit hinsichtlich der konkreten Inanspruchnahme des Bilanzierenden kann m.E. nur durch Vorliegen entsprechend einschlägiger Anhaltspunkte beseitigt werden.

Zusammenfassend läßt sich also hinsichtlich dieses Grenzfalles festhalten, daß es für die Passivierung in jedem Einzelfall auf die Wahrscheinlichkeit der Kenntnisnahme der Behörde von einer schweren Umweltschädigung bzw. auf die Wahrscheinlichkeit der Kenntnisnahme und zusätzlich noch auf Anhaltspunkte für das Verwaltungshandeln bei solchen minder schweren Umweltschädigungen ankommt, welche die Behörden eben nicht zum Einschreiten verpflichten. Dabei kann zumindest für die Fälle der schweren Umweltschädigungen vermutet werden, daß ein Zustandsstörer sich seiner polizeirechtlichen Haftung kaum durch Grundstücksveräußerung entziehen können wird, da insoweit kein Markt für derart belastete Grundstücke bestehen dürfte, während die Vermeidung der Handlungshaftung überhaupt nicht und die Inanspruchnahme des Bilanzierenden daher jederzeit möglich ist. Eine Rückstellungsbildung ist daher bei Vorliegen von schweren Umweltschäden oder -gefährdungen auf der Basis des allgemeinen Polizei- und Ordnungsrechts möglich, ohne daß die Behörden bereits Kenntnis davon haben müssen, daß solche existieren und sie insoweit zum unverzüglichen Einschreiten verpflichtet sind.

5. Für die Fälle, in denen abweichend von der bislang behandelten Sachlage der Bilanzierende keine konkrete Kenntnis vom Vorliegen einer gefahrenträchtigen Bodenkontamination hat, sondern diese nur, z.B. aufgrund der betrieblichen Verwendung umweltgefährdender Stoffe, vermutet, ist eine Rückstellungsbildung regelmäßig nicht vorstellbar[290].

Sind nun also die genannten Voraussetzungen für das wahrscheinliche Entstehen einer Verpflichtung und die Wahrscheinlichkeit der Inanspruchnahme daraus durch die Verwirklichung entsprechender Lebenssachverhalte auf der tatsächlichen Ebene erfüllt, so hat der Bilanzierende eine Rückstellung zu bilden (ggf. auch die Passivierung nachzuholen), die allein die zu erwartenden Aufwendungen aus den Maßnahmen der Gefahrenabwehr - und nur diese - abdeckt. Die hier erarbeitete Lösung der Frage nach der Passivierungs-

---

290 Vgl. mit dieser Auffassung erneut *Bäcker*, Altlastenrückstellungen, BB 1990, S. 2230; *Herzig*, Rückstellungen, DB 1990, S. 1349, und *Rürup*, Rückstellungen, in: *Moxter* (Hrsg.), Rechnungslegung, 1992, S. 539.

pflicht wegen öffentlich-rechtlich begründeter Alt- und Betriebslastensanierungsverpflichtungen nach Maßgabe der tatsächlichen Verwirklichung der gesetzlich formulierten Sachverhalte verdeutlicht Abb. 8.

(33) Sanierungsrückstellungen aufgrund faktischer Verpflichtungen

Neben den privat- und den öffentlich-rechtlichen Sanierungsverpflichtungen können auch faktische Verpflichtungen eine Rückstellungsbildung erfordern, wenn sich ein Unternehmen aufgrund des Drucks der öffentlichen Meinung zur Sanierung gezwungen sieht[291]. Notwendige Voraussetzung dazu ist aber, daß die Kontamination überhaupt bekannt geworden ist[292].

Die praktische Relevanz der faktisch begründeten Sanierungsverpflichtungen dürfte eher gering sein, da diese häufig von privat- oder öffentlich-rechtlich begründeten Sanierungsverpflichtungen überlagert sein sollten und zudem die Besonderheiten der Bodenkontaminationen auf der tatsächlichen Ebene regelmäßig ein unverzügliches Tätigwerden des Sanierungsverpflichteten erfordern. Allerdings sind Grenzfälle dahingehend vorstellbar, daß eine öffentlich-rechtliche Sanierungsverpflichtung lediglich die Durchführung von Sicherungsmaßnahmen erfordert, während sich das Unternehmen aufgrund des öffentlichen Drucks zur Durchführung von Dekontaminierungsmaßnahmen gezwungen sehen könnte. Außerdem ist auch vorstellbar, daß überhaupt keine rechtliche Verpflichtung vorliegt (z.B. bei Auslandssachverhalten) und sich das Unternehmen gleichwohl aufgrund massiven öffentlichen Drucks zur Sanierung z.B. einer von einem Dritten ordnungsgemäß betriebenen, später jedoch notleidend gewordenen Fremddeponie entschließt, auf der das Unternehmen in früherer Zeit solche nach damaligem Kenntnisstand ungefährlichen Ablagerungen vorgenommen hat, die mittlerweile aber als gefährlich erkannt worden sind und zur Sanierungsnotwendigkeit beitragen[293].

Problematisch erscheint in diesem Zusammenhang nicht nur die Frage nach der Objektivierung, sondern auch die Frage, inwieweit die wirtschaftliche Verursachung als in der Vergangenheit liegend angesehen werden kann, da durch die Sanierung ja auch das Ansehen des Unternehmens vor Beschädigung bewahrt werden soll. Wird der Auffassung ge-

---

291 So auch *Schmidt*, Altlasten, BB 1992, S. 675, der weiterhin ausführt, daß der öffentliche Druck "häufig genug Anlaß sein [dürfte], ein Sachverständigengutachten erstellen zu lassen", auf dessen Basis dann eine Rückstellungsbildung erfolgen müßte. Ebenfalls eine Rückstellung für Umweltlasten auch für faktische Verpflichtungen bejahend *Kupsch*, Umweltlasten, BB 1992, S. 2323; *IDW*, schadstoffverunreinigter Wirtschaftsgüter, WPg 1992, S. 329; *Herzig*, Rückstellungen, DB 1990, S. 1346; *Günkel*, Rückstellungen, in: *Herzig* (Hrsg.), Umweltschutz, 1991, S. 38; *ders.*, Bilanzsteuerfragen, JbFfSt 1987/88, S. 106 f; *Becker*, Bilanzsteuerfragen, JbFfSt 1987/88, S. 107 f. Ablehnend dazu *Christiansen*, JbFfSt 1987/88, S. 108.
292 So auch *Luig*, Altlastensanierung, BB 1992, S. 2182.
293 Vgl. mit diesem Beispiel auch *Herzig*, Rückstellungen, DB 1990, S. 1350.

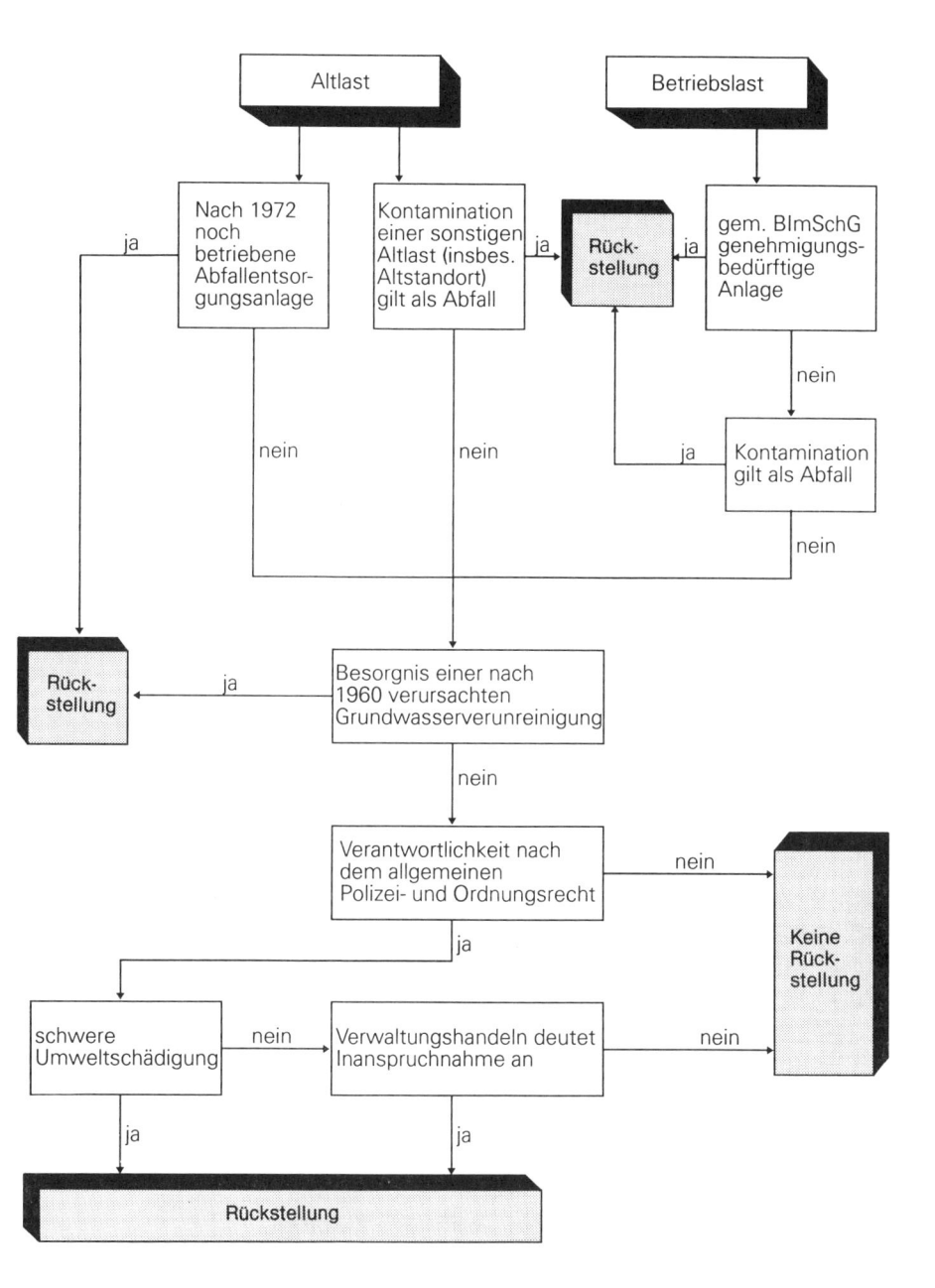

Abb. 8: Passivierung öffentlich-rechtlich begründeter Alt- und Betriebslastensanierungsverpflichtungen nach Maßgabe der tatsächlichen Verwirklichung gesetzlich formulierter Sachverhalte

folgt, daß es auf die Zugehörigkeit der Aufwendungen aus der Verpflichtung zu den durch diese alimentierten Umsätzen ankommt, so sind die Sanierungsaufwendungen den vergangenen Perioden zuzurechnen. Daher ist bei einer Orientierung an der Ursache - und nicht an der Motivation - der Durchführung einer Sanierungsmaßnahme die wirtschaftliche Verursachung wohl zu bejahen; denn für die faktische Sanierungsverpflichtung ursächlich - im Sinne einer aus dem Realisationsprinzip abgeleiteten wirtschaftlichen Verursachung - ist schließlich die Umsatzerzielung in abgelaufenen Perioden[294]. Demgegenüber fänden Lösungsansätze, die an die Motivation der Durchführung einer Sanierungsmaßnahme anknüpfen würden, im geltenden Bilanzrecht keinen Rückhalt, da Realisations- und Vorsichtsprinzip auf tatsächlich bereits verwirklichte Lebenssachverhalte abstellen.

Hinsichtlich der Objektivierung wird vorgeschlagen, daß dann passiviert werden soll, wenn der Bilanzierende "durch selbstbindende Erklärung gegenüber Dritten oder auf vertraglicher Grundlage Umweltschutzverpflichtungen übernommen"[295] hat. Tatsächlich könnte darin ein Weg gesehen werden, Unsicherheiten hinsichtlich der Objektivierung zu beseitigen. Ansonsten muß für die Objektivierung darauf abgestellt werden, ob der Zwang zur Erfüllung der Verpflichtung derart groß ist, daß ihr der überwiegende Teil der Kaufleute allgemein nachgeben würde. Zur sachgerechten Einschränkung der dabei gegebenen erkennbar großen Beurteilungsspielräume werden hinsichtlich der Annahme einer solchen Verpflichtung aber strenge Maßstäbe angelegt werden müssen.

(2) Aufwandsrückstellungen

(a) Periodisierung

Die Periodenzuordnung der Rückstellungen wegen künftig noch durchzuführender Sanierungsmaßnahmen bestimmt sich danach, ob die zukünftig anfallenden Ausgaben dem Geschäftsjahr oder einem früheren Geschäftsjahr zuzuordnen sind; diese Zuordnung ist nach der hier vertretenen Auffassung grundsätzlich durch Anwendung des Realisationsprinzips vorzunehmen[296]. Im vorliegenden Zusammenhang wird die Notwendigkeit der Sanierung regelmäßig durch eine vorhergegangene Grundstücksnutzung verursacht worden sein; in-

---

294 Die als Musterfall faktischer Verpflichtungen anzusehenden Kulanzleistungen "müssen - wegen des Realisationsprinzips - im Zusammenhang mit früheren Lieferungen oder Leistungen stehen"; so *Ballwieser*, Passivierung, in: *IDW* (Hrsg.), Fachtagung, 1992, S. 138 f.

295 *Kupsch*, Umweltlasten, BB 1992, S. 2323.

296 So *Herzig*, Risikovorsorge, in: *Doralt* (Hrsg.), Probleme, 1991, S. 229 f; *Kupsch*, Bilanzierung, in: *Albach/Forster* (Hrsg.), Beiträge, 1987, S. 71; vgl. auch die Ausführungen im zweiten Teil der vorliegenden Untersuchung, 2. Kapitel, Abschnitt II., Unterabschnitt C. Hinsichtlich dieses Punktes a.A. *Ballwieser*, Passivierung, in: *IDW* (Hrsg.), Fachtagung, 1992, S. 132 f.

soweit sind nach dem Realisationsprinzip[297] die späteren Ausgaben den Umsätzen der Kontaminierungsperioden zuzurechnen[298].

Wenn und soweit aber keine Zurechnung zur eigenen vorangegangenen Grundstücksnutzung möglich ist, z.b. weil der Bilanzierende als Rechtsnachfolger des Kontaminationsverursachers anzusehen ist oder Schadstoffe zugewandert sind, sollte weder eine Zurechnung zu Umsätzen der abgelaufenen noch eine begründete Zurechnung zu zukünftigen Umsätzen möglich sein. In diesem besonderen Fall ist aufgrund der Tatsache, daß den Aufwendungen jedenfalls keine zukünftigen Erträge mehr gegenüberstehen bzw. zuzuordnen sein werden, die Bildung einer Aufwandsrückstellung zumindest auf der Grundlage des Vorsichtsprinzips denkbar; die entsprechenden Ausführungen zur Periodisierung von Verbindlichkeitsrückstellungen sollten insoweit analog gelten. Nicht gebildet werden können daher Aufwandsrückstellungen allein für solche Sanierungsausgaben, die erst in zukünftigen Perioden Erträge alimentieren werden.

(b) Objektivierung

Unter Objektivierungsaspekten können Aufwandsrückstellungen gebildet werden, wenn ihrer Eigenart nach genau umschriebene Aufwendungen, die hinsichtlich ihrer Höhe oder des Zeitpunktes ihres Eintritts unbestimmt sind, wahrscheinlich oder sicher anfallen werden; insoweit kommt die Bilanzposition der Aufwandsrückstellungen also grundsätzlich zur Abbildung von Sanierungsverpflichtungen in Betracht[299]. Allerdings können Aufwandsrückstellungen nicht als Vorstufe der Verbindlichkeitsrückstellungen in dem Sinne angesehen werden[300], daß es bei ihnen nicht auf eine Konkretisierung ankomme; soweit es an der Greifbarkeit fehlt, dürfen vielmehr auch keine Aufwandsrückstellungen bilanziert werden. Die praktische Relevanz der Aufwandsrückstellungen für Sanierungsverpflichtungen wird daher eher gering sein, da ihre Bilanzierung - ebenso wie die der faktischen Verpflichtungen - häufig von der Bilanzierung privat- oder öffentlich-rechtlich begründeter Sanierungsverpflichtungen überlagert sein wird.

Demnach dürften Aufwandsrückstellungen für Sanierungsverpflichtungen insbesondere nur unter zwei Aspekten in Betracht kommen, nämlich

---

297 Ebenfalls unter Rückgriff auf das Realisationsprinzip die Passivierung bejahend *Bartels*, Umweltrisiken, 1992, S. 226.
298 Mit diesem Ergebnis auch *Borstell*, Aufwandsrückstellungen, 1988, S. 245; *Eder*, Aufwandsrückstellungen, 1988, S. 136 f.
299 So auch *Günkel*, Rückstellungen, in: Herzig (Hrsg.), Umweltschutz, 1991, S. 36; so wohl auch *Ballwieser*, Passivierung, in: IDW (Hrsg.), Fachtagung, 1992, S. 145 f.
300 So *Herzig/Köster*, Rückstellungsrelevanz, DB 1991, S. 56.

- einerseits dann, wenn eine Außenverpflichtung zur Sanierung fehlt, der Kaufmann aber die Maßnahme durchführen muß, wenn er den Betrieb fortführen will (wenn also eine Innenverpflichtung "dem Grunde nach" vorliegt),
- und andererseits dann, wenn eine über den Inhalt einer bestehenden Außenverpflichtung hinausgehende Maßnahme durchgeführt werden muß (wenn also eine Innenverpflichtung "der Höhe nach" vorliegt).

Eine Außenverpflichtung zur Sanierung wird insbesondere dann fehlen, wenn eine Bodenkontamination (noch) nicht als gefahrenträchtig anzusehen ist[301], dem Unternehmen aber gleichwohl eine Dekontaminierung notwendig erscheint, z.B. weil sonst eine Beeinträchtigung der Produktion droht.

Fälle, in denen aus innerbetrieblichen Gründen Maßnahmen durchgeführt werden müssen, die über den Verpflichtungsumfang einer z.B. öffentlich-rechtlich begründeten Verpflichtung hinausgehen, sind insbesondere dann vorstellbar, wenn die rechtliche (bzw. faktische) Verpflichtung bereits mit dem Abschluß von Sicherungsmaßnahmen als erfüllt anzusehen ist, während das Unternehmen aber wegen der weiteren Nutzung einen dekontaminierten Standort benötigt[302]. Der Durchführung einer Sanierung, die den Standort über den ursprünglichen (unbelasteten) Zustand hinaus verbessert, dürfte allerdings aufgrund der damit verbundenen Kosten - und ggf. auch aufgrund technisch bedingter Sanierungsgrenzen - keine Bedeutung zukommen.

b)   Rückstellungsbewertung

(1)   Grundfragen der Bewertung von Bodendekontaminierungsverpflichtungen

Ist eine Rückstellung für Alt- oder Betriebslastensanierung dem Grunde nach zu bilanzieren[303], so sind den vorstehenden Ausführungen folgend nicht nur die Aufwendungen aus der Sanierungsphase, sondern auch diejenigen aus der Erkundungs- und der Nachsorgephase bei der Bilanzierung der Höhe nach zu berücksichtigen. Dabei kann die Bewertung

---

301   Insoweit läge allerdings nach der bereits vorgestellten Altlastendefinition des § 28 I LAbfG NRW, der für Zwecke der vorliegenden Untersuchung gefolgt wird, überhaupt keine Altlast (und auch keine Betriebslast) vor.

302   Denkbar wäre z.B., daß ein Unternehmen an einem gefahrenträchtigen Standort, an dem nur Sicherungsmaßnahmen (bspw. durch die Behörden) erzwungen werden können, den Bau von Werkswohnungen (oder eines Werkskindergartens) beabsichtigt und daher weitergehende Dekontaminierungsmaßnahmen ergreifen muß.

303   Nachfolgend soll im wesentlichen auf die Bewertung der Verbindlichkeitsrückstellungen eingegangen werden; eventuell zu verzeichnende Abweichungen hinsichtlich der Bewertung der Aufwandsrückstellungen müssen wohl nicht angemerkt werden, da sie sich selbst erklären sollten.

nur anhand der bereits vorgestellten allgemeinen Grundsätze[304] mit Wirkung für jeden Einzelfall erfolgen, da es entscheidend auf dessen konkrete Umstände ankommt. M.E. ist insoweit zunächst auf die Tragweite der Verpflichtung abzustellen, also darauf, ob die Verpflichtung bereits mit der Durchführung von Sicherungsmaßnahmen (Gefahrenabwehr) oder erst nach Dekontaminierung erfüllt ist.

Nicht völlig unumstritten ist die Tragweite der Verpflichtungen in zeitlicher Hinsicht. Unstrittig ist, daß sowohl die Aufwendungen, die in der Sanierungsphase, als auch diejenigen, die in der Nachsorgephase anfallen, von der Kostentragungspflicht eines Sanierungsverpflichteten erfaßt werden und somit bei der Passivierung zu berücksichtigen sind. Strittig ist möglicherweise aber noch die Frage, inwieweit sich die Kostentragungspflicht eines von einer behördlichen Untersuchungsmaßnahme (Gefahrerforschungsmaßnahmen) Betroffenen eben auch auf die Kosten aus dieser Gefahrerforschungsmaßnahme erstreckt[305]. Wenn sich in diesem Punkt die (wohl überwiegend vertretene) Auffassung durchsetzt, daß die Kosten des Gefahrenerforschungseingriffs[306] ebenfalls vom Betroffenen aufzubringen sind, soweit sich das tatsächliche Vorliegen einer Alt- oder Betriebslast herausstellt[307], dann müssen die entsprechenden Aufwendungen eben auch im Rahmen der Rückstellungsbilanzierung erfaßt werden[308].

---

304 Vgl. dazu die ausführliche Untersuchung im zweiten Teil der vorliegenden Untersuchung, 3. Kapitel, Abschnitt I.

305 Vgl. dazu *Knopp*, Altlastenrecht, 1992, Rn. 66 ff; *ders.*, Kostentragung, BB 1989, S. 1425 ff; *Hohmann*, Kostentragungspflicht, DVBl. 1984, S. 997 ff. Die besondere landesrechtliche Regelung des Hessischen Wassergesetzes, wonach Gefahrerforschungsmaßnahmen stets zu den vom Verantwortlichen den ermittelnden Behörden zu ersetzenden Aufwendungen gehören, soll hier nicht näher betrachtet werden; vgl. stattdessen *Knopp*, Duldung, BB 1988, S. 925.

306 Daß es sich bei den Kosten der Ermittlung und Abschätzung des Gefährdungspotentials einer Altlast nun keinesfalls um vernachlässigbare Größen handelt, zeigt sich am Beispiel des Braunkohleverschwelungswerks Espenhain/Böhlen (südlich von Leipzig). Hier sind allein für die Gefährdungsabschätzung mindestens 7 Mio. DM notwendig; die Sanierung soll nach Gutachterschätzungen rund 500 Mio. DM erfordern. Vgl. zu diesen Angaben *Drost*, Ziel, HB Nr. 29 vom 28.2.1991, S. 6.

307 So *SRU*, Altlasten, 1990, BT-Drs. 11/6191, S. 215, Tz. 863 m.w.N.; so auch *Knopp*, Altlastenrecht, 1992, Rn. 68 m.w.N.; *Sondermann*, Rechtliche Fragen, in: *Weber* u.a. (Hrsg.), Altlasten, 1990, S. 17 f; a.A. *Papier*, Altlasten, Jura 1989, S. 507; *ders.*, Verantwortlichkeit, NVwZ 1986, S. 257.

308 Die vom rechtlich Verantwortlichen zu tragenden Aufwendungen aus einer Sanierungsverpflichtung beschränken sich dann nicht allein auf die Kernmaßnahme der Sicherung eines Grundstückes bzw. der Behandlung des Erdreiches sowie ggf. des Grundwassers, sondern umfassen auch die im Vorfeld notwendigen Aufwendungen zur Erforschung der Altlast, die insoweit zunächst noch als Verdachtsfläche bezeichnet werden könnte, sowie die Aufwendungen, die im Zuge der nachgelagerten Überwachung einer gesicherten bzw. sanierten Altlast anfallen.

Verpflichtungen zur (weitestgehenden) Dekontaminierung beruhen nach den vorstehenden Ausführungen insbesondere auf den folgenden Verpflichtungsgrundlagen:

- pachtvertragliche Regelungen,
- § 823 I, II BGB,
- Sanierung aufgrund der wasserrechtlichen (privatrechtlichen) Haftung gemäß § 22 WHG,
- Sanierung eines Fremdgrundstückes aufgrund der Haftung gemäß dem UmweltHG,
- abfallrechtliche Regelungen, soweit Alt- oder Betriebslast als Abfall anzusehen und zu beseitigen ist,
- Wasserrecht.

Demgegenüber basieren Verpflichtungen zur Durchführung von Sicherungsmaßnahmen (Gefahrenabwehr) im wesentlichen auf den folgenden Grundlagen:

- Generalklausel des allgemeinen Polizei- und Ordnungsrechts,
- Abfallrecht hinsichtlich der Sicherung von Altablagerungen,
- Immissionsschutzrecht,
- UmweltHG hinsichtlich des Reflexes zur Sicherung des eigenen Grundstückes,
- §§ 906 und 1004 BGB.

Die technischen Möglichkeiten der Sicherung, Behandlung und Entsorgung von Bodenkontaminationen sind vielgestaltig; sie führen allerdings auch zu unterschiedlichen Ergebnissen. In Abhängigkeit vom jeweils verfolgten Sicherungs- oder Sanierungsziel[309] ergibt sich daraus ein weiter Bereich an möglicherweise bilanziell zu berücksichtigenden Aufwendungen; der Umfang der bilanziellen Risikovorsorge eines betroffenen Unternehmens hängt somit von der Auswahl eines Sicherungs- oder Dekontaminierungsverfahrens im konkreten Einzelfall ab.

Erstes und entscheidendes Kriterium bei der Auswahl eines Sicherungs- oder Dekontaminierungsverfahrens ist das zu erreichende Ziel[310]; die Maßnahmen zu dessen Erreichung lassen sich grob differenzieren in Maßnahmen der Gefahrenabwehr und solche der Ursachenbekämpfung.

Während Gefahrenabwehr lediglich auf die Minderung der Schadstoffemissionen aus der Bodenkontamination abzielt und letztere nicht beseitigt, umfaßt die Ursachenbekämpfung auch die Reinigung des mit Fremdstoffen belasteten Erdreichs (und ggf. auch die Reini-

---

309 Als Ziele kommen neben der bereits genannten Wiederherstellung der universellen Verwendbarkeit eines Standortes auch die Verringerung der Schadstoffbelastung auf ein vorgegebenes Maß, die Sicherung, bis ein geeignetes Sanierungsverfahren verfügbar ist, die Unterbindung eines Gefahrenpfades sowie die Ermöglichung bzw. die Verhinderung von bestimmten Nutzungen eines Standortes in Betracht. Vgl. dazu auch *Bauer*, Altlasten, in: *Brandt* (Hrsg.), Altlasten, 1988, S. 68 f.
310 Vgl. zur Bestimmung von Sanierungszielen *Kretz*, Altlastensanierung, UPR 1993, S. 41 ff, 45.

gung belasteten Grundwassers)[311]. Zur Minderung der Schadstoffemissionen reicht vielfach eine Isolierung der Schadstoffquelle aus[312]. Insbesondere bei Altdeponien sollten Maßnahmen der Abdeckung bzw. Abdichtung und der Einkapselung sowie hydraulische Maßnahmen, bei denen zur Vermeidung der Grundwasserbelastung durch ins Erdreich eingedrungene Schadstoffe der Grundwasserspiegel dauerhaft durch den langfristigen Einsatz von Pumpwerken abgesenkt werden soll, genügen. Neben einer Oberflächenabdeckung können im Einzelfall dabei auch eine seitliche Abschottung durch Dichtwände sowie eine Sohlabdichtung erforderlich sein.

Die Gefahrenabwehr am Ort der Bodenkontamination sah in der Vergangenheit häufig das Ausheben und Abtransportieren des Erdreichs sowie dessen Ablagerung auf einer Sonderdeponie vor; damit wurde das Problem allerdings nur (z.B. aus der Sphäre eines betroffenen Unternehmens heraus) verlagert. Da Deponieraum aber immer knapper (und somit auch teurer) wird, werden Maßnahmen zur Abwehr und Beherrschung von Umweltauswirkungen aus Alt- oder Betriebslasten zukünftig die Dekontaminierung des Erdreichs zum Ziel haben müssen.

In Abhängigkeit von dem Ort der Sicherung oder Dekontaminierung kann zunächst unterschieden werden in

- "in situ-Verfahren" (Erdreich wird nicht ausgehoben; Dekontaminierung im Erdreich selbst, wie der Boden liegt),
- "on site-Verfahren" (Erdreich wird ausgehoben, vor Ort gereinigt und wieder genutzt) und
- "off site-Verfahren" (Erdreich wird ausgehoben, abtransportiert und an einem räumlich entfernten Ort gereinigt und wieder genutzt).

Zu den "in situ-Verfahren" zählen Maßnahmen der Bodenluftabsaugung, des Immobilisierens sowie insbesondere Maßnahmen der biologischen Behandlung; dabei richten sich große Hoffnungen auf die wohl kostengünstigen biologischen Verfahren, die derzeit intensiv erforscht und entwickelt werden. Zugleich können diese biologischen Verfahren auch als "on site-" bzw. als "off site-Maßnahmen" zum Zuge kommen. Als "on site-Verfahren" könnten weiterhin genannt werden Maßnahmen der thermischen Behandlung, der Fixierung durch Zugabe von Bindemitteln, des Auswaschens mittels Wasser sowie des Extrahierens mittels Lösemitteln. Diese genannten Verfahren könnten auch "off site", also

---

311 In diesem Zusammenhang kommt der schon früh in den USA aufgeworfenen Frage "How clean is clean?" eine entscheidende Bedeutung zu, da bei steigenden Qualitätsanforderungen an das Sanierungsergebnis auch mit überproportional steigenden Kosten gerechnet werden muß. Vgl. dazu und zum US-Superfund (einem Fond zur Altlastensanierung in den USA) *Meller*, Sanierung, in: *Entsorga* (Hrsg.), Altlastensanierung, 1989, S. 137 f.
312 Vgl. umfassend dazu *Weber*, Sanierungsverfahren, in: *Weber* u.a. (Hrsg.), Altlasten, 1990, S. 165 ff.

beispielsweise in größeren stationären Anlagen zur Lösung von Entsorgungsproblemen, zum Zuge kommen; dabei schlagen sich allerdings die Kosten der dem Abfall- bzw. Gefahrguttransportrecht unterliegenden Transporte aufwandserhöhend nieder.

Die Abschätzung der aus einer Sicherungs- oder Dekontaminierungsmaßnahme entstehenden Kosten ist nicht unproblematisch, da die verschiedenen kostenbestimmenden Einflußfaktoren, z.b. die Eigenschaften des kontaminierten Erdreichs sowie anlagen- und betriebstechnischen Parameter, wegen ihrer unterschiedlichen Bedeutung große Preisunterschiede hervorrufen[313]; außerdem geht in die Höhe der Kosten auch der vorgegebene oder zu erreichende Dekontaminierungsgrad ein. Gleichwohl existieren veröffentlichte Schätzungen über die Größenordnungen der Kosten[314]; auf dieser Basis muß dann im konkreten Einzelfall versucht werden, den bilanziell zu erfassenden Umfang der Verpflichtung zu schätzen.

So werden als Größenordnungen angegeben für Sicherungsmaßnahmen der Immobilisierung 50 bis 200 DM/t und für Einkapselungsverfahren 100 bis 150 DM/m^2 (für die Oberflächenabdichtung) zuzüglich - falls notwendig - 90 bis 300 DM/m^2 (für die Dichtwände) zuzüglich - soweit weiterhin erforderlich - 700 bis 2.500 DM/m^2 (für die Untergrundabdichtung). Während bei Umlagerungen auf Sonderabfalldeponien mit Kosten von 100 bis 450 DM/t zu rechnen ist, fallen bei direkten thermischen Verfahren 100 bis 800 DM/t, bei Extraktions- und Waschverfahren 100 bis 350 DM/t, bei biologischen "in situ" Verfahren 10 bis 200 DM/t und bei biologischen "on site" Verfahren 100 bis 300 DM/t an[315].

Für Zwecke der Bewertung von Umweltschutzverpflichtungen kann nun folgendes festgehalten werden:

- Ist ein Unternehmen lediglich zur Vornahme von Schutz- und Beschränkungsmaßnahmen oder zur Sicherung einer Bodenkontamination verpflichtet, so können die entsprechend notwendigen Maßnahmen in Abhängigkeit von der Art und Schwere der Belastung und den im Einzelfall vorstellbaren Gefährdungs- bzw. Expositionspfaden sowohl eine einfache Umzäunung als auch eine weitgehende Einkapselung erfordern. Daneben sind auch hydraulische Maßnahmen vorstellbar, bei denen der Grundwasserspiegel dauerhaft durch den langfristigen Einsatz von Pumpwerken abgesenkt werden soll.

- Geht die Verpflichtung allerdings dahin, daß das Erdreich zu dekontaminieren ist, so dürften nur aufwendigere Verfahren in Betracht kommen, deren Eignung für jeden Einzelfall einer Bodenkontamination zu beurteilen ist. Denn charakteristisch für Altlasten ist

---

313 Vgl. die Nennung weiterer Einflußfaktoren bei *SRU*, Altlasten, 1990, BT-Drs. 11/6191, S. 175 f.
314 Vgl. bspw. *Sander*, Altlasten-Sanierung, BauR 1986, S. 659.
315 Vgl. ausführlich dazu *SRU*, Altlasten, 1990, BT-Drs. 11/6191, S. 175 f.

die stark standortspezifische Ausprägung der Probleme, denen nicht mit Standard-, sondern nur mit maßgeschneiderten Lösungen Rechnung getragen werden kann[316]; somit muß auch die Bilanzierung von Rückstellungen wegen Bodenkontaminationen als stark standortspezifisch angesehen werden. Zudem ist im Rahmen der Bewertung zu berücksichtigen, daß die technische Entwicklung der zum Teil erst im Rahmen von Pilotprojekten erprobten Sicherungs- und Dekontaminierungsmaßnahmen derzeit stark vorangetrieben wird; daraus werden sich Änderungen hinsichtlich des Wertansatzes der Verpflichtungen ergeben können.

Stehen im Rahmen der Verpflichtungserfüllung nun mehrere Sanierungstechniken - z.B. "in-situ" oder "on-site" Maßnahmen - zur Auswahl, so muß für Zwecke der Rückstellungsbewertung die wahrscheinlich zum Zuge kommende Technik der Bewertung zugrundegelegt werden, da allein insoweit eine Bewertung nach vernünftiger kaufmännischer Beurteilung erfolgt. Einer Rückstellungsbewertung, die pauschal auf das aufwendigste Verfahren Bezug nehmen würde, ohne daß dessen Einsatz ernsthaft in Frage käme, könnte nicht zugestimmt werden, weil die GoB eine Rückstellungsbildung in unangemessener und offenbar unrichtiger Höhe nicht tragen[317]. In Zweifelsfällen sollte diejenige Technik berücksichtigt werden, die das Unternehmen mit dem geringsten Aufwand das vorgegebene Ziel erreichen läßt; darüberhinausgehende Sanierungsleistungen aufgrund aufwendigerer Sanierungstechniken werden schließlich auch nicht mehr vom Umfang der jeweiligen Verpflichtung gedeckt, z.B. wegen des Verhältnismäßigkeitsgrundsatzes im allgemeinen Polizei- und Ordnungsrecht. Die konkrete Wertzumessung kann dadurch vereinfacht werden, daß entsprechende Angebote von Sanierungsunternehmen eingeholt werden. Der Widerspruch gegen eine Sanierungsverfügung sollte im übrigen keine Auswirkung auf die Bewertung der Rückstellung haben[318].

Erlangt der Bilanzierende nun Kenntnis von einer Sanierungsverpflichtung, so hat er den voraussichtlichen Erfüllungsbetrag zu passivieren; dessen Höhe hängt maßgeblich von der Tragweite der jeweiligen Verpflichtung ab[319]. Die Rückstellungsbildung darf hier nicht ratierlich (also durch Ansammlung) erfolgen, sondern ausschließlich durch eine Einmalzuführung[320]. Dies gilt insbesondere auch, wenn die Rückstellungsbildung nachgeholt wird, weil die Kontaminierungshandlungen bereits länger zurückliegen und die Ver-

---

316 So auch *Bauer*, Altlasten, in: *Brandt* (Hrsg.), Altlasten, 1988, S. 68 f.
317 So auch die h.M.; vgl. die BFH-Urteile vom 27.11.1968 I 162/64, BStBl. II 1969, S. 247; vom 19.2.1975 I R 28/73, BStBl. II 1975, S. 480; *Clemm/Nonnenmacher*, in: Beck'scher Bilanzkommentar, 1990, Anm. 155 zu § 253 HGB m.w.N.
318 So wohl auch *Wassermann*, in: *Kamphausen/Kolvenbach/Wassermann*, Beseitigung, DB Beilage Nr. 3/87, S. 14.
319 Die Spannweite kann dabei von einer schlichten Einzäunung bis zum Aushub, Abtransport und zur direkten "thermischen Behandlung" reichen.
320 So auch FG Münster, Beschluß vom 10.9.1990 IX 3976/90 V, BB 1991, S. 874 f.

pflichtung erst jetzt bekannt wird; dabei wird der Rückstellungsnachholung insbesondere bei Altlastensachverhalten eine große Bedeutung zukommen[321].

Bei der Ermittlung des Erfüllungsbetrages sind nach h.M. die Vollkosten zugrundezulegen, da ansonsten die Gefahr besteht, daß der Kaufmann sich reich rechnet, indem er bereits verursachte Belastungen nicht passiviert und somit einen überhöhten Gewinn ausweist[322]. Aufgrund des Nominalwertprinzips ist zudem von den Preisverhältnissen am Stichtag auszugehen[323]. Eine Abzinsung ist nicht zulässig[324], sie würde insbesondere gegen das Realisationsprinzip verstoßen[325].

(2) Sonderprobleme der Bewertung

(a) Störermehrheit

Stellvertretend für die gesamte Saldierungsproblematik soll hier nun die insbesondere für Verpflichtungen aus dem Polizei- und Ordnungsrecht typische Situation behandelt werden, daß mehrere Störer als Verantwortliche zur Sanierung herangezogen werden können. Die Frage nach Saldierung einer Sanierungsverpflichtung mit Rückgriffsansprüchen gegen Versicherungen stellt sich m.E. nur in Ausnahmefällen, da das Risiko einer Alt- oder Betriebslast regelmäßig nicht versicherbar war und ist[326]. Im übrigen würden die allgemei-

---

321 Wenn die Voraussetzungen für eine Verbindlichkeitsrückstellung bereits in früheren Wirtschaftsjahren erfüllt waren, ohne daß eine Rückstellung passiviert worden ist, muß die Rückstellung im letzten noch nicht festgestellten Jahresabschluß nachgeholt werden. Vgl. weiterführend *Clemm/Nonnenmacher*, in: Beck'scher Bilanzkommentar, 1990, Anm. 26 zu § 249 HGB; für eine handelsrechtliche Nachholung auf bewußt unterlassener Verbindlichkeitsrückstellungen *Eifler*, Rückstellungen, in: HdJ, Abt. III/5, 1984, Rn. 70. Die Steuerrechtsprechung vertritt hier eine gegenüber der handelsrechtlichen Handhabung restriktivere Auffassung. Nach ihrer Auffassung kommt die Nachholung einer unterlassenen Rückstellung nur dann in Betracht, wenn die Rückstellungsbildung nicht bewußt unterlassen wurde, es gelten insoweit die handelsbilanziellen Erwägungen. Sollte aber eine bewußte Unterlassung - z.B. aus Gründen der steuerlichen Manipulation (willkürlich ertragsverbessernder Minderausweis)- gegeben sein, so würde eine Nachholung den Grundsätzen von Treu und Glauben widersprechen mit der Konsequenz, daß die Rückstellung dann nicht mehr passiviert werden dürfte; vgl. die BFH-Urteile vom 2.5.1984 VIII R 239/84, BStBl. II 1984, S. 695; vom 26.1.1978 VIII R 62/77, BStBl. II 1978, S. 301 ff; vom 24.8.1956 I 73/56, BStBl. III 1956, S. 323 f; auch FG Baden-Württemberg, Urteil vom 26.8.1986 I K 323/85, EFG 1987, S. 59; weiterhin *Bäcker*, Rückstellungen, BB 1989, S. 2077.

322 So bspw. *Moxter*, Bilanzrechtsprechung, 2. Aufl., 1985, S. 131.

323 Vgl. bspw. *Jacobs*, Berechnung, DStR 1988, S. 240.

324 Ebenfalls - unter ausführlichem Rückgriff auf die BFH-Rechtsprechung zu den (hier nachfolgend noch zu erörternden) Rekultivierungsrückstellungen - gegen eine Abzinsung *Nieland*, Behandlung, StBp 1992, S. 276 f. A.A. *Sarrazin*, Zweifelsfragen, WPg 1993, S. 6 f, der einen abgezinsten Wert als unter dem Erfüllungsbetrag liegenden Teilwert für bilanzierungsfähig hält.

325 Vgl. erneut zur gegenteiligen Verwaltungsauffassung und der m.E. berechtigten Kritik daran *Clemm*, umweltschutzbezogenen Rückstellungen, BB 1993, S. 687 ff.

326 Vgl. zu Altlasten und Haftpflichtversicherung *Schmidt-Salzer*, Umwelt-Altlasten, BB 1986, S. 605 ff. Vgl. auch zu den versicherungsrechtlichen Problemen *Kolvenbach*, in: *Kamphausen/Kolvenbach/Wassermann*, Beseitigung, DB Beilage Nr. 3/87, S. 11 f.

nen Grundsätze zur Anwendung kommen, d.h. Saldierung dann, wenn der Anspruch unbestritten und eine eindeutige Verknüpfung mit dem schadensstiftenden Ereignis gegeben ist[327].

Kennzeichnend für die Gefahrenabwehrverpflichtungen nach dem allgemeinen Polizei- und Ordnungsrecht ist nun, daß mehrere Störer zur Sanierung einer Alt- oder Betriebslast verpflichtet bzw. zur Kostentragung herangezogen werden können; den zuständigen Behörden steht insoweit ein Auswahlermessen zu. Entscheidend dabei ist, daß dann, wenn mehrere Verantwortliche eine Alt- oder Betriebslast verursacht haben und nur einer aus diesem Kreis der Verantwortlichen zur Kostentragung herangezogen wird, diesem Verpflichteten kein Ausgleichsanspruch gegenüber den anderen zusteht[328]. Lediglich soweit der Anwendungsbereich des HAbfAG reicht[329], welches abweichend von den übrigen Länderregelungen eine Sondervorschrift enthält[330], steht dem Inanspruchgenommenen ein Ausgleichsanspruch zu, der m.E. nach dem oben ausgeführten als bewertungsrelevanter Faktor mit dem Betrag der Verpflichtung saldiert werden muß, da insoweit eine wechselseitige Kausalität zwischen Verpflichtung und Ausgleichsanspruch zu bejahen ist. Daneben könnte aber auch die Auffassung vertreten werden, daß der Verpflichtungsbetrag in vollem Umfang zu passivieren und der Ausgleichsanspruch nach den allgemeinen Grundsätzen (bei ausreichender Greifbarkeit) zu aktivieren sein sollte (Bruttoausweis). In der Regel wird jedoch gar kein Ausgleichsanspruch gegeben sein, so daß jeder der möglichen Sanierungsschuldner der Verpflichtung durch Bildung einer Rückstellung in voller Höhe des Erfüllungsbetrages Rechnung tragen muß, soweit nicht die Inanspruchnahme im Einzelfall unwahrscheinlich erscheint[331].

(b) Dauerinstandhaltungs- und Betriebskosten

Dauerinstandhaltungs- und Betriebskosten werden insbesondere in der Nachsorgephase an-

---

327 So bspw. *Herzig*, Rückstellungen, DB 1990, S. 1353; auch *Bordewin*, Umweltschutz, RWP 1991, SG 5.2, S. 2088. Ebenfalls für eine Rückstellungsminderung aufgrund bestehender Ansprüche gegenüber Dritten *Kupsch*, Umweltlasten, BB 1992, S. 2328; *Sarrazin*, Zweifelsfragen, WPg 1993, S. 6. Aktuell ebenfalls die Kompensation einer Verpflichtung mit Rückgriffsansprüchen bejahend das BFH-Urteil vom 17.2.1993 X R 60/89, BStBl. II 1993, S. 437 ff.

328 So auch unter Bezugnahme auf die BGH-Rechtsprechung *Knopp*, Altlastenrecht, 1992, S. 47 m.w.N.; *Götz*, Ordnungsrecht, 1990, Rn. 237; *Papier*, Altlasten, Jura 1989, S. 511; *ders.*, Verantwortlichkeit, NVwZ 1986, S. 263; *Achatz*, Umweltrisiken, in: *Kirchhof* (Hrsg.), Umweltschutz, 1993, S. 195. A.A. *Kormann*, Lastenverteilung, UPR 1983, S. 281 ff.

329 Gesetz über die Vermeidung, Verminderung, Verwertung und Beseitigung von Abfällen und die Sanierung von Altlasten (Hessisches Abfallwirtschafts- und Altlastengesetz - HAbfAG -) in der Fassung vom 10.7.1989, GVBl. Hessen I 89, S. 198-208, ber. S. 247.

330 Gem. § 21 I Satz 3 HAbfAG haben mehrere Sanierungsverantwortliche untereinander einen Ausgleichsanspruch, der sich nach den Umständen bestimmt, "inwieweit der Schaden vorwiegend von dem einen oder anderen verursacht worden ist".

331 So auch *Wassermann*, in: *Kamphausen/Kolvenbach/Wassermann*, Beseitigung, DB Beilage Nr. 3/87, S. 18; dem folgend *Bordewin*, Einzelfragen, DB 1992, S. 1536.

fallen, die ebenfalls bei der Rückstellungsbewertung zu berücksichtigen ist. So kann z.B. im Zuge der Sicherung einer Alt- oder Betriebslast die Notwendigkeit bestehen, zur Gefahrenabwehr ein Pumpwerk zu betreiben, um eine Verunreinigung des Grundwassers durch Unterbindung des Emissionspfades Alt- bzw. Betriebslast-Grundwasser zu vermeiden. Die in diesem Zusammenhang anfallenden Aufwendungen aus dem "ewigen" Betrieb des Pumpwerkes sind m.E. im Rahmen der Passivierung zu antizipieren, da sie der Verpflichtung zur Sicherung der Alt- oder Betriebslast zugerechnet und somit als wirtschaftlich verursacht angesehen werden müssen[332]; diese "ewige" Belastung hat unter Rückgriff auf die Vorschrift des § 253 I Satz 2 HGB mit dem Barwert in den zu passivierenden Erfüllungsbetrag einzugehen.

(c) Rückstellungsbildung für zukünftigen Abschreibungsaufwand

Die Frage, ob im Rahmen der Durchführung einer Sanierungsmaßnahme überhaupt Aufwendungen anfallen können, die nach den allgemeinen Grundsätzen als Anschaffungs- oder Herstellungskosten gemäß § 255 HGB zu aktivieren sind (Zugang eines Vermögensgegenstandes), ist im Fachschrifttum noch nicht umfassend untersucht worden. Gleichwohl wird diese Möglichkeit sowohl von der Finanzverwaltung[333] als auch im Fachschrifttum[334] bejaht, ohne daß die Frage der Voraussetzungen der Aktivierungsfähigkeit weitergehend betrachtet worden wäre. Den nachfolgenden Ausführungen liegt nun die Prämisse zugrunde, daß diese Möglichkeit tatsächlich gegeben ist.

Sollte es im Rahmen der Durchführung einer Sanierungsmaßnahme also dazu kommen, daß Aufwendungen anfallen, die als Herstellungskosten zu zukünftigem Abschreibungsaufwand führen könnten, so wäre dem nach der hier vertretenen Auffassung im Rahmen der Rückstellungsbewertung Rechnung zu tragen[335]. Dabei sollte eine Rückstellung für zukünftigen Abschreibungsaufwand in Betracht kommen, wenn eine bilanzrechtlich entscheidende Verknüpfung des zukünftigen Abschreibungsaufwandes zum abgelaufenen Wirtschaftsjahr erkennbar ist, die eine Antizipation dieses Aufwandes rechtfertigt[336]. Diese Verknüpfung kann m.E. nun in der Alimentierung bereits realisierter Erträge durch die zukünftigen Aufwendungen erkannt werden, so daß die Abschreibung auf die im

---

332 Vgl. dazu die grundlegende Untersuchung im zweiten Teil der vorliegenden Untersuchung, 3. Kapitel, Abschnitt I., Unterabschnitt B. 6.

333 So im Entwurf eines BMF-Schreibens zu "Ertragsteuerliche[n] Fragen im Zusammenhang mit der Sanierung schadstoffverunreinigter Wirtschaftsgüter", Stand: Februar 1993, Tz. 8 ff.

334 Vgl. *Bartels*, Umweltrisiken, 1992, S. 150 ff.

335 Vgl. dazu die ausführliche Ableitung und Begründung (einschließlich der dort angeführten Beispiele) im zweiten Teil der vorliegenden Untersuchung, 3. Kapitel, Abschnitt I., Unterabschnitt B. 7.

336 Unter Hinweis auf das Vorsichtsprinzip undifferenziert eine Rückstellungspflicht auch für Herstellungskosten befürwortend *Kühnberger/Faatz*, Altlasten, BB 1993, S. 105; so wohl auch *Crezelius*, Umweltschutzmaßnahmen, DB 1992, S. 1362.

Rahmen einer Sanierung hergestellten Wirtschaftsgüter, die keinen Erfolgsbeitrag mehr in der Zukunft leisten werden, sondern vielmehr dazu dienen, in der Vergangenheit verursachte Umweltschädigungen bzw. -gefährdungen zu beseitigen, bei der Rückstellungsbemessung zu berücksichtigen ist[337]. Dem steht - wie bereits besprochen[338] - der Tenor des BFH-Urteils vom 1.4.1981[339] gerade nicht entgegen; vielmehr wird die hier vertretene Lösung insbesondere dem Ziel der vorsichtigen Ermittlung eines ausschüttungsfähigen Gewinns gerecht.

Soweit demgegenüber aber die Auffassung vertreten wird, daß solche Rückstellungen nicht zulässig seien, ist dem nicht nur die aus dem Realisationsprinzip abzuleitende bilanztheoretische Notwendigkeit dieser Passivierung, sondern auch die auf der tatsächlichen Ebene angesiedelte Frage entgegenzuhalten, auf welcher Grundlage denn prognostiziert werden soll, ob zukünftige Sanierungsaufwendungen (z.B. die Abdichtung einer Altablagerung) als Erhaltungs- oder Herstellungsaufwand zu qualifizieren sein werden. Diese Frage nach der Aktivierung von Sanierungsmaßnahmen ist nämlich nach derzeitigem Kenntnisstand überhaupt noch nicht geklärt. Ebensowenig geklärt ist wohl bislang die Frage, ob Sanierungsmaßnahmen möglicherweise auch als Herstellungskosten des Grundstückes anzusehen sein könnten. Ohne diese Frage hier allgemeingültig lösen zu müssen, kann doch festgehalten werden, daß in Zweifelsfällen, wenn also die Qualifikation von zukünftig anfallenden Aufwendungen als Herstellungskosten des Grundstückes nicht zweifelsfrei bejaht werden kann, unter Beachtung des Vorsichtsprinzips regelmäßig zu passivieren sein sollte.

2. *Ausweis als sonstige finanzielle Verpflichtung*

Dem Ausweis von Alt- und von Betriebslastensanierungsverpflichtungen im Anhang unter der Position der sonstigen finanziellen Verpflichtungen sind sehr enge Grenzen gesetzt, da bei genügender Konkretisierung, wie sie auch hinsichtlich des Anhangsausweises zu fordern ist[340], regelmäßig eine Verbindlichkeitsrückstellung zu bilden sein sollte. Der Ausweis einer Verpflichtung, die erst zukünftig (wirtschaftlich) verursacht werden wird und die insoweit nicht passiviert werden darf, erscheint hier nicht möglich. Damit bleibt der Anhangsausweis lediglich unter zwei Aspekten interessant, nämlich einerseits dann, wenn langfristige Sanierungsverträge abgeschlossen worden sind und daraus zugleich keine

---

337 Zumindest für eine Berücksichtigung von Herstellungsaufwendungen, wenn "die gesetzlich angeordnete Investition einer Teilwertabschreibung zuzuführen ist" *Achatz*, Umweltrisiken, in: *Kirchhof* (Hrsg.), Umweltschutz, 1993, S. 184.
338 Ebenda.
339 I R 27/79, BStBl. II 1981, S. 660 ff.
340 Vgl. dazu erneut die ausführliche Untersuchung der diesbezüglichen Objektivierungserfordernisse im zweiten Teil der vorliegenden Untersuchung, 2. Kapitel, Abschnitt III., Unterabschnitt B.

Rückstellungsrelevanz erwächst sowie andererseits dann, wenn die tatsächlich mögliche Bilanzierung einer Aufwandsrückstellung zulässigerweise unterlassen wurde.

Die Bewertung des Anhangsausweises sollte im wesentlichen den allgemeinen Grundsätzen der Rückstellungsbewertung entsprechen. Es ist der Betrag zu nennen, den das Unternehmen für die Durchführung der Sanierungsmaßnahme aufwenden muß, dies ist bei schwebenden Geschäften allerdings der Gesamtbetrag und nicht etwa eine Saldogröße; dieser Betrag ist nach den Preisverhältnissen des Stichtages ohne jegliche Abzinsung zu ermitteln.

3. Zur Konkurrenz von Rückstellungsbildung und (Teilwert-)Abschreibung in Alt- oder Betriebslastenfällen

a) Problemstellung

Eine weitere hochinteressante Problematik, die sich sowohl beim Vorliegen von Altlasten als auch beim Vorliegen von Betriebslasten stellt und der aktuell auch im Fachschrifttum stark wachsende Beachtung geschenkt wird[341], ist in der Tatsache begründet, daß eine gefahrenträchtige Bodenkontamination nicht eben nur eine Rückstellung wegen Sanierungsverpflichtungen, sondern auch eine Abschreibung des betroffenen Grundstückes unvermeidbar nach sich ziehen kann[342]. Die besondere bilanzrechtliche Problematik resultiert nun daraus, daß möglicherweise beide bilanziellen Instrumente zur Abbildung einer Alt- oder Betriebslast, nämlich sowohl die Abschreibungsvornahme als auch die Rückstellungsbildung, zugleich ergebniswirksam zur Anwendung kommen können.

Darin ist zunächst dann kein Problem zu erkennen, wenn die beiden Instrumente isoliert nebeneinander gesehen werden[343] und mit der Rückstellung einer zu erfüllenden Verpflichtung sowie mit der Abschreibung einer daneben tatsächlich bestehenden Wertminde-

---

341 Zunächst grundlegend *Herzig*, Konkurrenz, WPg 1991, S. 610 ff; *ders.*, Rückstellungsbildung, WPg 1992, S. 83; *ders.*, Abwertung, in: *Wagner* (Hrsg.), Umweltschutz, 1993, S. 161 ff. Daran anknüpfend *Bartels*, Berücksichtigung, WPg 1992, S. 74 ff; *ders.*, Umweltrisiken, 1992, S. 166 ff; *Budde*, Umweltschäden, in: *Moxter* (Hrsg.), Rechnungslegung, 1992, S. 101 ff; *Rürup*, Rückstellungen, in: *Moxter* (Hrsg.), Rechnungslegung, 1992, S. 530 ff; *Spross*, Altlasten, DStZ 1992, S. 787; *Nieland*, Behandlung, StBp 1992, S. 275; *Bordewin*, Umweltschutzrückstellungen, *DB 1992*, S. 1100; *Kupsch*, Umweltlasten, BB 1992, S. 2326 f; *IDW*, schadstoffverunreinigter Wirtschaftsgüter, WPg 1992, S. 326 f; *Sarrazin*, Zweifelsfragen, WPg 1993, S. 7; *Kühnberger/Faatz*, Altlasten, BB 1993, S. 105 f; *Siegel*, Umweltschutz, BB 1993, S. 329 ff; *Rautenberg*, Altlasten, WPg 1993, S. 265 ff; *Achatz*, Umweltrisiken, in: *Kirchhof* (Hrsg.), Umweltschutz, 1993, S. 180 f.

342 Nicht gefahrenträchtige Bodenkontaminationen können nur in besonders gelagerten Grenzfällen (insbesondere wohl bei zivilrechtlichen Sanierungsansprüchen) für den Bilanzierenden eine zu passivierende Sanierungsverpflichtung und zugleich eine Abschreibungspflicht (soweit überhaupt vom Vorliegen einer Wertminderung ausgegangen werden kann) nach sich ziehen; diese Grenzfälle werden hier nicht näher betrachtet.

343 Mit diesem Hinweis auch *Kupsch*, Umweltlasten, BB 1992, S. 2326.

rung Rechnung getragen werden soll[344]. Die besondere Ausprägung insbesondere der öffentlich-rechtlich begründeten Sanierungsverpflichtungen, welche dem Bilanzierenden die Sanierung seines eigenen Grundstückes abverlangen können, bewirkt nun aber, daß mit Durchführung einer Sanierungsmaßnahme zugleich auch der Grund für die Wertminderung wegfallen kann[345]. Daraus folgt im Ergebnis, daß durch die einfache Ausgabentätigung im Rahmen der tatsächlich durchgeführten Sanierung sowohl der Grund für die Rückstellung als auch der Grund für die Abschreibung wegfallen können. Soweit - aber auch nur genau für diesen Fall - die Sanierungsmaßnahme, deren Aufwendungen über eine Rückstellungsbildung vorverlagert werden, also geeignet ist, auch die bestehende Wertminderung zu beseitigen, würde die kumulative Nutzung beider Instrumente bedeuten, daß "ein ergebnis- und vermögensmindernder Faktor (Altlast) bilanziell zweifach berücksichtigt"[346] und somit der Ausweis des Betriebsvermögens im Ergebnis zweifach gemindert werden würde. Erlangen sowohl eine Abschreibung als auch eine Rückstellung hinsichtlich desselben Sanierungsaufwandes Erfolgswirksamkeit, muß von einer Kumulation des Aufwandes (Kumulationsfall) gesprochen werden[347].

Wenn allerdings auch nach Durchführung der Sanierungsmaßnahmen noch eine Wertminderung verbleiben sollte[348], so müßten sowohl Abschreibung als auch Rückstellung nebeneinander zum Zuge kommen (Kombinationsfall)[349]. In dieser Kombination der beiden Instrumente kann jedoch gerade keine Konkurrenzsituation gesehen werden, soweit der Sanierungsaufwand eben nur verpflichtungserfüllend und nicht auch wertsteigernd wirksam wird.

Führen die im Rahmen einer Rückstellungbildung zu antizipierenden Aufwendungen nun zugleich dazu, daß auch die Wertminderung beseitigt wird, sollte für eine mehrfache Be-

---

344 *Herzig*, Konkurrenz, WPg 1991, S. 615, spricht insoweit von einer "Doppelnatur der Altlast", die sowohl den Wert des Grundstückes mindert als auch eine Sanierungsverpflichtung begründen kann.

345 Möglicherweise wird diese besondere Ausprägung von *Siegel*, Umweltschutz, BB 1993, S. 330, weitestgehend verkannt, wenn er ausführt, daß Altlastenbeseitigungsverpflichtungen eine "Vorstufe vertraglicher Verpflichtungen" seien und daß bei bereits erfolgter Abschreibung "aus diesem Geschäft ... kein Verlust [droht]".

346 *Herzig*, Konkurrenz, WPg 1991, S. 615. Dem folgend *Bartels*, Umweltrisiken, 1992, S. 166.

347 In Betracht kommen kann dieser Kumulationsfall - worauf die weiteren Überlegungen aufbauen - aber offensichtlich nur dann, wenn dem Sanierungsverpflichteten auch das Grundstück für bilanzielle Zwecke zuzurechnen ist und er somit eine Abschreibung überhaupt geltend machen kann. Somit ist festzuhalten, daß sich für einen möglicherweise nicht geringen Teil der Sanierungsverpflichteten die hier zu erörternde Problematik nicht stellt, wenn und soweit ihnen das zu sanierende Grundstück bilanziell nicht zugerechnet werden kann; dies sollte insbesondere die aus Pachtverträgen Verpflichteten wie auch zumindest zum Teil die Handlungsverantwortlichen betreffen.

348 Dies wird häufig dann der Fall sein, wenn die bspw. öffentlich-rechtlich begründete Sanierungsverpflichtung allein auf Gefahrenabwehrmaßnahmen, z.B. Einkapselungs- oder Abdecktechniken, nicht aber auf Dekontaminierungsmaßnahmen abzielt, so daß im Ergebnis die Schadstoffe im Grund und Boden verbleiben werden.

349 Mit derartigen Hinweisen auch *Bordewin*, Umweltschutzrückstellungen, DB 1992, S. 1100, und *Achatz*, Umweltrisiken, in: *Kirchhof* (Hrsg.), Umweltschutz, 1993, S. 180 f.

rücksichtigung dieses "einfachen" Sachverhaltes Alt- oder Betriebslast (Bodenverunreinigung) kein Raum sein. Gegen eine Lösung der Kumulation des Aufwandes, die letztlich nicht befriedigen kann, sprechen mehrere Überlegungen:

- Ein sicherer und "richtiger" Einblick in die Vermögens- und Ertragslage einer Kapitalgesellschaft, wie sie § 264 II HGB in Spezifizierung der Zwecksetzung des handelsrechtlichen Jahresabschlusses fordert[350], wäre nicht gewährleistet[351]. Dem insoweit verletzten Grundsatz des "true and fair view"[352] sollte auch eine Leitfunktion für die Rechnungslegung von Nicht-Kapitalgesellschaften beigemessen werden können[353].
- Würde dieser Vorschrift aber eine Leitfunktion für die Rechnungslegung von Nicht-Kapitalgesellschaften abgesprochen werden, so verbliebe immer noch der in § 243 HGB niedergelegte Verweis auf die GoB als Argument gegen eine isolierte Anwendung beider Instrumente[354]. M.E. ist diese zweifache Berücksichtigung von Aufwendungen in Zusammenhang mit einer Bodenverunreinigung nicht von den geltenden GoB gedeckt[355]. Zudem wäre sie auch nur schwerlich mit dem Jahresabschlußziel der vorsichtigen Ermittlung eines ausschüttungsfähigen Gewinns zu vereinbaren[356], da dem Vorsichtsgedanken bereits mit einer einmaligen Antizipation des Sanierungsaufwandes Rechnung getragen wird.
- Im Fachschrifttum wird eine Doppelberücksichtigung durch Abschreibung und Rückstellung ebenfalls abgelehnt; so sollen Rekultivierungsrückstellungen korrespondierende Abschreibungen (also den Kumulationsfall) hinsichtlich des zu rekul-

---

350 So *Herzig*, Konkurrenz, WPg 1991, S. 615.

351 Nach den Ausführungen des *IDW*, schadstoffverunreinigter Wirtschaftsgüter, WPg 1992, S. 326, ist die doppelte Erfassung einer Schadstoffbelastung nicht zulässig, da "andernfalls ... die Vermögens- und die Ertragslage des Bilanzierenden falsch dargestellt" werden würde, weil insoweit die wegen der Sanierung anfallenden Ausgaben zweifach aufwandswirksam erfaßt werden würden.

352 Mit diesem Ergebnis auch *Herzig*, Konkurrenz, WPg 1991, S. 615 f; dem folgend *Rürup*, Rückstellungen, in: *Moxter* (Hrsg.), Rechnungslegung, 1992, S. 544.

353 Vgl. zur Auslegung des "true and fair view" *Beisse*, Bilanzrechts, in: *Knobbe-Keuk/Klein/Moxter* (Hrsg.), Handels-, 1988, S. 25-44, 27 ff.

354 So wohl auch *Kupsch*, Umweltlasten, BB 1992, S. 2326, der die Ablehnung einer Doppelberücksichtigung nicht auf die Generalnorm des § 264 II HGB stützen, sondern diese vielmehr aus einer "sachgerechten Abgrenzung des Verhältnisses von Imparitäts- und Realisationsprinzip" ableiten will.

355 Dazu *Nieland*, Behandlung, StBp 1992, S. 275: "Es ist ein Grundsatz ordnungsmäßiger Buchführung, daß Vermögensminderungen nicht doppelt berücksichtigt werden dürfen".

356 Im Rahmen der steuerlichen Gewinnermittlung ist ebenfalls eine zweifache Geltendmachung eines Sachverhaltes nicht denkbar; wenn über einen Bestandsvergleich von Anfangs- und Endvermögen der "wirkliche" Gewinn als Indikator der wirtschaftlichen Leistungsfähigkeit ermittelt werden soll, können die Sanierungsaufwendungen auch nur einmalig das Vermögen mindern.

tivierenden Grund und Bodens ausschließen[357]. Mit Recht wird darauf hingewiesen, daß neben einer Rückstellung wegen unterlassener Instandhaltung eine korrespondierende Abschreibung bei dem betreffenden Wirtschaftsgut nicht zulässig sein dürfte[358].

- Weiterhin wird im Schrifttum - in Zusammenhang mit dem D-Markbilanzgesetz - sogar von "Bilanzschwindel"[359] für den Fall gesprochen, daß der "Selbstverständlichkeit", in der gleichen Sache entweder nur eine aktivische Wertminderung oder nur eine passivische Rückstellungsbildung vornehmen zu können - keinesfalls aber beides zugleich -, nicht entsprochen würde[360].

- Schließlich wird im Schrifttum geprüft, ob eine "doppelte Belastung des Zerschlagungsvermögens"[361] gerechtfertigt sein könnte; im Ergebnis sollen auch dahingehende Überlegungen zur Ablehnung einer Doppelberücksichtigung führen.

Es kann also bis hierhin festgehalten werden, daß im Fachschrifttum einhellig - wenn auch mit divergierenden Argumentationssträngen - eine Kumulation der Aufwendungen abgelehnt wird[362]; diesem Ergebnis ist zuzustimmen[363].

---

357 *Jung*, in: *Heymann/Emmerich*, HGB, Bd. 3, 1989, Rdn. 120 zu § 253 HGB spricht bspw. davon, daß Rekultivierungsrückstellungen "naturgemäß" Abschreibungen für den Verlust von - zur Rekultivierung vorgesehen - Grund und Bodenflächen ausschließen; dem folgend *Herzig*, Konkurrenz, WPg 1991, S. 616.

358 Bspw. *Hoffmann*, Rückstellungen, StuW 1948, Sp. 437 ff, Sp. 442, der dort ausführt, daß das Ergebnis der zweifachen Berücksichtigung wirtschaftlich wenig verständlich wäre.

359 *Strobel*, Änderung, Beilage 6 zum BB 1991 (Deutsche Einigung-Rechtsentwicklungen), S. 23.

360 Ähnlich wohl *Siegel*, Umweltschutz, BB 1993, S. 330, der in Fußnote 35 ausführt, daß es sich "versteht", daß bei Rückstellungsbildung nicht gleichzeitig auch noch abgeschrieben werden kann.

361 *Bartels*, Umweltrisiken, 1992, S. 167.

362 So für den Fall der unterlassenen Reparaturen *Moxter*, Wirtschaftliche Gewinnermittlung und Bilanzsteuerrecht, StuW 1983, S. 306, der ausführt, daß die Passivierung einer Rückstellung für unterlassene Reparaturen dann "eine in wirtschaftlicher Betrachtungsweise unzulässige, weil nicht sinnvolle Doppelberücksichtigung der Reparaturunterlassung" zu sehen ist, wenn und sofern auf der Aktivseite die betreffende Position bereits zutreffend bewertet worden ist. Für diesen Fall eine Doppelberücksichtigung ebenfalls ablehnend *Adler/Düring/Schmaltz*, Rechnungslegung, 5. Aufl., 1990, Anm. 113 zu § 249 HGB.

363 Zugleich ist festzuhalten, daß in der Ablehnung der Doppelberücksichtigung - zweier bei isolierter Betrachtung durchaus bilanzierungswürdiger Tatbestände - wohl keine Verletzung des Vollständigkeitsprinzips gesehen wird und werden kann, da es ansonsten (bei Doppelberücksichtigung) zu einer "Übervollständigkeit" kommen würde.

b)   Voraussetzungen der Abschreibung aufgrund von Alt- oder Betriebslasten

Vermögensgegenstände des Umlaufvermögens[364] sind gemäß § 253 III HGB allein bei Vorliegen einer Wertminderung unabhängig von deren voraussichtlicher Dauer abzuschreiben, soweit nur der diesen am Bilanzstichtag beizulegende Wert unter dem Buchwert liegt (strenges Niederstwertprinzip)[365]. Dementsprechende Abschreibungen auf Vermögensgegenstände des Anlagevermögens sind abweichend davon gemäß § 253 II Satz 3 HGB nur dann zwingend vorzunehmen, wenn eine Wertminderung vorliegt, die als voraussichtlich dauerhaft angesehen werden muß (gemildertes bzw. gemäßigtes Niederstwertprinzip)[366]. Ist die Wertminderung demgegenüber vorübergehender Natur, so besteht lediglich ein Abwertungswahlrecht[367]. Aufgrund des Maßgeblichkeitgrundsatzes erlangen diese Vorschriften auch Wirkung für steuerliche Zwecke, da in § 6 I Nr. 1 Satz 2 und Nr. 2 Satz 2 EStG nur ein Wahlrecht zur Abschreibung auf den niedrigeren Teilwert formuliert wird; somit ist eine auf einem handelsrechtlichen Wahlrecht beruhende Abschreibung ebenso steuerlich vorzunehmen wie eine Abschreibung, für die handelsrechtlich eine Pflicht zur Vornahme besteht. Dem steht der Bewertungsvorbehalt des § 5 VI EStG nicht entgegen, da dieser Vorbehalt den Maßgeblichkeitsgrundsatz nur einschränkt, wenn die steuerlichen Bewertungsvorschriften eine zwingende Regelung

---

364   Grundstücke sind als Umlaufvermögen regelmäßig nur dann anzusehen, wenn sie dem Betrieb nicht dauernd zu dienen bestimmt sind, z.B. bei gewerblichem Grundstückshandel; vgl. auch BFH-Urteil vom 18.4.1991 IV R 6/90, BStBl. II 1991, S. 584 ff. Allein der unternehmerische Entschluß, ein bislang zum Anlagevermögen gehörendes Grundstück zu veräußern, genügt allerdings nicht, um dieses dem Umlaufvermögen zuzuordnen. Zu den darüberhinaus erforderlichen Maßnahmen vgl. BFH-Urteil vom 3.9.1959 IV R 119/58 U, BStBl. III 1959, S. 423 f. Nicht ausreichend hinsichtlich der Zuordnung zum Umlaufvermögen soll es im vorliegenden Zusammenhang sein, wenn das Grundstück in Veräußerungsabsicht aufgeteilt (parzelliert) wird; so das BMF-Schreiben vom 29.10.1979 IV B - S 2170 - 73/79, BStBl. I 1979, S. 639.

365   Abweichend davon - unter Vernachlässigung geltenden Handelsrechts - vertreten *Förschle/Scheffels*, Umweltschutzmaßnahmen, DB 1993, S. 1202, die bemerkenswerte Auffassung, daß "für die Berücksichtigung eventueller stiller Reserven bei der Bemessung der Abschreibungshöhe aufgrund einer Altlast kein Raum" sei; nach dieser Auffassung verstieße "eine Saldierung des Abschreibungsaufwands mit unrealisierten (möglichen) späteren Veräußerungsgewinnen ... gegen das Realisationsprinzip".

366   Sowohl das strenge als auch das gemilderte Niederstwertprinzip sind als Ausfluß des Imparitätsprinzips anzusehen, welches über eine Gewinnminderung und Ausschüttungssperre den Zurückbehalt von Erträgen bezweckt, um erst in der Zukunft realisierte, aber bereits aktuell verursachte Wertminderungen ausgleichen zu können. Vgl. dazu bspw. *Herzig*, Konkurrenz, WPg 1991, S. 613 m.w.N.; *Schmidt*, EStG, 1993, Anm. 14 d) zu § 5 EStG; *Groh*, Künftige Verluste, StuW 1976, S. 32.

367   Dieses Wahlrecht ergibt sich für Nicht-Kapitalgesellschaften unmittelbar aus § 253 II Satz 3 HGB, während es für Kapitalgesellschaften aus den §§ 254, 279 II HGB und 5 I Satz 2 EStG abzuleiten ist; das in § 279 I Satz 2 HGB statuierte Abwertungsverbot, welches allein Kapitalgesellschaften betrifft und bei diesen nur Finanzanlagen ausnimmt, ist faktisch ausgehöhlt.

enthalten[368]. Im folgenden wird davon ausgegangen, daß sich niedrigerer beizulegender Wert und niedrigerer Teilwert[369] entsprechen[370].

(1) Vorliegen und Nachweis einer Wertminderung

Daß bei Vorliegen einer Bodenkontamination (Alt- oder Betriebslast) auch vom Vorliegen einer Wertminderung ausgegangen werden muß, ist im Fachschrifttum allgemein anerkannt[371]; die Finanzrechtsprechung hat bislang noch keine Möglichkeit gefunden, zu entsprechenden ertragsteuerlichen Fragestellungen Position zu beziehen[372]. Die Bodenkontamination dürfte in Grenzfällen sogar dazu führen, daß das Grundstück unverkäuflich[373] oder nur unter Zuzahlung durch den Veräußerer verkäuflich wird[374].

Die Wertminderung kann sich m.E. insbesondere aufgrund folgender Aspekte ergeben:

- Zunächst können Einschränkungen für künftige Nutzungen[375] (z.B. eingeschränkte Bebau- oder Bewohnbarkeit)[376] des Grundstückes gegeben sein; darin wird m.E. der materiell bedeutsamste Aspekt gesehen werden müssen.

- Es kann für einen potentiellen Erwerber überhaupt die Gefahr der (erstmaligen) Inanspruchnahme zur Sanierung bestehen, so z.B. wenn im Rahmen des allgemeinen

---

368 So bspw. auch *Plewka*, in: *Lademann/Söffing/Brockhoff*, EStG, 1964/91, Anm. 20 zum WoBauFG vor §§ 4, 5.

369 Nach *Müller-Dott*, Teilwertabschreibung, StbJb 1988/89, S. 169, liegen die Begriffe Teilwert und beizulegender Wert sachlich beieinander, ohne identisch zu sein. Gleichwohl sollen sie nur geringfügig voneinander abweichen können.

370 Vgl. zur "grundsätzlichen Entsprechung von außerplanmäßigen Abschreibungen und Teilwertabschreibungen" *Pankow/Lienau/Feyel*, in: Beck'scher Bilanzkommentar, 1990, Anm. 299 zu § 253 HGB; ferner *Euler*, Verlustantizipation, ZfbF 1991, S. 191 ff, 205; *Wendland*, Teilwertabschreibung, 1990.

371 Vgl. bspw. *Herzig*, Konkurrenz, WPg 1991, S. 613 f m.w.N.; *Bäcker*, Kontaminationen, DStZ 1991, S. 32; *Schlemminger*, Gestaltung, BB 1991, S. 1433 ff; *Bartels*, Berücksichtigung, WPg 1992, S. 74; FinMin Brandenburg, Erlaß vom 28.6.1993, DB 1993, S. 1548; OFD Koblenz, Vfg. vom 26.8.1993, WPg 1993, S. 608. Differenziert *Rautenberg*, Altlasten, WPg 1993, S. 265 ff, der darauf hinweist, daß allein die voraussichtlichen Sanierungsaufwendungen keine Wertminderung des Grundstückes darstellen; insoweit lehnt *Rautenberg* eine Teilwertabschreibung wegen der Sanierungsaufwendungen völlig ab.

372 In der Zivilrechtsprechung ist bereits festgestellt worden, daß "ein von Altlasten freies Grundstück einen höheren Marktwert hat als ein belastetes"; so BGH-Urteil vom 17.12.1992 III ZR 114/91, ZIP 1993, S. 517.

373 So *SRU*, Altlasten, 1990, BT-Drs. 11/6191, S. 172, Tz. 654.

374 Es wird auch von einem "negativen Wert" gesprochen; so *SRU*, Altlasten, 1990, BT-Drs. 11/6191, S. 173, Tz. 655.

375 So bspw. *Wassermann*, in: *Kamphausen/Kolvenbach/Wassermann*, Beseitigung, DB Beilage Nr. 3/87, S. 14; dem folgend *Bartels*, Umweltrisiken, 1992, S. 161.

376 Vgl. erneut *SRU*, Altlasten, 1990, BT-Drs. 11/6191, S. 172, Tz. 654.

Polizei- und Ordnungsrechts ein belastetes Grundstück vom veräußernden Zustandsstörer erworben wird und der Handlungsstörer nicht ermittelt werden kann[377].
- Weiterhin kann auch nach Durchführung einer Gefahrenabwehr- bzw. Sicherungsmaßnahme noch die Gefahr bestehen, daß ein potentieller Erwerber erneut zu einer Sanierung herangezogen wird. Das Restrisiko[378] eines Erwerbers würde sich dann darauf erstrecken, daß sich die noch im Boden befindlichen Stoffe später einmal als ebenfalls sanierungsbedürftig oder die Sicherungsmaßnahme sich als nicht dauerhaft herausstellen könnten.

Das Vorliegen einer Wertminderung aufgrund einer Bodenkontamination zeigt sich insbesondere auch daran, daß z.B. Kreditinstitute in Kenntnis einer Alt- oder Betriebslast keine oder nur geringe Kreditsummen durch das Grundstück absichern würden, soweit sie überhaupt ein belastetes Grundstück als Sicherheit akzeptieren sollten[379]; insofern stellt eine Alt- oder Betriebslast tatsächlich eine "Kostenlast"[380] und "ein wertbestimmendes Merkmal der Bewertungseinheit Grundstück"[381] dar[382].

Möglicherweise gilt dies aber nur solange, wie noch nicht mit dem Bestehen oder wahrscheinlichen Entstehen einer Sanierungsverpflichtung zu rechnen ist. So könnte nämlich für den Fall, daß eine Sanierungsverpflichtung vorliegt, zu überlegen sein, ob denn der Wert des Grundstückes überhaupt noch gemindert ist, soweit diese Verpflichtung reicht[383]. Müßte das Vorliegen einer Wertminderung verneint werden, soweit die Verpflichtung reicht, hätte dies zur Folge, daß es eine Konkurrenz zwischen Abschreibung und Rückstellung gar nicht mehr geben könnte; die Alt- oder Betriebslast hätte insofern - aber auch nur insofern - ihre wertmindernde Eigenschaft und ihre Qualität als wertbestimmendes Merkmal der Bewertungseinheit Grundstück verloren. Diesbezüglich sollte in Anlehnung an die Teilwertdefinition[384] die Überlegung nicht zu übergehen sein, daß ein potentieller Erwerber bei der Vertragsgestaltung schließlich zwei Möglichkeiten hat:

---

377 Diese Gefahr wird von *Förschle/Scheffels*, Umweltschutzmaßnahmen, DB 1993, S. 1200, - möglicherweise auch mit einem anderen Verständnis des Begriffs "Altlast" - nicht erkannt.

378 Mit diesem Hinweis *Stöckel*, Belastung, DStZ 1991, S. 110 f.

379 Vgl. erneut zur Sanierungsverantwortlichkeit des Sicherungsnehmers *Schneider/Eichholz*, Sicherungsnehmers, ZIP 1990, S. 18 ff.

380 So *SRU*, Altlasten, 1990, BT-Drs. 11/6191, S. 172, Tz. 654 m.w.N.

381 *Herzig*, Konkurrenz, WPg 1991, S. 614.

382 Vgl. dazu auch *Budde,* Umweltschäden, in: *Moxter* (Hrsg.), Rechnungslegung, 1992, S. 109.

383 Mit diesem Ergebnis möglicherweise auch *Nieland*, Behandlung, StBp 1992, S. 275.

384 Eine Betrachtung der Teilwertproblematik und insbesondere der Teilwertvermutungen würde den Rahmen der vorliegenden Untersuchung sprengen; daher kann hier allein auf die einschlägige Kommentarliteratur zu § 6 EStG und auf *Moxter*, Bilanzrechtsprechung, 3. Aufl., 1993, S. 209 ff, verwiesen werden.

- Entweder wird er den bisherigen Grundstückseigentümer von der Verpflichtungserfüllung freistellen (bzw. sich vertraglich dazu verpflichten, die anfallenden Kosten zu übernehmen) und insoweit auch nur noch bereit sein, eine Zuzahlung zu leisten, die die Differenz zwischen dem Wert eines vergleichbaren unbelasteten Grundstücks und den voraussichtlichen Sanierungskosten nicht übersteigt[385], oder
- die Sanierungsverpflichtung und somit die entsprechende zukünftige Belastung wird vertraglich vom Veräußerer übernommen, der aufgrund der Kostenübernahme eigentlich ein unbelastetes oder zumindest gesichertes Grundstück veräußert und insoweit auch einen Preis fordern kann und wird, der demjenigen eines vergleichbaren unbelasteten Grundstücks entsprechen sollte.

Dieser Lösungsansatz bedarf aber wohl noch der weiteren grundsätzlichen Diskussion, so daß für die nachfolgenden Überlegungen unterstellt werden soll, daß eine Wertminderung tatsächlich auch dann anzunehmen sein kann, wenn eine passivierungspflichtige Sanierungsverpflichtung bereits gegeben ist.

Der Nachweis einer Wertminderung ist vom Bilanzierenden bzw. vom Steuerpflichtigen zu führen[386], da es ihm obliegt, die Tatsachen und Umstände darzulegen, die zu einer von der Teilwertvermutung[387] abweichenden Bewertung führen[388]. Dazu ist vom Bilanzierenden der Nachweis zu erbringen, daß der Wert des betreffenden Wirtschaftsgutes unter den seinerzeit gezahlten und aktivierten Betrag gesunken ist. Unproblematisch werden die Fälle sein, in denen der Betroffene den Nachweis des gesunkenen Wertes entweder durch Vergleich mit anderen Grundstücken, deren Kontamination sich nicht wesentlich von der des zu bewertenden Grundstückes unterscheidet, oder aber durch ein Gutachten führen kann. M.E. bedarf es allerdings keines Sachverständigengutachtens[389], vielmehr sollte nach den Regeln der freien Auswahl der Beweismittel der Nachweis auch auf anderem Wege erbracht werden können[390]. Erwägungen und Behauptungen allgemeiner Art dürften aber ebensowenig genügen wie die Hinweise auf die Verwendung umweltgefährdender Stoffe oder auf die allgemeine Branchenerfahrung; vielmehr muß die

---

385 Der Preis für das belastete Grundstück würde sich insoweit aus einer Barzahlung und der Übernahme der Sanierungsverpflichtung zusammensetzen; ein niedrigerer beizulegender Wert bzw. niedrigerer Teilwert wäre nicht zu erkennen. Mit entsprechenden Überlegungen *Rautenberg*, Altlasten, WPg 1993, S. 276.

386 Vgl. ausführlicher zu den nachfolgenden, den Nachweis der Wertminderung betreffenden Ausführungen *Bäcker*, Kontaminationen, DStZ 1991, S. 32 f.

387 Für nicht abnutzbare Wirtschaftsgüter des Anlagevermögens gilt die - widerlegbare - Vermutung, daß auch der Teilwert zu späteren Zeitpunkten den tatsächlichen Anschaffungskosten entspricht; vgl. das BFH-Urteil vom 21.7.1982 I R 177/77, BStBl. II 1982, S. 758.

388 Vgl. bspw. *Schmidt*, EStG, 1993, Anm. 57 zu § 6 EStG.

389 So möglicherweise die Auffassung von *Schmidt*, Altlasten, BB 1992, S. 675; das Erfordernis eines Sachverständigengutachtens ablehnend *Lambrecht*, in: *Kirchhof/Söhn*, EStG, Rdnr. D 311 zu § 5 EStG.

390 Mit diesem Ergebnis auch *IDW*, schadstoffverunreinigter Wirtschaftsgüter, WPg 1992, S. 327.

Wertminderung durch nachprüfbare Tatsachen und betriebliche Unterlagen belegt werden[391]. Dazu könnten möglicherweise auch innerbetriebliche Aufzeichnungen über Unglücksfälle zählen, die zur Kontamination geführt haben. Keinesfalls erforderlich sein sollte das Vorliegen einer behördlichen Ordnungsverfügung.

Zumindest bedenklich erscheint in diesem Zusammenhang die von der Finanzverwaltung vertretene Auffassung, wonach die Finanzbehörde das Gutachten über das Vorliegen einer Schadstoffbelastung "der zuständigen Fachbehörde zur Prüfung vorlegen [kann], soweit dies zur Durchführung des Besteuerungsverfahrens erforderlich ist"[392]. Grundsätzlich ist zur Problematik des Steuergeheimnisses festzustellen, daß gemäß § 30 II AO "Steuerinformationen" (Informationen, die einem Amtsträger in einem Verwaltungsverfahren in Steuersachen bekannt werden) nicht offenbart bzw. weitergegeben werden dürfen; dazu könnten auch umweltrelevante Informationen zählen. Allerdings gilt dieser Grundsatz gemäß § 30 IV Nr. 5 AO nicht, soweit für die Weitergabe ein "zwingendes öffentliches Interesse" besteht[393]. Ohne hier nun konkrete Einzelfälle konstruieren zu wollen, kann die Altlastenproblematik betreffend daraus aber immerhin gefolgert werden, daß die Weitergabe von umweltrelevanten Informationen durch die Finanzbehörden an die zuständigen Umweltbehörden durchaus zulässig sein könnte[394]; allerdings dürfte dies lediglich gelten für solche schwerwiegenden Umweltstraftaten, die Verbrechens- und nicht nur Vergehenscharakter haben[395].

(2) Dauerhaftigkeit der Wertminderung

Einer der entscheidenden Punkte im zu erörternden Zusammenhang muß - unter der Prämisse des Vorliegens einer Wertminderung - in der Frage gesehen werden, ob diese Wertminderung auch als voraussichtlich dauerhaft anzusehen ist, da sich eine Pflicht zur Ab-

---

391 So auch *Budde*, Umweltschäden, in: *Moxter* (Hrsg.), Rechnungslegung, 1992, S. 108.

392 Vgl. den Entwurf eines BMF-Schreibens zu "Ertragsteuerliche[n] Fragen im Zusammenhang mit der Sanierung schadstoffverunreinigter Wirtschaftsgüter", Stand: Februar 1993, Tz. 4.

393 Vgl. dazu auch *Eilers*, Schutz, CDFI, Vol. LXXVIb, Barcelona 1991, S. 143; *Thull/Toft*, Altlastensanierungskosten, DStZ 1993, S. 476 f.

394 Vgl. zur Weitergabe von Erkenntnissen über Verstöße gegen Umweltschutzbestimmungen das BMF-Schreiben vom 1.7.1993 - IV A 5 - S 0130 - 41/93, BStBl. I 1993, S. 525 f. Danach sollen Erkenntnisse über Verstöße gegen Umweltschutzbestimmungen grundsätzlich dem Steuergeheimnis unterliegen. Eine Weitergabe ist allerdings zulässig, soweit die Voraussetzungen des § 30 IV AO erfüllt sind, also z.B. dann, wenn die Weitergabe zur Durchführung des Besteuerungsverfahrens notwendig ist (an die Umweltbehörden gerichtetes Ersuchen um Auskunft im Wege der Amtshilfe) oder aber ein zwingendes öffentliches Interesse an der Weitergabe besteht. Im erstgenannten Fall hat die Finanzbehörde allerdings zu prüfen, ob der Sachverhalt in anonymisierter Form vorgetragen werden kann. Soweit die Finanzbehörde im zweitgenannten Fall nicht beurteilen kann, ob ein zwingendes öffentliches Interesse besteht, hat sie zunächst unter Anonymisierung des Sachverhaltes eine sachkundige Stelle zur Klärung einzuschalten.

395 Somit dürfte eine Durchbrechung des Steuergeheimnisses nur in Ausnahmenfällen in Betracht kommen; so explizit auch das *IDW*, schadstoffbelasteten Wirtschaftsgütern, WPg 1993, S. 250.

wertung von Vermögensgegenständen des Anlagevermögens nach geltendem Handels- und Steuerrecht nur bei voraussichtlich dauerhafter Wertminderung ergibt; ansonsten wird lediglich ein Abwertungswahlrecht eingeräumt.

Die Möglichkeit des Vorliegens einer das Anlagevermögen betreffenden Konkurrenz zwischen Abschreibungspflicht und Rückstellungsbildungspflicht hängt entscheidend davon ab, ob einer Alt- oder Betriebslast überhaupt die Qualität einer dauernden Wertminderung beigemessen werden kann, auch wenn und soweit schon die Inanspruchnahme aus einer die Wertminderung beseitigenden Sanierungsverpflichtung droht, welche ja notwendige Passivierungsvoraussetzung ist. Die bis hierhin vorgestellten Untersuchungsergebnisse dürften m.E. verdeutlicht haben, daß Rückstellungen erst dann zu passivieren sind, wenn sich der Bilanzierende der Erfüllung der zugrundeliegenden Verpflichtung im Ergebnis nicht mehr entziehen kann. Zugleich ist festgestellt worden, daß die Besonderheiten der Bodenkontaminationen häufig ein rasches Einschreiten erfordern. Daraus folgt m.E. zunächst, daß unter Zugrundelegung allein der zeitlichen Dimension[396] eine Bodenkontamination, auf deren Sanierung eine Verpflichtung abzielt, tatsächlich nur vorübergehenden Charakter hat[397], da eine Sanierung in überschaubarer Zukunft erfolgen wird[398]. Weiterhin ist m.E. hervorzuheben, daß es zur Beurteilung der Frage der Dauerhaftigkeit auch nur darauf ankommt, ob die Wertminderung letztlich noch existent sein wird, und dies unabhängig davon, ob das Unternehmen diese Wertminderung beseitigend tätig wird[399]. Somit sollte allein auf den tatbestandlichen Aspekt (Wegfall der Wertminderung)

---

[396] Vgl. zur Bestimmung der Dauerhaftigkeit über eine Berücksichtigung der Restnutzungsdauer bspw. *Rürup*, Rückstellungen, in: *Moxter* (Hrsg.), Rechnungslegung, 1992, S. 532 m.w.N.

[397] Somit greift die im Fachschrifttum, z.B. bei *Pankow/Lienau/Feyel*, in: Beck'scher Bilanzkommentar, 1990, Anm. 295 zu § 253 HGB, geäußerte Vermutung, daß Wertminderungen bei Vermögensgegenständen des Sachanlagevermögens meist endgültig seien, für die Fälle der Alt- oder Betriebslastengrundstücke gerade nicht.

[398] Mit einem ähnlichen Ergebnis *Herzig*, Konkurrenz, WPg 1991, S. 615, der darauf abstellt, daß zumindest bei Vorliegen einer Sanierungsabsicht, die sich bereits in Sanierungsplänen konkretisiert hat, und erst recht bei bereits erfolgtem Beginn der Sanierungsarbeiten eine vorübergehende Wertminderung zu bejahen sein wird. M.E. kann der drohenden Wahrscheinlichkeit der Inanspruchnahme aus einer Sanierungsverpflichtung, die notwendige Voraussetzung zu deren Passivierung ist, keine andere Bedeutung zukommen als vorhandenen Sanierungsplänen, so daß eben bei Rückstellungsbildung nur noch von einer konkurrierenden vorübergehenden Wertminderung auszugehen sein kann. Der hier vertretenen Auffassung zumindest in einem ersten Schritt zustimmend *Bartels*, Umweltrisiken, 1992, S. 163 f.

[399] Ebenfalls zur Beurteilung der Dauerhaftigkeit auf die Sanierungsmöglichkeit, den Sanierungswillen und Beseitigungsverfügungen abstellend *Rürup*, Rückstellungen, in: *Moxter* (Hrsg.), Rechnungslegung, 1992, S. 532.

abzustellen sein[400] und nicht auf eine möglicherweise schematische Zeitgrenze oder gar darauf, aus welchen Gründen der Anlaß einer Wertminderung entfällt[401]; insoweit tritt der zeitliche Aspekt, der betreffend das abnutzbare Anlagevermögen häufig durch einen Hinweis auf das Verhältnis der voraussichtlichen Dauer der Wertminderung zur Restnutzungsdauer näher bestimmt wird[402], deutlich zurück. Die Voraussicht auf eine zu erfüllende Verpflichtung schließt m.E. die Voraussicht auf eine dauernde Wertminderung aus; soweit eine Sanierungsverpflichtung besteht oder wahrscheinlich entstehen wird, ist deren Durchführung schließlich nicht mehr in das Ermessen des Bilanzierenden gestellt[403].

Aus diesen Überlegungen kann m.E. nur geschlossen werden, daß eine Wertminderung, deren Beseitigung im Rahmen der Erfüllung einer Sanierungsverpflichtung erfolgen wird,

---

400 *Herzig*, Konkurrenz, WPg 1991, S. 615, führt in ersten Überlegungen zu dieser Problematik zunächst aus, daß Altlasten dann "grundsätzlich dauerhaften Charakter" besitzen sollen, wenn sie sich "im Zeitablauf ohne aktive Beseitigungshandlungen nicht verflüchtigen". Diese Aussage ist m.E. mit der von ihm im Anschluß daran vertretenen Auffassung, wonach bei in Sanierungsplänen konkretisierten Sanierungsabsichten eine vorübergehende Wertminderung zu bejahen ist (S. 619), nur schwerlich in Einklang zu bringen. M.E. kann es - und diese Entwicklungslinie wird auch von *Herzig* aufgezeigt - nicht darauf ankommen, aus welchem Grund die Wertminderung entfällt; vielmehr ist zur Beurteilung der Frage, ob und über welchen Zeitraum hinweg ein tatsächlich bestehender Zustand andauert, einzig darauf abzustellen, wann (und nicht warum) der Zustand voraussichtlich nicht mehr bestehen wird. Kann der Zustand (hier: die Alt- oder Betriebslast) jedoch überhaupt nicht beseitigt werden, so ist von einer dauerhaften Wertminderung auszugehen. Diese stellt im vorliegenden Zusammenhang aber gar kein Problem dar, weil sich insoweit dann auch keine Sanierungsverpflichtung erstrecken kann und somit eine Konkurrenz überhaupt nicht vorstellbar ist.

401 So sollten auch die Ausführungen von *Pankow/Lienau/Feyel*, in: Beck'scher Bilanzkommentar, 1990, Anm. 295 zu § 253 HGB, zu verstehen sein. Dort wird nämlich ausgeführt, daß vorübergehende Wertminderungen betreffend das Sachanlagevermögen allenfalls bei vorübergehende stillgelegten Produktionsanlagen vorkommen können; insoweit wird in der gegebenen Abhängigkeit der Dauerhaftigkeit einer Wertminderung von einem eventuellen Tätigwerden des Bilanzierenden keine besondere Problematik gesehen und allein auf den tatbestandlichen Aspekt abgestellt. *Förschle/Scheffels*, Umweltschutzmaßnahmen, DB 1993, S. 1201, wollen demgegenüber nur dann eine vorübergehende Wertminderung annehmen, wenn eine künftige Wertaufholung nur auf externen (Markt-)Einflüssen beruht; eine solche Interpretation sollte von dem möglichen Gehalt des Begriffes "vorübergehend", mit dem lediglich ein zeitliches Element umschrieben wird, m.E. nicht mehr gedeckt sein.

402 Vgl. bspw. *Adler/Düring/Schmaltz*, Rechnungslegung, 4. Aufl., 1968, Tz. 83 zu § 154 AktG 1965 m.w.N.; auch *Baumert*, dauernden Wertminderung, BFuP 1967, S. 699 f. Wenn der jeweilige Stichtagswert voraussichtlich während eines erheblichen Teiles der weiteren Nutzungsdauer unter dem planmäßigen Restbuchwert liegt, soll danach von der Dauerhaftigkeit der Wertminderung ausgegangen werden. Für Grundstücke kann diese Überlegung nicht unmittelbar umgesetzt werden, jedoch läßt sich in der Tendenz aus dieser Überlegung schließen, daß eine Wertminderung bei "ewig" zu nutzendem Grund und Boden schon über einen längeren Zeitraum bestehen sollte, um als dauerhaft angesehen werden zu können.

403 So aber möglicherweise *Siegel*, Umweltschutz, BB 1993, S. 330; *ders.*, Lösungsansätze, in: *Wagner* (Hrsg.), Umweltschutz, 1993, S. 141, die befürchten, daß die Abgrenzung zwischen dauernder und vorübergehender Wertminderung nach subjektiven Kriterien vorgenommen werden solle. Vor dem Hintergrund einer zwingend zu erfüllenden Sanierungsverpflichtung ist diese Befürchtung nicht nachzuvollziehen. Es ist nicht zu erkennen, worin die "subjektiven Kriterien" bestehen sollen, wenn zur Kennzeichnung der Dauerhaftigkeit darauf abgestellt wird, ob die Wertminderung letztlich noch existent sein wird; insoweit geht auch *Siegel*s Vergleich mit der Situation eines beschädigten Gebäudes fehl, da es insoweit gerade an einer Reparaturverpflichtung fehlt.

nicht als voraussichtlich dauernde Wertminderung angesehen werden kann[404]. Auf dieser Basis ist somit eine das Anlagevermögen betreffende Konkurrenz zwischen Abschreibungspflicht und Rückstellungsbildungspflicht tatsächlich nicht vorstellbar, da die konkurrierende Wertminderung eben soweit als nur vorübergehend anzusehen ist, soweit die ungewisse Verbindlichkeit trägt[405].

Erst wenn diese Auffassung aufgegeben und eine voraussichtlich dauerhafte Wertminderung auch für den Fall einer bevorstehenden Sanierung unterstellt wird, kann eine das Anlagevermögen betreffende Konkurrenz im oben angesprochenen Sinne überhaupt in Betracht kommen; eine solche Unterstellung soll den folgenden Überlegungen zugrundeliegen.

c) Denkbare Bilanzierungskonkurrenzen und ihre Auflösung - Fallgruppendarstellung -

Soweit nun also Bodenkontaminationen tatsächlich vorhanden sind, denen durch Bildung einer Verbindlichkeits- bzw. Aufwandsrückstellung Rechnung getragen werden muß bzw. kann, und diese Bodenkontaminationen zugleich eine - möglicherweise sogar noch dauerhafte - Wertminderung darstellen, resultieren daraus - unter der Prämisse, daß nach der Durchführung der Sanierung sowohl der Rückstellungsgrund als auch der Grund der Wertminderung beseitigt sein sollen - insgesamt vier zumindest vorstellbare Konkurrenzsituationen[406], nämlich

- Rückstellungspflicht versus Abschreibungswahlrecht,
- Rückstellungswahlrecht versus Abschreibungspflicht,
- Rückstellungswahlrecht versus Abschreibungswahlrecht,
- Rückstellungspflicht versus Abschreibungspflicht[407].

---

[404] Mit diesem Ergebnis auch *Bordewin*, Umweltschutzrückstellungen, DB 1992, S. 1100; dem folgend *Achatz*, Umweltrisiken, in: *Kirchhof* (Hrsg.), Umweltschutz, 1993, S. 180. A.A. wohl *Budde*, Umweltschäden, in: *Moxter* (Hrsg.), Rechnungslegung, 1992, S. 109, der bis zur erfolgten Beseitigung von einer dauernden Wertminderung ausgehen will.

[405] A.A. *Bartels*, Berücksichtigung, WPg 1992, S. 76 f, der über eine sich sehr am Ergebnis orientierende Argumentation (Vermeidung der aus dem Wertbeibehaltungswahlrecht resultierenden Probleme) zu dem Schluß kommt, daß eigene Maßnahmen des Unternehmens der Wertminderung keinen vorübergehenden Charakter verleihen können. Dem wird von *Herzig*, Rückstellungsbildung, WPg 1992, S. 83, unter Hinweis auf Sanierungsabsichten und -pläne widersprochen; ebenfalls die von *Bartels* vorgetragene Argumentation als "nicht überzeugend" ablehnend *Kühnberger/Faatz*, Altlasten, BB 1993, S. 106.

[406] Eine Konkurrenz der Bilanzierungsinstrumente mit dem Anhangsausweis der "sonstigen finanziellen Verpflichtungen" ist nicht erkennbar, da dieser Anhangsausweis - wie bereits ausgeführt - gerade voraussetzt, daß noch nicht bilanziert worden ist; er muß insoweit als nachrangig angesehen werden.

[407] Bei Grundstücken, die dem Umlaufvermögen zuzurechnen sind, reduzieren sich aufgrund des strengen Niederstwertprinzips die vorstellbaren Konkurrenzsituationen auf Abschreibungspflicht versus Rückstellungswahlrecht und Abschreibungspflicht versus Rückstellungspflicht.

(1) Auflösung bei zeitlicher Konvergenz

Unter zeitlicher Konvergenz soll hier der Sachverhalt verstanden werden, daß die Entdeckung einer Wertminderung, welche auf eine Bodenkontamination zurückzuführen ist, und die Kenntnisnahme von einer drohenden Sanierungsverpflichtung innerhalb eines Wirtschaftsjahres erfolgen. Für Zwecke einer strukturierten Auflösung der Bilanzierungskonkurrenzen wird bezüglich der folgenden vier Fallgruppen zunächst eine solche zeitliche Konvergenz unterstellt; in einem weiteren Unterabschnitt wird dann die besondere Problematik der Fälle zeitlicher Divergenz betrachtet.

(a)   Rückstellungspflicht versus Abschreibungswahlrecht

- Fallgruppe 1: Ein Unternehmen sieht sich einer bestehenden oder zumindest wahrscheinlich entstehenden Sanierungsverpflichtung gegenüber; die Wertminderung des im Anlagevermögen befindlichen Grundstückes ist als vorübergehend anzusehen.
Lösung: Hier liegt die Konkurrenz eines zwingend anzuwendenden Bilanzierungsinstrumentes mit einem nicht zwingend anzuwendenden Bilanzierungsinstrument (Wahlrecht) vor. Aufgrund der Dominanz der zwingenden Bilanzierungsregel[408] ist eine Rückstellungsbildung erforderlich in der Höhe des voraussichtlichen Erfüllungsbetrages. Eine konkurrierende Abschreibung ist nicht möglich[409], da ansonsten eine Doppelberücksichtigung eintreten würde. Anmerkung: Aufgrund der hier vertretenen These von der insoweit fehlenden Dauerhaftigkeit der Wertminderung wegen gegebener Wahrscheinlichkeit der Inanspruchnahme zur Sanierung[410] sollte hinsichtlich des Problembereiches der Bodenkontaminationen im Anlagevermögen m.E. tatsächlich keine Konkurrenz zwischen Rückstellungspflicht und Abschreibungspflicht, sondern allenfalls nur eine Konkurrenz zwischen Rückstellungspflicht und Abschreibungswahlrecht existieren, die dann wie in dieser Fallgruppe gelöst werden müßte.

(b)   Rückstellungswahlrecht versus Abschreibungspflicht

- Fallgruppe 2: Ein Grundstück hat aufgrund einer Bodenkontamination eine Wertminderung erfahren, die als dauerhaft anzusehen ist. Zugleich kann der Bilanzie-

---

408   So wohl auch *Herzig*, Konkurrenz, WPg 1991, S. 617; dem folgend *Bartels*, Umweltrisiken, 1992, S. 174.

409   Ebenfalls für einen Vorrang der Rückstellungspflicht vor dem Abschreibungswahlrecht *Bordewin*, Umweltschutzrückstellungen, DB 1992, S. 1100; *Nieland*, Behandlung, StBp 1992, S. 275; *Achatz*, Umweltrisiken, in: *Kirchhof* (Hrsg.), Umweltschutz, 1993, S. 180; so wohl auch *Sarrazin*, Zweifelsfragen, WPg 1993, S. 7.

410   Vgl. dazu die Ausführungen im vorangehenden Unterabschnitt b) (2) "Dauerhaftigkeit der Wertminderung".

rende nicht zur Sanierung verpflichtet werden; gleichwohl wird er sie aber aufgrund einer bestehenden Innenverpflichtung zukünftig durchführen.

Lösung: Auch hier Dominanz der zwingenden Bilanzierungsregel: Es ist auf den niedrigeren beizulegenden Wert abzuschreiben; die Bildung einer konkurrierenden Aufwandsrückstellung ist nicht möglich. Anmerkung 1: Ein solcher Fall dürfte insbesondere dann vorstellbar sein, wenn zwar eine wertmindernde Bodenkontamination vorliegt, der Bilanzierende aber nicht zur Sanierung verpflichtet werden kann, z.B. weil von der Kontamination keine Gefährdung ausgeht. Anmerkung 2: Aufgrund der durch die Aufwandsrückstellung zum Ausdruck kommenden Sanierungsnotwendigkeit muß m.E. auch hier von einer insoweit fehlenden Dauerhaftigkeit ausgegangen werden. Diese Fallgruppe könnte also nur relevant werden, wenn Vermögensgegenstände des Umlaufvermögens betroffen wären.

(c) Rückstellungs- versus Abschreibungswahlrecht

Fallgruppe 3: Das dem Anlagevermögen zuzurechnende Grundstück ist aufgrund einer Bodenkontamination, für die der Bilanzierende wie in Fallgruppe 2 weder rechtlich noch faktisch zur Sanierung verpflichtet werden kann, als vorübergehend wertgemindert anzusehen.

Lösung: Sowohl Abschreibungsvornahme als auch Bildung einer Aufwandsrückstellung sind möglich, aber nicht notwendig. Aufgrund der Überlegungen, daß der Aufwand zur Sanierung (der zugleich den Aufwand zur Beseitigung der Wertminderung darstellt) nicht kumuliert, sondern lediglich einfach ergebniswirksam zu berücksichtigen sein sollte, kann aber auch nur eines der beiden Instrumente zum Zuge kommen. Soweit der hier vertretenen Auffassung gefolgt werden sollte, wonach erstens die Rückstellungsbildung als Ausfluß des Realisations- und die Abschreibung als Ausfluß des Imparitätsprinzips anzusehen sind und zweitens das Realisationsprinzip durch das Imparitätsprinzip ergänzt wird[411], müßte der Bildung einer Aufwandsrückstellung der Vorrang gewährt werden, da für eine ergänzende Anwendung des Imparitätsprinzips dann kein Raum mehr verbleibt, wenn die zu antizipierenden Aufwendungen bereits aufgrund des Realisationsprinzips erfaßt worden sind.

(d) Rückstellungs- versus Abschreibungspflicht

Die kritische Konkurrenzsituation ist nun gegeben, wenn sich der Bilanzierende sowohl einer dauerhaften Wertminderung als auch einer im Ergebnis zu erfüllenden ungewissen Sanierungsverbindlichkeit gegenübersieht. Zu einer solchen Konkurrenz kann es aber nach

---

411 Vgl. dazu die Ausführungen im nachfolgenden Unterabschnitt (d) "Rückstellungsbildungs- versus Abschreibungspflicht" sowie *Herzig*, Konkurrenz, WPg 1991, S. 618.

obigen Ausführungen nur kommen, wenn entweder das Grundstück dem Umlaufvermögen zuzurechnen ist oder aber von der hier vertretenen Auffassung Abstand genommen wird, daß bei drohender Inanspruchnahme zur Sanierung der Bodenkontamination nicht mehr von der Dauerhaftigkeit der Wertminderung ausgegangen werden kann. Unberührt von diesen Überlegungen bleibt - wie bereits erwähnt - der Fall, in dem die Wertminderung nicht durch die Verpflichtungserfüllung beseitigt wird[412].

Betreffend diesen Fall der Konkurrenz zwischen Abschreibungs- und Rückstellungspflicht sind im Fachschrifttum divergierende Lösungen vertreten worden.

So ist nach der Auffassung von BUDDE[413] die Notwendigkeit der Bildung einer Bewertungseinheit gegeben, was zur Folge hätte, daß eine Rückstellung nicht, eine Abschreibung aber sehr wohl zum Zuge kommen könnte[414]. Dieser Lösungsansatz beruht ausdrücklich auf der Auffassung, daß die Sanierungsverpflichtung "untrennbar mit dem Eigentum am Grund und Boden verbunden ist"[415]. Die im Rahmen der vorliegenden Untersuchung vorgestellten Überlegungen insbesondere zu den öffentlich-rechtlich begründeten Sanierungsverpflichtungen haben nun aber deutlich gezeigt, daß sich Sanierungsverpflichtungen sehr wohl vom Eigentum trennen lassen und daß sich darüberhinaus die Verpflichtungen häufig gar nicht auf das Eigentum, sondern vielmehr allein auf die gesetzliche Verantwortlichkeit, z.B. als Handlungsstörer nach dem allgemeinen Polizei- und Ordnungsrecht, beziehen. Somit dürfte den Überlegungen von BUDDE die Grundlage entzogen sein[416]. Problematisch ist auch der Hinweis bei BUDDE, daß eine Sanierungsrückstellung "keiner eigenständigen Bewertung zugänglich" sein soll. Damit m.E. nicht zu vereinbaren ist die zugleich von BUDDE vertretene Auffassung, daß eine Passivierung dann doch in Betracht kommen soll, soweit der Wert der Verpflichtung den Verkehrswert des Bodens übersteigt[417].

---

412 Insoweit kann es durchaus zu einer nicht zu beanstandenden Kombination von Rückstellung und Abschreibung kommen, sofern auch nach der Sanierung eine Wertminderung bestehen bleibt; dies wird insbesondere wohl dann der Fall sein, wenn aus der Kontamination eine Nutzungseinschränkung resultiert und die Sanierungsverpflichtung nur auf eine Gefahrenabwehr abzielt, so daß letztlich sogar eine Nutzungseinschränkung bestehen bleiben kann.

413 *Budde*, Umweltschäden, in: *Moxter* (Hrsg.), Rechnungslegung, 1992, S. 120 ff.

414 Zugleich verweist *Budde* auch auf die Regelung des § 9 II DMBilG (Gesetz über die Eröffnungsbilanz in Deutscher Mark und die Kapitalneufestsetzung (D-Markbilanzgesetz - DMBilG) vom 23.9.1990, BGBl. II 1990 S. 885), wonach vor einer Rückstellungsbildung für Entsorgungsverpflichtungen zunächst abzuwerten ist; dieser Hinweis auf eine nicht über ihren Geltungsbereich hinaus als verbindlich anzusehende Sonderregelung muß mit den von *Rautenberg*, Altlasten, WPg 1993, S. 274 f, angeführten Argumenten abgelehnt werden.

415 *Budde*, Umweltschäden, in: *Moxter* (Hrsg.), Rechnungslegung, 1992, S. 120.

416 Mit diesem Ergebnis wohl auch *Rautenberg*, Altlasten, WPg 1993, S. 274.

417 *Budde*, Umweltschäden, in: *Moxter* (Hrsg.), Rechnungslegung, 1992, S. 121. Wenn eine Sanierungsrückstellung tatsächlich keiner eigenständigen Bewertung zugänglich wäre, wäre auch hier nur der Schluß folgerichtig, daß eben keine Rückstellung bilanziert werden könnte.

Ebenfalls für eine aktivische Erfassung der Bodenkontamination spricht sich SIEGEL[418] mit der Begründung aus, daß die Vermögensgegenstände einzeln mit ihrem Wert am Abschlußstichtag zu bewerten sind. Soweit anstelle der Abschreibung eine Rückstellung bilanziert werden würde, wäre nach seiner Auffassung "das Vermögen zu hoch ausgewiesen"; es soll dann ein falscher Eindruck von der "Zugriffsmasse entstehen". Diese Argumentation überzeugt nicht, da der Rückstellungsansatz ebenso wie der Bewertungsabschlag geeignet ist, eine Minderung der "Zugriffsmasse" anzuzeigen; sollte es SIEGEL um die vorsichtige Darstellung des Zerschlagungsvermögens gehen, wäre die Rückstellungsbildung doch wohl sogar das geeignetere Instrument, da hier eventuell vorhandene stille Reserven nicht verrechnet werden müßten. Weiterhin überzeugt nicht, daß SIEGEL eine Sanierungsrückstellung als wirtschaftlich einer Wertberichtigung gleichgestellt ansieht; dies wird dem besonderen Charakter der Sanierungsrückstellungen und ihrer Eigenständigkeit nicht gerecht. Denn die Verpflichtungen z.B. nach dem Polizei- und Ordnungsrecht können sowohl denjenigen betreffen, der das Grundstück zu bilanzieren hat, als auch denjenigen, der als Handlungsstörer zur Sanierung verpflichtet werden kann; die Annahme des Vorliegens einer Wertberichtigung würde dann davon abhängen, wie die zuständigen Behörden ihr Ermessen ausüben. Auch nicht entscheidend sein kann in diesem Zusammenhang der Hinweis, die Rückstellung würde "im Gesamtkomplex der Rückstellungen untergehen", da es sich hierbei um ein die Rückstellungen allgemein betreffendes Problem handelt; insbesondere auch bezüglich der nicht publizitätspflichtigen Unternehmen geht der Hinweis völlig fehl. Weiterhin kann m.E. bei einer Rückstellungsbildung auch nicht von "einer Überbewertung auf der Aktivseite"[419] ausgegangen werden, da ja gerade Prämisse zur Annahme der Konkurrenz war, daß die Sanierungsdurchführung geeignet sein soll, auch die Wertminderung zu beseitigen. Von einer faktischen Vorrangigkeit der Teilwertabschreibung geht auch GÜNKEL[420] aus, der allerdings zur Begründung nur auf die insoweit mögliche Vermeidung der "strengen Erfordernisse der Konkretisierung für die Rückstellungsbildungen" verweist[421]. Diese Ausführungen zielen m.E. an der hier erörterten Problematik der Bilanzierungskonkurrenz vorbei, da bei Nichterfüllung der Konkretisierungserfordernisse lediglich eine aktivische Abwertung in Betracht kommt

---

418 *Siegel*, Umweltschutz, BB 1993, S. 329 f; *ders.* Lösungsansätze, in: *Wagner* (Hrsg.), Umweltschutz, 1993, S. 138 f; zustimmend *Knobbe-Keuk*, Unternehmenssteuerrecht, 1993, S. 126.

419 *Siegel*, Umweltschutz, BB 1993, S. 329 f (alle wörtlichen Zitate). Mit beachtlichen Einwänden gegen *Siegels* Ausführungen auch *Herzig*, Abwertung, in: *Wagner* (Hrsg.), Umweltschutz, 1993, S. 174, Fn. 72.

420 *Günkel*, Podiumsdiskussion Umweltschutz, in: *Herzig* (Hrsg.), Umweltschutz, 1991, S. 72.

421 Möglicherweise ebenfalls für einen Vorrang der Abschreibung *Elschen*, Rückstellungen, DB 1993, S. 1098 (allerdings mit Erläuterungen, die auslegungsfähig bleiben). Weder differenziert noch schlüssig *Luig*, Vorbescheid, BB 1993, S. 2056, der ausführt, daß eine Abschreibung der Rückstellung dann vorgehe, wenn ein Unternehmen nicht zu einer Sanierung verpflichtet ist (wobei nach seinen Ausführungen insoweit gar keine Rückstellung gebildet werden dürfte - m.E. liegt also überhaupt kein Konkurrenzfall vor).

und höchstens in späteren Perioden das Problem der zeitlichen Divergenz auftreten könnte.

M.E. überzeugend ist allein eine Lösung wie die von HERZIG[422] entwickelte, die auf die zugrundeliegenden GoB abstellt[423]. Nach dieser Lösung ist entscheidend, daß die Verbindlichkeitsrückstellungen als Ausfluß des Realisationsprinzips anzusehen sind, während die aktivische Abwertung im Imparitätsprinzip begründet ist. Da nun das Realisationsprinzip als grundlegendes Abgrenzungsprinzip und das Imparitätsprinzip nur als Ergänzung und Durchbrechung dieses Grundsatzes zu verstehen ist, ergibt sich für Konkurrenzfälle daraus eine Dominanz des Realisationsprinzips und somit der Vorrang der Rückstellung vor der Abschreibung; denn soweit bereits das Realisationsprinzip die Berücksichtigung der Bodenkontamination erlaubt, ist für eine auf dem Imparitätsprinzip beruhende aktivische Abwertung aufgrund des gleichen Sachverhaltes kein Raum mehr[424]. Aus dieser Lösung folgt zwangsläufig auch, daß es für Zwecke der Bilanzierung der Auswirkungen einer Bodenkontamination überhaupt nicht auf die - bislang im Fachschrifttum durchaus betrachteten - Wertverhältnisse von Teilwert des Grundstücks ohne Altlast und dessen Buchwert einerseits sowie Sanierungskosten andererseits ankommen kann; dies wird durch die Fallgruppe 4 veranschaulicht (vgl. dazu auch Abb. 9).

- <u>Fallgruppe 4:</u> Ein Bilanzierender ist hinsichtlich des ihm bilanziell zuzurechnenden, dem Umlaufvermögen zuzuordnenden und als wertgemindert anzusehenden Grundstücks (I) aufgrund einer Alt- oder Betriebslast auch zur Sanierung verpflichtet; der Teilwert vor Alt- oder Betriebslast betrage wie der Buchwert 1000, die Sanierungskosten 800.
  <u>Lösung:</u> Rückstellungsbildung in Höhe von 800, Wertansatz des Grundstückes weiterhin 1000.
  <u>Grundstück II:</u> Sachverhalt wie oben, nur soll der Buchwert diesmal 200 betragen.
  <u>Lösung:</u> Auch hier bleibt der Wertansatz unverändert, da eine Rückstellung erneut in Höhe von 800 gebildet werden muß.
  <u>Grundstück III:</u> Sachverhalt wie Grundstück I, nur sollen die Sanierungskosten 1200 betragen.
  <u>Lösung:</u> Hier bleibt der Wertansatz des Grundstückes ebenfalls unverändert, da eine Rückstellung in Höhe von 1200 zu bilden ist.
  <u>Anmerkung:</u> Erst wenn - wie hier bereits mehrfach angesprochen - die in der vorliegenden Untersuchung vertretene Auffassung, daß nämlich mit der drohenden Inanspruchnahme aus einer Sanierungsverpflichtung, die ja eine unabdingbare Vor-

---

422 *Herzig*, Konkurrenz, WPg 1991, S. 618 f.
423 Die "Favorisierung der Teilwertabschreibung ... ist nicht aus dem System bilanzrechtlicher Regelungen abzuleiten"; so *Rautenberg*, Altlasten, WPg 1993, S. 274.
424 So auch *Rürup*, Rückstellungen, in: *Moxter* (Hrsg.), Rechnungslegung, 1992, S. 544 f.

Grund-stück	TW ohne Altlast	Buch-wert	San. kosten	TW-Abschr.	Rück-stellung
I	1.000	1.000	800	-	800
II	1.000	200	800	-	800
III	1.000	1.000	1.200	-	1.200

Diese Lösung gilt insbesondere auch dann, wenn eine das Anlagevermögen betreffende Wertminderung als nur vorübergehend angesehen werden muß.

Abb. 9: Darstellung der Fallgruppe 4

aussetzung zur Rückstellungsbildung darstellt, die Annahme der Dauerhaftigkeit einer Wertminderung nicht zu vereinbaren ist, aufgegeben wird, ist eine solche Fallgestaltung und Konkurrenz auch für Grundstücke des Anlagevermögens vorstellbar. Die soeben genannten Lösungen, bei denen allein der Wert der ungewissen Verbindlichkeit bilanzierungsrelevant ist, müßten dann auch für diesen Fall gelten.

Weder das handelsrechtliche Nettoprinzip noch die Überlegungen zur verlustfreien Bewertung des Vorratsvermögens erscheinen geeignet, gegenüber der hier vertretenen Lösung eine Dominanz der aktivischen Abwertung zu begründen[425]. Zwar hat das Nettoprinzip durch das Bilanzrichtlinien-Gesetz eine besondere Bedeutung erfahren (Verbot der passivischen Wertberichtigung), jedoch ist es hier nicht einschlägig, da es nur als reines Ausweisprinzip verstanden werden und somit nicht zur Klärung eines auf der Bilanzierungsebene angesiedelten Konkurrenzproblems geeignet sein kann; darüberhinaus ist in der Bildung einer Sanierungsrückstellung gerade keine Wertberichtigung zu Vermögensgegenständen des Anlagevermögens zu sehen, vielmehr muß vom Vorliegen einer eigen-

---

[425] Diese Aspekte als "nicht stichhaltig" ablehnend *Kupsch*, Umweltlasten, BB 1992, S. 2326.

ständig bilanzierungspflichtigen ungewissen Verbindlichkeit ausgegangen werden. Die Überlegungen zur verlustfreien Bewertung sind ebensowenig geeignet, das Konkurrenzproblem zu lösen, da die insoweit konkurrierenden Instrumente Abschreibung und Drohverlustrückstellung beide im Imparitätsprinzip wurzeln und es insoweit nur um die Frage nach einem Vorrang innerhalb des Imparitätsprinzips geht[426].

Die Dominanz der Rückstellungsbildung gegenüber der Abschreibung wird auch im Fachschrifttum bejaht[427]. So führt BARTELS aus, daß durch die "Ausweisalternative" Rückstellungsbildung dem Jahresabschlußadressaten "gehaltvollere Informationen" deshalb vermittelt werden, weil nur insoweit verdeutlicht wird, "daß in naher Zukunft zwingend Auszahlungen anfallen werden"[428]; außerdem will er einer Rückstellungsbildung auch aus Vereinfachungsgründen den Vorrang vor der Abschreibung einräumen[429].

KUPSCH[430] löst die Bilanzierungskonkurrenz ebenfalls zugunsten der Rückstellungsbilanzierung auf. Er begründet seine Auffassung im wesentlichen mit Gläubigerschutzüberlegungen und konkret damit, daß "die Bedingung des Ausweises der vollständigen Vermögensminderung in der Periode ihres Eintritts ... nur durch den Ansatz der Verbindlichkeitsrückstellung erfüllt"[431] wird; zugleich hält er auch Vereinfachungsgesichtspunkte für einschlägig. Schließlich behauptet auch SARRAZIN[432] eine Dominanz der Rückstellungsbildung, ohne allerdings mit dem Hinweis auf das Verrechnungsverbot des § 246 II HGB hinreichend zu erklären, warum die Rückstellung grundsätzlich vor einer Teilwertabschreibung rangiert.

Aus den obigen Ausführungen folgt, daß tatsächlich der Rückstellungsbildung der Vorrang vor der Abschreibung eingeräumt werden sollte. Dieses Ergebnis wird möglicherweise ergänzend gestützt durch den Hinweis, daß es sich bei der Passivierung um eine primär zu lösende Ansatzfrage handelt, die eine Berücksichtigung der Bodenkontamination auf der Bewertungsebene (durch Abschreibung) nachrangig erscheinen läßt[433]. Dem hier vertretenen Ergebnis steht nicht entgegen, daß die Frage der bilanziellen Behandlung der Sanierungsaufwendungen nach Durchführung der Sanierungsmaßnahme (Herstellungs-

---

426 Vgl. zu diesen Ergebnissen erneut *Herzig*, Konkurrenz, WPg 1991, S. 618; auch *Bartels*, Umweltrisiken, 1992, S. 177 ff.
427 Ohne nähere Festlegung *Kühnberger/Faatz*, Altlasten, BB 1993, S. 106 f.
428 *Bartels*, Umweltrisiken, 1992, S. 180 (alle wörtlichen Zitate).
429 Dazu *Bartels*, Berücksichtigung, WPg 1992, S. 82 f.
430 *Kupsch*, Umweltlasten, BB 1992, S. 2326 f.
431 Ebenda, S. 2326.
432 *Sarrazin*, Zweifelsfragen, WPg 1993, S. 7.
433 Kritisch zu diesem Hinweis *Herzig*, Konkurrenz, WPg 1991, S. 614; dem folgend *Bartels*, Umweltrisiken, 1992, S. 179.

oder Erhaltungsaufwand?), deren Betrachtung den Rahmen der vorliegenden Untersuchung sprengen würde, wohl noch nicht endgültig geklärt ist[434].

(2) Lösungsmodelle bei zeitlicher Divergenz

Im Rahmen der bisherigen Überlegungen ist unterstellt worden, daß die Entdeckung einer Wertminderung, welche auf eine Bodenkontamination zurückzuführen ist, und die Kenntnisnahme von einer drohenden Sanierungsverpflichtung innerhalb eines Wirtschaftsjahres erfolgen soll. Noch nicht hinreichend geklärt ist der davon abweichende Fall der zeitlichen Divergenz[435], der dann gegeben ist, wenn zunächst nur vom Vorliegen einer Wertminderung mit der Konsequenz der Abwertung ausgegangen wurde und in einem späteren Wirtschaftsjahr die ungewisse Verbindlichkeit hinzutritt[436].

Hinsichtlich dieses Falles der zeitlichen Divergenz bei zunächst vorgenommener Abschreibung und später hinzutretender ungewisser Sanierungsverbindlichkeit[437] ist derzeit noch keine Klärung abzusehen. Hier sind m.E. grundsätzlich vier Lösungsmodelle denkbar, die nachfolgend skizziert werden sollen:

- Modell 1: Die Rückstellung wird nur insoweit gebildet, wie der Erfüllungsbetrag der Sanierungsverpflichtung die Differenz zwischen Teilwert des unbelasteten Grundstückes und Buchwert nach Abwertung übersteigt; insoweit würde das Vorliegen von stillen Reserven berücksichtigt werden. Ein Teil der Aufwendungen aus der Rückstellungsbildung würde - wie es zulässigerweise ja auch bei isolierter Abschreibungsvornahme geschieht - durch die vorhandenen stillen Reserven aufgezehrt;

---

434 Vgl. statt vieler *IDW*, schadstoffverunreinigter Wirtschaftsgüter, WPg 1992, S. 327 f; *dass.*, schadstoffbelasteten Wirtschaftsgütern, WPg 1993, S. 250 f.

435 Dieser Fall wird bspw. im Lösungsansatz von *Rautenberg*, Altlasten, WPg 1993, S. 265 ff, überhaupt nicht berücksichtigt. Aus der dort vertretenen Auffassung (S. 276: "Doppelberücksichtigung der Sanierungsaufwendungen durch Rückstellungspflicht und Abschreibung ist also ausgeschlossen") ist allerdings auch keine Lösung für diesen Fall ableitbar.

436 Die nachfolgenden Ausführungen zur zeitlichen Divergenz sollen sich stellvertretend auf die Konkurrenz zwischen Rückstellungspflicht und Abschreibungspflicht konzentrieren; gleichwohl sollten sich aus diesen Ausführungen auch Lösungsansätze für die anderen Konkurrenzsituationen ergeben.

437 Der zumindest in der Theorie vorstellbare Fall, daß zunächst eine Rückstellung gebildet und erst in einem späteren Wirtschaftsjahr das Vorliegen einer Wertminderung erkennbar wird, soll nachfolgend nicht näher betrachtet werden. Dieser Fall wäre unter Rückgriff auf die bereits vorgestellten Überlegungen zur Dominanz des Realisationsprinzips eindeutig zu lösen: Soweit eine Rückstellung bereits gebildet wurde und die dort antizipierten Aufwendungen geeignet sind, auch die Wertminderung zu beseitigen, sollte für eine nachgelagerte Abschreibung kein Raum mehr sein, da ansonsten eine - mit den oben angeführten Gründen abzulehnende - zweifache Erfassung der aus der Kontamination tatsächlich resultierenden Aufwendungen erfolgen würde. Zugleich ist damit nicht ausgeschlossen, daß bei späterer Kenntnisnahme von einer auch nach Durchführung der Sanierung noch verbleibenden Wertminderung unabhängig von einer Passivierung auch noch eine Abwertung vorgenommen wird; allerdings kann in dieser Kombination der beiden Instrumente gar kein Konkurrenzfall gesehen werden.

darin könnte eine unzulässige Saldierung gesehen werden. Allerdings könnte auch argumentiert werden, daß die im Rahmen der Abschreibungsvornahme erfolgende Berücksichtigung des Bewertungsfaktors "stille Reserve" insoweit eben auch auf die Rückstellungsbildung durchschlagen würde[438].

Modell 2: In Abweichung bzw. Abänderung zu Modell 1 könnte dann auch daran gedacht werden, den zu passivierenden Erfüllungsbetrag nur um den Betrag zu kürzen, der sich tatsächlich als Abschreibungsaufwand ergebniswirksam ausgewirkt hat; somit würde zumindest im Ergebnis der gesamte Erfüllungsbetrag aus der Verpflichtung erfolgswirksam werden[439].

Modell 3: Weiterhin könnte daran gedacht werden, den vollen Erfüllungsbetrag zu passivieren und zugleich eine Zuschreibungspflicht zu fingieren, so daß sich nach der Passivierung ein Bilanzbild einstellen würde, wie es auch gegeben wäre, wenn ohne zeitliche Divergenz direkt unter Rückbezug auf das dominierende Realisationsprinzip zu passivieren (und somit für eine Abwertung kein Raum) gewesen wäre.

Modell 4: Letztlich könnte auch die Auffassung vertreten werden, daß eine ungewisse Verbindlichkeit grundsätzlich und ausnahmslos mit ihrem Erfüllungsbetrag zu passivieren sei, und zwar unabhängig davon, ob bereits eine konkurrierende Abschreibung vorgenommen worden ist oder nicht. Die daraus resultierende zweifache Erfassung des Sanierungsaufwandes müßte mit dem Hinweis als bilanzrechtskonform begründet und hingenommen werden, daß das HGB eben keine Zuschreibungspflicht, wohl aber eine Pflicht zum vollständigen Ausweis aller bilanzierungsfähigen Verbindlichkeitsrückstellungen vorsieht[440].

Aufgrund der Besonderheiten der Kontaminationssachverhalte und insbesondere auch aufgrund des faktisch fehlenden Zuschreibungsgebotes ist eine offensichtlich vorziehenswürdige Lösung zunächst nicht zu erkennen. Grundsätzlich sollte dem Modell der Vorzug zu gewähren sein, welches zu einer Darstellung im Jahresabschluß führt, wie sie sich auch ohne die zeitliche Divergenz ergeben hätte; außerdem sollte gewährleistet sein, daß der voraussichtliche Erfüllungsbetrag aus der Sanierungsverpflichtung in voller Höhe erfolgswirksam wird.

Beide Anforderungen sind durch das Modell 3 (Fiktion einer Zuschreibungspflicht) erfüllt, welches m.E. daher zu präferieren ist. Denn hier stellt sich ein Bilanzbild ein, das der sich bei zeitlicher Konvergenz ergebenden Jahresabschlußdarstellung entspricht;

---

438 Diesem Modell steht allerdings entgegen, daß nicht der gesamte in Erfüllung der Verpflichtung später zu erbringende Aufwand erfolgswirksam antizipiert werden würde.

439 Der Aufwand aus der Rückstellungsbildung wäre insoweit - ähnlich wie auch in Modell 1 - als teilweise durch den Abschreibungsaufwand "verbraucht" anzusehen.

440 Gegen dieses Modell könnte insbesondere eingewandt werden, daß sich allein aufgrund der zeitlichen Divergenz bei grundsätzlich gleichen Sachverhaltsumständen unterschiedliche Ergebnisse einstellen würden.

gleichzeitig ist die Bedingung der vollständigen Erfolgswirksamkeit der Sanierungsaufwendungen erfüllt. Gleichwohl könnte dagegen als gewichtiger Einwand geltend gemacht werden, daß die Zuschreibungspflicht im geltenden Bilanzrecht faktisch gerade ausgehöhlt ist.

Sollte aufgrund dieses Einwandes das Modell der Fiktion einer Zuschreibungspflicht ausscheiden, so müßte unter Rückgriff auf das primäre Jahresabschlußziel der vorsichtigen Ermittlung eines ausschüttungsfähigen Gewinns das Modell 2 zum Zuge kommen, da auch hier der voraussichtliche Erfüllungsbetrag aus der Verpflichtung in voller Höhe erfolgswirksam werden würde; einerseits in der Form des Abschreibungsaufwandes und andererseits als Aufwand aus der Rückstellungsbildung[441]. Insoweit sollte zwar nicht das Bilanzbild, zumindest aber das Ergebnis mit demjenigen bei Fehlen der zeitlichen Divergenz vergleichbar sein. Demgegenüber führen weder das Modell 1 noch das Modell 4 dazu, daß der gesamte Erfüllungsbetrag aus der Verpflichtung tatsächlich einmalig erfolgswirksam wird. Ebensowenig ergibt sich ein Bilanzbild, welches mit dem bei zeitlicher Konvergenz vergleichbar ist; daher sind diese beiden Modelle grundsätzlich abzulehnen.

d) Zwischenfazit zur Bilanzierungskonkurrenz

1. Da Bodenkontaminationen nicht nur Sanierungsverpflichtungen, sondern auch Wertminderungen der betroffenen Grundstücke nach sich ziehen können, ist eine zweifache bilanzielle Berücksichtigung desjenigen Teils des Sanierungsaufwandes vorstellbar, der geeignet ist, sowohl die Wertminderung zu beseitigen als auch die Verpflichtung zu erfüllen (Kumulationsfall). Problembehaftet ist diese Kumulation, weil die zweifache Ergebniswirksamkeit weder mit der Zielsetzung des Jahresabschlusses noch mit den GoB und insbesondere auch nicht mit dem Gedanken des "true and fair view" vereinbart werden kann; im Ergebnis sollte der Aufwand aus einer Bodenkontamination daher nur einfach erfolgswirksam werden dürfen.
2. Bleibt allerdings auch nach Durchführung der Sanierungsmaßnahmen noch eine Wertminderung bestehen, so müßten Abschreibung und Rückstellung nebeneinander zum Zuge kommen (Kombinationsfall); darin kann kein Problem gesehen werden.
3. Während die das Umlaufvermögen betreffenden Wertminderungen immer zur Abschreibungspflicht führen, existiert eine solche Pflicht bei Grundstücken im Anlagevermögen nur bei voraussichtlicher Dauerhaftigkeit der Wertminderung.

---

[441] Dieses Modell wird wohl auch vom *IDW* vertreten, das ausführt, die Passivierung einer Rückstellung sei insoweit blockiert, als die bestehende Verpflichtung bereits durch Abschreibungen Berücksichtigung gefunden habe; vgl. *IDW*, schadstoffverunreinigter Wirtschaftsgüter, WPg 1992, S. 326 f. Auch nach Auffassung von *Nieland*, Behandlung, StBp 1992, S. 275, soll der Abschreibungsaufwand auf die Höhe der Rückstellung angerechnet werden; so auch *Sarrazin*, Zweifelsfragen, WPg 1993, S. 7 f.

4. Es ist allgemein anerkannt, daß Bodenkontaminationen tatsächlich zu einer Wertminderung führen können. Zweifelhaft ist m.E. jedoch, ob eine Wertminderung auch dann noch vorliegt, wenn eine z.b. öffentlich-rechtlich begründete Verpflichtung zur Sanierung des betroffenen Grundstückes soweit erstarkt ist, daß sie passiviert werden muß. Denn ein potentieller Erwerber wird dann entweder einen geminderten (Bar-) Preis zahlen und zugleich noch die Verpflichtung übernehmen oder dem Veräußerer, soweit dieser in Erfüllung der Verpflichtung die Wertminderung beseitigt, einen Kaufpreis leisten müssen, der dem Wert eines vergleichbaren unbelasteten Grundstückes entspricht.
5. Die Dauerhaftigkeit einer Wertminderung bestimmt sich nach der hier vertretenen Auffassung allein danach, ob und wann die Wertminderung zukünftig nicht mehr vorliegt, nicht aber danach, warum dieses geschieht. Daher erscheint es zumindest ernstlich zweifelhaft, ob - das Vorliegen einer Wertminderung unterstellt - eine voraussichtliche Dauerhaftigkeit überhaupt noch angenommen werden kann, wenn zugleich eine Rückstellungsbildung anzeigt, daß sich eine ungewisse Verbindlichkeit konkretisiert hat und eine Inanspruchnahme daraus somit vorauszusehen ist.
6. Aus den Bilanzierungsinstrumenten Abschreibungspflicht bzw. -wahlrecht einerseits und Rückstellungspflicht bzw. -wahlrecht andererseits lassen sich vier Konkurrenzsituationen entwickeln.
7. Soweit eine Bilanzierungspflicht mit einem Bilanzierungswahlrecht konkurriert, muß das Wahlrecht zurücktreten. Konkurriert das Wahlrecht der Bildung einer Aufwandsrückstellung mit dem der Abschreibung, so ist aufgrund der Dominanz des Realisationsprinzips gegenüber dem Imparitätsprinzip der Rückstellungsbildung der Vorzug zu gewähren.
8. Die Konkurrenzsituation zwischen der Pflicht zur Rückstellungsbildung und der zur Abschreibungsvornahme ist nach den obigen Ausführungen überhaupt nur dann vorstellbar, wenn zwei Unterstellungen greifen, nämlich
    - die Unterstellung des Vorliegens einer Wertminderung auch für den Fall, daß eine Sanierungsverpflichtung bereits zur Passivierungspflichtigkeit erstarkt ist und
    - die Unterstellung der Dauerhaftigkeit einer das Anlagevermögen betreffenden Wertminderung, obwohl die Inanspruchnahme zur Sanierung bereits droht; und diese muß ja drohen, um überhaupt eine Rückstellung bilden zu können.
9. Der Annahme des Vorliegens einer Bewertungseinheit zwischen Grundstück und Verpflichtung kann nicht zugestimmt werden, da sich gerade Sanierungsverpflichtungen durchaus vom Eigentum an einem Grundstück trennen lassen. Ebensowenig kann den Überlegungen beigepflichtet werden, mit denen die Dominanz der aktivischen Abwertung behauptet wird, da nach dieser Auffassung im Ergebnis eine Saldierung noch nicht realisierter stiller Reserven mit ungewissen Verbindlichkeiten erfolgen würde.

10. Stattdessen wird auf die zugrundeliegenden GoB und deren Rangfolge zurückgegriffen werden müssen, wonach das Realisations- das Imparitätsprinzip und somit die Rückstellungsbildungspflicht (als Ansatzfrage) die Abschreibungspflicht (als Bewertungsfrage) dominiert; diese Lösung wird durch ergänzende Hinweise auf Vereinfachungsüberlegungen unterstützt.
11. Bei zeitlicher Divergenz (regelmäßig: die Abschreibung erfolgt in früheren Perioden als das Auftreten einer passivierungspflichtigen ungewissen Verbindlichkeit) sollte m.E. eine Zuschreibungspflicht fingiert und zugleich eine Rückstellung in voller Höhe gebildet werden. Ansonsten könnte hilfsweise an eine Kürzung des Rückstellungsbetrages in der Höhe der früher vorgenommenen Abschreibungen gedacht werden, die m.E. aber nur schwerlich mit den Grundsätzen der Rückstellungsbilanzierung zu vereinbaren ist.

C. *Verdeutlichung der Ergebnisse an sechs Fallbeispielen*

Aufgrund der Komplexität der bis hierhin vorgestellten differenzierten Überlegungen zur bilanziellen Behandlung von Verpflichtungen zur Sanierung von gefahrenträchtigen Bodenkontaminationen (Altlasten, Betriebslasten und Zukunftslasten) können hier nicht alle Einzelheiten aufgeführt werden. Stattdessen ist beabsichtigt, nachfolgend anhand von sechs Fallbeispielen zu verdeutlichen, welche Lösungen sich nach der hier vertretenen Auffassung in konkreten Einzelfällen ergeben können. Dabei sind die Fallbeispiele so formuliert, daß zumindest ein Großteil der oben angesprochenen Problemkreise aufgegriffen werden kann.

Beispiel 1

Sachverhalt: Das Unternehmen betreibt auf gepachtetem Grund und Boden, bestehend aus dem Erst- und einem Erweiterungsgrundstück, einen Betrieb zur Oberflächenveredelung und Härtung von Metallen, der als nicht genehmigungsbedürftige Anlage im Sinne des BImSchG anzusehen sein soll. Aus der Produktionstätigkeit resultieren Bodenkontaminationen, die beide Grundstücke betreffen, z.B. durch als Reinigungs- und Lösungsmittel eingesetzte chlorierte Kohlenwasserstoffe (z.B. Trichlorethen); dies kann das Unternehmen belegen. Außerdem muß das Unternehmen davon ausgehen, daß auch in zukünftigen Perioden eine Verunreinigung des Erdreiches nicht völlig verhindert werden kann. Der Pachtvertrag über das Erstgrundstück ist bereits vor Jahrzehnten geschlossen worden, daher enthält er keine Regelung über Bodenkontaminationen. Demgegenüber ist in dem neueren Pachtvertrag über das Erweiterungsgrundstück (auf Betreiben des Verpächters) sehr wohl eine Passage aufgenommen worden, wonach der Pächter für alle z.B. durch die Lagerung fester, flüssiger oder gasförmiger Stoffe entstandenen Sach- und Personenschäden haftet.

Lösung: Hinsichtlich der zukünftig möglicherweise noch eintretenden Bodenkontaminationen ist keine bilanzielle Berücksichtigung vorstellbar, da es aufgrund der insoweit fehlenden tatsächlichen Kontamination an der Erfüllung der Voraussetzung der wirtschaftlichen Verursachung einer Verpflichtung (ebenso an deren rechtlicher Entstehung) fehlt. Im übrigen sind die Periodisierungskriterien allerdings als erfüllt anzusehen, so daß sich die Frage der Passivierung nach dem Objektivierungserfordernis entscheidet. Da das Unternehmen Kenntnis vom Vorliegen bereits verursachter Bodenkontaminationen hat und nicht bloß deren Vorliegen vermutet, muß betreffend das Erweiterungsgrundstück von dem Bestehen einer Sanierungsverpflichtung ausgegangen werden, da der Tatbestand erfüllt ist, an den ein Vertrag eine Rechtsfolge (Leistungspflicht) knüpft. Da auch von der Wahrscheinlichkeit der Inanspruchnahme (spätestens nach Ablauf des Pachtvertrages) durch den Verpächter auszugehen ist, muß der bestehenden Kontamination durch die Bildung einer Rückstellung Rechnung getragen werden. Betreffend das Erstgrundstück ist nun keine bodenschutzbezogene Haftungsklausel vorgesehen; sollte jedoch der Verpächter gleichwohl eine Verpflichtung zur Sanierung - insbesondere unter Berufung auf die zivilrechtlichen Regelungen zu unerlaubter Handlung oder positiver Vertragsverletzung - geltend machen können, wäre zumindest vom wahrscheinlichen Entstehen einer Verpflichtung auszugehen. Die Wahrscheinlichkeit der Inanspruchnahme ist dann ebenfalls zu bejahen; das Interesse des Verpächters an der Rückgabe eines unbelasteten Grundstückes sollte nicht zweifelhaft sein, so daß auch für das Erstgrundstück bereits dann schon eine Rückstellung zu bilden ist, wenn der Pächter Kenntnis vom Vorliegen einer Kontamination erlangt. Auch die Entdeckung der Kontamination sollte aufgrund des hohen Stellenwertes des Umweltschutzes nicht zweifelhaft sein, da gerade die verpachtenden Vertragspartner von potentiell umweltgefährdenden Unternehmen bei Vertragsbeendigung den Zustand des Grund und Bodens untersuchen (lassen) dürften. Die Rückstellung wegen einer Dekontaminierungsverpflichtung ist mit dem voraussichtlichen Erfüllungsbetrag zu Vollkosten nach den Preisverhältnissen des Stichtages zu bewerten, dabei kommt eine Abzinsung auch dann nicht in Betracht, wenn der Pachtvertrag erst mittelfristig, z.B. nach zehn Jahren, endet. Zugleich ist anzumerken, daß neben dieser privatrechtlich begründeten Verpflichtung auch eine solche öffentlich-rechtlicher Art existieren könnte, soweit die Kontamination als gefahrenträchtig und zugleich eine Regelung des öffentlichen Rechts als einschlägig angesehen werden müßte. Diesen nebeneinander existierenden Sanierungsverpflichtungen wäre durch eine Passivierung Rechnung zu tragen, die dem weitestgehenden Anspruch entspräche; insbesondere auch wenn die öffentlich-rechtliche Verpflichtung nur auf eine Gefahrenabwehr abzielen würde, wäre der Erfüllungsbetrag aus der weitergehenden Dekontaminierungsverpflichtung zu passivieren. Eine Abschreibung kann durch den Pächter allerdings nicht geltend gemacht werden - ggf. aber durch den Verpächter -, da ihm das Grundstück für bilanzielle Zwecke nicht zuzurechnen ist[442].

<u>Beispiel 2</u>

<u>Sachverhalt:</u> Das Unternehmen betreibt auf eigenem Grund und Boden eine Papierfabrik, die zu den genehmigungsbedürftigen Anlagen im Sinne des BImSchG zählt und daher den einschlägigen Vorschriften unterliegt[443]. Dem Unternehmen ist das Vorliegen von gefahrenträchtigen Bodenkontaminationen, z.B. Verunreinigungen mit chlorierten Kohlenwasserstoffen, Mineralölen oder Schwermetallen, bekannt; weitere Kontaminationen aufgrund der Produktion sind in der Zukunft vorauszusehen. Außerdem besitzt das Unternehmen ein Reservegrundstück in der benachbarten Gemeinde, welches zwar nicht genutzt wird und daher nicht als Anlage im Sinne des BImSchG angesehen werden kann, welches aber gleichwohl auch kontaminiert ist. Nachbarn des Unternehmens sind nicht in der Position, eine Sanierung verlangen zu können; zugleich haben die zuständigen Behörden noch keine Kenntnis vom Vorliegen der gefahrenträchtigen Bodenkontamination.

<u>Lösung:</u> Auch hier ist - analog dem schon zu Beispiel 1 ausgeführten - eine bilanzielle Erfassung der zukünftig noch eintretenden Bodenkontaminationen nicht möglich, da es aufgrund der insoweit fehlenden tatsächlichen Kontamination an der Erfüllung der Periodisierungskriterien (wirtschaftliche Verursachung, ggf. rechtliche Entstehung) fehlt. Im übrigen entscheidet sich auch hier die Frage der Passivierung nach dem Objektivierungserfordernis. Soweit das Anlagengrundstück von einer Bodenkontamination (Betriebslast) betroffen ist, von welcher nach der Betriebseinstellung schädliche Umwelteinwirkungen und sonstige Gefahren, erhebliche Nachteile und erhebliche Belästigungen für die Allgemeinheit und die Nachbarschaft hervorgerufen werden können, ist der Tatbestand des § 5 III Nr. 1 BImSchG erfüllt. Der insoweit gegebenen *Mindestkonkretisierung durch gesetzliche Vorschrift für das Bestehen einer Verpflichtung* muß durch eine Rückstellungsbildung Rechnung getragen werden[444]; dies betrifft auch solche i.S.d. BImSchG gefahrenträchtigen Bodenkontaminationen, die schon vor dem Inkrafttreten der Regelung des § 5 III Nr. 1 BImSchG (1.9.1990) durch den Betrieb der Anlage verursacht worden sind. Zur Passivierung bedarf es keinesfalls der aktuellen Kenntnis der zuständigen Behörden

---

[442] Die Pachtvertragsgestaltung soll so gewählt sein, daß das wirtschaftliche Eigentum bei Verpächter verbleibt; insbesondere die Überlegungen zum Immobilienleasing sollen im Beispielsfall zu keinem anderen Ergebnis führen können.

[443] Dies ergibt sich unmittelbar aus der vierten Verordnung zur Durchführung des Bundes-Immissionsschutzgesetzes (Verordnung über genehmigungsbedürftige Anlagen - 4. BImSchV) vom 24.7.1985, BGBl. I S. 1586, geänd. durch VO vom 28.8.1991, BGBl. I S. 1838, ber. S. 2044. Vgl. weiterführend *Kloepfer*, Umweltrecht, 1989, S. 411.

[444] Da das BImSchG auf den Anlagenbetreiber als Verpflichteten abstellt, wäre in diesem Beispielsfall eine Rückstellungsbildung auch dann erforderlich, wenn die Papierfabrik auf gepachtetem Grund und Boden betrieben werden würde.

vom Vorliegen einer Kontamination oder gar der Existenz eines besonderen Verwaltungsaktes. Vielmehr ist das Bestehen einer Verpflichtung und die Wahrscheinlichkeit der Inanspruchnahme daraus schon allein aufgrund der Tatsache zu bejahen, daß das Unternehmen bußgeldbewehrt zunächst verpflichtet ist, die beabsichtigte Betriebsstillegung anzuzeigen und weiterhin verpflichtet ist, im Rahmen dieser Anzeige zugleich auch Unterlagen über die von ihm vorgesehenen Maßnahmen zur Erfüllung der aus dem § 5 III BImSchG resultierenden Pflichten (Stillegungskonzept) beizufügen. Somit muß der Zeitpunkt der frühestmöglichen Rückstellungsbildung in der Kenntnisnahme der i.S.d. BImSchG gefahrenträchtigen Bodenkontamination gesehen werden. Soweit nun allerdings das kontaminierte Reservegrundstück betroffen ist, welches nicht genutzt wird und als nicht genehmigungsbedürftige Anlage (bzw. Anlagenbestandteil) anzusehen ist, wird es wohl nicht von den Vorschriften des BImSchG erfaßt; insoweit wären dann andere Normen des öffentlichen Rechts hinsichtlich ihrer Rückstellungsrelevanz zu prüfen. Die Bewertung der Rückstellung hat - und insofern kann auf die Ausführungen zu Beispiel 1 verwiesen werden - mit dem für die Erfüllung der Gefahrenabwehrverpflichtung notwendigen Erfüllungsbetrag zu erfolgen. Eine mit der Rückstellung konkurrierende aktivische Abwertung des Betriebsgrundstückes (Kumulationsfall) kann nach der hier vertretenen Auffassung nicht zum Zuge kommen, wohl aber eine solche aktivische Abwertung, die einer auch nach Durchführung der Sanierung noch bestehenden Wertminderung (die also nicht durch die Sanierung beseitigt werden wird) Rechnung trägt (Kombinationsfall). Die Ablehnung des Kumulationsfalles zugunsten der Rückstellung und die Zustimmung zum Kombinationsfall soll auch gelten für die nachfolgenden Beispiele der Kontaminationen auf solchen Grundstücken, die dem Unternehmen bilanziell zuzurechnen sind.

Beispiel 3

Sachverhalt: Das Unternehmen betreibt auf eigenem Grund und Boden einen Betrieb zur Aufbereitung von Altölen, der als nicht genehmigungsbedürftige Anlage im Sinne des BImSchG anzusehen sein soll. Aus der Produktionstätigkeit resultieren gefahrenträchtige Bodenkontaminationen auf dem derzeitigen stadtfernen Produktionsgrundstück, z.B. Tropf- und Kleckerschäden durch Mineralöle[445]; dies kann das Unternehmen belegen. Zugleich ist das Unternehmen noch Eigentümer eines stadtnahen Grundstückes, welches in früheren Jahren als Standort genutzt und dann 1969 aufgegeben und stillgelegt wurde. Auch dieses Grundstück soll durch ölverschmutztes Erdreich belastet sein; Grundwassergefährdungen i.S.d. § 34 II WHG sind aufgrund beider kontaminierter Grundstücke zu besorgen. Außerdem sind bei fortgesetzter Tätigkeit auch zukünftig weitere Verunreinigungen zu befürchten. Die zuständigen Behörden sind bislang noch nicht

---

445 Insoweit sollte klargestellt sein, daß das Grundstück nicht als Abfallbeseitigungsanlage angesehen werden kann.

tätig geworden; privatrechtlich begründete Ansprüche sollen ebensowenig zu erkennen sein.

<u>Lösung:</u> Aufgrund der - bereits mehrfach angesprochenen - erforderlichen wirtschaftlichen Verursachung können nur solche Verpflichtungen passiviert werden, die auf die Sanierung bereits tatsächlich verursachter Kontaminationen abzielen. Hinsichtlich beider Grundstücke sind nun unter Objektivierungsaspekten spezialgesetzliche Regelungen des öffentlichen Rechts zu prüfen, soweit privatrechtliche Ansprüche nicht zu erkennen sind; die Vorschriften des BImSchG sollen allerdings nicht zur Anwendung kommen können. Hinsichtlich des stadtfernen Produktionsgrundstückes kommt dann zwar unter zeitlichen Aspekten das vorrangig zu prüfende Abfallrecht in Betracht, nicht jedoch unter sachlichen Gesichtspunkten, da die Bodenkontaminationen nicht als bewegliche Sachen im Sinne des Abfallrechts anzusehen sind, soweit sich die Schadstoffe mit dem Grund und Boden fest verbunden haben. Bis zum Zeitpunkt des Ausbaggerns, mit dem das Erdreich erst zu Abfall wird, kann aus dem Abfallrecht also keine einschlägige Sanierungsverpflichtung abgeleitet werden. Somit muß für das stadtferne Grundstück auf die Vorschriften des Wasserrechts zurückgegriffen werden, welche auch für das stadtnahe Grundstück von Bedeutung sind; das stadtnahe Grundstück betreffend konnte das Abfallrecht nämlich schon unter zeitlichen Aspekten nicht zum Zuge kommen. Wasserrechtlich ist nun vorgesehen, daß Stoffe nur so gelagert oder abgelagert werden dürfen, daß eine schädliche Verunreinigung oder eine sonstige nachteilige Veränderung der Eigenschaften des Grundwassers nicht zu besorgen ist. Dies soll im Beispiel aber gerade der Fall sein; die Kontaminationen sollen sich nicht aus einem Unglücksfall, sondern aus der Lagerung und Ablagerung von Stoffen ergeben haben. Da das Unternehmen insoweit gegen das wasserrechtliche Verbot der grundwassergefährdenden Lagerung und Ablagerung verstoßen hat, sieht es sich einer durchsetzbaren Verpflichtung aus einer gesetzlich fixierten Pflichtensituation gegenüber. Die *Mindestkonkretisierung durch gesetzliche Vorschrift für das wahrscheinliche Entstehen einer Verpflichtung* ist als erfüllt anzusehen, da aus dem gesetzlichen Verbot der (grund-) wassergefährdenden Lagerung oder Ablagerung von Stoffen im Umkehrschluß gefolgert werden muß, daß eine Pflicht zur umgehenden Beseitigung bereits verbotswidrig eingetretener schädlicher Verunreinigungen besteht; schließlich kann der Verantwortliche dazu von den Wasserbehörden mit den Mitteln des Ordnungsrechts gezwungen werden. Die Wahrscheinlichkeit der Inanspruchnahme ist zu bejahen, da eine Eingriffspflicht der Behörde besteht, soweit ihr Ermessen auf Null reduziert ist, wie es hier aufgrund des überragend hohen Stellenwertes des Grundwassers regelmäßig der Fall sein sollte. Somit ist eine Rückstellung aufgrund der Verpflichtung zur Beseitigung der Kontamination (und nicht nur zur Gefahrenabwehr) auch ohne Kenntnisnahme oder Tätigwerden der Behörden zu bilden. Die Bewertung bestimmt sich nach den bereits dargestellten Grundsätzen; eine konkurrierende Abschreibung kommt auch hier nicht in Betracht.

Beispiel 4

Sachverhalt: Die Sachverhaltsumstände sollen zunächst die des Beispielfalles 3 mit der Abwandlung sein, daß das stadtnahe Grundstück bereits vor 1960 aufgegeben worden ist; eine Beeinträchtigung der öffentlichen Sicherheit und Ordnung oder zumindest eine Gefahr für die öffentliche Sicherheit und Ordnung soll aufgrund des vor diesem Zeitpunkt erfolgten Ablagerns von Stoffen durch das Unternehmen verursacht worden sein (Altlast). Behördliche Genehmigungen, die eine Legalisierungswirkung entfalten könnten, sollen nicht gegeben sein. Außerdem sei ein Viertel des Grundstückes schwer geschädigt; der Rest soll nur minder schwer geschädigt sein. Über eine Kenntnis der Behörden von der Altlast ist nichts bekannt, ebensowenig über das Vorliegen eines (einem in seinen Rechten verletzten Dritten zustehenden) subjektiven öffentlichen Rechts; insbesondere sind auch noch keine Gefahrerforschungsmaßnahmen eingeleitet worden.

Lösung: In Abwandlung der zu Beispiel 3 vorgestellten Lösung kommt betreffend der hier vorliegenden Altlast das Wasserrecht nicht zur Anwendung, da nur das Lagern, nicht aber das Ablagern von Stoffen vor dem Inkrafttreten des Wasserhaushaltgesetzes (1.3.1960) von diesen Vorschriften erfaßt wird. Daher kann zur Objektivierung einer ungewissen Verbindlichkeit nur noch auf die Generalklausel des allgemeinen Polizei- und Ordnungsrechts zurückgegriffen werden. Danach können die Behörden die notwendigen Maßnahmen treffen, um eine im einzelnen Fall bestehende, konkrete Gefahr für die öffentliche Sicherheit und Ordnung abzuwehren; zur Kostentragung können sowohl der Handlungsstörer als auch der Zustandsstörer herangezogen werden, im Beispielsfall nimmt das Unternehmen beide Positionen ein. Die *Mindestkonkretisierung durch gesetzliche Vorschrift für das wahrscheinliche Entstehen einer Verpflichtung* ist zu bejahen, da aus der Generalklausel eine durchsetzbare Pflichtensituation dahingehend abgeleitet werden muß, daß polizeirechtswidrige Zustände (Gefährdung der öffentlichen Sicherheit) vom Ordnungspflichtigen zu beseitigen sind. Betreffend die Wahrscheinlichkeit der Inanspruchnahme, die mit Gültigkeit für den öffentlich-rechtlichen Bereich in zwei aufeinander aufbauende Elemente, nämlich in die Wahrscheinlichkeit der Entdeckung der Umweltschädigung bzw. Umweltgefährdung einerseits und die Wahrscheinlichkeit des daran anknüpfenden Verwaltungshandelns andererseits, differenziert werden kann, ist folgendes festzustellen: Von der Wahrscheinlichkeit der Entdeckung als erster Komponente der Wahrscheinlichkeit der Inanspruchnahme ist auszugehen, da aufgrund der geschilderten aktuellen Entwicklungen auf längere Sicht eben mit der Entdeckung einer Altlast gerechnet werden muß. Liegt eine schwere Umweltschädigung vor (hier: betreffend ein Viertel des Grundstückes zu bejahen), so genügt selbst bei vorliegender "asymmetrischer Informationsverteilung" (hier: Unternehmen hat Kenntnis von der Altlast, Behörde hingegen nicht) diese Wahrscheinlichkeit der Entdeckung, um die Greifbarkeit einer ungewissen Sanierungsverpflichtung und somit eine Pflicht zur Rückstellungsbildung bejahen zu können, da bei schweren Umweltschädigungen definitionsgemäß aus der Entdeckung zugleich eine Pflicht zum Eingreifen der Behörden folgen soll. Liegt keine schwere Umweltschädigung vor und der Erlaß eines Verwaltungsaktes somit im Ermessen der Behörden (hier: betreffend die restlichen drei Viertel des Grundstückes), so bedarf es noch des Vorliegens weiterer Anhaltspunkte für ein Tätigwerden der Behörden, um die Wahrscheinlichkeit des Verwaltungshandelns und somit die Wahrscheinlichkeit der Inanspruchnahme aus der wahrscheinlich entstehenden Sanierungsverpflichtung bejahen zu können[446]. Liegen solche Anhaltspunkte vor, z.B. weil die Behörde mit Ermittlungshandlungen begonnen hat, so ist der wahrscheinlich entstehenden ungewissen Verbindlichkeit durch eine Rückstellung Rechnung zu tragen; allerdings ist das Ergehen eines besonderen Verwaltungsaktes nicht notwendige Voraussetzung der Passivierung. Im Rahmen der Rückstellungsbewertung ist zu beachten, daß lediglich eine Gefahrenabwehr, nicht aber eine Altlastenbeseitigung erforderlich ist; im übrigen kann auch auf die Ausführungen zu den vorhergehenden Beispielen verwiesen werden. Rückgriffsansprüche sind nicht zu erkennen, es ist der volle Erfüllungsbetrag anzusetzen. Berücksichtigt werden müssen hier - wie auch in den vorhergehenden Beispielen - die Aufwendungen aller Phasen, also sowohl solche aus der Gefahrerforschungs- und der Sanierungs- wie auch solche aus der Nachsorgephase. Eine konkurrierende Abschreibung ist nicht möglich, gleichwohl wird insbesondere bei minder schweren Umweltschädigungen das Problem der zeitlichen Divergenz auftreten können, da zwar häufig eine Wertminderung (z.B. wegen Nutzungseinschränkung), aber ohne Anhaltspunkte für ein behördliches Handeln zunächst noch keine ungewisse Verbindlichkeit festzustellen sein wird.

Beispiel 5

Sachverhalt: Ein Unternehmen besitzt mehrere Grundstücke, von denen eines durch eine fremdverursachte Uraltablagerung, deren Herkunft und Verursacher aber nicht mehr festgestellt werden kann, kontaminiert ist; von der Kontamination geht eine Gefahr für die öffentliche Sicherheit und Ordnung aus.

Lösung: Da keine spezialgesetzlichen Regelungen greifen, könnte das Unternehmen nur nach dem allgemeinen Polizei- und Ordnungsrecht als Zustandsstörer zur Gefahrenabwehr herangezogen werden. Da der weite Störerbegriff insoweit zu Unbilligkeiten führen kann, wird im Schrifttum ein Ausschluß von der Verantwortlichkeit diskutiert[447]; insoweit kann der Beispielssachverhalt wohl noch nicht als endgültig geklärt betrachtet werden. Wird ein Ausschluß von der Verantwortlichkeit abgelehnt, so hat das Unternehmen nach den in Beispiel 4 angewandten Grundsätzen eine Rückstellung wegen ungewisser Gefahrenabwehrverbindlichkeiten unmittelbar nach der Kenntnisnahme zu bilden,

---

446 Für das gewählte Beispiel 4 resultiert daraus nur eine Rückstellungspflicht hinsichtlich des einen, schwer geschädigten Viertels, da insoweit gerade keine weiteren Anhaltspunkte erforderlich sind.
447 Vgl. *SRU*, Altlasten, 1990, BT-Drs. 11/6191, S. 204 f; *Hohmann*, Kostentragungspflicht, DVBl. 1984, S. 997 ff.

wenn eine schwere Umweltschädigung vorliegt; zur Passivierung aufgrund minder schwerer Umweltschädigungen bedarf es demnach allerdings weiterer Anhaltspunkte hinsichtlich des Tätigwerdens der Behörden.

<u>Beispiel 6</u>

<u>Sachverhalt:</u> Ein produzierendes Unternehmen hat in der Vergangenheit Ablagerungen (z.B. Produktionsrückstände) auf einer Fremddeponie vorgenommen, die vom Betreiber unter Beachtung der nötigen Sorgfalt und nach den jeweils geltenden gesetzlichen Vorschriften ausgeführt wurden. Nach neuesten wissenschaftlichen Erkenntnissen muß mittlerweile jedoch mit einer Gefährdung und Grundwasserkontaminierung durch diese Abfälle gerechnet werden[448]. Die Öffentlichkeit reagiert mit massiven Protesten (z.B. Werksblockaden) auf die Gefährdung, so daß sich das Unternehmen zur (Beteiligung an der) Sanierung bereit erklärt.

<u>Lösung:</u> Das Unternehmen als Abfallerzeuger kann wohl weder nach öffentlich-rechtlichen Vorschriften noch auf privatrechtlicher Grundlage zur Sanierung gezwungen werden. Entschließt sich das Unternehmen gleichwohl aufgrund des öffentlichen Drucks zur Übernahme (eines Teils) der Sanierungskosten, so ist dem durch die Bildung einer Rückstellung wegen faktischer Verpflichtungen Rechnung zu tragen. Neben den Objektivierungserfordernissen sind auch die Periodisierungerfordernisse erfüllt, da die zukünftigen Aufwendungen bereits realisierte Erträge. alimentiert haben und somit von der wirtschaftlichen Verursachung auszugehen ist.

II. Rekultivierungsverpflichtungen

A. Kennzeichnung der erfaßten Sachverhalte

Unter "Rekultivierung" im weiteren Sinne sollen hier - wie bereits skizziert - grundsätzlich alle Maßnahmen der landschaftlichen Neugestaltung und wirtschaftlichen Wiedererschließung im Bereich des oberflächennahen und -fernen Rohstoffabbaus sowie ebensolche Maßnahmen im Bereich der Renaturierung von Mülldeponien[449] verstanden werden, also insbesondere Maßnahmen, bei denen ein durch die Tätigkeit des Unternehmens in Mitlei-

---

448 Vgl. auch *Herzig*, Rückstellungen, DB 1990, S. 1350.

449 Unter dem Begriff der Rekultivierung im weitesten Sinne könnte - wie bereits erwähnt - somit wohl auch die Problematik der Sicherung und Sanierung von Alt- oder Betriebslasten verstanden werden; aufgrund der materiellen Relevanz wurde diese Problematik aber bereits - der herrschenden Auffassung folgend - in einer eigenen Fallgruppe einer gesonderten Untersuchung unterzogen.

denschaft gezogener, aber zuvor vorhandener Umweltzustand wiederhergestellt[450] oder zumindest eine Annäherung an den ehemals gegebenen Umweltzustand versucht wird[451].

Die Rekultivierungsverpflichtungen lassen sich - wie die nachstehende Abb. 10 verdeutlicht - in zwei große Bereiche unterteilen, einerseits in den Bereich der Rekultivierungsverpflichtungen bei Mülldeponien, der sich von der im vorhergehenden Abschnitt behandelten Alt- und Betriebslastensanierungsproblematik dadurch unterscheidet[452], daß Alt- und Betriebslasten regelmäßig ungewollt verursacht werden und zugleich gefahrenträchtig sind, während die hier angesprochene Rekultivierung Bestandteil der geplanten Maßnahme "Mülldeponierung" ist[453], und andererseits in den der Rekultivierungsverpflichtungen bei Substanzabbaubetrieben. Die Maßnahmen und Verpflichtungen bei diesen Substanzabbaubetrieben sind weiter zu differenzieren in Abraumbeseitigung, in Bergbaurisiken, welche zu Rückstellungen wegen Bergschäden, Gruben- und Schachtversatz führen können und in Rekultivierungsverpflichtungen im eigentlichen Sinn. Diese Rekultivierungsverpflichtungen im eigentlichen Sinn beinhalten neben den Wiederauffüll- und Wiederanlageverpflichtungen[454], die beispielsweise bei Kiesgruben relevant sind, auch die Wiederaufforstungs- und die Entfernungsverpflichtungen[455] sowie die Verpflichtungen zur Räumung von Erdölfeldern und zur Wiederauffüllung von Bohrlöchern[456]. Die Maßnahmen umfassen im wesentlichen die Wiederauffüllung und Verfestigung von Gruben, die Erstellung von Uferlinien für spätere Gewässer, die Abdeckung des Geländes mit Humus sowie die Bepflanzung und Aufforstung des Geländes[457]; dabei wird regelmäßig angestrebt, nach der Rekultivierungsmaßnahme eine land- oder forstwirtschaftliche Nut-

---

450 Vgl. auch die Definition dieser Fallgruppe bei *Herzig*, Rückstellungen, DB 1990, S. 1343.

451 Verpflichtungen nach dem Gesetz über Naturschutz und Landschaftspflege (Bundesnaturschutzgesetz - BNatSchG) in der Fassung der Bekanntmachung vom 12.3.1987, BGBl. I S. 889, sollen hier nicht näher betrachtet werden, da die entsprechenden Vorschriften im wesentlichen Rahmenvorschriften für die Landesgesetzgebung darstellen; vgl. weiterführend *Hoppe/Beckmann*, Umweltrecht, 1989, S. 290 ff; *Kloepfer*, Umweltrecht, 1989, S. 544 ff.

452 Nach *Nieland*, Behandlung, StBp 1992, S. 277, soll zwischen Verpflichtungen zur Rekultivierung und den Verpflichtungen zur Schadstoffbeseitigung (Altlastensanierung) kein wesensmäßiger Unterschied bestehen; beide Verpflichtungen seien im Rechtssinne gleichartig.

453 Der Übergang der Fallgruppen Altlastensanierung und Rekultivierung ist insoweit fließend, als sich aus früher angelegten Deponien durchaus sanierungsbedürftige Altlasten entwickeln können.

454 Vgl. die Darstellung der möglichen Maßnahmen bei *Pfleger*, Bilanzierungsprobleme, DB 1981, S. 1686.

455 Vgl. dazu *Armbrust*, Rückstellungen, DB 1979, S. 2045 ff und 2096 ff. Vgl. zur Wiederaufforstung *Schindler*, Wiederaufforstungskosten, BB 1985, S. 239 ff; *ders.*, Forstwirtschaft, StBp 1987, S. 165 ff; *ders.*, Zulässigkeit, StBp 1988, S. 205 ff. Die Wiederaufforstung bei forstwirtschaftlichen Betrieben nach dem Bundeswaldgesetz sowie den jeweiligen Landeswaldgesetzen soll hier nicht weiter betrachtet werden; vgl. stattdessen *Schindler*, Forstwirtschaft, StBp 1987, S. 166.

456 Vgl. *Bartke*, Rückstellungen für Bergschäden, Gruben- und Schachtversatz nach aktienrechtlichen und steuerlichen Grundsätzen, DB Beilage Nr. 4/78.

457 So auch schon *Herzig*, Rückstellungen, DB 1990, S. 1348.

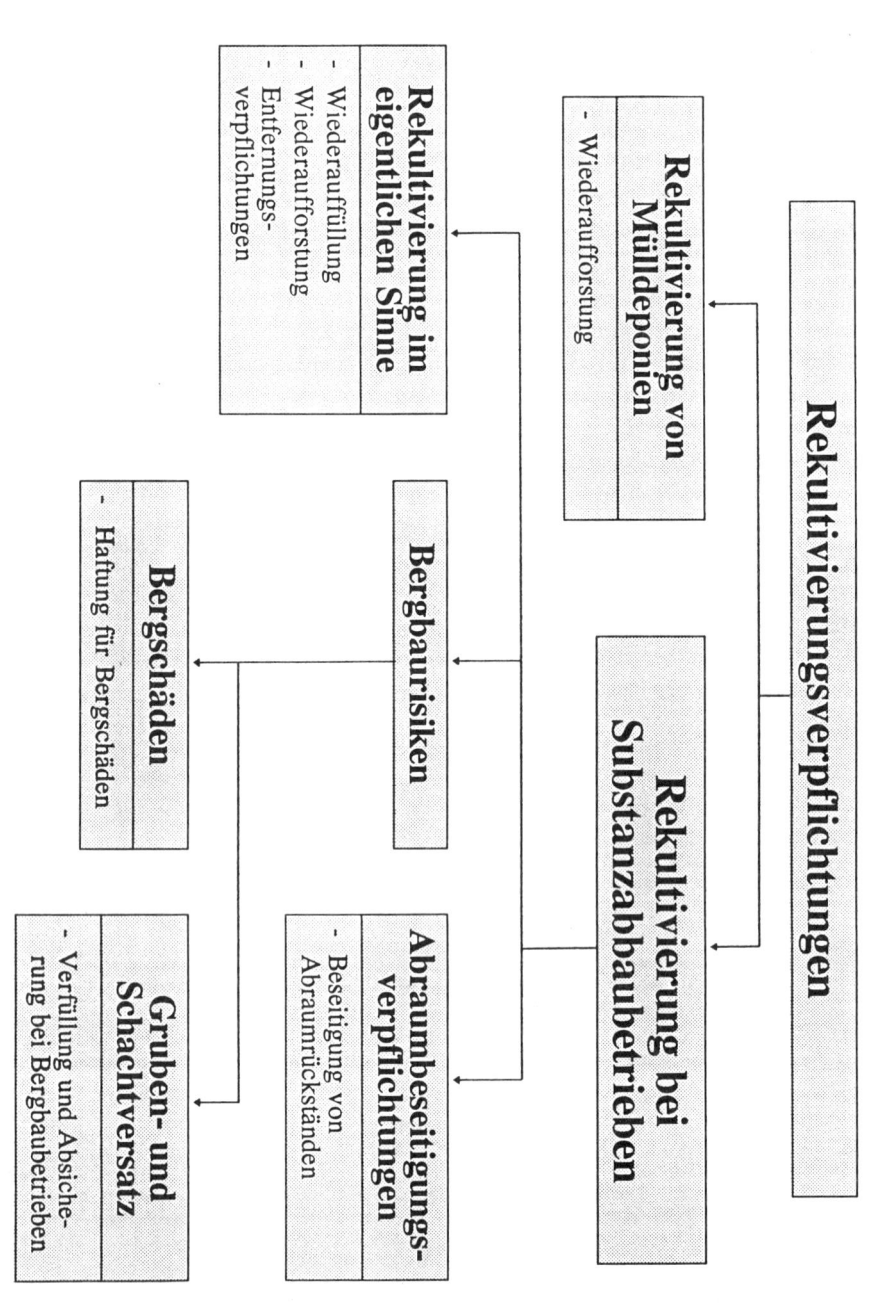

Abb. 10: Überblick über die in der Fallgruppe "Rekultivierungsverpflichtungen" erfaßten Sachverhalte

Rekultivierungsverpflichtungen

- **Rekultivierung von Mülldeponien**
  - Wiederaufforstung

- **Rekultivierung im eigentlichen Sinne**
  - Wiederauffüllung
  - Wiederaufforstung
  - Entfernungsverpflichtungen

- **Rekultivierung bei Substanzabbaubetrieben**
  - **Bergbaurisiken**
    - **Bergschäden**
      - Haftung für Bergschäden
  - **Abraumbeseitigungsverpflichtungen**
    - Beseitigung von Abraumrückständen
  - **Gruben- und Schachtversatz**
    - Verfüllung und Absicherung bei Bergbaubetrieben

zung zu ermöglichen[458]. Rekultivierungsverpflichtungen treten demnach typischerweise bei Unternehmen solcher Branchen auf, die mit dem oberflächennahen und -fernen Substanz- bzw. Rohstoffabbau befaßt sind.

Die Rekultivierungsverpflichtungen sind nun in ihrer bilanziellen Struktur insbesondere dadurch gekennzeichnet, daß - auch aufgrund der technischen Besonderheiten - zwischen den erstmals vorgenommenen Maßnahmen, die zur wirtschaftlichen Verursachung oder zumindest zum rechtlichen Entstehen einer Verpflichtung führen, und der Erfüllung dieser Verpflichtung regelmäßig ein längerer Zeitraum liegt. Rekultivierungsverpflichtungen können daher unter dem Aspekt der Rückstellungsentwicklung im Zeitablauf den sich langfristig kumulierenden Rückstellungen zugeordnet werden. Insofern wird häufig auch von Ansammlungsrückstellungen gesprochen[459], da der letztlich zur Erfüllung der Endverpflichtung notwendige Betrag über mehrere Perioden angesammelt wird.

B. Erfassung von Rekultivierungsverpflichtungen im handelsrechtlichen Jahresabschluß und in der Steuerbilanz

Das Bestehen einer Passivierungspflicht für Rekultivierungsrückstellungen ist nicht ernsthaft umstritten[460]; das eigentliche Problem, welches derzeit im Fachschrifttum diskutiert wird[461], muß hier wohl eher im Bereich der Periodenzuordnung der über Ansammlungsrückstellungen[462] zu antizipierenden zukünftigen Rekultivierungsausgaben gesehen werden. Nachfolgend werden daher kurz die Implikationen des Objektivierungserfordernisses bei privat- sowie öffentlich-rechtlich begründeten Verbindlichkeitsrückstellungen und auch bei Aufwandsrückstellungen untersucht, bevor dann die Periodenzuordnung von Rekultivierungsausgaben beleuchtet wird; abgerundet werden soll die Thematik der Erfassung von Rekultivierungsverpflichtungen durch die Bearbeitung des Anhangsausweises[463].

---

458 Allerdings wird auch die Möglichkeit genutzt, Landschaften neu zu gestalten und - bei größeren Vorhaben - Naherholungsgebiete einzurichten. Vgl. dazu die Ausführungen von *Voss*, Braunkohlenbergbau, ZfB-Ergänzungsheft 2/90: Betriebliches Umweltmanagement, S. 114 ff. Vgl. auch die Angaben im Bericht über das Geschäftsjahr 1989 der Rheinbraun AG, Köln, S. 16.
459 Vgl. bspw. *Kupsch*, Umweltlasten, BB 1992, S. 2327; *Naumann*, Entstehen, WPg 1991, S. 529 ff.
460 So auch *Herzig*, Rückstellungen, DB 1990, S. 1348; *Knobbe-Keuk*, Unternehmenssteuerrecht, 1993, S. 124.
461 Vgl. *Naumann*, Entstehen, WPg 1991, S. 532 ff; *Bartels*, Neulastenfälle, BB 1992, S. 1317 f.
462 Vgl. dazu *Institut "Finanzen und Steuern"*, Rekultivierungsrückstellungen, 1990.
463 Die Möglichkeit des Ausweises von Rekultivierungsverpflichtungen unter den sonstigen finanziellen Verpflichtungen wird im nachfolgenden Unterabschnitt 3 behandelt.

1. Rückstellungsansatz

a) Implikationen des Objektivierungserfordernisses

Rückstellungen wegen Rekultivierungsverpflichtungen stellen unter Objektivierungsaspekten regelmäßig einen klassischen Fall der Rückstellungen wegen ungewisser Verbindlichkeiten bei Sicherheit über das Bestehen oder zukünftige Entstehen einer Verpflichtung und bei Unsicherheit über die Höhe der Verpflichtung dar; wenn nicht offensichtliche Gründe dagegen sprechen[464], sollte die Wahrscheinlichkeit der Inanspruchnahme regelmäßig als gegeben anzunehmen sein. Die festzustellende Unsicherheit resultiert im wesentlichen aus den langen Zeiträumen, über die hinweg die erst nach geraumer Zeit oder gar am Ende z.B. des Substanzabbaus zu erbringenden Rekultivierungsleistungen berechnet werden müssen.

Die Verpflichtung zur Rekultivierung kann grundsätzlich sowohl auf privat- als auch auf öffentlich-rechtlicher wie auch auf faktischer Basis entstehen. Dabei können sich insbesondere vertraglich und öffentlich-rechtlich begründete Rekultivierungsverpflichtungen durchaus überlagern, ohne daß daraus aber Sonderprobleme für die Bilanzierung dem Grunde nach erwachsen[465], da sich beide Sachverhalte gleichermaßen in einer Verbindlichkeitsrückstellung niederschlagen; daneben ist bei Fehlen einer Außenverpflichtung die Bildung einer Aufwandsrückstellung denkbar.

(1) Verbindlichkeitsrückstellungen auf privatrechtlicher Basis

Privatrechtlich begründete Rekultivierungsverpflichtungen können sowohl aus vertraglichen Vereinbarungen als auch aus gesetzlichen Vorschriften resultieren[466]. Sie sind als Verbindlichkeitsrückstellungen zu passivieren, wenn und soweit sie - wie bei privatrechtlichen Verpflichtungen eindeutig gegeben - eine bestehende oder zumindest wahrscheinlich entstehende Außenverpflichtung darstellen, die zumindest noch hinsichtlich ihrer Höhe nach unsicher (Schätzproblematik) und zugleich aber schon werthaltig sind; letzteres ist bei Rekultivierungsverpflichtungen offensichtlich gegeben.

---

464 Vgl. dazu die BFH-Urteile vom 17.11.1987 VIII R 348/82, BStBl. II 1988, S. 430; vom 22.11.1988 VIII R 62/85, BStBl. II 1989, S. 359.

465 Für die Bilanzierung der Höhe nach wird auch hier der weiterreichenden bzw. aufwendigeren Verpflichtung Rechnung getragen werden müssen.

466 So sind bspw. die Ansprüche, die bei Bergschäden aufgrund der Vorschriften des Bundesberggesetzes durch den Berechtigten (Geschädigten) geltend gemacht werden können, dem Privatrecht zuzuordnen.

(a) Rekultivierung im eigentlichen Sinne

Bei vertraglich vereinbarten Rekultivierungsmaßnahmen[467] im Sinne von Wiederauffüllung und Wiedernutzbarmachung zu land- oder forstwirtschaftlichen Zwecken sind diese nach den allgemeinen Grundsätzen in den Saldierungsbereich des schwebenden Dauerrechtsgeschäftes[468] Abbauvertrag[469] einzubeziehen, da der Pachtvertrag über ein auszubeutendes Grundstück als Verpflichtung des Pächters in der Regel eine Rekultivierungsverpflichtung beinhalten dürfte. Damit könnten in Erfüllung dieser Verpflichtung zu erbringende zukünftige Ausgaben als Teil des zu leistenden Pachtentgeltes angesehen werden. Insoweit käme eine Rückstellung zunächst als Drohverlustrückstellung in Betracht und dies auch nur dann, wenn die Ausgeglichenheitsvermutung widerlegt werden könnte. Regelmäßig sollte sich aber bei näherer Betrachtung zeigen, daß aus dem schwebenden Geschäft gar kein Verlust droht; vielmehr ist festzustellen, daß der Pächter in einen Erfüllungsrückstand hinsichtlich der durch den Abbau der Periode verursachten Rekultivierungsverpflichtungen dann gerät[470], wenn er deren Erfüllung - z.B. auch aus technischen Gründen - bis zu einem Zeitpunkt nach Beendigung der Abbauhandlungen aufschiebt. Für einen solchen Leistungs- oder Erfüllungsrückstand hat der Pächter eine Verbindlichkeitsrückstellung zu bilden[471] und entsprechend der Entwicklung des Erfüllungsrückstandes fortzuschreiben bzw. anzusammeln[472].

---

467 Vgl. dazu auch *Nehm*, Rückstellungen, WPg 1966, S. 3 ff.

468 Vgl. dazu *Herzig*, Risikovorsorge, in: *Doralt* (Hrsg.), Probleme, 1991, S. 225 f.

469 "Die hinsichtlich der Kiesgruben kraft Vertrages bestehende Verpflichtung des Klägers, die ausgebaggerten Gruben wiederaufzufüllen, ist ... rechtlich und wirtschaftlich Bestandteil des Ausbeutevertrages", so der BFH in seinem Urteil vom 16.9.1970 I R 184/67, BStBl. II 1971, S. 86. Dort führt der BFH dann aber weiter aus, daß diese Auffüllverpflichtung gleichwohl - also obwohl sie Bestandteil des regelmäßig bilanziell nicht auszuweisenden schwebenden Vertrages Ausbeutevertrag ist - als selbständige Belastung rückstellungsfähig sei.

470 "Bei rechtlich korrekter Abwicklung eines gegenseitigen Schuldverhältnisses wird als Erfüllungsrückstand auch das kontinuierliche Entstehen einer einseitigen Leistungspflicht eines der Vertragspartner verstanden, die unabhängig vom gegenseitigen Leistungsaustausch nach eigenen Bedingungen zu erfüllen ist." So *Nieland*, in: *Littmann/Bitz/Meincke*, Anm. 870 zu §§ 4, 5 EStG unter Hinweis auf das BFH-Urteil vom 5.2.1987 IV R 81/84, BStBl. II 1987, S. 845 ff.

471 So ausdrücklich zur Rekultivierungsverpflichtung eines Pächters das aktuelle BFH-Urteil vom 3.12.1991 VIII R 88/87, BStBl. II 1993, S. 92; so auch *Adler/Düring/Schmaltz*, Rechnungslegung, 5. Aufl., 1990, Anm. 57 f zu § 249 HGB m.w.N.; *Clemm/Nonnenmacher*, in: Beck'scher Bilanzkommentar, 1990, Anm. 85 zu § 249 HGB. Vgl. weiterhin das BFH-Urteil vom 3.7.1980 IV R 138/76, BStBl. II 1980, S. 648 ff.

472 Es handelt sich insoweit um die übliche, aus dem Realisationsprinzip folgende Rückstellung für ungewisse Verbindlichkeiten, über die künftige Ausgaben (Ausgabenäquivalente) den Perioden der durch sie alimentierten Erträge (Umsätze) zugerechnet werden; vgl. dazu *Moxter*, Bilanzrechtsprechung, 2. Aufl., 1985, S. 81.

Nach gefestigter, allerdings älterer Rechtsprechung des BFH[473] soll eine aus einem Pachtvertrag resultierende Nebenverpflichtung zur Rekultivierung über die Argumentationsfigur der selbständig bewertbaren Last passivierungsfähig und -pflichtig sein; diese Beurteilung greift auch für Rekultivierungsverpflichtungen im weiteren Sinne, so z.B. für vertraglich vereinbarte Entfernungsverpflichtungen[474].

(b) Rekultivierung von Mülldeponien

Eine ähnliche Beurteilung wie bei der Rekultivierung im eigentlichen Sinne greift wohl auch bei der Rekultivierung von Mülldeponien, die von privatwirtschaftlichen Unternehmen betrieben werden[475], da hier regelmäßig die Situation gegeben ist, daß das Unternehmen vertraglich die Verpflichtung zur Durchführung der Rekultivierung von der zur Abfallbeseitigung verpflichteten Gebietskörperschaft[476] übernimmt. Auch hier ist die Rekultivierungsverpflichtung als Teil des schwebenden Geschäfts Mülldeponierung[477] anzusehen und daher in dessen Saldierungsbereich einzubeziehen. Analog zu den vorhergehenden Ausführungen wird aber auch hier das Entstehen eines Leistungs- oder Erfüllungsrückstandes angenommen werden müssen, der eine Verbindlichkeitsrückstellung insoweit nach sich zieht, als das bilanzierende Unternehmen die dieser Periode zuzurechnende Gegenleistung (anteilige Rekultivierung) noch nicht erbracht hat[478]. Dieses Ergebnis sollte sich auch unter Anwendung der Grundsätze der bereits angesprochenen Rechtsprechung ergeben[479].

---

473 Vgl. BFH-Urteile vom 16.9.1970 I R 184/67, BStBl. II 1971, S. 85; vom 19.2.1975 I R 28/73, BStBl. II 1975, S. 480 ff.

474 Vgl. BFH-Urteile vom 29.10.1974 I R 103/73, BStBl. II 1975, S. 114 f; vom 27.11.1968 I 162/64, BStBl. II 1969, S. 247 ff; FG Hamburg, Urteil vom 9.3.1964 V 152/63, EFG 1964, S. 530 f; auch *Armbrust*, Rückstellungen, DB 1979, S. 2045 ff und 2096 ff.

475 Auf die Problematik der durch die Gebietskörperschaften in Eigenregie betriebenen Mülldeponien wird hier nicht weiter eingegangen.

476 Vgl. zu der hier angesprochenen Problematik ausführlich *Wassermann/Teufel*, Rekultivierungskosten, DB 1983, S. 2004 ff.

477 Der Deponiebetreiber schließt mit der beseitigungspflichtigen Körperschaft einen Betreibungsvertrag, in dem dann auch die Rekultivierungsverpflichtung erfaßt ist; vgl. erneut *Wassermann/Teufel*, Rekultivierungskosten, DB 1983, S. 2007.

478 Vgl. erneut zum Erfüllungsrückstand *Adler/Düring/Schmaltz*, Rechnungslegung, 5. Aufl., 1990, Anm. 57 f zu § 249 HGB m.w.N.

479 Vgl. erneut die BFH-Urteile vom 16.9.1970 I R 184/67, BStBl. II 1971, S. 85; vom 19.2.1975 I R 28/73, BStBl. II 1975, S. 480 ff.

(c) Bergschäden

Rückstellungen für Bergschäden[480] sind von bergbautreibenden Unternehmen insbesondere aufgrund der Gefährdungshaftung[481] der §§ 114 ff BBergG[482] zu bilanzieren[483]. Danach sind insbesondere an Industrieanlagen, Verkehrswegen, Grundstücken und Gebäuden auftretende Schäden[484], die zumindest mittelbar durch den Betrieb des Bergwerks verursacht sind, dem Geschädigten zu ersetzen; auf ein Verschulden des Bergbautreibenden kommt es nicht an[485]. Verbindlichkeitsrückstellungen kommen im Grundsatz nur für Schäden an fremden Wirtschaftsgütern in Betracht. Wenn allerdings aufgrund einer öffentlich-rechtlichen Verpflichtung die Vornahme der Schadensbeseitigung, z.B. auf bergrechtlicher Grundlage oder nach den Vorschriften der Bauaufsicht[486], verlangt wird, muß eine Verbindlichkeitsrückstellung ausnahmsweise auch für Schäden an eigenen Wirtschaftsgütern gebildet werden[487]. Liegt eine solche Verpflichtung nicht vor, so kommt lediglich die Passivierung einer Aufwandsrückstellung in Betracht[488], da es sich insoweit um innerbetrieblichen Aufwand handelt, welcher nicht durch eine Verbindlichkeitsrückstellung abgebildet werden kann[489], obwohl unter betriebswirtschaftlichen Aspekten zwischen Eigen- und Fremdschäden[490] kein Unterschied besteht[491].

---

480 Die Verpflichtungen aus verursachten Bergschäden sollen hier als ein Bestandteil der Bergbaurisiken unter die (ansonsten hauptsächlich Sachleistungsverpflichtungen umfassenden) Rekultivierungsverpflichtungen eingeordnet werden. Bei strenger Auslegung des Begriffs Rekultivierung handelt es sich hierbei allerdings nicht um eine systematisch zwingend gebotene Einordnung des Haftungsrisikos der bergbautreibenden Unternehmen, welche aus Gründen der Vollständigkeit und des sachlichen Zusammenhangs aber bewußt vorgenommen wird.

481 Vgl. dazu auch *Wöhe*, Bergschädenrückstellung, in: HWStR, 1972, S. 134 f.

482 Bundesberggesetz (BBergG) vom 13.8.1980, BGBl. 1980, S. 1310, geänd. durch G vom 8.12.1986, BGBl. I S. 2191. Vgl. zu weiteren, landesrechtlichen Vorschriften *Bartke*, Bergschäden, DB-Beilage 4/78, S. 5 ff.

483 Vgl. grundlegend zur Problematik der Bergschädenrückstellungen *Roser*, Bergschäden, 1951; *Emmerich*, Zulässigkeit, DB 1978, S. 2133 ff; *Schülen*, Entwicklungstendenzen, WPg 1983, S. 658 ff; *Heinen*, Handelsbilanzen, 1986, S. 252. Vgl. auch FG Münster, Urteil vom 28.9.1972 VI 725/70 F, EFG 1973, S. 59 f.

484 Vgl. die Definition und Abgrenzung des Bergschadens in § 114 I und II BBergG.

485 Vgl. auch *Bartke*, Bergschäden, DB-Beilage 4/78, S. 5 ff.

486 Vgl. *Melsheimer*, Rückstellungen, 1968, S. 250 f; *Schulte*, Bergschadensrecht, BB 1980, S. 76 ff; *Eifler*, Grundsätze, 1976, S. 170.

487 Vgl. ausführlich zu Bergschäden an eigenen Wirtschaftsgütern *Albach*, Bilanzierung, StbJb 1967/68, S. 351 ff.

488 Mit diesem Ergebnis *Borstell*, Aufwandsrückstellungen, 1988, S. 240 ff m.w.N.

489 Vgl. *Eifler*, Grundsätze, 1976, S. 170 f.

490 Gemäß § 114 II Nr. 1 BBergG gehören Schäden an im Bergbaubetrieb verwandten Sachen nicht zum gesetzlichen Begriff der Bergschäden.

491 Vgl. *Biergans*, Einkommensteuer, 6. Aufl., 1992, S. 324 f.

(2) Verbindlichkeitsrückstellungen auf öffentlich-rechtlicher Basis

(a) Rekultivierung im eigentlichen Sinne

Die Bilanzierungspflicht für öffentlich-rechtlich begründete Rekultivierungsverpflichtungen[492] ist nicht ernstlich umstritten. Die öffentlich-rechtlichen Vorschriften können dabei sowohl alleinige Grundlage der Rekultivierungspflicht (bei Substanzabbau auf eigenem Grund und Boden) sein als auch gleichberechtigt neben vertraglichen Vereinbarungen (bei Substanzabbau auf fremdem Grund und Boden) zum Zuge kommen[493].

Unter Objektivierungsaspekten muß nach der hier vertretenen Auffassung die Erfüllung des Kriteriums der *Mindestkonkretisierung* gefordert werden; einer darüberhinausgehenden hinreichenden Konkretisierung i.s.d. insoweit restriktiveren BFH-Rechtsprechung[494] bedarf es nicht. Diese *Mindestkonkretisierung* kann entweder durch einen Verwaltungsakt oder aber durch eine gesetzliche Vorschrift gegeben sein[495], sie führt dann zur Annahme des Bestehens oder zumindest des wahrscheinlichen Entstehens einer Verpflichtung.

Vor Beginn der Abgrabungen wird bereits regelmäßig die *Mindestkonkretisierung durch Verwaltungsakt* gegeben sein, da bei Substanzabbauvorhaben, die Maßnahmen der Rekultivierung im eigentlichen Sinne nach sich ziehen, vor dem Beginn der Abbauhandlungen eine Zusammenarbeit des bilanzierenden Unternehmens mit den zuständigen Behörden notwendig ist. Zur Genehmigung der Abgrabung ist die Vorlage eines vollständigen Abgrabungsplanes notwendig, der bereits die Darstellung der Oberflächengestaltung und Wiedernutzbarmachung des Abbaugeländes nach Beendigung des Abbaus sowie eine Kostenschätzung darüber enthalten muß[496].

Die Genehmigung stellt insoweit auch einen bedingt belastenden Verwaltungsakt dar, dessen Inhalt zur Annahme der *Mindestkonkretisierung für das wahrscheinliche Entstehen* ei-

---

[492] Auf die sanktionsbewehrte öffentlich-rechtliche Verpflichtung zur Wiederaufforstung nach den Waldgesetzen des Bundes und der Länder soll hier nicht weiter eingegangen werden; vgl. dazu ausführlich *Schindler*, Zulässigkeit, StBp 1988, S. 205 ff.

[493] Vgl. die umfangreiche Darstellung vorhandener Rekultivierungsgebote (mit jeweiliger Gesetzesangabe), auf die hier nicht ausführlich eingegangen werden soll, bei *Michels*, Modelle, 1987, S. 83; dort zitiert nach: *Wegener*, Rekultivierungsgebot, Mitteilungsblatt 1984, S. 54.

[494] Vgl. insbesondere die BFH-Urteile vom 26.10.1977 I R 148/75, BStBl. II 1978, S. 97 f; vom 20.3.1980 IV R 89/79, BStBl. II 1980, S. 297 f; vom 25.8.1989 III R 95/87, BStBl. II 1989, S. 893 ff.

[495] Die Ausführungen in diesem Unterabschnitt stützen sich exemplarisch auf die in NRW geltende Rechtslage, wie sie sich insbesondere aus dem Abgrabungsgesetz NRW (vom 23.11.1979, GV NW S. 922) ergibt.

[496] Diese Genehmigungspflicht und die Pflicht zur Vorlage eines Abgrabungsplanes gehen für Nordrhein-Westfalen aus den §§ 3 I und II sowie 4 I und II des Abgrabungsgesetzes NRW hervor.

ner Verpflichtung[497] mit der Konsequenz einer Passivierungspflicht (zumindest unter Objektivierungsaspekten) ausreichen sollte[498]. Die Anwendung des im Rahmen der vorliegenden Untersuchung abgelehnten Kriteriums der hinreichenden Konkretisierung dürfte in diesem Fall aber auch zu eben diesem Ergebnis der Passivierungspflicht unter Objektivierungsaspekten führen, da nämlich bereits mit der Genehmigung eine besondere behördliche Verfügung vorliegt, so daß das wahrscheinliche Entstehen einer Verbindlichkeit auf der Basis der Vorlage der Rekultivierungspläne im Zusammenhang mit der Genehmigung nicht mehr ernsthaft bestritten werden kann[499].

In diesem Zusammenhang verliert die *Mindestkonkretisierung durch gesetzliche Vorschrift* gegenüber der *Mindestkonkretisierung durch Verwaltungsakt* an Bedeutung, da - wie soeben dargestellt - ohne (Teil-)Genehmigung Bodenschätze nicht abgebaut werden dürfen; dieses Verbot ist sanktionsbewehrt[500]. Wird nun allerdings ohne Genehmigung abgegraben, so sollte das Vorliegen einer aus dem Landesrecht resultierenden sanktionsbewehrten Pflichtensituation eine Rückstellungspassivierung veranlassen, soweit von der Wahrscheinlichkeit der Inanspruchnahme auszugehen ist[501], da die *Mindestkonkretisierung durch gesetzliche Vorschrift* für das Bestehen einer Verpflichtung bejaht werden muß.

Würde auch in diesem Falle statt des Kriteriums der Mindestkonkretisierung das der hinreichenden Konkretisierung i.S.d. BFH-Rechtsprechung geprüft, so bedürfte es weitergehender Überlegungen; die Beurteilung würde wohl nicht so eindeutig ausfallen. Denn die gesetzliche Grundlage der Rekultivierungsverpflichtungen ist in den Abgrabungsgesetzen der Länder[502] und für Nordrhein-Westfalen beispielsweise im Abgrabungsgesetz in der

---

497 Wenn und soweit dann abgegraben wird, ist von einer bestehenden Verpflichtung auszugehen.

498 Vgl. auch das BFH-Urteil vom 12.12.1991 IV R 28/91, BStBl. II 1992, S. 603, in dem ausgeführt wird, daß eine hinreichende Konkretisierung auch dann gegeben ist, wenn einem "Bewilligungsbescheid eine Auflage beigefügt wird, aus der sich öffentlich-rechtliche Verpflichtungen des Adressaten ergeben".

499 In diesem Bereich hat keine weitergehende Diskussion um die Kriterien der Rechtsprechung zu den öffentlich-rechtlichen Verpflichtungen stattgefunden. Dies könnte auf die Tatsache zurückzuführen sein, daß der Substanzabbau grundsätzlich unter Überwachung durch die zuständigen Behörden stattfindet, welche die angesprochenen Genehmigungen erteilen und auch die Erbringung der Rekultivierungsleistungen überprüfen; insoweit kann am Entstehen der Verpflichtung und an der Wahrscheinlichkeit der Inanspruchnahme daraus kein Zweifel bestehen.

500 § 13 I Nr 1 AbgrG NRW: "Ordnungswidrig handelt, wer ... vorsätzlich oder fahrlässig entgegen § 3 Abs. 1 oder § 6 Abs. 2 Bodenschätze ohne Genehmigung abbaut ... ".

501 Die Wahrscheinlichkeit der Inanspruchnahme (durch die zuständige Behörde) aus dieser Pflichtensituation (zur Rekultivierung) sollte hier regelmäßig als gegeben anzunehmen sein. Denn ein weitergehender Eingriff in die Natur, wie er für den Bereich der Gewinnung von Bodenschätzen kennzeichnend ist, dürfte nur selten zu verbergen sein. Vgl. dazu auch *Institut "Finanzen und Steuern"*, Rekultivierungsrückstellungen, 1990, S. 5 ff; *Esser*, Aufwandsrückstellungen, StbJb 1984/85, S. 155.

502 Vgl. erneut zu weiteren gesetzlichen Grundlagen *Michels*, Modelle, 1987, S. 83; dort zitiert nach: *Wegener*, Rekultivierungsgebot, Mitteilungsblatt 1984, S. 54.

Fassung vom 23.11.1979 zu sehen[503]. Dort wird in § 2 I bestimmt, daß zur unverzüglichen Herrichtung verpflichtet ist, wer Bodenschätze abbaut[504].

Adressat und zugleich Kostentragungspflichtiger dieser Regelung ist der Beseitigungspflichtige, also grundsätzlich der Unternehmer, aber auch der Grundstückseigentümer oder der Nießbraucher[505].

Wird nun das Abgrabungsgesetz NRW an den Elementen der hinreichenden Konkretisierung gemessen, so zeigt sich, daß das Erfordernis des inhaltlich genau bestimmten Handelns als erfüllt angesehen werden muß, da die Zielsetzung der Vorschrift deutlich formuliert ist, ohne daß allerdings die näheren Einzelheiten der Rekultivierungsmaßnahmen, z.B. welche Stärke die Schicht eines aufzutragenden kulturfähigen Boden aufzuweisen hat, vorgeschrieben wären. Das zweite Element, die zeitliche Bestimmtheit, könnte ebenfalls als erfüllt anzusehen sein, da die Herrichtung "unverzüglich" zu erfolgen hat; gleichwohl könnte eingewandt werden, daß mit der Zeitangabe "unverzüglich" nicht zwingend ein "bestimmter Zeitraum", wie er von der Rechtsprechung gefordert wird, beschrieben ist.

Bezweifelt werden könnte m.E. auch, ob die Sanktionsbewehrung ebenfalls zu bejahen ist, da zwar in den §§ 12 und 13 AbgrG als Sanktionsmaßnahmen der Widerruf der Abbaugenehmigung oder die Verhängung eines Bußgeldes vorgesehen sind, die Sanktionen aber nicht direkt an einen Verstoß gegen das durch die gesetzliche Vorschrift geforderte inhaltlich genau bestimmte Handeln anknüpfen, sondern lediglich an die Mißachtung von durch die zuständige Behörde erlassenen Auflagen oder Bedingungen. Außerdem wird die zuständige Behörde durch die Regelungen im Abgrabungsgesetz NRW nur zum Widerruf der Genehmigung berechtigt, nicht aber zum Handeln verpflichtet.

Diese Problematik löst sich m.E. erst dann auf, wenn das Abgrenzungselement (die Sanktionsbewehrung) - wie hier für das Kriterium der *Mindestkonkretisierung* vorgeschlagen - im Sinne einer gegebenen Durchsetzbarkeit des Norminhaltes interpretiert wird. Dann wird deutlich, daß sich der Bilanzierende einer bilanzierungspflichtigen Schuld, nämlich einer Rekultivierungsverpflichtung gegenübersieht, der er sich im Ergebnis nicht entziehen kann; einer solchen Verpflichtung muß zweifelsfrei über eine Verbindlichkeits-

---

503 Gesetz zur Ordnung von Abgrabungen (Abgrabungsgesetz) in der Fassung der Bekanntmachung vom 23.11.1979, GV NW S. 922.

504 Dabei wird nicht danach unterschieden, in wessen Eigentum der zu rekultivierende Grund und Boden steht. Hierin verdeutlicht sich erneut der besondere Charakter der Rückstellungen wegen öffentlich-rechtlicher Verpflichtungen, der darin besteht, daß mit Durchführung der Maßnahme kein konkreter Dritter eine Vermögensmehrung erfahren muß und daß die Existenz einer solchen ungewissen Verbindlichkeit die Verwirklichung des Verpflichtungsinhaltes - bspw. Rekultivierung eines eigenen Grundstücks - grundsätzlich nur innerbetrieblichen Aufwand darstellen würde. Diesem könnte dann höchstens über eine Aufwandsrückstellung Rechnung getragen werden, soweit die entsprechenden Voraussetzungen erfüllt wären.

505 So die Regelung in § 2 III AbgrG NRW.

rückstellung Rechnung getragen werden. Dieses Ergebnis wird auch mit BFH-Urteil vom 19.5.1983[506] vertreten, bei dessen Formulierung allerdings das Konkretisierungserfordernis nicht mehr ausführlich geprüft wurde, da der BFH insoweit an die Auslegung der landesrechtlichen Vorschriften durch die Vorinstanz gebunden war.

Letztendlich kann festgehalten werden, daß aufgrund der Notwendigkeit eines Plangenehmigungsverfahrens wie auch aufgrund der Regelungen des AbgrG NRW sowohl unter Anwendung des Kriteriums der *Mindestkonkretisierung* als auch unter Anwendung des (m.E. als zu restriktiv abzulehnenden) Kriteriums der hinreichenden Konkretisierung öffentlich-rechtlich begründete Rekultivierungsverpflichtungen unter Objektivierungsaspekten durch eine Verbindlichkeitsrückstellung abzubilden sind.

(b) Rekultivierung von Mülldeponien

Die Rekultivierungsverpflichtungen bei Mülldeponien sind in der Regel nicht allein und ausschließlich vertraglich begründet, vielmehr sollte gleichzeitig auch mit dem Entstehen einer öffentlich-rechtlichen Verpflichtung zu rechnen sein. Dies resultiert allgemein aus dem Planfeststellungsverfahren, welches der Errichtung und dem Betrieb einer ortsfesten Abfallentsorgungsanlage (hier: Mülldeponie) regelmäßig vorausgeht, und dabei speziell aus einem Rekultivierungsplan, der "integraler Bestandteil"[507] des Planfeststellungsbeschlusses ist[508]. Insoweit muß die *Mindestkonkretisierung durch Verwaltungsakt* aufgrund des Vorliegens eines bedingt belastenden Verwaltungsaktes (Planfeststellungsbeschluß) bejaht werden; dieser *Mindestkonkretisierung* ist unter Objektivierungsaspekten durch eine Rückstellungsbildung Rechnung zu tragen.

Weiterhin muß vom Bestehen einer öffentlich-rechtlichen Verpflichtung zur Rekultivierung einer Mülldeponie ausgegangen werden, wenn die zuständigen Behörden über den Erlaß eines entsprechenden Verwaltungsaktes ihrer aus dem § 10 II AbfG resultierenden Pflicht nachkommen, nach der Stillegung einer Deponie deren Inhaber zur Rekultivierung anzuhalten; zudem kann die Behörde aber auch schon vor oder während des Betriebes Rekultivierungsmaßnahmen verlangen, soweit diese zur Beschränkung der Beeinträchtigungen des Landschaftsbildes auf ein Mindestmaß erforderlich sind[509]. Zumindest vom wahrscheinlichen Entstehen einer solchen Verpflichtung muß ausgegangen werden, wenn und soweit das Ergehen eines belastenden Verwaltungsaktes droht oder aber ein bedingter

---

506 IV R 205/79, BStBl. II 1983, S. 670 ff. Vgl. auch das BFH-Urteil vom 11.5.1983 III R 112-113/79, BStBl. II 1983, S. 657 f.

507 So *Wassermann/Teufel*, Rekultivierungskosten, DB 1983, S. 2007.

508 Mittlerweile ist zur Errichtung einer Mülldeponie sogar noch eine Umweltverträglichkeitsprüfung durchzuführen, auf welche hier aber nicht weiter eingegangen werden soll. Vgl. dazu stattdessen *Hoppe/Beckmann*, Umweltrecht, 1989, S. 126-137.

509 Weiterführend *Hösel/von Lersner*, Recht der Abfallbeseitigung, 1990/92, Rn. 13 ff zu § 10 AbfG.

Verwaltungsakt[510] vorliegt. In allen diesen Fällen ist die *Mindestkonkretisierung* einer öffentlich-rechtlich begründeten Verpflichtung *durch Verwaltungsakt* - mit der Konsequenz der Passivierungspflicht, soweit die Wahrscheinlichkeit der Inanspruchnahme angenommen werden muß - zu bejahen.

Neben der soeben skizzierten *Mindestkonkretisierung durch Verwaltungsakt* könnte auch die eine Passivierungspflicht bewirkende *Mindestkonkretisierung durch gesetzliche Vorschrift* gegeben sein. Eine entsprechende *Mindestkonkretisierung für das Bestehen* einer Verpflich-tung ist für diejenigen Betreiber von Mülldeponien relevant, die vom Geltungsbereich des Landesabfallwirtschafts- und Altlastengesetzes (LAbfWAG) des Landes Rheinland-Pfalz[511] betroffen sind. Die Vorschrift des § 19 I LAbfWAG beinhaltet nämlich eine originäre Rekultivierungsverpflichtung[512] für die Fälle, in denen der Betrieb einer Mülldeponie nach § 9 II AbfG untersagt oder die Stillegung einer solchen bewirkt wird. Da hier durch eine gesetzliche Vorschrift ein bestimmtes Handlungsziel vorgegeben[513] und zugleich die Möglichkeit der Durchsetzung des Norminhaltes eingeräumt wird[514], darf die Passivierung einer Rückstellung wegen des wahrscheinlichen Entstehens einer ungewissen Verbindlichkeit unter Objektivierungsaspekten bereits dann nicht mehr unterlassen werden, wenn die Stillegung droht[515].

Ebenfalls von einer *Mindestkonkretisierung für das Bestehen einer Verpflichtung durch gesetzliche Vorschrift* (originäre Rekultivierungsverpflichtung)[516] ist bei den vom Bayerischen Abfallwirtschafts- und Altlastengesetz[517] erfaßten ehemaligen Betreibern solcher Abfallentsorgungsanlagen, die vor dem 1.06.1973 stillgelegt wurden, auszugehen, da hier

---

510 Als ein solcher bedingter Verwaltungsakt ist, wie bereits erwähnt, der Planfeststellungsbeschluß hinsichtlich der Bestimmungen zur Rekultivierung anzusehen, wenn darin bestimmt wird, daß erst mit Stillegung der Deponie (oder zumindest eines verfüllten Teilabschnittes einer solchen) eine Rekultivierungsverpflichtung (rechtlich) entsteht.

511 Landesabfallwirtschafts- und Altlastengesetz (LAbfWAG) des Landes Rheinland-Pfalz in der Fassung vom 30.4.1991, GVBl. 5.251.

512 So *Hösel/von Lersner*, Recht der Abfallbeseitigung, 1990/92, Rn. 22 zu § 10 AbfG.

513 § 19 I LAbfWAG: "Wird der Betrieb einer ortsfesten Abfallentsorgungsanlage ... untersagt ..., so ist der Inhaber der Anlage verpflichtet, das Gelände, das für die Abfallentsorgung verwandt worden ist, zu rekultivieren, zu überwachen ... ".

514 Die Möglichkeit der Durchsetzung ergibt sich aus den §§ 19 I, II und 36 I LAbfWAG; danach ist die Zuwiderhandlung gegen eine durch die zuständige Behörde zu treffende Rekultivierungsanordnung als Ordnungswidrigkeit eingestuft und mit einer Geldbuße belegt.

515 Insoweit läge die Unsicherheit nicht auf der verpflichtungsabstrakten, sondern auf der tatsächlichen Ebene, da der gesetzlich formulierte Tatbestand noch nicht in allen Elementen verwirklicht wäre.

516 So *Hösel/von Lersner*, Recht der Abfallbeseitigung, 1990/92, Rn. 22 zu § 10 AbfG.

517 Gesetz zur Vermeidung, Verwertung und sonstigen Entsorgung von Abfällen und zur Erfassung und Überwachung von Altlasten in Bayern (Bayerischen Abfallwirtschafts- und Altlastengesetz - BayAbfAlG) vom 27.02.1991, GVBl. S. 64.

mit dem Artikel 22[518] eine gesetzliche Vorschrift ein bestimmtes Handlungsziel vorgibt und zugleich die Möglichkeit der Durchsetzung des Norminhaltes[519] gegeben ist[520].

(c) Gruben- und Schachtversatz

Auch für die öffentlich-rechtlich begründeten Verpflichtungen zum Gruben- und Schachtversatz, auf die hier nur der Vollständigkeit halber hingewiesen werden soll, sind nach herrschender Meinung Verbindlichkeitsrückstellungen zu bilden[521].

Unter diesen sich z.B. aus dem Bundesberggesetz[522] vom 13.8.1980[523] ergebenden Verpflichtungen sind die Maßnahmen des laufenden Verfüllens der Hohlräume ausgeraubter Grubenbaue, des Verfüllens der Hohlräume nach deren Außerbetriebsetzen sowie Maßnahmen des Verfüllens stillzulegender Bergwerksschächte zu verstehen[524].

Die auf gesetzlicher Grundlage basierenden Verpflichtungen sind sowohl unter den Voraussetzungen der *Mindestkonkretisierung (durch gesetzliche Vorschrift)*[525] wie auch nach den restriktiven Passivierungsvoraussetzungen des BFH als rückstellungsbegründend anzusehen[526], da sie einerseits eine konkrete Handlung, nämlich das Verfüllen von Hohlräumen, vorsehen, andererseits einen Zeitrahmen für diese Maßnahme setzen, im Falle

---

518 Art. 22 I BayAbfAlG: "Die ehemaligen Betreiber ... haben das Gelände ... auf ihre Kosten zu rekultivieren ... ".

519 Diese Durchsetzungsmöglichkeit ergibt sich aus Art. 22 Satz 2 BayAbfAlG i.V.m. Art. 33 BayAbfAlG; danach ist die Zuwiderhandlung gegen eine durch die Kreisverwaltungsbehörde zu treffende Rekultivierungsanordnung als Ordnungswidrigkeit eingestuft und mit einer Geldbuße belegt.

520 Die anderen Abfallgesetze der alten Bundesländer enthalten nach derzeitigem Kenntnisstand keine direkten Rekultivierungsverpflichtungen für die Betreiber von Mülldeponien; vgl. dazu auch die knappe Darstellung bei *Hösel/von Lersner*, Recht der Abfallbeseitigung, 1990/92, Rn. 22 zu § 10 AbfG.

521 Vgl. - allerdings nur für Rückstellungen wegen Grubenversatz - *Kulla*, Bergbauwagnisse, DB 1977, S. 1281 ff; umfassend dagegen *Bartke*, Bergschäden, DB-Beilage 4/78, S. 6 f; *Emmerich*, Zulässigkeit, DB 1978, S. 2133 ff; *Bordewin*, Schachtversatz, BB 1979, S. 156 f; *Glade*, Rechnungslegung, 1986, Anm. 60 zu § 249 HGB; *Adler/Düring/Schmaltz*, Rechnungslegung, 5. Aufl., 1990, Anm. 43 zu § 249 HGB.

522 Vgl. zu den landesrechtlichen Vorschriften *Bartke*, Bergschäden, DB-Beilage 4/78, S. 7, der die einschlägigen niedersächsischen und hessischen Vorschriften zitiert, die explizit vorschreiben, daß bspw. Tagesschächte zu verfüllen sind. Diese Vorschriften entsprechen im wesentlichen denen der anderen Bundesländer, vgl. *Bordewin*, Schachtversatz, BB 1979, S. 156 f.

523 Vgl. Bundesberggesetz (BBergG) vom 13.8.1980, BGBl. 1980, S. 1310, geänd. durch G vom 8.12.1986, BGBl. I S. 2191.

524 Vgl. *Eifler*, Rückstellungen, in: HdJ, Abt. III/5, 1984, Rn. 192 f.

525 Die hier ebenfalls denkbare *Mindestkonkretisierung* durch Verwaltungsakt (bspw. im Rahmen von Bedingungen oder Auflagen in Zusammenhang mit der Erteilung von Genehmigungen) soll nachfolgend nicht näher dargestellt werden; stattdessen können die entsprechenden Ausführungen zur Rekultivierung von Mülldeponien sinngemäß Anwendung finden.

526 So auch *Kulla*, Bergbauwagnisse, DB 1977, S. 1281 ff.

der Allgemeinen Bergverordnung des Landes Niedersachsen vom 2.2.1966[527] eine Frist von 30 Monaten[528] für den Grubenversatz von dem Zeitpunkt an, zu dem die freie Abbauhöhe vier Meter erreicht hat, und die darüberhinaus noch sanktionsbewehrt sind, da die Maßnahmen auch zwangsweise durchgesetzt werden können[529]. Einer besonderen Auflage oder Verfügung der zuständigen Behörde bedarf es also nicht[530].

Nach den im zweiten Teil dieser Arbeit vorgestellten Überlegungen[531] müßten die Verpflichtungen zum Schacht- und zum Grubenversatz, die an die Beendigung der Abbauhandlungen anknüpfen, wohl als lediglich bedingt entstehende Verpflichtungen angesehen werden. Dies hat zur Konsequenz, daß von einer rechtlichen Vollentstehung eben erst dann ausgegangen werden kann, wenn alle gesetzlich vorgesehenen Tatbestandsmerkmale, an die das Gesetz die (belastende) Konsequenz knüpft, erfüllt sind; in den hier betrachteten Fällen ist die Bedingung im Abwerfen des Schachtes[532] bzw. in der Beendigung des Abbaus[533] zu sehen. Davon zu unterscheiden sind die im Moment des Abbaus unbedingt entstehenden Verpflichtungen zum laufenden Grubenversatz. In allen Fällen ist jedoch die *Mindestkonkretisierung (für das wahrscheinliche Entstehen* oder aber *für das Bestehen* einer Verpflichtung) zu bejahen; dem muß durch Passivierung einer Verbindlichkeitsrückstellung Rechnung getragen werden, soweit die entsprechenden Lebenssachverhalte tatsächlich verwirklicht worden sind.

Etwas anderes - nämlich Unterlassung der Rückstellungsbildung - könnte nur dann gelten, wenn eine Verfüllung z.B. aufgrund der Erlaubnis des Oberbergamtes unterlassen werden dürfte oder aber eine solche Freistellung von der Verfüllungspflicht als wahrscheinlich angesehen werden müßte, da es insoweit dann an der Wahrscheinlichkeit der Inanspruchnahme fehlen würde.

---

527 Allgemeine Bergverordnung des Landes Niedersachsen vom 2.2.1966 (Nds. MBl. Nr. 15/1966 S. 337) mit Änderungen vom 10.6.1969 (Nds. MBl. Nr. 33/1969 S. 763) und vom 16.3.1971 (Nds. MBl. Nr. 11/1971 S. 338).

528 Vgl. auch die wörtlichen Zitate der Rechtsquellen bei *Bartke*, Bergschäden, DB-Beilage 4/78, S. 7.

529 Durch Verhängung von Zwangsgeldern oder ggf. durch Ersatzvornahme auf Kosten des Unternehmens. Vgl. dazu *Kulla*, Bergbauwagnisse, DB 1977, S. 1285; *Bordewin*, Schachtversatz, BB 1979, S. 156.

530 So auch *Emmerich*, Zulässigkeit, DB 1978, S. 2136 f.

531 Vgl. insbesondere die Ausführungen im zweiten Teil der vorliegenden Untersuchung, 2. Kapitel, Abschnitt I., Unterabschnitt A.

532 Die Verpflichtung zum Schachtversatz entsteht rechtlich erst in dem Zeitpunkt, in dem konkret feststeht, daß der Schacht nicht mehr genutzt und instandgehalten werden soll, während die wirtschaftliche Verursachung bereits mit der Niederbringung des Schachtes gegeben ist. So auch *Bordewin*, Schachtversatz, BB 1979, S. 156; BMF-Schreiben vom 18.4.1980 IV B - S 2137 - 2/80, BStBl. I 1980, S. 230.

533 Vgl. weiterführend auch *Kulla*, Rückstellungen, DB 1977, S. 1284; *Bartke*, Bergschäden, DB-Beilage 4/78, S. 7 ff.

(3) Rekultivierungsrückstellungen aufgrund faktischer Verpflichtungen

Eine Rekultivierungsrückstellung aufgrund einer faktischen Verpflichtung könnte - eher als nachrangiger Auffangtatbestand neben den soeben betrachteten privat- bzw. öffentlich-rechtlich begründeten Rückstellungen - nur dann interessant werden, wenn nicht schon eine öffentlich-rechtliche Verpflichtung mit entsprechendem Inhalt vorliegen würde. Solche Sachverhalte sind sicherlich vorstellbar[534], sie dürften aber in der Praxis kaum eine Rolle spielen. Denkbar wäre ein solcher Sachverhalt insbesondere bei ausländischen Abbaustätten, wenn aufgrund der tatsächlichen Gegebenheiten - z.B. aufgrund massiver öffentlicher Proteste etc. - der rechtlich nicht verpflichtete Kaufmann davon ausgehen müßte, daß er sich der Rekultivierungsverpflichtung im Ergebnis nicht würde entziehen können. Insoweit könnte dann wohl auch eine Rekultivierungsrückstellung faktisch begründet und somit passivierungspflichtig sein.

(4) Sonderregelung: Abraumbeseitigung

Gemäß § 249 I Satz 2 Nr. 1 HGB sind Rückstellungen zwingend zu bilden für unterlassene[535] Abraumbeseitigungsmaßnahmen, die im folgenden Geschäftsjahr nachgeholt werden[536]. Wenn der Abraumbeseitigung dabei keine rechtliche Verpflichtung, sondern nur eine innerbetriebliche technische Notwendigkeit[537] zugrunde liegt, handelt es sich vom Charakter her um eine Aufwandsrückstellung[538] ohne Drittverpflichtungscharakter. Diese echten Aufwandsrückstellungen sind bei der Neufassung der Rechnungslegungsvorschriften lediglich aufgrund der Tatsache als Pflichtrückstellungen ausgestaltet worden, daß ihre steuerliche Abzugsfähigkeit gesichert werden sollte; daraus erklärt sich diese

---

534 So ist wohl auch der knappe Hinweis bei *Pfleger*, Bilanzierungsprobleme, DB 1981, S. 1687, zu verstehen.

535 Unter Objektivierungsaspekten notwendige Voraussetzung zur Passivierung dieser Rückstellung ist, daß grundsätzlich die Abraumbeseitigung bereits im abgelaufenen Wirtschaftsjahr hätte erfolgen müssen, dies aber aus abbautechnischen Gründen bislang unterlassen wurde und - so explizit die Regelung des § 249 I Satz 2 Nr. 1 HGB - daß diese nun binnen Jahresfrist nachgeholt wird.

536 Vgl. dazu grundlegend *Krämer*, Abraumbeseitigung, BFuP 1987, S. 348 ff; weiterhin *Eifler*, Grundsätze, 1976, S. 201; *ders.*, Kulanzrückstellungen, in: HdJ, Abt. III/6, 1987, Rn. 19; *Glade*, Rechnungslegung, 1986, Anm. 117 ff zu § 249 HGB; *Coenenberg*, Jahresabschluß, 1993, S. 205; *Borstell*, Aufwandsrückstellungen, 1988, S. 105 ff; *Clemm/Nonnenmacher*, in: Beck'scher Bilanzkommentar, 1990, Anm. 100 zu § 249 HGB.

537 Um Bodenschätze fördern zu können, ist es regelmäßig notwendig, die über den Rohstoffen lagernden Bodenmassen (Abraum) mit einem mehr oder weniger steilen Böschungswinkel abzutragen. Bei hoher Beanspruchung der Förderkapazität kann die Böschung zum beschleunigten Rohstoffabbau steiler gehalten werden, als dies sachgerecht wäre; insoweit muß der Abraumrückstand umgehend beseitigt werden, da die Gefahr besteht, daß der Hang auf die Abbaustätte abrutscht. Vgl. auch *Eifler*, Grundsätze, 1976, S. 201 f.

538 *Borstell* spricht insoweit von einer echten Aufwandsrückstellung, die durch das Fehlen einer Drittverpflichtung gekennzeichnet sein soll; vgl. *Borstell*, Aufwandsrückstellungen, 1988, S. 84 ff.

Sondervorschrift für Abraumbeseitigungsmaßnahmen[539]. Abraumbeseitigungsmaßnahmen, die nicht rechtlich begründet sind und die auch erst in späteren Perioden vorgenommen werden[540], können lediglich über eine Aufwandsrückstellung nach § 249 II HGB berücksichtigt werden[541].

Weiterhin sollte nach Auffassung im Fachschrifttum eine Rückstellung i.S.d. § 249 II HGB dann in Betracht kommen, wenn eine Passivierung wirtschaftlicher Rückstände im Sinne einer Ergebnisabgrenzung[542] beabsichtigt wird. Dieser Passivierung liegt die Überlegung zugrunde, daß es trotz des Fehlens eines tatsächlich existierenden Nachholbedarfs notwendig erscheinen kann, für den in späteren Jahren der Substanzausbeute überdurchschnittlich anfallenden Abraumbeseitigungsaufwand in den frühen Jahren der Ausbeute mit entsprechend unterdurchschnittlichem Aufwand eine Rückstellung zu bilden[543]. Insoweit sollte es zu einer Gleichverteilung des Aufwandes über die Dauer der Ausbeute kommen[544], der Gewinnausweis würde in den ersten Wirtschaftsjahren gemindert[545] und insgesamt verstetigt.

Ist nun aber bei der Gewinnung der Bodenschätze ein bestimmter Böschungswinkel durch Sicherheitsbestimmungen des öffentlichen Rechts, z.B. durch Abbauauflagen der genehmigenden Behörde, vorgeschrieben, so handelt es sich bei der unterlassenen Abraumbeseitigung - soweit damit gegen die Auflagen verstoßen wird - um eine öffentlich-rechtlich

---

539 Vgl. zur Entstehungsgeschichte dieser Vorschrift *Biergans*, Einkommensteuer, 3. Aufl., 1985, S. 116 f und 228 f; *Beisse*, Bedeutung, StVj 1989, S. 301.

540 Vgl. grundsätzlich und ausführlich zur Unterscheidung von Abraumrückstand, der nach Beginn der Abbautätigkeit auftreten kann und dem zu aktivierenden Wirtschaftsgut Grubenaufschluß, welches alle Aufwendungen erfaßt, die vor Beginn der Förderung notwendig sind, um durch Abtragen des Deckgebirges überhaupt einen Abbau zu ermöglichen *Krämer*, Abraumbeseitigung, BFuP 1987, S. 348-360.

541 So auch *Eder*, Aufwandsrückstellungen, 1988, S. 137 f; *Borstell*, Aufwandsrückstellungen, 1988, S. 242 f m.w.N.

542 Vgl. dazu *Jung*, in: *Heymann/Emmerich*, HGB, Bd. 3, 1989, Rdn. 109 zu § 249 HGB; *Borstell*, Aufwandsrückstellungen, 1988, S. 243; mit einer dreiteiligen Klassifizierung der Abraumrückstände *Glade*, Rechnungslegung, 1986, Anm. 121 zu § 249 HGB.

543 Sinnvollerweise beginnt die Substanzausbeute immer an den Orten, an denen das zu beseitigende Deckgebirge den geringsten Aufwand erfordert, erst in späteren Wirtschaftsjahren erfolgt dann eine Ausbeute der aufwandsintensiveren Bereiche. Bei der hier betrachteten Rückstellungsbildung handelt es sich also um eine Korrektur der rechnerischen Abweichung von durchschnittlich über alle Abbauperioden zu beseitigendem Abraum und dem tatsächlich in der Periode angefallenen Aufwand. Vgl. auch *Borstell*, Aufwandsrückstellungen, 1988, S. 243 f.

544 Vgl. zur gleichmäßigen Verrechnung auch ausführlich *Eifler*, Grundsätze, 1976, S. 202 f.

545 Vgl. *Adler/Düring/Schmaltz*, Rechnungslegung, 4. Aufl., 1968, Tz. 151 zu § 152 AktG 1965; *Glade*, Rechnungslegung, 1986, Anm. 118 f zu § 249 HGB.

begründete Verpflichtung[546], die zu einer Verbindlichkeitsrückstellung führt; insoweit bedarf es dann der Vorschrift des § 249 I Satz 2 Nr. 1 HGB nicht[547].

Im Ergebnis läßt sich festhalten, daß für die bilanzielle Darstellung von Abraumbeseitigungsmaßnahmen drei Rückstellungskategorien in Betracht kommen, nämlich bei bestehender öffentlich-rechtlicher Verpflichtung die Verbindlichkeitsrückstellung einerseits[548], bei deren Fehlen und Nachholung im Folgejahr die "klassische" Aufwandsrückstellung andererseits[549] und darüberhinaus bei späterer Nachholung die Aufwandsrückstellung nach § 249 II HGB; dabei darf nicht vernachlässigt werden, daß nur die beiden erstgenannten auch für steuerliche Zwecke zugelassen werden.

(5) Aufwandsrückstellungen

Eine Aufwandsrückstellung i.S.d. § 249 II HGB für Rekultivierungsmaßnahmen ist dann bilanzierungsfähig[550], wenn die Objektivierungserfordernisse erfüllt sind, wenn also ihrer Eigenart nach genau umschriebene Aufwendungen zu erkennen sind, die zwar hinsichtlich Höhe oder Zeitpunkt des Eintritts unbestimmt sind, deren Eintritt aber wahrscheinlich ist[551]. Wegen der weitestgehenden Regelung der Rekultivierungsnotwendigkeiten durch öffentlich-rechtliche Vorschriften[552] kann dies im wesentlichen nur dann der Fall sein,

- wenn eine solche Verpflichtung zur Rekultivierung ausnahmsweise fehlt, der Kaufmann aber die Maßnahme durchführen muß, wenn er den Betrieb fortführen will,
- und weiterhin in solchen Fällen, in denen eine über den Inhalt einer bestehenden Verpflichtung hinausgehende Maßnahme durchgeführt wird.

(a) Bei fehlender Verpflichtung

Fehlt eine privat- oder öffentlich-rechtliche Verpflichtung zur Rekultivierung, z.B. weil

---

546 Vgl. dazu *Biener*, Auswirkungen, JbFfSt 1981/82, S. 354; *Havermann*, Ansatzvorschriften, BFuP 1986, S. 114 ff; *Borstell*, Aufwandsrückstellungen, 1988, S. 106; *Brönner/Bareis*, Bilanz, 1991, Teil IV Rn. 179.

547 Mit diesem Ergebnis auch *Borstell*, Aufwandsrückstellungen, 1988, S. 105 ff und 149 ff.

548 Der Ansatz der Verbindlichkeitsrückstellung ist nicht von der Nachholung im Folgejahr abhängig; *Jung*, in: *Heymann/Emmerich*, HGB, Bd. 3, 1989, Rdn. 108 zu § 249 HGB.

549 Vgl. zu dieser Einteilung und zur Qualifikation der Aufwandsrückstellungen erneut *Borstell*, Aufwandsrückstellungen, 1988, S. 84 f.

550 Vgl. zu den Aufwandsrückstellungen wegen freiwilliger Rekultivierungsmaßnahmen *Kussmaul*, Berechtigung, DStR 1987, S. 677 ff; *Siegel*, Rückstellungen, BFuP 1987, S. 312.

551 Aufgrund des Merkmals der Verursachung der Aufwendungen in vergangenen Wirtschaftsjahren (wirtschaftliche Verursachung) gilt dies nicht für erst zukünftig aufgrund zukünftiger Abbauhandlungen zu rekultivierende Flächen, also nicht für Aufwendungen, die mit zukünftigen Umsätzen in Verbindung stehen.

552 Vgl. *Eifler*, Kulanzrückstellungen, in: HdJ, Abt. III/6, 1987, Rn. 81.

die Abbaustätte in einem ausländischen Staat belegen ist, in welchem entsprechende Vorschriften fehlen[553], so kommt für die dort beabsichtigten bzw. notwendig werdenden Rekultivierungsmaßnahmen - mit Ausnahme der eben besprochenen Abraumbeseitigungsmaßnahmen - nur eine Passivierung nach § 249 II HGB in Frage. Kritisch zu betrachten wäre in diesem Zusammenhang höchstens die Frage nach der Notwendigkeit der vorzunehmenden Maßnahmen und somit nach der Wahrscheinlichkeit des Eintretens der betreffenden Auszahlungen. In Hinblick auf technische Notwendigkeiten und auch unter Berücksichtigung der Schwere der Umweltbeeinträchtigungen bei größeren Abbauvorhaben ist es aber durchaus vorstellbar, daß sich das Unternehmen einer Rekultivierungsmaßnahme letztlich nicht entziehen kann; dies muß auch gelten, wenn es sich davon zudem eine Verbesserung seines Ansehens in der Öffentlichkeit oder strategische wirtschaftliche Vorteile, z.B. bei der zukünftigen Vergabe von Abbaulizenzen, verspricht[554].

(b) Bei überschießender Rekultivierungsleistung

Der Ausweis einer Aufwandsrückstellung ist daneben auch dann vorstellbar[555], wenn Rekultivierungsmaßnahmen vorgenommen werden sollen, die deutlich über das gesetzlich oder vertraglich bestimmte Maß hinausgehen[556], wenn z.B. statt der - lediglich erforderlichen - Herstellung einer landwirtschaftlichen Nutzungsfähigkeit eines Grundstücks dieses soweit hergerichtet wird, daß es besonderen Erholungszwecken gerecht wird[557]. Eine derartige Rekultivierung, die auch als "Luxusrekultivierung" bezeichnet werden könnte, dürfte in der Praxis aber wohl nur dann durchgeführt werden, wenn und soweit sich der Bilanzierende ihr letztlich nicht entziehen kann, will "er seinen Geschäftsbetrieb unverändert fortführen"[558].

---

553 Vgl. den entsprechenden Hinweis bei *Esser*, Aufwandsrückstellungen, StbJb 1984/85, S. 155.

554 Ausführlicher mit diesem Ergebnis zu Wiederauffüllungsverpflichtungen und Rekultivierung *Borstell*, Aufwandsrückstellungen, 1988, S. 244 ff.

555 Die Möglichkeit der Bildung einer Aufwandsrückstellung in den genannten Fällen wohl ebenfalls bejahend *Eder*, Aufwandsrückstellungen, 1988, S. 136 f.

556 So auch zum Beispiel der freiwilligen (und aufwendigen) Entsorgungsmaßnahmen *Esser*, Aufwandsrückstellungen, StbJb 1984/85, S. 156.

557 In einem solchen Fall müßte dann aber auch die Frage geprüft werden, wie denn diese Aufwendungen auf den Grund und Boden zu qualifizieren sind. Wenn eine Wertsteigerung vorliegt, so könnten Teile der Rekultivierungsaufwendungen möglicherweise als Herstellungsaufwand zu qualifizieren sein; vgl. zur Qualifikation von Aufwendungen als Herstellungskosten bei Grund und Boden die BFH-Urteile vom 16.11.1982 VIII R 167/78, BStBl. II 1983, S. 111 f; vom 12.4.1984 IV R 137/80, BStBl. II 1984, S. 489 f.

558 Vgl. zu dieser Formulierung *Clemm/Nonnenmacher*, in: Beck'scher Bilanzkommentar, 1990, Anm. 302 zu § 249 HGB.

b) Periodisierung von Rekultivierungsrückstellungen

Wenn unterstellt wird, daß bei den den Rekultivierungsverpflichtungen unterworfenen Unternehmen regelmäßig zumindest das wahrscheinliche Entstehen einer (Rekultivierungs-) Verbindlichkeit - sowie die Wahrscheinlichkeit der Inanspruchnahme daraus - zu bejahen ist, dann muß die Kernproblematik der Bilanzierung von Rekultivierungsrückstellungen in dem hier nun zu untersuchenden Bereich der Periodenzuordnung der sich in zukünftigen Ausgaben niederschlagenden Aufwendungen gesehen werden, also in der Frage, wann und inwieweit zu passivieren ist.

Für Zwecke der nachfolgenden Untersuchung der Periodisierungsproblematik soll hier zwischen Verbindlichkeits- und Aufwandsrückstellungen differenziert werden. Die nach § 249 I Satz 2 Nr. 1 HGB anzusetzenden Abraumbeseitigungsrückstellungen betreffend ist bereits ausgeführt worden, daß es zur Passivierung des Umstandes des Unterlassens von Abraumbeseitigungsmaßnahmen in vergangenen Perioden bedarf; Vermögensminderungen aus erst zukünftig eintretenden Abraumrückständen können nicht bilanziert werden[559].

(1) Periodisierung der Verbindlichkeitsrückstellungen

Die Frage nach der Periodenzuordnung der künftigen Rekultivierungsausgaben soll nun grundsätzlich nach den - insbesondere auch durch die Rechtsprechung angewandten - Kriterien der wirtschaftlichen Verursachung und der rechtlichen Entstehung entschieden werden[560].

Bei den hier interessierenden sogenannten Ansammlungsrückstellungen stellt sich die Frage nach der Periodisierung als eine auf der Nahtstelle zwischen Rückstellungsansatz bzw. -zuführung und Rückstellungsbewertung liegende Problematik heraus; obwohl diese im Fachschrifttum regelmäßig nur dem Bereich der Bewertung zugeordnet wird[561], sollte sie m.E. eher als Ansatzproblematik zu verstehen sein.

---

559 Die Bildung von Abraumbeseitigungsrückstellungen, die dann angesetzt werden, wenn durch den Abbau technisch notwendig gewordene Abraumbeseitigungsmaßnahmen unterlassen wurden, dient dem Ziel einer periodengerechten Gewinnermittlung. Im Ergebnis werden durch diese Rückstellungspassivierung den Umsätzen des abgelaufenen Wirtschaftsjahres diejenigen künftigen Abraumbeseitigungsausgaben gegenübergestellt, die diese Umsätze alimentiert haben; diese Beurteilung leitet sich aus dem Realisationsprinzip ab. Auf über die hier getroffenen Feststellungen hinausgehende Ausführungen soll im vorliegenden Zusammenhang verzichtet werden.

560 Vgl. daher zu den folgenden Ausführungen über die Periodisierungskriterien die umfangreiche Ableitung der hier vertretenen Auffassung im zweiten Teil der vorliegenden Untersuchung, 2. Kapitel, Abschnitt I., Unterabschnitt B. 2. b).

561 So *Bartels*, Neulastenfälle, BB 1992, S. 1318; *Bordewin*, Einzelfragen, DB 1992, S. 1535; *ders.*, Umweltschutz, RWP 1991, SG 5.2, S. 2086; auch *Institut "Finanzen und Steuern"*, Rekultivierungsrückstellungen, 1990, S. 8 ff; *Wassermann/Teufel*, Rekultivierungskosten, DB 1983, S. 2004 ff.

Inhaltlich kann im Vorfeld bereits festgehalten werden, daß - wie schon erwähnt - für alle lediglich befürchteten und tatsächlich erst zukünftig entstehenden bzw. zukünftig noch zu verursachenden Umweltschäden oder -beeinträchtigungen keine Rückstellung gebildet werden darf, da insoweit weder das Kriterium der wirtschaftlichen Verursachung noch das der rechtlichen Entstehung erfüllt ist.

Für die weiteren Untersuchungen ist dann zu differenzieren, da sich hinter den sogenannten Ansammlungsrückstellungen unter Periodisierungsaspekten strukturverschiedene Sachverhalte verbergen, deren mangelnde Trennung zu Unschärfen in der Beurteilung führen würde[562]. Grundsätzlich können zwei in ihrer Struktur unterschiedliche Rückstellungsarten getrennt werden, einerseits die aufgrund eines einzelnen (Handlungs-) Sachverhaltes veranlaßten und durch Einfach- oder Mehrfachzuführung zu bildenden Rückstellungen[563], wie z.B. solche für Entfernungsverpflichtungen und für Verpflichtungen zum Schachtversatz, und andererseits die aufgrund mehrfacher Veranlassung stetig anwachsenden Rückstellungen, wie z.B. solche für die Wiederauffüllung von Kiesgruben und für Rekultivierung im eigentlichen Sinne. Diese beiden strukturverschiedenen Rückstellungsarten sollen wie folgt gekennzeichnet werden:

Die Einfachveranlassungsrückstellungen zeichnen sich dadurch aus, daß sich der sachliche Verpflichtungs- oder Maßnahmenumfang - wenn von Preisentwicklungen einmal abgesehen wird - im Zeitablauf nicht mehr verändert.

Beispiel 1: Der Bilanzierende ist auf öffentlich-rechtlicher Grundlage zum Schachtversatz verpflichtet. Der Anlaß für die Verpflichtung ist in der Niederbringung des Schachtes zu sehen, während die rechtliche Entstehung - wie

---

562 So beurteilt bspw. *Bartels*, Umweltrisiken, 1992, S. 136 f, Abbruch- und Rekultivierungsverpflichtungen gleichermaßen dahingehend, daß diese Verpflichtungen "fast generell bereits im Zuge der Genehmigungsentscheidungen erlassen" werden und somit von Beginn an rechtlich entstanden sind. Während die Verpflichtung zur Rekultivierung m.E. nun tatsächlich rechtlich entsteht, wenn - aber auch nur soweit - bereits abgebaut wurde, sollte die Entstehung der Abbruchverpflichtung unter der aufschiebenden Bedingung des Beendigung des Abbaus stehen. Insoweit erscheint eine Ansammlung des Rückstellungsbetrages unter dem Realisationsprinzip, wie es auch von *Moxter*, Bilanzrechtsprechung, 2. Aufl., 1985, S. 59, vertreten wird, als sachgerecht.

563 Die durch Einfachzuführung zu passivierenden Rückstellungen sollten nach den Ausführungen von *Armbrust*, Rückstellungen, DB 1979, S. 2046, als Ansatzrückstellungen bezeichnet werden.

oben dargestellt - erst im Zeitpunkt des Schachtabwurfs gegeben ist[564]. Der sachliche Verpflichtungsumfang - nämlich die Notwendigkeit der Verfüllung des abgeworfenen Schachtes - ändert sich im Zeitablauf nicht mehr.

Die Mehrfachveranlassungsrückstellungen zeichnen sich hingegen durch eine laufende Veränderung des sachlichen Maßnahmenumfangs aus, d.h. daß hier der später zu erbringende Leistungsumfang im Zeitablauf bis zum Zeitpunkt der Erfüllung der Verpflichtung anwächst[565].

Beispiel 2: Der Bilanzierende ist auf privat- oder auf öffentlich-rechtlicher Grundlage zur Wiederauffüllung einer von ihm ausgebaggerten Kiesgrube verpflichtet. Der sachliche Umfang dieser Verpflichtung nimmt, bedingt durch die fortdauernde Aktivität des Bilanzierenden, beständig zu. Bei einer Grenzbetrachtung könnte nun sogar die durch eine Rückstellung abgebildete Wiederauffüllungsverpflichtung in viele einzelne Anlässe und Verpflichtungen gemäß ihrer jeweiligen zeitlichen Verursachung bzw. Entstehung aufgespalten werden. Bei Fortführung dieses Gedankens müßte es dann möglicherweise nach jeder Abbauperiode zur Neubildung einer eigenständigen (Teil-)Rückstellung kommen, da jede Periode einen neuen Anlaß zur Rückstellungsbildung bieten würde; daher soll hier von einer Mehrfachveranlassung gesprochen werden.

(a)   Einfachveranlassungsrückstellungen

Die hier einzuordnenden Verpflichtungen, z.B. zum Gebäudeabbruch[566], zur Anlagenentfernung[567], zum Grubenversatz nach Beendigung des Abbaus oder zum Schachtver-

---

564 Vgl. erneut *Bordewin*, Schachtversatz, BB 1979, S. 156; BMF-Schreiben vom 18.4.1980 IV B - S 2137 - 2/80, BStBl. I 1980, S. 230; *Kulla*, Rückstellungen, DB 1977, S. 1284. A.A. *Bartke*, Bergschäden, DB-Beilage Nr. 4/78, S. 9; *Naumann*, Entstehen, WPg 1991, S. 533; *Bartels*, Neulastenfällen, BB 1992, S. 1317; *Kupsch*, Umweltlasten, BB 1992, S. 2327. Die hier erkennbare Differenz in den Auffassungen beruht auf der unterschiedlichen Würdigung der Formulierungen in den verpflichtungsbegründenden Gesetzen und Verordnungen. So begründet die Formulierung "Tagesschächte, die nicht in betriebsbereitem und befahrbarem Zustande unterhalten werden, sind zu verfüllen" (zitiert nach *Bartke*, Bergschäden, DB-Beilage Nr. 4/78, S. 7) m.E. nur das wahrscheinliche Entstehen einer Verbindlichkeit, die zwar zukünftig sicher zu erfüllen sein wird, deren Entstehung aber unter der aufschiebenden Bedingung steht, daß der Schacht nicht mehr betriebsbereit gehalten wird.

565 Die Ansammlung einer Rückstellung kann also durch zwei unterschiedliche Sachverhalte bedingt sein: einerseits durch den ständig wachsenden Umfang einer rechtlich bereits bestehenden Verpflichtung (ständiges Hinzutreten "neuer Teilverpflichtungen") und andererseits durch die fortschreitende wirtschaftliche Verursachung einer Verpflichtung, deren rechtliches Entstehen erst in der Nähe zum Erfüllungszeitpunkt gegeben sein wird (Ansammlung der Rückstellung nach Maßgabe des Realisationsprinzips).

566 Vgl. dazu das BFH-Urteil vom 19.2.1975 I R 28/73, BStBl. II 1975, S. 482. Vgl. zu diesem Beispiel auch *Moxter*, Bilanzrechtsprechung, 2. Aufl., 1985, S. 59.

567 Vgl. dazu das BFH-Urteil vom 27.11.1968 I 162/64, BStBl. II 1969, S. 247 ff.

satz[568], zeichnen sich dadurch aus, daß sie von Beginn an - z.b. durch die erste Abbaumaßnahme - hinsichtlich ihres sachlichen Verpflichtungsumfanges vollständig veranlaßt, aber erst nach einigen Wirtschaftsjahren zu erfüllen sind.

Die Periodenzuordnung der aus Einfachveranlassungssachverhalten künftig zu erwartenden Ausgaben ist m.E. als unproblematisch anzusehen. Denn bei diesen Verpflichtungen ist die rechtliche Vollentstehung fast ausschließlich erst in der Nähe zum Erfüllungszeitpunkt gegeben, so daß eine Periodenzuordnung der zukünftigen Ausgaben über das nach dem Realisationsprinzip auszulegende Kriterium der wirtschaftlichen Verursachung unstrittig sein sollte. Die einzelnen Rechnungsperioden müssen dabei in dem Umfang mit den zukünftigen Ausgaben belastet werden, in dem sie für die Entstehung der Verbindlichkeit ursächlich waren[569], also soweit durch diese zukünftigen Ausgaben bereits realisierte Erträge alimentiert worden sind[570].

Nach der diese Ausführungen stützenden Rechtsprechung des BFH[571] "muß ... [entscheidend] sein, in welchem Umfang das einzelne Wirtschaftsjahr für die Entstehung der Verbindlichkeit im wirtschaftlichen Sinne ursächlich ist"[572]; danach ist der Erfüllungsbetrag dieser Einfachveranlassungsrückstellungen zeitanteilig über die Laufzeit der

---

568 Vgl. zum Gruben- und Schachtversatz erneut das BMF-Schreiben vom 18.4.1980 IV B - S 2137 - 2/80, BStBl. I 1980, S. 230. Darin wird ausgeführt, daß die hier nicht weiter betrachtete "Verpflichtung zum fortlaufenden Verfüllen der durch den Abbau entstandenen Hohlräume (laufender Grubenversatz) in der Bilanz des Wirtschaftsjahres zu berücksichtigen [ist], in dem der entsprechende Abbau stattgefunden hat".

569 Vgl. dazu auch *Naumann*, Bewertung, 1989, S. 268 ff.

570 Andernfalls - also ohne Rückstellungsbildung - würde sich der Kaufmann unzulässigerweise reich rechnen, würde er nur die aus einem bestimmten geschäftlichen Vorgang resultierenden Vermögenszugänge, nicht aber die diesem Vorgang zugehörigen, sich erst künftig realisierenden Vermögensabgänge berücksichtigen. Vgl. erneut *Moxter*, Umweltschutzrückstellungen, in: *Moxter* (Hrsg.), Rechnungslegung, 1992, S. 433 f.

571 Vgl. bspw. die BFH-Urteile vom 27.11.1968 I 162/64, BStBl. II 1969, S. 247 ff; vom 19.2.1975 I R 28/73, BStBl. II 1975, S. 482 Punkt 1. b). Den vom BFH entwickelten Grundsätzen schließt sich die Finanzverwaltung an; vgl. erneut das BMF-Schreiben vom 18.4.1980 IV B - S 2137 - 2/80, BStBl. I 1980, S. 230.

572 BFH-Urteil vom 19.2.1975 I R 28/73, BStBl. II 1975, S. 482; die hier zitierte Passage stammt aus der Begründung zur Zulässigkeit der Rückstellungen für Verpflichtungen zum Abbruch von Betriebsgebäuden.

Verpflichtung[573] zu verteilen und ratierlich anzusammeln[574]. Im Ergebnis kommt es danach zu einer annähernden Gleichverteilung[575] (daher auch: Gleichverteilungsmethode[576]) der Aufwendungen über die Laufzeit.

Abweichend von den soeben angesprochenen Verbindlichkeiten müssen diejenigen Bergschäden, welche auf vergangene Abbauhandlungen zurückzuführen sind, sowohl als rechtlich entstanden wie auch gleichzeitig als wirtschaftlich verursacht angesehen werden; die zukünftigen Ausgaben sind hier ebenfalls den Erträgen der jeweiligen Abbauperiode zuzurechnen. Sollte daneben aber der Sachverhalt gegeben sein, daß das rechtliche Entstehen noch vor der wirtschaftlichen Verursachung angenommen werden muß, so wäre zu prüfen, ob eine nur bedingt fällige Verpflichtung vorliegt[577]; in diesem Falle käme m.E. dann die passivierungsbegrenzende Wirkung des Realisationsprinzips zum Tragen. Allerdings bestünde für eine unbedingt fällige Verpflichtung[578], soweit diese rechtlich voll entstanden wäre, nach der hier vertretenen Auffassung schon eine Passivierungspflicht aufgrund des Vorsichtsprinzips; insoweit käme es vorsichtsbedingt zu einer Begrenzung des Betrages, der im Rahmen der Gewinnermittlung als ausschüttungsfähig bestimmt werden würde. Da aber nach derzeitigem Kenntnisstand bei den Einfachveranlassungsrückstellungen solche unbedingt fälligen Verpflichtungen nicht erkennbar sind, soll von weiteren Ausführungen zu diesem Aspekt abgesehen werden.

(b) Mehrfachveranlassungsrückstellungen

Mehrfachveranlassungsrückstellungen sollen sich nun dadurch auszeichnen, daß bei ihnen der sachliche Verpflichtungsumfang durch die Tätigkeit des Bilanzierenden während des Bestehens der Rückstellung noch weiter wächst[579]. Eine Aufstockung des Rückstellungsbetrages könnte bei einer Grenzbetrachtung auch als Neubildung angesehen werden, da

---

573 Unter der Laufzeit der Verpflichtung soll dabei die Zeitspanne zwischen erster Veranlassung und Fälligkeit bzw. Erfüllung der Verpflichtung verstanden werden.

574 Vgl. auch *Emmerich*, Zulässigkeit, DB 1978, S. 2137.

575 Eine gleichmäßige Verteilung erscheint dem BFH als das richtige Mittel, um die Last der Verpflichtung den GoB entsprechend auf die Wirtschaftsjahre zu verteilen, in denen sie wirtschaftlich verursacht wird. So explizit das BFH-Urteil vom 27.11.1968 I 162/64, BStBl. II 1969, S. 249.

576 Vgl. die Betrachtung der Argumente der angesprochenen Rechtsprechung zur Gleichverteilung bei *Schroeder*, Abzinsung, 1990, S. 116 ff.

577 Vgl. zur Differenzierung in bedingt und unbedingt fällige Verpflichtungen die Ausführungen im zweiten Teil der vorliegenden Untersuchung.

578 Vgl. zu unbedingt fälligen Rekultivierungsverpflichtungen die Ausführungen im nachfolgenden Unterabschnitt.

579 Klassisches Beispiel wäre hier die durch stetes weiteres Ausbaggern anwachsende Wiederauffüllverpflichtung bei einer Kiesgrube.

die Rückstellung insoweit als Bündelung mehrerer Einzelverpflichtungen wirken würde[580].

Aus bilanzrechtlicher Sicht sind Mehrfachveranlassungsrückstellungen dadurch gekennzeichnet, daß bei ihnen die wirtschaftliche Verursachung mit der rechtlichen Entstehung der Verpflichtung regelmäßig zusammenfällt. Als klassische Fälle der Mehrfachveranlassungsrückstellungen sollen hier beispielhaft die Rückstellungen für Rekultivierungsverpflichtungen eines Steinbruchunternehmens und solche für die Wiederauffüllung einer Kiesgrube genannt werden. Die diesen Rückstellungen zugrundeliegenden Verpflichtungen zur Wiederherrichtung entstehen in rechtlicher Hinsicht mit dem Eingriff in die Natur, also mit Beginn der sogenannten Devastierung. Sie erstrecken sich allerdings nur auf den bereits ausgebeuteten Teil des Geländes[581], so daß die rechtliche Verpflichtung mit der Ausbeutung des Geländes anwächst. Wirtschaftlich ursächlich für die zukünftigen Rekultivierungsausgaben sind hingegen die Erträge aus den jeweils geförderten Bodenschätzen; liegt nun eine Proportionalität von kumuliertem Rekultivierungsaufwand und kumulierten Erträgen vor, so entsprechen sich rechtliche Entstehung und wirtschaftliche Verursachung[582]. Somit stellt in diesen Fällen die Periodenzuordnung der zukünftigen Rekultivierungsausgaben keine Schwierigkeit dar[583]. Die Rückstellungsbildung erfolgt durch Ansammlung, bis sich bei Fälligkeit der Verpflichtung die Rückstellung und die tatsächlich anfallenden Rekultivierungsausgaben decken; zuzuführen ist dabei in jeder Periode "der Betrag ..., den der Steuerpflichtige nach den Verhältnissen am Bilanzstichtag aufwenden müßte, um den im laufenden Wirtschaftsjahr ausgebeuteten Teil des Geländes zu rekultivieren"[584]. Dadurch wird berücksichtigt, in welchem Maße die Verhältnisse des einzelnen Wirtschaftsjahres für die Entstehung der ungewissen Schuld ursächlich sind[585].

Wenn allerdings nun eine solche Proportionalität nicht gegeben ist, kommt es zum Auseinanderfallen von rechtlicher Entstehung und wirtschaftlicher Verursachung. Sachver-

---

580 Vgl. zur Berechnung langfristiger Rückstellungen auch *Hirte*, Bewertung, DB 1971, S. 1313 ff.
581 So auch *Naumann*, Bewertung, 1989, S. 269.
582 So auch *Naumann*, Entstehen, WPg 1991, S. 532; *Müller*, Gedanken, ZGR 1981, S. 139.
583 Auch nach den im Fachschrifttum vorgetragenen Grundsätzen der zeitlichen und insbesondere der sachlichen Abgrenzung sind die zukünftigen Rekultivierungsaufwendungen über Rückstellungen zu erfassen. Vgl. dazu *Eifler*, Grundsätze, S. 14 ff; *Leffson*, GoB, 1987, S. 299-330.
584 BFH-Urteil vom 19.2.1975 I R 28/73, BStBl. II 1975, S. 482.
585 Vgl. auch FG Nürnberg, Urteil vom 22.10.1976 III 56/76, EFG 1977, S. 156 ff.

halte, bei denen die wirtschaftliche Verursachung vor der rechtlichen Entstehung liegt, sind im Bereich der Mehrfachveranlassungsrückstellungen nicht ersichtlich[586].

Demgegenüber ist insbesondere im Rahmen der Vorbereitung der erstmaligen Gewinnung von Bodenschätzen die Konstellation denkbar, daß eine Rekultivierungsverpflichtung rechtlich entstanden ist, ohne daß bereits Bodenschätze gewonnen oder Erträge erzielt worden wären, also ohne daß die wirtschaftliche Verursachung schon bejaht werden könnte. Vorstellbar sind diese Fälle des Vorlaufens der rechtlichen Entstehung beispielsweise dann, wenn es vor Beginn des Abbaus in einem Tagebau zu einer erheblichen Oberflächendevastierung kommt[587] oder wenn sich im Nachhinein, beispielsweise im Rahmen von (Rekultivierungsverpflichtungen auslösenden) Probebohrungen bei der Erdölförderung, herausstellt, daß das Vorkommen unergiebig ist, wenn also der Eingriff in die Natur aufgrund tatsächlicher Gegebenheiten gar keine Erträge nach sich zieht.

Die sich aus dieser Konstellation ergebenden bilanziellen Konsequenzen werden im Fachschrifttum derzeit kontrovers diskutiert. Unter konsequenter Anwendung des Realisationsprinzips wird von HERZIG[588] und von NAUMANN[589] die Auffassung vertreten, daß nicht auf das rechtliche Entstehen, sondern allein auf die wirtschaftliche Verursachung abzustellen ist; dementsprechend käme eine Rekultivierungsrückstellung hier (noch) nicht in Betracht. Im Gegensatz dazu wird von CREZELIUS[590] und BARTELS[591] vorgetragen, daß die rechtliche (Voll-)Entstehung zur Passivierung ausreichen solle; dies hätte bereits die Bildung einer Rekultivierungsrückstellung allein nach Maßgabe der rechtlichen Entstehung zur Folge.

Nach der in der vorliegenden Untersuchung vertretenen These der nur eingeschränkt rückstellungsbegrenzenden Wirkung des Realisationsprinzips ist aufbauend auf der hier erstmals herausgearbeiteten Differenzierung in bedingt fällige und unbedingt fällige Verpflichtungen in einem ersten Schritt zu untersuchen werden, ob eine unbedingt fällige

---

586 Sie wären auch in der bilanzrechtlichen Beurteilung gänzlich unproblematisch, da hier (wie auch bei den entsprechenden Einfachveranlassungsrückstellungen) aufgrund des Realisationsprinzips und ungeachtet der noch ausstehenden rechtlichen Vollentstehung die zukünftigen Ausgaben antizipiert werden müßten, soweit sie bereits realisierte Umsätze alimentiert hätten. Dabei könnte dann die Zuführung und Verteilung der Aufwendungen entweder an die jährliche Fördermenge oder an die jeweils zusätzlich zu rekultivierende Oberfläche anknüpfen. Kritisch zur Anknüpfung an die Fördermenge, da sich die öffentlich-rechtliche Rekultivierungsverpflichtung statt auf diese zu rekultivierende Fläche bezieht: *Institut "Finanzen und Steuern"*, Rekultivierungsrückstellungen, 1990, S. 12 f. A.A. *Tautorus*, Bemessung, WPg 1977, S. 321 f; FG Nürnberg, Urteil vom 22.10.1976 III 56/76, EFG 1977, S. 156 ff; *Sauer*, Rekultivierungsverpflichtungen, StBp 1977, S. 208 ff.

587 Mit diesem Beispiel *Naumann*, Entstehen, WPg 1991, S. 533.

588 Zuletzt *Herzig*, Wirkung, in: *Raupach/Uelner* (Hrsg.), Ertragsbesteuerung, 1993, S. 209 ff.

589 *Naumann*, Entstehen, WPg 1991, S. 536.

590 *Crezelius*, Umweltschutzmaßnahmen, DB 1992, S. 1361.

591 *Bartels*, Umweltrisiken, 1992, S. 194 ff, 198.

Verpflichtung vorliegt. Dies ist bezüglich der allein rechtlich entstandenen Rekultivierungsverpflichtungen zu bejahen, so daß es gerechtfertigt erscheinen könnte, hier den Eintritt einer Vermögensminderung bereits im Zeitpunkt der rechtlichen Entstehung anzunehmen; demnach wäre eine Rückstellung zu passivieren[592]. Diese Beurteilung stützt sich auf das Vorsichtsprinzip, welches insoweit die rückstellungsbegrenzende Wirkung des Realisationsprinzips einschränkt[593]. Die streng umsatzbezogene Gewinnermittlung wird in diesem Fall um ein die potentiellen Ausschüttungen begrenzendes Element ergänzt. Hinsichtlich der Passivierung einer wirtschaftlichen Belastung - und eine solche besteht m.E. tatsächlich mit der rechtlichen Entstehung einer unbedingt fälligen (Rekultivierungs-) Verpflichtung - nach dem Realisations- oder dem Vorsichtsprinzip kann es m.E. nicht darauf ankommen, ob in der Periode der ersten den Abbau vorbereitenden Maßnahmen mit umfangreicher Oberflächendevastierung nun gar kein oder doch ein zumindest geringer Ertrag erzielt wurde. Denkbar wäre - zur Gewährleistung einer periodengerechten Aufwandsverrechnung - höchstens eine Verteilung dieser aus der Vorbereitung resultierenden zukünftig anfallenden Ausgaben über die Perioden des voraussichtlichen Abbaus (oder eine Verrechnung über die Mengen der abzubauenden Bodenschätze), die aber in den gesetzlichen Vorschriften keine Grundlage findet. In diesem Zusammenhang ist darüberhinaus die Frage aufzuwerfen, wie denn zu bilanzieren wäre, wenn dem später wieder zu behebenden Eingriff in die Natur bzw. Landschaft (Devastierung) keine Erträge folgen würden, weil die Vorkommen sich als nicht abbaufähig oder als nicht abbauwürdig erweisen. Wenn sich beispielsweise in der Folge von Probebohrungen herausstellen sollte, daß doch kein Erdöl gewonnen werden kann[594], so wäre wohl spätestens dann zu passivieren, wenn feststeht, daß eben keine Erträge zu erwarten sind[595]. Die Rückstellungsbildung könnte in diesem Falle nicht mit dem Realisationsprinzip, sondern nur mit dem Vorsichtsprinzip begründet werden, da - so auch die Argumentation von MOXTER[596] - hier ein zu passivierender "künftiger Aufwendungsüberschuß" vorliegt, weil die künftigen Aufwendungen unkompensiert sind in dem Sinne, daß ihnen keine künftigen Erträge greifbar zugeordnet werden können. Folgt man dieser Beurteilung, dann muß m.E. ernsthaft erwogen werden, ob das Vorsichtsprinzip nicht bereits eine Passivierung im Zeitpunkt des

---

592 So mglw. *Kupsch*, Umweltlasten, BB 1992, S. 2325; ebenfalls mit diesem Ergebnis - m.E. allerdings unzutreffend über das Vollständigkeitsprinzip abgeleitet - *Siegel*, Lösungsansätze, in: *Wagner* (Hrsg.), Umweltschutz, 1993, S. 148 ff.

593 Vgl. ausführlicher zur grundlegenden Ableitung dieser Auffassung die Ausführungen im zweiten Teil der vorliegenden Arbeit 2. Kapitel, Abschnitt I, Unterabschnitt B. 2. b).

594 Vgl. zu Fragen der Aktivierung derartiger Bohrkosten *Döllerer*, Herstellungskosten, JbFfSt 1976/77, S. 204.

595 Mit diesem Ergebnis auch *Naumann*, Entstehen, WPg 1991, S. 531.

596 Vgl. zu den nachfolgenden Formulierungen ausführlicher *Moxter*, Umweltschutzrückstellungen, in: *Moxter* (Hrsg.), Rechnungslegung, 1992, S. 432.

rechtlichen Entstehens der Rekultivierungs- (oder bei der Erdölförderung: Verfüllungs-) pflicht erfordert.

Auf der Basis der hier erarbeiteten Grundsätze zur Periodenzuordnung zukünftiger Ausgaben[597] folgt aus den obigen Überlegungen, daß unter der Beachtung des Jahresabschlußzieles der vorsichtigen Ermittlung eines ausschüttungsfähigen Gewinns und unter Anwendung des Vorsichtsprinzips bei unbedingt fälligen Rekultivierungsverpflichtungen die zukünftigen Ausgaben tatsächlich bereits im Jahr der rechtlichen Entstehung passiviert werden müssen[598].

Nicht zulässig für Zwecke der Bilanzierung von Rekultivierungsverpflichtungen ist allerdings das bislang für Zwecke des Schuldenausweises in der Vermögensaufstellung angewandte Verfahren, wonach der voraussichtlich zu erfüllende Endbetrag der Verpflichtung zu schätzen und dann auf den jeweiligen Stichtag abzuzinsen[599] war[600].

(2) Periodisierung der Aufwandsrückstellungen

Die Periodisierung der Aufwandsrückstellungen wegen künftig noch durchzuführender Rekultivierungsmaßnahmen ist danach zu entscheiden, ob die zukünftig anfallenden Aus-

---

[597] Vgl. erneut die Ausführungen - insbesondere zur Frage des rechtlichen Entstehens vor der wirtschaftlichen Verursachung - im zweiten Teil dieser Arbeit, 2. Kapitel, Abschnitt I, Unterabschnitt B. 2. b).

[598] Nach *Kupsch*, Umweltlasten, BB 1992, S. 2327, entspricht bei den Rekultivierungsverpflichtungen die "Ansammlung des Rückstellungsbetrages nach Maßgabe des rechtlich entstandenen Verpflichtungsumfangs ... der erweiterten Fassung des Realisationsprinzips, das die Entstehung von Aufwand subsidiär an die Verwirklichung des rechtlichen Tatbestandes der zukünftigen Verpflichtung bindet".

[599] Die Abzinsung des zur Erfüllung der Verpflichtung zukünftig anfallenden Endbetrages wird auch vom BFH abgelehnt, da der Betrag der letztlich zu erfüllenden Verbindlichkeit auch nicht annähernd zu schätzen sei; zudem soll die Verteilung der zukünftigen Ausgaben über die Laufzeit zu einem ähnlichen Ergebnis führen wie die Abzinsung. Vgl. dazu das BFH-Urteil vom 19.2.1975 I R 28/73, BStBl. II 1975, S. 482; dem folgend *Tautorus*, Bemessung, WPg 1977, S. 323.

[600] Nach der vor dem 1.1.1993 geltenden Rechtslage waren Rekultivierungsrückstellungen in der Vermögensaufstellung nur abziehbar, soweit sie am Stichtag Bestand hatten. Nach herrschender Auffassung war ihre Abzugsfähigkeit nicht umstritten; wenn die Erfüllung der zugrundeliegenden Verpflichtung nicht innerhalb einer kurzen Zeitspanne (18 bzw. 24 Monate) abzusehen war, sollte der Erfüllungsbetrag abgezinst werden. Vgl. weiterführend dazu die gleichlautenden Erlasse der Obersten Finanzbehörden der Länder vom 21.4.1986, BStBl. I 1986, S. 260; das BMF-Schreiben vom 18.4.1980 IV B - S 2137 - 2/80, BStBl. I 1980, S. 230; den Erlaß des Finanzministers Nordrhein-Westfalen vom 15.4.1987, DStR 1987, S. 400; den Erlaß des Landes NRW vom 15.2.1981, S. 555. Vgl. auch die BFH-Urteile vom 11.5.1983 112-113/79, BStBl. II 1983, S. 657 f; vom 26.9.1975 III R 15/74, BStBl. II 1976, S. 110; vom 26.10.1970 III R 150/67, BStBl. II 1970, S. 82; vom 29.11.1968 III 237/64, BStBl. II 1969, S. 228. Vgl. weiterhin *Rössler/Troll*, Bewertungsgesetz, 1989, Anm. 35 zu § 103 BewG; *Glier*, in: *Moench/Glier/Knobel/Werner*, Bewertungs-, 1989, Anm. 1 zu § 103 BewG; *Gürsching/Stenger*, Bewertungsgesetz, 1988, Anm. 169 zu § 103 BewG; *Rudolph*, Rückstellungen, DB 1983, S. 577. Nach der nunmehr geänderten Rechtslage werden die für ertragsteuerliche Zwecke gebildeten Rückstellungen unverändert in die Vermögensaufstellung zu übernehmen sein.

gaben dem Geschäftsjahr oder einem früheren Geschäftsjahr zuzuordnen sind. Im vorliegenden Zusammenhang wird die Notwendigkeit der Rekultivierung durch eine vorhergegangene Substanzausbeute verursacht; insoweit sind nach dem Realisationsprinzip[601] die späteren Ausgaben den Umsätzen der Abbauperioden zuzurechnen[602]. Dementsprechend kann eine Rückstellung nicht gebildet werden für solche Rekultivierungsausgaben, die weder auf Außenverpflichtungen beruhen noch Erträge der vorangegangenen Perioden alimentiert haben.

2. *Rückstellungsbewertung*

a) Grundzüge der Bewertung

Rückstellungen sind - wie bereits ausgeführt[603] - gemäß § 253 I Satz 2 HGB nach vernünftiger kaufmännischer Beurteilung zu bewerten und somit in Höhe des Betrages (Erfüllungsbetrag[604]) zu bilden, mit dem der Bilanzierende voraussichtlich in Anspruch genommen werden wird[605]; dem ist für steuerliche Zwecke zu folgen[606]. Grundsätzlich ist dabei nun jedes Risiko und jede ungewisse Verpflichtung separat zu betrachten und mit dem voraussichtlichen Erfüllungsbetrag zu bewerten[607].

Eine Ausnahme liegt allerdings bezüglich der Verpflichtungen aus Bergschäden vor. Hier läßt die Rechtsprechung[608] auch eine Pauschalbewertung zu, da im Bereich der Bergschäden - bei denen ja auch bereits verursachte, aber noch nicht entstandene Schäden über eine Rückstellung erfaßt werden müssen - umfangreiche Erfahrungswerte über Anzahl, Ausmaß und Kosten zu erwartender Bergschäden vorliegen. Für Großzechen ist als Schätzverfahren das - auf Kleinzechen nicht übertragbare - sogenannte Rheinstahl-Heine-

---

601 Ebenfalls unter Rückgriff auf das Realisationsprinzip die Passivierung bejahend *Bartels*, Umweltrisiken, 1992, S. 226.
602 Mit diesem Ergebnis auch *Borstell*, Aufwandsrückstellungen, 1988, S. 245; *Eder*, Aufwandsrückstellungen, 1988, S. 136 f.
603 Vgl. dazu im zweiten Teil dieser Arbeit, 3. Kapitel, Abschnitt I.
604 Siehe zur Verwendung der Begriffe Rückzahlungsbetrag und Erfüllungsbetrag *Hüttemann*, Grundsätze, 1970, S. 62.
605 So auch *WP-Handbuch 1985/86*, Band II, 1986, S. 50. Dabei ist nach h.M. der wahrscheinlichste und nicht der ungünstigstenfalls zu erwartende Betrag anzusetzen; vgl. *Clemm/Nonnenmacher*, in: Beck'scher Bilanzkommentar, 1990, Anm. 155 zu § 253 HGB m.w.N.
606 Vgl. *Moxter*, Höchstwertprinzip, BB 1989, S. 945 ff.
607 Die eher als kurzfristig revolvierend zu betrachtenden Abraumbeseitigungsrückstellungen, die regelmäßig innerhalb des folgenden Wirtschaftsjahres nachzuholen sind, sollen hier vernachlässigt werden; sie sind in Höhe des vermutlich erforderlichen Betrages anzusetzen. Über die Schätzproblematik weiter hinausgehende Problemkreise sind nicht ersichtlich.
608 BFH-Urteil vom 26.2.1964 I 132/62 U, BStBl. III 1964, S. 333.

mann-Verfahren anerkannt[609], wonach aus den Bergschäden der vergangenen 10 - 15 Jahre der Betrag der zukünftigen Schäden hochgerechnet wird.

Mögliche Katastrophenschäden können bei der Bewertung von Rekultivierungsrückstellungen nicht in Betracht gezogen werden[610], vielmehr ist nur der regelmäßig zu erwartende Aufwand zu berücksichtigen.

Für eine Abzinsung der gemäß dem Realisations- und dem Vorsichtsprinzip anzusammelnden Rekultivierungsrückstellungen ist kein Raum gegeben; sie würde, wie bereits dargelegt[611], gegen das Realisationsprinzip verstoßen.

Da zukünftig befürchtete Preissteigerungen[612] regelmäßig nicht bei der Bewertung der (Ansammlungs-)Rückstellungen berücksichtigt werden können[613], muß es nach jeder Periode zu einer Korrektur des bisher schon passivierten Verpflichtungsumfangs um die Preissteigerungen kommen, die in der abgelaufenen Periode eingetreten sind; dazu ist der Bilanzierende durch das Höchstwertprinzip gezwungen. Würde eine solche Korrektur nicht fortlaufend durchgeführt, so käme es im letzten Wirtschaftsjahr vor der Verpflichtungserfüllung zu einer geballten ergebniswirksamen Nachholung aller aufgelaufenen Preissteigerungen; von einer vorsichtigen Ermittlung des Umsatzgewinns könnte insoweit nicht mehr gesprochen werden.

b)   Sonderprobleme der Bewertung

(1)   Konkrete Wertzumessung

Die konkreten Wertansätze, die bei Rekultivierungsmaßnahmen u.a. davon abhängen dürften, ob nach der Maßnahme eine land- oder eine forstwirtschaftliche Nutzung angestrebt ist, werden wohl nur durch Schätzung im Einzelfall - z.B. durch Anwendung von Erfahrungswerten, die differenziert nach der später angestrebten Nutzungsart auf den jeweils zu rekultivierenden Quadratmeter bezogen sein können - zu ermitteln sein[614]. Bei

---

609 Vgl. dazu FG Münster, Urteil vom 28.9.1972 VI 725/70 F, EFG 1973, S. 59 f.

610 Vgl. zur Erfasung von Katastrophenschäden erneut das BFH-Urteil vom 26.2.1964 I 139/62 U, BStBl. III 1964, S. 333 f.

611 Vgl. die Ausführungen im 2. Teil dieser Arbeit, 3. Kapitel, Abschnitt I., Unterabschnitt B. 4.

612 Vgl. *Pfleger*, Bilanzierungsprobleme, DB 1981, S. 1687.

613 Vgl. dazu auch die Ausführungen im 2. Teil dieser Arbeit, 3. Kapitel, Abschnitt I., Unterabschnitt B. 3.; so auch *Burger*, Zulässigkeit, StBp 1981, S. 29; *Tautorus*, Bemessung, WPg 1977, S. 321 f.

614 Dabei dürfte sich als geeignete Methode wohl die von *Michels*, Modelle, 1987, S. 102 f, beschriebene Methode herausstellen, wonach die einzelnen Kostenbestandteile der Gesamtrekultivierungsmaßnahme in Anlehnung an die bei einer Rekultivierung zu ergreifenden Einzelmaßnahmen separat - auf der Basis von Erfahrungswerten - geschätzt und die Kosten der Einzelschritte dann aufsummiert werden.

den Rekultivierungsverpflichtungen im eigentlichen Sinne könnte ein Anhaltspunkt für die Höhe der Rückstellung möglicherweise aus dem einzureichenden Abgrabungsplan abgeleitet werden, der gemäß § 4 II Nr. 4 AbgrG NRW eine Schätzung der für die Oberflächengestaltung und Wiedernutzbarmachung des Abbaugeländes entstehenden Kosten enthalten soll. Eventuell anfallende Auffüll- und Verfüllungskosten müßten im wesentlichen nach dem zu verfüllenden (Hohl-)Raum bemessen werden[615].

(2) Verrechnung mit Kippgebühren

Bei Unternehmen, die Rekultivierungsverpflichtungen im Sinne von Wiederauffüllungen - z.B. bei Kiesgruben - zu erfüllen haben, wird sich häufig die Situation einstellen, daß andere Unternehmer Interesse daran haben, Auffüllmaterial (beispielsweise Bodenaushub oder auch Bauschutt) dort abzukippen und insoweit dann auch bereit sind, dafür Kippgebühren zu entrichten. Diese Einnahmen stehen nun zwar in engem tatsächlichen Zusammenhang mit der Rekultivierungsmaßnahme, nicht aber mit den Aufwendungen aus der Verpflichtung[616]. Daher ist, wie auch der BFH mit Urteil vom 16.9.1970[617] entschieden hat, eine Saldierung der zu erwartenden Kippgebühren mit der Rückstellung nicht zulässig, da es ansonsten zu einer gegen die GoB verstoßenden Verrechnung der Verpflichtung mit noch nicht realisierten Gewinnen käme; diesem Ergebnis ist uneingeschränkt zuzustimmen[618].

(3) Unternehmensrentabilität

Nach dem rechtskräftigen Urteil des FG Nürnberg vom 22.10.1976[619] sollen bei der Wertfindung einer Rückstellung für Rekultivierungsverpflichtungen auch die wirtschaftlichen Verhältnisse des verpflichteten Unternehmens berücksichtigt werden, da eine erdrosselnde Wirkung nicht Ergebnis der öffentlich-rechtlichen Verpflichtung zur Vornahme von notwendig werdenden Rekultivierungsmaßnahmen sein könne[620], wenn mit der Ge-

---

615 Die Einholung von Sachverständigengutachten oder von Kostenvoranschlägen durch mit der späteren Rekultivierung möglicherweise beauftragte Unternehmen kann dabei hilfreich sein, darf allerdings nicht als zwingende Voraussetzung für die Passivierung verlangt werden.

616 So auch der BFH im Urteil vom 16.9.1970 I R 184/67, BStBl. II 1971, S. 87: "Die künftigen Ausgaben werden nicht deshalb niedriger sein, weil der Kläger aus der Erlaubnis an Dritte, Schutt abzuladen, Einnahmen erzielt".

617 I R 184/67, BStBl. II 1971, S. 85 ff. Diesem Urteil wohl zustimmend das BFH-Urteil vom 16.12.1992 XI R 42/89, BB 1993, S. 826.

618 So auch *Institut "Finanzen und Steuern"*, Rekultivierungsrückstellungen, 1990, S. 20.

619 III 56/76, EFG 1977, S. 156 ff.

620 Dieser m.E. unzutreffenden Lösung zustimmend *Sauer*, Rekultivierungsverpflichtungen, StBp 1977, S. 210.

fährdung der Existenz des Unternehmens zugleich auch der gesamte Erfolg aus der Rekultivierungsverpflichtung gefährdet wäre.

Dieser Einwand dürfte unter Umweltschutzgesichtspunkten nicht völlig abwegig sein. Gleichwohl ist er aber durch das geltende Bilanzrecht nicht gedeckt[621], da ansonsten ertragsstarke Unternehmen aufwendigere und umfangreichere Rekultivierungsmaßnahmen zu passivieren hätten als unrentable; insoweit erübrigt sich hier eine nähere Betrachtung.

(4) Dauerinstandhaltungs- und Betriebskosten

Die Durchführung einer Rekultivierungsmaßnahme kann dazu führen, daß auch nach Beendigung der eigentlichen Maßnahme noch Ausgaben für die Dauerinstandhaltung anfallen werden[622]. Dies sollte insbesondere dann der Fall sein, wenn bei Tagebaubetrieben sich neu bildende Biotope und Baggerseen vom dazu verpflichteten Eigentümer erhalten und gesichert werden müssen[623].

Nach den im zweiten Teil dieser Arbeit[624] vorgestellten Überlegungen muß eine Berücksichtigung dieser Ausgaben bei der Bewertung von Rekultivierungsrückstellungen erfolgen, wenn die wirtschaftliche Verursachung dieser Dauerinstandhaltungsverpflichtungen in den abgelaufenen Perioden liegt[625]. M.E. sind die entsprechenden Ausgaben bei der Bewertung der Rekultivierungsrückstellung also zu berücksichtigen, soweit sie nach den hier erarbeiteten Grundsätzen den Umsätzen der Abbauperioden zugerechnet werden können, denn insoweit wird die in den zukünftigen Dauerinstandhaltungskosten enthaltene wirtschaftliche Last nicht durch einwandfrei zurechenbare künftige Erträge kompensiert[626].

---

621 So auch *Institut "Finanzen und Steuern"*, Rekultivierungsrückstellungen, 1990, S. 22.

622 Für die jeweils sachverhaltsabhängige Beurteilung dieser Frage *Glade*, Rechnungslegung, 1986, Tz. 758 zu § 249 HGB.

623 So *Burger*, Zulässigkeit, StBp 1981, S. 27. *Wassermann/Teufel*, Rekultivierungskosten, DB 1983, S. 2005, beziehen in ihrem Zahlenbeispiel ebenfalls die Kosten der gärtnerischen Nachsorge in die Rückstellungsbemessung mit ein.

624 Vgl. die Ausführungen im 2. Teil dieser Arbeit, 3. Kapitel, Abschnitt I., Unterabschnitt B. 6.

625 *Burger*, Zulässigkeit, StBp 1981, S. 29, zieht hier eine Parallele zu den Rückstellungen für Schachtversatz und kommt zu dem Ergebnis, daß die Dauerinstandhaltungsverpflichtung bereits mit Aufschluß der Grube wirtschaftlich verursacht ist. Insoweit könnte, anders als hier, wo diese Problematik der Frage der Bewertung zugeordnet wird, auch von einem eigenen Rückstellungstatbestand ausgegangen werden. Wegen der sachlichen Nähe zu der grundlegenden Rekultivierungsverpflichtung erscheint die hier getroffene Zuordnung aber zweckmäßig.

626 Vgl. dazu *Moxter*, Umweltschutzrückstellungen, in: *Moxter* (Hrsg.), Rechnungslegung, 1992, S. 432.

3. Ausweis als sonstige finanzielle Verpflichtung

Der Ausweis von Rekultivierungsmaßnahmen im Anhang der Jahresabschlüsse der Kapitalgesellschaften aufgrund der Vorschrift des § 285 Nr. 3 HGB wird nur in Ausnahmefällen möglich sein.

Unter Berücksichtigung der Tatsache, daß der Bereich der Rekultivierungsverpflichtungen in der Regel durch zahlreiche gesetzliche Vorschriften bereits umfassend geregelt ist und daher in der Mehrzahl aller Fälle eine Verbindlichkeitsrückstellung bilanziert werden muß, kann der Anwendungsbereich hier nur sehr gering sein.

Von der Regelung erfaßt werden unterlassene Rekultivierungsmaßnahmen im weiteren Sinne, für die lediglich eine innerbetriebliche Notwendigkeit, aber keine (Dritt-) Verpflichtung bestand und für die keine Aufwandsrückstellung bzw. auch keine Abraumbeseitigungsrückstellung gemäß § 249 I Satz 2 Nr. 1 HGB gebildet wurde; ebenso erfaßt werden wohl eigene Aufwendungen für Rekultivierung, die erst durch Abbau in späteren Wirtschaftsjahren verursacht werden, denen sich die Kapitalgesellschaft aber zukünftig nicht entziehen kann, wenn sie keinen erheblichen Wettbewerbsnachteil erfahren will[627].

Zieht man eine Parallele zu den ausdrücklich durch diese Vorschrift zu erfassenden begonnenen Investitionsvorhaben[628], so bleibt im Ergebnis unter Beachtung der Zielsetzung der Vorschrift, die in der Darstellung der Einschränkung des zukünftigen finanziellen Spielraums der Kapitalgesellschaft liegt, festzuhalten, daß hauptsächlich in den Fällen, in denen bereits eine vertragliche Vereinbarung mit einem die Rekultivierung durchführenden Drittunternehmen existiert, die zukünftige Belastungen der Finanzlage - allerdings ohne daß ein Verlust daraus droht[629] - mit sich bringt, ein entsprechender Anhangsausweis vorstellbar erscheint. Der Ausweis von Rekultivierungsmaßnahmen unter den sonstigen finanziellen Verpflichtungen steht in jedem Einzelfall allerdings noch unter dem Vorbehalt, daß der Betrag der zu erwartenden Aufwendungen wesentlich ist und insoweit den geschäftsüblichen Rahmen überschreitet.

Der Umfang des Anhangsausweises bemißt sich nach den voraussichtlich zu erwartenden Kosten der Maßnahme, die durch eine vorsichtige Schätzung zu ermitteln sind. Es wird

---

627 Vgl. *Adler/Düring/Schmaltz*, Rechnungslegung, 5. Aufl., 1990, Tz. 58 zu § 285 HGB.
628 Vgl. *Clemm/Elrott*, in: Beck'scher Bilanzkommentar, 1990, Anm. 21 ff zu § 285 HGB.
629 Mit diesem Ergebnis wohl auch *Adler/Düring/Schmaltz*, Rechnungslegung, 5. Aufl., 1990, Tz. 44 zu § 285 HGB.

die nicht abzuzinsende Summe der Erfüllungsbeträge der (Rekultivierungs-)Verpflichtung anzusetzen sein[630].

III. Verpflichtungen im Zusammenhang mit Abfällen und Reststoffen

A. Einführung in die Problematik

Nachdem nun schon Fragen der Sanierung von Abfallablagerungen (Alt- oder Betriebslasten) sowie solche der Rekultivierung von ortsfesten Abfallentsorgungsanlagen grundlegend untersucht worden sind, sollen nachfolgend nur noch die der laufenden (Produktions-)Tätigkeit des Unternehmens zuzurechnenden Verpflichtungen im Zusammenhang mit Abfällen[631] und Reststoffen[632] betrachtet werden, die - unter dem Aspekt der Rückstellungsentwicklung im Zeitablauf - im Gegensatz zu den sich eher langfristig kumulierenden Rekultivierungsverpflichtungen als kurzfristig revolvierende Verpflichtungen gekennzeichnet werden können[633]. Hierbei kommen - insbesondere in Anlehnung an das geltende Abfallrecht - Verpflichtungen zur

- Abfallvermeidung, zur
- Abfallverwertung und zur
- Abfallbeseitigung

in Betracht. Nachfolgend nicht näher vorgestellt werden sollen allerdings die spezialgesetzlich normierten Verpflichtungen zur Beseitigung nuklearer Abfälle und Anlagen, denen mit Rückstellungen wegen kerntechnischer Risiken Rechnung zu tragen ist[634].

---

630 Vgl. zur Bewertung der sonstigen finanziellen Verpflichtungen auch die Ausführungen im 2. Teil der vorliegenden Untersuchung, 3. Kapitel, Abschnitt II.

631 Vgl. ausführlich zum Abfallbegriff im (europäischen) Abfallrecht *Fluck*, Abfallbegriff, DVBl. 1993, S. 590 ff.

632 Während Abfälle durch die Anwendung des - nachfolgend noch erläuterten - subjektiven oder objektiven Abfallbegriffs gekennzeichnet sind, müssen unter Reststoffen solche Stoffe (Wirtschaftsgüter) verstanden werden, die noch nicht unter den Abfallbegriff fallen, da sie noch verwertbar sind. Vgl. dazu auch *Reinhard*, Umweltschutz, in: *Busse von Colbe* (Hrsg.), Lexikon des Rechnungswesens, 1991, S. 555.

633 Vgl. zu dieser Unterscheidung auch *Esser*, in: *Herzig/Esser*, Erfüllungsrückstände, DB 1985, S. 1301.

634 Vgl. stattdessen ausführlich *Naumann*, Bewertung, 1989, S. 302-309; *Reinhard*, Bildung, Energiewirtschaftliche Tagesfragen 1982, S. 657 ff; *ders.*, Rückstellungen, in: *Baetge* (Hrsg.), Rechnungslegung, 1987, S. 12 ff; *ders.*, Beurteilung, in: *Domsch/Eisenführ/Ordelheide/Perlitz* (Hrsg.), Unternehmenserfolg, 1988, S. 329 ff; *ders.*, Umweltrisiken, in: *IDW* (Hrsg.), Fachtagung, 1989, S. 351 ff; auch *Reinhard/Schmidt*, Entsorgung, BFuP 1984, S. 120 ff.

Die praktische Relevanz der Verpflichtungen zur Abfallvermeidung und -entsorgung[635] sollte ebensowenig erläuterungsbedürftig sein wie deren materielle Bedeutung, da von derartigen Verpflichtungen (beinahe) alle bilanzierenden Unternehmen betroffen sind, so daß (insbesondere im Gegensatz zu den Rekultivierungsrückstellungen) hier zunächst der Bezug zu einer bestimmten Branche allein nicht aufgezeigt werden kann; schließlich knüpft das Abfallrecht an den Besitz von Abfällen als verpflichtungsbegründenden Tatbestand an[636].

Im Zuge der aktuellen Gesetzgebung wird nun das Ziel verfolgt, über Änderungen bzw. Neufassungen der bestehenden Gesetze und den Erlaß von Rechtsverordnungen den Regelungsschwerpunkt weg von der Abfallentsorgung (Verwertung sowie Beseitigung) und hin zur Abfallvermeidung zu verlagern. Auf der Ebene der rechnungslegenden Unternehmen stellt sich in diesem Zusammenhang die Frage, ob und wie sich Abfallentsorgungsverpflichtungen einerseits und Abfallvermeidungsverpflichtungen andererseits bilanziell niederschlagen können bzw. müssen. Insofern sind die in diesem Abschnitt zu betrachtenden Verpflichtungen auf der Nahtstelle zwischen Nachsorge- (Alt- oder Betriebslastensanierung, Rekultivierung) und Vorsorgeverpflichtungen (Anpassungsverpflichtungen) angesiedelt, denn die Abfallentsorgung muß im Gegensatz zur Abfallvermeidung als Maßnahme der Nachsorge verstanden werden.

B. Rückstellungsrelevanz

Die Fragen der Bilanzierung von Verpflichtungen in Zusammenhang mit Reststoffen und insbesondere mit Abfällen sind wohl nicht ernsthaft umstritten[637]; daher soll nachfolgend nur eine knappe Darstellung der Ergebnisse erfolgen, die sich unter Anwendung des hier erarbeiteten Instrumentariums einstellen.

---

635 Abfallentsorgung umfaßt insbesondere "das Gewinnen von Stoffen oder Energie aus Abfällen (Abfallverwertung) und das Ablagern von Abfällen sowie die hierzu erforderlichen Maßnahmen des Einsammelns, Beförderns, Behandelns und Lagerns"; so auch § 1 II AbfG.

636 Allerdings kann auch der Vermieter als Eigentümer eines Grundstückes - obwohl er überhaupt nicht als Abfallbesitzer anzusehen ist - zur Entfernung der Abfälle von seinem Grundstück verpflichtet werden, soweit der Mieter grundwassergefährdende Abfälle dort lagert; vgl. dazu das Urteil des BVerwG vom 18.10.1991 - 7 C 2/91, NWB (Eilnachrichten) Fach 1, S. 371.

637 Vgl. jeweils die kurzen Ausführungen bei *Herzig*, Rückstellungen, DB 1990, S. 1348; *Günkel*, Rückstellungen, in: *Herzig* (Hrsg.), Umweltschutz, 1991, S. 51; diesen folgend *Bartels*, Umweltrisiken, 1992, S. 192 f. Vgl. auch *Klein*, Umweltschutzmaßnahmen, DStR 1992, S. 1775; *Rurup*, Rückstellungen, in: *Moxter* (Hrsg.), Rechnungslegung, 1992, S. 537 f; *Ballwieser*, Passivierung, in: *IDW* (Hrsg.), Fachtagung, 1992, S. 142.

1. Ansatz

a) Verbindlichkeitsrückstellungen

(1) Periodisierung

Bei der Periodenzuordnung solcher zukünftig noch anfallender Ausgaben, die mit der Entsorgung bereits entstandener Abfälle in Zusammenhang stehen, handelt es sich um die Rückstellungsbildung aufgrund eines bestehenden Erfüllungsrückstandes; diese ist nach den vorstehend erörterten Periodisierungskriterien zweifelsfrei vorzunehmen. Denn es sind insoweit nur Fälle vorstellbar, in denen die wirtschaftliche Verursachung zeitgleich mit der rechtlichen Entstehung oder aber zeitlich vor der rechtlichen Entstehung anzunehmen ist. Insoweit muß nach unbestrittener Auffassung für die Rückstellungsbildung wegen gegebenem Erfüllungsrückstand auf den Zeitpunkt der wirtschaftlichen Verursachung abgestellt werden[638].

Scheitern sollte hingegen eine Rückstellungsbildung aufgrund von (unter Umweltschutzaspekten zweifellos wünschenswerten) Abfallvermeidungsverpflichtungen, soweit eben noch keine Abfälle angefallen sind und somit nur die Menge oder Gefährlichkeit der Abfälle zukünftiger Perioden reduziert werden soll, da insofern das Kriterium der wirtschaftlichen Verursachung ebensowenig erfüllt ist wie das der rechtlichen Entstehung. Dies gilt insbesondere für integrierte Maßnahmen zur Abfallreduktion (z.B. Änderungen des Produktionsprozesses), da die in diesem Zusammenhang anfallenden (Mehr-)Aufwendungen eindeutig durch die Produktion in zukünftigen Perioden bedingt und somit auch diesen Perioden zuzurechnen sind.

(2) Objektivierung

(a) Verbindlichkeitsrückstellungen auf privatrechtlicher Basis

Rückstellungen aufgrund privatrechtlich begründeter Abfallentsorgungs- und -vermeidungsverpflichtungen sind nur in Ausnahmefällen vorstellbar[639]. Einerseits könnten vertragliche Verpflichtungen insbesondere aufgrund von Vereinbarungen über Maßnahmen der Durchführung der Abfallentsorgung bestehen[640]; daraus sollten dann aber

---

638 Vgl. bspw. *Rürup*, Rückstellungen, in: *Moxter* (Hrsg.), Rechnungslegung, 1992, S. 537 f.

639 Diese sind - nach derzeitigem Kenntnisstand - bislang auch im Schrifttum noch nicht thematisiert worden.

640 Dies wird dann der Fall sein, wenn sich ein zur Entsorgung verpflichteter Sonderabfallbesitzer der Dienste Dritter (z.B. privater Entsorgungsunternehmen) bedient.

höchstens Drohverlustrückstellungen resultieren, die hier nicht Gegenstand der Untersuchung sind.

Andererseits könnten privatrechtliche Ansprüche auch aus dem bereits erörterten Nachbarschaftsrecht (§§ 906 und 1004 BGB) abgeleitet werden: Wenn z.b. die Benutzung eines Grundstückes wesentlich dadurch beeinträchtigt ist, daß aufgrund einer nicht ortsüblichen Benutzung eines anderen Grundstückes (hier: z.b. durch unsachgemäße Abfallagerung) insbesondere Gase, Gerüche oder ähnliches zugeführt werden, kann der Grundstückseigentümer gemäß § 906 BGB diese Zuführung verbieten und somit möglicherweise eine Beseitigung der die Benutzung beeinträchtigenden Abfälle erzwingen. Gemäß § 1004 BGB kann der Eigentümer (hier: insbesondere eines Grundstückes) von demjenigen, der als Störer anzusehen ist (hier: Abfallbesitzer), die Beseitigung der Beeinträchtigung des Eigentums verlangen; insoweit könnte wohl auch aus dieser Norm in Einzelfällen ein Anspruch auf Abfallbeseitigung abgeleitet werden, soweit aus der Existenz des Abfalls eben eine Beeinträchtigung des Eigentums resultiert oder weitere Beeinträchtigungen zu befürchten sind.

Soweit sich diese privatrechtlich begründeten nun mit den nachfolgend betrachteten öffentlich-rechtlich begründeten Verpflichtungen decken oder überschneiden, gilt das insbesondere zur Fallgruppe Altlasten[641] ausgeführte: Es ist der Verpflichtung bilanziell Rechnung zu tragen, die die höheren zukünftigen Ausgaben erfordert.

(b)   Verbindlichkeitsrückstellungen auf öffentlich-rechtlicher Basis

Die Objektivierung einer öffentlich-rechtlichen Verpflichtung in Zusammenhang mit Abfällen und Reststoffen ergibt sich nach der hier vertretenen Auffassung durch die Erfüllung des Kriteriums der *Mindestkonkretisierung*, welche entweder aufgrund eines Verwaltungsaktes oder aufgrund einer gesetzlichen Vorschrift zu bejahen sein kann. Liegt bei bereits erfolgter Verwirklichung eines einschlägigen Lebenssachverhaltes ein Verwaltungsakt vor, der ein konkretes Abfall- oder Reststoffentsorgungshandeln fordert, oder droht zumindest das Ergehen eines solchen Verwaltungsaktes, so ist dem durch die Bildung einer Rückstellung Rechnung zu tragen. Da derartige Fälle unproblematisch sind, sollen nachfolgend nur noch die Verpflichtungen aufgrund gesetzlicher Vorschriften näher

---

641   Vgl. dazu die Vorbemerkung in Abschnitt I., Unterabschnitt B. 1. a) (1) (b), im 2. Kapitel dieses Teils der vorliegenden Untersuchung.

betrachtet werden, also z.B. Verpflichtungen aufgrund des Abfallgesetzes des Bundes[642] oder aufgrund des BImSchG.

(11) Abfallrechtlich begründete Verpflichtungen

Gemäß § 3 I AbfG ist der Abfallbesitzer zur Überlassung der Abfälle an die Entsorgungspflichtige, nämlich eine nach Landesrecht zuständige Körperschaft des öffentlichen Rechts, (oder an einen von ihr beauftragten Dritten) verpflichtet[643]. Daraus resultiert nun zunächst keine den Abfallbesitzer unmittelbar betreffende Verpflichtung zur Vornahme von Entsorgungshandlungen, welche über das Bereitstellen (insbesondere Einsammeln und Zusammentragen) der Abfälle hinausgehen, sondern für ein bilanzierendes Unternehmen eben nur eine Verpflichtung zur Abfallüberlassung (und zur Entrichtung der von den beseitigungspflichtigen Körperschaften erhobenen Gebühren)[644].

Daneben bestimmen aber der § 3 III AbfG, daß die beseitigungspflichtigen Körperschaften solche Abfälle von der Entsorgung ausschließen können, die nicht mit den in Haushaltungen anfallenden Abfällen entsorgt werden können, und daran anknüpfend der § 3 IV AbfG, daß in diesen Fällen der Abfallbesitzer zur Entsorgung verpflichtet ist. Somit wird im Abfallgesetz - doch noch mit Auswirkung für die bilanzierenden Unternehmen - das Erreichen eines Handlungszieles (Vornahme einer Entsorgungshandlung) vorgeschrieben; davon betroffen ist aber nur ein Teil der Abfälle, nämlich der Komplex der sogenannten Sonderabfälle[645]. Kommt der insoweit Verpflichtete seiner Verpflichtung nicht nach, so stellt die sich dann ergebende unzulässige Lagerung oder Ablagerung von Abfällen eine Ordnungswidrigkeit i.S.d. § 18 I Nr. 1 AbfG dar.

---

642 Die Abfallgesetze der Länder können in diesem Zusammenhang vernachlässigt werden; sie enthalten - außer den bereits betrachteten Sonderregelungen betreffend die Altlasten - im wesentlichen konkretisierende Vorschriften (Vollzugsvorschriften) bezüglich der Bestimmung der entsorgungspflichtigen Körperschaften und der Behördenzuständigkeiten.

643 Vgl. zum neuen Abfallgesetz *Schweer*, Abfallgesetz, DB 1986, S. 2371 ff. Vgl. zum Recht der Abfallentsorgung auch *Hoppe/Beckmann*, Umweltrecht, 1989, S. 468 ff.

644 Diese Konstruktion ist vom Gesetzgeber im Sinne einer geordneten Abfallbeseitigung gewählt worden, um eine Beeinträchtigung des Wohles der Allgemeinheit zu vermeiden.

645 Der Begriff der Sonderabfälle soll diejenigen Abfälle kennzeichnen, die nach ihrer Art und Menge nicht zusammen mit den in Haushaltungen anfallenden Abfällen entsorgt werden können; dazu sollten vor allem die - regelmäßig schwierig zu entsorgenden - Abfälle aus der industriellen Produktion zählen. Davon zu unterscheiden sind die gefährlichen Abfälle i.S.d. § 2 II AbfG, die sich durch bestimmte Eigenschaften (z.B. gesundheits- oder wassergefährdend, explosibel oder brennbar) oder ihre Herkunft (z.B. gewerbliche Wirtschaft) auszeichnen und die in der Regel zu den Sonderabfällen zu rechnen sind. Vgl. zu landesrechtlichen Regelungen angelegten - Begriffsprägung *Kloepfer*, Umweltrecht, 1989, S. 691 u. 705 m.w.N. An die Entsorgung der gefährlichen Abfälle sind nach Maßgabe des Abfallgesetzes besondere Anforderungen zu stellen; so ist bspw. eine Nachweis- und Anzeigepflicht vorgesehen (z.B. gemäß § 11 III AbfG das Führen eines Nachweisbuches).

Vom Abfallgesetz nicht erfaßt sind Abwässer und Kernbrennstoffe[646], auch wenn sie als Abfall im Sinne des nachfolgend erläuterten Abfallbegriffs anzusehen sind, da diesbezüglichen sondergesetzlichen Regelungen der Vorrang zukommt. Demgegenüber finden aber gemäß § 5a I AbfG die Vorschriften des Abfallgesetzes auch dann Anwendung auf Altöle, wenn diese nicht Abfälle im Sinne des Abfallgesetzes sind[647]. Gemäß § 5b AbfG sind die Vertreiber von Verbrennungsmotoren- und Getriebeölen zum Hinweis auf die Pflicht zur geordneten Entsorgung und insbesondere zur kostenlosen Rücknahme (einer begrenzten Menge) entsprechender gebrauchter Öle verpflichtet; Verstöße sind insoweit auch gemäß § 18 I, II AbfG als Ordnungswidrigkeiten mit einer Geldbuße belegt.

Der Abfallbegriff enthält nun zwei "alternativ-kombinierte Tatbestände"[648], nämlich eine subjektive und eine objektive Komponente. Da hier aus Raumgründen weder der subjektive noch der objektive Abfallbegriff erschöpfend abgeleitet werden kann, soll eine kurze Kennzeichnung genügen[649]; Grundvoraussetzung ist in beiden Fällen, daß eine bewegliche Sache vorliegt. Darüberhinaus setzt der subjektive Abfallbegriff voraus, daß der Besitzer einer Sache sich ihrer bewußt entledigen will und sich dieser Entledigungswille in irgendeiner Weise geäußert hat. Soweit allerdings geltend gemacht wird, daß eine spätere Verarbeitung der Sache beabsichtigt ist, kommt der subjektive Abfallbegriff nicht zum Zuge. Stattdessen kann aber aufgrund des objektiven Abfallbegriffes gleichwohl hinsichtlich dieser Sache Abfall vorliegen, nämlich dann, wenn die geordnete Entsorgung einer Sache zur Wahrung des Wohles der Allgemeinheit geboten ist; diese Voraussetzung kann insbesondere bei Produktionsrückständen gegeben sein[650]. Vom Abfallbegriff abzugrenzen ist der abfallrechtlich nicht definierte "Gegenbegriff" des Wirtschaftsgutes. Wirtschaftsgüter sollen insbesondere dann vorliegen, wenn und solange bewegliche Sachen noch gebraucht werden, auch wenn diese nach Außerbetriebnahme als Abfall angesehen werden können oder sogar müssen[651]. Allerdings liegen selbst nach Außerbetriebnahme dann Wirtschaftsgüter vor, wenn sogenannte Reststoffe noch verwertbar sind und auch verwertet werden sollen; diese Reststoffe werden von den Vorschriften des Abfallgesetzes erst erfaßt, wenn sie zu Abfall werden.

---

646 Vgl. zu Rückstellungen wegen kerntechnischer Risiken ausführlich *Naumann*, Bewertung, 1989, S. 302-309.

647 Insoweit kommt es zu einer Erweiterung des (nachfolgend noch näher erläuterten) objektiven Abfallbegriffs. Vgl. zur Altölwiederverwertung *Eder*, Grundlagen, DB 1993, S. 755 ff.

648 *Kloepfer*, Umweltrecht, 1989, S. 684.

649 Ausführlicher bspw. *Schink*, Abfallrechtliche, DVBl. 1985, S. 1151; *Hösel/von Lersner*, Recht der Abfallbeseitigung, 1990/92, Kommentierung zu § 1 I AbfG; *Kloepfer*, Umweltrecht, 1989, S. 684 ff.

650 Vgl. erneut *Schink*, Abfallrechtliche, DVBl. 1985, S. 1152 f; vgl. auch das Urteil des BVerwG vom 24.6.1993 - 7 C 11/92, BB 1993, S. 2409.

651 Vgl. ausführlicher dazu *Reinhard*, Umweltrisiken, in: *IDW* (Hrsg.), Fachtagung, 1989, S. 359.

Aus dieser Sachlage ergibt sich hinsichtlich der Rückstellungsbildung unter Objektivierungsaspekten folgende Beurteilung: Soweit ein bilanzierendes Unternehmen als Abfallbesitzer und somit als Entsorgungsverpflichteter im Sinne des Abfallrechts anzusehen ist, muß dem durch eine Rückstellungsbildung Rechnung getragen werden, da hier eine gesetzliche Vorschrift das Erreichen eines bestimmten Handlungszieles (Entsorgung der Abfälle) vorschreibt; durchsetzbar ist diese Verpflichtung, weil Zuwiderhandlungen als Ordnungswidrigkeiten geahndet werden können. Im Ergebnis ist daher die *Mindestkonkretisierung durch gesetzliche Vorschrift für das Bestehen einer Verpflichtung* gegeben; die Existenz einer Entsorgungsverpflichtung auf der abstrakten Ebene muß bejaht werden. Soweit dann auf der tatsächlichen Ebene Abfälle vorliegen, hinsichtlich derer der Abfallbesitzer zur Entsorgung verpflichtet ist, besteht eine rückstellungsbegründende ungewisse Verbindlichkeit; von diesem Ergebnis weichen die im Fachschrifttum vertretenen Auffassungen nicht ab[652]. Das Vorliegen der Wahrscheinlichkeit der Inanspruchnahme sollte regelmäßig anzunehmen sein.

Allerdings erstreckt sich die Passivierungspflicht nicht nur auf Verpflichtungen zur Entsorgung von solchen beweglichen Sachen, die als Abfall anzusehen sind; vielmehr sind Rückstellungen auch zu bilden wegen solcher Reststoffe, die am Bilanzstichtag zwar noch als Wirtschaftsgüter anzusehen sind, für die aber zugleich am Bilanzstichtag keine Verwertungsabsicht mehr besteht[653]. Insoweit muß vom wahrscheinlichen Entstehen einer Verpflichtung, bei der die Unsicherheit aus der tatsächlich noch nicht vollständig erfolgten Erfüllung des gesetzlich formulierten Tatbestandes hervorgeht (hier: es liegt noch kein Abfall im Sinne des Abfallgesetzes vor), ausgegangen werden, welches unter Objektivierungsaspekten zur Passivierung ausreicht[654]. Soweit jedoch Wirtschaftsgüter vorliegen, für die noch eine Verwertungsabsicht besteht, sollte es regelmäßig auf der tatsächlichen Ebene an der Wahrscheinlichkeit des Entstehens einer Entsorgungsverpflichtung fehlen und eine Rückstellungsbildung somit unter Objektivierungsaspekten ausscheiden[655].

---

652 Vgl. bspw. *Herzig*, Rückstellungen, DB 1990, S. 1348; *Klein*, Umweltschutzmaßnahmen, DStR 1992, S. 1775; *Rürup*, Rückstellungen, in: *Moxter* (Hrsg.), Rechnungslegung, 1992, S. 537 f. *Günkel*, Rückstellungen, in: *Herzig* (Hrsg.), Umweltschutz, 1991, S. 51, weist ausdrücklich darauf hin, daß für die am Bilanzstichtag vorhandenen Abfälle eine Rückstellung selbst bei Zugrundelegung der restriktiven BFH-Rechtsprechung zu bilden ist.

653 So bspw. auch *Reinhard*, Umweltrisiken, in: *IDW* (Hrsg.), Fachtagung, 1989, S. 359.

654 Unter Periodisierungsaspekten wird die wirtschaftliche Verursachung im abgelaufenen Wirtschaftsjahr regelmäßig zu bejahen sein. Zugleich ist festzustellen, daß die - unter dem Aspekt der vorsichtigen Ermittlung eines ausschüttungsfähigen Gewinns zu fordernde - Ansammlung von zukünftig möglicherweise anfallenden Entsorgungsaufwendungen über die Perioden der Nutzung der erst später zu Abfall werdenden beweglichen Sachen am Objektivierungserfordernis scheitern sollte. So wohl auch *Reinhard*, Umweltrisiken, in: *IDW* (Hrsg.), Fachtagung, 1989, S. 360.

655 Ebenfalls hinsichtlich noch in Gebrauch befindlicher Wirtschaftsgüter eine Rückstellungsbildung unter Objektivierungsaspekten ausschließend *Reinhard*, Umweltschutz, in: *Busse von Colbe* (Hrsg.), Lexikon des Rechnungswesens, 1991, S. 555.

Übertragen auf den Beispielfall der Altreifen, zu dem die Finanzverwaltung kürzlich Stellung bezogen hat[656], ergibt sich nach der hier vertretenen Auffassung folgende Beurteilung: Aufgrund der gegebenen *Mindestkonkretisierung durch gesetzliche Vorschrift für das Bestehen einer Verpflichtung* muß die Existenz einer Entsorgungsverpflichtung auf der abstrakten Ebene bejaht werden. Soweit dann auf der tatsächlichen Ebene ein Lebenssachverhalt verwirklicht worden ist, an den das Gesetz eine Verpflichtung knüpft, ist eine Rückstellung zu bilanzieren; ebenso kann zu passivieren sein, wenn die Verwirklichung des verpflichtungsbegründenden Sachverhaltes wahrscheinlich ist. Altreifen stellen nun aber nicht zwangsläufig Abfall im Sinne des Abfallgesetzes dar[657]; vielmehr können sie als Wirtschaftsgüter anzusehen sein, wenn eine Verwertungsabsicht besteht[658]. Somit ist in dem - im BMF-Schreiben zuerst angeführten - Fall der Lagerung von Altreifen (bei bestehender Verwertungsabsicht) auf der tatsächlichen Ebene ein verpflichtungsbegründender Lebenssachverhalt noch gar nicht verwirklicht worden. Gerade deswegen scheidet hier die Passivierung einer entsprechenden Entsorgungsverpflichtung aus, nicht etwa aufgrund einer fehlenden Konkretisierung. Soweit demgegenüber aber die Verwirklichung des verpflichtungsbegründenden Sachverhaltes (tatsächliche Notwendigkeit der Entsorgung) abzusehen oder bereits erfolgt ist (zweiter im BMF-Schreiben aufgeführter Fall: Entsorgungsverpflichtung liegt vor), muß jedoch passiviert werden. Dem steht nicht entgegen, daß die öffentlich-rechtliche Verpflichtung auf der abstrakten Ebene zeitlich nicht konkretisiert ist[659], da dieses Erfordernis nach der hier vertretenen Auffassung als Element einer Überobjektivierung abgelehnt wird.

(22) Immissionsschutzrechtlich begründete Verpflichtungen

Eine spezialgesetzliche Vorschrift, die die ordnungsgemäße und schadlose Verwertung oder Beseitigung von Reststoffen vorsieht, existiert in Form der Vorschrift des § 5 III Nr. 2 BImSchG, welche im Rahmen der 3. Novelle ins Bundesimmissionsschutzgesetz[660] eingefügt worden ist und mit welcher der Entstehung gefahrenträchtiger Bodenkontaminationen vorgebeugt werden soll. Durch diese Vorschrift verpflichtet sind die Betreiber genehmigungsbedürftiger Anlagen; als Reststoffe sind nur die beim Betrieb der

---

656 Vgl. das BMF-Schreiben vom 11.2.1992, IV B 2 - S 2137 - 8/92, Rückstellungen wegen Vernichtung gelagerter Altreifen, DStR 1992, S. 357.

657 Ebenda: "Die Annahme und Lagerung macht die Reifen noch nicht zu Abfall im Sinne des Abfallgesetzes (AbfG)."

658 So hat auch der Hess. VGH mit Urteil vom 30.1.1992 - 5 UE 1928/86, UPR 1992, S. 356 f, entschieden, daß Altreifen gar nicht als Abfall im Sinne des § 1 I AbfG anzusehen sind; im entschiedenen Sachverhalt war keine Gefahrenlage für das Wohl der Allgemeinheit geschaffen worden, da die Altreifen zukünftig vom Abfallbesitzer umweltunschädlich verwertet werden sollten.

659 A.A. BMF-Schreiben vom 11.2.1992, IV B 2 - S 2137 - 8/92, Rückstellungen wegen Vernichtung gelagerter Altreifen, DStR 1992, S. 357.

660 Vgl. dazu *Büge*, Novelle, DB 1990, S. 2408 ff.

Anlage angefallenen Stoffe anzusehen, nicht aber ehemalige Einsatzstoffe bzw. Produkte oder gar die zu beseitigende Anlage selbst[661]. Soweit der Betreiber beabsichtigt, den Betrieb einzustellen, hat er dies gemäß § 16 II BImSchG unverzüglich den zuständigen Behörden anzuzeigen und zugleich zu erläutern, wie er den Pflichten des § 5 III BImSchG nachkommen will. Aus dieser immissionsschutzrechtlichen Gesetzeslage ergibt sich, daß die *Mindestkonkretisierung durch gesetzliche Vorschrift für das Bestehen einer Verpflichtung* zu bejahen ist, da insoweit ein Handlungsziel (schadlose Reststoffverwertung) durchsetzbar (z.b. über (nachträgliche) Anordnungen gemäß § 17 BImSchG) vorgegeben wird. Die Wahrscheinlichkeit der Inanspruchnahme ist anzunehmen, weil die Behörden über die geplanten Maßnahmen informiert werden müssen[662]. Da der gesetzlich formulierte Tatbestand an die Betriebseinstellung anknüpft, ist das rechtliche Entstehen der Verpflichtung bei tatsächlicher Existenz von Reststoffen erst im Zeitpunkt der Betriebseinstellung zu bejahen; insoweit müßte eine Rückstellungsbildung sowohl unter Objektivierungs- als auch unter Periodisierungsaspekten erfolgen.

Fraglich ist aber, ob nicht schon vor der Betriebseinstellung, also zu dem Zeitpunkt, zu dem diese bereits konkret abzusehen oder vorherzubestimmen ist, der Reststoffverwertungsverpflichtung bilanziell Rechnung getragen werden muß. Unter Objektivierungsaspekten ist dies wohl zu fordern, da insoweit auch das wahrscheinliche Entstehen einer Verpflichtung dem Greifbarkeitserfordernis genügt. Problematischer sollte aber die Beurteilung unter Periodisierungsaspekten sein, da vom Vorliegen der wirtschaftlichen Verursachung nicht zwangsläufig ausgegangen werden kann. Vielmehr sollte es an der wirtschaftlichen Verursachung fehlen, wenn Reststoffe turnusmäßig verwertet oder beseitigt werden und die Reststoffe, die nach der zukünftigen Betriebseinstellung zu beseitigen sein werden, noch gar nicht durch den Betrieb der Anlage angefallen sind. Insoweit sollte eine Rückstellungsbildung unter Periodisierungsaspekten also höchstens in einer der Stillegung unmittelbar vorangehenden Periode vorstellbar sein, soweit die zukünftigen Ausgaben zur Verwertung der Reststoffe den Umsätzen dieser Periode zuzurechnen sind.

---

661 Vgl. die Ableitung des Reststoffbegriffs bei *Fluck*, Nachsorgepflicht, BB 1991, S. 1801. Hinsichtlich der Pflicht des Konkursverwalters zur Reststoffbeseitigung vgl. OVG Niedersachsen, Beschluß vom 7.1.1993 - 7 M 5684/92, ZIP 1993, S. 1174 f.

662 Von *Fluck*, Nachsorgepflicht, BB 1991, S. 1802, wird ausgeführt, daß der Zweck des Anzeigetatbestandes darin liegt, der Behörde frühzeitig die notwendigen Informationen zur Überprüfung der Frage zu geben, ob der Betreiber seinen Pflichten aus § 5 III BImSchG nachkommt bzw. nachkommen wird; insoweit kann dann auch über den Erlaß nachträglicher Anordnungen frühzeitig entschieden werden.

(33) Verpflichtungen aufgrund der aktuell erlassenen Verpackungsverordnung und der geplanten Elektronik-Schrott-Verordnung

Mit Datum vom 12.6.1991 ist - wie bereits erwähnt - eine auf § 14 AbfG beruhende Rechtsverordnung, nämlich die sogenannte Verpackungsverordnung[663], erlassen worden, die die betroffenen Unternehmen zur Rücknahme von Transport-, Um- und Verkaufsverpackungen verpflichtet und die somit als rückstellungsrelevant[664] angesehen werden muß.

Den Vorschriften dieser Verordnung unterliegen sowohl die Hersteller von Verpackungen oder solchen Erzeugnissen, aus denen Verpackungen hergestellt werden, als auch diejenigen, die derartige Verpackungen oder Erzeugnisse in Verkehr bringen (Vertreiber)[665]. Hersteller und Vertreiber sind gemäß § 4 VerpackV grundsätzlich zur Rücknahme und erneuten Verwendung bzw. stofflichen Verwertung von Transportverpackungen verpflichtet, darüberhinaus sind Vertreiber gemäß § 5 VerpackV zur kostenlosen Rücknahme und erneuten Verwendung bzw. stofflichen Verwertung von Umverpackungen verpflichtet und schließlich müssen die Vertreiber (bzw. die Hersteller und Vertreiber der zweiten Stufe) gemäß § 6 I, Ia, II VerpackV Verkaufsverpackungen kostenlos zurücknehmen und diese ebenfalls einer erneuten Verwendung bzw. stofflichen Verwertung zuführen. Allerdings sieht § 6 III VerpackV vor, daß die letztgenannte Rücknahmepflicht dann entfällt, wenn sich Hersteller und Vertreiber an einem sogenannten "dualen System" beteiligen[666]; geschieht dies nicht, so muß das jeweils betroffene Unternehmen die Entsorgungsverpflichtungen (Rücknahme und Verwertung) in eigener Regie - auch durch Beauftragung Dritter und ggf. durch Einsatz von Automaten[667] - erfüllen. Verstöße gegen die Verpflichtungen aus der VerpackV sind gemäß § 12 VerpackV als Ordnungswidrigkeiten i.S.d. § 18 I Nr. 11 AbfG anzusehen, die mit einer Geldbuße von bis zu hunderttausend DM geahndet werden können[668].

Inwieweit die VerpackV nun zur Passivierung von öffentlich-rechtlichen Verpflichtungen führen kann, soll am Beispiel der einen Endvertreiber hinsichtlich der Verkaufsverpackungen betreffenden Entsorgungsverpflichtung aufgezeigt werden. Nimmt der Vertreiber

---

663 Verordnung über die Vermeidung von Verpackungsabfällen (Verpackungsverordnung - VerpackV) vom 12.6.1991, BGBl. I S. 1234.

664 Vgl. zur Rückstellungsrelevanz der Verpackungsverordnung *Fey*, Abfallbewältigung, DB 1992, S. 2353 ff.

665 Vgl. ausführlicher zu den hier nur skizzierten Regelungen die ausführliche Darstellung bei *Hösel/von Lersner*, Recht der Abfallbeseitigung, 1990/92, Kommentierung zur VerpackV, Kopfziffer 1242; *Mittelstaedt*, Verpackungsverordnung, NWB Fach 25, S. 2051 ff.

666 Vgl. ausführlich zum System i.S.d. § 6 III VerpackV *Fluck*, Verpackungsverordnung, DB 1993, S. 212 ff.

667 Diese Möglichkeiten sind in § 11 VerpackV vorgesehen.

668 *Fluck*, Rechtsfragen, DB 1992, S. 195, führt dazu aus, daß die Abfallbehörden den Rücknahmepflichtigen durch Anordnung zur Rücknahme von Verpackungen zwingen können.

die Entsorgung in eigener Regie vor, so unterliegt er der ausgabenträchtigen Verpflichtung zur kostenlosen Rücknahme und Verwertung dieser Verpackungen gemäß § 6 I VerpackV. Unter Anwendung des Objektivierungskriteriums der *Mindestkonkretisierung* zeigt sich, daß aufgrund der detaillierten Regelungen die *Mindestkonkretisierung durch gesetzliche Vorschrift für das Bestehen einer Verpflichtung* zu bejahen ist, da insoweit von der Formulierung eines durchsetzbaren (Geldbuße) Handlungszieles (Rücknahme und Verwertung) ausgegangen werden muß; die Wahrscheinlichkeit der Inanspruchnahme sollte ebenfalls gegeben sein[669]. Sofern nun der gesetzlich formulierte Tatbestand, an den die Verpflichtung anknüpft (hier: Absatz von Verpackungen oder verpackter Ware), erfüllt ist, muß von der rechtlichen Entstehung der Rücknahme- und Verwertungsverpflichtung ausgegangen werden, der über eine Verbindlichkeitsrückstellung Rechnung zu tragen ist. Auch unter Periodisierungsaspekten ist die Rückstellungspflicht zu bejahen, da im Zeitpunkt des Absatzes der Verpackung oder der verpackten Ware sowohl die rechtliche Entstehung als auch die sich nach dem Realisationsprinzip bestimmende wirtschaftliche Verursachung vorliegen sollten[670].

Sowohl die Unsicherheit darüber, ob tatsächlich auch die Gesamtheit der abgesetzten Verpackungen wieder vom Vertreiber entsorgt werden muß, als auch der Problemkreis einer anteiligen Kostenübernahme durch die Hersteller und Vertreiber der zweiten Stufe sind im Rahmen der Rückstellungsbewertung zu berücksichtigen; gegebenenfalls (insbesondere in den ersten Jahren der Geltung der VerpackV) wird eine grobe Schätzung des Rückstellungsbetrages unvermeidlich sein.

Ist der Vertreiber hingegen an einem Entsorgungssystem i.S.d. § 6 III VerpackV beteiligt und hat er zunächst zeitraumbezogene Abschlagszahlungen an den Träger des Systems zu entrichten, denen am Ende des jeweiligen Abrechnungszeitraumes ein Spitzenausgleich (nach Maßgabe der tatsächlich vom Vertreiber zu vertretenden Absatzmengen) folgt, so hat dieser geleistete Beitragsüberschüsse zu aktivieren. Muß der Vertreiber hingegen Nachzahlungen leisten, weil Beitragsfehlbeträge (die im Abrechnungszeitraum geleisteten Beiträge waren geringer als die entsprechende Beitragsverpflichtung) festzustellen sind

---

[669] Nach ausführlicher Untersuchung der Regelungen unter dem Aspekt der von der Rechtsprechung formulierten Rückstellungskriterien kommt *Fey*, Abfallbewältigung, DB 1992, S. 2358 f, zu dem Ergebnis, daß hier sogar das Kriterium der hinreichenden Konkretisierung neben dem der Wahrscheinlichkeit der Inanspruchnahme zu bejahen ist.

[670] *Fey*, Abfallbewältigung, DB 1992, S. 2355, führt dazu aus, daß die künftigen Ausgaben für die Rücknahme und Entsorgung der Verpackungsabfälle als Aufwand des Geschäftsjahres - und somit als Rückstellung - berücksichtigt werden müssen, soweit diese durch den Absatz des abgelaufenen Jahres verursacht worden sind; unterstrichen werden soll dies durch die Tatsache, daß die Unternehmen - mit der Folge der Erhöhung der Erlöse des abgelaufenen Geschäftsjahres - "die Entsorgungskosten im Regelfall bei der Absatzpreiskalkulation" berücksichtigen werden. Dem sei der Hinweis anzufügen, daß danach eine Rückstellung zunächst nicht in Betracht kommt, soweit die Verpackung bzw. die verpackte Ware noch nicht abgesetzt worden ist.

und ist deren Höhe noch unbestimmt, so hat der Verpflichtete insoweit eine ungewisse Verbindlichkeit zu bilanzieren[671].

Eine weitere aus der aktuellen Entwicklung des Abfallrechts resultierende Verordnung[672], mit deren Inkrafttreten in naher Zukunft gerechnet werden muß, ist die sogenannte Elektronik-Schrott-Verordnung[673]. Diese soll gemäß der §§ 4 und 5 eine Rücknahmepflicht hinsichtlich gebrauchter elektrischer oder elektronischer Geräte (z.b. Geräte der Kommunikationstechnik im privaten, gewerblichen oder industriellen Bereich, aber auch Wasch-, Geschirrspül- und Kaffeemaschinen etc.) mit sich bringen[674]. Die Rücknahme wird kostenlos durchzuführen sein, soweit die Geräte nach Inkrafttreten der Verordnung im Geltungsbereich des Abfallgesetzes (an den Endverbraucher) geliefert wurden; für die Rücknahme z.b. von vor dem Inkrafttreten der Verordnung in Verkehr gebrachten Geräten kann der Verpflichtete allerdings ein Entgelt verlangen. Als aus der Rücknahmepflicht Verpflichtete sind Hersteller und Vertreiber anzusehen; es ist vorgesehen, daß Verstöße gegen den Inhalt der Verordnung als Ordnungswidrigkeiten mit einer Geldbuße geahndet werden können.

Sollte der Inhalt der letztlich erlassenen Verordnung dem Inhalt des vorliegenden Arbeitspapieres entsprechen, so müßte bezüglich der Rückstellungsrelevanz folgendes gelten:

Hinsichtlich der Geräte, die nicht kostenlos zurückgenommen werden müssen, kommt eine Rückstellungsbildung nicht in Betracht, da die Verpflichtung im Ergebnis als nicht werthaltig anzusehen ist, weil der Verpflichtete insoweit kostendeckende Entgelte vom Gerätebesitzer verlangen kann und wird. Unabhängig von der zunächst eigentlich zu prüfenden Frage der Greifbarkeit der Rücknahmeverpflichtung scheitert eine Rückstellungsbildung (spätestens) also an der Bewertungsfrage, da bei der Bewertung der Verpflichtung eben die in kausalem Zusammenhang damit entstehenden Ansprüche zu berücksichtigen sind. Vorstellbar wäre eine Rückstellungsbildung also nur insoweit, wie vom Vorliegen eines Verpflichtungsüberhanges (Kosten für Erfassung, Verwertung und Entsorgung dieser Geräte übersteigen das erhobene Entgelt) ausgegangen werden müßte.

---

671 Bei *Fey*, Abfallbewältigung, DB 1992, S. 2357 f, findet sich eine ausführlichere Stellungnahme zur Technik der Beitragsentrichtung und zu der hier vorgestellten Lösung.

672 Gemäß § 14 AbfG ist der Gesetzgeber ermächtigt, durch Rechtsverordnungen insbesondere die Vermeidung, Verringerung oder Verwertung von Abfällen aus bestimmten Erzeugnissen zu bestimmen; vgl. zu Rücknahmeverpflichtungen auch *Hess*, Rücknahmeverpflichtungen, WISU 1992, S. 858 ff.

673 Nach derzeitigem Kenntnisstand existiert ein Arbeitspapier des Bundesministers für Umwelt, Naturschutz und Reaktorsicherheit (WA II 3 - 30 114/7) zur Verordnung über die Vermeidung, Verringerung und Verwertung von Abfällen gebrauchter elektrischer und elektronischer Geräte (Elektronik-Schrott-Verordnung), Stand: 15.10.1992. Rechtliche Aspekte aktuell geplanter Rücknahmeverordnungen - und somit auch der Entwurf zur Elektronik-Schrott-Verordnung - werden bei *Giesberts*, Rücknahmepflichten, BB 1993, S. 1376, besprochen.

674 Zugleich ist in § 8 aber vorgesehen, daß die Rücknahmeverpflichtungen für solche Hersteller oder Vertreiber entfallen, die selbst ein Rücknahmesystem betreiben oder sich an einem solchen beteiligen.

Hinsichtlich der Geräte, die kostenlos zurückgenommen werden müssen, ist zunächst die Objektivierung (Greifbarkeit) der Rücknahmeverpflichtung zu prüfen. Dabei ist die *Mindestkonkretisierung durch gesetzliche Vorschrift für das Bestehen einer Verpflichtung* zu bejahen, da eine gesetzliche Vorschrift (in der Verbindung mit der Rechtsverordnung) ein Handlungsziel (Rücknahme gebrauchter Geräte) durchsetzbar (Geldbuße) vorschreibt[675]. Auf der tatsächlichen Ebene muß dann vom Bestehen einer Verpflichtung ausgegangen werden, wenn der Tatbestand verwirklicht worden ist, an den das Gesetz die Verpflichtung knüpft. Der verpflichtungsbegründende Tatbestand der Elektronik-Schrott-Verordnung muß nun m.E. in der Lieferung an den Endverbraucher gesehen werden, da von diesem Zeitpunkt an der Vertreiber verpflichtet ist, gebrauchte elektrische oder elektronische Geräte von diesem zurückzunehmen; dem entspricht die Verpflichtung des Herstellers, diese Geräte vom Vertreiber zurückzunehmen. Die Lieferung des Herstellers an den Vertreiber dürfte hingegen noch nicht als verpflichtungsbegründend qualifiziert werden können, da die Geräte noch nicht als gebraucht anzusehen sind, soweit nicht im Einzelfall der Vertreiber selbst hinsichtlich einzelner Geräte als Endverbraucher auftritt. Dem Bestehen einer Rücknahmeverpflichtung nach Lieferung an den Endverbraucher ist durch die Bildung einer Verbindlichkeitsrückstellung Rechnung zu tragen, da auch von der Wahrscheinlichkeit der Inanspruchnahme grundsätzlich auszugehen ist, weil der Endverbraucher die sich ihm bietende Möglichkeit nutzen wird (und wohl auch muß), seinen Elektronik-Schrott einer kostenlosen Entsorgung zuzuführen. Die Werthaltigkeit der ungewissen Verbindlichkeit ist allerdings nur insoweit zu bejahen, wie der Verpflichtete mit einer Inanspruchnahme, also mit der Rückgabe gebrauchter Geräte, ernsthaft rechnen muß. Sollte davon auszugehen sein, daß der Verpflichtete weniger Geräte zurücknehmen muß, als er hergestellt oder vertrieben hat, so wird dem im Rahmen der Rückstellungsbemessung Rechnung getragen werden müssen.

Periodisierungsaspekte stehen der Rückstellungsbildung nicht entgegen, weil der jeweils durch die später noch zu erbringenden Aufwendungen aus der Rücknahme und Verwertung alimentierte Ertrag bereits in der Periode der Lieferung realisiert wird. Im Rahmen der vorsichtigen Ermittlung eines ausschüttungsfähigen Gewinns ist daher auch der dieser Periode aufgrund des Realisationsprinzips zuzurechnende Entsorgungsaufwand über eine

---

675 Das durch die BFH-Rechtsprechung formulierte Erfordernis einer irgendwie gearteten zeitlichen Bestimmtheit, welches nach der hier vertretenen Auffassung grundsätzlich abgelehnt wird, ist hinsichtlich der Rücknahmeverpflichtung zunächst nicht vorstellbar. Denn es steht nicht in der Macht des Verpflichteten, den Zeitpunkt der Verpflichtungserfüllung, der maßgeblich von der Rückgabehandlung des Endverbrauchers abhängt, zu bestimmen. Vorstellbar wäre höchstens, daß in die Verordnung ein Passus aufgenommen werden würde, in dem eine Frist bestimmt wäre, innerhalb derer der Verpflichtete nach Erhalt des gebrauchten Gerätes die Verwertung vorzunehmen hätte. Das Fehlen der Bestimmung einer solchen Frist (im vorliegenden Arbeitspapier) ändert aber nichts daran, daß nach Erlaß der Verordnung eine passivierungspflichtige ungewisse Verbindlichkeit vorliegen könnte.

Passivierung zu berücksichtigen[676]; das Kriterium der wirtschaftlichen Verursachung ist insoweit erfüllt[677].

(c) Verbindlichkeitsrückstellungen wegen faktischer Verpflichtungen

Der Problematik der Passivierung von Rückstellungen im Zusammenhang mit Abfällen und Reststoffen aufgrund faktischer Verpflichtungen dürfte keine praktische Bedeutung zukommen, da die faktisch begründeten Verpflichtungen regelmäßig von solchen privat- oder öffentlich-rechtlicher Art überlagert werden sollten. Es könnten allerdings Grenzfälle entwickelt werden, in denen sich das bilanzierende Unternehmen einer rechtlich zwar nicht begründeten Verpflichtung zur Entsorgung oder Vermeidung von Abfällen und Reststoffen gegenübersieht, der es sich gleichwohl im Ergebnis (z.b. aufgrund des öffentlichen Drucks) nicht entziehen können wird; auch insoweit wäre eine Verbindlichkeitsrückstellung zu bilden. Sofern diese Verpflichtungen allerdings auf die Vermeidung von Abfällen oder Reststoffen (aus zukünftiger Produktion) abzielen sollten, würde eine Passivierung am bereits dargestellten Periodisierungserfordernis scheitern.

b) Aufwandsrückstellungen

Die Bilanzierung von Aufwandsrückstellungen setzt unter Periodisierungsaspekten voraus, daß die zukünftigen Aufwendungen dem abgelaufenen oder einem früheren Geschäftsjahr zuzuordnen sind. Dies sollte der Fall sein, wenn die entsprechenden zukünftigen Entsorgungsaufwendungen bereits realisierte Erträge alimentieren. Insoweit kann auf die entsprechenden Ausführungen zur Periodenzuordnung von Verbindlichkeitsrückstellungen verwiesen werden: Aufwendungen zur Vermeidung wie auch solche zur Entsorgung zukünftiger Abfälle oder Reststoffe können daher nicht über eine Rückstellung abgebildet werden.

Da insbesondere die Entsorgung aber schon weitestgehend durch öffentlich-rechtliche Vorschriften geregelt ist, dürfte der Anwendungsbereich der Aufwandsrückstellungen wegen genau umschriebener Entsorgungsaufwendungen auch unter Objektivierungsaspekten nur sehr gering sein. Analog zu den die Aufwandsrückstellungen wegen Rekultivierungsmaßnahmen betreffenden Ausführungen muß auch hier festgestellt werden, daß Aufwandsrückstellungen wohl nur zum Zuge kommen können, wenn und soweit

---

676   Daraus folgt zugleich, daß diejenigen Aufwendungen, die in Zusammenhang mit der Verwertung von erst in zukünftigen Perioden herzustellenden Geräten stehen, nicht über eine Rückstellungsbildung antizipiert werden können.

677   Diesem Ergebnis sollte also weder die Auffassung der Rechtsprechung noch die des überwiegenden Teiles des Schrifttums entgegenstehen.

- eine Entsorgungsverpflichtung rechtlich nicht besteht (bzw. entstehen wird), z.B. weil das im Einzelfall anzuwendende ausländische Recht eine solche nicht vorsieht, der Bilanzierende aber solche Maßnahmen durchführen muß, wenn er den Betrieb unverändert fortführen will, oder
- eine Maßnahme durchzuführen ist, die über den Inhalt einer bestehenden (oder wahrscheinlich entstehenden) rechtlichen Verpflichtung hinausgeht[678].

2. Bewertung

Rückstellungen wegen Verpflichtungen im Zusammenhang mit Abfällen und Reststoffen sind nach den bereits dargestellten Grundsätzen mit dem voraussichtlichen Erfüllungsbetrag (aus der Sicht des Bilanzstichtages)[679] zu Vollkosten nach den Preisverhältnissen zum Stichtag zu bewerten. Die Frage nach einer Abzinsung dieser Rückstellungen, die nicht nur im Rahmen der vorliegenden Untersuchung abgelehnt wird, dürfte sich nicht stellen, da die Bewertung kurzfristig revolvierender Verpflichtungen zu beurteilen ist, denen regelmäßig schon in der Folgeperiode nachgekommen werden sollte.

Als für diese Fallgruppe kennzeichnend hervorzuheben sind zwei besondere Bewertungsprobleme, nämlich die Frage nach der Behandlung von Verwertungserlösen einerseits und die ähnlich gelagerte Frage nach der Relevanz von im Rahmen der Entsorgung entstehenden Wirtschaftsgütern andererseits.

Ist abzusehen, daß der zur Entsorgung verpflichtete Abfallbesitzer aus der Verwertung der Abfälle und Reststoffe Erlöse erzielen wird, so stellt sich die Frage, ob diese Erlöse bereits im Rahmen der Rückstellungsbewertung zu berücksichtigen und insoweit im Ergebnis wie Ansprüche aus einem bestehenden einschlägigen Versicherungsverhältnis zu behandeln sind; nach dieser Auffassung würden die Erlöse den Wert der Verpflichtung mindern, es würde insofern nur der Nettowert der zu erwartenden Belastung angesetzt. Demgegenüber könnte allerdings auch argumentiert werden, daß die Erlöse mit einem Risiko behaftet sind und daß daher die insoweit noch nicht realisierten Erträge eher wie erwartete Kippgebühren, die im Rahmen von Rekultivierungsverpflichtungen erzielt werden können, anzusehen sind; hinsichtlich dieser Kippgebühren hat der BFH - wie bereits ausgeführt - entschieden, daß sie den Betrag der zu passivierenden Rückstellung nicht mindern dürfen[680].

M.E. ist zur Lösung dieser Frage darauf abzustellen, ob eine enge und kausal eindeutige

---

678 Mit diesem Ergebnis wohl auch *Borstell*, Aufwandsrückstellungen, 1988, S. 248 f; *Eder*, Aufwandsrückstellungen, 1988, S. 136.
679 So auch *Ballwieser*, Passivierung, in: *IDW* (Hrsg.), Fachtagung, 1992, S. 142.
680 Mit diesem Ergebnis auch hinsichtlich der Verwertungserlöse *Bartels*, Umweltrisiken, 1992, S. 193.

Verknüpfung der Erlöse mit der Erfüllung der Entsorgungsverpflichtung besteht. Ist das Vorliegen von wirtschaftich eng ineinandergreifenden Vorgängen danach zu bejahen und somit kein Erlösrisiko zu erkennen, z.b. weil dem Entsorger der Abfall gegen ein bereits um die Erlöse vorweg gemindertes Entsorgungsentgelt übergeben werden kann, so muß dies bei der Rückstellungsbewertung Berücksichtigung finden[681]. Besteht hingegen ein Erlösrisiko - ist also nicht geklärt, ob und in welcher Höhe Erlöse aus der Entsorgung zu erwarten sind -, können diese Erlöse m.E. im Rahmen der Rückstellungsbewertung keine Berücksichtigung finden; insoweit wäre diese Sachverhaltslage tatsächlich wohl eher mit der der erwarteten Kippgebühren vergleichbar.

Nimmt das Unternehmen selbst die Entsorgung vor und führt dies dazu, daß aktivierungspflichtige Wirtschaftsgüter entstehen, so sollte dies bei der Bemessung der Höhe der zu bildenden Rückstellung Berücksichtigung finden. Entscheidend ist hier für den Ansatz des Nettowertes der zu erwartenden Belastung, daß die Entstehung verwertbarer Wirtschaftsgüter eng und kausal mit der Entsorgungsverpflichtung zusammenhängt und es zudem keinen ergebnisrelevanten Unterschied machen darf, ob das Unternehmen die Entsorgung selbst durchführt oder nicht. Bestehen hingegen Zweifel an der Werthaltigkeit der im Rahmen der Verwertung entstandenen Stoffe, so sollte insoweit die Rückstellungshöhe allerdings nicht beeinflußt werden können.

C. Erfassung durch Anhangsausweis

Auch dem Ausweis von Verpflichtungen im Zusammenhang mit Abfällen und Reststoffen unter der Position der sonstigen finanziellen Verpflichtungen sind sehr enge Grenzen gesetzt, da dann, wenn die Greifbarkeit einer Verpflichtung zu bejahen ist, regelmäßig eine Verbindlichkeitsrückstellung zu bilanzieren sein sollte; die Auffang- und Ergänzungsfunktion des nur nachgeordnet vorzunehmenden Anhangsausweises tritt insoweit deutlich hervor.

Somit ist auch hier nur der - nach den Grundsätzen der Rückstellungsbewertung mit dem nicht abgezinsten Erfüllungsbetrag nach den Preisverhältnissen des Stichtages zu bemessende - Betrag auszuweisen, der sich ergibt

- entweder aus der zulässigerweise unterlassenen Bilanzierung einer Aufwandsrückstellung und/oder
- aus bereits abgeschlossenen längerfristigen Entsorgungsverträgen, aus denen keine Rückstellungsrelevanz erwächst.

---

[681] Auch nach *Reinhard*, Umweltrisiken, in: *IDW* (Hrsg.), Fachtagung, 1989, S. 355, sind - bei eng miteinander verbundenen Prozessen - die Erträge aus der Wiederverwertung von Reststoffen bei der Rückstellungsbemessung zu berücksichtigen.

- Daneben müßte erwogen werden, auch solche bereits objektivierten Verpflichtungen auszuweisen, die erst mit zukünftigen Erträgen in Zusammenhang stehen, also insbesondere auf neue Produktionstechniken oder -verfahren abstellende Vermeidungsverpflichtungen.

IV. Anpassungsverpflichtungen

Der Begriff der "Anpassungsverpflichtungen" ist im vorliegenden Zusammenhang erstmals von HERZIG[682] geprägt worden; diese Begriffsdefinition soll hier beibehalten werden. Danach sind Anpassungsverpflichtungen solche Vorsorgeverpflichtungen, "die den Bilanzierenden zwingen, hinsichtlich der Umweltbelastung einen bestimmten Sollwert nicht zu überschreiten", also solche Verpflichtungen, mit denen der Bilanzierende hinsichtlich seiner Emissionen (Schadstoffe, Lärm etc.) zur Anpassung an Grenzwerte gezwungen wird. Die entsprechenden präventiven Maßnahmen können sowohl am Ende des Produktionsprozesses (end-of-the-pipe-technology) als auch in dessen Verlauf oder bereits vor dessen Beginn eingreifen; insoweit wird das Verbot des Inputs bestimmter Einsatzstoffe wie auch das der Anwendung bestimmter Produktionsverfahren (und damit zusammenhängend das der Erzeugung bestimmter Emissionen oder Reststoffe) ebenfalls hierunter zu zählen sein. Daher soll nachfolgend auch kurz auf solche Verpflichtungen eingegangen werden, die über stoffbezogene Einsatz- bzw. Verwendungsverbote der präventivvorsorgenden Funktion des Umweltschutzes Rechnung tragen.

A. *Erfassung durch Rückstellungen*

1. *Rückstellungsansatz*

a) *Verbindlichkeitsrückstellungen*

Da als Basis für Anpassungsverpflichtungen regelmäßig nur Normen des öffentlichen Rechts in Betracht kommen können, wird nachstehend nicht weiter auf privatrechtlich oder faktisch begründete Anpassungsverpflichtungen eingegangen[683]. Stattdessen sollen sich die Ausführungen auf öffentlich-rechtlich begründete Vorsorgeverpflichtungen aufgrund des Immissionsschutz- und auf solche aufgrund des Gefahrstoffrechts konzentrieren.

---

682 *Herzig*, Rückstellungen, DB 1990, S. 1344 (dort auch das nachfolgende Zitat).
683 Soweit *Bartels*, Umweltrisiken, 1992, S. 67 ff, darauf hinweist, daß für den seltenen Fall, daß einem Emittenten von einem Zivilgericht die Vornahme einer bestimmten Anpassungsmaßnahme auferlegt werden kann, diese privatrechtliche Verpflichtung "ganz analog zu den ... Verpflichtungen nach öffentlichem Recht" zu behandeln ist, kann dem zugestimmt werden.

(1) Vorsorgeverpflichtungen aufgrund des Immissionsschutzrechts

Im Mittelpunkt des Immissionsschutzrechts steht das im Rahmen der vorliegenden Untersuchung bereits mehrfach betrachtete BImSchG, mit welchem bezweckt wird, Menschen sowie Tiere, Pflanzen oder andere Sachen "vor schädlichen Umwelteinwirkungen und, soweit es sich um genehmigungsbedürftige Anlagen handelt, auch vor Gefahren, erheblichen Nachteilen und erheblichen Belästigungen, die auf andere Weise herbeigeführt werden, zu schützen und dem Entstehen schädlicher Umwelteinwirkungen vorzubeugen"[684]. Daneben bleibt für immissionsschutzrechtliche Landesgesetze[685] nur insoweit Raum, als der Bundesgesetzgeber keine abschließende Regelung treffen wollte. Da den Ländern aber insoweit nur der Bereich der Regelungen betreffend die unmittelbar von Menschen, Tieren und Pflanzen ausgehenden Immissionen (z.b. aufgrund des Abbrennens pyrotechnischer Artikel, der Tierhaltung etc.) verblieben ist[686], sollen die landesrechtlichen Vorschriften nicht weiter untersucht werden.

Für den erörterten Zusammenhang ist nun bedeutsam, daß § 5 I Nr. 2 BImSchG eine dynamische Anpassungsverpflichtung[687] dahingehend enthält, daß genehmigungsbedürftige Anlagen nur so zu errichten und zu betreiben sind, daß "Vorsorge gegen schädliche Umwelteinwirkungen getroffen wird, insbesondere durch die dem Stand der Technik entsprechenden Maßnahmen zur Emissionsbegrenzung".

(a) Verpflichtungen nach der TA Luft

Für die Beurteilung der Frage nach der Passivierung von Anpassungsverpflichtungen tritt allerdings die Problematik der Errichtung einer genehmigungsbedürftigen Anlage in den Hintergrund[688]; zu untersuchen ist hingegen vielmehr, ob die Verpflichtung zur Anpassung des bereits laufenden Betriebes einer solchen Anlage an den Stand der Technik bi-

---

684 § 1 BImSchG.

685 Bspw. Bayerisches Immissionsschutzgesetz (BayImSchG) vom 8.10.1974, GVBl. S. 499, zuletzt geänd. durch das Gesetz zur Änderung des Bayerischen Immissionsschutzgesetzes vom 26.3.1992, GVBl. S. 42; Brandenburgisches Vorschaltgesetz zum Immissionsschutz (LImSchG) vom 3.3.1992, GVBl. I S. 78; Rheinland-Pfälzisches Landesgesetz zum Schutz vor Luftverunreinigungen, Geräuschen und Erschütterungen - Immissionsschutzgesetz (ImSchG) - vom 28.7.1966, GVBl. S. 211, zuletzt geänd. durch Art. 6 Siebtes Rechtsbereinigungsgesetz vom 5.10.1990, GVBl. S. 289; Gesetz zum Schutz vor Luftverunreinigungen, Geräuschen und Erschütterungen - Immissionsschutzgesetz - des Landes Bremen vom 30.6.1970, GBl. S. 71, zuletzt geänd. durch das Gesetz zur Anpassung des Landesrechts an das Einführungsgesetz zum Strafgesetzbuch und andere bundesrechtliche Vorschriften vom 18.12.1974, GBl. S. 351.

686 Vgl. insoweit auch *Schmidt*, Umweltrecht, 1987, S. 57 f.

687 Vgl. auch *Jarass*, Reichweite, DVBl. 1986, S. 314 ff.

688 Ebenso wie bei der Errichtung einer Anlage sollen bei der Genehmigung zur wesentlichen Änderung der Lage, der Beschaffenheit oder des Betriebes einer bereits bestehenden Anlage die Grenzwerte nach der TA Luft berücksichtigt werden; vgl. insoweit auch *Herzig*, Rückstellungen, DB 1990, S. 1351.

lanzierungsrelevant ist. Hierzu werden im Fachschrifttum[689] die verschiedensten Auffassungen sowohl bezüglich der Beurteilung des Sachverhaltes als auch bezüglich der daraus gezogenen Konsequenzen für die Rückstellungsbilanzierung vertreten, so daß es sinnvoll erscheint, diese zunächst kurz zu skizzieren, um daran anknüpfend dann einen eigenen Lösungsvorschlag zu unterbreiten.

Ausgangspunkt aller Überlegungen ist die gesetzlich formulierte Forderung, wonach die Maßnahmen der Emissionsbegrenzung dem Stand der Technik entsprechen müssen. Eine inhaltliche Ausfüllung erfährt der Begriff des Standes der Technik durch die TA Luft[690], die den Inhalt des immissionsschutzrechtlichen Schutz- und Vorsorgeprinzips und insbesondere die Schutz- und Vorsorgepflichten nach § 5 BImSchG durch die detaillierte Vorgabe von Emissionsgrenzwerten konkretisiert[691]. So wird dort unter Randziffer 3.1 ausgeführt, daß "die folgenden Vorschriften in 3.1.1 bis 3.3 ... Emissionswerte, deren Überschreiten nach dem Stand der Technik vermeidbar ist," enthalten. Daraus folgt, daß der Betrieb einer Anlage mit über den dort aufgeführten Grenzwerten liegenden Emissionswerten nicht mehr dem Stand der Technik im Sinne des § 5 I Nr. 2 BImSchG entspricht. Während die auf der Grundlage des § 48 BImSchG erlassene TA Luft, die als verwaltungsinterne Vorschrift zunächst auch nur die Verwaltung bindet[692], früher lediglich als antizipiertes Sachverständigengutachten angesehen wurde, ist mittlerweile wohl anerkannt, daß sie als normkonkretisierende Verwaltungsverordnung behandelt werden muß mit der Folge, daß die angesprochenen Grenzwerte allgemeingültig - und insoweit auch für die Gerichte bindend - sind[693]. Folglich muß der Betrieb von in der Vergangenheit genehmigten Anlagen (Altanlagen im Sinne der Randziffer 4.2.1 der TA Luft), der den Grenz-

---

689 Fragen in Zusammenhang von Luftverschmutzung und Bilanzierung werden aktuell auch im US-amerikanischen Schrifttum behandelt; vgl. bspw. zur Bilanzierung von Emissionsrechten (Luftverschmutzungslizenzen) *Ewer/Nance/Hamlin*, Accounting, JoA 1992, S. 69 ff.

690 Erste Allgemeine Verwaltungsvorschrift zum Bundes-Immissionsschutzgesetz (Technische Anleitung zur Reinhaltung der Luft - TA Luft) vom 27.2.1986, GMBl. S. 95, ber. S. 202. Der EuGH hat mit Urteil vom 30.5.1991, Rs. C-361/88 u. 59/89 Kommission vs. Bundesrepublik Deutschland, DB 1991, S. 1620 f, ausgeführt, daß die einschlägigen Richtlinien (betreffend Grenzwerte für Schadstoffe in der Luft) nicht vollständig in innerstaatliches Recht umgesetzt worden seien, da die Grenzwerte nur Eingang in die TA Luft gefunden hätten.

691 Vgl. zur 1986 in Kraft getretenen Novellierung der TA Luft *Kamphausen*, Novellierung, DB 1986, S. 1267 ff, der hinweist, daß allein die aufgrund dieser Novellierung notwendige Anpassung der Altanlagen rund 10 Mrd. DM kosten wird. Vgl. zu den aufgrund der Luftreinhaltepolitik von der Energiewirtschaft geleisteten Umweltschutzausgaben *Schulz/Welsch*, Umweltschutz, BFuP 1991, S. 572 ff.

692 Vgl. zur Bindungswirkung der TA Luft auch *Everling*, Umweltrichtlinien, RIW 1992, S. 379 ff.

693 So auch *Klein*, Umweltschutzmaßnahmen, DStR 1992, S. 1776; *Nicklisch*, Grenzwerte, in: *Nicklisch* (Hrsg.), Prävention, 1988, S. 95 ff. Zum älteren Rechtszustand bspw. *Kutscheid*, Immissionsschutzrecht, in: *Salzwedel* (Hrsg.), Umweltrechts, 1982, S. 257 ff; *Czajka*, Stand, DÖV 1982, S. 104 ff; *Feldhaus*, Inhalt, DVBl. 1981, S. 165 ff; *Martens*, Immissionsschutzrecht, DVBl. 1981, S. 597 ff; *Hanning/Schmieder*, Gefahrenabwehr, DB Beilage Nr. 14/77, S. 11 ff; *Heinze*, Verwaltungsvorschriften, BB 1976, S. 772; *Ule*, Immissionswerte, BB 1976, S. 446 f.

werten nicht genügt, zunächst als rechtswidrig angesehen[694] und an die neuen Standards angepaßt werden; der Konflikt zwischen Rechtswidrigkeit und Bestandsschutz wird durch Gewährung einer Übergangsfrist gelöst[695]. Dazu sieht die TA Luft in den Randziffern 4.2.2 ff einen emissionsabhängig gestaffelten Zeitrahmen vor[696]; danach haben die zuständigen Behörden über das Instrument der nachträglichen Anordnung sicherzustellen, daß die geforderten Grenzwerte bis spätestens zum 1.3.1994 eingehalten werden[697].

(11) Stand der Diskussion

Die Frage der Passivierung von Anpassungsverpflichtungen nach der TA Luft ist - soweit ersichtlich - zunächst von der Finanzverwaltung[698] aufgegriffen und dahingehend entschieden worden, daß eine Rückstellung vor Ablauf der Übergangsfrist nicht in Betracht komme, da es ungeachtet der Frage der ausreichenden Konkretisierung an der wirtschaftlichen Verursachung der Verpflichtung fehle. Dem folgend hat BÄCKER[699] festgestellt, daß die nach Ablauf der Übergangsfrist erforderlichen Aufwendungen nicht an Vergangenes anknüpfen und Vergangenes abgelten würden, somit wirtschaftlich noch nicht entstanden und folglich auch nicht rückstellungsfähig seien; eine ausdrückliche Feststellung zum Zeitpunkt der rechtlichen Entstehung wird von ihm jedoch nicht getroffen. In einer ausführlicheren Stellungnahme kommt HERZIG[700] schließlich zu dem Ergebnis, daß zwar "die rechtliche Entstehung der Verpflichtung zum Stichtag nicht in Frage gestellt" werden könne, daß aber die wirtschaftliche "Verursachung in der Vergangenheit und damit ... eine Rückstellungsbildung abgelehnt werden" müsse, da "die Aufwendungen aus der Erfüllung dieser Verpflichtung in Zusammenhang mit der zukünftigen Produktion" stehen[701]. Dieses Ergebnis beruht auf einer Ableitung des Merkmals der wirtschaftlichen Verursachung aus dem Realisationsprinzip[702].

---

694 So *Hoppe/Beckmann*, Umweltrecht, 1989, S. 422; *Herzig*, Rückstellungen, DB 1990, S. 1351.

695 Vgl. dazu *Jarass*, Reichweite, DVBl. 1986, S. 318; *Roeder*, Anpassungsverpflichtungen, DB 1993, S. 1933.

696 Vgl. dazu auch die Darstellung bei *Kamphausen*, Novellierung, DB 1986, S. 1268.

697 Allerdings werden solchen Anlagen, deren Emissionen mehr als das Eineinhalbfache der sich aus den Randziffern 3.1 oder 3.3 ergebenden Emissionsbegrenzungen überschreiten, nur deutlich kürzere Übergangsfristen gewährt (1.3.1991).

698 Mit dem BMF-Schreiben vom 27.9.1988 - IV B2 - S 2137 - 49/88, DB 1988, S. 2279. Der dortigen Argumentation unmittelbar folgend *Sarrazin*, Zweifelsfragen, WPg 1993, S. 4.

699 *Bäcker*, Rückstellungen, BB 1989, S. 2077.

700 *Herzig*, Rückstellungen, DB 1990, S. 1351 (dort auch die drei nachfolgenden Zitate).

701 Mit diesem Ergebnis wohl auch *Rürup*, Rückstellungen, in: *Moxter* (Hrsg.), Rechnungslegung, 1992, S. 540 f.

702 Ebenfalls eine Rückstellung wegen Anpassungsverpflichtungen aufgrund der fehlenden wirtschaftlichen Verursachung ablehnend *Förschle/Scheffels*, Umweltschutzmaßnahmen, DB 1993, S. 1198.

Die rechtliche Entstehung der Anpassungsverpflichtung bei fehlender wirtschaftlicher Verursachung bereits vor Ablauf der Übergangsfrist wird auch von GÜNKEL[703] bejaht, der dann allerdings unter Bezugnahme auf das Vollständigkeitsprinzip zu einer Passivierungspflicht kommt. Dieses Ergebnis wird auch von BORDEWIN, welcher ausführt, daß die Verpflichtung möglicherweise bereits mit der Festlegung verbindlicher neuer Emissionswerte rechtlich entstanden sei, und von KLEIN vertreten[704]. Letztlich unbestimmt bleibt der Standpunkt von KUPSCH[705], da dieser ausführt, daß es auf die rechtliche Entstehung ankomme, die entweder "bei Überschreitung der Grenzwerte, spätestens jedoch mit dem Ablauf des Übergangszeitraums" vorliege. Eine Passivierung ist nach diesen Ausführungen in Abhängigkeit von der rechtlichen Entstehung entweder schon zu Beginn oder aber erst nach Ablauf des Anpassungszeitraums geboten.

Das gleichzeitige Vorliegen sowohl der wirtschaftlichen Verursachung als auch der rechtlichen Entstehung schon vor Ablauf der Übergangsfrist wird von BARTELS[706] bejaht, der darauf abstellt, daß die "wirtschaftliche Verursachung von Anpassungsverpflichtungen in der Vergangenheit [liegt], da sie an das Bestehen einer emittierenden Anlage anknüpfen"[707].

Nach der Auffassung von BALLWIESER[708] liegt eine rechtliche Vollentstehung überhaupt nicht vor. Somit sei zur Beurteilung der Rückstellungsbildung auf die wirtschaftliche Verursachung abzustellen, die nach seiner Auffassung ebenfalls zu verneinen ist, da die zukünftigen Aufwendungen für die Anpassungsmaßnahmen nach dem Realisationsprinzip den zukünftigen Umsatzerlösen zuzurechnen seien; daraus leitet er für diese Anpassungsmaßnahmen ein "Verbot der Verbindlichkeitsrückstellung" ab.

SIEGEL[709] führt zu dieser Problematik aus, daß "Anpassungsverpflichtungen bezüglich zusätzlicher Umweltschutzinvestitionen ... grundsätzlich im Jahresabschluß nicht zu erfassen [sind], da sie im allgemeinen keine Belastung des gegenwärtigen Vermögens dar-

---

703 *Günkel*, Rückstellungen, in: *Herzig* (Hrsg.), Umweltschutz, 1991, S. 42.

704 *Bordewin*, Umweltschutzrückstellungen, DB 1992, S. 1100 f; *Klein*, Umweltschutzmaßnahmen, DStR 1992, S. 1776. Unter Rückgriff auf das Vorsichtsprinzip auch mit diesem Ergebnis (Passivierung bereits vor Ablauf der Übergangsfrist) *Achatz*, Umweltrisiken, in: *Kirchhof* (Hrsg.), Umweltschutz, 1993, S. 179; (mit diesem Ergebnis unter Hinweis auf die rechtliche Entstehung) *Roeder*, Anpassungsverpflichtungen, DB 1993, S. 1938.

705 *Kupsch*, Umweltlasten, BB 1992, S. 2325.

706 *Bartels*, Umweltrisiken, 1992, S. 189 (dort auch das nachfolgende Zitat).

707 Dieser Beurteilung liegt wohl eine Auslegung des Merkmals der wirtschaftlichen Verursachung vor, die weder mit der von der Rechtsprechung vorgenommenen Auslegung noch mit der hier vertretenen Auffassung übereinstimmt.

708 *Ballwieser*, Passivierung, in: *IDW* (Hrsg.), Fachtagung, 1992, S. 147 f (das nachfolgende Zitat S. 149).

709 *Siegel*, Umweltschutz, BB 1993, S. 336 (dort auch das nachfolgende Zitat); *ders.*, Lösungsansätze, in: *Wagner* (Hrsg.), Umweltschutz, 1993, S. 155; *ders.*, Realisationsprinzip, BFuP 1994, S. 12 f.

stellen". Diese Ausführungen - am Beispiel der Verpflichtung zum Einbau eines Filters in eine bestehende Anlage - gründen auf der Feststellung, daß insoweit eine Investition vorliege, die grundsätzlich zu nachträglichen Anschaffungskosten und somit zu einer Aktivierung führe; da Rückstellungen für zukünftige Abschreibungen aber undenkbar seien, solle eine Rückstellungsbildung scheitern.

(22) Eigener Lösungsansatz

Nach den hier erarbeiteten Grundsätzen bestimmt sich auch die Bilanzierung von Anpassungsverpflichtungen nach dem Objektivierungs- und dem Periodisierungserfordernis. Unter Objektivierungsaspekten erscheint es zur sachgerechten Ableitung des eigenen Lösungsansatzes notwendig, zunächst erneut die gesetzliche Regelung genau zu beleuchten. Ausgangspunkt der Überlegungen muß sein, daß § 5 I Nr. 1 BImSchG eine dynamische Anpassungsverpflichtung enthält und insoweit vorschreibt, daß genehmigungsbedürftige Anlagen nur so errichtet und betrieben werden dürfen, daß insbesondere durch dem Stand der Technik entsprechende Maßnahmen der Emissionsbegrenzung Vorsorge gegen schädliche Umwelteinwirkungen getroffen wird. Diese Vorschrift gilt also nicht nur für Neuerrichtungen oder wesentliche Änderungen einer Anlage, sondern auch für bereits in Betrieb befindliche Anlagen. Gemäß § 17 I BImSchG sind die zuständigen Behörden zum Erlaß von nachträglichen Anordnungen zur Erfüllung der sich aus dem BImSchG ergebenden Pflichten ermächtigt; sie sind dazu sogar verpflichtet, soweit die Allgemeinheit - oder die Nachbarschaft - nicht ausreichend vor schädlichen Umwelteinwirkungen etc. geschützt ist. Wer einer solchen vollziehbaren Verpflichtung nicht, nicht vollständig oder nicht rechtzeitig nachkommt, handelt ordnungswidrig und wird mit einer Geldbuße gemäß § 62 I Nr. 5, II BImSchG belegt.

Für die Rückstellungsbilanzierung ergibt sich unter Objektivierungsaspekten aus dem Vorliegen einer solchen nachträglichen Anordnung, daß die *Mindestkonkretisierung durch Verwaltungsakt für das Bestehen einer Verpflichtung* bzw. auch die von der Rechtsprechung geforderte hinreichende Konkretisierung zu bejahen ist; insoweit wäre vorbehaltlich der Periodisierungsaspekte eine Rückstellungsbildung im Grundsatz erforderlich.

Eine Rückstellungsbildung ist unter Objektivierungsaspekten allerdings auch schon dann vorstellbar, wenn eine derartige Anordnung noch nicht vorliegt, da bereits aufgrund der gesetzlichen Regelung von der *Mindestkonkretisierung durch gesetzliche Vorschrift für das Bestehen einer Verpflichtung* auszugehen ist. Denn hier knüpft ein Gesetz (§ 5 I Nr. 2 u. § 48 BImSchG i.V.m. der TA Luft) an die Verwirklichung eines verpflichtungsbegründenden Sachverhaltes (Betrieb einer genehmigungsbedürftigen Anlage) ein zu erreichendes

Handlungsziel (Emissionsreduzierung nach dem Stand der Technik) an[710]; zugleich ist diese Verpflichtung über das Instrument der nachträglichen Anordnung durchsetzbar. Die Wahrscheinlichkeit der Inanspruchnahme ist ebenfalls zu bejahen, da die zuständigen Behörden gehalten sind, die erforderlichen Maßnahmen anzuordnen[711].

Fraglich ist in diesem Zusammenhang nur, zu welchem Zeitpunkt denn die rechtliche Vollentstehung der Anpassungsverpflichtung anzunehmen ist, ob sie bereits mit Verkündung der (neuen) Grenzwerte oder erst mit Ablauf der Übergangsfrist vorliegt. Hierzu wird - wie bereits erwähnt - im Fachschrifttum die Auffassung vertreten, daß die veränderten Emissionsstandards dazu führen können, daß bereits betriebene Anlagen nicht mehr den gesetzlichen Anforderungen entsprechen und somit rechtswidrig sind, da der Betrieb eben nicht mehr dem zu beachtenden Stand der Technik hinsichtlich der Emissionsbegrenzung entspricht[712]. Dem ist zuzustimmen, wenn als verpflichtungsbegründender gesetzlich formulierter Tatbestand der (grenzwertüberschreitende) Betrieb einer genehmigungsbedürftigen Anlage angesehen wird; insoweit würde der Ablauf der Übergangsfrist dann nur den Zeitpunkt der Fälligkeit bestimmen, nicht aber ein selbständig zu erfüllendes Tatbestandsmerkmal darstellen. Obwohl für den Anlagenbetreiber während der Übergangsfrist die Möglichkeit besteht, durch schriftliche Erklärung auf einen über den 28.2.1994 hinausreichenden Anlagenbetrieb zu verzichten und somit die Durchführung von Anpassungsmaßnahmen zu vermeiden[713], ist m.E. die Vollentstehung einer Anpassungsverpflichtung tatsächlich bereits mit der Verkündung neuer Grenzwerte, die insoweit als unmittelbar verpflichtende Kodifizierung des Standes der Technik anzusehen ist, gegeben.

Zur Passivierung einer Anpassungsverpflichtung ist aber neben der Objektivierung weiterhin erforderlich, daß die aus der Erfüllung der Verpflichtung resultierenden Ausgaben auch der abgelaufenen Periode zuzurechnen sind; diese Zuordnung erfolgt anhand der

---

710 Die Verpflichtung zur Emissionsreduzierung nach dem Stand der Technik knüpft allein an den Betrieb einer genehmigungsbedürftigen Anlage an; werthaltig und damit möglicherweise bilanzierungsfähig ist diese Verpflichtung allerdings nur dann, wenn durch den Betrieb die Emissionsgrenzwerte überschritten werden.

711 Dies geht nicht nur aus der Rz. 4.2 der TA Luft hervor, sondern auch aus landesrechtlichen Verwaltungsanweisungen, so z.B. dem gemeinsamen Erlaß des (saarländischen) Ministers für Umwelt und des (saarländischen) Ministers für Wirtschaft zur Durchführung der Technischen Anleitung zur Reinhaltung der Luft; hier: Anforderungen an Altanlagen vom 29.8.1986, GMBl. S. 481 sowie der Verwaltungsvorschrift des Ministeriums für Umwelt in Rheinland-Pfalz vom 27.9.1991 zur Durchführung immissionsschutzrechtlicher Vorschriften über die Begrenzung von Emissionen (Konkretisierung der Dynamisierungsklauseln nach der TA Luft 86), MinBl. S. 489. Die letztgenannte Vorschrift führt unter Rz. 3.2 aus: "Die Einhaltung der Zielwerte kann selbst dann gefordert werden, wenn nicht abschließend gewährleistet ist, daß dies mit den in Frage kommenden Maßnahmen im Einzelfall sicher möglich ist".

712 Vgl. erneut *Hoppe/Beckmann*, Umweltrecht, 1989, S. 422; *Herzig*, Rückstellungen, DB 1990, S. 1351.

713 Dann sind gemäß Rz. 4.2.9 der TA Luft keine nachträglichen Anordnungen mehr zu erlassen.

Kriterien der wirtschaftlichen Verursachung und der rechtlichen Entstehung. Während das Vorliegen der rechtlichen Entstehung bereits für den Zeitpunkt der Kodifizierung bzw. Verkündung der (neuen) Grenzwerte bejaht wurde, sollte das Vorliegen der aus dem Realisationsprinzip abzuleitenden wirtschaftlichen Verursachung m.E. weder zu diesem Zeitpunkt noch zum Zeitpunkt des Ablaufs der Übergangsfrist anzunehmen sein[714]. Wird nämlich danach gefragt, welche Erträge durch die zukünftigen Ausgaben aus der Anpassungsmaßnahme alimentiert werden, so ist bezüglich eines jeden Zeitpunktes festzustellen, daß diese Maßnahme zu keiner Zeit geeignet ist, die im Rahmen der Ertragserzielung bereits verursachten Luftverschmutzungen zu beseitigen, sondern nur darauf abzielt, Luftverschmutzungen aus der zukünftigen Produktion zu begrenzen[715]; insoweit sind die künftigen Ausgaben aus der Verpflichtung zu keinem Zeitpunkt bereits realisierten Erträgen konkret zugehörig[716].

Somit ist bezüglich der Anpassungsverpflichtungen ein zeitliches Auseinanderfallen von rechtlicher Entstehung und wirtschaftlicher Verursachung festzustellen; nach den Ausführungen im zweiten Teil der vorliegenden Untersuchung[717] ist dann, wenn die wirtschaftliche Verursachung nach der rechtlichen Entstehung liegt, die Struktur der Verpflichtung daraufhin zu untersuchen, ob eine unbedingt fällige oder nur eine bedingt fällige Verpflichtung vorliegt. Bedingt fällige Verpflichtungen sollen dadurch gekennzeichnet sein, daß ihre Erfüllung noch bis zur Fälligkeit durch eine (partielle) Einstellung der Geschäftstätigkeit oder eine Umstellung derselben vermieden werden kann. Genau diese Kennzeichnung trifft auf die Anpassungsverpflichtungen zu, da deren Erfüllung durch eine Anlagenstillegung (ggf. mit anschließender Ersatzinvestition)[718] bis zum Ablauf der

---

714 Vgl. ausführlich zur Ableitung und Interpretation des Kriteriums der wirtschaftlichen Verursachung die Ausführungen im zweiten Teil der vorliegenden Untersuchung, 2. Kapitel, Abschnitt I., Unterabschnitte B. 2. a) und b).

715 Daher müssen diese Ausgaben als Kosten der zukünftigen Produktion angesehen werden; so auch *Herzig*, Rückstellungen, DB 1990, S. 1351.

716 Diese Beurteilung sollte sich auch unter Anwendung der aktuellen BFH-Rechtsprechung ergeben, die das Vorliegen der wirtschaftlichen Verursachung dann bejaht, wenn "die Verbindlichkeit so eng mit dem betrieblichen Geschehen des abgelaufenen Wirtschaftsjahres verbunden ist, daß es gerechtfertigt erscheint, sie wirtschaftlich diesem Wirtschaftsjahr zuzuordnen"; so das BFH-Urteil vom 12.12.1990 I R 153/86, BStBl. II 1991, S. 482. Obwohl *Bartels*, Umweltrisiken, 1992, auf S. 126 genau dieses Zitat als ständige Rechtsprechung des BFH anführt, wird nicht klar, wie er dies mit seiner auf S. 189 geäußerten Auffassung vereinbart, daß bei Anpassungsverpflichtungen die wirtschaftliche Verursachung gegeben sei; möglicherweise sieht er als verpflichtungsauslösendes betriebliches Geschehen des abgelaufenen Wirtschaftsjahres bereits das Betreiben einer emittierenden Anlage an.

717 2. Kapitel, Abschnitt I., Unterabschnitt B. 2. b) (2).

718 Mit diesem Hinweis *Kamphausen*, Novellierung, DB 1986, S. 1270.

Übergangsfrist vermieden werden kann[719]. Da - wie bereits ausführlich begründet[720] - bedingt fällige Verpflichtungen nur passiviert werden können bzw. müssen, wenn sie wirtschaftlich verursacht sind, folgt daraus, daß für die Anpassungsverpflichtungen eine Passivierung gerade nicht in Betracht kommt, auch wenn ihre rechtliche Vollentstehung bereits bejaht werden muß.

Dieses Ergebnis leitet sich aus der Überlegung ab, daß weder das Realisations- noch das Vorsichtsprinzip eine Zurechnung der zukünftigen Ausgaben aus der Erfüllung der Anpassungsverpflichtung zu den Perioden gebieten, die vor der tatsächlichen Verausgabung liegen. Denn unter besonderer Berücksichtigung des Jahresabschlußzieles der vorsichtigen Ermittlung eines ausschüttungsfähigen Gewinns ist es nicht zu rechtfertigen, das Ausschüttungspotential durch eine Rückstellungsbildung um solche zukünftigen Ausgaben zu kürzen, die der Bilanzierende nur tätigen wird, wenn und soweit er in kausalem Zusammenhang damit zukünftige Erträge erwartet[721]. Zugleich droht aber im Rahmen der hier vertretenen Nichtpassivierung auch keine Ausschüttung solcher Vermögensteile, die noch keinen Reinvermögenszuwachs darstellen, so daß die Bilanzierung von Rückstellungen wegen Anpassungsverpflichtungen auch nicht mit dem Vorsichtsprinzip begründet werden kann[722].

Ebensowenig läßt sich m.E. die Bilanzierung von Rückstellungen wegen Anpassungsverpflichtungen mit dem Vollständigkeitsprinzip begründen, da ja zunächst nach Objektivierungs- und Periodisierungskriterien geklärt sein muß, welche Sachverhalte überhaupt im jeweiligen Jahresabschluß abzubilden sind, bevor anhand des Kontrollprinzips Vollständigkeit geprüft werden kann, ob tatsächlich auch alle unter Objektivierungs- und Periodisierungsaspekten bilanzierungspflichtigen Sachverhalte Eingang in den Jahresabschluß gefunden haben. Auch das Imparitätsprinzip kann zur Begründung einer Passivierungspflicht nicht herangezogen werden, da es nur Wirkung hinsichtlich des Ansatzes von Drohver-

---

719 Unter Rückgriff auf diese Feststellung könnte gegen eine Rückstellungsbildung auch eingewandt werden, daß es zumindest bis zum Ablauf der Übergangsfrist an der für die Passivierung notwendigen Wahrscheinlichkeit der Inanspruchnahme fehle.

720 Vgl. erneut die Ausführungen im zweiten Teil der vorliegenden Untersuchung, 2. Kapitel, Abschnitt I., Unterabschnitt B. 2. b) (2).

721 Allein "die Gefahr einer Verschlechterung der zukünftigen Ertragslage ... vermag keine passivierungsfähige Last zu begründen"; so - unter Hinweis auf das allgemeine Unternehmensrisiko - das BFH-Urteil vom 25.8.1989 III R 95/87, BStBl. II 1989, S. 896.

722 Übertragen auf den Sachverhalt, daß bereits eine nachträgliche Anordnung (Verwaltungsakt) vorliegt, resultiert aus diesen Überlegungen, daß insofern zwar eine rechtliche Entstehung einer Verpflichtung bejaht werden muß, daß aber mit den hier angeführten Argumenten eine Passivierung gleichwohl abzulehnen ist, soweit sich der Bilanzierende der Erfüllung dieser Verpflichtung noch entziehen kann und diese Verpflichtung folglich auch nur als bedingt fällig angesehen werden muß.

lustrückstellungen und hinsichtlich der Erfassung von Wertänderungen an bereits vorhandenen Aktiven und Passiven entfaltet[723].

Im Ergebnis zeigt sich somit am Beispiel der Anpassungsverpflichtungen die (eingeschränkt) rückstellungsbegrenzende Wirkung des Kriteriums der wirtschaftlichen Verursachung, welches aus dem Realisationsprinzips abzuleiten ist; soweit (wie hier vorliegend) bedingt fällige Verpflichtungen als wirtschaftlich nicht verursacht anzusehen sind, kommt eine Passivierung trotz des rechtlichen Bestehens nicht in Betracht[724].

(b) Verpflichtungen nach der Großfeuerungsanlagen-Verordnung

Eine weitere immissionsschutzrechtlich begründete Anpassungsverpflichtung resultiert aus der 13. BImSchV (Großfeuerungsanlagen-Verordnung)[725], die auf der Verordnungsermächtigung des § 7 I BImSchG beruht und solche Anforderungen enthält, die zur Vorsorge gegen schädliche Umwelteinwirkungen nach § 5 I Nr. 2 BImSchG zu erfüllen sind. Die Großfeuerungsanlagen-Verordnung legt in den §§ 3 ff für die Errichtung und den Betrieb bestimmter Anlagen zur Verfeuerung fester, flüssiger sowie gasförmiger Brennstoffe Emissionsgrenzwerte in Abhängigkeit von der Anlagengröße und differenziert nach einzelnen Gasen etc. fest[726]. Für sogenannte Altlanlagen, unter denen insbesondere solche Anlagen zu verstehen sind, deren Errichtung und Betrieb bereits vor Inkrafttreten der

---

[723] Bezüglich der Anpassungsverpflichtungen liegen nämlich gerade solche vorhersehbaren Risiken und Verluste nicht vor, die schon als bis zum Abschlußstichtag entstanden angesehen werden und aufgrund derer die Gewinnansprüche - und die möglichen Kapitalabflüsse - beschränkt werden müßten; vgl. ausführlicher zum Imparitätsprinzip *Kraus*, Rückstellungen, 1987, S. 116 f. M.E. kann sich das Imparitätsprinzip im Rahmen der Bilanzierung von Verbindlichkeitsrückstellungen lediglich werterhöhend (Höchstwertprinzip) auswirken, nicht aber zur Beurteilung der Frage dienen, ob die zukünftigen Ausgaben aus einer Verpflichtung, die nicht Bestandteil eines schwebenden Geschäftes ist, der abgelaufenen Periode aufwandswirksam zuzurechnen sind.

[724] Sollte nach der derzeit wohl (noch) h.M., die für Zwecke der Rückstellungsbildung allein die rechtliche Entstehung genügen läßt, wegen bestehender Anpassungsverpflichtungen gleichwohl eine Passivierung gefordert werden, so müßte dem zumindest für die Dauer der Übergangsfrist, innerhalb derer die Erfüllung noch vermieden werden kann, entgegengehalten werden, daß die Verpflichtung insoweit noch gar nicht werthaltig ist. Bis zum Ablauf dieser Frist sollte eine Passivierung daher ausscheiden, da nicht werthaltige Verpflichtungen nach der Rechtsprechung des BFH nicht bilanziert werden dürfen; vgl. dazu das BFH-Urteil vom 22.11.1988 VIII R 62/85, BStBl. II 1989, S. 359. *Baetge*, Bilanzen, 1992, S. 115 f u. 323 f, spricht insoweit von dem zur Passivierung erforderlichen Unterkriterium der wirtschaftlichen Belastung; ebenso *Grubert*, Rückstellungsbilanzierung, 1978, S. 190 ff. Auch *Gail/Düll/Schubert/Hess-Emmerich*, Jahresende, GmbHR 1993, S. 690, gehen davon aus, daß eine allein rechtlich entstandene Verbindlichkeit nicht passiviert werden darf, "wenn sie wirtschaftlich nicht das Vermögen belastet".

[725] Dreizehnte Verordnung zur Durchführung des Bundes-Immissionsschutzgesetzes (Verordnung über Großfeuerungsanlagen - 13. BImSchV) vom 22.6.1983, BGBl. I S. 719.

[726] Praktisch soll diese Verordnung im wesentlichen auf Abgasentschwefelungsmaßnahmen bei Kohlekraftwerken abzielen, wobei die insoweit erforderlichen Investitionen mit 6-12 Mrd. DM geschätzt wurden; so *Kloepfer*, Umweltrecht, 1989, S. 419. Insgesamt soll die Einführung der Großfeuerungsanlagen-Verordnung "rund 25 Mrd. DM an Investitionen von Privatfirmen nach sich gezogen haben"; so *o.V.*, Umweltschutz, HB Nr. 10 vom 15.1.1992, S. 5.

Verordnung (1.7.1983) genehmigt worden ist, gelten nach den §§ 17 ff der Verordnung wesentlich höhere Grenzwerte, also niedrigere Umweltschutzstandards. Für die Anpassung dieser Altanlagen an die Grenzwerte ist gemäß § 36 II eine Übergangsfrist von fünf Jahren[727], hinsichtlich der Absenkung der Schwefeldioxidemissionen sogar eine Frist von zehn Jahren (also bis zum 1.4.1993) vorgesehen; zugleich unterliegen die Altanlagenbetreiber gemäß § 36 I der Verpflichtung, vorbereitende Maßnahmen zur Einhaltung der Anforderungen unverzüglich einzuleiten. Allerdings genießen Altanlagen, bei denen die Nachrüstung wirtschaftlich nicht sinnvoll ist, eine von der letztgenannten Verpflichtung nicht betroffene Restnutzungsdauer[728]. Verstöße gegen die Verpflichtung zur Einhaltung der Grenzwerte sind gemäß § 35 Nr. 1 der Verordnung als Ordnungswidrigkeiten mit einer Geldbuße belegt.

Hinsichtlich der Bilanzierung von Verbindlichkeitsrückstellungen ergibt sich aus diesem Regelungskreis, daß unter Objektivierungsaspekten die *Mindestkonkretisierung durch gesetzliche Vorschrift für das Bestehen einer Verpflichtung* zu bejahen ist, da eine gesetzliche Vorschrift das Erreichen eines bestimmten Handlungszieles (Einhaltung der Emissionsgrenzwerte bei Anlagenbetrieb) durchsetzbar (Geldbuße) vorschreibt. Tatsächlich verwirklicht ist der verpflichtungsbegründende Tatbestand m.E. schon dann, wenn diese Grenzwerte durch den Anlagenbetrieb bereits vor Ablauf der Übergangsfrist überschritten werden; denn schon mit Verkündung der (neuen) Grenzwerte entspricht der Anlagenbetrieb nicht mehr dem Stand der Technik und ist somit als rechtswidrig anzusehen. Da die Übergangsfrist - ähnlich wie bei der TA Luft - lediglich aus Gründen des Bestandsschutzes vorgesehen worden ist, sollte insoweit nur die Formulierung des Fälligkeitszeitpunktes und nicht die Bestimmung eines weiteren selbständig zu erfüllenden Tatbestandsmerkmales anzunehmen sein, so daß im Ergebnis von einer rechtlichen Entstehung mit Verkündung bzw. Kodifizierung der (neuen) Grenzwerte auszugehen sein sollte. Dieser Beurteilung steht das Beispiel derjenigen Altanlagen, die nicht mehr nachgerüstet werden sollen und die trotz Grenzwertüberschreitung bis zum Ablauf der Übergangsfrist weiterbetrieben werden können, nicht entgegen, da m.E. darauf abgestellt werden muß, daß der verpflichtungsbegründende Tatbestand mit Überschreiten der Grenzwerte (Anlagenbetrieb unter Mißachtung des Standes der Technik) bereits verwirklicht ist.

Für Bilanzstichtage vor dem Tag des Ablaufes der jeweiligen Übergangsfrist gilt nun mit den bereits vorgetragenen Argumenten[729], daß zwar von der rechtlichen Entstehung einer Anpassungsverpflichtung, nicht jedoch von ihrer wirtschaftlichen Verursachung ausgegangen werden kann. Aber auch nach Ablauf der Übergangsfrist ist die Notwendigkeit

---

[727] § 36 II: "Die Anforderungen ... der §§ 17 bis 19 ... sind nach Ablauf von fünf Jahren seit Inkrafttreten dieser Verordnung einzuhalten".
[728] So *Kloepfer*, Umweltrecht, 1989, S. 420.
[729] Vgl. dazu die Ausführungen im unmittelbar vorhergehenden Unterabschnitt (a) zu den Vorsorgeverpflichtungen nach der TA Luft.

der Passivierung m.E. zu verneinen. Wird nämlich berücksichtigt, daß zwar zu beiden Zeitpunkten die rechtliche Entstehung, aber eben nur die rechtliche Entstehung einer bedingt fälligen Verpflichtung zur Einhaltung der Grenzwerte bei einem Weiterbetrieb zu bejahen ist[730], so entscheidet sich die Rückstellungsbildung nach dem Kriterium der wirtschaftlichen Verursachung. Insoweit muß aber dann festgestellt werden, daß die Ausgabentätigung zur Erfüllung dieser Anpassungsverpflichtung ihre Begründung nicht in der Beseitigung von in der Vergangenheit verursachten Luftverschmutzungen, sondern allein in der Begrenzung von aufgrund des Anlagenbetriebes noch zu verursachenden zukünftigen Emissionen findet und somit in Zusammenhang mit den Erträgen aus der zukünftigen Produktion steht[731]. Folglich sind die zukünftigen Aufwendungen aus der Vorsorgeverpflichtung nach der Großfeuerungsanlagen-Verordnung so eng mit zukünftigen Gewinnchancen verknüpft[732], daß eine Zurechnung der zukünftigen Ausgaben aus der Erfüllung der Anpassungsverpflichtung zu den Perioden, die vor der tatsächlichen Verausgabung liegen, weder nach dem Realisations- noch nach dem Vorsichtsprinzip geboten ist. Aus diesen Überlegungen ist dann auch hier die Feststellung abzuleiten, daß eine nach dem Realisationsprinzip ausgerichtete wirtschaftliche Verursachung bei solchen Anpassungsverpflichtungen überhaupt nicht vorstellbar ist[733], da zu keinem Zeitpunkt die künftigen Ausgaben aus diesen Verpflichtungen bereits realisierten Erträgen konkret zugehörig

---

730 Nach der hier erarbeiteten Kennzeichnung muß insoweit tatsächlich vom Vorliegen einer bedingt fälligen Verpflichtung ausgegangen werden, da der Bilanzierende sich ihrer Erfüllung noch durch (partielle) Einstellung der Geschäftstätigkeit entziehen kann.

731 Diese Feststellung wird durch den Umstand unterstrichen, daß sich die in Erfüllung der Verpflichtung getätigten Ausgaben regelmäßig aus zwei Komponenten zusammensetzen, nämlich aus einmalig anfallenden Investitionskosten (z.B. Anschaffung einer Rauchgasentschwefelungsanlage) einerseits und aus periodisch anfallenden Betriebskosten (z.B. laufende Kosten der Abgasbehandlung) andererseits. Insbesondere am Beispiel der Betriebskosten verdeutlicht sich das Fehlen der wirtschaftlichen Verursachung, da diese Betriebskosten nur dann anfallen werden, wenn zukünftige Gewinnchancen wahrgenommen - und somit aufgrund der zukünftigen Produktion entstehende Luftverschmutzungen begrenzt - werden sollen. Den Betriebskosten stehen also greifbar zugehörige künftige Erträge gegenüber, sie sind nicht bereits realisierten Erträgen konkret zugehörig; nichts anderes kann hinsichtlich der Investitionskosten gelten.

732 Hier kann auch mit *Moxter*, Umweltschutzrückstellungen, in: *Moxter* (Hrsg.), Rechnungslegung, 1992, S. 432, argumentiert werden, daß insoweit gerade keine (passivierungspflichtigen) unkompensierten künftigen Aufwendungen, sondern vielmehr solche (nicht passivierungspflichtigen) Aufwendungen vorliegen, denen auch künftige Vermögenszugänge greifbar zugeordnet werden können.

733 Dies muß letztendlich auch dann gelten, wenn nach dem Ablauf der Übergangsfrist ein Verwaltungsakt ergehen sollte, der die Grenzwertberücksichtigung einfordert. Zwar ist auch in diesem Fall von der rechtlichen Vollentstehung einer Verpflichtung auszugehen, gleichwohl ist eine sich an den Verwaltungsakt anschließende Ausgabentätigung zur Emissionsreduzierung nicht durch den Betrieb in der Vergangenheit verursacht, sondern allein durch die zukünftige Tätigkeit. Auch insoweit muß also festgestellt werden, daß die Ausgabentätigung in Zusammenhang mit den Erträgen aus der zukünftigen Produktion steht und daß somit Rückstellungsbildung für Maßnahmen der Emissionsreduzierung nicht in Betracht kommt.

sind[734]; daraus folgt, daß eine Rückstellungsbildung wegen bedingt fälliger Anpassungsverpflichtungen wohl zu keinem Zeitpunkt in Betracht kommen kann.

(2) Vorsorgeverpflichtungen aufgrund des Gefahrstoffrechts

Aus dem Bereich des Gefahrstoffrechts, welches auf eine präventive Produktkontrolle abzielt[735], werden nun beispielhaft zwei Verpflichtungen zum Verzicht auf die Verwendung bestimmter Stoffe untersucht, die im Ergebnis als Anpassungsverpflichtungen verstanden werden müssen.

So sieht § 9 I GefStoffV[736] vor, daß bestimmte asbesthaltige Stoffe, Zubereitungen und Erzeugnisse nicht mehr in den Verkehr gebracht werden dürfen[737]; ab 1995 gilt sogar ein totales Asbestverbot. Wer gegen diese Regelung verstößt, soll gemäß § 43 GefStoffV i.V.m. § 27 I ChemG mit einer Freiheits- oder Geldstrafe bestraft werden. Diesen Bestimmungen vergleichbar sind auch die Vorschriften der PCB-, PCT-, VC-Verbotsverordnung[738]; dort wird in § 2 bestimmt, daß die Inverkehrbringung oder Verwendung der in § 1 genannten Stoffe (z.B. PCB, PCT) im Grundsatz verboten ist. Verstöße gegen den Inhalt dieser Verordnung werden als Straftaten gemäß § 6 der Verordnung ebenfalls i.V.m. § 27 I ChemG mit einer Freiheits- oder Geldstrafe bedroht.

Unter Rückstellungsaspekten ist zu diesen beiden Vorsorgeverpflichtungen, die bilanzierende Unternehmen zur Anpassung ihrer (Produktions-)Tätigkeit an veränderte gesetzliche Regelungen zwingen können, wie folgt Stellung zu nehmen:

Aufgrund der Bestimmtheit der Vorschriften ist die *Mindestkonkretisierung durch gesetzliche Vorschrift für das wahrscheinliche Entstehen einer Verpflichtung* zu bejahen, da eine gesetzliche Vorschrift (in Verbindung mit einer Rechtsverordnung) eine Pflichtensituation (Inverkehrbringungs- bzw. Verwendungsverbot) durchsetzbar (Freiheits- bzw. Geldstrafe) vorsieht. Vom Bestehen einer Verpflichtung kann allerdings nicht ausgegangen werden, da hier gerade nicht der Fall vorliegt, daß eine gesetzliche Vorschrift an die Erfüllung ei-

---

734 Die wirtschaftliche Verursachung setzt aber gerade "die konkretisierte Zugehörigkeit künftiger Ausgaben zu bereits realisierten Erträgen voraus"; so explizit das BGH-Urteil vom 28.1.1991 II ZR 20/90, BB 1991, S. 508. Diese Formulierung ist wortwörtlich auch schon im BFH-Urteil vom 25.8.1989 III R 95/87, BStBl. II 1989, S. 895, verwandt worden.

735 So *Kloepfer*, Umweltrecht, 1989, S. 743.

736 Verordnung über gefährliche Stoffe (Gefahrstoffverordnung - GefStoffV) in der Fassung der Bekanntmachung vom 25.9.1991, BGBl. I S. 1931; diese beruht als Rechtsverordnung auf der Verordnungsermächtigung des § 17 I ChemG.

737 Vgl. zu gefährlichen Stoffen im Sinne der GefStoffV auch *Dolde*, Gefahrstoffverordnung, BB 1990, S. 1074 ff.

738 Verordnung zum Verbot von polychlorierten Biphenylen, polychlorierten Terphenylen und zur Beschränkung von Vinylchlorid (PCB-, PCT-, VC-Verbotsverordnung) vom 18.7.1989, BGBl. I S. 1482.

nes Tatbestandes die Verpflichtung zur Erreichung eines Handlungszieles anknüpft. Es könnte aus den beiden Vorschriften höchstens im Umkehrschluß eine Verpflichtung dahingehend abgeleitet werden, verbotswidrig verwandte oder in den Verkehr gebrachte Stoffe zurücknehmen bzw. beseitigen zu müssen. Weitere ausgabenwirksame Konsequenzen können sich darüberhinaus nur ergeben, sofern zukünftig verbotene Einsatzstoffe durch aufwendigere Ersatzstoffe substituiert werden müssen. Insoweit könnte unter Objektivierungsaspekten eine Passivierung notwendig werden.

Unter Periodisierungsaspekten ist nach der hier vertretenen Auffassung nun allerdings erforderlich, daß die Verpflichtung als wirtschaftlich verursacht anzusehen ist oder zumindest die rechtliche Vollentstehung einer unbedingt fälligen Verpflichtung bejaht werden muß. Das Vorliegen der wirtschaftlichen Verursachung bestimmt sich unter Rückgriff auf das Realisationsprinzip und ist daher nur dann anzunehmen, wenn die künftigen Ausgaben bis zum Stichtag realisierte Umsätze alimentiert haben. Das Bestehen einer unbedingt fälligen Verpflichtung ist gegeben, wenn sich der Bilanzierende einer Verpflichtung nicht einmal mehr durch (partielle) Einstellung der Geschäftstätigkeit oder Umstellung derselben entziehen kann[739].

Vor dem Inkrafttreten des Verbots kommt eine Rückstellungsbildung daher weder hinsichtlich der Pflicht zur Rücknahme von erst zukünftig verbotswidrig in den Verkehr zu bringenden Stoffen noch hinsichtlich der Pflicht zur Substitution in Betracht, da insoweit weder die wirtschaftliche Verursachung noch die rechtliche Entstehung zu bejahen sind. Lediglich in den Fällen, in denen nach dem Inkrafttreten des Verbots rechtswidrig Stoffe in den Verkehr gebracht wurden, ist die wirtschaftliche Verursachung anzunehmen und somit eine Rückstellung aufgrund der *Mindestkonkretisierung durch gesetzliche Vorschrift für das wahrscheinliche Entstehen einer Verpflichtung* zu bilden, soweit die Wahrscheinlichkeit der Inanspruchnahme zur Rücknahme dieser Stoffe gegeben ist. Ein einschlägiger Verwaltungsakt kann nur erlassen werden, wenn der verpflichtungsbegründende Tatbestand (hier: verbotswidrige Inverkehrbringung) bereits verwirklicht worden ist; aufgrund des Vorliegens von *Mindestkonkretisierung durch Verwaltungsakt für das Bestehen einer Verpflichtung* und wirtschaftlicher Versachung wäre dann - spätestens im Zeitpunkt des Ergehens des Verwaltungsaktes - ebenfalls zu passivieren.

Am Beispiel des völligen Verbots von Asbest ab dem 1.1.1995 verdeutlicht sich die hier vorgetragene Lösung: Bis zu diesem Zeitpunkt kann weder von der wirtschaftlichen Verursachung noch von der rechtlichen Entstehung einer Verpflichtung zur Substitution von Asbest durch andere Stoffe oder zur Rücknahme von asbesthaltigen Stoffen, Zubereitun-

---

739 Vgl. erneut die ausführlich begründete Ableitung dieser Auffassung im zweiten Teil der vorliegenden Untersuchung, 2. Kapitel, Abschnitt I., Unterabschnitt B. 2. b) (2).

gen und Erzeugnissen ausgegangen werden[740]. Hinsichtlich der in 1995 getätigten Ausgaben zur Substitution oder zur Rücknahme ist eine Rückstellungsbildung nicht erforderlich, da diese bereits als Aufwand Eingang in das Rechnungswesen gefunden haben sollten; entsprechende Ausgaben aus Folgeperioden sind nicht passivierungsfähig, soweit es an der wirtschaftlichen Verursachung fehlt. Im Ergebnis bleibt eine Rückstellungsbildung lediglich für die Fälle denkbar, in denen nach dem 1.1.1995 verbotswidrig asbesthaltige Stoffe in den Verkehr gebracht wurden und diese erst in einem späteren Wirtschaftsjahr wieder zurückgenommen werden müssen, da allein insoweit die wirtschaftliche Verursachung zu bejahen ist[741].

b) Aufwandsrückstellungen

Von BALLWIESER[742], der zu einem Verbot der Verbindlichkeitsrückstellung bei den Anpassungsverpflichtungen nach der TA Luft kommt, weil es sowohl an der wirtschaftlichen Verursachung als auch an der rechtlichen Entstehung fehlen soll, wird zugleich die Passivierung von Aufwandsrückstellungen wegen dieser Vorsorgeverpflichtungen bejaht. Zur Begründung führt er aus, daß die Ausgaben hinreichend konkretisierbar seien und daß das Realisationsprinzip für die Periodenzugehörigkeit nicht bemüht werden müsse.

Dem ist nach der hier vertretenen Auffassung nicht zuzustimmen. Wie bereits ausführlich dargestellt wurde[743], verlangt die gesetzliche Vorschrift des § 249 II HGB ausdrücklich neben einer inhaltlichen Bestimmtheit der Aufwendungen auch, daß diese ihrer Eigenart nach genau umschriebenen Aufwendungen dem Geschäftsjahr oder einem früheren Geschäftsjahr zuzuordnen sein müssen. Insbesondere unter Berücksichtigung des Jahresabschlußzieles der vorsichtigen Ermittlung eines ausschüttungsfähigen Gewinns kann sich diese Zuordnung aber tatsächlich nur nach dem Realisationsprinzip bestimmen, also da-

---

[740] Die eventuell zukünftig anfallenden Ausgaben zur Substitution der verbotenen Stoffe alimentieren erst Erträge zukünftiger Perioden, sie sind ebenso wie zukünftige Ausgaben zur Rücknahme verbotener Stoffe "eng mit künftigen Gewinnchancen verbunden"; vgl. zu dieser Formulierung erneut das BFH-Urteil vom 25.8.1989 III R 95/87, BStBl. II 1989, S. 895.

[741] Insoweit könnte allerdings bezweifelt werden, ob überhaupt noch vom Vorliegen einer Anpassungsverpflichtung im hier verstandenen Sinne ausgegangen werden dürfte. Stattdessen müßte wohl das Vorliegen einer Rücknahmeverpflichtung, die dem Problemkreis der Abfallentsorgung zuzuordnen wäre, angenommen werden, da durch die Rücknahme weniger eine Anpassung an zukünftig geltende Grenzwerte hinsichtlich der durch den Bilanzierenden zu vertretenden Emissionen (Schadstoffe, Lärm etc.) verwirklicht wird als vielmehr eine Maßnahme der Abfallentsorgung.

[742] *Ballwieser*, Passivierung, in: *IDW* (Hrsg.), Fachtagung, 1992, S. 148 ff.

[743] Vgl. dazu die Ausführungen im zweiten Teil der vorliegenden Untersuchung, 2. Kapitel, Abschnitt II., Unterabschnitt C.

nach, ob die Aufwendungen bereits realisierte Erträge alimentiert haben[744]. Somit können für Anpassungsverpflichtungen gerade keine Aufwandsrückstellungen gebildet werden, da die künftig anfallenden Aufwendungen aus der Anpassungsmaßnahme auch erst zukünftig noch zu realisierende Erträge alimentieren[745].

2. Rückstellungsbewertung

Soweit Anpassungsverpflichtungen nun überhaupt als rückstellungsrelevant erachtet werden, hat die Passivierung der Höhe nach unter Zugrundelegung der bereits dargelegten Grundsätze zu erfolgen, also mit dem voraussichtlichen Erfüllungsbetrag zu Vollkosten nach den Preisverhältnissen des Stichtages; eine Abzinsung kann nicht vorgenommen werden.

Besonderer Beachtung bedarf hier aber die Frage, ob eine Rückstellungsbildung auch für Herstellungsaufwand oder für zukünftigen Abschreibungsaufwand in Betracht kommt. Diese Frage betrifft besonders den Problemkreis der Anpassungsverpflichtungen, da insoweit Fälle denkbar sind, in denen Verpflichtungen beispielsweise nur durch Anschaffung bzw. Herstellung einer nach den allgemeinen Grundsätzen zu aktivierenden Filteranlage und also durch Anschaffung bzw. Herstellung eines neuen Wirtschaftsgutes nachgekommen werden kann. Aufgrund der bereits dargelegten Überlegungen ergibt sich, daß die im Zusammenhang mit dieser Anschaffung bzw. Herstellung anfallenden Ausgaben nicht über eine Rückstellungsbildung antizipiert werden dürfen, da diese dem künftigen Produktionsprozeß und damit auch künftigen Erträgen zugehörig sind[746]. Das für die zukünftige Umsatzerzielung eingesetzte Nutzungspotential der Wirtschaftsgüter ist in Form der zukünftigen Abschreibungen eben diesen zukünftigen Perioden zuzurechnen; diese Periodenzuordnung gilt schließlich auch für die Kosten des laufenden Betriebs der Filteranlage, da insoweit Kosten der zukünftigen Produktion vorliegen. Dagegen ist ein Bezug zu bereits realisierten Umsätzen, der die Antizipation von zukünftigen Abschreibungsaufwendungen möglicherweise rechtfertigen könnte, nicht zu erkennen; vielmehr liegt lediglich eine Anpassung der Anlagen des Bilanzierenden an eine für die zukünftige Geschäftstätigkeit relevante Umweltbedingung vor. Wird also - abweichend von der hier

---

[744] So *Moxter*, Bilanzrechtsprechung, 2. Aufl., 1985, S. 217; dem folgend *Borstell*, Aufwandsrückstellungen, 1987, S. 172; *Herzig*, Risikovorsorge, in: *Doralt* (Hrsg.), Probleme, 1991, S. 229 f. So auch *Kupsch*, Bilanzierung, in: *Albach/Forster* (Hrsg.), Beiträge, 1987, S. 71; *Lederle*, Probleme, in: *Baetge* (Hrsg.), Rückstellungen, 1991, S. 63 f; *Dörner*, Aufwandsrückstellungen, WPg 1991, S. 227; *Bartels*, Umweltrisiken, 1992, S. 226.

[745] Ebenfalls mit dem Ergebnis, daß aufgrund des fehlenden Vergangenheitsbezuges eine Aufwandsrückstellung wegen zukünftiger Anpassungsausgaben nicht in Betracht kommt, *Siegel*, Umweltschutz, BB 1993, S. 328; *ders.*, Lösungsansätze, in: *Wagner* (Hrsg.), Umweltschutz, 1993, S. 135.

[746] Vgl. dazu die Ausführungen im zweiten Teil der vorliegenden Untersuchung, 3. Kapitel, Abschnitt I., Unterabschnitt B. 7.

vertretenen Auffassung - zunächst der Ansatz einer Verbindlichkeitsrückstellung z.b. unter Hinweis auf die rechtliche Entstehung einer Verpflichtung befürwortet, so muß gleichwohl die Passivierung scheitern, wenn und soweit die Ausgaben aus der Verpflichtungserfüllung zu aktivieren sind, da die zukünftigen Abschreibungsaufwendungen insoweit eng mit zukünftigen Gewinnchancen und nicht mit bereits realisierten Erträgen verbunden sind.

B. Erfassung durch Anhangsausweis

Soweit nach den obigen Ausführungen eine Rückstellungsbildung wegen der Anpassungsverpflichtungen nicht in Betracht kommt, muß darin wohl ein klassischer Fall für die Anhangsangabe im Sinne des § 285 Nr. 3 HGB gesehen werden, wonach sonstige finanzielle Verpflichtungen auszuweisen sind, wenn und soweit diese für die Beurteilung der Finanzlage von Bedeutung, also wesentlich sind. Dieses Wesentlichkeitserfordernis sollte angesichts der erörterten Größenordnungen häufig erfüllt sein. Zugleich sollten auch die beiden anderen Objektivierungserfordernisse der noch nicht erfolgten Passivierung einerseits und der inhaltlichen Greifbarkeit der Verpflichtung andererseits erfüllt sein, da nach den obigen Ausführungen eine Passivierung zwar aufgrund der Periodisierungserfordernisse ausscheidet, die öffentlich-rechtliche Verpflichtung zugleich aber als mindestkonkretisiert angesehen werden muß. Im Ergebnis werden Anpassungsverpflichtungen also tatsächlich gemäß § 285 Nr. 3 HGB als sonstige finanzielle Verpflichtungen im Anhang anzugeben sein[747]. Die Bewertung hat zumindest im Grundsatz derjenigen der Rückstellungen zu entsprechen; demnach ist bei notwendig werdenden Umweltschutzmaßnahmen regelmäßig der Gesamtbetrag der anfallenden Aufwendungen nach den Preisverhältnissen am Stichtag ohne Abzinsung - allerdings ohne Saldierung mit Gegenansprüchen - zu nennen.

V. Umweltrechtliche Prüfungs-, Nachweis- und Erklärungsverpflichtungen

Die hier in einer Fallgruppe zusammengefaßten Prüfungs-, Nachweis- und Erklärungsverpflichtungen mit umweltrechtlichem Bezug unterscheiden sich insofern von den bislang behandelten Verpflichtungen, als sie den formellen Umweltpflichten zugeordnet werden können bzw. müssen[748] und nur mittelbar - nämlich als verfahrensbezogene Pflichten der Anzeige, Auskunft oder Mitwirkung - zu umweltschützenden oder den Umweltzustand verbessernden Maßnahmen beitragen. Demgegenüber waren die bislang aufgeführten Fallgruppen dadurch gekennzeichnet, daß die in ihnen zusammengefaßten Verpflichtungen

---

747 So auch *Herzig*, Rückstellungen, DB 1990, S. 1351; *Rürup*, Rückstellungen, in: *Moxter* (Hrsg.), Rechnungslegung, 1992, S. 541.

748 Vgl. zur Unterscheidung von formellen und materiellen Umweltpflichten *Kloepfer*, Umweltrecht, 1989, S. 149 f.

dem Bilanzierenden unmittelbar ein bestimmtes Handeln zur Verbesserung bzw. Sicherung der Umweltsituation auferlegten.

Die Prüfungs-, Nachweis- und Erklärungsverpflichtungen sollen im folgenden unter dem Aspekt der Rückstellungsbildung kurz beleuchtet werden, da sie zwar regelmäßig nicht von der jeweiligen Tragweite (Qualität) der einzelnen Verpflichtung, wohl aber von der Quantität aller derartigen das Unternehmen belastenden Pflichten her eine nicht zu vernachlässigende materielle Bedeutung für die Unternehmen haben können[749].

Stellvertretend für die umweltrechtlichen Prüfungs-, Nachweis- und Erklärungsverpflichtungen sollen nachfolgend drei verschiedene gesetzliche Regelungskreise insbesondere hinsichtlich ihrer Rückstellungsrelevanz untersucht werden, nämlich

- § 27 BImSchG,
- § 11 AbfG und
- §§ 4 ff ChemG[750].

Gemäß § 27 I BImSchG sind die Betreiber solcher genehmigungsbedürftiger Anlagen, von denen nicht nur in geringem Umfang Luftverunreinigungen ausgehen können, zur Abgabe von Emissionserklärungen verpflichtet, die alle zwei Jahre entsprechend dem neuesten Stand zu ergänzen sind[751]. Die auf § 27 IV BImSchG basierende Emissionserklärungsverordnung[752] bestimmt dann im einzelnen, welche Betreiber der Erklärungspflicht unterliegen und wie diese Pflicht inhaltlich ausgestaltet ist[753]. Gemäß § 3 I u. II der 11. BImSchV ist der Erklärungszeitraum das geradzahlige Kalenderjahr, für das bis zum 30. April des Folgejahres die Emissionserklärung einzureichen ist; als Verpflichteter ist gemäß § 3 III der Anlagenbetreiber anzusehen. Wird eine solche Erklärung bzw. deren Ergänzung nicht, nicht vollständig oder nicht rechtzeitig abgegeben, so ist dies gemäß

---

749 Zugleich ist aber darauf hinzuweisen, daß auch einzelnen Prüfungsverpflichtungen materielle Gewichtigkeit zukommen kann. So nennen *Hoppe/Beckmann*, Umweltrecht, 1989, S. 462, einen Betrag von mehr als zwei Mio. DM als (für einen einzelnen Stoff) mögliche Prüfkosten nach dem auch hier betrachteten ChemG.

750 Gesetz zum Schutz vor gefährlichen Stoffen (Chemikaliengesetz - ChemG) in der Fassung der Bekanntmachung vom 14.3.1990, BGBl. I S. 521.

751 Vgl. zu weiteren Nachweis- und Mitteilungsverpflichtungen, die aus dem BImSchG hervorgehen, *Knopp/Striegl*, Betriebsorganisation, BB 1992, S. 2009 ff.

752 Elfte Verordnung zur Durchführung des Bundes-Immissionsschutzgesetzes (Emissionserklärungsverordnung - 11. BImSchV) vom 12.12.1991, BGBl. I S. 2213.

753 Vgl. dazu auch *Kloepfer*, Umweltrecht, 1989, S. 440 f; *Hoppe/Beckmann*, Umweltrecht, 1989, S. 435 f.

§ 62 II Nr. 2 BImSchG als Ordnungswidrigkeit anzusehen; eine solche kann mit einer Geldbuße geahndet werden[754].

§ 11 II AbfG sieht vor, daß die zuständigen Behörden von den Sonderabfallbesitzern das Führen von Nachweisbüchern, das Einhalten und Aufbewahren von Belegen sowie deren Vorlegung verlangen können. Darüberhinaus bestimmt § 11 III AbfG, daß z.b. der Betreiber einer Anlage, in der Abfälle dieser Art anfallen, auch ohne besonderes behördliches Verlangen zur Führung eines solchen Nachweisbuches verpflichtet ist[755]. Näheres hinsichtlich Einrichtung, Führung und Vorlage des Nachweisbuches ist durch eine Rechtsverordnung - die AbfRestÜberwV[756] - geregelt. Gemäß § 18 I Nrn. 6 u. 7 AbfG handelt ordnungswidrig, wer z.b. die Pflichten zur Führung eines Nachweisbuches oder zur Vorlage von Belegen verletzt; die Ordnungswidrigkeit ist mit einer Geldbuße belegt.

Aus dem Regelungskreis der §§ 4 ff ChemG[757] resultiert schließlich eine Prüfungs- und Anmeldungsverpflichtung für neue Stoffe im Sinne des § 3 ChemG; verpflichtet ist der Hersteller, der einen neuen Stoff als solchen oder als Bestandteil einer Zubereitung nur in den Verkehr bringen darf, wenn er diesen spätestens 45 Tage vor der Inverkehrbringung bei der Anmeldestelle angemeldet hat. Gemäß § 6 I ChemG hat die Anmeldung Prüfnachweise im Sinne des § 7 ChemG zu enthalten, die sich insbesondere auf physikalische, chemische (und physikalisch-chemische) sowie reizende und ätzende Eigenschaften erstrecken müssen[758]. Wird ein Stoff vor Ablauf der genannten Frist in Verkehr gebracht, so ist darin gemäß § 26 I Nr. 1 u. II ChemG eine mit Geldbuße belegte Ordnungswidrigkeit zu sehen[759].

---

754 Eine weitere Pflicht zur Selbstüberwachung und permanenten Aufzeichnung des Betriebsgeschehens, die hier allerdings nicht näher betrachtet werden soll, geht aus § 25 LAbfG NW hervor. Darin ist bestimmt, daß der Betreiber einer Abfallentsorgungsanlage durch eine behördlich zugelassene Stelle auf seine Kosten den Betrieb der Anlage überwachen, Grundwasser sowie Emissionen untersuchen und Aufzeichnungen darüber anfertigen lassen muß.

755 Ausführlicher zu diesen Pflichten *Hösel/von Lersner*, Recht der Abfallbeseitigung, 1990/92, Rn. 12 ff zu § 11 AbfG.

756 Verordnung über das Einsammeln und Befördern sowie über die Überwachung von Abfällen und Reststoffen (Abfall- und Reststoffüberwachungs-Verordnung - AbfRestÜberwV) vom 3.4.1990, BGBl. I S. 648 (diese Verordnung ist bspw. abgedruckt bei *Hösel/von Lersner*, Recht der Abfallbeseitigung, 1990/92, Kopfziffer 1050).

757 Vgl. dazu auch ausführlicher *Hoppe/Beckmann*, Umweltrecht, 1989, S. 461 f; *Kloepfer*, Umweltrecht, 1989, S. 755.

758 Vgl. bei *Hoppe/Beckmann*, Umweltrecht, 1989, S. 462, den Hinweis, daß die maßgeblichen Prüfungsbedingungen gemäß § 10 I Satz 2 ChemG durch eine Rechtsverordnung näher festgelegt sind, nämlich durch die Verordnung über Prüfnachweise und sonstige Anmelde- und Mitteilungsunterlagen nach dem Chemikaliengesetz (Prüfnachweisverordnung - ChemPrüfV) vom 17.7.1991, BGBl. I S. 1432.

759 *Schmidt-Heck*, Vorsorge, in: Nicklisch (Hrsg.), Prävention, 1988, S. 33, fordert eine Novellierung des Chemikaliengesetzes, da das hier skizzierte Anmeldesystem "ganz erhebliche Lücken und Umgehungsmöglichkeiten aufweisen" soll.

Betreffend die Bilanzierung von Verbindlichkeitsrückstellungen ergibt sich nun hinsichtlich der oben skizzierten Verpflichtungssachverhalte folgende Beurteilung:

1. Hinsichtlich der Verpflichtungen zur Abgabe von Emissionserklärungen ist festzustellen, daß die damit verbundenen zukünftigen Aufwendungen nach den Grundsätzen der BFH-Rechtsprechung zu den Jahresabschlußkosten[760] durch Rückstellungen - wegen öffentlich-rechtlicher Verpflichtungen - antizipiert werden müssen. Unter Objektivierungsaspekten ist festzustellen, daß nicht nur das hier erarbeitete Kriterium der *Mindestkonkretisierung durch gesetzliche Vorschrift für das Bestehen einer Verpflichtung* (da Handlungsziel durchsetzbar vorgegeben wird) zu bejahen ist, sondern daß darüberhinaus eine Rückstellungsbildung wohl auch unter Anwendung des Kriteriums der hinreichenden Konkretisierung zu erfolgen hat, da eine gesetzliche Vorschrift ein inhaltlich genau bestimmtes Handeln (sogar innerhalb eines bestimmten Zeitraumes) sanktionsbewehrt vorschreibt. Unter Periodisierungsaspekten ist allerdings darauf hinzuweisen, daß eine Rückstellungsbildung nur in Betracht kommt, soweit die Verpflichtungen im Zusammenhang mit Emissionen aus der vergangenen Produktion stehen. Daraus folgt hinsichtlich der Verpflichtungen zur Abgabe von solchen Emissionserklärungen, die erst die Tätigkeit zukünftiger Perioden betreffen, daß Rückstellungen nicht gebildet werden können; vielmehr ist nur zu passivieren, wenn eine Erklärung, die den Zeitraum vor dem Bilanzstichtag betrifft, noch nach diesem angefertigt werden muß.

2. Auch hinsichtlich der abfallrechtlichen Nachweis- und Buchführungsverpflichtungen gelten die soeben dargestellten Überlegungen. Sowohl die *Mindestkonkretisierung durch gesetzliche Vorschrift für das Bestehen einer Verpflichtung* als auch die hinreichende Konkretisierung sollten erfüllt sein, da insoweit im Ergebnis ein inhaltlich genau bestimmtes Handeln (innerhalb eines bestimmten Zeitraumes) sanktionsbewehrt vorgeschrieben wird. Sind am Bilanzstichtag tatsächlich rückständige Aufzeichnungs- oder Nachweisarbeiten festzustellen, so sind die diesen zuzuordnenden zukünftigen Aufwendungen über eine Verbindlichkeitsrückstellung abzubilden.

3. Bezüglich der Verpflichtung zur Prüfung und Anmeldung nach dem ChemG kommt eine Rückstellung unter Periodisierungsaspekten nur in Betracht, soweit das Vorliegen des Kriteriums der wirtschaftlichen Verursachung bejaht werden kann, da die rechtliche Entstehung - hier ebenso wie in den beiden Sachverhalten zuvor - regelmäßig zeitlich nicht vor der wirtschaftlichen Verursachung gegeben sein kann. Für die Prüfungs- und Anmeldungsverpflichtung nach dem ChemG ergibt sich unter sinngemäßer Anwendung der Grundsätze des BFH-Urteils vom 25.8.1989[761], welches zur Frage der Rückstellungsbildung wegen der Verpflichtung zur Analyse und Registrierung von bislang zulassungs-

---

760 Vgl. bspw. die BFH-Urteile vom 20.3.1980 IV R 89/79, BStBl. II 1980, S. 297 ff; vom 25.3.1992 I R 69/91, BStBl. II 1992, S. 1010 ff.
761 III R 95/87, BStBl. II 1989, S. 893 ff.

freien Arzneimitteln erging, daß eine Rückstellungsbildung mangels wirtschaftlicher Verursachung gerade nicht in Betracht kommt. Eine Rückstellungsbildung kann in diesem Fall nicht befürwortet werden, weil die ungewisse Verbindlichkeit (hier: zur Prüfung und Anmeldung neuer Stoffe im Sinne des ChemG) eng mit zukünftigen Gewinnchancen - und nicht mit bereits realisierten Erträgen - verbunden ist. Eine nähere Betrachtung dieser Verpflichtung unter Objektivierungsaspekten erübrigt sich somit.

Ebenso erübrigt sich eine nähere Betrachtung privatrechtlich begründeter Prüfungs-, Nachweis- und Erklärungsverpflichtungen, da diese (zumindest derzeit noch) kaum vorstellbar sind. Ebensowenig vorstellbar ist in diesem Bereich die Existenz von passivierungsbegründenden faktischen Verpflichtungen.

Die Bildung von Aufwandsrückstellungen wegen innerbetrieblicher Prüfungs-, Nachweis- und Erklärungsverpflichtungen ist zwar - unter der Voraussetzung, daß die entsprechenden Aufwendungen dem Geschäftsjahr oder einem früheren Geschäftsjahr zuzuordnen sind - grundsätzlich denkbar, soweit diese Verpflichtungen ihrer Eigenart nach genau umschriebene Aufwendungen mit sich bringen, deren Eintritt zumindest wahrscheinlich ist; jedoch dürfte ihnen keine praktische Bedeutung zukommen.

Die Rückstellungsbewertung hat auch bei den Verpflichtungen dieser Fallgruppe nach den bereits herausgearbeiteten Grundsätzen mit dem voraussichtlichen Erfüllungsbetrag zu Vollkosten nach den Preisverhältnissen des Stichtages zu erfolgen, dabei kommt eine Abzinsung nicht in Betracht; erläuterungsbedürftige Besonderheiten sind insoweit nicht zu erkennen.

Zu beachten ist bezüglich der Rückstellungsbilanzierung allerdings noch, daß die ungewisse Verbindlichkeit überhaupt eine wirtschaftliche Belastung[762] darstellen muß. So sind aufgrund des Grundsatzes der materiality (Prinzip der Wesentlichkeit)[763] solche Sachverhalte nicht zu passivieren, die nur geringen bzw. vernachlässigbaren Umfang haben[764]; dazu könnten auch die erörterten Prüfungs-, Nachweis- und Erklärungsverpflichtungen zählen. Als Beispiel aus dem öffentlich-rechtlichen Bereich sei hier auf die Rechnungsausstellungsverpflichtungen für Umsätze der abgelaufenen Periode verwiesen; hier urteilt der BFH im Falle der Abrechnungsverpflichtung nach § 14 VOB/B[765], daß gerade diese Abrechnungsverpflichtung zwar zu einer Rückstellung führen kann, daß aber alle anderen nur einen geringen Aufwand erfordernden Abrechnungs- bzw. Rechnungserstellungs-

---

762 Vgl. *Baetge*, Bilanzen, 1992, S. 155 f; ebenso *Grubert*, Rückstellungsbilanzierung, 1978, S. 190 ff.
763 Vgl. dazu ausführlich *Leffson*, GoB, 1987, S. 180 ff.
764 Vgl. weiterhin *Leffson*, in: *Leffson/Rückle/Grossfeld* (Hrsg.), Handwörterbuch, 1986, Stichwort: "Wesentlich"; *Leffson/Bönkhoff*, Materiality, WPg 1982, S. 389 ff; *Niehus*, Materiality, WPg 1981, S. 9 ff.
765 Vgl. das BFH-Urteil vom 25.2.1986 VIII R 134/80, BStBl. II 1986, S. 788; auch Abschnitt 31 c III Sätze 2 und 3 EStR; auch *Winkler/Hackmann*, Bewertung, BB 1985, S. 1103.

pflichten unter dem Aspekt der Wesentlichkeit vernachlässigt werden müssen und daher keine Rückstellungsbildung nach sich ziehen können.

Der Ausweis der Prüfungs-, Nachweis- und Erklärungsverpflichtungen unter den sonstigen finanziellen Verpflichtungen im Anhang ist zwar auch grundsätzlich vorstellbar, gleichwohl dürfte es regelmäßig am Erfordernis der Wesentlichkeit der Angabe bezüglich der Beurteilung der Finanzlage fehlen. Ansonsten würden die bereits ausführlich herausgearbeiteten Grundsätze zum Ausweis sonstiger finanzieller Verpflichtungen gelten.

4. Teil: Zusammenfassung der Untersuchungsergebnisse

1. Die Relevanz der hier erörterten Problematik resultiert nicht nur aus der materiellen Bedeutung der Umweltschutzverpflichtungen, sondern auch aus den vielfältigen bilanzrechtlichen Problemen, die insbesondere die öffentlich-rechtlich begründeten Verpflichtungen betreffen, welchen die überwiegende Zahl der Umweltschutzverpflichtungen zugewiesen werden muß. Gleichwohl ist eine geschlossene Untersuchung der bilanzrechtlichen Problemkreise und insbesondere der drei zur Erfassung von Umweltschutzverpflichtungen im handelsrechtlichen Jahresabschluß grundsätzlich bereitstehenden Instrumente Verbindlichkeitsrückstellung, Aufwandsrückstellung und Anhangsausweis (gem. § 285 Nr. 3 HGB) bislang noch nicht durchgeführt worden.

2. Die Berücksichtigung der Umweltschutzverpflichtungen stellt sich zunächst als ein Problem des Handelsbilanzrechts dar. Aufgrund des Maßgeblichkeitsprinzips ist die Auslegung geltenden Handelsbilanzrechts - insbesondere hinsichtlich der Rückstellungsbilanzierung - aber auch von entscheidender Bedeutung für die Passivierung in der Steuerbilanz, da die handelsbilanzielle Rückstellungsbilanzierung auf die Steuerbilanz ausstrahlt; allerdings dürfen nach h.M. nur solche Rückstellungen für steuerbilanzielle Zwecke berücksichtigt werden, für die in der Handelsbilanz eine Passivierungspflicht besteht (insbesondere: Verbindlichkeitsrückstellungen). Letztendlich zur Lösung bilanzrechtlicher Probleme unverzichtbar ist - in Ermangelung einer gesetzlichen Definition - die Ermittlung und Kennzeichnung der Jahresabschlußziele, da diese die Grundlage sowohl für die Deduktion bei der Ermittlung der GoB als auch für eine teleologische Auslegung derselben bilden; nach der mittlerweile h.M. wird das primäre Jahresabschlußziel in der vorsichtigen Ermittlung eines ausschüttungsfähigen Gewinns gesehen.

3. Die Abbildung von Lebenssachverhalten insbesondere in periodischen Rechenwerken bedingt die Beantwortung zweier Fragen, nämlich der Frage nach der zur Abbildung notwendigen Objektivierung des Lebenssachverhaltes einerseits und der Frage der Periodenzuordnung der aus den Lebenssachverhalten resultierenden Vermögensveränderungen (insbesondere Einnahmen und Ausgaben) andererseits. Die BFH-Rechtsprechung transformiert nun die handelsrechtlichen Rechnungslegungsvorschriften in drei Fundamentalprinzipien, nämlich das Realisations-, das Imparitäts- sowie das Objektivierungsprinzip, und trägt somit zur Lösung dieser Fragen entscheidend bei. Hinsichtlich der Bilanzierung von Verbindlichkeitsrückstellungen fordert der BFH in ständiger Rechtsprechung, daß eine ungewisse Verbindlichkeit zumindest zukünftig wahrscheinlich entsteht (oder aber bereits entstanden ist), daß die Inanspruchnahme daraus wahrscheinlich und daß darüberhinaus auch ein Periodisierungserfordernis, nämlich entweder die wirtschaftliche Verursachung oder die rechtliche Entstehung, erfüllt ist. Diese Voraussetzun-

gen lassen sich auf die beiden Grundgedanken der Objektivierung und der Periodisierung zurückführen.

4. Die Bilanzierung von privatrechtlich begründeten Verbindlichkeitsrückstellungen ist unter Objektivierungsaspekten nicht ernstlich umstritten. Vom Bestehen einer Verpflichtung ist auszugehen, soweit der Tatbestand, an den Gesetz, Satzung oder Vertrag eine Rechtsfolge knüpfen, in allen seinen Merkmalen verwirklicht worden ist. Dabei lassen sich zwei Verpflichtungsarten unterscheiden, nämlich einerseits die zeitmomentbedingt entstehenden Verpflichtungen, bei denen ein zeitliches Moment ein zwingend zu erfüllendes Tatbestandsmerkmal darstellt, und andererseits die nicht zeitmomentbedingt entstehenden Verpflichtungen, bei denen ein zeitliches Moment gerade nicht zu erkennen ist; die Fälligkeit der jeweiligen Verpflichtung ist allerdings nicht als Voraussetzung für ihr Bestehen anzusehen. Besteht eine Verpflichtung, so wird durch die Rechtsprechung die Wahrscheinlichkeit der Inanspruchnahme als gegeben unterstellt; andernfalls ist unter Objektivierungsaspekten zu passivieren, wenn nicht mehr Gründe gegen als für eine Inanspruchnahme sprechen. Zur Beurteilung dieser Frage ist auf die objektiven Tatsachen abzustellen, die für oder gegen eine Inanspruchnahme sprechen; zugleich kann und wird auch die allgemeine Lebenserfahrung einzubeziehen sein, wenn es sich um die Abschätzung eines "normalen Geschehensablaufes" oder eines über das allgemeine Unternehmensrisiko hinausgehenden konkreteren Risikos handelt.

5. Die Passivierung öffentlich-rechtlich begründeter Verpflichtungen wirft dagegen unter Objektivierungsaspekten gewichtige Probleme auf. Dies ist nicht zuletzt darauf zurückzuführen, daß die öffentlich-rechtlichen Verpflichtungen dadurch gekennzeichnet sind, daß ein Gesetz - möglicherweise in Verbindung mit einem die Verpflichtung näher bestimmenden Verwaltungsakt - ein vom Bilanzierenden zu beachtendes Ge- oder Verbot vorschreibt, dessen Inhalt von den zuständigen Behörden durch direkte Eingriffe (z.B. Geldbuße, kostenpflichtige Ersatzvornahme) Geltung und Wirkung verschafft werden kann. Zugleich sind öffentlich-rechtliche Verpflichtungen regelmäßig aber auch dadurch gekennzeichnet, daß dem Verpflichtungsgläubiger aus der Erfüllung der Verpflichtung kein unmittelbarer Vermögensvorteil zuwächst und daß diesem das Entstehen einer solchen Verpflichtung nicht einmal direkt zur Kenntnis gelangen muß, z.B. weil sich der Verstoß gegen ein gesetzlich formuliertes Ge- oder Verbot nicht in der Erkenntnissphäre der zuständigen Behörden ereignet. Da außerdem die Spannweite der gesetzlich formulierten Ge- und Verbote von bloßen und sehr allgemein gehaltenen Programmsätzen bis zu detaillierten Handlungsanweisungen reicht, konzentriert sich das Interesse hier auf die Frage, wie denn eine öffentlich-rechtliche Norm ausgestaltet sein muß, damit sie unter Objektivierungsaspekten als bilanzierungspflichtig anzusehen ist.

6. Den Objektivierungsgedanken betreffend stellt der BFH in ständiger Rechtsprechung fest, daß die öffentlich-rechtlichen Verpflichtungen hinreichend konkretisiert sein

müssen. Die hinreichende Konkretisierung soll dann gegeben sein, wenn entweder ein Verwaltungsakt (Verfügung oder Auflage) vorliegt oder aber eine gesetzliche Vorschrift ein inhaltlich genau bestimmtes Handeln innerhalb eines genau bestimmten Zeitraumes vorschreibt und an die Verletzung dieser Vorschrift eine Sanktion geknüpft ist. Existiert nun eine gesetzliche Vorschrift, die nach obiger Kennzeichnung als hinreichend konkretisiert angesehen werden muß - oder liegt sogar ein Verwaltungsakt vor -, so ist bei entsprechender Verwirklichung des gesetzlich formulierten Tatbestandes, an den die Rechtsfolge anknüpft, eine Verbindlichkeitsrückstellung zwingend zu bilanzieren. Aus diesen restriktiven Kriterien resultiert nun aber eine Überobjektivierung und die Gefahr der Schaffung eines Sonderrechts für öffentlich-rechtlich begründete Verpflichtungen, da im Ergebnis nur noch solche Verpflichtungen über eine Rückstellung abgebildet werden würden, die bereits dem Grunde nach bestehen; dieses Ergebnis ist mit der Vorschrift des § 249 I HGB, die den gesetzlichen Ausgangspunkt für die Rückstellungsbilanzierung darstellt, nicht zu vereinbaren. Vielmehr muß unter Objektivierungsaspekten auch passiviert werden, wenn das Entstehen einer Verpflichtung nur wahrscheinlich ist. So muß unter Objektivierungsaspekten das Vorliegen eines einem Dritten zukommenden subjektiven öffentlichen Rechts zur Rückstellungsbildung bei dem Bilanzierenden ausreichen, dessen Belastung durch die zuständigen Behörden von demjenigen erzwungen werden kann, der durch das subjektive öffentliche Recht geschützt werden soll. Eine Passivierung muß bei Vorliegen eines subjektiven öffentlichen Rechts demnach bejaht werden, weil die Verpflichtungsstrukturen zwischen privat- und öffentlich-rechtlichen Verpflichtungen insoweit vergleichbar sind, da es im Ermessen eines konkret gefährdeten oder geschädigten Dritten steht, auf dem Verwaltungsrechtswege ein drittbelastendes Handeln von der Verwaltung und somit mittelbar ein Leistungshandeln des Bilanzierenden zu erzwingen. Aufgrund der engen Voraussetzungen, die zur Annahme eines subjektiven öffentlichen Rechts erforderlich sind, ist darin nun aber kein Instrument zu erkennen, mit dem die Problematik der Passivierung öffentlich-rechtlicher Verpflichtungen weitestgehend gelöst werden könnte. Vielmehr ist das restriktiv wirkende Kriterium der hinreichenden Konkretisierung durch ein im Rahmen der vorliegenden Untersuchung erstmals entwickeltes Objektivierungskriterium zu ersetzen, nämlich durch das deutlich weniger restriktiv wirkende Kriterium der *Mindestkonkretisierung*.

7. Nach der hier vertretenen Auffassung sind zwei Qualitäten bezüglich der Mindestanforderungen unter Objektivierungsaspekten zu unterscheiden, zum einen die für die Annahme des Bestehens notwendigen Mindestanforderungen und zum anderen die für die Annahme des wahrscheinlichen Entstehens einer Verpflichtung notwendigen Mindestanforderungen; zugleich ist zu differenzieren, ob die Verpflichtung durch Verwaltungsakt oder durch gesetzliche Vorschrift mindestkonkretisiert ist. Von der *Mindestkonkretisierung durch Verwaltungsakt für das Bestehen einer Verpflichtung* (und unter der Prämisse der tatsächlichen Verwirklichung eines verpflichtungsbegründenden Lebenssachverhaltes

daran anknüpfend auch von einer Passivierungspflicht) muß ausgegangen werden, wenn ein Verwaltungsakt vorliegt. Ebenfalls passiviert werden muß eine öffentlich-rechtliche Verpflichtung, wenn die *Mindestkonkretisierung durch Verwaltungsakt für das wahrscheinliche Entstehen einer Verpflichtung* zu bejahen ist, die vorliegt, wenn das Ergehen eines Verwaltungsaktes unmittelbar bevorsteht.

8. Im Rahmen der Notwendigkeit, auch den Zugang solcher greifbaren Risiken bilanziell zu erfassen, aus denen das Entstehen einer Verbindlichkeit auch nur wahrscheinlich erscheint, darf mit der Passivierung öffentlich-rechtlicher Verpflichtungen allerdings regelmäßig nicht bis zum unmittelbaren Drohen oder Vorliegen eines Verwaltungsaktes gewartet werden. Stattdessen ist schon früher zu passivieren, nämlich dann, wenn die *Mindestkonkretisierung durch gesetzliche Vorschrift* vorliegt, die im Gegensatz zur hinreichenden Konkretisierung grundsätzlich nur durch zwei Elemente gekennzeichnet ist. So ist die *Mindestkonkretisierung durch gesetzliche Vorschrift für das Bestehen einer Verpflichtung* zu bejahen, wenn eine gesetzliche Vorschrift das Erreichen eines Handlungszieles im Sinne der Vorgabe eines zu erreichenden Leistungserfolges bzw. einer vorzunehmenden Leistungshandlung durchsetzbar vorschreibt; daraus resultiert unter Objektivierungsaspekten eine Passivierungspflicht, soweit der verpflichtungsbegründende Lebenssachverhalt tatsächlich verwirklicht worden ist. Daneben kann eine Rückstellungsbildung bereits aufgrund der Wahrscheinlichkeit des Entstehens einer Verpflichtung dann erforderlich sein, wenn eine gesetzliche Vorschrift durchsetzbar zumindest eine Pflichtensituation statuiert und somit nur die Basis für ein Verwaltungshandeln bietet (*Mindestkonkretisierung durch gesetzliche Vorschrift für das wahrscheinliche Entstehen einer Verpflichtung*), soweit das (pflichtgemäße) Ermessen der Behörden hinsichtlich der Vornahme ihres Eingriffs stark eingeschränkt und insofern dann mit einem Eingriff und einer wahrscheinlich entstehenden Verbindlichkeit zu rechnen ist. Die gesetzliche Vorgabe einer zeitlichen Bestimmtheit kann nicht gefordert werden; es genügt für Zwecke der Passivierung eine Konkretisierung in sachlicher Hinsicht, soweit die Verpflichtung durchsetzbar ist und sich der Bilanzierende ihrer Erfüllung folglich nicht mehr entziehen kann. Von dieser Betrachtung der verpflichtungsabstrakten Ebene zu trennen ist die Frage nach der vollständigen Erfüllung des gesetzlich fixierten Tatbestandes auf der tatsächlichen Ebene. Soweit nämlich ein zeitliches Element Bestandteil dieses gesetzlich formulierten Tatbestandes ist, an welchen die Rechtsfolge anknüpft, und der Lebenssachverhalt hinsichtlich dieses Elementes noch nicht verwirklicht worden ist, kann das Bestehen einer Verpflichtung auch nicht bejaht werden. Zugleich wird aber aufgrund des wahrscheinlichen Entstehens einer Verbindlichkeit passiviert werden müssen, wenn die Erfüllung dieses Tatbestandselementes bereits abzusehen ist.

9. Ist ein umweltbelastender oder -gefährdender Lebenssachverhalt also tatsächlich verwirklicht worden, so ist - vorbehaltlich der Wahrscheinlichkeit der Inanspruchnahme - eine Rückstellung aufgrund der Erfüllung der *Mindestkonkretisierung für das Bestehen ei-

ner Verpflichtung zu bilden, soweit entweder ein Verwaltungsakt vorliegt oder aber eine gesetzliche Vorschrift das Erreichen eines Handlungszieles durchsetzbar vorschreibt. Zugleich ist auch schon aufgrund der Erfüllung der *Mindestkonkretisierung für das wahrscheinliche Entstehen einer Verpflichtung* zu passivieren, soweit entweder das Ergehen eines Verwaltungsaktes unmittelbar bevorsteht oder aber eine gesetzliche Vorschrift zumindest eine Pflichtensituation statuiert und die zuständigen Behörden auf dieser Basis zum Handeln verpflichtet sind. Ist der verpflichtungsbegründende Lebenssachverhalt hingegen noch nicht hinsichtlich aller Tatbestandsmerkmale tatsächlich verwirklicht, so kann nicht vom Bestehen einer Verpflichtung ausgegangen werden. Gleichwohl kann aufgrund des wahrscheinlichen Entstehens einer Verpflichtung eine Rückstellung zu bilanzieren sein, wenn und soweit die entsprechende Sachverhaltsverwirklichung auf der tatsächlichen Ebene wahrscheinlich erscheint.

10. Unter Objektivierungsaspekten hängt die Passivierung öffentlich-rechtlicher Verpflichtungen in entscheidendem Maße von der Erfüllung des Kriteriums der Wahrscheinlichkeit der Inanspruchnahme ab, da bei diesen Verpflichtungen regelmäßig der Zustand einer "asymmetrischen Informationsverteilung" zwischen dem Verpflichteten und dem Berechtigten gegeben sein sollte. So wird der (potentiell) Verpflichtete häufig schon sehr genau Kenntnis erlangt haben von Art und Umfang einer durch Verwirklichung eines Lebenssachverhaltes (hier: Umweltbelastung) verursachten Verpflichtung, während der aus dieser Verpflichtung berechtigten Behörde zur gleichen Zeit weder Informationen über das Vorliegen einer Verpflichtung (hier: aufgrund der Umweltbelastung) im allgemeinen noch über den Kreis der (potentiell) Verpflichteten im besonderen zur Verfügung stehen. Unter Objektivierungsaspekten zu beurteilen ist daher in jedem Einzelfall, ob die anspruchsberechtigte Behörde einerseits überhaupt Kenntnis von ihrem Anspruch erlangen wird (Frage der Wahrscheinlichkeit der Entdeckung der Umweltbelastung) und ob sie andererseits ihren Anspruch konsequent einfordern wird (Frage der Geltendmachung des Anspruchs). Diese Fragen betreffend muß festgestellt werden, daß es nach Auffassung der Rechtsprechung für die Rückstellungsbilanzierung nicht auf die Kenntnis des Gläubigers hinsichtlich seines Anspruchs ankommen kann, die Wahrscheinlichkeit der zukünftigen Kenntnisnahme soll ausreichen. Zugleich sind die Behörden kraft Rechtsbindung verpflichtet, die Gesetze zu beachten und anzuwenden; folglich muß bei Kenntnisnahme eines Anspruchs auch von dessen Geltendmachung ausgegangen werden, soweit den Behörden kein Ermessensspielraum zusteht.

11. Objektivierte - und insbesondere mindestkonkretisierte - Verpflichtungen sind nur dann als Rückstellungen zu passivieren, wenn ein Periodisierungskriterium ihre Aufnahme in die Bilanz des abgelaufenen Wirtschaftsjahres erzwingt. Der BFH nimmt eine Periodenzuordnung sowohl nach dem Kriterium der rechtlichen Entstehung als auch nach dem Kriterium der wirtschaftlichen Verursachung vor. Dabei ist das Kriterium der wirtschaftlichen Verursachung unter Rückgriff auf das Realisationsprinzip zu interpretieren;

insofern sind zukünftige Ausgaben(-äquivalente) zunächst nur zu antizipieren, soweit sie bereits realisierte Erträge alimentiert haben. Nicht umstritten sind die Sachverhalte, in denen die beiden Kriterien zeitgleich zu bejahen sind oder die rechtliche Entstehung der wirtschaftlichen Verursachung zeitlich nachfolgt. Umstritten sind lediglich die Fälle, in denen die rechtliche Entstehung früher anzunehmen ist. Hier will die derzeit herrschende Meinung bei zeitlichem Auseinanderfallen von rechtlicher Entstehung und wirtschaftlicher Verursachung für die Annahme einer Passivierungspflicht allein auch schon das Vorliegen der rechtlichen Entstehung genügen lassen, während die Mindermeinung das Kriterium der rechtlichen Entstehung durch das der wirtschaftlichen Verursachung verdrängt sehen will.

12. M.E. ist bei fehlender wirtschaftlicher Verursachung für Zwecke der Periodenzuordnung zukünftiger Ausgaben(-äquivalente) zu differenzieren, ob die bereits rechtlich entstandenen Verpflichtungen - nach der hier erstmals vorgenommenen Begriffsprägung - als unbedingt fällig oder nur als bedingt fällig anzusehen sind. Die letztgenannten sollen dadurch gekennzeichnet sein, daß sich der Bilanzierende ihrer Erfüllung noch bis zum Zeitpunkt der Fälligkeit durch (partielle) Einstellung der Geschäftstätigkeit oder eine Umstellung derselben entziehen kann. Vor dem Hintergrund des primären Jahresabschlußzieles der vorsichtigen Ermittlung eines ausschüttungsfähigen Gewinns ergibt sich aus einer wertenden Gewichtung von Vorsichts- und Realisationsprinzip, daß nur bedingt fällige Verpflichtungen nicht zu passivieren sind, da es aufgrund der Vermeidbarkeit der Ausgaben(-äquivalente) m.E. nicht zu rechtfertigen ist, das Ausschüttungspotential durch eine Rückstellungsbildung um solche zukünftigen Ausgaben zu kürzen, die der Bilanzierende nur dann tätigen wird, wenn in kausalem Zusammenhang damit zukünftige Erträge anfallen werden; insoweit entfaltet das Realisationsprinzip eine rückstellungsbegrenzende Wirkung. Diese rückstellungsbegrenzende Wirkung wird allerdings mit Wirkung für unbedingt fällige Verpflichtungen durch das Vorsichtsprinzip eingeschränkt, da bei einer Nichtpassivierung dieser unbedingt fälligen Verpflichtungen in der Periode der rechtlichen Entstehung die Ausschüttung von Vermögensteilen droht, welche noch keinen Reinvermögenszuwachs darstellen, da auf ihnen noch die wirtschaftliche Belastung aus einer solchen Verpflichtung ruht, der sich der Kaufmann im Ergebnis nicht mehr entziehen kann. Der durch das Realisationsprinzip verwirklichte Aspekt der umsatzbezogenen Gewinnermittlung muß m.E. also beim Vorliegen unbedingt fälliger Verpflichtungen - aber auch nur dann - hinter den Aspekt der *vorsichtigen* Ermittlung eines Umsatzgewinns zurücktreten. Ein davon abweichendes Ergebnis läßt sich weder unter Rückgriff auf das Imparitäts- noch unter Heranziehung des m.E. lediglich als Prüfkriterium zu verstehenden Vollständigkeitsprinzips begründen.

13. Der Ansatz von Aufwandsrückstellungen bestimmt sich nach den gesetzlich formulierten Objektivierungs- und Periodisierungserfordernissen. Danach können auch für Aufwendungen aus noch durchzuführenden Umweltschutzmaßnahmen Aufwandsrück-

stellungen dann gebildet werden, soweit die Aufwendungen ihrer Eigenart nach genau umschrieben, hinsichtlich der Höhe oder des Eintrittszeitpunkts unbestimmt sind und ihr Eintritt wahrscheinlich oder sicher - also unvermeidlich - ist, wenn der Bilanzierende sein Unternehmen unverändert fortführen will. Die Periodenzuordnung dieser Aufwendungen sollte regelmäßig unter Rückgriff auf das Realisationsprinzip erfolgen und auf die Zugehörigkeit der Aufwendungen zu bereits realisierten Erträgen abstellen, da als Aufgabe dieser Aufwandsrückstellungen die periodengerechte Abgrenzung der einem abgelaufenen Wirtschaftsjahr zuzurechnenden zukünftigen Ausgaben anzusehen ist.

14. An den Anhangsausweis der "sonstigen finanziellen Verpflichtungen", mit dem auch Umweltschutzverpflichtungen zu erfassen sein können, werden nur Anforderungen hinsichtlich der Objektivierung, nicht aber hinsichtlich der Periodisierung gestellt. Als Auffangtatbestand bedingt dieser Ausweis, daß die Verpflichtungen nicht schon bilanziert worden sind; weiterhin müssen diese Verpflichtungen greifbar - z.B. im Sinne der *Mindestkonkretisierung* - und zudem für die Beurteilung der Finanzlage von Bedeutung sein. Im Ergebnis sind daher solche Verpflichtungen auszuweisen, die mangels wirtschaftlicher Verursachung nicht zur Bildung von Verbindlichkeitsrückstellungen führen, solche, die aufgrund der Wahlrechtsausübung nicht als Aufwandsrückstellungen bilanziert worden sind und schließlich solche aus bereits begonnenen Investitionsvorhaben, soweit daraus kein Verpflichtungsüberhang resultiert.

15. Bei der Bewertung von Umweltschutzrückstellungen, mit welchen regelmäßig Sachleistungsverpflichtungen abgebildet werden, ist grundsätzlich der unter Berücksichtigung der Vollkosten ermittelte wahrscheinliche Erfüllungsbetrag nach den Preisverhältnissen des Stichtags anzusetzen; eine Abzinsung ist nicht zulässig. Ist das Entstehen einer Verpflichtung kausal mit dem Entstehen eines Rückgriffsanspruchs verbunden, so ist diese Forderung bei der Bewertung zu berücksichtigen. Ebenfalls bei der Bewertung zu berücksichtigen sind Dauerinstandhaltungs- und Dauerbetriebskosten; fallen auch nach Durchführung einer Umweltschutzmaßnahme noch Aufwendungen an, die bis zum Abschlußstichtag realisierte Umsätze alimentiert haben, so sollten sie - als wirtschaftlich in den abgelaufenen Perioden verursacht - passiviert werden müssen. Sogenannte "ewige" Belastungen, welche z.B. aufgrund der immerwährenden Notwendigkeit des Betriebs eines Pumpwerks existieren, sind mit dem Barwert zu erfassen. Ebenfalls im Rahmen der Rückstellungsbildung zu erfassen ist zukünftiger Abschreibungsaufwand, wenn und soweit dieser durch die Umsatzerzielung in abgelaufenen Perioden verursacht worden ist. Die Bewertung der sonstigen finanziellen Verpflichtungen folgt im wesentlichen der Rückstellungsbewertung; abweichend davon sind allerdings Gegenansprüche - insbesondere aus Investitionsvorhaben - nicht zu berücksichtigen.

16. Gefahrenträchtige Bodenkontaminationen müssen unter zeitlichen Aspekten in Altlasten, Betriebslasten und Zukunftslasten unterteilt werden. Während die Passivierung

von Zukunftslasten unter Periodisierungsaspekten ausscheidet (da diese als noch nicht verursacht definiert sind), müssen Altlasten (Kontamination verursacht aufgrund bereits abgeschlossener Aktivitäten) und Betriebslasten (Kontamination verursacht auf Flächen von noch in Betrieb befindlichen Anlagen) unter Periodisierungsaspekten passiviert werden. Ist eine Alt- oder Betriebslast bereits tatsächlich verwirklicht, so muß unter Objektivierungsaspekten eine privatrechtlich begründete Verbindlichkeitsrückstellung gebildet werden, wenn der Bilanzierende aufgrund eines Pachtvertrages oder aufgrund einer Vorschrift des Zivilrechts zur Sanierung verpflichtet werden kann; die Wahrscheinlichkeit der Inanspruchnahme wird regelmäßig zu bejahen sein. Öffentlich-rechtliche Verbindlichkeitsrückstellungen sind aufgrund der *Mindestkonkretisierung durch gesetzliche Vorschrift für das Bestehen einer Verpflichtung* zu bilanzieren, soweit die in den Vorschriften des BImSchG oder der Landesabfallgesetze genannten Tatbestandselemente verwirklicht worden sind. Die Wahrscheinlichkeit der Inanspruchnahme wird in diesen Fällen regelmäßig zu bejahen sein. Aufgrund der *Mindestkonkretisierung durch gesetzliche Vorschrift für das wahrscheinliche Entstehen einer Verpflichtung* können Verbindlichkeitsrückstellungen zu bilden sein, wenn die im AbfG, im WHG oder in der Generalklausel des allgemeinen Polizei- und Ordnungsrechts genannten Tatbestandselemente erfüllt sind. Insbesondere der letztgenannte Fall weist eine besondere Problematik hinsichtlich der Wahrscheinlichkeit der Inanspruchnahme auf, da den Ordnungsbehörden nicht nur ein Auswahlermessen hinsichtlich des heranzuziehenden Störers, sondern bei minder schweren Umweltschädigungen auch ein Ermessen hinsichtlich des Einschreitens überhaupt zusteht. Daher ist bei minder schweren Umweltschädigungen eine Verbindlichkeitsrückstellung nur zu bilden, wenn Anzeichen für ein Tätigwerden der Behörden bestehen, da nur insoweit die Wahrscheinlichkeit der Inanspruchnahme bejaht werden kann. Bei schweren Umweltschädigungen sollte eine Passivierung auch dann erforderlich sein, wenn allein der Bilanzierende Kenntnis von der Alt- oder Betriebslast hat. Daneben ist auch zu passivieren, soweit die *Mindestkonkretisierung durch Verwaltungsakt* bejaht werden muß, wenn also ein Verwaltungsakt vorliegt oder aber dessen Ergehen droht. Ebenso ist zu passivieren, wenn einem geschädigten oder gefährdeten Dritten ein subjektives öffentliches Recht zukommt und dieser daher z.B. eine Sanierungsverfügung erzwingen kann. Gegenüber der insoweit erkennbaren Bedeutung der rechtlich begründeten Verbindlichkeitsrückstellung tritt die der faktisch begründeten Verbindlichkeitsrückstellung, die der Aufwandsrückstellung und auch die des Anhangsausweises deutlich zurück. Bei der Bewertung der Sanierungsrückstellungen ist die unterschiedliche Tragweite der verschiedenen Verpflichtungen zu beachten, die von der Durchführung einfacher Sicherungsmaßnahmen bis zur vollständigen Dekontaminierung reichen kann; Luxussanierungen können allerdings wohl nicht erzwungen werden. Fallen im Rahmen der Sanierung Dauerbetriebskosten oder solche Ausgaben an, die zukünftig zu aktivieren und abzuschreiben sein werden, so ist dem ebenfalls im Rahmen der Bewertung Rechnung zu tragen, soweit diese bereits realisierte Erträge alimentiert haben.

17. Soweit gefahrenträchtige Bodenkontaminationen zu einer Wertminderung des betroffenen Grund und Bodens führen, z.b. weil dessen Nutzbarkeit eingeschränkt ist, sind bei Wertminderungen an Vermögegensgegenständen des Umlaufvermögens sowie bei dauernden Wertminderungen an Vermögensgegenständen des Anlagevermögens Abschreibungen vorzunehmen. Besteht daneben eine Verpflichtung zur Sanierung dieser Bodenkontamination, so ist eine Rückstellungsbildung zusätzlich zur Abschreibungsvornahme dann unproblematisch, wenn die Leistung der im Rahmen der Rückstellungsbildung antizipierten Ausgaben(-äquivalente) nicht dazu führt, daß auch die Wertminderung beseitigt wird (Kombinationsfall). Soweit dies aber doch der Fall sein sollte, würde der Sachverhalt Alt- oder Betriebslast unzulässigerweise zweifach ertragswirksam erfaßt (Konkurrenzfall). M.E. ist allerdings zweifelhaft, ob bei Bestehen einer Sanierungsverpflichtung überhaupt noch eine konkurrierende Abschreibung vorstellbar ist, da der Grund und Boden insoweit nicht mehr als wertgemindert angesehen werden muß. Wird gleichwohl das Vorliegen einer Wertminderung auch bei Bestehen einer Sanierungsverpflichtung unterstellt, so ist weiterhin fraglich, ob diese Wertminderung als dauerhaft angesehen werden kann. Dies ist m.E. zu verneinen, da nur auf den tatbestandlichen Aspekt abzustellen sein sollte, also darauf, ob die Wertminderung im Zeitablauf entfällt, und nicht darauf, aus welchem Grunde die Wertminderung entfällt. Insoweit kann es höchstens zur Konkurrenz einer Rückstellungsbildungspflicht mit einem Abschreibungswahlrecht kommen, die zugunsten der Rückstellung aufzulösen ist. Würde abweichend von dieser Auffassung die Dauerhaftigkeit der Wertminderung befürwortet, könnte sich eine Konkurrenz zwischen einer Rückstellungsbildungspflicht und einer Abschreibungspflicht ergeben, die unter Rückgriff auf die GoB ebenfalls zugunsten der Rückstellung aufzulösen wäre. Ist im Falle der zeitlichen Divergenz bereits eine Abschreibung vorgenommen worden und tritt in einer späteren Periode eine konkurrierende Sanierungsverpflichtung hinzu, so sollte m.E. eine Rückstellung in voller Höhe gebildet und zugleich - zur Vermeidung einer zweifachen Erfolgswirksamkeit des Sanierungsaufwandes - eine Zuschreibungspflicht angenommen werden; schließlich stellt sich nur im Rahmen dieses Vorgehens ein Bilanzbild ein, welches mit dem bei zeitlicher Konvergenz vergleichbar ist. Andernfalls könnte auch die Kürzung des Rückstellungsbetrages in Höhe der früher vorgenommenen Abschreibungen erwogen werden; dies dürfte aber mit den Grundsätzen der Rückstellungsbilanzierung nur schwerlich zu vereinbaren sein.

18. Die Notwendigkeit des Ansatzes von privat- und von öffentlich-rechtlich begründeten Rekultivierungsrückstellungen im weiteren Sinne ist im Grundsatz nicht zweifelhaft. Umstritten ist allerdings die Ansammlung der jeweiligen Rückstellung im Zeitablauf. M.E. ist zur sachgerechten Lösung dieser Problematik der Periodenzuordnung zukünftiger Rekultivierungsausgaben eine Differenzierung in Einfachveranlassungs- und Mehrfachveranlassungsrückstellungen erforderlich. Einfachveranlassungsrückstellungen sollen dadurch gekennzeichnet sein, daß sich der sachliche Verpflichtungs- und Maßnah-

menumfang im Zeitablauf nicht mehr verändert. Mehrfachveranlassungsrückstellungen sollen hingegen durch ein laufendes Anwachsen des sachlichen Verpflichtungs- und Maßnahmenumfangs gekennzeichnet sein. Da die zu Einfachveranlassungsrückstellungen führenden Verpflichtungen regelmäßig erst in der Nähe zum Erfüllungszeitpunkt rechtlich entstehen, ist die Periodenzuordnung der zukünftigen Ausgaben unter Rückgriff auf das Realisationsprinzip vorzunehmen; es ist zu passivieren, soweit bereits realisierte Erträge alimentiert worden sind. Demgegenüber könnten Mehrfachveranlassungsrückstellungen als Rückstellungen für ein Bündel von Einzelverpflichtungen gesehen werden, zu denen in jeder Periode neue Verpflichtungen hinzutreten. Insoweit fallen rechtliche Entstehung und wirtschaftliche Verursachung der Einzelverpflichtung häufig zusammen; sollte aber die wirtschaftliche Verursachung im Einzelfall der rechtlichen Entstehung nachfolgen, so wäre bereits mit der rechtlichen Entstehung zu passivieren, da es sich insoweit um eine unbedingt fällige Verpflichtung handeln würde. Die Bewertung folgt den dargestellten Grundsätzen; eine Verrechnung mit Kippgebühren ist ebensowenig möglich wie die Berücksichtigung der Unternehmensrentabilität.

19. Die Bilanzierung von Verbindlichkeitsrückstellungen in Zusammenhang mit kurzfristig revolvierenden Verpflichtungen zur Verwertung oder Beseitigung von Abfällen und Reststoffen ist unproblematisch; zugleich scheitert die Passivierung von Vermeidungsverpflichtungen an der fehlenden wirtschaftlichen Verursachung. Aufgrund der Vorschriften des Abfallrechts ist die *Mindestkonkretisierung durch gesetzliche Vorschrift für das Bestehen einer Verpflichtung* zu bejahen und eine Rückstellung zu bilden, soweit ein Entsorgungsrückstand gegeben ist und somit Abfälle am Bilanzstichtag noch zu entsorgen sind. Zugleich ist auch zu passivieren, wenn Reststoffe existieren, für die keine Verwertungsabsicht mehr besteht. Ebenfalls zu einer Rückstellung führen können die Verpflichtungen aufgrund der bereits erlassenen Verpackungsverordnung und aufgrund der derzeit geplanten weiteren Rücknahmeverordnungen. In diesen Fällen (insbesondere auch nach dem Erlaß der weiteren Verordnungen) muß ebenfalls von der *Mindestkonkretisierung durch gesetzliche Vorschrift für das Bestehen einer Verpflichtung* ausgegangen werden mit der Folge, daß zu passivieren ist, soweit die wirtschaftliche Verursachung, die mit der rechtlichen Entstehung zusammenfällt, bejaht werden muß.

20. Die Bilanzierung von Verbindlichkeitsrückstellungen wegen sogenannter Anpassungsverpflichtungen, die wohl ausschließlich im öffentlichen Recht begründet sind, ist derzeit umstritten, da diese zwar rechtlich entstanden, aber wirtschaftlich nicht verursacht sind, weil mit ihnen Erträge zukünftiger Perioden alimentiert werden. M.E. ist darauf abzustellen, daß es sich insoweit um nur bedingt fällige Verpflichtungen handelt, deren Passivierung nicht über das Vorsichtsprinzip begründet werden kann; aufgrund der fehlenden wirtschaftlichen Verursachung kann folglich nicht passiviert werden. Zugleich ist festzuhalten, daß eine nach dem Realisationsprinzip ausgerichtete wirtschaftliche Verursachung bei diesen Anpassungsverpflichtungen überhaupt nicht vorstellbar ist. Daraus

folgt, daß eine Rückstellung wegen solcher Anpassungsverpflichtungen zu keinem Zeitpunkt - folglich auch nicht nach Ablauf der Übergangsfrist - in Betracht kommen kann. Aufgrund der nicht erfüllten Periodisierungserfordernisse kann auch eine Aufwandsrückstellung nicht gebildet werden, so daß lediglich die Notwendigkeit verbleibt, die zukünftigen aus der Erfüllung einer Anpassungsverpflichtung resultierenden Ausgaben unter den sonstigen finanziellen Verpflichtungen im Anhang auszuweisen.

21. Die - hauptsächlich im öffentlichen Recht begründeten - umweltrechtlichen Prüfungs-, Nachweis- und Erklärungsverpflichtungen sind über Verbindlichkeitsrückstellungen abzubilden, soweit sie nach den allgemeinen Grundsätzen bereits realisierten Umsätzen zugerechnet werden müssen. Im übrigen kann sich die Passivierung dieser umweltrechtlichen Prüfungs-, Nachweis- und Erklärungsverpflichtungen an dem Sonderfall der öffentlich-rechtlichen Verpflichtungen zur Aufstellung und Prüfung des Jahresabschlusses orientieren, an welchem die im Rahmen der vorliegenden Untersuchung modifizierten besonderen Konkretisierungserfordernisse durch die Rechtsprechung erstmals entwickelt worden sind.

Literaturverzeichnis

(Die im Rahmen der Kurzzitierweise verwandten Kurztitel sind jeweils in Klammern angegeben. Die Literaturauswertung wurde Ende Mai 1994 abgeschlossen.)

ACHATZ, Markus: (Umweltrisiken) Umweltrisiken in der Handels- und Steuerbilanz, in: Kirchhof (Hrsg.), Umweltschutz im Abgaben- und Steuerrecht, DStJG Bd. 15, Köln 1993, S. 161-196.

ADLER/ DÜRING/ SCHMALTZ: (Rechnungslegung) Rechnungslegung und Prüfung der Unternehmen, 5. Aufl., Stuttgart 1987/90.

ADLER/ DÜRING/ SCHMALTZ: (Rechnungslegung) Rechnungslegung und Prüfung der Aktiengesellschaft, Bd. 1, 4. Aufl., Stuttgart 1968.

ALBACH, Horst: (Bilanzierung) Die Bilanzierung von Rückstellungen in der Ertragsteuerbilanz, StbJb 1967/68, S. 305-358.

ANDERSON, Charles B./ WETHMAR, Robert P.: (US-Umweltrecht) US-Umweltrecht: Der Oil Pollution Act 1990, RIW 1991, S. 1001-1007.

ARMBRUST, Hans: (Rückstellungen) Rückstellungen für Erneuerungs-, Entfernungs- und Heimfallverpflichtungen (I) und (II), DB 1979, S. 2045-2050 und S. 2096-2101.

ARNDT, Hans-Wolfgang: (Bundesabfallabgabengesetzes) Entwurf eines Bundesabfallabgabengesetzes, BB-Beilage 8 zu Heft 13/1992.

AVENARIUS, Hermann: (Rechtswörterbuch) Kleines Rechtswörterbuch, 7. Aufl., Freiburg i.B. 1992.

BACHEM, Rolf Georg: (Bewertung) Bewertung von Rückstellungen für Buchführungsarbeiten, BB 1993, S. 2337-2341.

BÄCKER, Roland: (Rückstellungen) Rückstellungen für die Beseitigung von Altlasten und sonstigen Umweltschäden, BB 1989, S. 2071-2078.

BÄCKER, Roland: (Altlastenrückstellungen) Altlastenrückstellungen in der Steuerbilanz, BB 1990, S. 2225-2237.

BÄCKER, Roland: (Kontaminationen) Kontaminationen des Betriebsgrundstücks im Steuer- und Bilanzrecht, DStZ 1991, S. 31-35.

BAETGE, Jörg: (Rechnungslegungszwecke) Rechnungslegungszwecke des aktienrechtlichen Jahresabschlusses, in: Baetge/Moxter/Schneider (Hrsg.), Bilanzfragen, Festschrift Leffson, Düsseldorf 1976, S. 11-30.

BAETGE, Jörg: (Bewertungsvorschriften) Die neuen Ansatz- und Bewertungsvorschriften, WPg 1987, S. 126-134.

BAETGE, Jörg (Hrsg.): (Rechnungslegung) Rechnungslegung und Prüfung nach neuem Recht, Düsseldorf 1987.

BAETGE, Jörg: (Bilanzen) Bilanzen, 2. Aufl., Düsseldorf 1992.

BAETGE, Jörg: (Frage) Zur Frage der Reichweite des Passivierungsgrundsatzes, in: Moxter (Hrsg.), Rechnungslegung, Festschrift Forster, Düsseldorf 1992, S. 27-44.

BAETGE, Jörg/ KNÜPPE, Wolfgang: (Vorhersehbare Verluste und Risiken) in: Leffson/Rückle/Grossfeld (Hrsg.), Handwörterbuch unbestimmter Rechtsbegriffe im Bilanzrecht des HGB, Köln 1986, Stichwort: "Vorhersehbare Verluste und Risiken".

BAETGE, Jörg/ PHILIPPS, Holger: (Rückstellungen) Rückstellungen für Altlastensanierung, BBK Fach 12, S. 1841-1850.

BALLWIESER, Wolfgang: (Grundsätze) Grundsätze ordnungsmäßiger Buchführung und neues Bilanzrecht, ZfB-Ergänzungsheft 1/87: Bilanzrichtlinien-Gesetz, S. 3-24.

BALLWIESER, Wolfgang: (Vorsorge) Bilanzielle Vorsorge zur Bewältigung des personellen Strukturwandels, ZfbF 1989, S. 955-973.

BALLWIESER, Wolfgang: (Maßgeblichkeitsprinzip) Ist das Maßgeblichkeitsprinzip überholt?, BFuP 1990, S. 477-498.

BALLWIESER, Wolfgang: (Passivierung) Zur Passivierung von Verpflichtungen zum Schutz und zur Wiederherstellung der Umwelt, in: IDW (Hrsg.), Bericht über die Fachtagung 1991, Düsseldorf 1992, S. 131-151.

BALLWIESER, Wolfgang: (Bedeutung) Zur Bedeutung von Aufwandsrückstellungen gemäß § 249 Abs. 2 HGB für Kapitalgesellschaften, in: Beisse/Lutter/Närger (Hrsg.), Festschrift Beusch, Berlin/New York 1993, S. 63-76.

BARTELS, Peter: (Öffentlich) Öffentlich-rechtliche Umweltschutzverpflichtungen, BB 1991, S. 2044-2050.

BARTELS, Peter: (Berücksichtigung) Bilanzielle Berücksichtigung von Altlastenfällen, WPg 1992, S. 74-83.

BARTELS, Peter: (Rückstellungen) Rückstellungen für öffentlich-rechtliche Umweltschutzverpflichtungen bei Altlastenfällen, BB 1992, S. 1095-1102.

BARTELS, Peter: (Neulastenfällen) Rückstellungen für öffentlich-rechtliche Umweltschutzverpflichtungen bei Neulastenfällen, BB 1992, S. 1311-1319.

BARTELS, Peter: (Umweltrisiken) Umweltrisiken und Jahresabschluß, Frankfurt a. M. 1992.

BARTELS, Peter: (Jahresabschlußrelevante) Jahresabschlußrelevante Umweltrisiken, in: BAETGE (Hrsg.), Umweltrisiken im Jahresabschluß, Düsseldorf 1994, S. 1-23.

BARTH, Kuno: (Begünstigungen) Weitere steuerliche Begünstigungen für Umweltschutzinvestitionen, auch im Bereich der Gewerbekapital- und Vermögensteuer?, DB 1986, S. 73-80.

BARTKE, Günther: (Bergschäden) Rückstellungen für Bergschäden, Gruben- und Schachtversatz nach aktienrechtlichen und steuerlichen Grundsätzen, DB Beilage Nr. 4/78.

BAUER, Hans-Joachim: (Altlasten) Grundlegende Aspekte zur Sicherung und Sanierung von Altlasten, in: Brandt (Hrsg.), Altlasten, Taunusstein 1988, S. 67-77.

BAUER, Jörg: (Grundlagen) Grundlagen einer handels- und steuerrechtlichen Rechnungspolitik der Unternehmung, Wiesbaden 1981.

BAUMERT, Wolfgang: (dauernden Wertminderung) Der Begriff der "dauernden Wertminderung" bei der Bewertung des Anlagevermögens nach neuem Aktienrecht, BFuP 1967, S. 699-701.

BECKER, Helmut: (Bilanzsteuerfragen) Aktuelle Fragen aus der Betriebsprüfung, Teil IV: Bilanzsteuerfragen, JbFfSt 1987/88, S. 107-111.

BECKER, Franz: (Grundzüge) Grundzüge des öffentlichen Rechts, 5. Aufl., München 1992.

BECKMANN, Martin/ GROSSE-HÜNDFELD, Norbert: (Wiederverwertung) Wiederverwertung von Industrie- und Gewerbebrachen mit Hilfe von Sanierungsvereinbarungen, BB 1990, S. 1570-1575.

BECK'scher Bilanzkommentar, 2. Aufl., München 1990.

BEISSE, Heinrich: (Nominalwertprinzips) Über Wesen und Tragweite des Nominalwertprinzips, FR 1975, S. 472-477.

BEISSE, Heinrich: (Bilanzauffassung) Zur Bilanzauffassung des Bundesfinanzhofs, Korreferat zum Referat Professor Dr. Kruse, JbFfSt 1978/79, S. 186-196.

BEISSE, Heinrich: (Handelsbilanzrecht) Handelsbilanzrecht in der Rechtsprechung des Bundesfinanzhofs. Implikationen des Maßgeblichkeitsgrundsatzes, BB 1980, S. 637-646.

BEISSE, Heinrich: (Tendenzen) Tendenzen der Rechtsprechung des Bundesfinanzhofs zum Bilanzrecht, DStR 1980, S. 243-252.

BEISSE, Heinrich: (Gewinnrealisierung) Gewinnrealisierung - Ein systematischer Überblick über Rechtsgrundlagen, Grundtatbestände und grundsätzliche Streitfragen, in: Ruppe (Hrsg.), Gewinnrealisierung im Steuerrecht, Köln 1981, S. 13-43.

BEISSE, Heinrich: (wirtschaftliche Betrachtungsweise) Die wirtschaftliche Betrachtungsweise bei der Auslegung der Steuergesetze in der neueren deutschen Rechtsprechung, StuW 1981, S. 1-14.

BEISSE, Heinrich: (Verhältnis) Zum Verhältnis von Bilanzrecht und Betriebswirtschaftslehre, StuW 1984, S. 1-14.

BEISSE, Heinrich: (Bilanzrechts) Die Generalnorm des neuen Bilanzrechts, in: Knobbe-Keuk/Klein/Moxter (Hrsg.), Handels- und Steuerrecht, Festschrift Döllerer, Düsseldorf 1988, S. 25-44.

BEISSE, Heinrich: (Bedeutung) Die steuerliche Bedeutung der neuen deutschen Bilanzgesetzgebung, StVj 1989, S. 295-310.

BEISSE, Heinrich: (Generalnorm) Die Generalnorm des neuen Handelsbilanzrechts und ihre steuerrechtliche Bedeutung, in: Mellwig/Moxter/Ordelheide (Hrsg.), Handelsbilanz und Steuerbilanz, Wiesbaden 1989, S. 15-31.

BEISSE, Heinrich: (Rechtsfragen) Rechtsfragen der Gewinnung von GoB, BFuP 1990, S. 499-514.

BEISSE, Heinrich: (Gläubigerschutz) Gläubigerschutz - Grundprinzip des deutschen Bilanzrechts, in: Beisse/Lutter/Närger (Hrsg.), Festschrift Beusch, Berlin/New York 1993, S. 77-97.

BELLMANN, Klaus: (Wirkungen) Einzelwirtschaftliche Wirkungen umweltpolitischer Instrumente, ZfB 1990, S. 1261-1273.

BENKERT, Wolfgang/ BUNDE, Jürgen/ HANSJÜRGENS, Bernd: (Öko-Steuern) Umweltpolitik mit Öko-Steuern?, Marburg 1990.

BERG, Claus: (Recycling) Recycling in betriebswirtschaftlicher Sicht, WiSt 1979, S. 201-205.

BEUTH, Klaus Peter: (Ökologischer Kreislauf) Ökologischer Kreislauf soll geschlossen werden, HB Nr. 108 vom 10.6.1991, S. 19.

BIENER, Herbert: (AG) AG, KGaA, GmbH, Konzerne, Köln 1979.

BIENER, Herbert: (Auswirkungen) Materiellrechtliche Auswirkungen der Vierten EG-Richtlinie auf das deutsche Bilanzrecht, JbFfSt 1981/82, S. 346-368.

BIENER, Herbert: (Rückstellungen) Rückstellungen für drohende Verluste aus schwebenden Geschäften bei Dauerrechtsverhältnissen, in: Knobbe-Keuk/Klein/Moxter (Hrsg.), Handels- und Steuerrecht, Festschrift Döllerer, Düsseldorf 1988, S. 45-64.

BIERGANS, Enno: (Einkommensteuer) Einkommensteuer und Steuerbilanz 3. Aufl., München 1985.

BIERGANS, Enno: (Einkommensteuer) Einkommensteuer und Steuerbilanz 6. Aufl., München 1992.

BIERGANS, Enno/ SIGLOCH, Jochen: (Ableitung) Die Ableitung der Vermögensaufstellung aus der Steuerbilanz, 4. Aufl., Bielefeld 1991.

BILKENROTH, K.-D.: (Aspekte) Ausgewählte betriebswirtschaftliche Aspekte des Umweltschutzes in der mitteldeutschen Braunkohlewirtschaft, BFuP 1991, S. 535-549.

BIPPUS, Birgit Elsa: (Umweltschäden) Die steuerlichen Auswirkungen von Umweltschäden an Grundstücken im Betriebs- und Privatvermögen, BB 1993, S. 407-414.

BISE, Wilhelm: (Tendenzen) Tendenzen der BFH-Rechtsprechung zu Rückstellungen, DB 1986, S. 2617-2625.

BLECKMANN, Albert: (Auslegungsmethoden) Zu den Auslegungsmethoden des Europäischen Gerichtshofs, NJW 1982, S. 1177-1182.

BLECKMANN, Albert: (Richtlinie) in: Leffson/Rückle/Grossfeld (Hrsg.), Handwörterbuch unbestimmter Rechtsbegriffe im Bilanzrecht des HGB, Köln 1986, Stichwort: "Die Richtlinie im Europäischen Gemeinschaftsrecht und im Deutschen Recht".

BLÜMICH: (Einkommensteuergesetz) Einkommensteuergesetz. Körperschaftsteuergesetz. Gewerbesteuergesetz, Kommentar, hrsg. von Klaus Ebling, Wolfgang Freericks, Adalbert Uelner, 13. Aufl., München 1989, Loseblatt.

BÖCKING, Hans-Joachim: (Verzinslichkeit) Bilanzrechtstheorie und Verzinslichkeit, Wiesbaden 1988.

BÖRNER, Dietrich: (Bilanzrichtlinien-Gesetz) Bilanzrichtlinien-Gesetz und Steuerbilanzpolitik - Zur Neuordnung der Handlungsspielräume, StbJb 1986/87, S. 201-234.

BORDEWIN, Arno: (Schachtversatz) Rückstellungen für Gruben- und Schachtversatz, BB 1979, S. 156-157.

BORDEWIN, Arno: (Rückstellungen) Rückstellungen bei der steuerlichen Gewinnermittlung, NWB Fach 17, S. 1053-1078.

BORDEWIN, Arno: (Wahlrechte) Zur Bedeutung handelsrechtlicher Wahlrechte bei der Bewertung von Rückstellungen für die steuerliche Gewinnermittlung, BB 1985, S. 516-517.

BORDEWIN, Arno: (Umweltschutz) Rückstellungen für den Umweltschutz in der Steuerbilanz, RWP 1991, SG 5.2, S. 2079-2097.

BORDEWIN, Arno: (Umweltschutzrückstellungen) Umweltschutzrückstellungen - Einzelfragen zur Konkretisierung und wirtschaftlichen Verursachung bei Sanierungs- und Anpassungsverpflichtungen, DB 1992, S. 1097-1101.

BORDEWIN, Arno: (Einzelfragen) Einzelfragen der Bewertung von Rückstellungen, DB 1992, S. 1533-1537.

BORSTELL, Thomas: (Aufwandsrückstellungen) Aufwandsrückstellungen nach neuem Bilanzrecht, Bergisch-Gladbach/Köln 1988.

BRAUCH, Rolf/ BÖTTCHER, Klaus/ POMREHN, Siegfried: (Rückstellungen) Rückstellungen für Jahresabschlußarbeiten als öffentlich-rechtliche Verpflichtung - ein Schuldposten bei der Einheitsbewertung?, DB 1982, S. 2324-2325.

BRAUNSCHWEIG, Athur: (ökologische Buchhaltung) Die ökologische Buchhaltung als Instrument der städtischen Umweltpolitik, Diss. St. Gallen, Grüsch 1988.

BRAUNSCHWEIG, Athur/ MÜLLER-WENK, Ruedi: (Ökobilanzen) Ökobilanzen für Unternehmungen: eine Wegleitung für die Praxis, Bern/Stuttgart/Wien 1993.

BREZING, Klaus: (Rückstellung) Zur Rückstellung für unterlassene Instandhaltungen im Handels- und Steuerrecht, FR 1984, S. 349-355.

BREUER, Rüdiger: (Altlasten) "Altlasten" als Bewährungsprobe der polizeilichen Gefahrenabwehr und des Umweltschutzes - OVG Münster, NVwZ 1985, S. 355 -, JuS 1986, S. 359-364.

BREUER, Rüdiger: (Umweltschutzrecht) Umweltschutzrecht, in: von Münch (Hrsg.), Besonderes Verwaltungsrecht, 7. Aufl., Berlin/New York 1985, S. 535-614.

BREUER, Rüdiger: (Rechtsprobleme) Rechtsprobleme der Altlasten, NVwZ 1987, S. 751-761.

BREUER, Rüdiger: (Änderungen) Empfehlen sich Änderungen des strafrechtlichen Umweltschutzes insbesondere in Verbindung mit dem Verwaltungsrecht?, NJW 1988, S. 2072-2085.

BROCKHOFF-HANSEN, Wolfgang: (Fördermittel) Fördermittel für die neuen Bundesländer, DStR 1991, S. 480-485.

BRÖNNER, Herbert/ BAREIS, Peter: (Bilanz) Die Bilanz nach Handels- und Steuerrecht, 3. Aufl., Stuttgart 1991.

BUDDE, Wolfgang Dieter: (Umweltschäden) Berücksichtigung von Umweltschäden und Altlasten bei der Bodenbewertung, in: Moxter (Hrsg.), Rechnungslegung, Festschrift Forster, Düsseldorf 1992, S. 101-124.

BÜGE, Dirk: (Novelle) Die 3. Novelle zum Bundesimmissionsschutzgesetz und ihre Bedeutung für die Betreiber genehmigungspflichtiger Anlagen, DB 1990, S. 2408-2412.

BÜGE, Dirk: (Störfallverordnung) Zur jüngsten Novelle der Störfallverordnung, DB 1991, S. 2276-2277.

BURGER, Ludwig: (Zulässigkeit) Zulässigkeit und Bemessung von Rekultivierungsrückstellungen, StBp 1981, S. 27-30.

BUSSE VON COLBE, Walther: (Bewertung) Bewertung als betriebswirtschaftliches Problem, in: Raupach (Hrsg.), Werte und Wertermittlung im Steuerrecht, DStJG Bd. 7, Köln 1984, S. 39-53.

BUSSE VON COLBE, Walther: (Rechnungslegungsvorschriften) Die neuen Rechnungslegungsvorschriften aus betriebswirtschaftlicher Sicht, WPg 1987, S. 117-126.

BUSSE VON COLBE, Walther: (Entwicklung) Die Entwicklung des Jahresabschlusses als Informationsinstrument, in: Wagner (Hrsg.), Ökonomische Analyse des Bilanzrechts: Entwicklungslinien und Perspektiven, (ZfbF-Sonderheft) Düsseldorf 1993, S. 11-29.

CASATI, Roberto/ STECHER, Matthias W.: (Umweltrecht) Umweltrecht in Italien, RIW 1992, S. 448-452.

CANSIER, Dieter: (Erweiterung) Erweiterung oder Einschränkung des § 7 d EStG?, StuW 1987, S. 326-329.

CASTAN, Edgar: (Rechnungslegung) Rechnungslegung der Unternehmung, 3. Aufl., München 1990.

CHRISTIANSEN, Alfred: (Produzentenhaftpflicht) Die Rückstellung für Produzentenhaftpflicht unter dem besonderen Aspekt der Abgrenzung von der Rückstellung für Gewährleistungsverpflichtungen, StBp 1980, S. 151-156.

CHRISTIANSEN, Alfred: (Folgeprobleme) Bewertungsrechtliche Folgeprobleme aus neuerer Ertragsteuerrechtsprechung im Rückstellungsbereich, StBp 1981, S. 87-88.

CHRISTIANSEN, Alfred: (Bilanzsteuerfragen) Aktuelle Fragen aus der Betriebsprüfung. Teil IV: Bilanzsteuerfragen, JbFfSt 1987/88, S. 98-111.

CHRISTIANSEN, Alfred: (Rückstellungen) Rückstellungen für öffentlich-rechtliche Verpflichtungen - Probleme und Überlegungen - , StBp 1987, S. 193-198.

CHRISTIANSEN, Alfred: (Patentverletzungen) Rückstellungen für Patentverletzungen, StBp 1989, S. 12-17.

CHRISTIANSEN, Alfred: (Rückstellungsbildung) Steuerliche Rückstellungsbildung, Bielefeld 1993.

CHRISTIANSEN, Alfred: (Erfordernis) Das Erfordernis der wirtschaftlichen Verursachung ungewisser Verbindlichkeiten vor dem Hintergrund der Rechtsprechung des Bundesfinanzhofs - Versuch einer kritischen Analyse, BFuP 1994, S. 25-38.

CLEMM, Hermann: (Abzinsung) Keine Abzinsung unverzinslicher Verbindlichkeitsrückstellungen, BB 1991, S. 2115-2117.

CLEMM, Hermann: (Bilanzierung) Abzinsung bei der Bilanzierung, in: Raupach/Uelner (Hrsg.), Ertragsbesteuerung: Zurechnung, Ermittlung, Gestaltung, Festschrift für Ludwig Schmidt, München 1993, S. 177-194.

CLEMM, Hermann: (umweltschutzbezogenen Rückstellungen) Abzinsung von umweltschutzbezogenen Rückstellungen, BB 1993, S. 687-692.

COENENBERG, Adolf G.: (Gliederungs) Gliederungs-, Bilanzierungs- und Bewertungsentscheidungen bei der Anpassung des Einzelabschlusses nach dem Bilanzrichtlinien-Gesetz, DB 1986, S. 1581-1589.

COENENBERG, Adolf G.: (Jahresabschluß) Jahresabschluß und Jahresabschlußanalyse. Betriebswirtschaftliche, handels- und steuerrechtliche Grundlagen, 14. Aufl., Landsberg 1993.

COENENBERG, Adolf G./ BAUM, Heinz-Georg/ GÜNTHER, Edeltraud/ WITTMANN, Robert: (Unternehmenspolitik) Unternehmenspolitik und Umweltschutz, ZfbF 1994, S. 81-100.

CORSTEN, Hans/ GÖTZELMANN, Frank: (Abfallvermeidung) Abfallvermeidung und Reststoffverwertung - Eine produkt- und verfahrensorientierte Analyse, BFuP 1992, S. 102-119.

CREIFELDS, Carl: (Rechtswörterbuch) Rechtswörterbuch, 10. Aufl., München 1990.

CREZELIUS, Georg: (Handelsbilanzrecht) Das Handelsbilanzrecht in der Rechtsprechung des BFH, ZGR 1987, S. 1-45.

CREZELIUS, Georg: (Umweltschutzmaßnahmen) Zur Bildung von Rückstellungen für Umweltschutzmaßnahmen, DB 1992, S. 1353-1363.

CREZELIUS, Georg: (Rückstellungen) Rückstellungen bei Umweltschutzmaßnahmen, Stuttgart 1993.

CREZELIUS, Georg: (Maßgeblichkeitsgrundsatz) Maßgeblichkeitsgrundsatz in Liquidation?, DB 1994, S. 689-691.

CUPEI, Jürgen: (Umweltverträglichkeitsprüfung) Umweltverträglichkeitsprüfung (UVP), DVBl. 1985, S. 813-822.

CZAJKA, Dieter: (Stand) Der Stand von Wissenschaft und Technik als Gegenstand richterlicher Sachaufklärung, DÖV 1982, S. 99-108.

DIEDERICHSEN, Uwe: (Altlasten) Die Verantwortlichkeit für Altlasten im Zivilrecht, BB 1986, S. 1723-1731.

DIEDERICHSEN, Uwe: (Verantwortlichkeit) Verantwortlichkeit für Altlasten - Industrie als Störer?, BB 1988, S. 917-923.

DÖLLERER, Georg: (Rechnungslegung) Rechnungslegung nach dem neuen Aktiengesetz und ihre Auswirkungen auf das Steuerrecht, BB 1965, S. 1405-1417.

DÖLLERER, Georg: (Rückstellungen) Grundsätzliches zum Begriff der Rückstellungen, DStZ/A 1975, S. 291-296.

DÖLLERER, Georg: (Herstellungskosten) Zur Problematik der Anschaffungs- und Herstellungskosten, JbFfSt 1976/77, S. 196-212.

DÖLLERER, Georg: (Imparitätsprinzip) Die Grenzen des Imparitätsprinzips - Bilanzrechtliche Möglichkeiten, künftige Verluste vorwegzunehmen, StbJb 1977/78, S. 129-152.

DÖLLERER, Georg: (Steuerbilanz) Rückstellungen in der Steuerbilanz - Abkehr von der dynamischen Bilanz, DStR 1979, S. 3-7.

DÖLLERER, Georg: (Gedanken) Gedanken zur "Bilanz im Rechtssinne". Korreferat zum Referat Dr. Clemm, JbFfSt 1979/80, S. 195-205.

DÖLLERER, Georg: (Ansatz) Ansatz und Bewertung von Rückstellungen in der neueren Rechtsprechung des Bundesfinanzhofs, DStR 1987, S. 67-72.

DÖLLERER, Georg: (Unternehmen) Die Rechtsprechung des Bundesfinanzhofs zum Steuerrecht der Unternehmen, ZGR 1987, S. 443-474.

DÖLLERER, Georg: (Beutesymbol) Steuerbilanz und Beutesymbol - Gedanken zu einer ungewöhnlichen Geschichte des Bilanzrechts -, BB 1988, S. 238-241.

DÖLLERER, Georg: (Handelsbilanz) Handelsbilanz ist gleich Steuerbilanz, in: Baetge (Hrsg.), Der Jahresabschluß im Widerstreit der Interessen, Düsseldorf 1988, S. 157-178.

DÖLLERER, Georg: (Maßgeblichkeitsgrundsatz) Maßgeblichkeitsgrundsatz und Bewertung, in: IDW (Hrsg.), Bericht über die Fachtagung 1988, Düsseldorf 1989, S. 287-293.

DÖLLERER, Georg: (Fragen) Fragen der Unternehmensbesteuerung, DStR 1991, S. 1275-1278.

DÖLLERER, Georg: (Verknüpfung) Die Verknüpfung handels- und steuerrechtlicher Rechnungslegung, ZHR 1993, S. 349-354.

DÖRNER, Dietrich: (Aufwandsrückstellungen) Aufwandsrückstellungen - Möglichkeiten und Grenzen der Bilanzpolitik, Teile I und II, WPg 1991, S. 225-229 und S. 264-271.

DOLDE, Klaus-Peter: (Gefahrstoffverordnung) Die Bestimmungen der Gefahrstoffverordnung für krebsverdächtige Stoffe: Einstufung, Kennzeichnung, Umgang, BB 1990, S. 1074-1081.

DOMBERT, Matthias: (Freistellungsklausel) Die Freistellungsklausel des Umweltrahmengesetzes, BB 1992, S. 513-516.

DROST, Frank: (Ziel) Ziel ist die Errichtung eines Gewerbeparks mit "umweltfreundlichen" Branchen, HB Nr. 29 vom 28.2.1991, S. 6.

DROST, Frank: (Braunkohle) Braunkohle als Rohstoff mit Zukunft, HB Nr. 67 vom 8.4.1991, S. 15.

DRUKARCZYK, Jochen: (Interpretation) Zur Interpretation des § 156 Abs. IV AktG, in: Baetge/Moxter/Schneider (Hrsg.), Bilanzfragen, Festschrift Leffson, Düsseldorf 1976, S. 119-135.

DYCKHOFF, Harald: (Produktion) Betriebliche Produktion, Berlin u.a. 1992.

DYCKHOFF, Harald: (Produktionswirtschaft) Theoretische Grundlagen einer umweltorientierten Produktionswirtschaft, in: Wagner (Hrsg.), Betriebswirtschaft und Umweltschutz, Stuttgart 1993, S. 81-105.

DZIADKOWSKI, Dieter: (Passivierungsverbot) Das höchstrichterliche Passivierungsverbot für Rückstellungen wegen unterlassener Instandhaltung in der Steuerbilanz, DB 1984, S. 1315-1318.

EBENROTH, Carsten/ WILLBURGER, Andreas: (Umweltstraftaten) Die strafrechtliche Verantwortung des Vorstandes für Umweltstraftaten und gesellschaftsrechtliche Vermeidungsstrategien, BB 1991, S. 1941-1947.

EBENROTH, Carsten/ WOLFF, Michael: (Umweltaltlastenverantwortung) Umweltaltlastenverantwortung in den neuen Bundesländern, Heidelberg 1992.

EBLING, Klaus: (Vermögensaufstellung) Maßgeblichkeit der Steuerbilanz für die Vermögensaufstellung, DStR 1981, S. 340-346.

ECHELMEYER, Dieter/ RING, Ludwig: (Nochmals) Nochmals: Was sind rückstellungsfähige Abschluß- und Steuererklärungskosten?, DStR 1981, S. 493-494.

EDER, Dieter: (Aufwandsrückstellungen) Aufwandsrückstellungen nach § 249 II HGB, Bergisch-Gladbach/Köln 1988.

EDER, Rolf: (Grundlagen) Die rechtlichen Grundlagen einer geordneten Altölerfassung und -wiederverwertung, DB 1983, S. 755-760.

EHLE, Dieter/ DRABE, Klaus: (Ölunfälle) Ölunfälle und Kostentragung bei adressatneutralen Verwaltungsakten - zur Problematik der unmittelbaren Ausführung, ZfW 1983, S. 143-148.

EIBELSHÄUSER, Manfred: (Bundesfinanzhof) Der Bundesfinanzhof und die statische Bilanzauffassung, ZfbF 1981, S. 56-68.

EIBELSHÄUSER, Manfred: (Rückstellungsbildung) Rückstellungsbildung nach neuem Handelsrecht, BB 1987, S. 860-864.

EIFLER, Günter: (Grundsätze) Grundsätze ordnungsmäßiger Bilanzierung für Rückstellungen, Düsseldorf 1976.

EIFLER, Günter: (Kulanzrückstellungen) in: Handbuch des Jahresabschlusses in Einzeldarstellungen (HdJ), von Wysocki, Klaus/ Schulze-Osterloh, Joachim (Hrsg.), Köln 1984/90, Abt. III/5, "Rückstellungen für ungewisse Verbindlichkeiten und drohende Verluste aus schwebenden Geschäften", und Abt. III/6, "Die Aufwands- und Kulanzrückstellungen".

EILERS, Stephan: (Rückstellungen) Rückstellungen für Altlasten: Umwelthaftungsgesetz und neueste Rechtsentwicklung, DStR 1991, S. 101-107.

EILERS, Stephan: (Anmerkung) Anmerkung (zum Beschluß des FG Münster vom 10.9.1990), DStR 1991, S. 1147-1148.

EILERS, Stephan: (Schutz) Der Schutz geheimhaltungsbedürftiger Informationen in Steuersachen, CDFI, Vol. LXXVIb, Barcelona 1991, S. 135-149.

EILERS, Stephan: (Altlasten) Rückstellungen für Altlasten und Umweltschutzverpflichtungen, München 1993.

EILERS, Stephan: (Konkretisierung) Rückstellungen für Altlastensanierungsaufwand: "Konkretisierung" neu konkretisiert?, DStR 1994, S. 121-124.

EISELE, Wolfgang: (Technik) Technik des betrieblichen Rechnungswesens, München 1990.

EISENFÜHR, Franz: (Informationsgehalt) Anforderungen an den Informationsgehalt kaufmännischer Jahresabschlußrechnungen, Diss. Köln 1967.

ELSCHEN, Rainer: (Rückstellungen) Rückstellungen bei Umweltschutzmaßnahmen als Maßnahmen gegen den Umweltschutz?, DB 1993, S. 1097-1100.

EMMERICH, Gerhard: (Zulässigkeit) Zur Zulässigkeit der Bildung von Rückstellungen für Bergschäden, Gruben- und Schachtversatz, DB 1978, S. 2133-2137.

ENDERS, Rainald: (Rechtsprobleme) Rechtsprobleme der Behandlung von Abfallaltanlagen und Altlasten in den neuen Bundesländern, DVBl. 1993, S. 82-93.

ENGEL, Rüdiger: (Zugang) Der freie Zugang zu Umweltinformationen nach der Informationsrichtlinie der EG und der Schutz von Rechten Dritter, NVwZ 1992, S. 111-114.

ERBGUTH, Wilfried: (Grundfragen) Rechtssystematische Grundfragen des Umweltrechts, Berlin 1987.

ERHARD, Fritz: (A-B-C) A-B-C der Rückstellungen und Rücklagen nach Handels- und Steuerrecht, Bielefeld 1977.

ESSER, Klaus: (Aufwandsrückstellungen) Aufwandsrückstellungen - Bestandsaufnahme und Ausblick -, StbJb 1984/85, S. 151-176.

ERICHSEN, Hans-Uwe: (Verwaltungshandeln) Das Verwaltungshandeln, in: Erichsen/Martens (Hrsg.), Allgemeines Verwaltungsrecht, 9. Aufl., Berlin/New York 1992.

ERICHSEN, Hans-Uwe/ MARTENS, Wolfgang: (Verwaltungshandeln) Das Verwaltungshandeln, in: Erichsen/Martens (Hrsg.), Allgemeines Verwaltungsrecht, 6. Aufl., Berlin/New York 1983.

EULER, Roland: (Grundsätze) Grundsätze ordnungsmäßiger Gewinnrealisierung, Düsseldorf 1989.

EULER, Roland: (Verlustantizipation) Zur Verlustantizipation mittels des niedrigeren beizulegenden Wertes und des Teilwertes, ZfbF 1991, S. 191-210.

EVERLING, Ulrich: (Umweltrichtlinien) Umsetzung von Umweltrichtlinien durch normkonkretisierende Verwaltungsanweisungen, RIW 1992, S. 379-385.

EVERLING, Ulrich: (Durchführung) Durchführung und Umsetzung des Europäischen Gemeinschaftsrechts im Bereich des Umweltschutzes unter Berücksichtigung der Rechtsprechung des EuGH, NVwZ 1993, S. 209-216.

EWER, Sid R./ NANCE, Jon R./ HAMLIN, Sarah J.: (Accounting) Accounting for tomorrow's pollution control, JoA 1992, S. 69-74.

EWER, Wolfgang/ SCHÄFER, Alexandra: (Altlast-Rechtsprechung) Die Auswirkungen der Altlast-Rechtsprechung des BGH bei der Ausweisung neuer Gewerbe- und Industriegebiete, BB 1991, S. 709-713.

EYERMANN, Erich/ FRÖHLER, Ludwig: (Verwaltungsgerichtsordnung) Verwaltungsgerichtsordnung, Kommentar, 8. Aufl., München 1980.

FASOLD, Rudolf: (Bewertungs) Die Bewertungs- und Bilanzierungsbestimmungen des neuen Aktiengesetzes und das Steuerrecht, StbJb 1966/67, S. 407-449.

FEESS-DÖRR, Eberhard/ PRÄTORIUS, Gerhard/ STEGER, Ulrich: (Umwelthaftungsrecht) Umwelthaftungsrecht, 2. Aufl., Wiesbaden 1992.

FELDHAUS, Gerhard: (Inhalt) Zum Inhalt und zur Anwendung des Standes der Technik im Immissionsschutzrecht, DVBl. 1981, S. 165-173.

FERTIG, Hans: (Sonderabschreibungen) Sonderabschreibungen für Umweltschutz und Abfallbeseitigung, BB 1984, S. 1916-1918.

FEY, Gerd: (Folgewirkungen) Folgewirkungen des D-Mark-Bilanzgesetzes für die Jahresabschlüsse nach der DM-Eröffnungsbilanz, WPg 1991, S. 253-264.

FEY, Gerd: (Abfallbewältigung) Rückstellungen für ungewisse Verbindlichkeiten aufgrund der Verordnungen zur Abfallbewältigung, DB 1992, S. 2353-2360.

FISCHER, Lutz: (Klimaschutzabgaben) Einige Anmerkungen zu Klimaschutzabgaben, insbesondere zum Energie-/CO_2-Steuervorschlag der Europäischen Gemeinschaft, IStR 1993, S. 201-205.

FISCHER, Peter: (Betrachtungsweise) Die wirtschaftliche Betrachtungsweise, NWB Fach 2, S. 6143-6154.

FLÄMIG, Christian: (Erhebliche Nachteile) in: Leffson/Rückle/Grossfeld (Hrsg.), Handwörterbuch unbestimmter Rechtsbegriffe im Bilanzrecht des HGB, Köln 1986, Stichwort: "Erhebliche Nachteile".

FLUCK, Jürgen: (Rückstellungsbildung) Rückstellungsbildung für Altlasten und Immissionsschutzrecht, BB 1991, S. 176-177.

FLUCK, Jürgen: (Nachsorgepflicht) Die immisionsschutzrechtliche Nachsorgepflicht als neues Instrument zur Verhinderung und Beseitigung von Altlasten, BB 1991, S. 1797-1809.

FLUCK, Jürgen: (Rechtsfragen) Ausgewählte Rechtsfragen der Verpackungsverordnung, DB 1992, S. 193-198.

FLUCK, Jürgen: (Abfallbegriff) Zum Abfallbegriff im europäischen, im geltenden und im werdenden deutschen Abfallrecht, DVBl. 1993, S. 590-599.

FLUCK, Jürgen: (Verpackungsverordnung) Ausgewählte Rechtsfragen der Verpackungsverordnung, DB 1993, S. 211-217.

FORSTER, Karl-Heinz: (Überlegungen) Überlegungen zur Bildung von Rückstellungen für drohende Verluste aus Gewinnabführungsverträgen, in: Lutter/Mertens/Ulmer (Hrsg.), Festschrift für Walter Stimpel zum 68. Geburtstag, Berlin/New York 1985, S. 759-770.

FÖRSCHLE, Gerhart/ SCHEFFELS, Rolf: (Umweltschutzmaßnahmen) Die Bilanzierung von Umweltschutzmaßnahmen aus bilanztheoretischer Sicht, DB 1993, S. 1197-1203.

FRANKE, Siegfried: (Öko-Steuern) Ökonomische und politische Beurteilung von Öko-Steuern, StuW 1990, S. 217-228.

FRANZHEIM, Horst: (Strafrechtliche) Strafrechtliche Probleme der Altlasten, ZfW 1987, S. 9-16.

FRANZHEIM, Horst: (Verantwortlichkeiten) Strafrechtliche Verantwortlichkeiten, in: Entsorga (Hrsg.), Altlastensanierung und Entsorgungswirtschaft, Frankfurt a. M. 1989, S. 79-87.

FRESE, Erich/ KLOOCK, Josef: (Rechnungswesen) Internes Rechnungswesen und Organisation aus der Sicht des Umweltschutzes, BFuP 1989, S. 1-29.

FRIAUF, Karl-Heinrich: (Polizei) Polizei- und Ordnungsrecht, in: von Münch (Hrsg.), Besonderes Verwaltungsrecht, 7. Aufl., Berlin/New York 1985, S. 181-254.

FRIEDRICHS, Ralf: (Rechnungslegung) Rechnungslegung bei Umweltschutzmaßnahmen, DB 1987, S. 2580-2588.

FÜRST, Walter/ ANGERER, Hans-Peter: (Beurteilung) Die vernünftige kaufmännische Beurteilung in der neuesten Rechtsprechung des BFH bei der Rückstellungsbildung, WPg 1993, S. 425-428.

FUMI, Horst-Dieter: (Rückstellungen) Steuerrechtliche Rückstellungen für Dauerschuldverhältnisse, Köln u.a. 1991.

GAIL, Winfried: (Auflösung) Die Auflösung von Rückstellungen in der Handels- und Steuerbilanz, BB 1982, S. 217-222.

GAIL, Winfried: (Entstehung) Rechtliche Entstehung und wirtschaftliche Verursachung für die Bildung von Rückstellungen, ZfB-Ergänzungsheft 1/87: Bilanzrichtlinien-Gesetz, S. 51-65.

GAIL, Winfried: (Steuerbilanz) Die Steuerbilanz als Handelsbilanz der Kapitalgesellschaft, StVj 1989, S. 251-266.

GAIL, Winfried: (Umweltschutz) Umweltschutz und Wirtschaftsgut, StbJb 1990/91, S. 67-95; zugleich S. 1-29 in: Herzig (Hrsg.): Umweltschutz in Steuerbilanz und Vermögensaufstellung, Köln 1991.

GAIL, Winfried/ GRETH, Michael/ SCHUMANN, Roland: (Maßgeblichkeit) Die Maßgeblichkeit der Handelsbilanz für die Steuerbilanz in den Mitgliedstaaten der Europäischen Gemeinschaft, DB 1991, S. 1389-1400.

GAIL, Winfried/ DÜLL, Alexander/ SCHUBERT, Christiane: (Überlegungen) Bilanzielle und steuerliche Überlegungen des GmbH-Geschäftsführers und seines Beraters zum Jahresende 1991 (I), GmbHR 1991, S. 493-507.

GAIL, Winfried/ DÜLL, Alexander/ SCHUBERT, Christiane/ HESS-EMMERICH, Ulrike: (Jahresende) Bilanzielle und steuerliche Überlegungen des GmbH-Geschäftsführers und seines Beraters zum Jahresende 1993, GmbHR 1993, S. 685-710.

GASSER, Volker: (Umwelthaftungsrecht) Umwelthaftungsrecht in seiner Konsequenz für die Unternehmensführung, BFuP 1992, S. 152-165.

GAWEL, Erik: (Ökobilanzierung) Ökobilanzierung - Einsatzfelder aus ökonomischer Sicht, Wirtschaftsdienst 1993, S. 199-203.

GEFIU: (Fragen) Bilanzielle Fragen im Zusammenhang mit der Sanierung schadstoffverunreinigter Wirtschaftsgüter, DB 1993, S. 1529-1532.

GELHAUSEN, Hans F.: (Realisationsprinzip) Das Realisationsprinzip im Handels- und Steuerbilanzrecht, Frankfurt 1985.

GELHAUSEN, Wolf/ FEY, Gerd: (Rückstellungen) Rückstellungen für ungewisse Verbindlichkeiten und Zukunftsbezogenheit von Aufwendungen, DB 1993, S. 593-597.

GEPPERT, Peter: (Umweltstrafrecht) Umweltstrafrecht in der Unternehmenspraxis, DB spezial 1990, S. 12-18.

GIESBERTS, Ludger: (Rücknahmepflichten) Rücknahmepflichten für gebrauchte Produkte, BB 1993, S. 1376-1381.

GLADE, Anton: (Rechnungslegung) Rechnungslegung und Prüfung nach dem Bilanzrichtlinien-Gesetz, Herne/Berlin 1986.

GÖBEL, Hans-Christoph: (Ergebnissteuerung) Bilanzielle Ergebnissteuerung über Rückstellungen, in: Federmann (Hrsg.), Betriebswirtschaftslehre, Unternehmenspolitik und Unternehmensbesteuerung, Festschrift Mann, Berlin 1993, S. 317-333.

GÖTZ, Volkmar: (Entwicklung) Die Entwicklung des allgemeinen Polizei- und Ordnungsrechts (1981 bis 1983), NVwZ 1984, S. 211-217.

GÖTZ, Volkmar: (Ordnungsrecht) Allgemeines Polizei- und Ordnungsrecht, 9. Aufl., Göttingen 1988.

GOSCH, Dietmar: (Öko-Steuern) Juristische Beurteilung von Öko-Steuern, StuW 1990, S. 201-216.

GOTTSCHALL, Dietmar: (Saubere Geschäfte) Saubere Geschäfte, manager magazin 8/1990, S. 141-145.

GRABITZ, Eberhard: (Handlungsspielräume) Handlungsspielräume der EG-Mitgliedstaaten zur Verbesserung des Umweltschutzes. Das Beispiel der Umweltabgaben und -subventionen, RIW 1989, S. 623-636.

GROH, Manfred: (Künftige Verluste) Künftige Verluste in der Handels- und Steuerbilanz, zugleich ein Beitrag zur Teilwertdiskussion, StuW 1976, S. 32-42.

GROH, Manfred: (Bilanztheorie) Zur Bilanztheorie des BFH, StbJb 1979/80, S. 121-139.

GROH, Manfred: (Verbindlichkeitsrückstellung) Verbindlichkeitsrückstellung und Verlustrückstellung: Gemeinsamkeiten und Unterschiede, BB 1988, S. 27-33.

GROH, Manfred: (Abzinsung) Abzinsung von Verbindlichkeitsrückstellungen?, BB 1988, S. 1919-1921.

GROH, Manfred: (Abzinsung von Rückstellungen?) Abzinsung von Rückstellungen?, in: Mellwig/Moxter/Ordelheide (Hrsg.), Handelsbilanz und Steuerbilanz, Wiesbaden 1989, S. 119-126.

GROH, Manfred: (Wende) Vor der dynamischen Wende im Bilanzsteuerrecht?, BB 1989, S. 1586-1588.

GROH, Manfred: (Rechtsprechung) Rechtsprechung zum Bilanzsteuerrecht, StuW 1992, S. 178-185.

GROH, Manfred: (Altlastenrückstellungen) Altlastenrückstellungen: Trügereische Hoffnungen?, DB 1993, S. 1833-1837.

GROH, Manfred: (Umweltrisiken) Umweltrisiken in der Steuerbilanz, in: Baetge (Hrsg.), Umweltrisiken im Jahresabschluß, Düsseldorf 1994, S. 91-106.

GRUBER, Thomas: (Bilanzansatz) Der Bilanzansatz in der neueren BFH-Rechtsprechung, Stuttgart 1991.

GRUBERT, Thomas: (Rückstellungsbilanzierung) Rückstellungsbilanzierung in der Ertragsteuerbilanz, München 1978.

GRÜNEWALD, Hubert/ PFAFF, Dieter: (Finanzierungsinstrument) Rückstellungen als Finanzierungsinstrument, BB 1983, S. 1511-1514.

GSCHWENDTNER, Hubert: (Rückstellungen) Rückstellungen für Altlasten, DStZ 1994, S. 257-266.

GÜNKEL, Manfred: (Bilanzsteuerfragen) Aktuelle Fragen aus der Betriebsprüfung. Teil IV: Bilanzsteuerfragen, JbFfSt 1987/88, S. 104-111.

GÜNKEL, Manfred: (Rückstellungen) Rückstellungen für Umweltschutzverpflichtungen, StbJb 1990/91, S. 97-121; zugleich S. 31-55 in: Herzig (Hrsg.): Umweltschutz in Steuerbilanz und Vermögensaufstellung, Köln 1991.

GÜNTHER, Edeltraud/ WAGNER, Bernd: (Öko-Controlling) Ökologieorientierung des Controlling (Öko-Controlling), DBW 1993, S. 143-166.

GÜRTZGEN, Winfried: (Betriebsprüfung) Rückstellungen für Kosten der Betriebsprüfung, DB 1984, S. 369-370.

GUTENBERG, Erich: (Produktion) Grundlagen der Betriebswirtschaftslehre, Erster Band, Die Produktion, 23. Aufl., Berlin/Heidelberg/New York 1979.

HAGER, Günter: (Umwelthaftungsgesetz) Das neue Umwelthaftungsgesetz, NJW 1991, S. 134-143.

HAEGER, Bernd: (Grundsatz) Der Grundsatz der umgekehrten Maßgeblichkeit in der Praxis, Stuttgart 1989.

HAHN, Klaus: (Bewertung) Die Bewertung von Rückstellungen mit Hilfe moderner Prognoseverfahren unter Berücksichtigung der Vorschriften des Bilanzrichtlinien-Gesetzes, BB 1986, S. 1325-1332.

HAKER, Wolfgang/ KRIESHAMMER, Gerd: (Neue Gesetze) Neue Gesetze verschärfen die Anforderungen an die Unternehmen, Blick durch die Wirtschaft Nr. 25 vom 5.2.1991, S. 7.

HALACZINSKY, Raymond: (Rückstellungen) Rückstellungen in der Vermögensaufstellung, NWB Fach 9, S. 1615-1624.

HALACZINSKY, Raymond: (Änderungen) Änderungen des Bewertungs- und Vermögensteuergesetzes durch das Steueränderungsgesetz 1992, NWB Fach 9, S. 2553-2568.

HALLAY, Hendric (Hrsg.): (Ökobilanz) Die Ökobilanz, Ein betriebliches Informationssystem, Berlin 1990.

HALLER, Axel: (Generally) Die "Generally Accepted Accounting Principles", ZfbF 1990, S. 751-777.

HALLER, Axel: (Maßgeblichkeitsprinzip) Das Maßgeblichkeitsprinzip und seine Effekte (I) und (II), WISU 1992, S. 46-49 und S. 112-116.

HALLER, Axel: (Maßgeblichkeit) Der Grundsatz der Maßgeblichkeit der Handels- für die Steuerbilanz, RIW 1992, S. 43-48.

HANNING, A./ SCHMIEDER, K.: (Gefahrenabwehr) Gefahrenabwehr und Risikovorsorge im Atom- und Immissionsschutzrecht, DB 1977, Beilage Nr. 14/77 zu Heft Nr. 46.

HANSJÜRGENS, Bernd: (Umweltpolitik) Sonderabgaben aus finanzwissenschaftlicher Sicht - am Beispiel der Umweltpolitik, StuW 1993, S. 20-34.

HANSMEYER, Karl-Heinrich: (Verpackungsverordnung) Das Duale System und die Verpackungsverordnung, Wirtschaftsdienst 1993, S. 232-236.

HARTMANN/ BÖTTCHER/ NISSEN/ BORDEWIN: (Einkommensteuergesetz) Kommentar zum Einkommensteuergesetz, Wiesbaden 1955/93, Loseblatt.

HARTUNG, Werner: (Angemessenheitsprüfung) Angemessenheitsprüfung bei der Bewertung von Rückstellungen?, BB 1984, S. 510-511.

HARTUNG, Werner: (Gemeinkosten) Berücksichtigung aufwandsgleicher Gemeinkosten bei der Bewertung von Rückstellungen, BB 1985, S. 32-33.

HARTUNG, Werner: (Verpflichtungen) Verpflichtungen im Personalbereich in Handels- und Steuerbilanz sowie in der Vermögensaufstellung, Heidelberg 1987.

HARTUNG, Werner: (Sozialplanrückstellung) Die Sozialplanrückstellung als Beispiel für die Bilanzierung und Bewertung eines Einzelrisikos, BB 1988, S. 1421-1426.

HARTUNG, Werner: (Ansammlung) Zur Ansammlung von Jubiläumsrückstellungen, BB 1989, S. 1723-1729.

HARTUNG, Werner: (Fremdwährungsverpflichtungen) Zur Bilanzierung von Fremdwährungsverpflichtungen, RIW 1989, S. 879-887.

HARTUNG, Werner: (Abzinsung) Abzinsung von Verbindlichkeitsrückstellungen?, BB 1990, S. 313-317.

HARTUNG, Werner: (Kurssicherung) Zur Bilanzierung bei Kurssicherung, RIW 1990, S. 635-646.

HAUSCHILDT, Jürgen/ KORTMANN, Hans-W.: (Verpflichtungen) "Sonstige finanzielle Verpflichtungen" (§ 285 Nr. 3 HGB) als Gegenstand der Berichterstattung - eine empirische Analyse, WPg 1990, S. 420-425.

HAUSER, Kaspar: (Nationalökonomie) Kurzer Abriß über die Nationalökonomie, WB 1931, Nr. 37, S. 393 f.

HAVERMANN, Hans: (Berücksichtigung) Zur Berücksichtigung von Preissteigerungen in der Rechnungslegung der Unternehmen, WPg 1974, S. 423-433 und 445-456.

HAVERMANN, Hans: (Ansatzvorschriften) Ansatzvorschriften für Kapitalgesellschaften, BFuP 1986, S. 114-128.

HAVERMANN, Hans: (Bundesfinanzhof) Bundesfinanzhof und Wirtschaftsprüfer, in: Präsident des BFH (Hrsg.), Festschrift 75 Jahre RFH - BFH, Bonn 1993, S. 469-482.

HECKER, Bernd: (Müllablagerungen) "Wilde" Müllablagerungen Dritter als Problem der abfallstrafrechtlichen Unterlassungshaftung, NJW 1992, S. 873-878.

HEIBEL, Reinhold: (Bilanzierung) Die steuerliche Bilanzierung von bedingten erfolgsabhängigen Verpflichtungen, BB 1981, S. 2042-2048.

HEIGL, Anton: (Umweltschutz-Investitionen) Abschreibungsvergünstigungen für Umweltschutz-Investitionen, München 1975.

HEIGL, Anton: (Abschreibungen) Abschreibungen bei Investitionen für den Umweltschutz, StuW 1976, S. 240-245.

HEIGL, Anton: (Social Accounting) Social Accounting in der Sozialen Marktwirtschaft, in: Baetge/Moxter/Schneider (Hrsg.), Bilanzfragen, Festschrift Leffson, Düsseldorf 1976, S. 295-308.

HEIGL, Anton: (Anreize) Ertragsteuerliche Anreize für Investitionen in den Umweltschutz, BFuP 1989, S. 66-81.

HEIN, Peter E.: (Aspekte) Umweltrechtliche Aspekte gesellschaftsrechtlicher Transaktionen in den USA, RIW 1991, S. 636-642.

HEINEN, Edmund: (Handelsbilanzen) Handelsbilanzen, 12. Aufl., Wiesbaden 1986.

HEINHOLD, Michael: (Jahresabschluß) Der Jahresabschluß, München/Wien 1987.

HEINLEIN, Anton: (Voraussetzungen) Rechtliche und wirtschaftliche Voraussetzungen für die Anerkennung von Rückstellungen in der Bilanz (1. Teil), Inf 1977, S. 437-448.

HEINZE, Christian: (Verwaltungsvorschriften) Gesetzesähnliche Wirkung von Verwaltungsvorschriften?, BB 1976, S. 772.

HELMRICH, Herbert: (Grundsatzentscheidungen) Gesetzgeberische Grundsatzentscheidungen beim Bilanzrichtlinien-Gesetz, in: Knobbe-Keuk/Klein/Moxter (Hrsg.), Handels- und Steuerrecht, Festschrift Döllerer, Düsseldorf 1988, S. 219-224.

HERBER, Rolf: (Richter) Hat der deutsche Richter das Bilanzrichtlinien-Gesetz an den ihm zugrundeliegenden EG-Richtlinien zu messen?, in: Knobbe-Keuk/Klein/Moxter (Hrsg.), Handels- und Steuerrecht, Festschrift Döllerer, Düsseldorf 1988, S. 225-244.

HERRMANN/ HEUER/ RAUPACH: (Einkommensteuer) Einkommensteuer- und Körperschaftsteuergesetz mit Nebengesetzen, Kommentar von Arndt Raupach und Carl Herrmann, 19. Aufl., Köln 1950/86, Loseblatt.

HERZIG, Norbert: (Beendigung) Die Beendigung des unternehmerischen Engagements als Problem der Steuerplanung, Habilitationsschrift, Köln 1981.

HERZIG, Norbert: (Arbeitsverhältnissen) Rückstellungen für Verbindlichkeiten aus Arbeitsverhältnissen, StbJb 1985/86, S. 61-112.

HERZIG, Norbert: Meinungsspiegel, BFuP 1987, S. 364-368.

HERZIG, Norbert: (Ganzheitsbetrachtung) Bilanzrechtliche Ganzheitsbetrachtung und Rückstellung bei Dauerrechtsverhältnissen, ZfB 1988, S. 212-225.

HERZIG, Norbert: (Rückstellungen) Rückstellungen wegen öffentlich-rechtlicher Verpflichtungen, insbesondere Umweltschutz, DB 1990, S. 1341-1354.

HERZIG, Norbert: (Konkurrenz) Konkurrenz von Rückstellungsbildung und Teilwertabschreibung bei Altlastenfällen, WPg 1991, S. 610-619.

HERZIG, Norbert: (Risikovorsorge) Rückstellungen als Instrument der Risikovorsorge in der Steuerbilanz, in: Doralt (Hrsg.), Probleme des Steuerbilanzrechts, DStJG Bd. 14, Köln 1991, S 199-230.

HERZIG, Norbert: (Maßgeblichkeit) Verlängerte Maßgeblichkeit und Bilanzpolitik, DB 1992, S. 1053-1054.

HERZIG, Norbert: (Rückstellungsbildung) Rückstellungsbildung versus Teilwertabschreibung, WPg 1992, S. 83.

HERZIG, Norbert: (Abwertung) Aktivische Abwertung versus Rückstellungsbildung bei Umweltschutzverpflichtungen, in: Wagner (Hrsg.), Betriebswirtschaft und Umweltschutz, Stuttgart 1993, S. 161-176.

HERZIG, Norbert: (Wirkung) Die rückstellungsbegrenzende Wirkung des Realisationsprinzips, in: Raupach/Uelner (Hrsg.), Ertragsbesteuerung: Zurechnung, Ermittlung, Gestaltung, Festschrift für Ludwig Schmidt, München 1993, S. 209-226.

HERZIG, Norbert: (Umweltschutzrückstellungen) Umweltschutzrückstellungen und Bilanzierungsprinzipien, in: Baetge (Hrsg.), Umweltrisiken im Jahresabschluß, Düsseldorf 1994, S. 67-89.

HERZIG, Norbert/ ESSER, Klaus: (Erfüllungsrückstände) Erfüllungsrückstände und drohende Verluste bei Arbeitsverhältnissen - wann sind Rückstellungen zu bilden?, DB 1985, S. 1301-1306.

HERZIG, Norbert/ HÖTZEL, Oliver: (Produkthaftung) Rückstellungen wegen Produkthaftung, BB 1991, S. 99-104.

HERZIG, Norbert/ KESSLER, Wolfgang: (Übernahme) Übernahme der Steuerbilanzwerte in die Vermögensaufstellung, DStR 1994, Beihefter zu Heft 12.

HERZIG, Norbert/ KÖSTER, Thomas: (Rückstellungsrelevanz) Die Rückstellungsrelevanz des neuen Umwelthaftungsgesetzes, DB 1991, S. 53-57 (zugleich abgedruckt in: Seidel/Strebel (Hrsg.), Betriebliche Umweltökonomie, Wiesbaden 1993, S. 368-372).

HERZIG, Norbert/ KÖSTER, Thomas: (Rückstellungen) Rückstellungen wegen Umweltschutzverpflichtungen, in: Vogl/Heigl/Schäfer (Hrsg.), Handbuch des Umweltschutzes, Landberg/Lech, Loseblattsammlung, Abschnitt III - 8.1.

HERZIG, Norbert/ SÖFFING, Andreas: (Rechnungsabgrenzungsposten) Rechnungsabgrenzungsposten und die Lehre vom Mindestzeitraum, BB 1993, S. 465-470.

HERZIG, Norbert/ BENDERS, Ingeborg: (Struktur) Struktur der verlängerten Maßgeblichkeit und Notwendigkeit einer integrierten Rechnungslegungspolitik, FR 1993, S. 670-682.

HESS, Eckhard: (Rücknahmeverpflichtungen) Bilanzielle Behandlung von Rücknahmeverpflichtungen, WISU 1992, S. 858-861.

HESSELBERGER, Dieter: (Grundgesetz) Das Grundgesetz, Kommentar, 7. Aufl., Bonn 1990.

HEUSER, Paul: (Eröffnungsbilanzen) DM-Eröffnungsbilanzen nach dem D-Markbilanzgesetz in der betrieblichen Praxis (I) und (II), GmbHR 1990, S. 434-442 und S. 495-500.

HEYMANN, Ernst/ EMMERICH, Volker: (HGB) Handelsgesetzbuch (ohne Seerecht), Band 3, Berlin/New York 1989.

HILLEBRAND, Rainer: (Umweltschutz) Umweltschutz als Restriktion der Unternehmenspolitik, DB 1981, S. 1941-1946.

HIRTE, Erich: (Bewertung) Die Bewertung langfristiger Rückstellungen, DB 1971, S. 1313-1318.

HÖCHENDORFER, Sylvia: (Rückstellungen für Jahresabschlußkosten) Grundsätze ordnungsmäßiger Bilanzierung von Rückstellungen für Jahresabschlußkosten, Frankfurt a. M. 1986.

HÖFER, Reinhold: (Pensionsrückstellung) Die Pensionsrückstellung als Finanzierungsinstrument im künftigen EG-Binnenmarkt, BB 1991, S. 1223-1226.

HÖFLING, Wolfram: (Verfassungsfragen) Verfassungsfragen einer ökologischen Steuerreform, StuW 1992, S. 242-251.

HÖSEL, Gottfried/ LERSNER, Heinrich von: (Recht der Abfallbeseitigung) Recht der Abfallbeseitigung des Bundes und der Länder, Kommentar, Bielefeld 1990/92, Loseblatt.

HOFBAUER, Max/ KUPSCH, Peter (Hrsg.): (BHR) Bonner Handbuch Rechnungslegung, Bonn 1992/93, Loseblatt.

HOFFMANN, Fritz: (Rückstellungen) Rückstellungen für unterlassene Instandhaltung, StuW 1948, Sp. 437-444.

HOHMANN, Harald: (Kostentragungspflicht) Einschränkungen der Kostentragungspflicht des Grundstückseigentümers beim Ablagern von Giftfässern, DVBl. 1984, S. 997-1001.

HOLTMEIER, Ernst-Ludwig: (Nordrhein-Westfalen-Modell) Das Nordrhein-Westfalen-Modell. Sonderabfallentsorgung und Altlastensanierung, in: Brandt (Hrsg.), Altlasten, Taunusstein 1988, S. 142-148.

HONZAK, Peter: (Vorsorgen) Bilanzielle Vorsorgen für die Sanierung von Altlasten und Altanlagen, ÖStZ 1991, S. 31-38.

HOPPE, Werner/ BECKMANN, Martin (Hrsg.): (Umweltrecht) Umweltrecht, München 1989.

HORLEMANN, Heinz-Gerd: (Außenprüfungen) Rückstellungen für Garantie/Haftpflichtverbindlichkeiten, Gesellschafterwitwenpensionen und Kosten von Außenprüfungen, BB 1984, S. 2162-2165.

HORLEMANN, Heinz-Gerd: (Rückstellungen) Rückstellungen für hinterzogene Betriebssteuern und darauf entfallende Hinterziehungszinsen?, BB 1989, S. 2005-2007.

HORN, Max: (Steuererklärungskosten) Was sind rückstellungsfähige Abschluß- und Steuererklärungskosten?, DStR 1981, S. 251-252.

HÜTTEMANN, Ulrich: (Grundsätze) Grundsätze ordnungsmäßiger Bilanzierung für Verbindlichkeiten, Düsseldorf 1970.

HUTH, Reiner: (Verbesserungen) Verbesserungen notwendig, Müllmagazin 1988, S. 30-34.

IDW (Hrsg.): (WP-Handbuch 1985/86) WP-Handbuch 1985/86, Bände I und II, Düsseldorf 1985 und 1986.

IDW (Hrsg.): (WP-Handbuch 1992) WP-Handbuch 1992, Band I, Düsseldorf 1992.

IDW: (schadstoffverunreinigter Wirtschaftsgüter) Ertragsteuerliche Fragen im Zusammenhang mit der Sanierung schadstoffverunreinigter Wirtschaftsgüter - Stellungnahme des Instituts der Wirtschaftsprüfer in Deutschland e.V., WPg 1992, S. 326-330.

IDW: (schadstoffbelasteten Wirtschaftsgütern) Ertragsteuerliche Fragen im Zusammenhang mit schadstoffbelasteten Wirtschaftsgütern, Geschäftszeichen IV B 2 - S 2137 - 6/93, WPg 1993, S. 250-252.

INSTITUT "FINANZEN UND STEUERN" (Hrsg.): (Berücksichtigung) Berücksichtigung von Rückstellungen für ungewisse Verbindlichkeiten und von passiven Posten der Rechnungsabgrenzung bei der Feststellung des Einheitswertes des Betriebes, Brief Nr. 191, Bonn 1980.

INSTITUT "FINANZEN UND STEUERN" (Hrsg.): (Übernahme) Übernahme der Steuerbilanzwerte in die Vermögensaufstellung für Zwecke der Feststellung des Einheitswertes des Betriebsvermögens, Brief Nr. 197, Bonn 1980.

INSTITUT "FINANZEN UND STEUERN" (Hrsg.): (Produkthaftung) Bildung von Rückstellungen für Produkthaftung, Brief Nr. 282, Bonn 1988.

INSTITUT "FINANZEN UND STEUERN" (Hrsg.): (Abzinsung) Abzinsung von Rückstellungen für Sachleistungsverbindlichkeiten in der Vermögensaufstellung und in der Ertragsteuerbilanz, Brief Nr. 289, Bonn 1990.

INSTITUT "FINANZEN UND STEUERN" (Hrsg.): (Rekultivierungsrückstellungen) Rechtsprechung des BFH zur Bemessung von Rekultivierungsrückstellungen, Brief Nr. 294, Bonn 1990.

INSTITUT "FINANZEN UND STEUERN" (Hrsg.): (Steuerbilanzwerte) Übernahme der Steuerbilanzwerte in die Vermögensaufstellung für die ertragsunabhängigen Steuern vom Vermögen, Brief Nr. 296, Bonn 1990.

JACOBS, Otto: (Berechnung) Berechnung von Rückstellungen in der Steuerbilanz, DStR 1988, S. 238-247.

JANKE-WEDDIGE, Jan S.: (Verjährung) Zur Verjährung von Ansprüchen aus § 22 WHG, BB 1991, S. 1805-1809.

JARASS, Hans: (Reichweite) Reichweite des Bestandsschutzes industrieller Anlagen gegenüber umweltrechtlichen Maßnahmen, DVBl. 1986, S. 314-321.

JAYME, Erik: (Haftung) Haftung bei grenzüberschreitenden Umweltbelastungen, in: Nicklisch (Hrsg.), Prävention im Umweltrecht, Heidelberg 1988, S. 205-219.

JONAS, Heinrich: (EG-Bilanzrichtlinie) Die EG-Bilanzrichtlinie: Grundlagen und Anwendung in der Praxis, Freiburg 1980.

JOST, Peter: (Umwelthaftungsgesetz) Betriebliche Umweltschutzmaßnahmen als Antwort auf den Entwurf zum neuen Umwelthaftungsgesetz, DB 1990, S. 2381-2385.

KAMMANN, Evert: (Bedeutung) Die Bedeutung von Imparitätsprinzip und wirtschaftlicher Betrachtungsweise für die Rückstellungsbildung - Grundfragen der Handelsbilanzkonzeption aus der Perspektive der Jahresabschlußkostenurteile des FG Münster vom 23.2.1979 und des BFH vom 20.3.1980, DStR 1980, S. 400-408.

KAMPHAUSEN, Peter: (Novellierung) Zur Novellierung der TA Luft, DB 1986, S. 1267-1270.

KAMPHAUSEN, Peter: (Umweltrecht) Das neue Bau- und Umweltrecht in den neuen Bundesländern, DB 1990, S. 3136-3138.

KAMPHAUSEN, Peter/ KOLVENBACH, Dirk/ WASSERMANN, Bernd: (Beseitigung) Die Beseitigung von Umweltschäden im Unternehmen, DB 1987, Beilage Nr. 3/87 zu Heft Nr. 8.

KARL-BRÄUER-INSTITUT DES BUNDES DER STEUERZAHLER (Hrsg.): (Sonderabgaben) Sonderabgaben für den Umweltschutz, Wiesbaden 1990.

KAUL, Wolfgang: (Jahresabschlusses) Rückstellung für die Verpflichtung zur Erstellung des Jahresabschlusses, DB 1983, S. 363-365.

KIESCHKE, Hans-Ulrich: (Umweltschutzinvestitionen) Zur Abschreibungsvergünstigung für Umweltschutzinvestitionen, DB 1982, S. 192-198.

KILLINGER, Wolfgang: (Abschluß) Was sind rückstellungsfähige Abschluß- und Steuererklärungskosten?, DStR 1981, S. 686.

KIRCHGEORG, Manfred: (Ökologieorientiertes Unternehmensverhalten) Ökologieorientiertes Unternehmensverhalten: Typologien und Erklärungsansätze auf empirischer Grundlage, Wiesbaden 1990.

KIRCHHOF, Paul (Hrsg.): (Umweltschutz) Umweltschutz im Abgaben- und Steuerrecht, DStJG Bd. 15, Köln 1993.

KIRCHHOF/ SÖHN: (EStG) EStG, Einkommensteuergesetz, Kommentar, hrsg. von Paul Kirchhof und Hartmut Söhn, Heidelberg 1989/93, Loseblatt.

KISTNER, Klaus-Peter: (Umweltschutz) Umweltschutz in der betrieblichen Produktionsplanung, BFuP 1989, S. 30-50.

KLEIN, Manfred: (Umweltschutzmaßnahmen) Der Einfluß von Umweltschutzmaßnahmen auf die Bildung von Rückstellungen in der Steuerbilanz (Teile I und II), DStR 1992, S. 1737-1744 und S. 1773-1777.

KLEMMER, Paul: (Harmonisierung) Harmonisierung der Umweltpolitik in der EG, Wirtschaftsdienst 1991, S. 262-268.

KLOEPFER, Michael: (Umweltrecht) Umweltrecht, München 1989.

KLOEPFER, Michael: (Umweltschutz) Betrieblicher Umweltschutz als Rechtsproblem, DB 1993, S. 1125-1131.

KLOEPFER, Michael/ FOLLMANN, Werner: (Lizenzentgelt) Lizenzentgelt und Verfassungsrecht, DÖV 1988, S. 573-586.

KLOEPFER, Michael/ MAST, Ekkehart: (Umweltrecht) Zum Umweltrecht in Frankreich, RIW 1992, S. 5-12.

KLOOCK, Josef: (Umweltschutz) Umweltschutz in der betrieblichen Abwasserwirtschaft (Teile I und II), WISU 1990, S. 107-113 und S. 171-175.

KLOOCK, Josef: (Umweltkostenrechnungen) Neuere Entwicklungen betrieblicher Umweltkostenrechnungen, in: Wagner (Hrsg.), Betriebswirtschaft und Umweltschutz, Stuttgart 1993, S. 179-206.

KNEMEYER, Franz-Ludwig: (Umweltinformationen) Die Wahrung von Betriebs- und Geschäftsgeheimnissen bei behördlichen Umweltinformationen, DB 1993, S. 721-726.

KNEPPER, Karl Heinz: (Rückstellungen) Rückstellungen bei der Einheitsbewertung des Betriebsvermögens, BB 1983, S. 1208-1211.

KNEPPER, Karl Heinz: (Verpflichtungen) Öffentlich-rechtliche Verpflichtungen in der Bilanz und in der Vermögensaufstellung, FR 1985, S. 178-180.

KNOBBE-KEUK, Brigitte: (Unternehmenssteuerrecht) Bilanz- und Unternehmenssteuerrecht, 9. Aufl., Köln 1993.

KNOBLICH, Hans: (typologische Methode) Die typologische Methode in der Betriebswirtschaftslehre, WiSt 1972, S. 141-147.

KNOPP, Lothar: (Duldung) Die Duldung behördlicher Untersuchungsmaßnahmen und die Kostentragung bei Verdacht von Kontaminationen im Boden und/oder Grundwasser, BB 1988, S. 923-925.

KNOPP, Lothar: (Kostentragung) Grenzen der Kostentragung durch den Grundstückseigentümer bei Altlasten, BB 1989, S. 1425-1430.

KNOPP, Lothar: (Rechtsfragen) Praktische Rechtsfragen der Sicherung und Sanierung von kontaminierten Abfall-Ablagerungen und Standorten, BB 1990, S. 575-583.

KNOPP, Lothar: (Altlastenrecht) Altlastenrecht in der Praxis, Herne/Berlin 1992.

KNOPP, Lothar/ STRIEGL, Stefanie: (Betriebsorganisation) Umweltschutzorientierte Betriebsorganisation zur Risikominimierung, BB 1992, S. 2009-2018.

KÖRNER, Werner: (Zeitpunkt) Zu welchem Zeitpunkt ist eine Rückstellungsbildung für ungewisse Verbindlichkeiten zulässig?, WPg 1984, S. 43-48.

KÖSTER, Thomas: (Umweltschutz) Umweltschutz und Vermögensgegenstand, bilanz und buchhaltung 1991, S. 261-265.

KÖSTER, Thomas: (Teilwertabschreibung) Teilwertabschreibung und Unrentabilität, bilanz und buchhaltung 1992, S. 220-226.

KOCH, Karl: (Abgabenordnung) Abgabenordnung, Kommentar zur AO 1977, 3. Aufl., Köln u.a. 1986.

KOHL, Jürgen: (Altlasten) Altlasten in der verwaltungsgerichtlichen Praxis, JuS 1992, S. 864-869.

KOPP, Ferdinand: (Verwaltungsverfahrensgesetz) Verwaltungsverfahrensgesetz, 2. Aufl., München 1980.

KOPP, Ferdinand: (Verwaltungsgerichtsordnung) Verwaltungsgerichtsordnung, 7. Aufl., München 1986.

KORMANN, Joachim: (Lastenverteilung) Lastenverteilung bei Mehrheit von Umweltstörern, UPR 1983, S. 281-288.

KORN, Klaus: (Brennpunkte) Brennpunkte und Rechtsentwicklungen im Bilanzsteuerrecht, KÖSDI 1991, S. 8495-8512.

KORTMANN, Hans-W.: (Berichterstattung) Die Berichterstattung über die sonstigen finanziellen Verpflichtungen, Hamburg 1989.

KPMG (Hrsg.): (D-Markbilanzgesetz) D-Markbilanzgesetz (Kommentierung), Düsseldorf 1990.

KRÄMER, Günther: (Abraumbeseitigung) Rückstellungen für Abraumbeseitigung und ihre Bedeutung für den Braunkohlenbergbau, BFuP 1987, S. 348-360.

KRAMER, Jörg-Dietrich: (Rückstellungen) Rückstellungen und Stichtagsprinzip, FR 1983, S. 474-479.

KRAUS, Stefan: (Rückstellungen) Rückstellungen in der Handels- und Steuerbilanz, Bergisch Gladbach/Köln 1987.

KRAUS, Stefan: (Rückstellungsbegriff) Zum Rückstellungsbegriff des Bilanzrichtlinien-Gesetzes, StuW 1988, S. 133-148.

KRETZ, Claus: (Altlastensanierung) Rechtsgrundlagen und Rechtsprobleme der Altlastensanierung in der Verwaltungspraxis, UPR 1993, S. 41-48.

KREIKEBAUM, Hartmut (Hrsg.): (Integrierter Umweltschutz) Integrierter Umweltschutz, 2. Aufl., Wiesbaden 1991.

KROPFF, Bruno: (Rückstellungen) Rückstellungen für künftige Verlustübernahmen aus Beherrschungs- und/oder Gewinnabführungsverträgen?, in: Knobbe-Keuk/Klein/Moxter (Hrsg.), Handels- und Steuerrecht, Festschrift Döllerer, Düsseldorf 1988, S. 349-368.

KRUMREY, Henning: (Zeitbomben) Neue Zeitbomben, Wirtschaftswoche Nr. 45 vom 2.11.1990, S. 35-38.

KRUSE, Heinrich Wilhelm: (Grundsätze) Grundsätze ordnungsmäßiger Buchführung. Rechtsnatur und Bestimmung, 2. Aufl., Köln 1976.

KUDERT, Stephan: (Umweltschutzes) Der Stellenwert des Umweltschutzes im Zielsystem einer Betriebswirtschaft, WISU 1990, S. 569-575.

KÜFFMANN, Gerold: (Abwasserabgabe) Die Abwasserabgabe, NWB Fach 25, S. 2059-2064.

KÜFFNER, Peter: (Anhang) Der Anhang nach § 284, 285 HGB, DStR-Beilage zu Heft 17/1987.

KÜHNBERGER, Manfred/ FAATZ, Ulrich: (Altlasten) Zur Bilanzierung von Altlasten, BB 1993, S. 98-107.

KÜTING, Karlheinz: (Bilanzrecht) Europäisches Bilanzrecht und Internationalisierung der Rechnungslegung, BB 1993, S. 30-38.

KÜTING, Karlheinz/ KESSLER, Harald: (Rückstellungsbildung) Handels- und steuerbilanzielle Rückstellungsbildung (Teile I, II und III), DStR 1989, S. 655-660, S. 693-697 und S. 723-729.

KÜTING, Karlheinz/ PFUHL, Joerg: (Offene Fragen) Offene Fragen zur Behandlung des Sonderverlustkontos aus Rückstellungsbildung gemäß § 17 Abs. 4 DMBilG in der D-Mark-Eröffnungsbilanz, DStR 1991, S. 129-136.

KÜTING/ WEBER: (Rechnungslegung) Handbuch der Rechnungslegung, 2. Aufl., Stuttgart 1987.

KÜTING/ WEBER: (Rechnungslegung) Handbuch der Rechnungslegung, 3. Aufl., Stuttgart 1990.

KUHN, Klaus: (Ökologische Umgestaltung) Ökologische Umgestaltung des Steuersystems in den neunziger Jahren, ZfbF 1990, S. 733-750.

KUPSCH, Peter: (Berichterstattung) Bilanzierung von Rückstellungen und ihre Berichterstattung, Herne/Berlin 1975.

KUPSCH, Peter: (Bilanzierung) Bilanzierung und Bewertung von Aufwandsrückstellungen nach § 249 II HGB, in: Albach/Forster (Hrsg.), Beiträge zum Bilanzrichtlinien-Gesetz, Wiesbaden 1987, S. 67-81.

KUPSCH, Peter: (Anhang) "Der Anhang", in: Handbuch des Jahresabschlusses in Einzeldarstellungen (HdJ), von Wysocki/Schulze-Osterloh (Hrsg.), Köln 1984/90, Abt. IV/4.

KUPSCH, Peter: (Entwicklungen) Neuere Entwicklungen bei der Bilanzierung und Bewertung von Rückstellungen, DB 1989, S. 53-62.

KUPSCH, Peter: (Umweltlasten) Bilanzierung von Umweltlasten in der Handelsbilanz, BB 1992, S. 2320-2329.

KUSSMAUL, Heinz: (Berechtigung) Berechtigung und Hauptanwendungsbereiche der Aufwandsrückstellungen, DStR 1987, S. 675-684.

KULLA, P. L.: (Bergbauwagnisse) Rückstellungen für Bergbauwagnisse, DB 1977, S. 1281-1285.

LADEMANN/ SÖFFING/ BROCKHOFF: (EStG) EStG, Kommentar zum Einkommensteuergesetz, Stuttgart/München/Hannover 1964/91, Loseblatt.

LANDSBERG, Gerd/ LÜLLING, Wilhelm: (Umwelthaftungsgesetz) Das neue Umwelthaftungsgesetz, DB 1990, S. 2205-2211.

LANDSBERG, Gerd/ LÜLLING, Wilhelm: (Ursachenvermutung) Die Ursachenvermutung und die Auskunftsansprüche nach dem neuen Umwelthaftungsgesetz, DB 1991, S. 479-484.

LANG, Joachim: (GoB I) in: Leffson/Rückle/Grossfeld (Hrsg.), Handwörterbuch unbestimmter Rechtsbegriffe im Bilanzrecht des HGB, Köln 1986, Stichwort: "GoB I".

LAUSE, Berthold/ SIEVERS, Hauke: (Maßgeblichkeitsprinzip) Maßgeblichkeitsprinzip und Steuerreform 1990, BB 1990, S. 24-32.

LEDERLE, Herbert: (Probleme) Probleme und Möglichkeiten der Bildung von Aufwandsrückstellungen, in: Baetge (Hrsg.), Rückstellungen in der Handels- und Steuerbilanz, Düsseldorf 1991, S. 57-74.

LEFFSON, Ulrich: (Wesentlich) in: Leffson/Rückle/Grossfeld (Hrsg.), Handwörterbuch unbestimmter Rechtsbegriffe im Bilanzrecht des HGB, Köln 1986, Stichwort: "Wesentlich".

LEFFSON, Ulrich: (Bedeutung) Bedeutung und Ermittlung der Grundsätze ordnungsmäßiger Buchführung, in: Handbuch des Jahresabschlusses in Einzeldarstellungen (HdJ), von Wysocki/Schulze-Osterloh (Hrsg.), Köln 1984/90, Abt. I/2.

LEFFSON, Ulrich: (GoB) Die Grundsätze ordnungsmäßiger Buchführung, 7. Aufl., Düsseldorf 1987.

LEFFSON, Ulrich/ BÖNKHOFF, Franz: (Materiality) Zu Materiality-Entscheidungen bei Jahresabschlußprüfungen, WPg 1982, S. 389-397.

LEINEWEBER, Bernhard: (Einbeziehung) Einbeziehung von fixen Kosten bei der Bildung von Rückstellungen für ungewisse Verbindlichkeiten, DB 1984, S. 638-639.

LERSNER, Heinrich von: (Umweltschutz) Umweltschutz im gemeinsamen Markt Europas, ZfB-Ergänzungsheft 2/90: Betriebliches Umweltmanagement, S. 1-12.

LEUSCHNER, Carl-Friedrich: (Umweltschutzrückstellungen) Umweltschutzrückstellungen: Bilanzierung nach österreichischem und deutschem Handels- und Steuerrecht, Wien 1994.

LIEDMEIER, Norbert: (Rückstellungen) Rückstellungen wegen drohender Haftung bei bestehender Versicherungsdeckung, DB 1989, S. 2133-2136.

LIMBACH, Dorothea P.: (Förderung) Die steuerliche Förderung des Umweltschutzes, Heidelberg 1991.

LITTMANN/ BITZ/ MEINCKE: (Einkommensteuerrecht) Das Einkommensteuerrecht, Kommentar zum Einkommensteuergesetz, 15. Aufl., Stuttgart 1991, Loseblatt.

LITTMANN, Eberhard/ FÖRGER, Karl: (Rückstellungen) Rückstellungen in Ertragsteuerbilanzen und bei der Einheitsbewertung des Betriebsvermögens, Stuttgart 1964.

LOOSE, Matthias: (Umweltverbindlichkeiten) Rückstellungen für Umweltverbindlichkeiten, Köln 1993.

LOOSE, Matthias: (Bildung) Zur Bildung von Rückstellungen für Umweltverbindlichkeiten, FR 1994, S. 137-143.

LUDEWIG, Rainer: (Rückstellungsbegriff) Der Rückstellungsbegriff des § 249 I Satz 1 HGB und seine steuerlichen Auswirkungen, DB 1988, S. 765-769.

LUDEWIG, Rainer: (Bilanzierung) Bilanzierung ökologischer Lasten in den neuen Bundesländern, in: Baetge (Hrsg.), Umweltrisiken im Jahresabschluß, Düsseldorf 1994, S. 107-121.

LÜDERS, Jürgen: (Zeitpunkt) Der Zeitpunkt der Gewinnrealisierung im Handels- und Steuerbilanzrecht, Köln 1987.

LUIG, Heinrich: (Altlastensanierung) Rückstellungen für Altlastensanierung, BB 1992, S. 2180-2184.

LUIG, Heinrich: (Vorbescheid) Ein Vorbescheid des Bundesfinanzhofs zu den Rückstellungen für Altlasten, BB 1993, S. 2051-2056.

MAIER-RIGAUD, Gerhard: (Aspekte) Ordnungspolitische Aspekte der Öko-Audit-Verordnung der EG, Wirtschaftsdienst 1993, S. 193-198.

MANN, Gerhard: (Steuerpolitik) Betriebswirtschaftliche Steuerpolitik als Bestandteil der Unternehmenspolitik, WiSt 1973, S. 114-119.

MANN, Gerhard: (Probleme) Bilanzsteuerrechtliche Probleme nach dem Inkrafttreten des Bilanzrichtlinien-Gesetzes, DB 1986, S. 2199-2203.

MARTENS, Wolfgang: (Immissionsschutzrecht) Immissionsschutzrecht und Polizeirecht, DVBl. 1981, S. 597-609.

MATHIAK, Walter: (Bilanzsteuerrecht) Rechtsprechung zum Bilanzsteuerrecht (Rückstellungen), StuW 1981, S. 77-80.

MATHIAK, Walter: (Maßgeblichkeit) Maßgeblichkeit der tatsächlichen Handelsbilanzansätze für die Steuerbilanz und umgekehrte Maßgeblichkeit, StbJb 1986/87, S. 79-107.

MATHIAK, Walter: (Rechtsprechung) Rechtsprechung zum Bilanzsteuerrecht, StuW 1988, S. 291-297.

MATSCHKE, Manfred Jürgen/ LEMSER, Bernd: (Entsorgung) Entsorgung als betriebliche Grundfunktion, BFuP 1992, S. 85-101.

MAUL, Karl-Heinz: (Behandlung) Die bilanzielle Behandlung von Dekontaminierungskosten für Kernkraftwerke, atomwirtschaft 1975, S. 43-46.

MAUL, Karl-Heinz: (Aufwandsrückstellungen) Aufwandsrückstellungen im neuen Bilanzrecht, BB 1986, S. 631-635.

MAURER, Hartmut: (Verwaltungsrecht) Allgemeines Verwaltungsrecht, 7. Aufl., München 1990.

MEFFERT, Heribert/ KIRCHGEORG, Manfred: (Umweltmanagement) Marktorientiertes Umweltmanagement, 2. Aufl., Stuttgart 1993.

MELLER, Eberhard: (Sanierung) Sanierung von Altlasten und deren Finanzierung aus der Sicht der Industrie, in: Entsorga (Hrsg.), Altlastensanierung, Frankfurt a. M. 1989, S. 137-141.

MELLWIG, Winfried: (Bilanzrechtsprechung) Bilanzrechtsprechung und Betriebswirtschaftslehre, BB 1983, S. 1613-1620.

MELSHEIMER, Hans-Joachim: (Rückstellungen) Die Theorie der Rückstellungen, Bonn 1968.

MERKISCH, Dietrich: (Haftung) Haftung für Umweltschäden, BB 1990, S. 223-227.

MERTENS, Peter: (Rückstellungen) Rückstellungen, in: Kosiol (Hrsg.), HWR, Stuttgart 1970, Sp. 1544.

MEURER, Dieter: (Umweltstrafrecht) Umweltschutz durch Umweltstrafrecht?, NJW 1988, S. 2065-2071.

MEYER-ARNDT, Lüder: (Zuständigkeit) Die Zuständigkeit des Europäischen Gerichtshofs für das Bilanzrecht, BB 1993, S. 1623-1627.

MEYER-LANDRUT/ MILLER/ NIEHUS/ SCHOLZ: (GmbHG) Gesetz betreffend die Gesellschaften mit beschränkter Haftung, einschließlich Rechnungslegung zum Einzel- und Konzernabschluß, Kommentar, Berlin/New York 1987.

MICHAEL, Gerhard/ THULL, Rüdiger: (Verantwortlichkeit) Die Verantwortlichkeit für DDR-Altlasten beim Erwerb von Altanlagen, BB 1990, Beilage Nr. 30/90 zu Heft Nr. 24 (DDR-Rechtsentwicklungen), S. 1-9.

MICHALSKI, Lutz: (Nachbarschutz) Zivilrechtlicher Nachbarschutz bei durch Schadstoffe in der Luft kontaminiertem Boden, DB 1991, S. 1365-1371.

MICHELS, Winfried: (Modelle) Modelle zur Vermeidung zukünftiger Altlasten, Münster 1987.

MIES, Josef: (Rückstellung) Rückstellung für Kosten der Jahresabschlußprüfung und sonstiger durch den Jahresabschluß verursachter Kosten, WPg 1969, S. 223-225.

MITTELSTAEDT, Hans J.: (Umwelthaftungsgesetz) Überblick über das neue Umwelthaftungsgesetz, NWB Fach 25, S. 2035-2040.

MITTELSTAEDT, Hans J.: (Verpackungsverordnung) Verpackungsverordnung, NWB Fach 25, S. 2051-2058.

MITTELSTAEDT, Hans J.: (Umweltschäden) Zulässigkeit von steuerlichen Rückstellungen für Umweltschäden, NWB Fach 17, S. 1141-1146.

MOENCH, Dietmar: (Abzugsverbot) Das Abzugsverbot aufschiebend bedingter Lasten und Rückstellungen, DStR 1981, S. 581-586.

MOENCH/ GLIER/ KNOBEL/ WERNER: (Bewertungs) Bewertungs- und Vermögensteuergesetz, Kommentar, Herne/Berlin 1989.

MÖRSDORF-SCHULTE, Juliana: (Haftung) Umweltrechtliche Haftung von Kreditgebern in den USA, RIW 1994, S. 292-300.

MOSTHAF, Helmut: (Ökobilanz) Aufgabe und Struktur einer Ökobilanz, WiSt 1991, S. 191-193.

MOXTER, Adolf: (Fundamentalgrundsätze) Fundamentalgrundsätze ordnungsmäßiger Rechenschaft, in: Baetge/Moxter/Schneider (Hrsg.), Bilanzfragen, Festschrift Leffson, Düsseldorf 1976, S. 87-100.

MOXTER, Adolf: (Rückstellungskriterien) Rückstellungskriterien nach neuem Bilanzrecht, BB 1979, S. 433-440.

MOXTER, Adolf: (Einschränkungen) Einschränkungen der Rückstellungsbilanzierung durch das Haushaltsbegleitgesetz 1983, BB 1982, S. 2084-2087.

MOXTER, Adolf: Wirtschaftliche Gewinnermittlung und Bilanzsteuerrecht, StuW 1983, S. 300-307.

MOXTER, Adolf: (Bilanzlehre, Bd. 1) Bilanzlehre, Bd. 1: Einführung in die Bilanztheorie, 3. Aufl., Wiesbaden 1984.

MOXTER, Adolf: (Fremdkapitalbewertung) Fremdkapitalbewertung nach neuem Bilanzrecht, WPg 1984, S. 397-408.

MOXTER, Adolf: (Realisationsprinzip) Das Realisationsprinzip - 1884 und heute, BB 1984, S. 1780-1786.

MOXTER, Adolf: (Bilanzrechtsentwurf) Zum neuen Bilanzrechtsentwurf, BB 1985, S. 1101-1103.

MOXTER, Adolf: (Bilanzrechtsprechung) Bilanzrechtsprechung, 2. Aufl., Tübingen 1985.

MOXTER, Adolf: (System) Das System der handelsrechtlichen Grundsätze ordnungsmäßiger Bilanzierung, in: Gross (Hrsg.), Der Wirtschaftsprüfer im Schnittpunkt nationaler und internationaler Entwicklungen, Festschrift Wysocki, Düsseldorf 1985, S. 17-28.

MOXTER, Adolf: (Bilanzlehre, Bd. 2) Bilanzlehre, Bd. 2: Einführung in das neue Bilanzrecht, 3. Aufl., Wiesbaden 1986.

MOXTER, Adolf: (Ulrich Leffson) Ulrich Leffson und die Bilanzrechtsprechung, WPg 1986, S. 173-177.

MOXTER, Adolf: (Bewertbarkeit) Selbständige Bewertbarkeit als Aktivierungsvoraussetzung, BB 1987, S. 1846-1851.

MOXTER, Adolf: (Sinn) Zum Sinn und Zweck des handelsrechtlichen Jahresabschlusses nach neuem Recht, in: Havermann (Hrsg.), Bilanz- und Konzernrecht, Festschrift Goerdeler, Düsseldorf 1987, S. 361-365.

MOXTER, Adolf: (Periodengerechte Gewinnermittlung) Periodengerechte Gewinnermittlung und Bilanz im Rechtssinne, in: Knobbe-Keuk/Klein/Moxter (Hrsg.), Handels- und Steuerrecht, Festschrift Döllerer, Düsseldorf 1988, S. 447-458.

MOXTER, Adolf: (Höchstwertprinzip) Rückstellungen für ungewisse Verbindlichkeiten und Höchstwertprinzip, BB 1989 S. 945-949.

MOXTER, Adolf: (wirtschaftlichen Betrachtungsweise) Zur wirtschaftlichen Betrachtungsweise im Bilanzrecht, StuW 1989, S. 232-241.

MOXTER, Adolf: (Beschränkung) Beschränkung der gesetzlichen Verlustantizipation auf die Wertverhältnisse des Abschlußstichtags?, in: Herzig (Hrsg.), Betriebswirtschaftliche Steuerlehre und Steuerberatung, Festschrift Rose, Wiesbaden 1991, S. 165-174.

MOXTER, Adolf: (Rechtsprechung) Rückstellungen: Neuere höchstrichterliche Rechtsprechung, in: Baetge (Hrsg.), Rückstellungen in der Handels- und Steuerbilanz, Düsseldorf 1991, S. 1-13.

MOXTER, Adolf: (Umweltschutzrückstellungen) Zum Passivierungszeitpunkt von Umweltschutzrückstellungen, in: Moxter (Hrsg.), Rechnungslegung, Festschrift Forster, Düsseldorf 1992, S. 427-437.

MOXTER, Adolf: (Abzinsungsgebote) Bilanzrechtliche Abzinsungsgebote und -verbote, in: Raupach/Uelner (Hrsg.), Ertragsbesteuerung: Zurechnung, Ermittlung, Gestaltung, Festschrift für Ludwig Schmidt, München 1993, S. 195-207.

MOXTER, Adolf: (Bilanzrechtsprechung) Bilanzrechtsprechung, 3. Aufl., Tübingen 1993.

MOXTER, Adolf: (Entwicklung) Entwicklung der Theorie der handels- und steuerrechtlichen Gewinnermittlung, in: Wagner (Hrsg.), Ökonomische Analyse des Bilanzrechts: Entwicklungslinien und Perspektiven, (ZfbF-Sonderheft) Düsseldorf 1993, S. 61-84.

MOXTER, Adolf: (Faktum) Grundsätze ordnungsmäßiger Buchführung - ein handelsrechtliches Faktum, von der Steuerrechtsprechung festgestellt, in: Präsident des BFH (Hrsg.), Festschrift 75 Jahre RFH - BFH, Bonn 1993, S. 533-544.

MÜLLER, Jürgen: (Stetigkeitsprinzip) Das Stetigkeitsprinzip im neuen Bilanzrecht, Wiesbaden 1989.

MÜLLER, Welf: (Gedanken) Gedanken zum Rückstellungsbegriff in der Bilanz, ZGR 1981, S. 126-144.

MÜLLER, Welf: (Rangordnung) Zur Rangordnung der in § 252 I Nr. 1 bis 6 HGB kodifizierten allgemeinen Bewertungsgrundsätze, in: Havermann (Hrsg.), Bilanz- und Konzernrecht, Festschrift Goerdeler, Düsseldorf 1987, S. 397-410.

MÜLLER, Welf: (Innovation) Innovation - Probleme der Aktivierung und Passivierung, DStR 1991, S. 385-390.

MÜLLER-DOTT, Johannes Peter: (Teilwertabschreibung) Teilwertabschreibung auf Auslandsbeteiligungen, StbJb 1988/89, S. 163-185.

MÜLLER-WENK, Ruedi: (ökologische Buchhaltung) Die ökologische Buchhaltung, Frankfurt/New York 1978.

MÜNCH, Ingo von: (Verwaltung) Verwaltung und Verwaltungsrecht im demokratischen und sozialen Rechtsstaat, in: Erichsen/Martens (Hrsg.): Allgemeines Verwaltungsrecht, 9. Aufl., Berlin/New York 1992.

NAUMANN, Klaus-Peter: (Bewertung) Die Bewertung von Rückstellungen in der Einzelbilanz nach Handels- und Steuerrecht, Düsseldorf 1989.

NAUMANN, Klaus-Peter: (Entstehen) Rechtliches Entstehen und wirtschaftliche Verursachung als Voraussetzung der Rückstellungsbilanzierung, WPg 1991, S. 529-536.

NEHM, Hartmut: (Rückstellungen) Rückstellungen nach neuem Aktienrecht, WPg 1966, S. 3-11.

NIEHUS, Rudoph J.: (Materiality) "Materiality" - Ein Grundsatz der Rechnungslegung auch im deutschen Handelsrecht?, WPg 1981, S. 1-14.

NIELAND, Michael: (Behandlung) Bilanzielle Behandlung von Aufwendungen zur Sanierung von Altlasten, StBp 1992, S. 269-277.

NICKLISCH, Fritz: (Grenzwerte) Grenzwerte und technische Regeln aus rechtlicher Sicht, in: Nicklisch (Hrsg.), Prävention im Umweltrecht, Heidelberg 1988, S. 95-107.

NÖLSCHER, Karl: (Bergschadensvermutung) Die Bergschadensvermutung des Bundesberggesetzes, NJW 1981, S. 2039-2041.

NOLTE, Jürgen: (Vermögensaufstellung) Vermögensaufstellung und Steuerbilanz, in: Raupach (Hrsg.), Werte und Wertermittlung im Steuerrecht, DStJG Bd. 7, Köln 1984, S. 309-327.

NOLTE, Karl Heinz: (Rückstellungen) Rückstellungen für Steuerberatungs-, Abschluß- und Prüfungskosten, DB 1962, S. 146.

NUTZINGER, Hans/ ZAHRNT, Angelika (Hrsg.): (Öko-Steuern) Öko-Steuern: Umweltsteuern und -abgaben in der Diskussion, Karlsruhe 1989.

NUTZINGER, Hans/ ZAHRNT, Angelika (Hrsg.): (Steuerreform) Für eine ökologische Steuerreform: Energiesteuern als Instrumente der Umweltpolitik, Frankfurt a. M. 1990.

OBERBRINKMANN, Frank: (Interpretation) Statische und dynamische Interpretation der Handelsbilanz, Düsseldorf 1990.

OERDER, Michael: (Altlasten) Ordnungspflichten und Altlasten, NVwZ 1992, S. 1031-1039.

OFFERHAUS, Klaus: (Buchabschlusses) Zur Passivierung der Kosten des Buchabschlusses, der Bilanzprüfung, des Geschäftsberichts, der Hauptversammlung und der Steuerberatung, BB 1974, S. 212-215.

OFFERHAUS, Klaus: (Abzinsung) Zur Abzinsung bei der Bildung von Rückstellungen, StBp 1975, S. 169.

ORDELHEIDE, Dieter/ HARTLE, Joachim: (Rechnungslegung) Rechnungslegung und Gewinnermittlung von Kapitalgesellschaften nach dem Bilanzrichtlinien-Gesetz (I) und (II), GmbHR 1986, S. 9-19 und 38-42.

OSER, Peter/ PFITZER, Norbert: (Umweltaltlasten) Rückstellungspflicht für Umweltaltlasten, DB 1994, S. 845-850.

OSSADNIK, Wolfgang: (Materiality) Grundsatz und Interpretation der "Materiality", WPg 1993, S. 617-629.

OSSENBÜHL, Fritz: (Verwaltungsrechts) Die Quellen des Verwaltungsrechts, in: Erichsen/Martens (Hrsg.), Allgemeines Verwaltungsrecht, 9. Aufl., Berlin/New York 1992.

O. V.: (Rückstellungen) Rückstellungen für Jahresabschluß- und Beratungskosten, DStR 1975, S. 558-560.

O. V.: (Staatsziel) Staatsziel Umweltschutz im Grundgesetz, DB 1988, S. 797.

O. V.: RWE übernimmt Deutsche Texaco, AG 1988, S. R 218.

O. V.: (Bayernwerk) Bayernwerk lässt Rückstellungen arbeiten, Zeitung für kommunale Wirtschaft, Ausgabe August 1989, S. 7.

O. V.: (Strafsteuer) Abfallabgabe eine verhängnisvolle Strafsteuer, HB Nr. 186 vom 26.9.1991, S. 15.

O. V.: (Bundesregierung) Bundesregierung will "Schlupflöcher für Umweltkriminelle" stopfen, HB Nr. 165 vom 28.8.1991, S. 5.

O. V.: (Bodenverseuchung) Bodenverseuchung kostet bis zu 60 Mrd. DM im Jahr, HB Nr. 174 vom 10.9.1991, S. 1.

O. V.: (211 Milliarden DM) 211 Milliarden DM für Umweltsanierung, FAZ Nr. 87 vom 15.4.1991, S. 13.

O. V.: (Umweltsünder) Kinkel straft Umweltsünder, HB Nr. 76 vom 19./20.4.1991, S. 7.

O. V.: (Hohe Rückstellungen) Hohe Rückstellungen wegen erheblicher Umweltschäden, HB Nr. 240 vom 13.12.1990, S. 22.

O. V.: (Töpfer) Töpfer will Städte und Industrie zur Kasse bitten, HB Nr. 69 vom 10.4.1991, S. 1.

O. V.: (Vorschriften) Vorschriften mindern die Nitratbelastung nicht, HB Nr. 77 vom 22.4.1991, S. 5.

O. V.: (Verpackungsverordnung) Länderkammer billigt Kompromiß bei Töpfers Verpackungsverordnung, HB Nr. 77 vom 22.4.1991, S. 7.

O. V.: (Umweltschutz) Töpfer: AB-Maßnahmen für den Umweltschutz, HB Nr. 10 vom 15.1.1992, S. 5.

O.V.: (Akteneinsicht) Streit über den Umfang der Akteneinsicht für Bürger, HB Nr. 75 vom 19.4.1994, S. 6.

PAETOW, Stefan: (Abfallrecht) Das Abfallrecht als Grundlage der Altlastensanierung, NVwZ 1990, S. 510-518.

PALANDT: Bürgerliches Gesetzbuch, 51. Aufl., München 1992.

PAPE, Gerhard: (Altlasten) Zum Freigaberecht des Konkursverwalters bei Grundstücken mit Altlasten, ZIP 1991, S. 1544-1551.

PAPIER, Hans-Jürgen: (polizeiliche Störerhaftung) Altlasten und polizeiliche Störerhaftung, Recht-Technik-Wirtschaft, Bd. 39, Köln/Berlin/Bonn/München 1985.

PAPIER, Hans-Jürgen: (Störerhaftung) Altlasten und polizeiliche Störerhaftung, DVBl. 1985, S. 873-879.

PAPIER, Hans-Jürgen: (Verantwortlichkeit) Die Verantwortlichkeit für Altlasten im öffentlichen Recht, NVwZ 1986, S. 256-263.

PAPIER, Hans-Jürgen: (Altlasten) Altlasten - Rechtsprobleme und politische Lösungsmodelle, Jura 1989, S. 505-513.

PAUS, Bernhard: (Probleme) Probleme der Rückstellungsbildung, BB 1988, S. 1419-1421.

PEEMÖLLER, Volker: (Umweltschutz) Umweltschutz als Aufgabe der internen Revision, WISU 1990, S. 239-244.

PEINE, Franz-Josef: (Rechtsnachfolge) Die Rechtsnachfolge in öffentlich-rechtliche Rechte und Plichten, DVBl. 1980, S. 941-949.

PEZZER, Heinz-Jürgen: (Bilanzierungsprinzipien) Bilanzierungsprinzipien als sachgerechte Maßstäbe der Besteuerung, in: Doralt (Hrsg.), Probleme des Steuerbilanzrechts, DStJG Bd. 14, Köln 1991, S. 3-27.

PFLEGER, Günter: (Bilanzierungsprobleme) Bilanzierungsprobleme bei der Bildung von Rückstellungen für Rekultivierungsverpflichtungen, DB 1981, S. 1686-1691.

PFLEGER, Günter: (Rückstellungspflicht) Zur Rückstellungspflicht für betriebsinterne Abschlußkosten, DB 1982, S. 1082-1083.

PÖSSL, Wolfgang: (Saldierungen) Die Zulässigkeit von Saldierungen bei der Bilanzierung von wirtschaftlich ineinandergreifenden Vorgängen, DStR 1984, S. 428-435.

POHL, Klaus F.: (Maßgeblichkeitsprinzips) Die Entwicklung des steuerlichen Maßgeblichkeitsprinzips, Diss. Köln 1983.

RADKE, Hansjörg/ EISENBARTH, Siegfried: (Finanzierung) Die Finanzierung der ökologischen Altlasten in den neuen Bundesländern, UPR 1993, S. 86-91.

RAUPACH, Arndt: (Handelsbilanz) Handelsbilanz und Steuerbilanz - Maßgeblichkeit und umgekehrte Maßgeblichkeit, in: Mellwig/Moxter/Ordelheide (Hrsg.), Handelsbilanz und Steuerbilanz, Wiesbaden 1989, S. 105-116.

RAUPACH, Arndt: (Maßgeblichkeit) Von der Maßgeblichkeit der Handelsbilanz für die steuerliche Gewinnermittlung zur Prädominanz des Steuerrechts in der Handelsbilanz, BFuP 1990, S. 514-526.

RAUTENBERG, Hans Günter: (Altlasten) Die bilanzielle Behandlung von Altlasten - Rückstellung oder Teilwertabschreibung? -, WPg 1993, S. 265-277.

RAUTENSTRAUCH, Claus: (Recycling) Betriebliches Recycling, ZfB-Ergänzungsheft 2/93: Betriebliches Umweltmanagement 1993, S. 87-104.

REDEKER, Konrad/ OERTZEN, Hans-Joachim von: (Verwaltungsgerichtsordnung) Verwaltungsgerichtsordnung, Kommentar, 10. Aufl., Stuttgart/Berlin/Köln 1991.

REINHARD, Herbert: (Bildung) Die Bildung von Rückstellungen für die Kosten der Stillegung und Beseitigung von Kernkraftwerken, Energiewirtschaftliche Tagesfragen 1982, S. 657-661.

REINHARD, Herbert: (Rückstellungen) Rückstellungen für die Entsorgung von Kernkraftwerken, in: Baetge (Hrsg.), Rechnungslegung und Prüfung nach neuem Recht, Düsseldorf 1987, S. 12-37.

REINHARD, Herbert: (Beurteilung) Die Beurteilung des Unternehmenserfolges von Elektrizitätsunternehmen vor dem Hintergrund branchenspezifischer Besonderheiten, in: Domsch/Eisenführ/Ordelheide/Perlitz (Hrsg.), Unternehmenserfolg, Festschrift Busse von Colbe, Wiesbaden 1988, S. 329-348.

REINHARD, Herbert: (Umweltrisiken) Umweltrisiken im Jahresabschluß, in: IDW (Hrsg.), Bericht über die Fachtagung 1988, Düsseldorf 1989, S. 351-362.

REINHARD, Herbert: Stichwort: "Umweltschutz", in: Busse von Colbe (Hrsg.), Lexikon des Rechnungswesens, 2. Aufl., München/Wien 1991, S. 553-556.

REINHARD, Herbert/ SCHMIDT, Dietrich: (Entsorgung) Betriebswirtschaftliche Aspekte der Entsorgung von Kernkraftwerken, BFuP 1984, S. 120-131.

REUTER, Alexander: (Altlast) Altlast und Grundstückskauf, BB 1988, S. 497-503.

REUTER, Alexander: (Gefährdungshaftung) Gefährdungshaftung Luft und Boden?, ZfG 1990, S. 36-53.

REUTER, Alexander: (Umwelthaftung) Das neue Gesetz über die Umwelthaftung, BB 1991, S. 145-149.

REUTER, Edzard: (Umweltmanagement) Umweltmanagement - Herausforderung für eine zukunftsorientierte Unternehmensführung, in: Organisationsforum Wirtschaftskongress e.V. (Hrsg.), Umweltmanagement, Wiesbaden 1991, S. 13-26.

RININSLAND, Bernd: (Umweltstrafrecht) Umweltstrafrecht und Umweltverantwortung, DSWR 1994, S. 89-92.

ROBISCH, Martin: (Umkehrung) Die Umkehrung des Maßgeblichkeitsprinzips, DStR 1993, S. 998-1004.

RÖDDER, Thomas: (Übernahme) Die Übernahme der Steuerbilanzwerte in die Vermögensaufstellung, DStR 1992, S. 965-969.

ROEDER, Günter: (Anpassungsverpflichtungen) Rückstellungen für Umweltschutzmaßnahmen aufgrund öffentlich-rechtlicher Anpassungsverpflichtungen, DB 1993, S. 1933-1938.

RÖSSLER/ TROLL: (Bewertungsgesetz) Bewertungsgesetz und Vermögensteuergesetz, 15. Aufl., München 1989.

ROSE, Gerd: (Zinsfüß) Verachtet mir die Zinsfüß' nicht!, StbJb 1973/74, S. 301-348.

ROSE, Gerd: (Forderungsbewertung) Forderungsbewertung und Delkredereversicherung, BB 1968, S. 1323-1327.

ROSE, Matthias: (Altlastenfreistellungsklauseln) Die Altlastenfreistellungsklauseln im Recht der neuen Bundesländer, BB 1991, S. 2100-2103.

ROSER, Ulrich: (Bergschäden) Die Behandlung der Bergschäden in Handels- und Steuerbilanz, Düsseldorf 1951.

RUDOLPH, Karl: (Nochmals) Nochmals Rückstellungen für Jahresabschlußkosten, DB 1979, S. 1527-1530.

RUDOLPH, Karl: (Steuerbilanz) Rückstellungen für Jahresabschlußkosten in Steuerbilanz wieder anerkannt, DB 1980, S. 1368-1369.

RUDOLPH, Karl: (Rückstellungen) Rückstellungen und Rechnungsabgrenzungsposten bei der Vermögensaufstellung, DB 1983, S. 576-580.

RUDOLPH, Karl: (Jahresabschlußkosten) Rückstellungen für innerbetriebliche Jahresabschlußkosten, BB 1983, S. 943-944.

RUDOLPH, Karl: (Anwendung) Zur Anwendung des § 6 BewG in der Vermögensaufstellung, DB 1986, S. 1302-1308.

RÜCKLE, Dieter: (Finanzlage) in: Leffson/Rückle/Grossfeld (Hrsg.), Handwörterbuch unbestimmter Rechtsbegriffe im Bilanzrecht des HGB, Köln 1986, Stichwort: "Finanzlage".

RÜCKLE, Dieter: (Vorsicht) in: Leffson/Rückle/Grossfeld (Hrsg.), Handwörterbuch unbestimmter Rechtsbegriffe im Bilanzrecht des HGB, Köln 1986, Stichwort: "Vorsicht".

RÜCKLE, Dieter: (Investitionskalküle) Investitionskalküle für Umweltschutzinvestitionen, BFuP 1989, S. 51-65.

RÜRUP, Lebrecht: (Rückstellungen) Rückstellungen für Verpflichtungen aus Umwelthaftung, in: Moxter (Hrsg.), Rechnungslegung, Festschrift Forster, Düsseldorf 1992, S. 519-545.

RUSS, Wolfgang: (Anhang) Der Anhang als dritter Bestandteil des Jahresabschlusses, 2. Aufl., Bergisch-Gladbach/Köln 1986.

SALJE, Peter: (Umwelthaftung) Deutsche Umwelthaftung versus europäische Abfallhaftung, DB 1990, S. 2053-2057.

SALJE, Peter: (Kritik) Zur Kritik des Diskussionsentwurfs eines Umwelthaftungsgesetzes, ZRP 1989, S. 408-412.

SALZWEDEL, Jürgen (Hrsg.): (Umweltrechts) Grundzüge des Umweltrechts, Berlin 1982.

SANDER, Horst P.: (Altlasten-Sanierung) Zur Altlasten-Sanierung, BauR 6/86, S. 657-667.

SARRAZIN, Viktor: (Zweifelsfragen) Zweifelsfragen zur Rückstellungsbildung, WPg 1993, S. 1-8.

SAUER, Otto: (Rückstellungen) Sind Rückstellungen für Rekultivierungsverpflichtungen Dauerschulden im Sine des § 12 II Nr. 1 GewStG?, FR 1975, S. 111-113.

SAUER, Otto: (Rekultivierungsverpflichtungen) Zur steuerlichen Behandlung von Rekultivierungsverpflichtungen, StBp 1977, S. 208-210.

SCHALL, Hero: (Strafrecht) Umweltschutz durch Strafrecht: Anspruch und Wirklichkeit, NJW 1990, S. 1263-1273.

SCHALTEGGER, Stefan/ STURM, Andreas: (Ökobilanzierung) Ökologieorientierte Entscheidungen in Unternehmen: ökologisches Rechnungswesen statt Ökobilanzierung, Bern/Stuttgart/Wien 1992.

SCHARPF, Peter: (Rechtsprechung) Die Rechtsprechung des Bundesfinanzhofs zur Rückstellung wegen Produkthaftung, DStR 1985, S. 171-174.

SCHEFFLER, Eberhard: (Aufwandsrückstellungen) Aufwandsrückstellungen - Instrument der Risikovorsorge oder der Ergebnissteuerung?, in: IDW (Hrsg.), Bericht über die Fachtagung 1988, Düsseldorf 1989, S. 175-184.

SCHERER, Peter: (Umweltzeichen) Ein europäisches Umweltzeichen steht ins Haus, RIW 1990, S. 908-911.

SCHIFFLER, Hans-Wilhelm/ DELBRÜCK, Kilian: (Kennzeichnung) Kennzeichnung als Instrument des produktbezogenen Umweltschutzes, DB 1991, S. 1002-1006.

SCHILDBACH, Thomas: (Jahresabschluß) Der handelsrechtliche Jahresabschluß, Herne/Berlin 1987.

SCHILDBACH, Thomas: (Maßgeblichkeit) Maßgeblichkeit - Rechtslage und Perspektiven, BB 1989, S. 1443-1453.

SCHINDLER, Gerhart: (Mülldeponie) Abfallbeseitigung auf einer Mülldeponie in bürgerlich- und steuerrechtlicher Sicht, BB 1979, S. 774-781.

SCHINDLER, Gerhart: (Wiederaufforstungskosten) Bildung einer Rückstellung für Wiederaufforstungskosten, BB 1985, S. 239-243.

SCHINDLER, Gerhart: (Forstwirtschaft) Die Forstwirtschaft im Spiegel von Landes- und Bundesgesetzen sowie der Steuergesetze, StBp 1987, S. 165-177.

SCHINDLER, Gerhart: (Zulässigkeit) Zulässigkeit und Bewertung einer Rückstellung für Wiederaufforstungsverpflichtungen nach neuester Auffassung der Finanzverwaltung, StBp 1988, S. 205-210.

SCHINDLER, Gerhart: (Abfallbeseitigung) Abfallbeseitigung auf einer Mülldeponie in bürgerlich-rechtlicher und steuerrechtlicher Sicht, StBp 1989, S. 145-156.

SCHINK, Alexander: (Abfallrechtliche) Abfallrechtliche Probleme der Sanierung von Altlasten, DVBl. 1985, S. 1149-1158.

SCHINK, Alexander: (Wasserrechtliche) Wasserrechtliche Probleme der Sanierung von Altlasten, DVBl. 1986, S. 161-170.

SCHINK, Alexander: (Entwicklung) Die Entwicklung des Umweltrechts im Jahre 1992, ZAU 1993, S. 361-376.

SCHLEMMINGER, Horst: (Gestaltung) Die Gestaltung von Grundstückskaufverträgen bei festgestellten Altlasten oder Altlastenverdacht, BB 1991, S. 1433-1439.

SCHMALENBACH, Erich: (Bilanz) Dynamische Bilanz, 13. Aufl., Köln u. Opladen 1962 (bearbeitet von Richard Bauer).

SCHMIDT, Eberhard: (Altlasten) Steuerliche Behandlung von Altlasten und deren Sanierung, BB 1992, S. 674-675.

SCHMIDT, Ludwig: (EStG) Einkommensteuergesetz, Kommentar, hrsg. von Ludwig Schmidt, 12. Aufl., München 1993.

SCHMIDT, Reiner: (Umweltrecht) Einführung in das Umweltrecht, München 1987.

SCHMIDT-HECK, Günther: (Vorsorge) Mehr Vorsorge gegenüber gefährlichen Stoffen durch Novellierung des Chemikaliengesetzes?, in: Nicklisch (Hrsg.), Prävention im Umweltrecht, Heidelberg 1988, S. 29-43.

SCHMIDT-SALZER, Joachim: (Umwelt-Altlasten) Umwelt-Altlasten und Haftpflichtversicherung - Oder: Das übersehene Risiko, BB 1986, S. 605-612.

SCHMIDT-SALZER, Joachim: (Umwelthaftpflichtversicherung) Umwelthaftpflicht und Umwelthaftpflichtversicherung (I), VersR 1988, S. 424-432.

SCHMIDT-SALZER, Joachim: (Umwelthaftpflicht) Umwelthaftpflicht und Umwelthaftpflichtversicherung (II), VersR 1990, S. 12-22.

SCHMITZ, Roland: (Müllablagerungen) "Wilde" Müllablagerungen und strafrechtliche Garantenstellung des Grundstückseigentümers, NJW 1993, S. 1167-1171.

SCHNEELOCH, Dieter: (Eröffnungsbilanz) Bilanzpolitische Überlegungen zur Erstellung der DM-Eröffnungsbilanz, BB 1991, S. 25-34.

SCHNEIDER, Dieter: (Theorie) Theorie und Praxis der Unternehmensbesteuerung, ZfbF 1967, S. 206-219.

SCHNEIDER, Dieter: (Bilanzrechtsprechung) Bilanzrechtsprechung und wirtschaftliche Betrachtungsweise, BB 1980, S. 1225-1232.

SCHNEIDER, Dieter: (Rechtsfindung) Rechtsfindung durch Deduktion von Grundsätzen ordnungsmäßiger Buchführung aus gesetzlichen Jahresabschlußzwecken?, StuW 1983, S. 141-160.

SCHNEIDER, Uwe H./ EICHHOLZ, Rainer: (Sicherungsnehmers) Die umweltrechtliche Verantwortlichkeit des Sicherungsnehmers, ZIP 1990, S. 18-24.

SCHRÖDER, Jochen: (wasserrechtliche Gefährdungshaftung) Die wasserrechtliche Gefährdungshaftung nach § 22 WHG in ihren bürgerlichrechtlichen Bezügen, BB 1976, S. 63-70.

SCHRÖDER, Meinhard: (Abwasserabgabe) Lenkungsaufgaben im Umweltschutzrecht am Beispiel der Abwasserabgabe, DÖV 1983, S. 667-674.

SCHRÖDER, Meinhard: (Berücksichtigung) Die Berücksichtigung der Interessen der Wirtschaft bei der Gestaltung und Umsetzung der Umweltinformationsrichtlinie der Europäischen Gemeinschaft, ZHR 1991, S. 471-483.

SCHROEDER, Kai Uwe: (Abzinsung) Abzinsung von Rückstellungen und Verbindlichkeiten in der Steuerbilanz, Bergisch Gladbach/Köln 1990.

SCHÜLEN, Werner: (Entwicklungstendenzen) Entwicklungstendenzen bei der Bildung von Rückstellungen, WPg 1983, S. 658-665.

SCHULTE, Hans: (Bergschadensrecht) Das Bergschadensrecht nach dem Regierungsentwurf für ein Bundesberggesetz, BB 1980, S. 76-80.

SCHULZ, Erika: (Umweltcontrolling) Umweltcontrolling in der Praxis, München 1993.

SCHULZ, Walter/ WELSCH, Heinz: (Umweltschutz) Wirtschaftlicher Umweltschutz in der Energiewirtschaft, BFuP 1991, S. 572-583.

SCHULZE-OSTERLOH, Joachim: (Handelsbilanz) Handelsbilanz und steuerrechtliche Gewinnermittlung, StuW 1991, S. 284-296.

SCHULZE-OSTERLOH, Joachim: (Ausweis) Der Ausweis von Aufwendungen nach dem Realisations- und dem Imparitätsprinzip, in: Moxter (Hrsg.), Rechnungslegung, Festschrift Forster, Düsseldorf 1992, S. 653-670.

SCHWEER, Dieter: (Abfallgesetz) Das neue Abfallgesetz, DB 1986, S. 2371-2374.

SEBIGER, Heinz: (Rückstellungsbildung) Tendenzen der Rückstellungsbildung, DStR 1975, S. 333-340.

SEIBERT, Max-Jürgen: (Kostentragungspflicht) Zum Zusammenhang von Ordnungs- und Kostentragungspflicht, DVBl. 1985, S. 328-329.

SEIDEL, Eberhard: (Ökologisch) Ökologisch orientierte Betriebswirtschaft, Stuttgart u.a. 1988.

SELCHERT, Friedrich Wilhelm: (Verpflichtungen) Die sonstigen finanziellen Verpflichtungen, DB 1987, S. 545-549.

SELCHERT, Friedrich Wilhelm: (Realisationsprinzip) Das Realisationsprinzip - Teilgewinnrealisierung bei langfristiger Auftragsfertigung, DB 1990, S. 797-805.

SERVE, Uwe: (Grundsätze) Die Notwendigkeit zur Modifikation der Grundsätze ordnungsmäßiger Buchführung im Rahmen der Konzernrechnungslegung, WPg 1993, S. 653-662.

SIEGMANN, Hans Peter: (Umweltschutz) Umweltschutz ist Chefsache, ZfB-Ergänzungsheft 2/90: Betriebliches Umweltmanagement, S. 55-62.

SIEGEL, Theodor: (Aufwandsrückstellungen) Echte Aufwandsrückstellungen und der Wandel des Gesellschafterschutzes im neuen Bilanzrecht, BB 1986, S. 641-844.

SIEGEL, Theodor: (Rückstellungen) Rückstellungen für ihrer Eigenart nach genau umschriebene Aufwendungen, BFuP 1987, S. 301-321.

SIEGEL, Theodor: Meinungsspiegel, BFuP 1990, S. 548-550.

SIEGEL, Theodor: (Metamorphosen) Metamorphosen des Realisationsprinzips?, in: Moxter (Hrsg.), Rechnungslegung, Festschrift Forster, Düsseldorf 1992, S. 585-605.

SIEGEL, Theodor: (Lösungsansätze) Umweltschutz im Jahresabschluß: Probleme und Lösungsansätze, in: Wagner (Hrsg.), Betriebswirtschaft und Umweltschutz, Stuttgart 1993, S. 130-160.

SIEGEL, Theodor: (Umweltschutz) Umweltschutz im Jahresabschluß, BB 1993, S. 326-336.

SIEGEL, Theodor: (Realisationsprinzip) Das Realisationsprinzip als allgemeines Periodisierungsprinzip?, BFuP 1994, S. 1-24.

SIEGEL, Theodor/ BAREIS, Peter: (Geschäftswert) Der "negative Geschäftswert" - eine Schimäre als Steuersparmodell?, BB 1993, S. 1477-1485.

SIEGLER, Heinz-Jürgen: (Recycling) Ökonomische Beurteilung des Recycling im Rahmen der Abfallwirtschaft, Frankfurt a. M. 1993.

SIMON, Herman Veit: (Bilanzen) Die Bilanzen der Aktiengesellschaften und der Kommanditgesellschaften auf Aktien, 3. Aufl., Berlin 1899.

SÖFFING, Günter: (Rückstellungsprobleme) Neue Rückstellungsprobleme, FR 1978, S. 598-603.

SÖFFING, Günter: (4. EG-Richtlinie) 4. EG-Richtlinie - Mögliche steuerliche Auswirkungen, Herne/Berlin 1979.

SÖFFING, Matthias: (Absetzungen) Gewerbsmäßig betriebene Umweltschutzanlagen und erhöhte Absetzungen nach § 7 d EStG, DStZ 1986, S. 388-393.

SONNEMANN, Erik/ LOHSE, Dieter: (Änderungen) Änderungen am D-Markbilanzgesetz, BB 1991, Supplement Deutsche Einigung - Rechtsentwicklungen, Folge 20, S. 14-22.

SPEICH, Günter: (Maßgeblichkeit) Die Maßgeblichkeit der Handelsbilanz für die Steuerbilanz, NWB Fach 17, S. 1207-1226.

SPIETH, Wolf/ HAMMERSTEIN, Fritz von: (Altlastenhaftung) Altlastenhaftung wird für Investoren zum Problem, HB Nr. 139 vom 23.7.1990, S. 6.

SPROSS, Joachim: (Altlasten) Altlasten und Bilanzierung, DStZ 1992, S. 784-788.

SPROSS, Joachim: (EG-Umwelt-Audit) EG-Umwelt-Audit - Zu spät aufgewacht?, DStZ 1994, S. 138-140.

SRU - Rat der Sachverständigen für Umweltfragen: (Altlasten) Sondergutachten "Altlasten" des Rates der Sachverständigen für Umweltfragen, BT-Drs. 11/6191, 1990.

STAUPE, Jürgen: (Aspekte) Rechtliche Aspekte der Altlastensanierung, DVBl. 1988, S. 606-612.

STEFFEN, Erich: (Gefährdungshaftung) Verschuldenshaftung und Gefährdungshaftung für Umweltschäden, NJW 1990, S. 1817-1826.

STEGER, Ulrich: (Umweltmanagement) Umweltmanagement: Erfahrungen und Instrumente einer umweltorientierten Unternehmensstrategie, Wiesbaden 1988.

STEINER, Norbert: (Umweltabgaben) Umweltabgaben im Spannungsfeld von Politik, Wissenschaft und Verfassungsrecht, StVj 1992, S. 205-223.

STENGEL, Arndt: (Rückstellungen) Rückstellungen für Risiken aus Rechtsstreiten, BB 1993, S. 1403-1408.

STITZEL, Michael: (Utopia) Arglos in Utopia?, DBW 1994, S. 95-116.

STOBBE, Thomas: (Probleme) Offene Probleme des Maßgeblichkeitsgrundsatzes nach dem Steuerreformgesetz 1990, Beilage DStR 1988 zu Heft 20, S. 1-5.

STOBBE, Thomas: (Ausübung) Die Ausübung "steuerlicher Wahlrechte" nach § 5 Abs. 1 Satz 2 EStG, StuW 1991, S. 17-27.

STOBBE, Thomas: (Verknüpfung) Die Verknüpfung handels- und steuerrechtlicher Rechnungslegung, Berlin 1991.

STÖCK, Eberhard/ MÜLLER, Michael: (Altlasten) Altlasten - Gesetzliche Eingriffsermächtigungen, ihre Grundlagen und Folgen, DWiR 1991, S. 177-192.

STÖCKEL, Reinhard: (Belastung) Belastung von Grundstücken mit "Altlasten", DStZ 1991, S. 109-111.

STOLL, Gerald: (Rückstellungen) Rückstellungen für Aufwendungen zur Errichtung von Umweltschutzanlagen, in: Loitlsberger/Egger/Lechner (Hrsg.), Rechnungslegung und Gewinnermittlung, Gedenkschrift für Karl Lechner, Wien 1987, S. 371-405.

STOLL, Tonio: (Altlasten) Altlasten im Konkurs, ZIP 1992, S. 1437-1446.

STREBEL, Heinz: Umwelt und Betriebswirtschaft, Berlin 1980.

STRECK, Michael: (Publizitätsverweigerung) Die Praxis der Registergerichte angesichts der Publizitätsverweigerung kleiner GmbH, GmbHR 1991, S. 407-409.

STRECKER, Arthur: (Ökobilanzen) Ökobilanzen - Sinn und Unsinn, BB 1992, S. 398-400.

STREIM, Hannes: (Großreparaturen) Rückstellungen für Großreparaturen. Begriffsexplikation und Zweckmäßigkeitsanalyse, BB 1985, S. 1581-1583.

STREIM, Hannes: (Einheitsbilanz) Ein Plädoyer für die Einheitsbilanz, BFuP 1990, S. 527-545.

STROBEL, Wilhelm: (Änderung) Änderung des D-Markbilanzgesetzes im Regierungsentwurf zur Privatisierungsrechtsreform, BB 1991, Supplement Deutsche Einigung - Rechtsentwicklungen, Folge 6, S. 18-23.

STROBL, Elisabeth: (Bewertung) Die Bewertung von Rückstellungen, in: Raupach (Hrsg.), Werte und Wertermittlung im Steuerrecht, DStJG Bd. 7, Köln 1984, S. 195-218.

STROBL, Elisabeth: (Abzinsung) Zur Abzinsung von Verbindlichkeiten und Rückstellungen für ungewisse Verbindlichkeiten in: Knobbe-Keuk/Klein/Moxter (Hrsg.), Handels- und Steuerrecht, Festschrift Döllerer, Düsseldorf 1988, S. 615-634.

SUNDERMEIER, Bernd: (Pachtverträgen) Rückstellungen für Verpflichtungen aus Pachtverträgen, BB 1993, S. 824-826.

TANSKI, Joachim/ KURRAS, Klaus/ WEITKAMP, Jürgen: (Jahresabschluß) Der gesamte Jahresabschluß, 3. Aufl., München 1991.

TANZER, Michael: (Maßgeblichkeit) Die Maßgeblichkeit der Handelsbilanz für die Bewertung in der Steuerbilanz, in: Raupach (Hrsg.), Werte und Wertermittlung im Steuerrecht, DStJG Bd. 7, Köln 1984, S. 55-96.

TAUTORUS, Günther: (Bemessung) Zur Bemessung der Rückstellung für Rekultivierungsverpflichtungen, WPg 1977, S. 319-323.

THIEL, Jochen: Bilanzrecht, 3. Aufl., Köln 1986.

THIEL, Jochen: Bilanzrecht, 4. Aufl., Heidelberg 1990.

THIEL, Jochen: (Bilanzierung) Die Bilanzierung von Nutzungsrechten, in: Doralt (Hrsg.), Probleme des Steuerbilanzrechts, DStJG Bd. 14, Köln 1991, S. 161-198.

THOMAS, Jürgen: (Bedeutungswandel) Bedeutungswandel beim Rückstellungsbegriff?, BB 1976, S. 1165-1172.

THULL, Rüdiger: (Spielraum) Spielraum ausreichend, Müllmagazin 1989, S. 37-41.

THULL, Rüdiger/ TOFT, Hans-Peter: (Altlastensanierungskosten) Die steuerliche Berücksichtigung von Altlastensanierungskosten aus umweltrechtlicher Sicht, DStZ 1993, S. 467-478.

TIPKE, Klaus: (Steuerrechtsordnung) Die Steuerrechtsordnung, Köln 1993.

TIPKE, Klaus/ LANG, Joachim: (Steuerrecht) Steuerrecht. Ein systematischer Grundriß, 13. Aufl., Köln 1991.

TRZASKALIK, Christoph: (Abgaben) Der instrumentelle Einsatz von Abgaben, StuW 1992, S. 135-150.

UELNER, Adalbert: (Rückstellungen) Rückstellungen in Handels- und Steuerbilanz, in: Mellwig/Moxter/Ordelheide (Hrsg.), Handelsbilanz und Steuerbilanz, Wiesbaden 1989, S. 87-103.

UHLIG, Annegret: (Zuschüsse) Grundsätze ordnungsmäßiger Bilanzierung für Zuschüsse, Düsseldorf 1989.

ULE, Carl Hermann: (Immissionswerte) Die Bindung der Verwaltungsgerichte an die Immissionswerte der TA Luft, BB 1976, S. 446-447.

UMWELTBUNDESAMT: Daten zur Umwelt 1986/87, Berlin 1987.

UMWELTBUNDESAMT: Daten zur Umwelt 1988/89, Berlin 1989.

VAHLENS GROSSES WIRTSCHAFTSLEXIKON: Stichwort Umweltschutz, in: Bd. 2, München 1987.

VAN VENROOY, Gerd: (Handelsbilanz) Handelsbilanz-Rückstellungen wegen Patentverletzungen, StuW 1991, S. 28-32.

VEIT, Klaus-Rüdiger: (Aufwandsrückstellungen) Generelle Aufwandsrückstellungen (§ 249 Abs. 2 HGB) als Bilanzierungshilfe?, DB 1991, S. 2045-2047.

VERBAND DER CHEMISCHEN INDUSTRIE (Hrsg.): Umweltleitlinien, 5. Aufl., Frankfurt 1990.

VOGEL, Horst: (Bildung) Zur Bildung von Rückstellungen im Steuerrecht, JbFfSt 1977/78, S. 232-267.

VOGT, Stefan: (Maßgeblichkeit) Die Maßgeblichkeit des Handelsbilanzrechts für die Steuerbilanz, Düsseldorf 1991.

VOLLMER, Lothar/ NICK, Thomas: (Pauschalrückstellungen) Die Zulässigkeit von Pauschalrückstellungen für Produkthaftpflichtrisiken, DB 1985, S. 53-59.

VORMBAUM, Herbert: (Finanzierung) Finanzierung der Betriebe, 8. Auflage, Wiesbaden 1990.

VOSS, Antonius: (Braunkohlenbergbau) Braunkohlenbergbau und Umweltschutz, ZfB-Ergänzungsheft 2/90: Betriebliches Umweltmanagement, S. 109-120.

WACKET, Karl Heinz: (Realisations) Realisations- und Imparitätsprinzip bei monetärer Interpretation von Warenbeschaffung und -absatz, BB 1990, S. 239-247.

WÄCHTER, Gerd H./ KAISER, Thomas/ KRAUSE, Michael: (Klauseln) Klauseln in Unternehmenskaufverträgen mit der Treuhandanstalt (I) und (II), WM 1992, S. 293-303 und S. 337-347.

WAGENER, Heiko: (Kooperation) Kooperation in Rheinland-Pfalz - Ein Modell für die Altlastensanierung?, in: Brandt (Hrsg.), Altlasten, Taunusstein 1988, S. 132-141.

WAGNER, Gerd Rainer: (Fragen) Betriebswirtschaftliche Fragen der Altlastensanierung, in: Franziskus/Stegmann/Wolf (Hrsg.), Handbuch der Altlastensanierung, Heidelberg, Loseblattausgabe, Stand: Dezember 1988, Kapitel 1.6.2.1.

WAGNER, Gerd Rainer: (Altlastensanierung) Steuerliche Fragen der Altlastensanierung, in: Franziskus/Stegmann/Wolf (Hrsg.), Handbuch der Altlastensanierung, Heidelberg, Loseblattausgabe, Stand: Dezember 1988, Kapitel 1.6.2.2.

WAGNER, Paul Robert: (Umweltrisiken) Umweltrisiken und ihre Versicherbarkeit, in: Nicklisch (Hrsg.), Prävention im Umweltrecht, Heidelberg 1988, S. 191-203.

WANIECK, Otto: (Umweltrecht) Umweltrecht - Grenze und Vorgabe für Rückstellungen, in: Baetge (Hrsg.), Umweltrisiken im Jahresabschluß, Düsseldorf 1994, S. 25-50.

WASSERMANN, Bernd/ TEUFEL, Günther: (Umweltschutz) Umweltschutz durch steuerbegünstigte Kapitalanlagen - Neue Finanzierungsmöglichkeiten der privaten Abfallwirtschaft, BB 1982, S. 304-307.

WASSERMANN, Bernd/ TEUFEL, Günther: (Rekultivierungskosten) Zur steuerlichen Bewertung von Rekultivierungskosten, DB 1983, S. 2004-2010.

WASSERMEYER, Franz: (Maßgeblichkeit) Die Maßgeblichkeit der Handelsbilanz für die Steuerbilanz und die Umkehr dieses Grundsatzes, in: Doralt (Hrsg.), Probleme des Steuerbilanzrechts, DStJG 14, Köln 1991, S. 29-46.

WEBER, Hans H. (Hrsg.): (Altlasten) Altlasten: Erkennen, Bewerten, Sanieren, Berlin/Heidelberg 1990.

WEBER, Albrecht/ HELLMANN, Ulrich: (Gesetz) Das Gesetz über die Umweltverträglichkeitsprüfung (UVP-Gesetz), NJW 1990, S. 1625-1633.

WEBER-GRELLET, Heinrich: (Maßgeblichkeitsschutz) Maßgeblichkeitsschutz und eigenständige Zielsetzung der Steuerbilanz, DB 1994, S. 288-291.

WEGENER, G.: (Rekultivierungsgebot) Rekultivierungsgebot für Brachflächen?, Mitteilungsblatt des Deutschen Volksheimstättenwerks 1984, S. 53 ff.

WEISSE, Günther: (Steuererleichterungen) Steuererleichterungen für Umweltschutz verbessert, DStR 1980, S. 553.

WENDLAND, Holger: (Teilwertabschreibung) Die Teilwertabschreibung, Göttingen 1990.

WEYERS, Gustav: (Altlasten) Altlasten und ihre Auswirkung auf den Grundstückswert (I) und (II), Der langfristige Kredit 1987, S. 588-593 und 630-635.

WICKE, Lutz/ HAASIS, Hans-Dietrich/ SCHAFHAUSEN, Franzjosef/ SCHULZ, Werner: (Umweltökonomie) Betriebliche Umweltökonomie, München 1992.

WILHELM, Sighard: (Ökosteuern) Ökosteuern (Ein Bericht über Vorschläge und Absichten der Parteien), BB 1990, S. 751-757.

WILHELM, Sighard: Ökosteuern, München 1990.

WILHELM, Sighard: (Rechtsprechungsbericht) Rechtsprechungsbericht zum Bilanzrecht, BB 1991, S. 1964-1971.

WINDMÖLLER, Rolf: (Deckungsgeschäfte) Deckungsgeschäfte und Grundsätze ordnungsmäßiger Buchführung, in: IDW (Hrsg.), Bericht über die Fachtagung 1988, Düsseldorf 1989, S. 89-102.

WINKLER, Anette/ HACKMANN, Wilfried: (Bewertung) Die Bewertung der Rückstellung für die Verpflichtung zur Rechnungsstellung nach § 14 VOB/B, BB 1985, S. 1103-1109.

WOERNER, Lothar: (Passivierung) Passivierung schwebender Dauerschuldverhälnisse in der Bilanz des Unternehmers, StbJb 1984/85, S. 177-200.

WOERNER, Lothar: (schwebende Vertrag) Der schwebende Vertrag im Gefüge der Grundsätze ordnungsmäßiger Bilanzierung - Vollständigkeitsgebot, Vorsichtsprinzip, Realisationsprinzip, in: Mellwig/Moxter/Ordelheide (Hrsg.), Handelsbilanz und Steuerbilanz, Wiesbaden 1989, S. 33-56.

WOERNER, Lothar: (Zeitliche Zuordnung) Zeitliche Zuordnung von Forderungen und Verbindlichkeiten in der Bilanz, StVj 1993, S. 193-207.

WÖHE, Günther: Bergschädenrückstellung, in: Hartz/Strickrodt u.a. (Hrsg.), Handwörterbuch des Steuerrechts (HWStR), München 1972, S. 134-135.

WÖHE, Günther: (Handels) Die Handels- und Steuerbilanz, 2. Aufl., München 1990.

WÖHE, Günther: (Einführung) Einführung in die Allgemeine Betriebswirtschaftslehre, 17. Aufl., München 1990.

WÖHE, Günther: (Bilanzierung) Bilanzierung und Bilanzpolitik, 8. Aufl., München 1992.

WÜTERICH, Christoph: (Altlastenproblematik) Strafrechtliche Aspekte der Altlastenproblematik, BB 1992, S. 2449-2453.

ZEITLER, Otto: (Umweltschutz) Umweltschutz in Europa, DSWR 1992, S. 17-19.

ZIMMERMANN, Jochen: (Bewertung) Zur Bewertung von Rückstellungen aus risikotheoretischer Sicht, ZfbF 1991, S. 759-782.

ZUBER, George R./ BERRY, Charles G.: (risk) Assessing environmental risk, JoA 1992, S. 43-48.

Urteile

1. Bundesfinanzhof

BFH	29.5.1956 I 224/55 U	BStBl. III 1956, S. 212-213.
BFH	24.8.1956 I 73/56 U	BStBl. III 1956, S. 323-324.
BFH	3.9.1959 IV 119/58 U	BStBl. III 1959, S. 423-424.
BFH	18.10.1960 I 198/60	BStBl. III 1960, S. 495-496.
BFH	9.5.1961 I 128/60 S	BStBl. III 1961, S. 336-337.
BFH	20.11.1962 I 242/61 U	BStBl. III 1963, S. 113-114.
BFH	17.1.1963 IV 165/59 S	BStBl. III 1963, S. 237-239.
BFH	26.2.1964 I 132/62 U	BStBl. III 1964, S. 333-334.
BFH	12.3.1964 IV 95/63 S	BStBl. III 1964, S. 404-406.
BFH	27.4.1965 I 324/62 S	BStBl. III 1965, S. 409-410.
BFH	13.1.1966 IV 51/62	BStBl. III 1966, S. 189-190.
BFH	12.5.1966 IV 472/60	BStBl. III 1966, S. 371-374.
BFH	17.8.1967 IV 285/65	BStBl. II 1968, S. 80-81.
BFH	24.4.1968 I R 50/67	BStBl. II 1968, S. 544-545.
BFH	27.11.1968 I 162/64	BStBl. II 1969, S. 247-249.
BFH	29.11.1968 III 237/64	BStBl. II 1969, S. 228-230.
BFH	3.2.1969 GrS 2/68	BStBl. II 1969, S. 291-294.
BFH	21.2.1969 VI R 113/66	BStBl. II 1969, S. 316-318.
BFH	24.6.1969 I R 15/68	BStBl. II 1969, S. 581-584.
BFH	16.7.1969 I R 81/66	BStBl. II 1970, S. 15-17.
BFH	23.9.1969 I R 22/66	BStBl. II 1970, S. 104-107.
BFH	29.10.1969 I 93/64	BStBl. II 1970, S. 178-180.
BFH	16.9.1970 I R 184/67	BStBl. II 1971, S. 85-87.
BFH	26.10.1970 III R 150/67	BStBl. II 1971, S. 82-83.
BFH	26.5.1971 IV R 58/70	BStBl. II 1971, S. 704-707.
BFH	19.1.1972 I 114/65	BStBl. II 1972, S. 392-397.
BFH	24.8.1972 VIII R 31/70	BStBl. II 1972, S. 943-944.

BFH	24.8.1972 VIII R 21/69	BStBl. II 1973, S. 55-57.
BFH	17.1.1973 I R 204/70	BStBl. II 1973, S. 320-322.
BFH	7.3.1973 I R 48/69	BStBl. II 1973, S. 565-568.
BFH	4.4.1973 I R 130/71	BStBl. II 1973, S. 485-486.
BFH	14.5.1974 VIII R 95/72	BStBl. II 1974, S. 572-582.
BFH	29.10.1974 I R 103/73	BStBl. II 1975, S. 114-115.
BFH	19.2.1975 I R 28/73	BStBl. II 1975, S. 480-482.
BFH	26.9.1975 III R 15/74	BStBl. II 1976, S. 110-113.
BFH	26.5.1976 I R 80/74	BStBl. II 1976, S. 622-624.
BFH	26.10.1977 I R 148/75	BStBl. II 1978, S. 97-99.
BFH	26.1.1978 VIII R 62/77	BStBl. II 1978, S. 301-303.
BFH	31.1.1980 IV R 126/76	BStBl. II 1980, S. 491-494.
BFH	20.3.1980 IV R 89/79	BStBl. II 1980, S. 297-299.
BFH	18.6.1980 I R 72/76	BStBl. II 1980, S. 741-743.
BFH	3.7.1980 IV R 138/76	BStBl. II 1980, S. 648-651.
BFH	17.7.1980 IV R 10/76	BStBl. II 1981, S. 669-672.
BFH	23.7.1980 I R 28/77	BStBl. II 1981, S. 62-63.
BFH	23.7.1980 I R 30/78	BStBl. II 1981, S. 63.
BFH	1.4.1981 I R 27/79	BStBl. II 1981, S. 660-663.
BFH	11.11.1981 I R 157/79	BStBl. II 1982, S. 748-749.
BFH	21.7.1982 I R 177/77	BStBl. II 1982, S. 758-761.
BFH	7.10.1982 IV R 39/80	BStBl. II 1983, S. 104-106.
BFH	16.11.1982 VIII R 167/78	BStBl. II 1983, S. 111-113.
BFH	20.1.1983 IV R 158/80	BStBl. II 1983, S. 413-417.
BFH	3.5.1983 VIII R 100/81	BStBl. II 1983, S. 572-575.
BFH	11.5.1983 III R 112-113/79	BStBl. II 1983, S. 657-658.
BFH	19.5.1983 IV R 205/79	BStBl. II 1983, S. 670-672.
BFH	30.6.1983 IV R 41/81	BStBl. II 1984, S. 263-265.
BFH	7.7.1983 IV R 47/80	BStBl. II 1983, S. 753-755.
BFH	19.7.1983 VIII R 160/79	BStBl. II 1984, S. 56-59.

BFH	24.11.1983 IV R 22/81	BStBl. II 1984, S. 301-303.
BFH	25.11.1983 III R 25/82	BStBl. II 1984, S. 51-53.
BFH	12.4.1984 IV R 137/80	BStBl. II 1984, S. 489-491.
BFH	2.5.1984 VIII R 239/82	BStBl. II 1984, S. 695-697.
BFH	1.8.1984 I R 88/80	BStBl. II 1985, S. 44-47.
BFH	23.10.1985 I R 227/81	BFH/NV 1987, S. 123.
BFH	25.2.1986 VIII R 134/80	BStBl. II 1986, S. 788-790.
BFH	5.2.1987 IV R 81/84	BStBl. II 1987, S. 845-848.
BFH	10.4.1987 III R 274/83	BFH-NV 1988, S. 22-23.
BFH	19.5.1987 VIII R 327/83	BStBl. II 1987, S. 848-850.
BFH	22.5.1987 III R 220/83	BStBl. II 1987, S. 711-713.
BFH	8.10.1987 IV R 18/86	BStBl. II 1988, S. 57-62.
BFH	17.11.1987 VIII R 348/82	BStBl. II 1988, S. 430-431.
BFH	11.2.1988 IV R 191/85	BStBl. II 1988, S. 661-663.
BFH	22.11.1988 VIII R 62/85	BStBl. II 1989, S. 359-363.
BFH	26.4.1989 I R 147/84	BStBl. II 1991, S. 213-216.
BFH	28.6.1989 I R 86/85	BStBl. II 1990, S. 550-553.
BFH	25.8.1989 III R 95/87	BStBl. II 1989, S. 893-896.
BFH	24.1.1990 I B 112/88	BFH/NV 1991, S. 434-435.
BFH	30.1.1990 VIII R 183/85	BFH/NV 1990, S. 504-506.
BFH	28.2.1990 I R 205/85	BStBl. II 1990, S. 537-539.
BFH	12.12.1990 I R 153/86	BStBl. II 1991, S. 479-484.
BFH	18.4.1991 IV R 6/90	BStBl. II 1991, S. 584-586.
BFH	3.7.1991 X R 163-164/87	BStBl. II 1991, S. 802-806.
BFH	13.11.1991 I R 78/89	BStBl. II 1992, S. 177-179.
BFH	13.11.1991 I R 102/88	BStBl. II 1992, S. 336-342.
BFH	3.12.1991 VIII R 88/87	BStBl. II 1993, S. 89-93.
BFH	12.12.1991 IV R 28/91	BStBl. II 1992, S. 600-604.
BFH	25.3.1992 I R 69/91	BStBl. II 1992, S. 1010-1012.
BFH	2.10.1992 III R 54/91	BStBl. II 1993, S. 153-155.

BFH	10.12.1992 XI R 34/91	BStBl. II 1994, S. 158-162.
BFH	16.12.1992 XI R 42/89	BB 1993, S. 826.
BFH	28.1.1993 IV R 131/91	BStBl. II 1993, S. 509-510.
BFH	9.2.1993 VIII R 21/92	BStBl. II 1993, S. 543-544.
BFH	17.2.1993 X R 60/89	BStBl. II 1993, S. 437-441.
BFH	26.5.1993 X R 72/90	BStBl. II 1993, S. 855-861.
BFH	19.10.1993 VIII R 14/92	BStBl. II 1993, S. 891-894.

2. *Finanzgerichte*

FG Hamburg	9.3.1964 V 152/63	EFG 1964, S. 530-531.
FG München	26.4.1966 II 36 - 40/66	EFG 1966, S. 561-562.
FG Münster	28.9.1972 VI 725/70 F	EFG 1973, S. 59-60.
FG Nieders.	29.4.1975 VI Kö 66/74	EFG 1975, S. 594-595.
FG Rhl.-Pf.	16.6.1976 I 188/75	EFG 1976, S. 542-543.
FG Nürnberg	22.10.1976 III 56/76	EFG 1977, S. 156-158.
Saarl. FG	26.3.1982 I 492/81	EFG 1982, S. 456-457.
FG Münster	21.9.1982 IX 4114, 4698/77 F	BB 1983, S. 1010.
FG Ba.-Wü.	26.8.1986 I K 323/85	EFG 1987, S. 59-61.
FG Düsseldorf	23.3.1988 5 V 143/87 A (F)	EFG 1988, S. 510-511.
FG Hamburg	24.1.1990 II 87/87	EFG 1990, S. 363-367.
FG Köln	19.2.1990 13 K 217/80	EFG 1990, S. 413-414.
FG München	4.4.1990 1 K 1146/86	EFG 1990, S. 565.
FG Münster	12.6.1990 - X 5791/89 G	BB 1990, S. 1806-1807.
FG Münster	10.9.1990 - IX 3976/90 V	BB 1991, S. 874-875.
Hess. FG	25.3.1991 10 K 309/85	EFG 1991, S. 599-600.
FG Rhl.-Pf.	16.5.1991 4 K 1233/90	EFG 1992, S. 318-319.
FG Ba.-Wü.	19.12.1991 6 V 20/90	EFG 1993, S. 13-14.
FG Berlin	24.8.1992 VIII 37/86	EFG 1993, S. 212-214.
Hess. FG	8.9.1992 4 K 4448-4450/90	EFG 1993, S. 140-141.

3. Bundesgerichtshof

BGH	10.3.1977 VII ZR 254/75	WM 1977, S. 553-555.
BGH	28.1.1991 II ZR 20/90	BB 1991, S. 507-509.
BGH	17.12.1992 III ZR 114/91	ZIP 1993, S. 517-519.

4. Europäischer Gerichtshof

EuGH	10.4.1984, Rs. 14/83 Colson u. Kamann vs. Land NRW, Slg. 1984, S. 1891-1920.
EuGH	30.5.1991, Rs. C-361/88 u. 59/89 Kommission vs. Bundesrepublik Deutschland, DB 1991, S. 1620-1621.

5. Bundesverwaltungsgericht, Oberverwaltungsgerichte, Oberlandesgerichte

BVerwG	18.10.1991 - 7 C 2/91	NWB (Eilnachrichten) Fach 1, S. 371 (Nr. 48 vom 25.11.1991).
BVerwG	24.6.1993 - 7 C 11/92	BB 1993, S. 2409.

VGH Ba.-Wü.	14.12.1989 - 1 S 2719/89	BB 1990, S. 237-238.
Hamb. OVG	19.12.1989 - OVG Bf VI 48/86	DB 1990, S. 1085.
OVG Lüneburg	7.5.1991 - 7 M 3600/91	ZIP 1991, S. 1607-1609.
Hess. VGH	30.1.1992 - 5 UE 1928/86	UPR 1992, S. 356-357.
OVG Nieders.	7.1.1993 - 7 M 5684/92	ZIP 1993, S. 1174-1175.

OLG Celle	7.9.1983 - 9 U 34/83	BB 1983, S. 2229-2234.
OLG Nürnberg	31.5.1990 12 U 35/90	DStR 1991, S. 656.

Richtlinien und Verwaltungsanweisungen

Einkommensteuer-Richtlinien 1990 in der Fassung der Bekanntmachung vom 10.11.1990, BStBl. I 1990, Sondernummer 4.

Erste Allgemeine Verwaltungsvorschrift zum Bundes-Immissionsschutzgesetz (Technische Anleitung zur Reinhaltung der Luft - TA Luft) vom 27.2.1986, GMBl. S. 95, ber. S. 202.

Gemeinsamer Erlaß des (saarländischen) Ministers für Umwelt und des (saarländischen) Ministers für Wirtschaft zur Durchführung der Technischen Anleitung zur Reinhaltung der Luft; hier: Anforderungen an Altanlagen vom 29.8.1986, GMBl. S. 481.

Durchführung immissionsschutzrechtlicher Vorschriften über die Begrenzung von Emissionen (Konkretisierung der Dynamisierungsklauseln nach der TA Luft 86), Rheinland-Pfälzische Verwaltungsvorschrift des Ministeriums für Umwelt vom 27.9.1991, MinBl. S. 489.

Branchenhinweise "Gießereiindustrie" der OFD Münster, Az. S. 1474-18/1-St41-32, Stand März 1989.

BMWF-Schreiben vom 5.10.1971 - F/IV B 2 - S 2137, DB 1971, S. 1987.

BMWF-Schreiben vom 13.11.1972 - F IV B 2 - S 2137 - 10 72, BB 1972, S. 1489.

BMF-Schreiben vom 29.10.1979 - IV B - S 2170 - 73/79, BStBl. I 1979, S. 639.

BMF-Schreiben vom 18.4.1980 - IV B - S 2137 - 2/80, BStBl. 1980 I, S. 230.

BMF-Schreiben vom 19.11.1982 - IV B 2 - S 2137 - 44/82, Rückstellungen für Jahresabschlußkosten, DB 1982, S. 2490 (zugleich FR 1982, S. 592-593).

BMF-Schreiben vom 27.9.1988 - IV B 2 - S 2137 - 49/88, DB 1988, S. 2279.

BMF-Schreiben vom 11.2.1992, IV B 2 - S 2137 - 8/92, Rückstellungen wegen Vernichtung gelagerter Altreifen, DStR 1992, S. 357.

BMF-Schreiben vom 1.7.1993 - IV A 5 - S 0130 - 41/93, BStBl. I 1993, S. 525-526.

Erlaß des FinMin Schleswig-Holstein vom 4.3.1981, DStR 1981, S. 255.

Erlaß des FinMin Nordrhein-Westfalen vom 5.2.1981, DB 1981, S. 555.

OFD Düsseldorf, Vfg. vom 14.2.1985, DStZ/E 1985, S. 98.

OFD Münster, Vfg. vom 18.4.1986, BB 1986, S. 985.

Erlaß des FinMin Nordrhein-Westfalen vom 15.4.1987, DStR 1987, S. 400.

Erlasse der obersten Finanzbehörden der Länder vom 21.4.1986, BB 1986, S. 931.

OFD Kiel, Vfg. vom 18.10.1990, DStR 1991, S. 36-37.

Erlaß des FinMin Brandenburg vom 28.6.1993, DB 1993, S. 1548.

OFD Koblenz, Vfg. vom 26.8.1993, WPg 1993, S. 608.

Rechtsquellen

1. Bundesrepublik Deutschland

Abfallbeseitigungsgesetz, Bezeichnung geändert durch die Erweiterung vom 1.1.1986 "Gesetz über die Vermeidung und Entsorgung von Abfällen" (Abfallgesetz) vom 27.8.1986, BGBl. I S. 1410, ber. 1501, zuletzt geändert durch G zu dem Einigungsvertrag v. 23.9.1990, BGBl. II S. 885.

Abfallgesetz für das Land Nordrhein-Westfalen (Landesabfallgesetz - LAbfG) vom 21.6.1988, GV NW S. 250, geänd. durch G vom 20.6.1989, GV NW S. 366.

Allgemeine Bergverordnung des Landes Niedersachsen vom 2.2.1966 (Nds. MBl. Nr. 15/1966 S. 337) mit Änderungen vom 10.6.1969 (Nds. MBl. Nr. 33/1969 S. 763) und vom 16.3.1971 (Nds. MBl. Nr. 11/1971 S. 338).

Bayerisches Immissionsschutzgesetz (BayImSchG) vom 8.10.1974, GVBl. S. 499, zuletzt geänd. durch das Gesetz zur Änderung des Bayerischen Immissionsschutzgesetzes vom 26.3.1992, GVBl. S. 42.

Brandenburgisches Vorschaltgesetz zum Immissionsschutz (LImSchG) vom 3.3.1992, GVBl. I S. 78.

Bundesberggesetz (BBergG) vom 13.8.1980, BGBl. 1980, S. 1310, geänd. durch G vom 8.12.1986, BGBl. I S. 2191.

Dreizehnte Verordnung zur Durchführung des Bundes-Immissionsschutzgesetzes (Verordnung über Großfeuerungsanlagen - 13. BImSchV) vom 22.6.1983, BGBl. I S. 719.

Einkommensteuergesetz 1990 in der Fassung der Bekanntmachung vom 7.9.1990 (BGBl. I S. 1898, ber. BGBl. I 1991, S. 808) mit den Änderungen bis zum 9.12.1992.

Elfte Verordnung zur Durchführung des Bundes-Immissionsschutzgesetzes (Emissionserklärungsverordnung - 11. BImSchV) vom 12.12.1991, BGBl. I S. 2213.

Gesetz über Abgaben für das Einleiten von Abwasser in Gewässer (Abwasserabgabengesetz - AbwAG) vom 13.9.1976, BGBl. I S. 2721, geändert durch G vom 19.12.1986, BGBl. I S. 2619.

Gesetz über Aufbau und Befugnisse der Ordnungsbehörden - Ordnungsbehördengesetz (OBG) - vom 13.5.1980, GV NW 1980 S. 528, zuletzt geänd. durch Art. 7 des Gesetzes zur Änd. des VwVfG für das Land NW und zur Änd. anderer landesrechtlicher Vorschriften vom 24.11.1992 (GV NW S. 446).

Gesetz über die Eröffnungsbilanz in Deutscher Mark und die Kapitalneufestsetzung (D-Markbilanzgesetz - DMBilG) vom 23.9.1990, BGBl. II 1990 S. 885.

Gesetz über die friedliche Verwendung der Kernenergie und den Schutz gegen ihre Gefahren (Atomgesetz) in der Fassung der Bekanntmachung vom 15.7.1985, BGBl. I S. 1565, zuletzt geänd. durch G vom 5.11.1990, BGBl. I S. 2428.

Gesetz über die Umwelthaftung (UmweltHG) vom 10.12.1990, BGBl. I 1990 S. 2634.

Gesetz über die Vermeidung, Verminderung, Verwertung und Beseitigung von Abfällen und die Sanierung von Altlasten (Hessisches Abfallwirtschafts- und Altlastengesetz - HAbfAG -) in der Fassung der Bekanntmachung vom 10.7.1989, GVBl. Hessen I 89, S. 198-208, ber. S. 247.

Gesetz über Naturschutz und Landschaftspflege (Bundesnaturschutzgesetz - BNatSchG) in der Fassung der Bekanntmachung vom 12.3.1987, BGBl. I S. 889.

Gesetz zum Schutz vor gefährlichen Stoffen (Chemikaliengesetz - ChemG) in der Fassung der Bekanntmachung vom 14.3.1990, BGBl. I S. 521.

Gesetz zum Schutz vor Luftverunreinigungen, Geräuschen und Erschütterungen - Immissionsschutzgesetz - des Landes Bremen vom 30.6.1970, GBl. S. 71, zuletzt geänd. durch das Gesetz zur Anpassung des Landesrechts an das Einführungsgesetz zum Strafgesetzbuch und andere bundesrechtliche Vorschriften vom 18.12.1974, GBl. S. 351.

Gesetz zum Schutz vor schädlichen Umwelteinwirkungen durch Luftverunreinigungen, Geräusche, Erschütterungen und ähnliche Vorgänge (Bundes-Immissionsschutzgesetz - BImSchG) in der Fassung der Bekanntmachung vom 14.5.1990, BGBl. I S. 880, zuletzt geändert durch G zu dem Einigungsvertrag v. 23.9.1990, BGBl. II S. 885.

Gesetz zur Durchführung der Vierten, Siebenten und Achten Richtlinie des Rates der Europäischen Gemeinschaften zur Koordinierung des Gesellschaftsrechts (Bilanzrichtlinien-Gesetz) vom 19.12.1985, BGBl. I S. 2355.

Gesetz zur Entlastung der Familien und zur Verbesserung der Rahmenbedingungen für Investitionen und Arbeitsplätze (Steueränderungsgesetz 1992 - StÄndG 1992) vom 25.2.1992, BStBl. I 1992, S. 146 ff.

Gesetz zur Ordnung des Wasserhaushalts (Wasserhaushaltsgesetz - WHG) in der Fassung der Bekanntmachung vom 23.9.1986, BGBl. I S. 1529, ber. S. 1654, geändert durch G v. 12.2.1990, BGBl. I S. 205.

Gesetz zur Ordnung von Abgrabungen (Abgrabungsgesetz) in der Fassung der Bekanntmachung vom 23.11.1979, GV NW S. 922.

Gesetz zur steuerlichen Förderung des Wohnungsbaus und zur Ergänzung des Steuerreformgesetzes 1990 (Wohnungsbauförderungsgesetz - WoBauFG), BStBl. I 1989, S. 505 ff (auch BGBl. I S. 2408).

Gesetz zur Vermeidung, Verwertung und sonstigen Entsorgung von Abfällen und zur Erfassung und Überwachung von Altlasten in Bayern (Bayerisches Abfallwirtschafts- und Altlastengesetz) vom 27.2.1991, GVBl. S. 64.

Handelsgesetzbuch vom 10.5.1897 (RGBl. 1897, S. 219) mit den Änderungen bis zum 23.10.1989.

Landesabfallwirtschafts- und Altlastengesetzes (LAbfWAG) des Landes Rheinland-Pfalz in der Fassung vom 30.4.1991, GVBl. 5.251.

Polizeigesetz des Landes Nordrhein-Westfalen (PolG NW) in der Fassung der Bekanntmachung vom 24.2.90 GV NW S. 70.

Rheinland-Pfälzisches Landesgesetz zum Schutz vor Luftverunreinigungen, Geräuschen und Erschütterungen - Immissionsschutzgesetz (ImSchG) - vom 28.7.1966, GVBl. S. 211, zuletzt geänd. durch Art. 6 Siebtes Rechtsbereinigungsgesetz vom 5.10.1990, GVBl. S. 289.

Verwaltungsverfahrensgesetz (VwVfG) vom 25.5.1976, BGBl. I S. 1253, geänd. durch Art. 7 Nr. 4 AdoptionsG v. 2.7.1976, BGBl. I S. 1749, und Art. 7 § 3 BetreuungsG v. 12.9.1990, BGBl. I S. 2002.

Vierte Verordnung zur Durchführung des Bundes-Immissionsschutzgesetzes (Verordnung über genehmigungsbedürftige Anlagen - 4. BImSchV) vom 24.7.1985, BGBl. I S. 1586, geänd. durch VO vom 28.8.1991, BGBl. I S. 1838, ber. S. 2044.

Verordnung über das Einsammeln und Befördern sowie über die Überwachung von Abfällen und Reststoffen (Abfall- und Reststoffüberwachungs-Verordnung - AbfRestÜberwV) vom 3.4.1990, BGBl. I S. 648.

Verordnung über die Vermeidung von Verpackungsabfällen (Verpackungsverordnung - VerpackV) vom 12.6.1991, BGBl. I S. 1234.

Verordnung über gefährliche Stoffe (Gefahrstoffverordnung - GefStoffV) in der Fassung der Bekanntmachung vom 25.9.1991, BGBl. I S. 1931.

Verordnung über Prüfnachweise und sonstige Anmelde- und Mitteilungsunterlagen nach dem Chemikaliengesetz (Prüfnachweisverordnung - ChemPrüfV) vom 17.7.1991, BGBl. I S. 1432.

Verordnung zum Verbot von polychlorierten Biphenylen, polychlorierten Terphenylen und zur Beschränkung von Vinylchlorid (PCB-, PCT-, VC-Verbotsverordnung) vom 18.7.1989, BGBl. I S. 1482.

Zwölfte Verordnung zur Durchführung des Bundes-Immissionsschutzgesetzes (Störfall-Verordnung - 12. BImSchV) in der Fassung der Bekanntmachung vom 20.9.1991, BGBl. I S. 1891.

2. Europäische Gemeinschaft

Richtlinie des Rates vom 7.6.1990 über den freien Zugang von Informationen über die Umwelt, Amtsblatt der Europäischen Gemeinschaften Nr. L 158 vom 23.6.1990, S. 56-58.

Vierte Richtlinie des Rates der Europäischen Gemeinschaften über den Jahresabschluß von Gesellschaften bestimmter Rechtsformen (EG-Bilanzrichtlinie) vom 25.7.1978 (78/660/EWG), Amtsblatt der Europäischen Gemeinschaften ABlEG L 222 vom 14.8.1978, S. 11-31. (Diese sogenannte 4. EG-Richtlinie ist auch abgedruckt bei Söffing, 4. EG-Richtlinie, Herne/Berlin 1979.)

Sonstige Quellen

Umweltprogramm der Bundesregierung von 1971, BT-Drs. VI/2710, 1971.

Entwurf eines Gesetzes zur Durchführung der Vierten Richtlinie des Rates der Europäischen Gemeinschaften zur Koordinierung des Gesellschaftsrechts (Bilanzrichtlinie-Gesetz) - BR-Drs. 257/83 vom 3.6.1983 (RegEHGB).

Entwurf einer geänderten Konzeption von Vorschriften des Bilanzrichtlinie-Gesetzes (Regierungsentwurf, BT-Drs. 10/317), soweit sie im Dritten Buch des Handelsgesetzbuches enthalten sind, vom 29.3.1985.

Beschlußempfehlung und Bericht des Rechtsausschusses (6. Ausschuß) zu dem von der Bundesregierung eingebrachten Entwurf eines Gesetzes zur Durchführung der Vierten Richtlinie des Rates der Europäischen Gemeinschaften zur Koordinierung des Gesellschaftsrechts (Bilanzrichtlinie-Gesetz) - BT-Drucksache 10/317 - und zum Entwurf eines Gesetzes zur Durchführung der Siebenten und Achten Richtlinie des Rates der Europäischen Gemeinschaften zur Koordinierung des Gesellschaftsrechts - BT-Drucksache 10/3440 -, BT-Drs. 10/4268 vom 18.11.1985.

Gesetzesinitiative des Landes NRW zur Einführung einer steuerfreien Rücklage, BR-Drs. 353/90, 1990.

Arbeitspapier des Bundesministers für Umwelt, Naturschutz und Reaktorsicherheit (WA II 3 - 30 114/7) zur Verordnung über die Vermeidung, Verringerung und Verwertung von Abfällen gebrauchter elektrischer und elektronischer Geräte (Elektronik-Schrott-Verordnung), Stand: 15.10.1992.

Entwurf eines BMF-Schreibens zu "Ertragsteuerliche[n] Fragen im Zusammenhang mit der Sanierung schadstoffverunreinigter Wirtschaftsgüter", Stand: Februar 1993.

Entwurf des Bundesministers für Umwelt, Naturschutz und Reaktorsicherheit (WA III 1 - 73102/0) betreffend das "Gesetz zum Schutz des Bodens", Stand: 7.2.1994.

Degussa AG, Geschäftsbericht für das Geschäftsjahr 1988/89, Frankfurt a. M. 1990.

Münchener RückversicherungsGesellschaft, Geschäftsbericht für das Geschäftsjahr 1988/89, München 1989.

Münchener RückversicherungsGesellschaft, Geschäftsbericht für das Geschäftsjahr 1989/90, München 1990.

Rheinbraun AG, Bericht über das Geschäftsjahr 1989, Köln 1990.

Veba AG, Geschäftsbericht für das Geschäftsjahr 1988, Düsseldorf 1989.

Veba AG, Geschäftsbericht für das Geschäftsjahr 1992, Düsseldorf 1993.

STICHWORTVERZEICHNIS

Abfallabgabe 17
Abfallbeseitigung
- und Rückstellung 344 ff
Abfallbeseitigungsanlage 246
Abfallbeseitigungsverpflichtungen
- Abfallrecht 347 ff
- Elektronik-Schrott-Verordnung 352 ff
- Immissionsschutzrecht 350 f
Abraumbeseitigung
- und Rückstellung 325 ff
Abschreibungen
- Kumulationsfall 281
- Kombinationsfall 281
- Voraussetzungen 284 ff
Abzinsung 189, 276, 304
Aktivierung
- von Alt-/Betriebslastensanierungsmaßnahmen 278
Aktivierungsfähigkeit
- im Zusammenhang mit Anpassungsverpflichtungen 374
Aktivierungspflichtige Aufwendungen und Rückstellungsbildung 195 ff, 278
Altablagerungen 217 f
Altlast
- Begriff 217
- Freistellung von Haftung 228
Alt-/Betriebslastensanierungsverpflichtungen
- Abfallrecht 244 ff
- Aktivierung von Maßnahmen 278
- Bewertung 270 ff
- BGB 230 ff
- Erhaltungs- oder Herstellungsaufwand 279
- Immissionsschutzrecht 241 ff
- Kenntnis der Behörden 259 ff
- Pachtvertrag 229
- Polizei- und Ordnungsrecht 252 ff

- Rückstellungen 225 ff
- Rückstellung oder Teilwertabschreibung 280 ff
- Subjektives öffentliches Recht 236 ff
- Teilwertüberlegungen 285 f
- Verwaltungsakt 239 f
- Wasserrecht 248 ff
Altstandorte 217 f
Anhangsausweis
- Objektivierungserfordernisse 173 ff
- Periodisierungsfragen 176 f
Anpassungsverpflichtungen
- Bundesimmissionsschutzgesetz 360 ff
- Erhaltungs- oder Herstellungsaufwand 374
- Filteranlagen 374
- Gefahrstoffrecht 371 ff
- Großfeuerungsanlagenverordnung 368 ff
- Rückstellungen 359 ff
- TA-Luft 360
- und rechtliche Vollentstehung 362 ff
- und wirtschaftliche Verursachung 362 ff
Asymmetrische Informationsverteilung 109, 122, 264, 308 ff
Atomanlagen
- und Rückstellung 152
Aufwandsrückstellung
- oder Verbindlichkeitsrückstellung 180 f
- oder sonstige finanzielle Verpflichtung 179 f
- Objektivierungserfordernisse 165 ff
- Periodisierungsfragen 168 ff

Behördenkenntnis
- als Rückstellungsvoraussetzung 109 ff, 122, 259 ff
Bergschädenrückstellung 317

Betriebslast 219
Bewertung
- der Rückstellungen 182 ff
- der sonstigen finanziellen Verpflichtungen 202 f
Bundesimmissionsschutzgesetz
- und Anpassungsfristen 360

Dauerinstandhaltungs- und Dauerbetriebskosten 193 ff, 277 f
Drohverlustrückstellung 19, 44 ff, 144, 298
D-Markeröffnungsbilanz 5

Einfachveranlassungsrückstellung 330 f
Einzelkostenbewertung 186 f
Entsorgungsrückstand 345 f
Erfüllungsrückstand 315 f, 345 f
Erhaltungsaufwand
- oder Herstellungsaufwand bei Umweltschutzmaßnahmen 274, 367
Ermessen
- Reduzierung auf Null 82, 111, 238 f, 252, 260 ff
Ersatzvornahme 89, 104

Faktische Verpflichtung 112 ff, 140, 160
Förderprogramme 2

Gefahrenabwehr 82, 121, 238, 252 ff
Gewässerschutz 21, 234, 249 f
Greifbarkeit 51, 64, 83, 102, 118
Großfeuerungsanlagenverordnung 368 f
Gruben- und Schachtversatz
- und Rückstellung 324 ff
Grundstück, kontaminiertes
- Wertminderung 285 f

Grundstück mit Alt-/Betriebslast
- Rückstellung oder Teilwertabschreibung 280 ff

Haftung
- für Umweltschäden 12, 56
- Gefährdungs- 233 f, 317
Herstellungsaufwand
- oder Erhaltungsaufwand bei Umweltschutzmaßnahmen 278, 374
Herstellungskosten 195 ff
Hinreichende Konkretisierung 72 ff

Immissionsschutz 241 ff, 360 ff
Imparitätsprinzip 40 ff, 144 ff
Inhaltlich genau bestimmtes Handeln 93 ff

Jahresabschlußkostenrückstellung 4, 9, 93

Konkretisierung öffentlich-rechtlicher Verpflichtungen 72 ff, 87 ff
Konkurrenz: Rückstellung oder Teilwertabschreibung
- Kumulationsfall 280 ff
- Kombinationsfall 280
Kraftwerkstillegung
- und Rückstellung 99 f, 152, 185, 214

Lebenssachverhalt
- tatsächliche Verwirklichung 62 ff, 90 ff, 100 ff, 115 ff, 265 ff

Maßgeblichkeitsprinzip 29 ff
Mehrfachveranlassungsrückstellung 331 f

Mindestkonkretisierung
- durch Verwaltungsakt 87 ff
- durch Gesetz 92 ff
Mülldeponie
- und Rückstellung 316 f, 321 ff

Neulasten 219
Nominalwertprinzip 49

Öffentlich-rechtliche Verpflichtungen
- Rückstellung wegen Gesetz 92 ff
- Rückstellung wegen Verwaltungsakt 87 f
Öko-Bilanzen 14
Öko-Controlling 14

Passivierungsgebote
- und Maßgeblichkeit 29 f
Patentrechtsverletzung
- und Rückstellung 101, 261 ff
Pauschalrückstellungen 185 f
Polizeirechtliche Generalklausel 82, 237, 255 ff, 308 f
Preissteigerungen, zukünftige 188 f
Prüfungs-, Nachweis- und Erklärungsverpflichtungen
- Bundesimmissionsschutzgesetz 376 ff
- Abfallgesetz 377 ff
- Chemikaliengesetz 377 ff

Realisationsprinzip 40 ff, 128 ff
Rechnungslegungsziel 34 ff
Rechtliches Entstehen 62 ff, 125 f
Regelungsdichte 12
Rekultivierungsverpflichtungen
- im eigentlichen Sinne 310 f, 315 f
- Mülldeponien 316, 321 f

- Rückstellungen 314 ff
- und Kippgebühren 340
Rückstellungen
- für aktivierungspflichtige Umweltschutzmaßnahmen 195 ff
Rückstellungen für Umweltschutzverpflichtungen
- Abfallbeseitigung 336 ff
- Alt-/Betriebslastensanierung 225 ff
- Altreifenbeseitigung 78, 350
- Anpassungsverpflichtungen 359 ff
- Arzneimittel-Urteil 97, 379
- Atomanlagen 152
- Aufwands- oder Verbindlichkeitsrückstellung 180 f
- Aufwandsrückstellung 164 ff
- Behördenkenntnis 109 ff, 122, 259 ff
- behördliche Verfügung 88 f
- Bewertung 182 ff
- Bundesimmissionsschutzgesetz 360 ff
- faktische Verpflichtung 112 ff, 140, 160
- Gewässerschutz 21, 234, 249 f
- Konkretisierung öffentlich-rechtlicher Verpflichtungen 72 ff, 87 ff
- ratierliche Bildung 331 ff
- rechtliche Entstehung und wirtschaftliche Verursachung 128 ff
- Rekultivierungsverpflichtungen 314 ff
- Sanktionen, drohende 103 ff
- Sanktionsbehaftete Gesetzesanweisung 103 ff
- TA-Luft 360
- Umwelthaftungsgesetz 12
- unterlassene Instandhaltung 60, 283
- wahrscheinliche Inanspruchnahme 66 ff
- wirtschaftliche Verursachung 128 ff
- Wirtschaftsjahrnähe 73, 97 ff

Saldierungsverbot 191 ff
Sanktionsbewehrung 103 ff

Selbständig bewertbare Last 11
Sonderabgaben 3
Sonderabschreibung § 7d EStG 2
Sonstige finanzielle Verpflichtungen
- Bewertung 202 f
- Objektivierungserfordernisse 173 ff
- oder Rückstellung 179 f
- Periodisierungsfragen 176 f
Stand der Technik 94 ff, 360 f
Steuerliche Förderung
- von Umweltschutzmaßnahmen 2
Strafrechtliche Konsequenzen 22, 104
Subjektives öffentliches Recht 55 ff, 80 ff, 118, 237 ff

TA-Luft
- Anpassungsverpflichtung 360 f
Teilwert
- eines kontaminierten Grundstückes 285 f
Teilwertabschreibung
- oder Rückstellung bei Alt-/Betriebslasten 280 ff

Überobjektivierung 74 ff
Umweltmanagement 13
Ungewisse Verbindlichkeiten
- Rückstellungen für 51 ff

Verbindlichkeitsrückstellung
- oder Aufwandsrückstellung 180 f
Verfügung, behördliche 87 f
Vermögensaufstellung
- Umweltschutz und Wirtschaftsgut in der 6 f
Verpackungsverordnung 16, 352 ff

Verpflichtungen
- zeitmomentbedingt entstehende 63, 101 ff
- nicht zeitmomentbedingt entstehende 63, 101 ff
Vollkostenbewertung 186 f
Vollständigkeitsprinzip 48, 144 ff
Vorsichtsprinzip 40 ff, 148 ff

Wahrscheinlichkeit der Entdeckung 108 ff
Wahrscheinlichkeit des künftigen Entstehens 59 ff
Wahrscheinlichkeit des Verwaltungshandelns 108 ff
Wertminderung
- voraussichtlich dauernde 288 ff
- vorübergehende 288 ff
Wiederauffüllverpflichtung
- und Rückstellung 340
Wirtschaftliche Verursachung
- für Rückstellungsbildung 125 ff

Zeitliche Bestimmtheit 97 ff
Zeitliche Nähe 97 ff
Zukunftslast 219
Zwangsmittel 104